CB052939

Tratado da natureza humana

FUNDAÇÃO EDITORA DA UNESP

Presidente do Conselho Curador
Mário Sérgio Vasconcelos

Diretor-Presidente
Jézio Hernani Bomfim Gutierre

Superintendente Administrativo e Financeiro
William de Souza Agostinho

Conselho Editorial Acadêmico
Danilo Rothberg
Luis Fernando Ayerbe
Marcelo Takeshi Yamashita
Maria Cristina Pereira Lima
Milton Terumitsu Sogabe
Newton La Scala Júnior
Pedro Angelo Pagni
Renata Junqueira de Souza
Sandra Aparecida Ferreira
Valéria dos Santos Guimarães

Editores-Assistentes
Anderson Nobara
Leandro Rodrigues

David Hume

Tratado da natureza humana
Uma tentativa de introduzir o método experimental de raciocínio nos assuntos morais

Tradução
Déborah Danowski

Elaboração dos índices
analítico e onomástico
Amandio de Jesus Gomes

2ª edição revista
e ampliada

Título original em inglês: *A Treatise of Human Nature*

© 2000 da tradução brasileira:
Fundação Editora da UNESP (FEU)
Praça da Sé, 108
01001-900 – São Paulo – SP
Tel.: (0xx11) 3242-7171
Fax: (0xx11) 3242-7172
www.editoraunesp.com.br
www.livrariaunesp.com.br
atendimento.editora@unesp.br

CIP – Brasil. Catalogação na fonte
Sindicato Nacional dos Editores de Livros, RJ

H91t
2.ed.

Hume, David, 1711-1776
    Tratado da natureza humana: uma tentativa de introduzir o método experimental de raciocínio nos assuntos morais / David Hume; tradução Débora Danowski. – 2.ed. rev. e ampliada. – São Paulo: Editora UNESP, 2009.

    Tradução de: A treatise of human nature
    Apêndice

    ISBN 978-85-7139-901-3

    1. Teoria do conhecimento. 2. Filosofia inglesa. 3. Filosofia moderna. I. Título.

09-0081   CDD: 121
                                                                             CDU: 165

Editora afiliada:

Asociación de Editoriales Universitarias de América Latina y el Caribe

Associação Brasileira de Editoras Universitárias

Sumário

Sobre a tradução   7

Nota à primeira edição   12

Nota à segunda edição   14

Livro 1
Do entendimento   15

Livro 2
Das paixões   307

Livro 3
Da moral   491

Apêndice   661

Sinopse   679

Notas e variantes   701

Índice geral   705

Índice analítico   713

Índice onomástico   757

Sobre a tradução

David Hume (1711-1776) terminou de escrever seu primeiro livro, o *Tratado da natureza humana*, aos 27 anos de idade. Os três volumes que o compunham foram publicados em 1739 (Livros 1 e 2) e em 1740 (Livro 3, juntamente com o Apêndice), passando praticamente despercebidos. O jovem filósofo escocês, que havia depositado grandes esperanças em sua obra, fica profundamente decepcionado: "o livro", diz ele no pequeno texto autobiográfico *My own life* (1776), "já saiu da gráfica natimorto. Não teve sequer o mérito de despertar murmurações entre os zelotes". Hume, entretanto, estava seguro de que seu fracasso se devia "mais à maneira que à matéria", e que havia sido sobretudo incompreendido. Por isso, já em 1739 ou início de 1740, em resposta às críticas dos leitores que haviam considerado os dois primeiros volumes demasiadamente difíceis, ele publica, de forma anônima e na terceira pessoa, uma *Sinopse* (*Abstract*) do *Tratado*, em que tenta explicar mais claramente "o argumento principal" de seu livro. Mas isso não muda muita coisa, e, alguns anos mais tarde, Hume já quase não fala mais do *Tratado*, dedicando-se antes à publicação de três obras distintas: *Investigação sobre o entendimento humano* (1748), *Investigação sobre os princípios da moral* (1751) e *Dissertação sobre as paixões* (1757). Sob a nova "maneira", entretanto, é a mesma "matéria" que ali se encontra, com muito poucas modificações substanciais. E embora o próprio autor o tenha posto em segundo plano como um mero escrito de juventude, o *Tratado* permanece certamente sua obra mais rica e complexa.

Semelhante complexidade, como se poderia esperar, torna a tradução do *Tratado* tarefa cheia de dificuldades. Inúmeras vezes tive de resistir ao impulso de acumular notas explicativas ou tecer considerações sobre trechos obscuros ou ambíguos. Dada a natureza da presente edição, procurei limitar minhas notas aos casos em que a solução encontrada na tradução perde algo da precisão, complicação ou mesmo ambiguidade do original. Essas notas encontram-se todas em pé de página, com exceção de duas que, por serem demasiadamente longas e gerais, apresento a seguir:

1   Podemos encontrar ao longo do *Tratado* uma distinção entre os termos "*conjunction*" (conjunção) e "*connexion*" (conexão). A "conjunção", em geral, se refere a uma mera proximidade espacial ou temporal, ao passo que a "conexão" supõe um princípio de "união" e um trabalho da imaginação. Há dois bons exemplos disso no Livro 1. Já na Seção 1 da Parte 1 (p.25), a "conjunção constante" entre nossas impressões e nossas ideias nos permite concluir a existência de uma "conexão" entre os dois tipos de percepções. E na Parte 3, toda a análise da relação causal mostra que a "conexão necessária" entre causa e efeito supõe a existência de uma "conjunção constante" entre duas espécies de objetos. Procurando manter essa distinção (embora Hume raramente seja muito rigoroso quanto aos termos que emprega), traduzi sempre "*conjunction*" por "conjunção" e "*connexion*" por "conexão". Entretanto, algumas formas derivadas de "*conjunction*", como, por exemplo, "*conjoined*", requerem uma outra solução. Assim, utilizei três formas básicas para traduzir o termo "*conjoined*": sempre que possível, utilizei a expressão "em conjunção com"; quando isso não me pareceu estilisticamente adequado, empreguei o termo "conjugado" e suas variações (conjugada, conjugar etc.). Mas, em alguns casos, "conjugado" pode conotar um vínculo maior que o de uma mera conjunção espacial ou temporal. Recorri, então, à forma mais simples

"juntar" (cf. p.108 e p.124). Finalmente, em alguns raros casos, tive de apelar ainda para outras soluções, porém, acredito, sem trair o sentido do texto.

2   *"Feeling"* é talvez o termo utilizado por Hume cuja tradução é a mais problemática. *"Feeling"* pode significar "sentir" (em oposição a "pensar", mas também – quando usado como substantivo – a "razão" ou "pensamento"), aquilo que sinto, uma maneira peculiar de sentir, a faculdade de sentir dessa maneira peculiar, uma impressão, um sentimento ou uma sensação, além de tato. O ideal, evidentemente, seria encontrar um termo diferente para exprimir cada um desses significados. Entretanto, embora essa tarefa seja razoavelmente simples no caso de tato, não é isso o que ocorre na maioria das vezes. De fato, o próprio Hume, com frequência, parece usar como equivalentes palavras como *"sentiment"*, *"feeling"*, *"sensation"* e até *"impression"*. Na página 133, por exemplo, ele fala sucessivamente, e um tanto indistintamente, em *sensation, taste, sentiment* e *feeling*. Michel Malherbe, em *La philosophie empiriste de David Hume* (Paris: J. Vrin, 1984), notou a dificuldade da tradução do termo *"feeling"* e as diversas tentativas de solução adotadas por autores de língua francesa (ver p.284, nota 39). Temos, assim, "maneira de sentir", "sentimento", "consciência moral", "impressão", "sensação". O próprio Malherbe, após expor as desvantagens maiores ou menores de *todas* essas alternativas, oscila em seu texto entre *"le sentir"* e *"le feeling"*, mantendo neste último caso o termo em inglês (como o fazem, aliás, outros comentadores de língua francesa). Infelizmente, essas duas soluções tampouco me parecem adequadas (ao menos em uma tradução), por uma razão estilística e também, especificamente no caso da primeira solução, porque estaríamos excluindo aquilo que é sentido por esse "sentir".

      Em vista de todas essas dificuldades, a solução que adotei (que também é imperfeita, mas me pareceu a melhor) foi alternar entre: o verbo "sentir" (por exemplo, quando *"feeling"* se opõe a *"thinking"*); fórmulas como "é sentida/são sentidas de maneira diferente", sempre que o original põe algo semelhante a *"it feels different"* ou *"they are different to the feeling*"; "sentimento" (nos casos em que o sentido de *"feeling"* me pareceu equivalente ao de *"sentiment"*, e em que, além disso, os dois termos não foram usados conjuntamente, como ocorre com frequência); e, finalmente, "sensação". Essas três últimas soluções, repito, foram rejeitadas por Malherbe. "Sentimento", porque *"Si le sentiment a toujours sa racine dans le* feeling *et de ce fait précède l'entendement, s'il n'est pas une opération de la pensée, néanmoins il est d'essence judicatoire"*; "maneira de sentir", porque ela *"suggère en effet une différence entre le sentir et sa manière, qui n'existe pas ... En toute rigueur, la manière du sentir est l'espace et le temps"*; e "sensação", *"puisqu'il y a des impressions de réflexion"*. Essa avaliação é perfeitamente legítima, mas, sobretudo nos dois primeiros casos, nossa concordância com ela não impede que adotemos essas soluções de uma forma discriminada e não generalizada. Quanto a "sensação", ressalvo que a nota em que Malherbe faz essas considerações ocorre por ocasião de sua análise acerca da parte inicial do *Tratado*, em que Hume fala em *"sensation"* para se referir exclusivamente às "impressões de sensação", de modo diferente do que ocorre, por exemplo, a propósito das paixões, quando Hume fala em "sensações [*sensations*] das paixões". Além disso, parece-me que em português a palavra "sensação" não tem necessariamente de estar ligada apenas às impressões sensíveis. É-nos perfeitamente compreensível falar, por exemplo, na sensação de uma paixão, ou na sensação peculiar de uma ideia.

 De toda forma, para evitar mal-entendidos, sempre que utilizarmos a palavra "sensação" para verter *"feeling"*, acrescentaremos entre colchetes o termo em inglês: [*feeling*]. O mesmo procedimento será adotado quando *"feeling"* for traduzido por "sentimento". O leitor saberá portanto que, sempre que "sensação" ou "sentimento" aparecerem sem qualquer indicação, o original diz respectivamente *"sensation"* e *"sentiment"*. Da mesma forma, para não sobrecarregar em demasia o texto, não faremos (exceto nas primeiras ocorrências) nenhuma indicação ao original *"feeling"* quando for possível utilizar o verbo "sentir", ou a expressão "maneira diferente de sentir", ou equivalente, nem quando empregarmos o par "sensação ou sentimento", que sempre traduzirá a expressão *"feeling or sentiment"*.

Sobre a tradução

A presente tradução foi realizada com base na edição do texto original organizada em 1888 por L. A. Selby-Bigge, revista e modificada em 1978 por P. H. Nidditch (*A Treatise of Human Nature*, Clarendon Press, Oxford). Cotejei o original inglês com as traduções francesas de André Leroy (Aubier, Paris, 1946) e, para o terceiro livro, de Philippe Saltel (Garnier Flammarion, Paris, 1993), bem como com a tradução espanhola de Felix Duque (Tecnos, Madri, 1992). Algumas notas explicativas (por exemplo, nomes completos de autores e obras mencionados por Hume) basearam-se em notas contidas nessas traduções. Uma nova edição inglesa, anotada e comentada por David Fate Norton e Mary J. Norton, foi publicada quando esta tradução para o português estava já em fase de editoração (*A Treatise of Human Nature*, Oxford University Press, Oxford, 2000). Apesar do pouco tempo que me restava, pude, com base nela, fazer pequenas retificações no texto e complementar certas notas. David Norton socorreu-me gentilmente em minha tentativa de compreender os motivos subjacentes a algumas decisões dessa nova edição, enviando-me um artigo que escreveu com Mary J. Norton ("Substantive differences between two texts of Hume's *Treatise*", *Hume Studies* nov. 2000, XXVI-2: 245-77) e discutindo comigo vários pontos que ainda me pareceram obscuros.

Além de ter podido recorrer a essas edições e traduções, tive a sorte de contar com a ajuda de vários colegas no decorrer de meu trabalho. Quero agradecer sobretudo a Eduardo Viveiros de Castro, Luiz Carlos Pereira e Luiz Henrique Lopes dos Santos, por suas muitas e preciosas sugestões. Agradeço também, por suas contribuições, a Ana Lúcia de Lira Tavares, Danilo Marcondes, Fernando Rodrigues, José Oscar de Almeida Marques, Kátia Muricy, Marina Frasca-Spada, Marina Velasco, Michael Houseman, Michael Wrigley, Paulo Henrique Viana de Barros, Peter Gow, Plínio Smith e Renato Lessa.

Nota à primeira edição

Quando saiu a nova edição inglesa do *Tratado da natureza humana* (David Hume, *A Treatise of Human Nature*, ed. David Fate Norton e Mary J. Norton, Oxford Philosophical Texts — Oxford: Oxford University Press, 2000 — trata-se da "edição completa para estudantes", mas seu texto será basicamente o mesmo usado na *Clarendon Edition of the Works of David Hume*, edição crítica ainda em preparação), vimo-nos diante de um dilema. Há muito, a edição de Selby-Bigge/Nidditch é a referência clássica para as três principais obras de Hume, o *Tratado*, a *Investigação sobre o entendimento humano* e a *Investigação sobre os princípios da moral*. Ela é consultada pela maior parte dos estudiosos da filosofia de Hume, e é à sua paginação que estes se remetem em seus próprios trabalhos. A nova edição de Norton & Norton, entretanto, é excelente, e não é nada improvável que venha a se tornar a nova fonte principal de referência. Diante desses dois fatos, que nos pareciam incontornáveis, hesitávamos sobre a paginação que deveríamos adotar. Felizmente, a solução não foi assim tão difícil. A nova edição da Oxford procedeu a uma numeração dos parágrafos internos no texto de Hume e foi também o que fizemos, facilitando a referência padronizada ao texto, independentemente da paginação adotada.

A numeração dos parágrafos, entretanto, gerou suas próprias dificuldades. Parte do Apêndice é constituída de pequenos trechos que Hume recomendava que fossem inseridos em lugares específicos do Livro 1 do *Tratado*. A edição de Norton & Norton inseriu esses trechos nos locais recomendados, omitindo-os do Apêndice. Esse procedimento, embora tenha a vantagem de facilitar a leitura, impede o leitor de apreender este último texto em sua unidade, tal como foi escrito por Hume e publicado originalmente. Por isso, decidimos mantê-lo integralmente, seguindo a edição de Selby-Bigge/Nidditch. Com isso, entretanto, não podíamos respeitar a mesma numeração de parágrafos de Norton & Norton. A alternativa que encontramos foi inserir os devidos trechos no corpo do Livro 1 e *repeti-los* no Apêndice, preservando assim a unidade e integridade deste, sem afetar a numeração correta dos parágrafos.

Restava ainda um problema, entretanto. Com a inserção dos trechos do Apêndice no corpo do Livro 1, fazendo assim a numeração dos parágrafos coincidir exatamente com a da edição de Norton & Norton (tanto a edição para estudantes como a edição crítica vindoura), criou-se uma pequena defasagem em relação à edição de Selby-Bigge/Nidditch, que não inclui esses trechos. Por isso, em cinco casos específicos, se o leitor quiser cotejar o texto da tradução (ou o de Norton & Norton, aliás) com o desta última edição, deverá atentar para o seguinte:

1.2.4: os parágrafos 32 e 33 da tradução correspondem aos parágrafos 31 e 32 em SBN.

1.3.5: os parágrafos 5 a 7 da tradução correspondem aos parágrafos 4 a 6 em SBN.

1.3.7: o parágrafo 8 da tradução corresponde ao parágrafo 7 em SBN.

1.3.10: os parágrafos 10 a 12 da tradução fazem parte do Apêndice, e portanto não estão em SBN. O parágrafo 13 corresponde ao parágrafo 10 em SBN, e foi excluído por Norton & Norton. Para compreender melhor estas últimas inclusões e exclusões, o leitor pode consultar a nota da tradutora que antecede o parágrafo 10 da mesma seção.

1.3.14: os parágrafos 13 a 36 da tradução correspondem aos parágrafos 12 a 35 em SBN.

Por outro lado, a manutenção do Apêndice em sua íntegra gerou uma discrepância entre a paragrafação desse texto em nossa edição e na nova edição da Oxford. Assim, os parágrafos 18 a 30 da tradução correspondem aos parágrafos 10 a 22 de Norton & Norton. Finalmente, uma última diferença aparecerá dentro da nota de Hume a 3.2.3.7, decorrente de uma alteração na paragrafação, apenas indicada na edição de Selby-Bigge/Nidditch mas adotada na edição Norton & Norton e em nossa tradução.

Outros esclarecimentos:

Os trechos do apêndice que foram inseridos no corpo do texto vêm entre colchetes. Tanto as notas de Hume como as da tradutora aparecem em pé de página, aquelas numeradas dentro de cada parte e estas marcadas por asteriscos.

As seguintes abreviaturas foram utilizadas nas notas da tradutora:

NN/OPT: o texto completo para estudantes de *A Treatise of Human Nature*, editado por David Fate Norton e Mary J. Norton dentro da coleção Oxford Philosophical Texts (Oxford: Oxford University Press, 2000).

SBN: a edição de Selby-Bigge (1888) revista por P. H. Nidditch em 1976 (Oxford: Clarendon Press, 1978).

Nota à segunda edição

Esta segunda edição do *Tratado da Natureza Humana* sofreu numerosas modificações em relação à anterior, a maioria correções de cunho apenas tipográfico ou estilístico, porém em certos casos razoavelmente importantes. Destas últimas, algumas são fruto de discussões com colegas, entre os quais agradeço principalmente a Lívia Guimarães e a todos que participaram do Colóquio Hume por ela organizado em julho de 2002, no Departamento de Filosofia da Universidade Federal de Minas Gerais.

Além disso, esta edição inclui um índice analítico e um índice onomástico cuidadosamente elaborados por Amandio de Jesus Gomes, que assim nos redime do pecado de tê-los omitido na primeira edição. Agradeço também a Amandio a sugestão de algumas correções importantes à tradução.

Em meados de 2007, veio à luz, em dois volumes, a edição crítica do *Tratado da Natureza Humana* editada por David Fate e Mary J. Norton (David Hume, *A Treatise of Human Nature*. Oxford: Clarendon Press, 2007). Infelizmente, problemas editoriais tornaram impossível atualizar as correções aqui contidas para levar em conta, tal como seria desejável, esta nova e muito provavelmente definitiva edição. Mal redimidos de um pecado, portanto, cometemos outro. Esperamos poder desfazê-lo num futuro próximo.

Finalmente, passou-se toda a numeração de *livros*, *partes* e *seções* para algarismos arábicos, o que, conjugado com a numeração dos parágrafos já adotada na primeira edição, deverá facilitar ainda mais as futuras referências ao texto da tradução brasileira.

A tradutora

Tratado da natureza humana

Uma tentativa de introduzir o método experimental de raciocínio nos assuntos morais

Rara temporum felicitas, ubi sentire, quæ velis; & quæ sentias, dicere licet

Tácito*

Livro 1
Do entendimento

---

* Tácito, *Histórias*, I-1: "Rara felicidade de uma época em que se pode pensar o que se quer e dizer o que se pensa". (N.T.)

Advertência

Meu objetivo no presente trabalho está explicado de maneira suficiente na Introdução. O leitor deve apenas ter em mente que nem todos os temas que ali me propus tratar são abordados nestes dois volumes. Os temas do entendimento e das paixões compõem por si sós uma sequência completa de raciocínios; e minha intenção era tirar vantagem dessa divisão natural, a fim de testar o gosto do público. Se eu tiver a sorte de ser bem-sucedido, procederei ao exame da moral, da política e da crítica, o que completará este Tratado da natureza humana. Considero a aprovação do público a maior recompensa que posso receber por meus esforços; mas estou determinado a tomar seu juízo, qualquer que seja ele, como meu melhor ensinamento.

Introdução

1   Nada é mais usual e mais natural, para aqueles que pretendem oferecer ao mundo novas descobertas filosóficas e científicas, que insinuar elogios a seu próprio sistema, depreciando todos os que foram propostos anteriormente. De fato, se se contentassem em lamentar a ignorância que ainda nos envolve nas mais importantes questões que podem enfrentar o tribunal da razão humana, seriam poucos os que, tendo alguma familiaridade com as ciências, não concordariam imediatamente com eles. O homem dotado de discernimento e de saber percebe facilmente a fragilidade do fundamento, até mesmo daqueles sistemas mais bem aceitos e com as maiores pretensões de conter raciocínios precisos e profundos. Princípios acolhidos com base na confiança; consequências deles deduzidas de maneira defeituosa; falta de coerência entre as partes, e de evidência no todo – tudo isso pode-se encontrar nos sistemas dos mais eminentes filósofos, e parece cobrir de opróbrio a própria filosofia.

2   Tampouco é necessário um conhecimento muito profundo para se descobrir quão imperfeita é a atual condição de nossas ciências. Mesmo a plebe lá fora é capaz de julgar, pelo barulho e vozerio que ouve, que nem tudo vai bem aqui dentro. Não há nada que não seja objeto de discussão e sobre o qual os estudiosos não manifestem opiniões contrárias. A questão mais trivial não escapa à nossa controvérsia, e não

somos capazes de produzir nenhuma certeza a respeito das mais importantes. Multiplicam-se as disputas, como se tudo fora incerto; e essas disputas são conduzidas da maneira mais acalorada, como se tudo fora certo. Em meio a todo esse alvoroço, não é a razão que conquista os louros, mas a eloquência; e ninguém precisa ter receio de não encontrar seguidores para suas hipóteses, por mais extravagantes que elas sejam, se for hábil o bastante para pintá-las em cores atraentes. A vitória não é alcançada pelos combatentes que manejam o chuço e a espada, mas pelos corneteiros, tamborileiros e demais músicos do exército.

3   É daí que surge, em minha opinião, o preconceito comum contra todo tipo de raciocínio metafísico, mesmo por parte daqueles que se dizem doutos e que costumam avaliar de maneira justa todos os outros gêneros da literatura. Entendem eles por raciocínio metafísico, não os raciocínios de um ramo particular da ciência, mas qualquer espécie de argumento que seja de alguma forma abstruso e requeira alguma atenção para ser compreendido. É tão frequente ver nossos esforços desperdiçados em tais investigações, que costumamos rejeitá-las sem hesitação, decidindo que, se não podemos deixar de ser vítimas de erros e ilusões, então estes deverão ao menos ser naturais e agradáveis. E realmente nada, a não ser o mais determinado ceticismo, juntamente com um elevado grau de indolência, pode justificar tal aversão à metafísica. Pois se a verdade está ao alcance da capacidade humana, é certo que ela deve se esconder em algum lugar muito profundo e abstruso. Esperar alcançá-la sem grande esforço, enquanto os maiores gênios falharam mesmo ao cabo das piores dificuldades, é uma atitude que, com toda razão, deve ser considerada bastante vã e presunçosa. De minha parte, não tenho a pretensão de que a filosofia aqui desenvolvida goze de tal privilégio; se fosse tão fácil e óbvia, aliás, isso seria para mim um forte motivo para se suspeitar dela.

4   É evidente que todas as ciências têm uma relação, maior ou menor, com a natureza humana; e, por mais que alguma dentre elas possa parecer se afastar dessa natureza, a ela sempre retornará por um

caminho ou outro. Mesmo a *matemática*, a *filosofia da natureza* e a *religião natural* dependem em certa medida da ciência do HOMEM, pois são objetos do conhecimento dos homens, que as julgam por meio de seus poderes e faculdades. É impossível dizer que transformações e melhoramentos seríamos capazes de operar nessas ciências, se conhecêssemos plenamente a extensão e a força do entendimento humano, e se pudéssemos explicar a natureza das ideias que empregamos, bem como das operações que realizamos em nossos raciocínios. Tais melhoramentos seriam sobretudo bem-vindos no caso da religião natural, que não se contenta em nos instruir sobre a natureza dos poderes superiores, mas vai além, considerando ainda as disposições desses poderes em relação a nós, assim como nossos deveres para com eles. Em consequência disso, nós não somos simplesmente os seres que raciocinam, mas também um dos objetos acerca dos quais raciocinamos.

5   Se, portanto, as ciências da matemática, filosofia da natureza e religião natural mostram tal dependência em relação ao conhecimento do homem, o que se pode esperar das outras ciências, cuja conexão com a natureza humana é ainda mais estreita e íntima? A única finalidade da lógica é explicar os princípios e operações de nossa faculdade de raciocínio e a natureza de nossas ideias; a moral e a crítica tratam de nossos gostos e sentimentos; e a política considera os homens enquanto unidos em sociedade e dependentes uns dos outros. Essas quatro ciências, *lógica*, *moral*, *crítica* e *política*, compreendem quase tudo que possamos ter algum interesse em conhecer, ou quase tudo que possa servir para aperfeiçoar ou adornar a mente humana.

6   Eis, pois, o único recurso capaz de conduzir nossas investigações filosóficas ao sucesso: abandonar o método moroso e entediante que seguimos até agora e, ao invés de tomar, vez por outra, um castelo ou aldeia na fronteira, marchar diretamente para a capital ou centro dessas ciências, para a própria natureza humana; estando nós de posse desta, podemos esperar uma vitória fácil em todos os outros terrenos. Partindo de tal posição, poderemos estender nossas conquistas a todas as ciências que concernem de perto à vida humana, e então pro-

ceder calmamente à investigação mais completa daquelas que são objetos da pura curiosidade. Não existe nenhuma questão importante cuja decisão não esteja compreendida na ciência do homem; e não existe nenhuma que possa ser decidida com alguma certeza antes de conhecermos essa ciência. Portanto, ao pretender explicar os princípios da natureza humana, estamos de fato propondo um sistema completo das ciências, construído sobre um fundamento quase inteiramente novo, e o único sobre o qual elas podem se estabelecer com alguma segurança.

7   Assim como a ciência do homem é o único fundamento sólido para as outras ciências, assim também o único fundamento sólido que podemos dar a ela deve estar na experiência e na observação. Não é de espantar que a aplicação da filosofia experimental às questões morais tenha tido que esperar todo um século desde sua aplicação à ciência da natureza. Na verdade, sabemos que o mesmo intervalo separou a origem dessas ciências: o tempo transcorrido entre TALES e SÓCRATES é quase igual ao que transcorreu entre LORD BACON e alguns filósofos recentes da *Inglaterra*,[1] que deram início à construção de uma nova base para a ciência do homem, atraindo a atenção e despertando a curiosidade do público. Isso tanto é verdade que, embora outras nações possam rivalizar conosco na poesia, e nos suplantar em outras artes agradáveis, os aperfeiçoamentos na razão e na filosofia não poderiam caber senão a uma terra de tolerância e liberdade.

8   Não devemos pensar que tal aperfeiçoamento na ciência do homem será menos honroso para nosso país natal que aquele ocorrido na filosofia da natureza; devemos antes considerá-lo como uma glória ainda maior, em virtude da maior importância daquela ciência, bem como da necessidade de sua reforma. Parece-me evidente que, a essência da mente sendo-nos tão desconhecida quanto a dos corpos externos, deve ser igualmente impossível formar qualquer noção de seus poderes e qualidades de outra forma que não seja por meio de experimentos cuidadosos e precisos, e da observação dos efeitos

---

1 Sr. *Locke*, Lord *Shaftesbury*, Dr. *Mandeville*, Sr. *Hutcheson*, Dr. *Butler* etc.

particulares resultantes de suas diferentes circunstâncias e situações. Embora devamos nos esforçar para tornar todos os nossos princípios tão universais quanto possível, rastreando ao máximo nossos experimentos, de maneira a explicar todos os efeitos pelas causas mais simples e em menor número, ainda assim é certo que não podemos ir além da experiência. E qualquer hipótese que pretenda revelar as qualidades originais e últimas da natureza humana deve imediatamente ser rejeitada como presunçosa e quimérica.

9   Creio que um filósofo que se dedicasse com tal empenho a explicar os princípios últimos da alma não estaria, na verdade, revelando-se um grande mestre nessa mesma ciência da natureza humana que ele pretende explicar, nem um grande conhecedor daquilo que naturalmente satisfaz à mente humana. Pois nada é mais certo que o fato de que o desespero tem sobre nós quase o mesmo efeito que o contentamento, e, tão logo nos damos conta da impossibilidade de satisfazer um desejo, esse mesmo desejo desaparece. Ao ver que atingimos o limite máximo da razão humana, sossegamos, satisfeitos, ainda que, no essencial, estejamos totalmente convencidos de nossa ignorância, e percebamos que não somos capazes de indicar nenhuma razão para nossos princípios mais gerais e sutis, além de nossa experiência de sua realidade – experiência que é a razão do vulgo, e que inicialmente não requereu nenhum estudo para ser descoberta, mesmo no caso dos fenômenos mais particulares e extraordinários. E assim como essa impossibilidade de qualquer progresso adicional basta para satisfazer ao leitor, assim também o autor pode extrair uma satisfação ainda mais requintada da livre confissão de sua ignorância e de sua prudência em evitar o erro em que muitos incorreram, a saber, o de impor ao mundo suas conjeturas e hipóteses como se fossem os princípios mais certos. Quando se consegue obter esse mútuo contentamento e satisfação entre mestre e discípulo, não sei o que mais se pode exigir de nossa filosofia.

10   Caso se considere essa impossibilidade de se explicarem os princípios últimos como um defeito da ciência do homem, arriscar-me-ei a ponderar que esse defeito é comum a ela e a todas as ciências e to-

das as artes a que possamos nos aplicar, sejam elas cultivadas nas escolas dos filósofos ou praticadas nas oficinas dos mais humildes artesãos. Nenhum deles pode ir além da experiência ou estabelecer princípios que não estejam fundados sobre essa autoridade. É verdade que a filosofia moral tem uma desvantagem peculiar, que não se encontra na filosofia da natureza: ela não pode reunir experimentos de maneira deliberada e premeditada, a fim de esclarecer todas as dificuldades particulares que vão surgindo. Quando não sou capaz de conhecer os efeitos de um corpo sobre outro em uma dada situação, tudo que tenho a fazer é pôr os dois corpos nessa situação e observar o resultado. Mas se tentasse esclarecer da mesma forma uma dúvida no domínio da filosofia moral, colocando-me no mesmo caso que aquele que estou considerando, é evidente que essa reflexão e premeditação iriam perturbar de tal maneira a operação de meus princípios naturais que se tornaria impossível formar qualquer conclusão correta a respeito do fenômeno. Portanto, nessa ciência, devemos reunir nossos experimentos mediante a observação cuidadosa da vida humana, tomando-os tais como aparecem no curso habitual do mundo, no comportamento dos homens em sociedade, em suas ocupações e em seus prazeres. Sempre que experimentos dessa espécie forem criteriosamente reunidos e comparados, podemos esperar estabelecer, com base neles, uma ciência, que não será inferior em certeza, e será muito superior em utilidade, a qualquer outra que esteja ao alcance da compreensão humana.

Parte 1
Das ideias, sua origem, composição, conexão, abstração etc.

Seção 1
Da origem de nossas ideias

1 As percepções da mente humana se reduzem a dois gêneros distintos, que chamarei de IMPRESSÕES e IDEIAS. A diferença entre estas consiste nos graus de força e vividez com que atingem a mente e penetram em nosso pensamento ou consciência. As percepções que entram com mais força e violência podem ser chamadas de *impressões*; sob esse termo incluo todas as nossas sensações, paixões e emoções, em sua primeira aparição à alma. Denomino *ideias* as pálidas imagens dessas impressões no pensamento e no raciocínio, como, por exemplo, todas as percepções despertadas pelo presente discurso, excetuando-se apenas as que derivam da visão e do tato, e excetuando-se igualmente o prazer ou o desprazer imediatos que esse mesmo discurso possa vir a ocasionar. Creio que não serão necessárias muitas palavras para explicar essa distinção. Cada um, por si mesmo, percebe imediatamente a diferença entre sentir e pensar. Os graus

mais comuns dessas duas espécies de percepções são facilmente distinguíveis; mas não é impossível que, em certos casos, elas possam estar muito próximas uma da outra. Assim, por exemplo, no sono, no delírio febril, na loucura, ou em qualquer emoção mais violenta da alma, nossas ideias podem se aproximar de nossas impressões. Por outro lado, acontece, às vezes, de nossas impressões serem tão apagadas e fracas que não somos capazes de as distinguir de nossas ideias. Mas, apesar dessa grande semelhança em alguns poucos casos, elas são geralmente tão diferentes que ninguém pode hesitar em separá-las em duas classes distintas, atribuindo a cada uma um nome característico para marcar sua diferença.[1]

2 Convém observar ainda uma segunda divisão entre nossas percepções, que se aplica tanto às impressões como às ideias. Trata-se da divisão em SIMPLES e COMPLEXAS. Percepções simples, sejam elas impressões ou ideias, são aquelas que não admitem nenhuma distinção ou separação. As complexas são o contrário dessas, e podem ser distinguidas em partes. Embora uma cor, um sabor e um aroma particulares sejam todos qualidades unidas nesta maçã, é fácil perceber que elas não são a mesma coisa, sendo ao menos distinguíveis umas das outras.

3 Tendo, com tais divisões, ordenado e classificado nossos objetos, podemos agora nos dedicar a considerar de maneira mais precisa suas qualidades e relações. A primeira circunstância que me chama a atenção é a grande semelhança entre nossas impressões e ideias em todos os pontos, exceto em seus graus de força e vividez. As ideias parecem ser de alguma forma os reflexos das impressões; de modo que todas as percepções da mente são duplas, aparecendo como impressões e

---

[1] Emprego aqui os termos *impressão* e *ideia* em sentido diferente do usual, liberdade que espero me seja concedida. Talvez, na verdade, eu esteja restituindo à palavra "ideia" seu sentido original, do qual o Sr. *Locke* a desviou quando a fez representar todas as nossas percepções. Quanto ao termo "impressão", gostaria que não se o entendesse aqui como exprimindo a maneira pela qual nossas percepções vívidas são produzidas na alma, mas como exprimindo apenas as próprias percepções – para as quais não existe um nome particular, nem em *inglês*, nem, que eu saiba, em nenhuma outra língua.

como ideias. Quando fecho os olhos e penso em meu quarto, as ideias que formo são representações exatas das impressões que antes senti; e não há sequer uma circunstância naquelas que não se encontre também nestas últimas. Ao passar em revista minhas outras percepções, encontro a mesma semelhança e representação. Ideias e impressões parecem sempre se corresponder mutuamente. Essa circunstância me parece notável, prendendo minha atenção por um momento.

4 Ao proceder a um exame mais rigoroso, vejo que me deixei levar longe demais pelas primeiras aparências, e que terei de fazer uso da distinção das percepções em *simples* e *complexas* para limitar a conclusão geral de que *todas as nossas ideias e impressões são semelhantes*. Observo que muitas de nossas ideias complexas jamais tiveram impressões que lhes correspondessem, e que muitas de nossas impressões complexas nunca são copiadas de maneira exata como ideias. Posso imaginar uma cidade como a *Nova Jerusalém*, pavimentada de ouro e com seus muros cobertos de rubis, mesmo que nunca tenha visto nenhuma cidade assim. Eu vi *Paris*; mas afirmarei por isso que sou capaz de formar daquela cidade uma ideia que represente perfeitamente todas as suas ruas e casas, em suas proporções reais e corretas?

5 Percebo, portanto, que, embora haja em geral uma grande semelhança entre nossas impressões e ideias *complexas*, não é uma regra universalmente verdadeira que elas sejam cópias exatas umas das outras. Consideremos agora o que ocorre com nossas percepções *simples*. Após o exame mais rigoroso de que sou capaz, arrisco-me a afirmar que, aqui, a regra não comporta exceção, e que toda ideia simples tem uma impressão simples que a ela se assemelha; e toda impressão simples, uma ideia correspondente. A ideia de vermelho que formamos no escuro e a impressão que atinge nossos olhos à luz do sol diferem somente em grau, não em natureza. É impossível provar, por uma enumeração exaustiva de todos os casos, que isso se dá com todas as nossas impressões e ideias simples. Qualquer pessoa pode se convencer disso, examinando tantas quantas queira. Mas se

alguém negar essa semelhança universal, o único meio que vejo de o convencer é pedir-lhe que mostre uma impressão simples que não tenha uma ideia correspondente, ou uma ideia simples que não tenha uma impressão correspondente. Se ele não responder a esse desafio – e com certeza não conseguirá fazê-lo – poderemos, com base em seu silêncio e em nossa própria observação, ter por estabelecida nossa conclusão.

6   Vemos, assim, que todas as ideias e impressões simples se assemelham umas às outras. E, como as complexas se formam a partir delas, podemos afirmar de um modo geral que essas duas espécies de percepções são exatamente correspondentes. Tendo descoberto essa relação, que não requer nenhum exame adicional, estou curioso por descobrir algumas outras de suas qualidades. Consideremos como elas se situam no que diz respeito a sua existência, e quais delas, impressões ou ideias, são causas, quais são efeitos.

7   O exame *completo* dessa questão é o tema do presente tratado; por isso, contentar-nos-emos aqui em estabelecer nossa proposição geral: que *todas as nossas ideias simples, em sua primeira aparição, derivam de impressões simples, que lhes correspondem e que elas representam com exatidão.*

8   Ao buscar fenômenos que provem essa proposição, encontro-os de apenas dois tipos; mas para cada um desses tipos, os fenômenos são óbvios, numerosos e conclusivos. Em primeiro lugar, mediante um novo exame, certifico-me daquilo que já afirmei, a saber, que toda impressão simples é acompanhada de uma ideia correspondente, e toda ideia simples, de uma impressão correspondente. Dessa conjunção* constante entre percepções semelhantes, concluo imediatamente que há uma forte conexão entre nossas impressões e ideias correspondentes, e que a existência de umas tem uma influência considerável sobre a das outras. Uma tal conjunção constante, em um número infinito de casos, jamais poderia surgir do acaso. Ela prova, ao contrário, que há uma dependência das impressões em relação às

---

* Ver supra, p.8-9. (N.T.)

ideias, ou das ideias em relação às impressões. Para saber de que lado está essa dependência, examino a ordem de sua *primeira aparição*; e descubro, pela experiência constante, que as impressões simples sempre antecedem suas ideias correspondentes, nunca aparecendo na ordem inversa. Para dar a uma criança uma ideia do escarlate ou do laranja, do doce ou do amargo, apresento-lhe os objetos, ou, em outras palavras, transmito-lhe essas impressões; mas nunca faria o absurdo de tentar produzir as impressões excitando as ideias. Nossas ideias, ao aparecerem, não produzem impressões correspondentes; tampouco percebemos uma cor ou temos uma sensação qualquer simplesmente por pensar nessa cor ou nessa sensação. Em contrapartida, vemos que qualquer impressão, da mente ou do corpo, é constantemente seguida por uma ideia que a ela se assemelha, e da qual difere apenas nos graus de força e vividez. A conjunção constante de nossas percepções semelhantes é uma prova convincente de que umas são as causas das outras; e essa anterioridade das impressões é uma prova equivalente de que nossas impressões são as causas de nossas ideias, e não nossas ideias as causas de nossas impressões.

9 Para confirmar isso, considero um outro fenômeno bastante claro e convincente: toda vez que algum acidente obstrui a operação das faculdades que geram determinadas impressões, como no caso de um cego ou surdo de nascença, perdem-se não apenas as impressões, mas também suas ideias correspondentes, de modo que jamais aparece na mente nenhum traço de umas ou de outras. Isso é verdade, não apenas quando há uma total destruição dos órgãos da sensação, mas igualmente quando estes nunca chegaram a ser acionados para produzir uma impressão particular. Não somos capazes de formar uma ideia correta do sabor de um abacaxi sem tê-lo realmente provado.

10 Existe, entretanto, um fenômeno que parece contradizer isso, e que poderia provar que não é absolutamente impossível que as ideias antecedam suas impressões correspondentes. Acredito que se admitirá sem dificuldade que as diversas ideias distintas das cores, que penetram pelos olhos, ou as ideias dos sons, transmitidas pela audição,

são na realidade diferentes umas das outras, embora ao mesmo tempo semelhantes. Ora, se isso é verdade em relação às diferentes cores, não deve ser menos verdade em relação às diferentes tonalidades da mesma cor, ou seja, que cada uma delas produz uma ideia distinta e independente do resto. Pois, se não fosse assim, deveria ser possível, pela gradação contínua das tonalidades, fazer uma cor se transformar insensivelmente na mais afastada dela. Se não se quiser admitir que nenhum dos matizes intermediários é diferente, será absurdo negar que os extremos são iguais. Suponhamos, assim, uma pessoa que tenha gozado de sua visão durante trinta anos e tenha-se familiarizado perfeitamente com todos os tipos de cores, exceto com uma única tonalidade de azul, por exemplo, a qual ela nunca teve a ocasião de encontrar. Imaginemos que todas as diferentes tonalidades dessa cor, excetuando-se apenas aquela, sejam dispostas à sua frente, em ordem gradualmente descendente, da mais escura à mais clara. É evidente que essa pessoa irá perceber um vazio no lugar onde falta a tonalidade, e será sensível à* existência de uma maior distância entre as cores contíguas àquele espaço que entre quaisquer outras. Pergunto, então, se lhe é possível suprir tal deficiência por meio de sua própria imaginação, produzindo para si mesma a ideia daquela tonalidade particular, muito embora esta jamais lhe tenha sido transmitida por seus sentidos. Acredito que poucos discordarão de que isso seja possível. Esse exemplo pode servir como prova de que as ideias simples nem sempre derivam das impressões correspondentes – embora o caso seja tão particular e singular que quase não é digno de nossa atenção, não merecendo que, apenas por sua causa, alteremos nossa máxima geral.

---

* "Will be sensible that". Embora Hume geralmente utilize essa expressão com um sentido equivalente ao de "perceber" (o que para ele, aliás, significa ter impressões ou ideias), mantive aqui e em outras poucas ocorrências a tradução literal, mesmo que soe um pouco estranha em português. Neste caso, por exemplo, a compreensão da "exceção" apresentada por Hume a sua própria teoria, da prioridade das impressões em relação às ideias, depende em parte justamente da definição do que é esse "ser sensível" ao tom de azul ausente. A solução que apela para a expressão "ter consciência de" me parece inconveniente, por transferir para a consciência algo que diz respeito à sensação. (N.T.)

11   À parte essa exceção, porém, não é descabido observar, acerca desse ponto, que o princípio da anterioridade das impressões em relação às ideias deve ser tomado com uma limitação adicional, a saber, que, assim como nossas ideias são imagens de nossas impressões, assim também podemos formar ideias secundárias, que são imagens das primárias – como se vê no presente raciocínio a seu respeito. Não se trata aqui, propriamente falando, de uma exceção à regra, mas de uma explicação. As ideias produzem imagens de si mesmas em novas ideias; mas, como supomos que as primeiras são derivadas de impressões, continua sendo verdade que todas as nossas ideias simples procedem, mediata ou imediatamente, de suas impressões correspondentes.

12   Esse é, portanto, o primeiro princípio que estabeleço na ciência da natureza humana; e não há que desprezá-lo por sua aparência simples. Pois cabe notar que a presente questão, a respeito da anterioridade de nossa impressões ou ideias, é a mesma que produziu tanto barulho sob uma outra formulação, quando se discutiu se haveria ideias inatas, ou se todas as ideias derivam da sensação e da reflexão. Podemos observar que, a fim de provar que as ideias de extensão e de cor não são inatas, os filósofos nada mais fazem que mostrar que elas são transmitidas por nossos sentidos. Para provar que as ideias de paixão e desejo não são inatas, eles observam que experimentamos previamente em nós mesmos essas emoções. Ora, se examinarmos cuidadosamente esses argumentos, veremos que eles nada provam, senão que as ideias são precedidas por outras percepções mais vívidas, das quais derivam e as quais elas representam. Espero que essa exposição clara do problema possa pôr fim a todas as disputas a seu respeito, tornando esse princípio mais útil para nossos raciocínios do que ele parece ter sido até agora.

Seção 2
Divisão do tema

1   Uma vez estabelecido que nossas impressões simples são anteriores às ideias correspondentes, e que as exceções são bastante raras, o

método parece exigir que examinemos nossas impressões antes de considerar as ideias. As impressões podem ser divididas em duas espécies: de SENSAÇÃO e de REFLEXÃO. As da primeira espécie nascem originalmente na alma, de causas desconhecidas. As da segunda derivam em grande medida de nossas ideias, conforme a ordem seguinte. Primeiro, uma impressão atinge os sentidos, fazendo-nos perceber o calor ou o frio, a sede ou a fome, o prazer ou a dor, de um tipo ou de outro. Em seguida, a mente faz uma cópia dessa impressão, que permanece mesmo depois que a impressão desaparece, e à qual denominamos ideia. Essa ideia de prazer ou dor, ao retornar à alma, produz novas impressões, de desejo ou aversão, esperança ou medo, que podemos chamar propriamente de impressões de reflexão, porque derivadas dela. Essas impressões de reflexão são novamente copiadas pela memória e pela imaginação, convertendo-se em ideias – as quais, por sua vez, podem gerar outras impressões e ideias. Desse modo, as impressões de reflexão antecedem apenas suas ideias correspondentes, mas são posteriores às impressões de sensação, e delas derivadas. Ora, o estudo de nossas sensações cabe antes aos anatomistas e aos filósofos naturais que aos filósofos morais, e por esse motivo não entraremos nele no momento. E como as impressões de reflexão – a saber, as paixões, os desejos e as emoções, que sobretudo merecem nossa atenção – surgem em sua maior parte de ideias, será necessário inverter o método acima mencionado, e que à primeira vista parece mais natural. Para explicar a natureza e os princípios da mente humana, daremos uma explicação particular das ideias, antes de passarmos às impressões. Por essa razão, escolhi aqui começar pelas ideias.

Seção 3
Das ideias da memória e da imaginação

1   Pela experiência vemos que, quando uma determinada impressão esteve presente na mente, ela ali reaparece sob a forma de uma ideia, o que pode se dar de duas maneiras diferentes: ou ela retém,

em sua nova aparição, um grau considerável de sua vividez original, constituindo-se em uma espécie de intermediário entre uma impressão e uma ideia; ou perde inteiramente aquela vividez, tornando-se uma perfeita ideia. A faculdade pela qual repetimos nossas impressões da primeira maneira se chama MEMÓRIA, e a outra, IMAGINAÇÃO. É evidente, mesmo à primeira vista, que as ideias da memória são muito mais vivas e fortes que as da imaginação, e que a primeira faculdade pinta seus objetos em cores mais distintas que todas as que possam ser usadas pela última. Ao nos lembrarmos de um acontecimento passado, sua ideia invade nossa mente com força, ao passo que, na imaginação, a percepção é fraca e lânguida, e apenas com muita dificuldade pode ser conservada firme e uniforme pela mente durante um período considerável de tempo. Temos aqui, portanto, uma diferença sensível entre as duas espécies de ideias. Mas trataremos desse ponto, de maneira mais completa, adiante.[2]

2   Há uma outra diferença, não menos evidente, entre esses dois tipos de ideias. Embora nem as ideias da memória nem as da imaginação, nem as ideias vívidas nem as fracas possam surgir na mente antes que impressões correspondentes tenham vindo abrir-lhes o caminho, a imaginação não se restringe à mesma ordem e forma das impressões originais, ao passo que a memória está de certa maneira amarrada quanto a esse aspecto, sem nenhum poder de variação.

3   É evidente que a memória preserva a forma original sob a qual seus objetos se apresentaram. Sempre que, ao nos recordarmos de algo, nós nos afastamos dessa forma, isso se deve a algum defeito ou imperfeição dessa faculdade. Um historiador pode, talvez, buscando facilitar sua narrativa, relatar um evento antes de outro que lhe é efetivamente anterior; mas, se for rigoroso, ele fará notar essa desordem, recolocando assim a ideia na posição devida. O mesmo ocorre com nossas recordações dos lugares e pessoas que alguma vez conhecemos. A principal função da memória não é preservar as ideias

---

2 Parte 3, Seção 5.

simples, mas sua ordem e posição. Em suma, esse princípio se apoia em tantos fenômenos comuns e vulgares que podemos nos poupar o trabalho de continuar insistindo nele.

4   A mesma evidência nos acompanha em nosso segundo princípio, *a liberdade que tem a imaginação de transpor e transformar suas ideias*. As fábulas que encontramos nos poemas e romances eliminam qualquer dúvida sobre isso. A natureza é ali inteiramente embaralhada, e não se fala senão de cavalos alados, dragões de fogo e gigantes monstruosos. Tal liberdade da fantasia não causará estranheza, porém, se considerarmos que todas as nossas ideias são copiadas de nossas impressões, e que não há duas impressões que sejam completamente inseparáveis – isso para não mencionarmos o fato de que se trata aqui de uma consequência evidente da divisão das ideias em simples e complexas. Sempre que a imaginação percebe uma diferença entre ideias, ela pode facilmente produzir uma separação.

Seção 4
Da conexão ou associação das ideias

1   Como a imaginação pode separar todas as ideias simples, e uni-las novamente da forma que bem lhe aprouver, nada seria mais inexplicável que as operações dessa faculdade, se ela não fosse guiada por alguns princípios universais, que a tornam, em certa medida, uniforme em todos os momentos e lugares. Fossem as ideias inteiramente soltas e desconexas, apenas o acaso as juntaria; e seria impossível que as mesmas ideias simples se reunissem de maneira regular em ideias complexas (como normalmente fazem) se não houvesse algum laço de união entre elas, alguma qualidade associativa, pela qual uma ideia naturalmente introduz outra. Esse princípio de união entre as ideias não deve ser considerado uma conexão inseparável – pois isso já foi excluído da imaginação –; tampouco devemos concluir que, sem ele, a mente não poderia juntar duas ideias – pois nada é mais livre que essa faculdade. Devemos vê-lo apenas como uma força suave, que comumente prevalece, e que é a causa pela qual, entre outras coisas,

as línguas se correspondem de modo tão estreito umas às outras: pois a natureza de alguma forma aponta a cada um de nós as ideias simples mais apropriadas para serem unidas em uma ideia complexa. As qualidades que dão origem a tal associação, e que levam a mente, dessa maneira, de uma ideia a outra, são três, a saber: SEMELHANÇA, CONTIGUIDADE no tempo ou no espaço, e CAUSA e EFEITO.

2 Creio que não haverá muita necessidade de provar que essas qualidades produzem uma associação entre ideias e, quando do aparecimento de uma ideia, naturalmente introduzem outra. Está claro que, no curso de nosso pensamento e na constante circulação de nossas ideias, a imaginação passa facilmente de uma ideia a qualquer outra que seja *semelhante* a ela; tal qualidade, por si só, constitui um vínculo e uma associação suficientes para a fantasia. É também evidente que, como os sentidos, ao passarem de um objeto a outro, precisam fazê-lo de modo regular, tomando-os em sua *contiguidade* uns em relação aos outros, a imaginação adquire, por um longo costume, o mesmo método de pensamento, e percorre as partes do espaço e do tempo ao conceber seus objetos. Quanto à conexão feita pela relação de *causa* e *efeito*, teremos adiante ocasião de examiná-la a fundo e, por esse motivo, não insistiremos agora sobre ela. Basta observar que nenhuma relação produz uma conexão mais forte na fantasia e faz com que uma ideia evoque mais prontamente outra ideia que a relação de causa e efeito entre seus objetos.

3 Para que possamos compreender toda a extensão dessas relações, devemos considerar que dois objetos estão conectados na imaginação não somente quando um deles é imediatamente semelhante ou contíguo ao outro, ou quando é sua causa, mas também quando entre eles encontra-se inserido um terceiro objeto, que mantém com ambos alguma dessas relações. Esse encadeamento pode se estender até bem longe, embora, ao mesmo tempo, possa-se observar que, a cada interposição, a relação se enfraquece consideravelmente. Primos de quarto grau são conectados pela *causalidade* (se me permitem empregar esse termo), mas não de modo tão estreito quanto irmãos, e menos

ainda que uma criança e seus pais. Podemos observar, de maneira geral, que todas as relações de parentesco consanguíneo dependem da relação de causa e efeito, sendo consideradas próximas ou remotas segundo o número de causas interpostas entre as pessoas por elas conectadas.

4   Dentre as três relações acima mencionadas, a de causalidade é a de maior extensão. Dois objetos podem ser considerados como estando inseridos nessa relação, seja quando um deles é a causa de qualquer ação ou movimento do outro, seja quando o primeiro é a causa da existência do segundo. Pois como essa ação ou movimento não é senão o próprio objeto, considerado sob um certo ângulo, e como o objeto continua o mesmo em todas as suas diferentes situações, é fácil imaginar de que forma tal influência dos objetos uns sobre os outros pode conectá-los na imaginação.

5   Podemos prosseguir com esse raciocínio, observando que dois objetos estão conectados pela relação de causa e efeito não apenas quando um produz um movimento ou uma ação qualquer no outro, mas também quando tem o poder de os produzir. Notemos que essa é a fonte de todas as relações de interesse e de dever pelas quais os homens se influenciam mutuamente na sociedade, e se ligam pelos laços de governo e subordinação. Um senhor é aquele que, por sua situação, decorrente quer da força quer de um acordo, tem o poder de dirigir, sob certos aspectos particulares, as ações de outro homem, a que chamamos servo. Um juiz é aquele que, em todos os casos litigiosos entre membros da sociedade, é capaz de decidir, com sua opinião, a quem cabe a posse ou a propriedade de determinado objeto. Quando uma pessoa possui um certo poder, nada mais é necessário para convertê-lo em ação que o exercício da vontade; e *isso*, em todos os casos, é considerado possível, e em muitos, provável – especialmente no caso da autoridade, em que a obediência do súdito é um prazer e uma vantagem para seu superior.

6   Tais são, portanto, os princípios de união ou coesão entre nossas ideias simples, ocupando na imaginação o lugar daquela conexão inse-

parável que as une em nossa memória. Eis aqui uma espécie de ATRAÇÃO, cujos efeitos no mundo mental se revelarão tão extraordinários quanto os que produz no mundo natural, assumindo formas igualmente numerosas e variadas. Seus efeitos são manifestos em toda parte; quanto a suas causas, porém, estas são em sua maioria desconhecidas, devendo ser reduzidas a qualidades *originais* da natureza humana, as quais não tenho a pretensão de explicar. Não há nada tão necessário, para um verdadeiro filósofo, como a moderação do desejo excessivo de procurar causas; ele deve sentir-se satisfeito ao fundamentar uma determinada doutrina em um número suficiente de experimentos, se perceber que um exame mais prolongado o levaria a especulações obscuras e incertas. Nesse caso, sua investigação seria muito mais bem empregada no exame dos efeitos do que no das causas de seu princípio.

7   Dentre os efeitos dessa união ou associação de ideias, nenhum é mais notável que as ideias complexas, que são os objetos comuns de nossos pensamentos e raciocínios, devendo-se, geralmente, a algum princípio de união entre nossas ideias simples. Tais ideias complexas podem ser divididas em *relações, modos* e *substâncias*. Examinaremos brevemente cada um desses gêneros por ordem, e acrescentaremos, em seguida, algumas considerações acerca de nossas ideias *gerais* e *particulares*. Assim teremos concluído nosso presente assunto, que pode ser definido como os elementos desta filosofia.

Seção 5
Das relações

1   A palavra RELAÇÃO é comumente usada em dois sentidos bem diferentes: para designar a qualidade pela qual duas ideias são conectadas na imaginação, uma delas naturalmente introduzindo a outra, da maneira acima explicada; ou para designar a circunstância particular na qual, ainda que a união de duas ideias na fantasia seja meramente arbitrária, podemos considerar apropriado compará-las. Na linguagem corrente, usamos a palavra relação sempre no primeiro

sentido; apenas na filosofia estendemos esse sentido, fazendo-o significar qualquer objeto particular de comparação que prescinda de um princípio de conexão. Assim, por exemplo, os filósofos admitem que a distância é uma verdadeira relação, porque adquirimos essa ideia pela comparação de objetos. Mas na linguagem comum, quando afirmamos que *nada pode ser mais distante que tais ou tais coisas*, queremos dizer que *nada pode ter menos relação que essas coisas* – como se distância e relação fossem incompatíveis.

2   Pode-se talvez pensar que é infindável a tarefa de enumerar todas as qualidades que tornam os objetos passíveis de comparação e que são responsáveis pela produção das ideias de *relação filosófica*. Se observarmos cuidadosamente essas qualidades, porém, veremos que elas podem, sem dificuldade, ser reduzidas a sete classes gerais, que podemos considerar as fontes de toda relação *filosófica*.

3   1. A primeira é a *semelhança*. Essa é uma relação sem a qual não pode existir nenhuma relação filosófica, já que só admitem comparação os objetos que apresentam entre si algum grau de semelhança. Entretanto, embora a semelhança seja necessária para todas as relações filosóficas, daí não se segue que ela sempre produza uma conexão ou associação de ideias. Quando uma qualidade se torna muito geral, e é comum a um grande número de indivíduos, ela não leva a mente diretamente a nenhum deles; ao contrário, por apresentar de uma só vez uma grande variedade de alternativas, impede que a imaginação se fixe em um objeto único.

4   2. A *identidade* pode ser vista como uma segunda espécie de relação. Considero aqui essa relação enquanto aplicada em seu sentido mais estrito, a objetos constantes e imutáveis, sem examinar a natureza ou o fundamento da identidade pessoal, que terá seu lugar mais adiante. De todas as relações, a identidade é a mais universal, sendo comum a todo ser cuja existência tenha alguma duração.

5   3. Após a identidade, as relações mais universais e abrangentes são as de *espaço* e *tempo*, que estão na origem de um número infinito de comparações, tais como *distante, contíguo, acima, abaixo, antes, depois* etc.

6 4. Todos os objetos que admitem *quantidade* ou *número* podem ser comparados sob esse aspecto – que é outra fonte bastante fértil de relações.

7 5. Quando dois objetos quaisquer possuem em comum uma mesma *qualidade*, os *graus* dessas qualidades formam uma quinta espécie de relação. Assim, de dois objetos pesados, um pode ter um peso maior ou menor que o outro. Duas cores, ainda que do mesmo tipo, podem possuir tonalidades diferentes e, nesse sentido, ser passíveis de comparação.

8 6. A relação de *contrariedade* [contrariety] pode, à primeira vista, ser considerada uma exceção à regra de que *nenhuma relação, de nenhuma espécie, pode subsistir sem algum grau de semelhança*. Mas observemos que nenhuma ideia, em si mesma, é contrária a outra, exceto as ideias de existência e de não-existência, que são claramente semelhantes, uma vez que ambas implicam uma ideia do objeto – embora a segunda exclua o objeto de todos os tempos e lugares em que se supõe que ele não existe.

9 7. Quanto a todos os outros objetos, tais como o fogo e a água, ou o calor e o frio, somente a experiência e a contrariedade de suas *causas* ou *efeitos* podem revelar se são contrários. A relação de causa e efeito é, portanto, a sétima espécie de relação filosófica, além de ser também uma relação natural. A semelhança implicada nessa relação será explicada mais tarde.

10 Seria natural esperar que eu acrescentasse a *diferença* às demais relações. Mas considero esta antes a negação de uma relação que algo real e positivo. A diferença pode ser de dois tipos, conforme seja oposta à identidade ou à semelhança. A primeira é denominada diferença de *número*; a outra, diferença de *espécie*.

Seção 6
Dos modos e substâncias

1 Eu gostaria de perguntar àqueles filósofos que fundamentam tantos de seus raciocínios na distinção entre substância e acidente, e ima-

ginam que temos ideias claras de ambos, se a ideia de *substância* é derivada das impressões de sensação ou de reflexão. Se ela nos é transmitida pelos sentidos, pergunto: por qual deles? e de que maneira? Se é percebida pelos olhos, deve ser uma cor; se pelos ouvidos, um som; se pelo paladar, um sabor; e assim por diante, para os demais sentidos. Acredito, porém, que ninguém afirmará que a substância é uma cor, ou um som, ou um sabor. Portanto, a ideia de substância, se é que ela existe realmente, deve ser derivada de uma impressão de reflexão. Mas as impressões de reflexão se reduzem às nossas paixões e emoções, nenhuma das quais poderia representar uma substância. Assim sendo, não temos nenhuma ideia de substância que seja distinta da ideia de uma coleção de qualidades particulares, e tampouco temos em mente qualquer outro significado quando falamos ou quando raciocinamos a seu respeito.

2   A ideia de uma substância, bem como a de um modo, não passa de uma coleção de ideias simples, que são unidas pela imaginação e às quais se atribui um nome particular – nome este que nos permite evocar, para nós mesmos ou para os outros, aquela coleção. Mas a diferença entre essas duas ideias consiste no fato de que as qualidades particulares que formam uma substância são comumente referidas a um *algo* desconhecido, a que supostamente elas são inerentes. Ou, mesmo que essa ficção não ocorra, supõe-se ao menos que as qualidades particulares são conectadas, estreita e inseparavelmente, pelas relações de contiguidade e causalidade. O resultado disso é que, sempre que descobrimos uma nova qualidade simples que tenha a mesma conexão com o restante, imediatamente a incluímos entre as outras, ainda que ela não tenha feito parte de nossa primeira concepção da substância em questão. Assim, por exemplo, nossa ideia de ouro pode, a princípio, ser a de uma cor amarela, de peso, de maleabilidade e de fusibilidade; mas, com a descoberta de sua solubilidade em água régia, acrescentamos esta última àquelas qualidades, e supomos que pertence à substância tanto como se sua ideia houvesse, desde o início, feito parte da ideia composta. Visto como a prin-

cipal parte da ideia complexa, o princípio de união admite a inclusão de qualquer qualidade que se apresente posteriormente, e essa qualidade será nele compreendida, como o são todas as outras que se apresentaram desde o início.

3 Que isso não pode ocorrer no caso dos modos, eis algo que fica evidente ao considerarmos sua natureza. As ideias simples que formam os modos representam qualidades que, ou não estão unidas nem pela contiguidade nem pela causação, estando antes dispersas em diferentes sujeitos; ou então, se estiverem todas unidas, seu princípio de união não é visto como o fundamento da ideia complexa. A ideia de uma dança é exemplo da primeira espécie de modo; a ideia de beleza é exemplo da segunda. É óbvia a razão pela qual tais ideias complexas não podem receber nenhuma ideia nova sem que com isso seja necessário mudar o nome que distingue o modo.

Seção 7
Das ideias abstratas

1 Uma questão muito importante foi levantada a respeito das ideias *abstratas* ou *gerais*, a saber, *se são concebidas pela mente como gerais ou particulares*. Um grande filósofo[3] contestou a opinião tradicional acerca desse ponto, afirmando que as ideias gerais não passam de ideias particulares que vinculamos a um certo termo, termo este que lhes dá um significado mais extenso e que, quando a ocasião o exige, faz com que evoquem outros indivíduos semelhantes a elas. Considero esta descoberta uma das maiores e mais valiosas feitas recentemente na república das letras, e por isso tentarei aqui confirmá-la mediante alguns argumentos que, espero, eliminarão qualquer dúvida e controvérsia a seu respeito.

2 É evidente que, ao formar a maior parte de nossas ideias gerais, se não todas elas, fazemos abstração de todo e qualquer grau particular de quantidade e qualidade; e que um objeto não deixa de per-

---

3 Dr. *Berkeley* [George Berkeley, *Principles*, Introd. 6-20 (N.T.)]

tencer a uma espécie particular cada vez que ocorre uma pequena alteração em sua extensão, duração e outras propriedades. Pode-se pensar, portanto, que existe aqui um claro dilema, decisivo para a determinação da natureza das ideias abstratas, a qual tem sido motivo de tanta especulação por parte dos filósofos. Como a ideia abstrata de homem representa homens de todos os tamanhos e todas as qualidades, conclui-se que ela só será capaz de fazer isso se representar ao mesmo tempo todos os tamanhos e todas as qualidades possíveis, ou então se não representar nenhum tamanho ou qualidade particular. Ora, a primeira proposição tendo sido considerada absurda, porque implicaria uma capacidade infinita da mente, costumou-se inferir que a segunda seria a correta – e por isso se supôs que nossas ideias abstratas não representam nenhum grau particular de quantidade ou de qualidade. O que tentarei mostrar, contudo, é que essa inferência é errônea; *em primeiro lugar*, provando que é inteiramente impossível conceber qualquer quantidade ou qualidade sem formar uma noção precisa de seus graus; e, *em segundo lugar*, mostrando que, muito embora a capacidade da mente não seja infinita, podemos formar de uma só vez uma noção de todos os graus possíveis de quantidade e qualidade, de uma maneira tal que, embora imperfeita, possa ao menos servir a todos os propósitos da reflexão e do diálogo.

3   Começaremos com a primeira proposição: que *a mente é incapaz de formar qualquer noção de quantidade ou qualidade sem formar uma noção precisa de seus graus*. Podemos provar isso mediante os três argumentos a seguir. Em primeiro lugar, já observamos que todos os objetos diferentes são distinguíveis, e que todos os objetos distinguíveis são separáveis pelo pensamento e imaginação. Podemos aqui acrescentar que essas proposições são igualmente verdadeiras em seu sentido *inverso*: todos os objetos separáveis são também distinguíveis, e todos os objetos distinguíveis são também diferentes. Pois como seria possível separar o que não é distinguível ou distinguir o que não é diferente? Para sabermos se a abstração implica uma separação, portanto, precisamos apenas considerá-la deste ponto de vista, exa-

minando se todas as circunstâncias de que fazemos abstração em nossas ideias gerais são distinguíveis e diferentes daquelas que retemos como partes essenciais dessas ideias. Ora, é imediatamente evidente que o comprimento preciso de uma linha não é diferente nem distinguível da própria linha, assim como o grau preciso de uma qualidade qualquer tampouco é distinguível dessa qualidade. Essas ideias, portanto, não são mais suscetíveis de separação que de distinção e diferença. Consequentemente, estão sempre conjugadas na concepção. A ideia geral de uma linha, não obstante todas as nossas abstrações e depurações, aparece na mente com um grau preciso de quantidade e qualidade, mesmo se a fazemos representar outras linhas, dotadas de graus diferentes de ambas.

4   Em segundo lugar, reconhece-se que nenhum objeto pode aparecer aos sentidos, ou, em outras palavras, que nenhuma impressão pode se tornar presente à mente, sem ser determinada em seus graus tanto de quantidade como de qualidade. A confusão que por vezes envolve as impressões procede somente de sua fraqueza e instabilidade, e não de uma capacidade que teria a mente de receber uma impressão que, em sua existência real, não possua um grau ou proporção particulares. Isso seria uma contradição em termos, e implicaria mesmo a mais absoluta das contradições, a saber, que é possível que uma mesma coisa seja e não seja.

5   Ora, uma vez que todas as ideias são derivadas de impressões, e não são mais que cópias e representações destas, tudo aquilo que é verdade de umas deve ser aceito a respeito das outras. Impressões e ideias diferem apenas em sua força e vividez. Tal conclusão não está fundamentada em nenhum grau particular de vividez, não podendo, portanto, ser afetada por nenhuma variação nesse aspecto. Uma ideia é uma impressão mais fraca; e, como uma impressão forte deve necessariamente ter uma quantidade e qualidade determinadas, o mesmo deve valer para sua cópia ou representante.

6   Em terceiro lugar, trata-se de um princípio geralmente aceito na filosofia que tudo na natureza é individual, e que é inteiramente absurdo

supor a existência real de um triângulo que não possua uma proporção precisa entre seus lados e ângulos. Se, portanto, isso é absurdo *de fato* e *na realidade*, deve ser absurdo também *no domínio das ideias* – pois nada a respeito do qual podemos formar uma ideia clara e distinta é absurdo ou impossível. Mas formar a ideia de um objeto é o mesmo que simplesmente formar uma ideia – pois a referência da ideia a um objeto é uma denominação extrínseca, da qual não há nenhuma marca ou sinal na própria ideia. Ora, como é impossível formar a ideia de um objeto que possua quantidade e qualidade, mas que não possua um grau preciso de nenhuma das duas, segue-se que é igualmente impossível formar uma ideia que não seja limitada e determinada em ambos os aspectos. As ideias abstratas são, portanto, individuais em si mesmas, embora possam se tornar gerais pelo que representam. A imagem na mente é apenas a de um objeto particular, ainda que a apliquemos em nosso raciocínio exatamente como se ela fosse universal.

7   Tal aplicação das ideias para além de sua natureza procede do fato de que nós reunimos todos os seus graus possíveis de quantidade e de qualidade, de uma maneira que, embora imperfeita, é capaz de atender aos propósitos da vida – esta é a segunda proposição que me propus explicar. Quando encontramos uma semelhança* entre diversos objetos que se apresentam a nós com frequência, aplicamos a todos eles o mesmo nome, não obstante as diferenças que possamos observar em seus graus de quantidade e qualidade, e não obstante quaisquer outras diferenças que possam surgir entre eles. Após termos adquirido tal costume, a mera menção desse nome desperta a ideia de um desses objetos, fazendo que a imaginação o conceba com todas as suas circunstâncias e proporções particulares. Mas como, por hipótese, a mesma palavra foi com frequência aplicada a outros indivíduos, que diferem em muitos aspectos da ideia imediatamente presente à mente, e como essa palavra não é capaz de despertar a ideia

---

* Ver Apêndice, p.675.

de todos esses indivíduos, ela apenas toca a alma (se posso me exprimir assim) e desperta o costume que adquirimos ao observá-los. Esses indivíduos não estão realmente e de fato presentes na mente, mas apenas potencialmente; tampouco os representamos todos de modo distinto na imaginação, mas mantemo-nos prontos a considerar qualquer um deles, conforme sejamos impelidos por um objetivo ou necessidade presente. A palavra desperta uma ideia individual, juntamente com um certo costume; e esse costume produz qualquer outra ideia individual que se faça necessária. Mas como, na maior parte dos casos, é impossível produzir todas as ideias às quais o nome pode se aplicar, limitamos tal trabalho por uma consideração mais parcial, procedimento que gera muito poucos inconvenientes em nosso raciocínio.

8   Pois uma das circunstâncias mais extraordinárias da presente questão é o fato de que, se por acaso formamos um raciocínio que não concorda com uma ideia individual produzida pela mente, e acerca da qual raciocinamos, o costume que a acompanha, reanimado pelo termo geral ou abstrato, sugere imediatamente qualquer outro indivíduo. Assim, se mencionamos a palavra triângulo e formamos a ideia de um triângulo equilátero particular que lhe corresponda, e se depois afirmamos que *os três ângulos de um triângulo são iguais entre si*, os outros casos individuais de triângulos escalenos e isósceles, que a princípio negligenciamos, imediatamente se amontoam à nossa frente, fazendo-nos perceber a falsidade dessa proposição, que, entretanto, é verdadeira em relação à ideia que havíamos formado. Se a mente nem sempre sugere tais ideias na ocasião apropriada, isso se deve a alguma imperfeição de suas faculdades, imperfeição esta que frequentemente gera raciocínios falsos e sofismas. Mas tal fato ocorre sobretudo no caso de ideias abstrusas e compostas. Em outras ocasiões, o costume é mais perfeito, e é raro cometermos esse tipo de erro.

9   O costume, aliás, é tão perfeito nesses casos que pode-se vincular a mesma ideia a diversas palavras diferentes, e empregá-la em diferentes raciocínios, sem qualquer perigo de erro. Assim, a ideia de um

triângulo equilátero de uma polegada de altura pode servir para falarmos de uma figura, de uma figura retilínea, de uma figura regular, de um triângulo e de um triângulo equilátero. Todos esses termos, portanto, se fazem acompanhar da mesma ideia; mas, como são usualmente aplicados em uma extensão ora maior ora menor, eles suscitam seus hábitos próprios, mantendo assim a mente de prontidão para que não se forme qualquer conclusão contrária a nenhuma das ideias comumente por eles compreendidas.

10 Antes de esses hábitos terem se tornado inteiramente perfeitos, talvez a mente não possa se contentar em formar a ideia de apenas um indivíduo, devendo, em lugar disso, percorrer diversos deles, a fim de compreender seu próprio sentido, bem como o âmbito do conjunto que ela pretende exprimir pelo termo geral. Para determinar o sentido da palavra figura, podemos percorrer em nossa mente as ideias de círculos, quadrados, paralelogramos, triângulos de diferentes tamanhos e proporções, sem necessariamente nos fixar em apenas uma imagem ou ideia. Seja como for, o certo é *que*, sempre que empregamos um termo geral, nós formamos a ideia de indivíduos; *que* raramente, ou nunca, conseguimos esgotar a totalidade desses indivíduos; e *que* aqueles que restam só são representados mediante o hábito, pelo qual os evocamos sempre que uma ocasião presente o exige. Tal é, portanto, a natureza de nossas ideias abstratas e de nossos termos gerais; e é dessa maneira que resolvemos o paradoxo anterior, a saber, que *algumas ideias são particulares em sua natureza, mas gerais pelo que representam*. Uma ideia particular se torna geral quando a vinculamos a um termo geral – isto é, a um termo que, por uma conjunção habitual, relaciona-se com muitas outras ideias particulares, evocando-as prontamente na imaginação.

11 A única dificuldade que pode permanecer nesse assunto diz respeito àquele costume que tão prontamente evoca qualquer ideia particular de que necessitamos, e que é despertado por qualquer palavra ou som a que usualmente a vinculamos. Em minha opinião, o método mais apropriado para se fornecer uma explicação satisfatória desse ato da mente é apresentar outros exemplos análogos a ele, bem

como outros princípios que facilitam sua operação. É impossível explicar as causas últimas de nossas ações mentais. Basta sermos capazes de dar uma explicação satisfatória dessas ações com base na experiência e por analogia.

12   Em primeiro lugar, portanto, observo que, quando mencionamos um número elevado qualquer, como por exemplo mil, a mente em geral não possui uma ideia adequada dele, mas apenas o poder de produzi-la, mediante suas ideias adequadas dos decimais que o formam. Entretanto, essa imperfeição de nossas ideias nunca se faz sentir em nossos raciocínios, o que parece constituir um exemplo análogo ao caso das ideias universais, de que estamos tratando.

13   Em segundo lugar, temos vários exemplos de hábitos que podem ser despertados por uma simples palavra. Assim, uma pessoa que sabe de cor determinadas frases de um discurso ou um certo número de versos, dos quais, entretanto, não está conseguindo se lembrar, pode vir a se recordar repentinamente de tudo ao ouvir aquelas palavras ou expressões que abrem o discurso ou poema.

14   Em terceiro lugar, acredito que todo aquele que examinar o que acontece com sua mente ao raciocinar irá concordar comigo que nós não vinculamos ideias distintas e completas a todos os termos que utilizamos, e que, ao falarmos em *governo, igreja, negociação, conquista*, raramente explicitamos em nossa mente todas as ideias simples que compõem essas ideias complexas. Observe-se entretanto que, apesar dessa imperfeição, podemos evitar dizer absurdos acerca desses temas, e somos capazes de perceber qualquer incompatibilidade que haja entre as ideias, tão bem como se as compreendêssemos inteiramente. Assim, se, em vez de dizer que *na guerra os mais fracos sempre recorrem à negociação*, dissermos que *eles sempre recorrem à conquista*, o costume que adquirimos de atribuir certas relações às ideias, por continuar acompanhando essas palavras, fará com que percebamos imediatamente o absurdo dessa proposição – do mesmo modo que uma ideia particular pode servir para raciocinarmos acerca de outras ideias, por mais diferentes que dela sejam em diversas circunstâncias.

15   Em quarto lugar, como os indivíduos são agrupados e subsumidos sob um termo geral em razão da semelhança que mantêm entre si, essa relação deve facilitar sua entrada na imaginação, fazendo que sejam mais rapidamente sugeridos quando isso se torna necessário. E de fato, se considerarmos o curso usual do pensamento, seja na reflexão, seja no diálogo, encontraremos uma boa razão para nos convencermos disso. Nada é mais admirável que a rapidez com que a imaginação sugere suas ideias, apresentando-as no instante mesmo em que elas se tornam necessárias ou úteis. A fantasia percorre o universo de um extremo ao outro, reunindo as ideias que dizem respeito a um determinado assunto. É como se a totalidade do mundo intelectual das ideias fosse a um só tempo exposta à nossa visão, e simplesmente escolhêssemos as mais adequadas a nosso propósito. No entanto, as únicas ideias que podem estar presentes são aquelas que foram reunidas por essa espécie de faculdade mágica da alma, a qual, embora seja sempre a mais perfeita possível nos grandes gênios – constituindo, aliás, precisamente o que denominamos gênio –, permanece inexplicável para o entendimento humano, a despeito de todos os seus esforços.

16   Essas quatro reflexões poderão, talvez, nos ajudar a eliminar todas as dificuldades da hipótese que propus acerca das ideias abstratas, tão contrária à que até agora tem prevalecido na filosofia. Mas, para falar a verdade, confio sobretudo naquilo que já provei a respeito da impossibilidade das ideias gerais, quando explicadas segundo o método usual. É certo que devemos buscar algum novo sistema para dar conta dessa questão e, evidentemente, não existe nenhum além daquele que propus. Se as ideias são particulares em sua natureza e, ao mesmo tempo, são em número finito, somente pelo costume elas podem se tornar gerais em sua representação, subsumindo um número infinito de outras ideias.

17   Antes de passar a outro tema, farei uso dos mesmos princípios para explicar a *distinção de razão*, tão falada e tão pouco compreendida nas escolas. Um exemplo é a distinção entre figura e corpo figu-

rado, ou entre movimento e corpo movido. A dificuldade de se explicar essa distinção surge do princípio acima exposto, que *todas as ideias diferentes são separáveis*. Pois segue-se desse princípio que, se a figura for diferente do corpo, suas ideias deverão ser separáveis, bem como distinguíveis; se não for diferente, suas ideias não poderão ser nem separáveis nem distinguíveis. O que significa, então, uma distinção de razão, já que ela não implica nem diferença nem separação?

18   Para eliminar tal dificuldade, devemos recorrer à explicação das ideias abstratas acima apresentada. É certo que a mente jamais teria sonhado em distinguir uma figura de um corpo figurado – uma vez que, na realidade, estes não são nem distinguíveis, nem diferentes, nem separáveis –, se não houvesse observado que, mesmo nessa simplicidade, poderiam estar contidas várias semelhanças e relações diferentes. Assim, quando se nos apresenta um globo de mármore branco, recebemos apenas a impressão de uma cor branca disposta em uma certa forma, não sendo capazes de separar nem distinguir a cor da forma. Mas, observando, em seguida, um globo de mármore negro e um cubo de mármore branco, e comparando-os com nosso primeiro objeto, encontramos duas semelhanças separadas, naquilo que antes parecia, e realmente é, completamente inseparável. Com a prática, começamos a distinguir a forma da cor por meio de uma *distinção de razão*. Isto é, consideramos a forma e a cor juntas, já que elas são de fato indistinguíveis e uma só coisa; mas as vemos também sob diferentes aspectos, de acordo com as semelhanças de que são suscetíveis. Quando queremos considerar apenas a forma do globo de mármore branco, formamos, na realidade, uma ideia tanto da forma como da cor, mas tacitamente dirigimos nossa atenção para sua semelhança com o globo de mármore negro. E, do mesmo modo, quando queremos considerar apenas sua cor, voltamos nosso olhar para sua semelhança com o cubo de mármore branco. Desse modo, fazemos acompanhar nossas ideias por uma espécie de reflexão, à qual o costume nos torna, em grande medida, insensíveis. Uma pessoa que deseja que consideremos a forma de um globo de már-

more branco sem pensar em sua cor deseja uma impossibilidade; na realidade, sua intenção é que consideremos a cor juntamente com a forma, sem entretanto perder de vista sua semelhança com o globo de mármore negro, ou com qualquer outro globo, de qualquer cor ou substância.

Parte 2
Das ideias de espaço e tempo

Seção 1
*Da infinita divisibilidade
de nossas ideias de espaço e tempo*

1   Tudo que tem um ar de paradoxo e é contrário às primeiras noções da humanidade, às noções mais despidas de preconceitos, costuma ser fervorosamente esposado pelos filósofos, como se mostrasse a superioridade de sua ciência, capaz de descobertas tão distantes da concepção vulgar. De outro lado, toda vez que alguém nos apresenta uma opinião que nos causa surpresa e admiração, é tal a satisfação que ela proporciona à mente, que esta se entrega por completo a essas emoções agradáveis, jamais se deixando persuadir de que seu prazer carece de todo e qualquer fundamento. É dessas respectivas disposições dos filósofos e de seus discípulos que nasce aquela mútua complacência entre eles, em que os primeiros fornecem uma abundância de opiniões estranhas e inexplicáveis, enquanto os últimos nelas acreditam com enorme facilidade. O exemplo mais evidente que posso apresentar dessa mútua complacência é a doutrina da infinita

divisibilidade, pela qual inicio o exame do presente tema: as ideias de espaço e tempo.

2   Todos concordam que a mente tem uma capacidade limitada e nunca consegue formar uma concepção completa e adequada do infinito. Mesmo que não se o admitisse, tal fato seria suficientemente evidente pela mais simples observação e experiência. É também evidente que tudo aquilo que é suscetível de ser dividido ao infinito tem de consistir em um número infinito de partes, e é impossível estabelecer qualquer limite para o número de partes sem, ao mesmo tempo, limitar a divisão. Não há necessidade de grandes raciocínios* para se concluir daí que a *ideia* que formamos de uma quantidade** finita qualquer não é infinitamente divisível; ao contrário, mediante distinções e separações apropriadas, podemos resolver essa ideia em ideias inferiores perfeitamente simples e indivisíveis. Ao rejeitar a capacidade infinita da mente, supomos que ela pode atingir um termo na divisão de suas ideias. Não há como fugir à evidência dessa conclusão.

3   É certo, portanto, que a imaginação atinge um mínimo e é capaz de gerar uma ideia da qual não pode conceber nenhuma subdivisão, isto é, que não pode ser diminuída sem ser totalmente aniquilada. Quando alguém me fala da milésima e da décima milésima parte de um grão de areia, faço uma ideia distinta desses números e de suas diferentes proporções; mas as imagens que formo em minha mente para representar essas próprias coisas em questão não diferem em

---

* "It requires scarce any induction". Hume não parece estar usando aqui *"induction"* no sentido mais corrente para nós, isto é, inferência de uma conclusão geral a partir da observação de casos particulares, mas antes no sentido mais amplo de mera "inferência". Cf. *Oxford English Dictionary*, "induction" 7.b. (N.T.)

** David Fate Norton e Mary J. Norton justificam assim sua correção de *"quality"* para *"quantity"* (*in* "Substantive differences between two texts of Hume's *Treatise*", *Hume Studies* nov. 2000, XXVI-2: 245-77): "Hume goes on in the next paragraph to focus on our ideas of fractional parts or quantities (thousandths and ten thousandths) of grains of sand (...). The remaining paragraphs of the section discuss the parts of entities (ink spots, mites), but not the qualities of these entities. The phrase 'finite quantity' is repeated at ... 1.2.4.14; at ... 1.2.4.32 we are told that 'no idea of quantity is infinitely divisible'. There are no relevantly similar discussions of finite qualities". (N.T.)

nada uma da outra, e tampouco são inferiores à imagem pela qual represento o próprio grão de areia, que supostamente excede a ambas em tamanha proporção. Tudo que é composto de partes é distinguível nessas partes, e tudo que é distinguível é separável. Mas o que quer que possamos imaginar da coisa mesma, a ideia de um grão de areia não é distinguível, nem separável em vinte, e menos ainda em mil, dez mil, ou em um número infinito de ideias diferentes.

4   O que se passa com as ideias da imaginação passa-se igualmente com as impressões dos sentidos. Fazei uma pequena mancha de tinta sobre uma folha de papel, fixai nela os olhos e afastai-vos gradativamente, até uma distância em que finalmente não mais a enxergueis. É claro que, no momento que precedeu seu desaparecimento, a imagem ou impressão era perfeitamente indivisível. Não é por falta de raios de luz atingindo nossos olhos que as partes diminutas dos corpos distantes não transmitem nenhuma impressão sensível, e sim porque elas estão além da distância em que suas impressões estavam reduzidas a um mínimo e eram incapazes de sofrer qualquer outra diminuição. Um microscópio ou um telescópio, que as tornam visíveis, não produzem novos raios de luz: apenas espalham aqueles que já eram emitidos por essas partes, produzindo assim partes em impressões que, a olho nu, parecem simples e sem composição, ao mesmo tempo em que elevam a um mínimo aquilo que antes era imperceptível.

5   Podemos, desse modo, descobrir em que consiste o erro da opinião comum de que a capacidade da mente é limitada em ambos os sentidos, e que é impossível para a imaginação formar uma ideia adequada daquilo que ultrapassa um certo grau de pequenez ou de grandeza. Nada pode ser menor que certas ideias que formamos na fantasia, ou que certas imagens que aparecem aos sentidos – pois estas são ideias e imagens perfeitamente simples e indivisíveis. O único defeito de nossos sentidos é o de nos fornecer imagens desproporcionais das coisas, representando como minúsculo e sem composição aquilo que, na realidade, é grande e composto de um imenso núme-

ro de partes. Mas não nos damos conta desse erro. Em vez disso, consideramos que as impressões desses objetos* minúsculos, que aparecem aos sentidos, são iguais ou quase iguais aos objetos; e, descobrindo pela razão que há outros objetos muitíssimo menores, concluímos precipitadamente que eles são inferiores a qualquer ideia de nossa imaginação ou a qualquer impressão de nossos sentidos. Em todo caso, uma coisa é certa: somos capazes de formar ideias que não serão maiores que o menor átomo dos espíritos animais de um inseto mil vezes menor que uma pulga. E devemos antes concluir que a dificuldade está em ampliar nossas concepções até conseguirmos formar uma noção correta de uma pulga, ou mesmo de um inseto mil vezes menor que uma pulga. Pois, para formar uma noção correta desses animais, precisamos ter uma ideia distinta que represente todas as suas partes – o que, de acordo com o sistema da divisibilidade infinita, é inteiramente impossível; e, de acordo com o das partes indivisíveis ou átomos, é extremamente difícil, em razão do enorme número e da imensa multiplicidade dessas partes.

Seção 2
Da divisibilidade infinita do espaço e do tempo

1   Quando as ideias representam adequadamente seus objetos, todas as relações, contradições e concordâncias entre elas são aplicá-

---

* A NN/OPT substitui "objetos" por "partes", seguindo antes a correção da "Errata" de Hume que suas correções manuscritas adotadas por SBN. A justificativa dos editores (Cf. Davis F. Norton & Mary J. Norton, *op. cit.*) é que esta última correção faz Hume afirmar que certos "objetos minúsculos" são quase iguais a "objetos", o que lhes parece pouco provável. Além disso, haveria a discussão sobre "partes diminutas" no parágrafo anterior, a referência a "partes" no final da frase, e a insistência de Hume, nesse mesmo parágrafo, de que, para formar uma noção correta de pulgas e insetos ainda menores, "precisamos ter uma ideia distinta que represente todas as suas partes". Não posso concordar com essa conclusão. O que Hume diz aqui (e no parágrafo anterior) é justamente que não temos impressões dessas partes de que são formados os "objetos minúsculos". Além disso, não vejo qualquer problema na frase citada, pois não são os "objetos minúsculos" que são quase iguais aos "objetos", mas sim "as *impressões* desses objetos minúsculos". (N.T.)

veis também a estes. Tal é, como podemos observar em geral, o fundamento de todo o conhecimento humano. Ora, nossas ideias são representações adequadas das mais diminutas partes da extensão; e, não obstante todas as divisões e subdivisões que possam ter sido necessárias para se chegar a essas partes, elas jamais poderão se tornar inferiores a algumas ideias que formamos. A consequência evidente disso é que tudo que *parece* impossível e contraditório pela comparação entre essas ideias tem de ser *realmente* impossível e contraditório, sem escapatória.

2   Tudo que é suscetível de ser infinitamente dividido contém um número infinito de partes; se assim não fosse, a divisão seria abruptamente interrompida pelas partes indivisíveis, a que logo chegaríamos. Portanto, se qualquer extensão finita é infinitamente divisível, não pode ser contraditório supor que uma extensão finita contém um número infinito de partes; e vice-versa, se for contraditório supor que uma extensão finita contém um número infinito de partes, nenhuma extensão finita pode ser infinitamente divisível. Ora, ao examinar minhas ideias claras, convenço-me facilmente de que tal suposição é absurda. Em primeiro lugar, tomo a menor ideia que consigo formar de uma parte da extensão; e, certo de que não existe nada menor que essa ideia, concluo que tudo que descubro por meio dela tem de ser uma qualidade real da extensão. Repito, então, essa ideia uma, duas, três vezes, e assim por diante, e vejo que a ideia composta de extensão produzida por essa repetição aumenta sempre, tornando-se duas, três, quatro vezes maior etc., expandindo-se até finalmente atingir um tamanho considerável, que pode ser maior ou menor, conforme eu repita mais ou menos vezes a mesma ideia. Quando suspendo a adição de partes, a ideia de extensão para de aumentar. Em troca, percebo claramente que, se prosseguisse ao infinito com a adição, a ideia de extensão também se tornaria infinita. De tudo isso, concluo que a ideia de um número infinito de partes e a ideia de uma extensão infinita são numericamente idênticas; que nenhuma exten-

são finita é capaz de conter um número infinito de partes; e consequentemente, que nenhuma extensão finita é infinitamente divisível.[1]

3   Gostaria de acrescentar aqui um outro argumento, proposto por um autor famoso,[2] e que me parece bastante forte e elegante. É evidente que a existência em si cabe apenas à unidade, e só pode ser aplicada aos demais números em virtude das unidades que os compõem. Pode-se bem dizer que vinte homens existem – mas é somente porque um, dois, três, quatro homens etc. existem; e se negarmos a existência destes, a daqueles naturalmente desaparece. É inteiramente absurdo, portanto, supor a existência de um número qualquer, mas negar a existência de unidades. E como – conforme a opinião comum dos metafísicos – a extensão é sempre um número e nunca pode ser resolvida em unidades ou quantidades indivisíveis, segue-se que a extensão não pode de maneira alguma existir. Seria inútil replicar que uma quantidade determinada de extensão é uma unidade, mas tal que admite um número infinito de frações, sendo inesgotável em suas subdivisões; pois, pela mesma regra, esses vinte homens *podem ser considerados como uma unidade*. Todo o globo terrestre, ou, melhor ainda, o universo inteiro *pode ser considerado uma unidade*. O termo "unidade" é apenas uma denominação fictícia, que a mente pode aplicar a qualquer quantidade de objetos por ela reunidos. Sendo na realidade um verdadeiro número, tal unidade não pode existir sozinha, já que um número não o pode. A unidade que pode existir sozinha, e cuja existência é necessária à existência de todos os números, é uma unidade de outro tipo; ela deve ser perfeitamente indivisível e incapaz de ser resolvida em qualquer unidade menor.

---

1   Foi-me objetado que a divisibilidade infinita supõe apenas um número infinito de partes *proporcionais*, e não de partes *alíquotas*, e que um número infinito de partes proporcionais não compõe uma extensão infinita. Mas essa distinção não tem nenhum valor. Quer se denominem tais partes *alíquotas*, quer *proporcionais*, elas não podem ser inferiores àquelas partes minúsculas que concebemos; e, portanto, sua conjunção não pode formar uma extensão menor.

2   *Monsieur Malezieu*. [Nicolas de Maléziee (1650-1727). A passagem a que Hume se refere encontra-se em *Éléments de Géométrie de Monseigneur le duc de Bourgogne*, livro IX (1715). (N.T.)]

4   Todo esse raciocínio se aplica também ao tempo, juntamente com um argumento adicional, que valeria a pena considerar. Uma propriedade inseparável do tempo, e que constitui de certa maneira sua essência, é que suas partes são todas sucessivas, nenhuma delas podendo coexistir com outra, ainda que sejam contíguas. A mesma razão pela qual o ano de 1737 não pode coincidir com o presente ano de 1738 faz que todo momento deva ser distinto de outro, isto é, deva ser posterior ou anterior a ele. Portanto, é certo que o tempo, tal como existe, deve ser composto de momentos indivisíveis. Pois se, no caso do tempo, nunca pudéssemos chegar ao fim da divisão, e se cada momento, ao suceder outro, não fosse perfeitamente singular e indivisível, haveria um número infinito de momentos ou partes coexistentes de tempo. Acredito que todos irão concordar que isso seria uma pura e simples contradição.

5   A divisibilidade infinita do espaço implica a do tempo, como fica evidente pela natureza do movimento. Se a segunda, portanto, é impossível, a primeira também deve ser.

6   Estou certo de que mesmo os mais obstinados defensores da doutrina da divisibilidade infinita admitirão que esses argumentos contêm dificuldades e que é impossível dar a eles uma resposta perfeitamente clara e satisfatória. Mas podemos aqui observar que nada pode ser mais absurdo que esse costume de atribuir uma *dificuldade* àquilo que pretende ser uma *demonstração*, tentando desse modo eludir sua força e evidência. As demonstrações não são como as probabilidades, em que podem ocorrer dificuldades, e um argumento pode contrabalançar outro, diminuindo sua autoridade. Se for correta, uma demonstração não admite a oposição de nenhuma dificuldade; se não o for, não passa de um mero sofisma e, consequentemente, jamais pode conter uma dificuldade. Uma demonstração ou é irresistível, ou não tem força alguma. Portanto, falar em objeções e respostas, em contraposição de argumentos numa questão como essa, é o mesmo que confessar que a razão humana é um simples jogo de palavras, ou que a pessoa que assim se exprime não está à altura desses as-

suntos. Há demonstrações difíceis de se compreender, por causa do caráter abstrato de seu tema; nenhuma demonstração, porém, uma vez compreendida, pode conter dificuldades que enfraqueçam sua autoridade.

7 Os matemáticos provavelmente dirão, é verdade, que nesta questão os argumentos da outra parte são igualmente fortes, e que a doutrina dos pontos indivisíveis pode também ser alvo de objeções irrespondíveis. Antes de examinar detalhadamente esses argumentos e objeções, irei considerá-los como um todo, buscando provar de uma só vez, mediante um raciocínio curto e decisivo, que é inteiramente impossível que eles tenham qualquer fundamento correto.

8 É uma máxima estabelecida da metafísica que *tudo que a mente concebe claramente inclui a ideia da existência possível*, ou, em outras palavras, que *nada que imaginamos é absolutamente impossível*. Como podemos formar a ideia de uma montanha de ouro, concluímos que uma montanha assim pode realmente existir. Não somos capazes, porém, de formar a ideia de uma montanha sem um vale, e por isso a vemos como impossível.

9 Ora, é certo que temos uma ideia de extensão – pois, senão, por que falamos e raciocinamos a seu respeito? É igualmente certo que essa ideia, tal como concebida pela imaginação, embora seja divisível em partes ou ideias inferiores, não é infinitamente divisível, nem é composta de um número infinito de partes – pois isso excederia o âmbito de nossa limitada capacidade. Eis, portanto, uma ideia de extensão, que se compõe de partes ou ideias inferiores perfeitamente indivisíveis; consequentemente, essa ideia não implica contradição; consequentemente, é possível que a extensão exista realmente conforme a essa ideia; e, consequentemente, todos os argumentos empregados contra a possibilidade dos pontos matemáticos são meras tergiversações escolásticas, indignas de nossa atenção.

10 Podemos levar um pouco adiante essas consequências e concluir que todas as pretensas demonstrações da divisibilidade infinita da extensão são igualmente sofísticas. Pois é certo que essas demons-

trações não podem ser corretas, a menos que provem a impossibilidade dos pontos matemáticos – o que seria manifestamente absurdo.

Seção 3
Das outras qualidades de nossas ideias de espaço e tempo

1   Não poderia haver descoberta mais feliz para a solução de todas as controvérsias em torno das ideias que a anteriormente mencionada: que as impressões sempre precedem as ideias, e que toda ideia contida na imaginação apareceu primeiro em uma impressão correspondente. As percepções deste último tipo são todas tão claras e evidentes que não admitem discussão, ao passo que muitas de nossas ideias são tão obscuras que é quase impossível, mesmo para a mente que as forma, dizer qual é exatamente sua natureza e composição. Façamos, pois, uma aplicação desse princípio, a fim de descobrir algo mais sobre a natureza de nossas ideias de espaço e de tempo.

2   Ao abrir meus olhos e dirigir o olhar para os objetos à minha volta, percebo vários corpos visíveis; quando novamente os fecho, e considero a distância entre esses corpos, adquiro a ideia de extensão. Como toda ideia é derivada de uma impressão que lhe é exatamente similar, as impressões similares a essa ideia de extensão devem ser ou bem sensações derivadas da visão, ou bem impressões internas oriundas dessas sensações.

3   Nossas impressões internas são as paixões, emoções, desejos e aversões – e acredito que ninguém jamais afirmará que alguma delas é o modelo de que deriva a ideia de espaço. Restam, portanto, apenas os sentidos, como aquilo que seria capaz de nos transmitir essa impressão original. Ora, que impressão nos transmitem nossos sentidos, neste caso? Essa é a questão principal, e é ela que decidirá, sem apelação possível, qual a natureza da ideia.

4   A visão da mesa à minha frente é suficiente para me dar a ideia de extensão. Essa ideia, portanto, é obtida de alguma impressão, que

ela representa, e que aparece neste momento aos sentidos. Mas meus sentidos me transmitem somente as impressões de pontos coloridos, dispostos de uma certa maneira. Se há alguma coisa mais a que o olho é sensível, gostaria que me fosse apontada; se isso não for possível, poderemos concluir com segurança que a ideia de extensão não é senão uma cópia desses pontos coloridos, e do modo como aparecem.

5   Suponhamos que, no objeto extenso, isto é, na composição de pontos coloridos da qual recebemos pela primeira vez a ideia de extensão, os pontos fossem de cor púrpura. Segue-se que, cada vez que repetíssemos essa ideia, nós não apenas iríamos dispor os pontos na mesma ordem, mas iríamos ainda atribuir-lhes essa cor precisa, a única que, por hipótese, conhecemos. Mas depois de termos experimentado também as outras cores – violeta, verde, vermelho, branco, preto, bem como todas as suas combinações –, e de termos encontrado uma semelhança na disposição dos pontos coloridos de que são compostas, omitimos, tanto quanto possível, as peculiaridades relativas à cor, e construímos uma ideia abstrata baseados apenas naquilo em que elas concordam: na disposição de seus pontos, ou seja, no modo como estes aparecem. E, mesmo quando a semelhança se estende para além dos objetos de um único sentido, mesmo quando descobrimos que as impressões do tato são semelhantes às da visão pela disposição de suas partes, isso não impede que a ideia abstrata represente ambas, em razão de sua semelhança. Todas as ideias abstratas são, na realidade, apenas ideias particulares, consideradas sob um certo ângulo; mas, sendo vinculadas a termos gerais, tornam-se capazes de representar uma grande diversidade, e de compreender objetos que, embora semelhantes em alguns aspectos particulares, são, em outros aspectos, bastante diferentes uns dos outros.

6   A ideia de tempo, derivada da sucessão de todo tipo de percepção – tanto ideias como impressões, e tanto impressões de reflexão como de sensação –, irá nos proporcionar um exemplo de uma ideia abstrata que compreende uma diversidade ainda maior que a do espaço, e que, entretanto, é representada na fantasia por alguma ideia individual particular de uma quantidade e qualidade determinadas.

7   Assim como recebemos a ideia de espaço da disposição dos objetos visíveis e tangíveis, assim também formamos a ideia de tempo partindo da sucessão de nossas ideias e impressões. O tempo, por si só, jamais pode aparecer nem ser notado pela mente. Um homem mergulhado em sono profundo, ou intensamente ocupado com um só pensamento, é insensível ao tempo; e, conforme suas percepções sucedam umas às outras com uma rapidez maior ou menor, a mesma duração parecerá mais longa ou mais curta para sua imaginação. Um grande filósofo[3] já observou que nossas percepções conhecem certos limites quanto a esse aspecto particular, limites estes que são determinados pela natureza e constituição original da mente. Nenhuma influência de objetos externos sobre os sentidos é capaz de apressar ou de retardar nosso pensamento para além desses limites. Se fizermos girar rapidamente um pedaço de carvão incandescente, a imagem que irá se apresentar aos sentidos será a de um círculo de fogo. Não se notará nenhum intervalo de tempo entre suas revoluções, e isso simplesmente porque é impossível que nossas percepções se sucedam umas às outras com a mesma rapidez com que o movimento é comunicado aos objetos externos. Quando não temos percepções sucessivas, não temos nenhuma noção de tempo, mesmo que exista uma sucessão real nos objetos. Com base nesses e em muitos outros fenômenos, podemos concluir que o tempo não pode aparecer à mente, nem isolado, nem acompanhado de um objeto fixo e imutável. Ao contrário, ele sempre é descoberto em virtude de alguma sucessão *perceptível* de objetos em mudança.

8   Para confirmar o que foi dito, podemos acrescentar o seguinte argumento, que me parece inteiramente decisivo e convincente. É evidente que o tempo ou duração é composto de partes diferentes – pois, de outro modo, não seríamos capazes de conceber durações mais longas ou mais curtas. É também evidente que tais partes não são coexistentes – pois essa qualidade da coexistência das partes perten-

---

3 Sr. *Locke* [John Locke, *Essay* 2.14 (N.T.)]

ce à extensão, sendo precisamente o que a distingue da duração. Ora, como o tempo é composto de partes não coexistentes, um objeto invariável, que produz apenas impressões coexistentes, não produz nenhuma impressão capaz de nos dar a ideia de tempo. Consequentemente, essa ideia tem de ser derivada de uma sucessão de objetos em mudança. Em sua primeira aparição, o tempo não pode ser separado de tal sucessão.

9   Tendo assim descoberto que o tempo, em sua primeira aparição à mente, ocorre sempre em conjunção com uma sucessão de objetos em mudança, e que, se não fosse desse modo, nós nunca o notaríamos, devemos agora examinar se podemos *concebê-lo* sem conceber uma sucessão de objetos, e se ele sozinho é capaz de formar uma ideia distinta na imaginação.

10 Para sabermos se dois objetos que estão juntos na impressão são separáveis na ideia, precisamos apenas considerar se eles são diferentes um do outro – pois, nesse caso, é evidente que podem ser concebidos separadamente. Tudo que é diferente é distinguível; e tudo que é distinguível pode ser separado, de acordo com as máximas acima explicadas. Se, ao contrário, esses objetos não forem diferentes, eles não serão distinguíveis; e se não forem distinguíveis, não poderão ser separados. Ora, esse é precisamente o caso do tempo, se comparado com nossas percepções sucessivas. A ideia de tempo não é derivada de uma impressão particular misturada a outras, das quais seria claramente distinguível. Ela surge exclusivamente da maneira como as impressões aparecem à mente, sem ser uma delas. Cinco notas tocadas numa flauta nos dão a impressão e a ideia de tempo – embora o tempo não seja uma sexta impressão, que se apresentaria à audição ou a algum outro sentido. Tampouco é uma sexta impressão que a mente encontraria dentro de si pela reflexão. Esses cinco sons, que aparecem dessa maneira particular, não despertam nenhuma emoção na mente, nem produzem algum tipo de afeto* cuja observação

---

* Hume utiliza o termo *"affection"*, na maioria das vezes, como sinônimo de *"passion"* ("paixão"). É estritamente nesse sentido que emprego "afeto", em lugar de "afecção", que

pudesse gerar uma nova ideia – pois é *isso* que é necessário para a produção de uma nova ideia da reflexão. Mesmo que a mente repassasse mil vezes todas as suas ideias de sensação, nunca seria capaz de extrair daí uma nova ideia original, a menos que a natureza houvesse fabricado suas faculdades de tal maneira que ela sentisse alguma nova impressão original surgir dessa contemplação. Mas aqui a mente percebe apenas a *maneira* como os diferentes sons fazem sua aparição; e essa maneira, ela pode posteriormente considerá-la sem considerar os sons particulares, conjugando-a com qualquer outro objeto. As ideias de alguns objetos ela certamente tem de possuir, e sem estas ser-lhe-ia impossível chegar a uma concepção do tempo. O tempo, portanto, uma vez que não aparece como uma impressão primária distinta, não pode evidentemente ser outra coisa que diferentes ideias, impressões ou objetos, dispostos de uma certa maneira, isto é, sucedendo-se uns aos outros.

11   Bem sei que há os que afirmam que a ideia de duração pode ser aplicada em um sentido apropriado a objetos perfeitamente invariáveis. Essa me parece ser a opinião comum tanto dos filósofos como do vulgo. Para nos convencermos de sua falsidade, porém, basta refletir sobre a conclusão precedente, ou seja, que a ideia de duração deriva sempre de uma sucessão de objetos em mudança, e jamais pode ser transmitida à mente por algo fixo e invariável. Pois daí se segue inevitavelmente que, já que a ideia de duração não pode ser derivada de tal objeto, ela nunca pode ser aplicada a ele de maneira apropriada ou exata e, portanto, nunca se pode dizer que uma coisa imutável tem duração. As ideias sempre representam os objetos ou impressões de que derivam, e jamais podem representar ou ser aplicadas a outros objetos ou impressões, senão por uma ficção. Posterior-

---

poderia gerar alguns mal-entendidos, sobretudo se nos guiarmos pela distinção espinosista entre *"affectio"* e *"affectus"*. É importante ressaltar, entretanto, que a palavra *"affection"* tem ainda, para Hume, o sentido de "afeição" (que para nós, aliás, também corresponde a um segundo sentido de "afeto"). Para evitar confusão, portanto, reservei sempre para este último sentido o termo "afeição". (N.T.)

mente,[4] consideraremos por meio de que ficção aplicamos a ideia de tempo também àquilo que é imutável, supondo (como é usual) que a duração é uma medida tanto do repouso como do movimento.

12   Existe outro argumento bastante decisivo, que confirma a presente doutrina acerca de nossas ideias de espaço e tempo, e está fundado unicamente neste simples princípio: que *essas ideias são compostas de partes indivisíveis*. Vale a pena examinarmos esse argumento.

13   Visto que toda ideia que é distinguível é também separável, tomemos uma dessas ideias simples e indivisíveis que formam a ideia composta de *extensão*, separando-a de todas as outras e considerando-a à parte, e formemos um juízo sobre sua natureza e qualidades.

14   É claro que esta não é a ideia de extensão. Pois a ideia de extensão é formada de partes, ao passo que esta, de acordo com nossa suposição, é perfeitamente simples e indivisível. Mas, então, ela não é nada? Isso é absolutamente impossível. Pois, como a ideia composta de extensão, que é real, é composta de tais ideias simples, fossem estas meras não-entidades, haveria uma existência real composta de não-entidades – o que é absurdo. Devo, portanto, perguntar: *em que consiste nossa ideia de um ponto simples e indivisível?* Não é de admirar que minha resposta pareça um tanto nova, uma vez que a própria questão raramente foi objeto de reflexão. Costumamos discutir acerca da natureza dos pontos matemáticos, mas quase nunca acerca da natureza de suas ideias.

15   A ideia de espaço é transmitida à mente por dois sentidos, a visão e o tato; nada jamais parecerá extenso se não for visível ou tangível. A impressão composta que representa a extensão consiste em várias impressões menores, que são indivisíveis ao olhar ou ao tato, e que podem ser denominadas impressões de átomos ou corpúsculos dotados de cor e solidez. Mas isso não é tudo. Não é preciso apenas que esses átomos sejam coloridos ou tangíveis para que possam se mostrar a nossos sentidos; é igualmente necessário que preserve-

---

4 Seção 5 [p.93].

mos a ideia de sua cor ou tangibilidade para que os possamos compreender por meio de nossa imaginação. Somente a ideia de sua cor ou tangibilidade pode torná-los concebíveis pela mente. Se suprimirmos essas qualidades sensíveis, tais átomos serão inteiramente aniquilados para o pensamento ou imaginação.

16   Ora, tais as partes, tal o todo. Se um ponto não for considerado colorido ou tangível, ele não poderá nos transmitir nenhuma ideia; e, como consequência, a ideia de extensão, que é composta das ideias desses pontos, jamais poderá existir. Mas se a ideia de extensão realmente pode existir (e temos plena consciência de que o pode), suas partes também têm de existir; e, para isso, devem ser consideradas como coloridas ou tangíveis. Portanto, só possuímos ideia de espaço ou extensão se o consideramos como um objeto de nossa visão ou de nosso tato.

17   O mesmo raciocínio provará que os momentos indivisíveis do tempo devem ser preenchidos por algum objeto ou existência real, cuja sucessão forma a duração, permitindo que esta seja concebida pela mente.

Seção 4
Resposta às objeções

1   Nosso sistema do espaço e do tempo possui duas partes intimamente ligadas. A primeira depende da seguinte cadeia de raciocínios. A capacidade da mente não é infinita; consequentemente, nenhuma ideia de extensão ou de duração consiste em um número infinito de partes ou ideias inferiores, mas sim em um número finito de partes ou ideias simples e indivisíveis. É possível, portanto, que o espaço e o tempo existam em conformidade com essa ideia. E, se isso é possível, é certo que eles realmente existem em conformidade com ela, uma vez que sua divisibilidade infinita é inteiramente impossível e contraditória.

2   A outra parte de nosso sistema é uma consequência do que se segue. As partes a que se reduzem as ideias de espaço e de tempo são, em

última análise, indivisíveis; e essas partes indivisíveis, não sendo nada em si mesmas, serão inconcebíveis se não estiverem preenchidas por algo real e existente. As ideias de espaço e tempo, portanto, não são ideias separadas ou distintas, mas simplesmente ideias da maneira ou ordem como os objetos existem. Em outras palavras, é impossível conceber seja um vácuo e uma extensão sem matéria, seja um tempo em que não houve nenhuma sucessão ou alteração em uma existência real. A estreita conexão entre essas partes de nosso sistema é a razão pela qual examinaremos conjuntamente as objeções levantadas contra ambas, a começar pelas que atacam a divisibilidade finita da extensão.

3   1. A primeira objeção que irei considerar serve mais para provar essa conexão e dependência entre as duas partes do que para destruir qualquer uma delas. Sustentou-se frequentemente nas escolas que a extensão deve ser divisível ao infinito, porque o sistema dos pontos matemáticos é absurdo; e que esse sistema é absurdo porque um ponto matemático é uma não-entidade e, consequentemente, jamais poderia, por sua conjunção com outros pontos, formar uma existência real. Esse raciocínio seria absolutamente decisivo, se não houvesse um meio-termo entre a divisibilidade infinita da matéria e a não-entidade dos pontos matemáticos. Mas é evidente que há um meio-termo: a atribuição de cor ou solidez a esses pontos. Aliás, o absurdo dos dois extremos constitui uma demonstração da verdade e realidade desse meio-termo. O sistema dos pontos *físicos*, que seria um outro meio-termo, é tão absurdo que não é necessário refutá-lo. Uma extensão real, tal como se supõe que seja um ponto físico, jamais poderia existir sem partes diferentes entre si; e todos os objetos diferentes são distinguíveis e separáveis pela imaginação.

4   2. A segunda objeção argumenta que, se a extensão fosse composta de pontos matemáticos, seria necessária uma *penetração*. Quando um átomo simples e indivisível toca outro, ele deve necessariamente penetrá-lo – pois seria impossível que ele tocasse apenas suas partes externas, já que a própria suposição de sua perfeita simpli-

cidade exclui a existência de partes. Ele deve, portanto, tocá-lo intimamente, e em toda sua essência, *secundum se, tota, et totaliter** – que é a definição mesma da penetração. Mas a penetração é impossível. E os pontos matemáticos são, como consequência, igualmente impossíveis.

5   Respondo a essa objeção apresentando uma ideia mais correta de penetração. Suponhamos que dois corpos que não contêm nenhum espaço vazio dentro de seus perímetros aproximem-se um do outro, unindo-se de tal maneira que o corpo resultante de sua união não seja mais extenso que qualquer um dos dois. É isso que devemos ter em mente quando falamos de penetração. É evidente, porém, que essa penetração nada mais é que a aniquilação de um desses corpos e a preservação do outro, sem que sejamos capazes de distinguir qual deles particularmente foi preservado e qual foi aniquilado. Antes da aproximação, temos a ideia de dois corpos; depois, de apenas um. É impossível à mente preservar qualquer noção de uma diferença entre dois corpos da mesma natureza existindo no mesmo lugar ao mesmo tempo.

6   Entendendo, então, a penetração nesse sentido, ou seja, como a aniquilação de um corpo quando de sua aproximação com um outro, pergunto se alguém considera necessário que um ponto colorido ou tangível seja aniquilado ao se aproximar de um outro ponto colorido ou tangível. Ao contrário, não se perceberá claramente que, da união desses pontos, resulta um objeto composto e divisível, que pode ser distinguido em duas partes, cada uma das quais conserva sua existência distinta e separada, apesar de sua contiguidade com a outra? Para auxiliar a fantasia, concebamos que esses pontos são dotados de cores diferentes, o que impede melhor sua mistura e confusão. Um ponto azul e um ponto vermelho certamente podem ser contíguos sem que haja penetração ou aniquilação. Caso contrário, o que poderia lhes acontecer? Qual deles seria aniquilado, o vermelho ou o azul? Ou ainda, se as duas cores se fundissem em uma só, que nova cor seria produzida por essa união?

---

*   "De acordo consigo mesmo, todo e completamente." (N.T.)

7   O que gera tais objeções, tornando-as ao mesmo tempo tão difíceis de serem respondidas satisfatoriamente, é sobretudo a falta de firmeza e a instabilidade naturais tanto de nossa imaginação como de nossos sentidos, quando aplicados a objetos tão diminutos. Fazei uma pequena mancha de tinta sobre uma folha de papel, e afastai-vos até a distância em que essa mancha se torna completamente invisível. Ao vos aproximar novamente do papel, vereis que primeiro a mancha se torna visível durante breves intervalos; em seguida, torna-se visível o tempo todo; depois, apenas adquire nova força em seu colorido, sem aumentar de tamanho; e, finalmente, após ter crescido ao ponto de se tornar realmente extensa, mesmo então ainda é difícil para a imaginação quebrá-la em suas partes componentes, em razão da dificuldade que sente em conceber um objeto tão minúsculo como um simples ponto. Essa deficiência afeta a maior parte de nossos raciocínios sobre o presente tema, tornando quase impossível responder, de um modo inteligível e por meio de expressões apropriadas, a muitas questões que podem surgir a seu respeito.

8   3. Muitas objeções contra a indivisibilidade das partes da extensão foram extraídas da *matemática*, embora, à primeira vista, essa ciência pareça antes favorável à presente doutrina e, mesmo quando contrária a ela em suas *demonstrações*, é-lhe perfeitamente conforme em suas *definições*. Minha tarefa neste momento deve ser, por isso, defender as definições e refutar as demonstrações.

9   Uma superfície se *define* como um comprimento e uma largura sem profundidade; uma linha, como um comprimento sem largura nem profundidade; um ponto, como aquilo que não possui nem comprimento, nem largura, nem profundidade. É evidente que tudo isso é ininteligível se nos baseamos em qualquer outra suposição que não seja a de que a extensão se compõe de pontos ou átomos indivisíveis. De que outro modo uma coisa poderia existir sem comprimento, sem largura ou sem profundidade?

10   Constato que esse argumento recebeu duas respostas, nenhuma das quais, em minha opinião, é satisfatória. A primeira é que os

objetos da geometria, as superfícies, linhas e pontos, cujas proporções e posições ela examina, são meras ideias na mente, e não apenas nunca existiram, como nunca podem vir a existir na natureza. Nunca existiram: pois ninguém tem a pretensão de traçar uma linha ou desenhar uma superfície de maneira inteiramente conforme à definição. Nunca podem vir a existir: pois, partindo dessas próprias ideias, podemos realizar demonstrações que provam sua impossibilidade.

11   Mas pode-se imaginar algo mais absurdo e contraditório que esse raciocínio? Tudo que pode ser concebido por uma ideia clara e distinta implica necessariamente a possibilidade de sua existência. E aquele que pretende provar a impossibilidade dessa existência por um argumento derivado de sua ideia clara está afirmando, na realidade, que não temos disso nenhuma ideia clara, porque temos uma ideia clara. Seria em vão buscar uma contradição em algo que é distintamente concebido pela mente. Se implicasse contradição, seria impossível concebê-lo.

12   Não há meio-termo, portanto, entre admitir ao menos a possibilidade de pontos indivisíveis e negar sua ideia. É sobre este último princípio que se funda a segunda resposta ao argumento anterior. Afirmou-se[5] que, embora seja impossível conceber um comprimento sem largura, podemos, por meio de uma abstração sem separação, considerar uma dessas propriedades sem levar em conta a outra – do mesmo modo como podemos pensar no comprimento do caminho entre duas cidades, desprezando sua largura. O comprimento é inseparável da largura tanto na natureza como em nossas mentes, mas isso não exclui a possibilidade de uma consideração parcial e de uma *distinção de razão*, da maneira acima explicada.

13   Ao refutar essa resposta, não insistirei sobre o argumento (que já expliquei suficientemente) de que, se for impossível para a mente

---

5   *L'Art de penser* [A. Arnauld (1612-1694) e P. Nicole (1625-1695), *La logique ou L'art de penser* (N.T.)]

atingir um mínimo em suas ideias, sua capacidade deve ser infinita, para que possa compreender o número infinito de partes que comporiam sua ideia de uma extensão qualquer. Tentarei, aqui, encontrar novos absurdos nesse raciocínio.

14   Um sólido é limitado por uma superfície; uma superfície é limitada por uma linha; uma linha é limitada por um ponto. Ora, afirmo que, se as *ideias* de ponto, linha ou superfície não fossem indivisíveis, ser-nos-ia impossível sequer conceber esses limites. Pois suponhamos que essas ideias fossem infinitamente divisíveis. Nesse caso, se a fantasia tentasse se fixar na ideia da última superfície, linha ou ponto, ela imediatamente veria essa ideia cindir-se em partes; e, ao tentar se apoderar da última dessas partes, deixá-la-ia escapar por uma nova divisão, e assim sucessivamente ao infinito, sem nenhuma possibilidade de chegar a uma ideia última. Um grande número de fracionamentos não a aproximaria mais da última divisão que a primeira ideia formada. Cada partícula esquivar-se-ia à apreensão mediante um novo fracionamento – como acontece com o mercúrio, quando o tentamos pegar. Mas já que, de fato, deve haver algo que limite a ideia de toda qualidade finita, e como essa ideia-limite não pode ela mesma consistir em partes ou ideias inferiores (pois senão a última de suas partes é que limitaria a ideia, e assim por diante), isso é uma prova clara de que as ideias de superfícies, linhas e pontos não admitem certas divisões – as de superfícies, não admitem divisão na profundidade; as de linhas, na largura e na profundidade; e as de pontos, em nenhuma dimensão.

15   Os *escolásticos* estavam tão cientes da força desse argumento que alguns deles afirmavam que a natureza teria misturado um certo número de pontos matemáticos entre as partículas de matéria divisíveis ao infinito, com a finalidade de dar um limite aos corpos. Outros tentavam eludir a força do argumento por meio de um amontoado de cavilações e distinções ininteligíveis. Mas todos estavam, com isso, reconhecendo a vitória de seu adversário. O homem que se esconde

está admitindo a superioridade do inimigo de forma tão evidente quanto aquele que abertamente entrega suas armas.

16 Desse modo, parece que as próprias definições dos matemáticos destroem as pretensas demonstrações; e que se temos a ideia de pontos, linhas e superfícies indivisíveis, conforme às definições, sua existência é certamente possível. Mas se não temos tal ideia, é-nos inteiramente impossível conceber o limite de uma figura qualquer. E, sem essa concepção, não pode haver demonstração geométrica.

17 Vou ainda mais longe, contudo, e afirmo que nenhuma dessas demonstrações pode ter peso suficiente para estabelecer um princípio como o da divisibilidade infinita; isso porque, por dizerem respeito a objetos tão minúsculos, elas não são propriamente demonstrações, uma vez que são construídas sobre ideias inexatas e sobre máximas que não são precisamente verdadeiras. Quando a geometria faz qualquer asserção acerca das relações de quantidade, não devemos esperar a mais alta *precisão* e exatidão. Nenhuma de suas provas tem tal alcance. Ela toma as dimensões e proporções das figuras de maneira correta, mas aproximada, e com alguma liberdade. Seus erros nunca chegam a ser consideráveis; aliás, ela jamais erraria, se não aspirasse a uma perfeição absoluta.

18 Pergunto primeiramente aos matemáticos o que querem dizer quando afirmam que uma linha ou superfície é IGUAL a, ou MAIOR ou MENOR que outra. Pouco importa o que possam responder, seja qual for a escola a que pertençam, e quer afirmem que a extensão é composta por pontos indivisíveis, quer por quantidades divisíveis ao infinito. Essa questão embaraçará tanto a uns como a outros.

19 Poucos matemáticos, se algum, defendem a hipótese dos pontos indivisíveis; e entretanto, são os que a defendem que possuem a mais pronta e correta resposta à presente questão. Basta-lhes responder que as linhas ou superfícies são iguais quando o número de pontos em cada uma delas é o mesmo; e que, conforme varia a proporção dos números, a proporção das linhas e superfícies também varia. Mas

embora essa resposta seja *correta*, além de óbvia, posso afirmar que esse critério* de igualdade é inteiramente *inútil*; e que, quando queremos determinar se certos objetos são iguais ou desiguais entre si, nunca recorremos a tal comparação. Porque os pontos que entram na composição de uma linha ou superfície qualquer, sejam eles percebidos pela visão ou pelo tato, são tão diminutos e se confundem tanto uns com os outros que é inteiramente impossível para a mente computar seu número; e, por isso, tal computação nunca poderá fornecer um critério que nos permita avaliar as proporções. Ninguém jamais será capaz de determinar, por uma enumeração exata, que uma polegada tem menos pontos que um pé, ou que um pé tem menos pontos que um côvado ou qualquer outra medida maior. Por essa razão, raramente ou nunca consideramos tal enumeração como critério de igualdade ou desigualdade.

20 Quanto aos que imaginam que a extensão é divisível ao infinito, estes não podem utilizar tal resposta, nem determinar a igualdade de duas linhas ou superfícies por uma enumeração de suas partes componentes. Pois uma vez que, segundo sua hipótese, tanto as figuras menores como as maiores contêm um número infinito de partes, e uma vez que números infinitos, propriamente falando, não podem ser nem iguais nem desiguais entre si, a igualdade ou a desigualdade entre duas porções quaisquer do espaço jamais pode depender da proporção entre o número de suas partes. Pode-se bem dizer que a

---

* O termo em inglês *"standard"* pode significar tanto "critério" como "padrão". Nossa palavra "critério" tende a conotar uma operação mais ligada ao entendimento, enquanto "padrão" remete à comparação sensível entre dois objetos. Na maioria dos casos que ocorrem na Parte 2 do Livro 1 (onde se dá a maior incidência desse termo), Hume parece estar se referindo a "critério"; mas isso nem sempre é claro, já que, em suas próprias palavras, o "critério último" que nos permite determinar com precisão, por exemplo, se uma linha é uma reta ou uma curva deriva dos sentidos e da imaginação. Se nos guiarmos, porém, pela distinção que ele próprio propõe no Apêndice (p.676) – entre "the accurate and exact standard" e "the inaccurate standard, derived from a comparison of objects, upon their general appearance" –, teremos uma justificativa para traduzir o termo *"standard"* sempre por "critério". As únicas exceções estão nas páginas 167, linha 3, e 693, linha 17, onde me pareceu mais adequado o uso de "padrão". (N.T.)

desigualdade entre um côvado e uma jarda consiste na diferença entre os números de pés de que são compostos; e a desigualdade entre um pé e uma jarda, na diferença entre os números de polegadas. Mas, como a quantidade que chamamos de uma polegada em um caso é supostamente igual à que chamamos de uma polegada no outro, e como é impossível para a mente encontrar tal igualdade prosseguindo ao infinito com essas referências a quantidades inferiores, é evidente que, ao final, devemos fixar algum critério de igualdade que não seja uma enumeração das partes.

21   Há os que afirmam[6] que a igualdade é mais bem definida pela *congruência*, e que duas figuras são iguais quando, ao colocarmos uma sobre a outra, todas as suas partes se correspondem e se tocam mutuamente. A fim de julgar essa definição, consideremos que, como a igualdade é uma relação, ela não é, estritamente falando, uma propriedade contida nas figuras mesmas, surgindo somente pela comparação que a mente faz entre elas. Se, portanto, ela consiste nessa aplicação imaginária e nesse contato mútuo entre as partes, devemos ao menos ter uma noção distinta dessas partes, e devemos conceber seu contato. Ora, é claro que, nessa concepção, teríamos de reduzir essas partes à menor dimensão concebível – pois o contato entre partes grandes nunca tornaria essas figuras iguais. Mas as menores partes que podemos conceber são justamente os pontos matemáticos; e, consequentemente, esse critério de igualdade é o mesmo que aquele derivado da igualdade entre o número de pontos, que já mostramos ser um critério correto, porém inútil. Devemos, portanto, buscar a solução da presente dificuldade em outro canto.

22   [Há muitos filósofos que se recusam a apontar um critério de *igualdade*, afirmando, em vez disso, que basta apresentar dois objetos iguais para que tenhamos uma noção correta dessa proporção. Sem a percepção dos objetos, dizem eles, qualquer definição é infrutí-

---

6   Ver as conferências matemáticas do Dr. *Barrow*. [Isaac Barrow (1630-1677), *Lectiones Mathematicæ* XI (N.T.)]

fera; e quando percebemos os objetos, não temos mais necessidade de definições. Concordo inteiramente com esse raciocínio; e afirmo que a única noção útil de igualdade ou desigualdade deriva da aparência una e global, bem como da comparação entre objetos particulares.] É evidente que o olho, ou antes a mente, é com frequência capaz de determinar, de uma só vez, as proporções dos corpos, declarando-os iguais, maiores ou menores uns em relação aos outros, sem ter de examinar ou comparar o número de suas partes diminutas. Tais juízos não são apenas comuns, mas, em muitos casos, são também certos e infalíveis. Quando se apresentam as medidas de uma jarda e de um pé, a mente não tem como questionar se a primeira é mais comprida que a segunda, exatamente como não pode duvidar daqueles princípios que são mais claros e autoevidentes.

23 Existem, portanto, três proporções que a mente distingue na aparência geral de seus objetos, e que denomina *maior, menor* e *igual*. Mas, embora suas conclusões acerca dessas proporções sejam às vezes infalíveis, isso nem sempre é assim. Nossos juízos nesses casos são tão passíveis de dúvidas e erros quanto os juízos acerca de qualquer outro assunto. Frequentemente corrigimos nossa primeira opinião mediante uma revisão e uma reflexão, declarando serem iguais certos objetos que antes havíamos considerado desiguais; ou vendo como menor um objeto que nos parecera maior que outro. E essa não é a única correção experimentada por esses juízos de nossos sentidos. É frequente descobrirmos nosso erro por uma justaposição dos objetos; ou, quando isso é impraticável, pela utilização de uma medida comum e invariável, que aplicamos sucessivamente a cada um deles, informando-nos, assim, sobre suas diferentes proporções. E mesmo essa correção é suscetível de nova correção, bem como de diferentes graus de exatidão, segundo a natureza do instrumento que utilizamos para medir os corpos e o cuidado com que realizamos a comparação.

24 Quando, portanto, a mente se habitua a esses juízos e a suas correções, e descobre que a mesma proporção que faz com que duas figuras

tenham perante nossos olhos aquela aparência* que chamamos de *igualdade* também faz que elas se correspondam uma à outra, bem como a uma medida comum de comparação, nós formamos uma noção mista de igualdade, derivada ao mesmo tempo dos métodos mais frouxos e mais precisos de comparação. Mas não nos contentamos com isso. Pois, como a boa razão nos convence de que há corpos *imensamente* menores que aqueles que aparecem aos sentidos; e como uma falsa razão nos persuadiria de que há corpos *infinitamente* menores, percebemos claramente que não possuímos nenhum instrumento ou técnica de medição que pudesse nos resguardar de todo erro e incerteza. Percebemos que o acréscimo ou a subtração de uma dessas partes minúsculas não é discernível nem pela aparência dos corpos nem pela medição. E, como imaginamos que duas figuras antes iguais não podem continuar iguais após essa subtração ou esse acréscimo, fazemos a suposição de um critério imaginário de igualdade que possa corrigir com exatidão tanto as aparências desses corpos como o procedimento de medição, reduzindo inteiramente as figuras a essa proporção. Tal critério é claramente imaginário. Porque, como a própria ideia de igualdade é a de uma aparência particular corrigida por justaposição ou por uma medida comum, a noção de qualquer correção além daquela para a qual possuímos instrumentos ou uma técnica apropriada é uma mera ficção da mente, tão inútil quanto incompreensível. Entretanto, embora esse critério seja somente imaginário, a ficção é muito natural. Pois nada é mais usual para a mente que continuar com uma ação dessa maneira, mesmo após ter deixado de existir a razão que originalmente a havia levado a começar. Isso se mostra de maneira bastante conspícua no caso do tempo. Aqui, embora seja evidente que o método para determinar as

---

* *"Appearance"*, no original. Nos casos em que o sentido dessa palavra não é o de "aparição" ou "aparecimento", mantive a tradução literal, "aparência". Deve-se entretanto notar que, no texto humeano, "aparência" não tem, na maioria das vezes, o sentido que ficou mais corrente entre nós, ou seja, de "mera aparência", podendo significar simplesmente "aquilo que aparece". É o caso das diversas ocorrências deste parágrafo. (N.T.)

proporções das partes é ainda menos exato que no caso da extensão, as várias correções de nossas medidas e seus diferentes graus de exatidão nos deram uma noção obscura e implícita de uma igualdade perfeita e completa. O mesmo se passa em muitas outras áreas. Um músico que vê sua audição se tornar a cada dia mais refinada, e que corrige a si próprio pela reflexão e atenção, prolonga o mesmo ato da mente, ainda que seu objeto lhe falte, mantendo a noção de uma *terça* ou uma *oitava* completas, sem ser capaz de dizer de onde extraiu seu critério. Um pintor forma a mesma ficção a propósito das cores; um mecânico,* a propósito do movimento. Para um, a *luz* e a *sombra*; para o outro, a *rapidez* e a *lentidão* são imaginados como passíveis de uma comparação e uma igualdade exatas e para além do julgamento dos sentidos.

25 Podemos aplicar o mesmo raciocínio às *curvas* e *retas*. Nada é mais evidente aos sentidos que a distinção entre uma linha curva e uma reta; nem há ideia mais fácil de se formar que as ideias desses objetos. No entanto, por mais facilmente que o façamos, é impossível defini-las de tal maneira que possamos fixar os limites precisos entre elas. Quando traçamos uma linha sobre um papel ou qualquer superfície contínua, ela passa de um ponto a outro seguindo uma certa ordem, e é assim que se produz a impressão global de uma curva ou uma reta. Essa ordem, porém, nos é inteiramente desconhecida e a única coisa que se observa é a aparência como um todo. Assim, mesmo de acordo com o sistema dos pontos indivisíveis, não podemos formar senão uma noção vaga de algum critério desconhecido para esses objetos. De acordo com o sistema da divisibilidade infinita, não chegamos sequer a isso; ficamos restritos a adotar a aparência geral como a regra pela qual determinamos se as linhas são curvas ou retas. Mas, embora não possamos dar uma definição perfeita dessas linhas, nem produzir um método exato o bastante para distinguir-

---

* "*Mechanic*", no original, o que no contexto pode significar tanto um tipo específico de trabalhador – por exemplo, um que lida com máquinas e, portanto, com movimento – quanto um físico especializado em mecânica. (N.T.)

mos umas das outras, isso não nos impede de corrigir a primeira aparência por um exame mais preciso e pela comparação com alguma regra de cuja correção, graças a testes repetidos, estejamos mais seguros. É por meio dessas correções, e levando adiante a mesma ação da mente (mesmo quando não temos mais uma razão para ela), que formamos a vaga ideia de um critério perfeito para essas figuras, sem que sejamos capazes de explicá-lo ou compreendê-lo.

26   É verdade que os matemáticos pretendem dar uma definição exata de uma reta quando dizem que *é o caminho mais curto entre dois pontos*. Mas, em primeiro lugar, observo que isso é mais propriamente a descoberta de uma das propriedades da reta que uma definição precisa. Pois pergunto se, à menção de uma linha reta, não pensamos imediatamente nessa aparência particular, e se não é apenas acidentalmente que consideramos aquela propriedade. Uma reta pode ser compreendida por si só; mas a definição em causa é ininteligível sem uma comparação da reta com outras linhas que concebemos como mais extensas. Na vida corrente, tem-se como uma máxima que o caminho mais reto é sempre o mais curto – o que seria tão absurdo como dizer que o caminho mais curto é sempre o mais curto, se nossa ideia de uma linha reta não fosse diferente da ideia do caminho mais curto entre dois pontos.

27   Em segundo lugar, repito aquilo que já estabeleci: que não temos nenhuma ideia mais precisa de igualdade ou desigualdade, de mais curto ou mais longo, do que a que temos de linha reta ou curva; e que, em consequência disso, não podemos extrair das primeiras um critério perfeito para estas últimas. Uma ideia precisa jamais pode ser construída com base em ideias vagas e indeterminadas.

28   A ideia de uma *superfície plana* é tão pouco suscetível de um critério preciso quanto a de uma linha reta. O único meio que temos de distinguir tal superfície é por sua aparência geral. É inteiramente em vão que os matemáticos representam a superfície plana como produzida pelo deslocamento de uma reta. Objetar-se-á imediatamente que nossa ideia de superfície é tão independente desse método de

formação de uma superfície quanto nossa ideia de uma elipse o é do método de formação de um cone; que a ideia de uma reta não é mais precisa que a de um plano; que uma reta pode se deslocar de modo irregular, e assim formar uma figura bem diferente de um plano; e que, portanto, vemo-nos obrigados a supor que ela se desloca ao longo de duas retas, paralelas entre si e localizadas no mesmo plano. Mas essa descrição é circular, pois explica uma coisa por ela mesma.

29   Vemos portanto que, concebidas segundo nosso método usual, as ideias mais essenciais à geometria – a saber, igualdade e desigualdade, reta e plano – estão longe de ser exatas e determinadas. Não apenas somos incapazes de dizer, no caso de haver algum grau de dúvida, se tais figuras particulares são iguais, se tal linha é uma reta, ou tal superfície um plano; tampouco somos capazes de formar uma ideia firme e invariável daquela proporção ou dessas figuras. Temos de continuar recorrendo ao julgamento fraco e falível que produzimos baseados na aparência dos objetos, e que corrigimos por meio de um compasso ou uma medida comum. E se supusermos que é possível fazer qualquer outra correção, esta será uma correção inútil ou imaginária. Seria vão recorrer ao lugar-comum, evocando uma divindade cuja onipotência lhe permitisse formar uma figura geométrica perfeita e desenhar uma linha reta sem nenhuma curva ou inflexão. Como o critério último para essas figuras não é derivado senão dos sentidos e da imaginação, é absurdo falar de qualquer perfeição que ultrapasse a capacidade de julgamento dessas faculdades. Pois a verdadeira perfeição de algo consiste em sua conformidade com seu critério.

30   Ora, já que essas ideias são tão vagas e incertas, eu gostaria que algum matemático me respondesse em que consiste sua segurança infalível não apenas acerca das proposições mais intricadas e obscuras de sua ciência, mas também acerca dos princípios mais vulgares e óbvios. Como ele me provaria, por exemplo, que duas retas não podem ter um segmento em comum? Ou que é impossível traçar mais de uma reta entre dois pontos quaisquer? Se me dissesse que tais opi-

niões são obviamente absurdas e que contradizem nossas ideias claras, eu responderia que não nego que, quando a inclinação entre duas retas forma um ângulo perceptível, é absurdo imaginar que elas possuam um segmento comum. Mas, supondo que essas duas linhas se aproximem uma da outra na proporção de uma polegada a cada vinte léguas, não vejo nenhum absurdo em afirmar que, ao se encontrarem, elas se tornam uma só. Pois peço-vos que me respondeis que regra ou critério norteia vosso juízo quando afirmais que a linha para a qual supus que elas convergem não pode formar uma só e mesma reta com aquelas duas que formam entre si um ângulo tão pequeno. Certamente, essa linha não concorda com vossa ideia de reta. Quereis, portanto, dizer que seus pontos não seguem a mesma ordem e regra que é peculiar e essencial a uma reta? Se for assim, devo informar-vos não apenas que, ao julgar dessa maneira, admitis que a extensão é composta de pontos indivisíveis (o que talvez seja mais do que pretendeis), como também que não é esse o critério de acordo com o qual formamos a ideia de uma reta. Além disso, mesmo que fosse esse o critério, não existe uma tal firmeza em nossos sentidos ou imaginação que nos permita determinar quando essa ordem foi violada ou preservada. O critério original de uma linha reta, na realidade, não passa de uma certa aparência geral. E é evidente que se pode fazer que as retas coincidam e ainda assim correspondam a esse critério, mesmo corrigido por todos os meios praticáveis ou imagináveis.

31   [Para onde quer que se voltem, os matemáticos encontram sempre esse dilema. Se julgam a igualdade ou qualquer outra proporção pelo critério preciso e exato, a saber, pela enumeração das diminutas partes indivisíveis, eles estão ao mesmo tempo empregando um critério que na prática é inútil, e provando, de fato, a indivisibilidade da extensão, que tentavam demolir. Ou então, se empregam, como é usual, o critério aproximado derivado de uma comparação entre os objetos com base em sua aparência geral, corrigida pela medição e justaposição, seus primeiros princípios, embora certos e infalíveis,

são demasiadamente grosseiros para permitir inferências tão sutis como as que comumente deles se extraem. Os primeiros princípios fundamentam-se na imaginação e nos sentidos; a conclusão, portanto, jamais pode ultrapassar e menos ainda contradizer essas faculdades.]

32 Isso pode abrir-nos um pouco os olhos, e nos fazer ver que nenhuma demonstração geométrica da divisibilidade infinita da extensão pode ter a força que naturalmente atribuímos a todo argumento sustentado por pretensões tão grandiosas. Ao mesmo tempo, podemos descobrir a razão pela qual a geometria carece de evidência nesse único ponto, enquanto todos os seus outros raciocínios merecem nosso mais completo assentimento e aprovação. De fato, parece mais importante dar a razão dessa exceção que mostrar que nós realmente devemos abri-la e considerar como inteiramente sofísticos todos os argumentos matemáticos a favor da divisibilidade infinita. Porque é evidente que, uma vez que nenhuma ideia de quantidade é infinitamente divisível, não se pode imaginar absurdo mais manifesto que a tentativa de provar que a própria quantidade admite tal divisão – e prová-lo por meio de ideias que são diretamente opostas sob esse aspecto particular. E, assim como esse absurdo é em si mesmo evidente, assim também não há argumento nele fundado que não traga consigo um novo absurdo, e não envolva uma evidente contradição.

33 Como exemplos, posso citar os argumentos a favor da divisibilidade infinita derivados do *ponto de contato*. Sei que não há um só matemático que não se recusaria a ser julgado pelos diagramas que constrói sobre o papel; pois, como eles próprios nos diriam, tais diagramas são rascunhos imprecisos, e só servem para facilitar a transmissão de certas ideias, que são, estas sim, os verdadeiros fundamentos de todos os nossos raciocínios. Estou perfeitamente de acordo com isso, e pretendo basear a controvérsia apenas nessas ideias. Sugiro, portanto, que nosso matemático forme, com a maior precisão possível, as ideias de um círculo e de uma reta; e então lhe pergunto se, ao conceber o contato entre essas figuras, ele consegue concebê-las tocan-

do-se apenas em um ponto matemático, ou se tem necessariamente que imaginar que elas coincidem ao longo de um segmento. Seja qual for sua opção, ele se verá emaranhado em dificuldades equivalentes. Se afirmar que, ao traçar essas figuras em sua imaginação, é capaz de imaginar que elas se tocam em apenas um ponto, estará admitindo a possibilidade dessa ideia e, consequentemente, da própria coisa. Se disser que, ao conceber o contato dessas linhas, deve fazê-las coincidir, estará reconhecendo a falácia das demonstrações geométricas, quando aplicadas além de um certo grau de minúcia. Porque é certo que suas demonstrações contra a coincidência entre um círculo e uma reta são desse tipo. Em outras palavras, nosso matemático é capaz de provar que uma ideia, a de coincidência, é *incompatível* com outras duas ideias, de círculo e de reta; ao mesmo tempo, entretanto, ele reconhece que essas ideias são *inseparáveis*.

Seção 5
Continuação do mesmo tema

1   Se for verdadeira a segunda parte de meu sistema, a saber, que *a ideia de espaço ou extensão não é senão a ideia de pontos visíveis ou tangíveis distribuídos segundo uma certa ordem*, segue-se que não podemos formar nenhuma ideia de vácuo, ou seja, de um espaço onde não existe nada visível ou tangível. Isso gera três objeções, que examinarei conjuntamente, já que a resposta que darei a uma delas será uma consequência da que utilizarei para rebater as outras.

2   Em primeiro lugar, pode-se dizer que há séculos os homens discutem sobre o vácuo e o pleno, sem conseguir chegar a uma conclusão definitiva. E os filósofos, ainda hoje, acreditam-se livres para tomar partido de um lado ou de outro, ao sabor de sua fantasia. Mas seja qual for o fundamento que possa ter uma controvérsia a respeito dessas coisas mesmas, pode-se alegar que a própria discussão é decisiva no que concerne à ideia em questão, e é impossível que os homens tenham podido raciocinar há tanto tempo sobre um vácuo,

fosse para negá-lo, fosse para afirmá-lo, sem ter uma noção daquilo que negavam ou afirmavam.

3   Em segundo lugar, mesmo que se conteste esse argumento, a realidade ou, ao menos, a possibilidade da *ideia* de um vácuo poderia ser provada pelo seguinte raciocínio. Toda ideia é possível se é uma consequência necessária e infalível de ideias possíveis. Ora, mesmo que aceitemos que o mundo presente é um pleno, podemos facilmente concebê-lo desprovido de movimento; e com certeza se admitirá que essa ideia é possível. Deve-se também admitir que é possível conceber a aniquilação de uma parte qualquer da matéria pela onipotência divina, enquanto as outras partes permanecem em repouso. Porque como toda ideia distinguível é separável pela imaginação, e como toda ideia separável pela imaginação pode ser concebida existindo separadamente, é evidente que a existência de uma partícula de matéria implica tão pouco a existência de outra quanto o fato de um corpo possuir uma figura quadrada implica que todos os outros também a possuam. Uma vez aceito isso, pergunto agora: qual o resultado da concorrência dessas duas ideias possíveis, de *repouso* e de *aniquilação*, e o que devemos conceber que se segue à aniquilação de todo o ar e de toda a matéria sutil contida em um aposento, supondo-se que as paredes permaneçam iguais, sem nenhum movimento ou alteração? Alguns metafísicos respondem que, uma vez que matéria e extensão são a mesma coisa, a aniquilação de uma implica necessariamente a da outra; e, não havendo agora qualquer distância entre as paredes do aposento, essas paredes se tocam, do mesmo modo que minha mão toca o papel que se encontra imediatamente à minha frente. Embora tal resposta seja bastante comum, porém, desafio esses metafísicos a conceberem a matéria segundo sua hipótese, ou a imaginar o chão e o teto, juntamente com todos os lados opostos do aposento, tocando-se uns aos outros, ao mesmo tempo em que permanecem em repouso e preservam a mesma posição. Pois como é possível que as duas paredes que vão de norte a sul se toquem mutuamente, enquanto também tocam os extremos opostos das duas outras

paredes, que vão de leste a oeste? E como é possível que o teto e o chão se encontrem, estando separados pelas quatro paredes situadas em posição contrária? Se alterarmos sua posição, estaremos supondo um movimento. Se concebermos alguma coisa entre eles, estaremos supondo que algo é criado. Ao contrário, se nos ativermos estritamente às duas ideias de *repouso* e *aniquilação*, é evidente que a ideia delas resultante não será a de um contato entre as partes, mas algo diferente, que podemos concluir ser a ideia de um vácuo.

4   A terceira objeção vai ainda mais longe, afirmando que a ideia de um vácuo é não apenas real e possível, mas também necessária e inevitável. Essa asserção se funda no movimento que observamos nos corpos, e que, segundo se afirma, seria impossível e inconcebível sem um vácuo, para onde um corpo deve se mover a fim de abrir caminho a outro. Não me estenderei sobre essa objeção, porque ela diz respeito sobretudo à filosofia da natureza, que está fora de nossa esfera presente.

5   Para responder a essas objeções, sem correr o risco de iniciar uma discussão antes de ter compreendido perfeitamente o objeto da controvérsia, devemos examinar profundamente a questão, considerando a natureza e a origem de diversas ideias. É evidente que a ideia de escuridão não é uma ideia positiva, mas a mera negação da luz ou, mais propriamente falando, de objetos coloridos e visíveis. Na total ausência de luz, um homem dotado de visão, por mais que olhe para todos os lados, não recebe outra percepção que aquela mesma que um cego de nascença receberia; e é certo que este último não possui nenhuma ideia de luz ou de escuridão. A conclusão disso é que não é pela mera supressão dos objetos visíveis que recebemos a impressão de uma extensão sem matéria; e que a ideia da escuridão total nunca poderia ser a mesma que a de um vácuo.

6   Suponhamos agora um homem suspenso no ar, sendo transportado suavemente por algum poder invisível. É evidente que ele nada sente, e que jamais obtém a ideia de extensão, ou qualquer outra ideia, partindo desse movimento invariável. Mesmo supondo que mova suas

pernas para a frente e para trás, isso não poderia lhe transmitir tal ideia. Nesse caso, ele teria alguma sensação ou impressão, cujas partes, sucedendo-se umas às outras, poderiam lhe dar a ideia de tempo; mas, certamente, essas partes não estariam dispostas da maneira necessária para lhe transmitir a ideia de espaço ou extensão.

7   Vemos, assim, que a escuridão e o movimento, quando há total supressão de todo objeto visível e tangível, nunca poderiam nos dar a ideia da extensão sem matéria, ou seja, de um vácuo. A próxima questão é, pois, se poderiam nos transmitir essa ideia quando misturados a algo visível e tangível.

8   Os filósofos comumente admitem que todos os corpos que se mostram à visão aparecem como se estivessem pintados sobre uma superfície plana, e que seus diferentes graus de afastamento em relação a nós são descobertos mais pela razão que pelos sentidos. Quando ergo minha mão espalmada, os dedos se mostram separados pela cor azul do firmamento de maneira tão perfeita quanto o seriam por qualquer objeto visível que eu pudesse inserir entre eles. Portanto, para saber se a visão é capaz de transmitir a impressão e a ideia de um vácuo, temos de supor que, em meio a uma total escuridão, apresentam-se a nós corpos luminosos, cuja luz revela apenas eles mesmos, sem nos dar nenhuma impressão dos objetos circundantes.

9   Devemos fazer uma suposição análoga a respeito dos objetos de nosso tato. Não convém supor a eliminação completa de todos os objetos tangíveis; devemos admitir que alguma coisa é percebida pelo tato; e que, após um intervalo e um movimento da mão ou de algum outro órgão da sensação, um outro objeto tangível é encontrado; e, largando-se este, um outro, e assim por diante, tão frequentemente quanto se queira. A questão é se esses intervalos não nos proporcionam a ideia da extensão sem nenhum corpo.

10 Começando com o primeiro caso, é evidente que, quando apenas dois objetos luminosos aparecem à visão, podemos perceber se eles estão juntos ou separados; se estão separados por uma distância

pequena ou grande; e, quando essa distância varia, podemos perceber seu aumento ou sua diminuição, juntamente com o movimento dos corpos. Mas como neste caso a distância não é algo colorido ou visível, pode-se pensar que existe aqui um vácuo ou extensão pura, não apenas inteligível à mente, mas evidente para os próprios sentidos.

11   Esse é nosso modo mais natural e familiar de pensar; mas uma pequena reflexão nos ensinará a corrigi-lo. Podemos observar que, quando dois objetos se apresentam lá onde antes havia uma total escuridão, a única mudança que se pode descobrir está na aparição desses dois objetos; todo o resto continua como antes: uma perfeita negação da luz e de todo objeto colorido ou visível. Isso vale não apenas para aquilo que se pode considerar distante desses corpos, mas para a própria distância entre eles – e *esta* não é senão a escuridão ou negação da luz, sem partes, sem composição, invariável e indivisível. Ora, uma vez que essa distância não causa nenhuma percepção diferente daquela que um cego recebe de seus olhos, ou daquela que nos é transmitida na mais escura noite, ela deve partilhar das mesmas propriedades. E como a cegueira e a escuridão não nos proporcionam nenhuma ideia de extensão, é impossível que a distância obscura e indistinguível entre dois corpos possa jamais produzir tal ideia.

12   A única diferença entre uma escuridão absoluta e a aparição de dois ou mais objetos luminosos e visíveis consiste, como disse antes, nos próprios objetos e na maneira como afetam nossos sentidos. Os ângulos que os raios de luz emanados desses objetos formam entre si; o movimento necessário ao olho para passar de um a outro; e as diferentes partes dos órgãos por eles afetados – isso é o que produz as únicas percepções que nos permitem julgar acerca da distância.* Como cada uma dessas percepções é simples e indivisível, porém, elas nunca poderão nos dar a ideia de extensão.

---

* Ver Apêndice, p.674.

13   Isso pode ser ilustrado considerando-se o sentido do tato e a distância ou intervalo imaginário interposto entre objetos tangíveis ou sólidos. Suponho dois casos: o de um homem suspenso no ar e que movimenta suas pernas para a frente e para trás, sem encontrar nenhuma coisa tangível; e o de um homem que sente alguma coisa tangível, larga-a e, após um movimento ao qual é sensível, percebe outro objeto tangível. Pergunto então: em que consiste a diferença entre esses dois casos? Ninguém hesitará em afirmar que ela consiste meramente na percepção desses objetos, e que a sensação originada do movimento é a mesma nos dois casos. E, assim como essa sensação é incapaz de nos transmitir uma ideia de extensão quando não vem acompanhada de alguma outra percepção, ela tampouco pode nos dar essa ideia quando misturada às impressões de objetos tangíveis, uma vez que essa mistura não produz nela nenhuma alteração.

14   Mas, embora nem o movimento nem a escuridão, quer quando isolados, quer quando acompanhados de objetos tangíveis e visíveis, possam nos transmitir qualquer ideia de um vácuo ou de uma extensão sem matéria, eles são as causas que nos levam a imaginar falsamente que somos capazes de formar tal ideia. Pois existe uma relação estreita entre, de um lado, tal movimento e escuridão e, de outro, uma extensão real ou composição de objetos visíveis e tangíveis.

15   Primeiramente, podemos observar que dois objetos visíveis que aparecem em meio a uma total escuridão afetam os sentidos da mesma maneira, e os ângulos dos raios que deles emanam e se encontram no olho formam o mesmo ângulo que formariam se a distância entre eles estivesse preenchida por objetos visíveis que nos proporcionassem uma verdadeira ideia de extensão. A sensação do movimento também é a mesma, seja quando não há nada tangível interposto entre os dois corpos, seja quando sentimos um corpo composto, cujas diferentes partes estão dispostas umas ao lado das outras.

16   Em segundo lugar, descobrimos pela experiência que dois corpos situados de forma a afetar os sentidos da mesma maneira que

outros dois corpos entre os quais existe uma certa extensão de objetos visíveis, são capazes de receber a mesma extensão de objetos, sem sofrer nenhum impacto [*impulse*] ou penetração sensível, e sem que haja nenhuma alteração no ângulo com que aparecem aos sentidos. De modo semelhante, sempre que, para tocarmos um objeto após outro, for necessário um intervalo entre eles e a percepção dessa sensação que chamamos movimento de nossa mão ou órgão do tato, a experiência nos mostra que os mesmos objetos podem ser tocados com a mesma sensação de movimento, quando esta se acompanha da impressão interposta de objetos sólidos e tangíveis. Em outras palavras, uma distância invisível e intangível pode se tornar uma distância visível e tangível, sem nenhuma mudança nos objetos distantes.

17 Em terceiro lugar, podemos observar outra relação entre esses dois tipos de distância, a saber, que elas têm quase o mesmo efeito sobre todos os fenômenos naturais. Uma vez que todas as qualidades, como calor, frio, luz, atração etc., diminuem proporcionalmente a distância, não se pode observar quase nenhuma diferença entre os casos em que essa distância é indicada por objetos compostos e sensíveis, e aqueles em que ela é conhecida apenas pela maneira como os objetos distantes afetam os sentidos.

18 Eis aqui, portanto, três relações entre aquela distância que transmite a ideia de extensão e essa outra, que não é preenchida por nenhum objeto colorido ou sólido. Os objetos distantes afetam os sentidos da mesma maneira, não importando qual das duas distâncias os separa. A segunda espécie de distância se mostra capaz de acolher a primeira; e ambas diminuem igualmente a força de todas as qualidades.

19 Essas relações entre os dois tipos de distância nos proporcionam uma razão simples para explicar por que as duas têm sido tão frequentemente confundidas uma com a outra, e por que imaginamos ter uma ideia de extensão mesmo sem a ideia de um objeto qualquer da visão ou do tato. De fato, podemos estabelecer como uma máxima geral nessa ciência da natureza humana que, sempre que há uma

relação estreita entre duas ideias, a mente apresenta uma forte tendência a confundi-las, e a usar uma em lugar da outra em todos os seus discursos e raciocínios. Esse fenômeno ocorre em tantas ocasiões e tem consequências tão consideráveis que não posso deixar de parar um momento para examinar suas causas. Minha única premissa será que devemos distinguir exatamente entre o próprio fenômeno e as causas que a ele atribuirei; e qualquer incerteza que possa existir nessas causas não nos deve fazer imaginar que o fenômeno seja igualmente incerto. O fenômeno pode ser real, mesmo que minha explicação seja quimérica. A falsidade daquele não é consequência da falsidade desta; embora, ao mesmo tempo, possamos observar que é muito natural extrairmos tal consequência, o que, aliás, é um exemplo manifesto do próprio princípio que tento explicar.

20   Quando admiti as relações de *semelhança, contiguidade* e *causalidade* como princípios de união entre ideias, sem examinar suas causas, foi antes para seguir minha primeira máxima, de que devemos em última instância nos contentar com a experiência, que pela falta de alguma coisa especiosa e plausível que eu pudesse ter apresentado sobre esse tema. Teria sido fácil fazer uma dissecção imaginária do cérebro, e mostrar por que, ao concebermos determinada ideia, os espíritos animais se espalham por todas as vias contíguas, despertando as outras ideias relacionadas à primeira. Entretanto, embora eu tenha desprezado qualquer vantagem que teria podido extrair dessas considerações para explicar as relações de ideias, receio que devo aqui recorrer a elas, a fim de dar conta dos erros provenientes dessas relações. Observarei portanto que, como a mente é dotada do poder de despertar qualquer ideia que lhe aprouver, quando ela envia os espíritos animais para a região do cérebro em que está localizada tal ideia, esses espíritos sempre a despertam, penetrando precisamente nas vias apropriadas e vasculhando o compartimento a ela pertencente. Mas o movimento dos espíritos animais raramente é direto; ao contrário, ele se desvia naturalmente um pouco para um lado ou para outro. Por essa razão, ao penetrarem nas vias contíguas, os espíritos

apresentam outras ideias relacionadas em lugar daquela que a mente de início desejava considerar. Nem sempre percebemos essa troca. Continuamos com a mesma cadeia de pensamentos, e fazemos uso da ideia relacionada que se nos apresenta, empregando-a em nosso raciocínio, como se fosse a mesma que aquela que buscávamos. Essa é a causa de tantos erros e sofismas presentes na filosofia – como se poderia naturalmente imaginar, e como seria fácil mostrar se houvesse ocasião para tal.

21 Das três relações acima mencionadas, a de semelhança é a fonte mais fértil de erros. De fato, poucos são os erros presentes nos raciocínios que não se devem em grande parte a essa origem. Não apenas as ideias semelhantes são relacionadas, como também as ações mentais que realizamos para considerar cada uma delas diferem tão pouco umas das outras que não somos capazes de as distinguir. Esta última circunstância tem consequências importantes. Podemos observar em geral que, sempre que as ações da mente pelas quais formamos duas ideias quaisquer são iguais ou semelhantes, temos uma forte tendência a confundir tais ideias, tomando uma pela outra. Veremos vários exemplos disso no decorrer deste tratado. Entretanto, embora a semelhança seja a relação que mais facilmente produz um equívoco nas ideias, as outras relações, de contiguidade e causalidade, podem igualmente contribuir para esse mesmo efeito. Poderíamos apresentar as figuras poéticas e retóricas como provas suficientes do que acaba de ser mencionado – se fosse tão comum como é razoável, nas questões metafísicas, extrair nossos argumentos desse domínio. Mas como os metafísicos talvez considerem tal procedimento abaixo de sua dignidade, extrairei minha prova de algo que pode ser observado na maioria de seus discursos, a saber, que é muito comum que os homens utilizem palavras em lugar de ideias e, em seus raciocínios, falem ao invés de pensar. Utilizamos palavras em lugar de ideias, porque elas normalmente estão conectadas de forma tão estreita que a mente as confunde com facilidade. E essa também é a razão de utilizarmos a ideia de uma distância que não é considerada nem como

visível nem tangível, em lugar da extensão, que não é mais que uma composição de pontos visíveis ou tangíveis dispostos em uma certa ordem. As relações de *semelhança* e de *causalidade* concorrem para causar esse erro. Como a primeira espécie de distância se mostra conversível na segunda, ela constitui, nesse sentido, uma espécie de causa; e a similaridade da maneira como as duas afetam os sentidos e diminuem todas as qualidades forma a relação de semelhança.

22 Com essa série de raciocínios e explicações de meus princípios, estou agora preparado para responder a todas as objeções que me foram apresentadas, sejam elas derivadas da *metafísica* ou da *mecânica*. A frequência das discussões acerca de um vácuo, ou extensão sem matéria, não prova a realidade da ideia sobre a qual se discute. Pois nada é mais comum que ver os homens enganarem a si mesmos sobre esse ponto, especialmente quando se apresenta uma outra ideia estreitamente relacionada, capaz de ocasionar seu erro.

23 Podemos dar uma resposta quase igual à segunda objeção, derivada da conjunção das ideias de repouso e aniquilação. Quando todas as coisas dentro do aposento são aniquiladas e as paredes continuam imóveis, o aposento deve ser concebido de uma maneira muito próxima à maneira como é concebido agora, quando o ar que o preenche não é um objeto dos sentidos. Essa aniquilação deixa aos *olhos* a distância fictícia revelada pelas diferentes partes desse órgão que são afetadas e pelos graus de luz e sombra; e deixa ao *tato* aquela outra distância, que consiste na sensação de um movimento na mão ou em outro membro do corpo. Em vão buscaríamos algo além disso. De qualquer lado que examinemos este assunto, veremos que essas são as únicas impressões que tal objeto é capaz de produzir após a suposta aniquilação. E já observamos que as impressões só podem originar ideias que a elas se assemelhem.

24 Uma vez que se pode supor que um corpo interposto entre dois outros seja aniquilado sem produzir nenhuma mudança nos que o ladeiam, é fácil conceber como esse mesmo corpo pode ser recriado, produzindo tão pouca alteração como no caso anterior. Ora, o mo-

vimento de um corpo tem quase o mesmo efeito que sua criação. Os corpos distantes não são mais afetados em um caso que no outro. Isso é suficiente para satisfazer a imaginação, provando que não há incompatibilidade nesse movimento. Posteriormente, entra em jogo a experiência, persuadindo-nos de que dois corpos situados da maneira acima descrita têm realmente uma tal capacidade de acolher algum corpo entre eles, e que não há obstáculo à conversão da distância invisível e intangível em uma distância visível e tangível. Por mais natural que possa parecer essa conversão, só podemos ter certeza de que é factível depois de ter tido experiência dela.

25 Parece-me que, com isso, respondi às três objeções mencionadas, embora, ao mesmo tempo, eu tenha consciência de que poucos ficarão satisfeitos com essas respostas, e que novas objeções e dificuldades serão imediatamente propostas. Dir-se-á provavelmente que meu raciocínio é irrelevante, e que eu explico somente a maneira como os objetos afetam os sentidos, sem dar conta de sua natureza e operações reais. Ainda que não haja nada visível ou tangível interposto entre dois corpos, vemos *pela experiência* que esses corpos podem estar situados da mesma maneira em relação ao olho, e exigir que a mão faça o mesmo movimento para passar de um a outro como se estivessem separados por algo visível e tangível. A *experiência* também mostra que essa distância invisível e intangível possui a capacidade de acolher algum corpo, ou seja, de se tornar visível e tangível. Essa seria a totalidade de meu sistema. E em nenhuma parte dele teria eu explicado a causa que separa os corpos dessa maneira, dando-lhes a capacidade de acolher outros corpos entre eles, sem sofrer nenhum impacto ou penetração.

26 Respondo a essa objeção confessando-me culpado, e admitindo que minha intenção nunca foi penetrar na natureza dos corpos ou explicar as causas secretas de suas operações. Além de isso estar fora de meu propósito presente, receio que tal empresa ultrapasse o alcance do entendimento humano, e que nunca poderemos conhecer os corpos senão por meio das propriedades externas que se mostram

aos sentidos. Quanto àqueles que tentam algo além disso, não poderei lhes dar crédito até ver que tiveram sucesso em pelo menos um caso. No momento, contento-me em conhecer perfeitamente a maneira como os objetos afetam meus sentidos e as conexões que eles mantêm entre si, até onde a experiência disso me informa. Esse conhecimento basta para a condução da vida; e basta também para minha filosofia, que pretende explicar tão somente a natureza e as causas de nossas percepções, ou seja, de nossas impressões e ideias.*

27 Concluirei esse tema da extensão com um paradoxo, que será facilmente explicado com base no raciocínio anterior. O paradoxo consiste em que, se quisermos dar à distância invisível e intangível, ou, em outras palavras, à capacidade de se tornar uma distância visível e tangível, o nome de vácuo, então extensão e matéria são a mesma coisa, e entretanto existe o vácuo. Se não quisermos dar-lhe tal nome, o movimento é possível no pleno, sem nenhum impacto transmitido ao infinito, sem retornar em círculos, e sem penetração. Porém, como quer que nos expressemos, devemos sempre confessar que não possuímos nenhuma ideia de uma extensão real se não a preenchemos com objetos sensíveis, e se não concebemos suas partes como visíveis e tangíveis.

28 Quanto à doutrina de que o tempo não é senão a maneira pela qual certos objetos reais existem, podemos observar que ela está sujeita às mesmas objeções que a doutrina similar a respeito da extensão. Se o fato de discutirmos e raciocinarmos acerca de um vácuo fosse uma prova suficiente de que temos essa ideia, então, pela mesma razão, deveríamos ter uma ideia de tempo, ainda que na ausência de qualquer existência mutável – pois não há objeto de discussão mais frequente e comum. Entretanto, é certo que não temos realmente tal ideia. Pois de onde ela seria derivada? Surgiria ela de uma impressão de sensação ou de reflexão? Mostrai-nos distintamente essa impres-

---

* Ver Apêndice, p.676.

são, para que possamos conhecer sua natureza e suas qualidades. Mas se não fordes capazes de nos mostrar *uma tal impressão*, podeis estar certos de vosso engano, quando imaginais possuir *uma tal ideia*.

29   De todo modo, mesmo que seja impossível mostrar a impressão de que deriva a ideia de um tempo sem existência mutável, podemos facilmente apontar as aparências que nos fazem imaginar* que temos essa ideia. Podemos observar que existe uma sucessão contínua de percepções em nossa mente, de modo que a ideia de tempo está sempre presente em nós. E, quando consideramos um objeto estável às cinco horas, e voltamos a olhá-lo às seis, tendemos a aplicar a ele essa ideia, como se cada momento fosse distinguível por uma posição diferente ou por uma alteração no objeto. A primeira e a segunda aparições do objeto, ao serem comparadas com a sucessão de nossas percepções, parecem tão afastadas entre si como se o objeto houvesse realmente mudado. A isso podemos acrescentar algo que nos é mostrado pela experiência, a saber, que o objeto poderia ter sofrido um tal número de alterações entre essas aparições; como também que a duração imutável ou antes fictícia tem o mesmo efeito sobre todas as qualidades, aumentando-as ou diminuindo-as, que aquela sucessão que é evidente para os sentidos. É em razão dessas três relações que tendemos a confundir nossas ideias, imaginando que somos capazes de formar a ideia de um tempo e de uma duração sem nenhuma mudança ou sucessão.

Seção 6
Da ideia de existência e de existência externa

1   Antes de passarmos a outro tema, talvez não seja fora de propósito explicar as ideias de *existência* e de *existência externa*, que, assim como as de espaço e de tempo, apresentam suas dificuldades próprias. Desse modo, e uma vez que tenhamos compreendido perfeitamente

---

*   Ver nossa nota à p.139. (N.T.)

todas as ideias particulares que podem entrar em nossos raciocínios, estaremos mais bem preparados para examinar o conhecimento e a probabilidade.

2   Não há impressão ou ideia de nenhum tipo, da qual tenhamos alguma consciência ou memória, que não seja concebida como existente. E é evidente que é dessa consciência que deriva a mais perfeita ideia e a certeza do *ser*. Com base nisso, podemos formular uma alternativa, a mais clara e conclusiva que se pode imaginar: já que nunca nos lembramos de nenhuma ideia ou impressão sem atribuir a ela uma existência, a ideia de existência deve, ou bem ser derivada de uma impressão distinta em conjunção com cada percepção ou objeto de nosso pensamento, ou então ser exatamente a mesma que a ideia da percepção ou objeto.

3   Esse dilema é uma consequência evidente do princípio de que toda ideia procede de uma impressão similar, e por isso também não resta dúvida sobre qual das duas proposições do dilema escolheremos. Como não penso que existam duas impressões distintas que sejam inseparavelmente conjugadas, assim também estou longe de admitir que haja uma impressão distinta acompanhando cada ideia e cada impressão. Embora certas sensações possam estar unidas em determinado momento, nós rapidamente descobrimos que elas admitem uma separação, e podem se apresentar separadamente. Assim, embora toda impressão e ideia de que nos recordamos seja considerada como existente, a ideia de existência não é derivada de nenhuma impressão particular.

4   A ideia de existência, portanto, é exatamente a mesma que a ideia daquilo que concebemos como existente. A simples reflexão sobre uma coisa em nada difere da reflexão sobre essa coisa enquanto existente. A ideia de existência, quando conjugada com a ideia de um objeto, não acrescenta nada a esta. Tudo que concebemos, concebemos como existente. Qualquer ideia que quisermos formar será a ideia de um ser; e a ideia de um ser será qualquer ideia que quisermos formar.

5   Quem se opuser a isso deverá necessariamente apontar a impressão distinta de que deriva a ideia de entidade, e provar que essa impressão é inseparável de toda percepção que acreditamos ser existente. Mas podemos concluir, sem hesitar, que isso é impossível.

6   Nosso raciocínio anterior[7] a respeito da *distinção* de ideias na ausência de uma *diferença* real não nos servirá aqui de forma alguma. Esse tipo de distinção se baseia nas diferentes semelhanças que a mesma ideia simples pode ter com várias ideias diferentes. Mas não se pode apresentar nenhum objeto que se assemelhe a um segundo objeto no que concerne à sua existência, e que seja diferente de outros no que concerne a esse mesmo ponto – pois todo objeto que se nos apresenta deve necessariamente existir.

7   Um raciocínio semelhante dará conta da ideia de *existência externa*. Podemos observar que todos os filósofos admitem, e aliás é bastante óbvio por si só, que nada jamais está presente à mente além de suas percepções, isto é, suas impressões e ideias; e que só conhecemos os objetos externos pelas percepções que eles ocasionam. Odiar, amar, pensar, sentir, ver – tudo isso não é senão perceber.

8   Ora, como nada jamais está presente à mente além das percepções, e como todas as ideias são derivadas de algo anteriormente presente à mente, segue-se que nos é impossível sequer conceber ou formar uma ideia de alguma coisa especificamente diferente de ideias e impressões. Dirijamos nossa atenção para fora de nós mesmos tanto quanto possível; lancemos nossa imaginação até os céus, ou até os limites extremos do universo. Na realidade, jamais avançamos um passo sequer além de nós mesmos, nem somos capazes de conceber um tipo de existência diferente das percepções que apareceram dentro desses estreitos limites. Tal é o universo da imaginação, e não possuímos nenhuma ideia senão as que ali se produzem.

9   O mais longe que podemos chegar no que diz respeito à concepção de objetos externos, quando se os supõe *especificamente* diferen-

---

[7] Parte 1, Seção 7.

tes de nossas percepções, é formar deles uma ideia relativa, sem pretender compreender os objetos relacionados. Falando de um modo geral, nós não supomos que sejam especificamente diferentes; apenas atribuímos a eles relações, conexões e durações diferentes. Mas trataremos disso de maneira mais completa um pouco adiante.[8]

---

8 Parte 4, Seção 2.

Parte 3
Do conhecimento e da probabilidade

Seção 1
Do conhecimento

1   Existem[1] sete tipos diferentes de relação filosófica: *semelhança, identidade, relações de tempo e espaço, proporção de quantidade ou número, graus de qualidade, contrariedade e causalidade*. Essas relações podem ser divididas em duas classes: as que dependem inteiramente das ideias comparadas e as que podem se transformar sem que haja nenhuma transformação nas ideias. É partindo da ideia de um triângulo que descobrimos a relação de igualdade que existe entre seus três ângulos e dois retos; e essa relação fica invariável enquanto nossa ideia permanece a mesma. Ao contrário, as relações de *contiguidade* e *distância* entre dois objetos podem se alterar por uma mera alteração de seus lugares, sem nenhuma mudança nos próprios objetos ou em suas ideias; e o lugar depende de centenas de acidentes diferentes, que não podem ser previstos pela mente. O mesmo se passa com a

---

1 Parte 1, Seção 5.

identidade e a *causalidade*. Dois objetos, ainda que perfeitamente semelhantes um ao outro, e ainda que apareçam no mesmo lugar em momentos diferentes, podem ser numericamente diferentes. E como o poder pelo qual um objeto produz outro jamais pode ser descoberto apenas por meio de suas ideias, é evidente que só podemos conhecer as relações de *causa* e *efeito* pela experiência, e não por algum raciocínio ou reflexão abstratos. Não há um só fenômeno, por mais simples que seja, que possa ser explicado pelas qualidades dos objetos, tais como estas aparecem a nós, ou que pudéssemos prever sem a ajuda de nossa memória e experiência.

2   Vê-se portanto que, dessas sete relações filosóficas, apenas quatro, por dependerem unicamente das ideias, podem ser objetos de conhecimento e certeza. Essas quatro relações são *semelhança, contrariedade, graus de qualidade e proporções de quantidade ou número*. Três dessas quatro relações podem ser descobertas à primeira vista, e pertencem mais propriamente ao domínio da intuição que ao da demonstração. Quando dois objetos ou mais se *assemelham*, a semelhança logo salta aos olhos, ou, antes, à mente, e quase nunca requer um novo exame. O mesmo se dá com a *contrariedade* e com os *graus* de uma *qualidade*. Ninguém jamais poderia duvidar que a existência e a não--existência destroem-se uma à outra, sendo absolutamente incompatíveis e contrárias. E, embora seja impossível formar um juízo exato acerca dos graus de uma qualidade qualquer, como cor, sabor, calor ou frio, quando a diferença entre esses graus é muito pequena, é fácil decidir qual deles é superior ou inferior ao outro quando sua diferença é considerável. E tal decisão é sempre tomada à primeira vista, sem necessitar de nenhuma investigação ou raciocínio.

3   Poderíamos proceder da mesma maneira para determinar as *proporções* de *quantidade* ou de *número*, percebendo de um só olhar uma superioridade ou inferioridade entre dois números ou figuras quaisquer, sobretudo quando a diferença é muito grande e evidente. Quanto à igualdade ou qualquer proporção exata, podemos apenas estimá-la quando de uma primeira consideração – exceto no caso

de números muito pequenos ou de porções muito limitadas de extensão, que apreendemos imediatamente, e em relação aos quais percebemos ser impossível cometer um erro considerável. Em todos os demais casos, devemos estabelecer as proporções com alguma liberdade, ou proceder de maneira mais *artificial*.

4   Já observei que a geometria, *arte* pela qual determinamos as proporções das figuras, embora seja muito superior, em universalidade e exatidão, aos juízos imprecisos dos sentidos e da imaginação, nunca chega a atingir uma total precisão e exatidão. Seus primeiros princípios são sempre extraídos da aparência geral dos objetos; e essa aparência jamais pode nos proporcionar uma segurança quando se trata de examinar a prodigiosa minúcia de que a natureza é capaz. Nossas ideias parecem nos dar uma total certeza de que duas retas não podem ter um segmento em comum. Se examinarmos essas ideias, porém, veremos que elas sempre supõem uma inclinação sensível das duas linhas, e que, quando o ângulo formado por elas é extremamente pequeno, não possuímos nenhum critério de reta que seja tão preciso a ponto de nos assegurar da verdade dessa proposição. O mesmo se aplica à maior parte dos juízos fundamentais da matemática.

5   Restam, portanto, a álgebra e a aritmética como as únicas ciências em que podemos elevar uma série de raciocínios a qualquer nível de complexidade, e ainda assim preservar uma perfeita exatidão e certeza. Aqui estamos de posse de um critério preciso que nos permite julgar acerca da igualdade e proporção dos números. E, conforme esses números correspondam ou não a tal critério, determinamos suas relações, sem possibilidade de erro. Quando dois números se relacionam de tal forma que cada unidade de um corresponde sempre a uma unidade do outro, afirmamos que eles são iguais. É por falta de um critério de igualdade semelhante aplicável à extensão que a geometria dificilmente pode ser considerada uma ciência perfeita e infalível.

6   Mas talvez não seja fora de propósito afastar aqui uma dificuldade que pode surgir de minha afirmação de que, embora a geometria careça

daquela precisão e certeza peculiares à aritmética e à álgebra, ela supera os juízos imperfeitos de nossos sentidos e imaginação. A razão que me leva a atribuir alguma deficiência à geometria é que seus princípios originais e fundamentais são derivados meramente das aparências. E talvez se imagine que tal deficiência deva para sempre acompanhá-la, impedindo que essa ciência possa jamais atingir uma maior exatidão, na comparação entre os objetos ou ideias, que aquela que nossos olhos ou imaginação sozinhos são capazes de alcançar. Reconheço que essa deficiência marca a geometria a ponto de impedi-la de jamais aspirar a uma certeza completa. Mas como seus princípios fundamentais dependem daquelas aparências que são mais fáceis e menos enganosas, eles conferem às suas consequências um grau de exatidão que essas consequências por si sós são incapazes de atingir. É impossível ao olho determinar que os ângulos de um quiliágono são iguais a 1996 ângulos retos, ou fazer qualquer conjetura que se aproxime de tais proporções. Mas, quando determina que duas retas não podem coincidir, ou que não podemos traçar mais de uma reta entre dois pontos dados, seus erros nunca são muito significativos. Essa é a natureza e a função da geometria, a saber, conduzir-nos a aparências tais que, em razão de sua simplicidade, não podem nos levar a cometer nenhum erro muito considerável.

7   Aproveitarei aqui a ocasião para propor uma segunda observação a respeito de nossos raciocínios demonstrativos, sugerida pelo mesmo tema da matemática. É comum os matemáticos afirmarem que as ideias de que se ocupam possuem uma natureza tão refinada e espiritual que não podem ser concebidas pela fantasia, devendo antes ser compreendidas por uma visão pura e intelectual, acessível apenas às faculdades superiores da alma. Tal concepção perpassa quase todas as partes da filosofia, sendo utilizada sobretudo para explicar nossas ideias abstratas e para mostrar como podemos formar a ideia de um triângulo, por exemplo, que não seja nem isósceles nem escaleno, e tampouco seja restrito a um comprimento ou proporção particular entre seus lados. É fácil ver por que os filósofos gostam tanto dessa noção

de algumas percepções espirituais e refinadas: é que assim eles encobrem vários de seus absurdos, e podem se recusar a aceitar as resoluções impostas pelas ideias claras, recorrendo, em lugar destas, a ideias obscuras e incertas. Para destruir esse artifício, porém, basta-nos refletir acerca daquele princípio sobre o qual insistimos com tanta frequência: que *todas as nossas ideias são copiadas de nossas impressões*. Dele podemos imediatamente concluir que, uma vez que todas as impressões são claras e precisas, as ideias, que são delas copiadas, devem ter essa mesma natureza, e só por uma falha de nossa parte poderiam conter algo tão obscuro e intricado. Uma ideia, por sua própria natureza, é mais fraca e pálida que uma impressão. Mas, sendo igual a ela em todos os demais aspectos, não pode conter grandes mistérios. Se sua fraqueza a torna obscura, cabe a nós remediar tal defeito tanto quanto possível, mantendo a ideia firme e precisa. Enquanto não o fizermos, é vão pretender raciocinar e filosofar.

Seção 2
Da probabilidade; e da ideia de causa e efeito

1   Isso é tudo que penso ser necessário observar a respeito das quatro relações que constituem o fundamento da ciência. Quanto às outras três, que não dependem da ideia e podem estar presentes ou ausentes enquanto *aquela* permanece a mesma, cabe explicá-las mais detalhadamente. Essas três relações são *identidade, situações no tempo e no espaço, e causalidade*.

2   Todos os tipos de raciocínio consistem apenas em uma *comparação* e uma descoberta das relações, constantes ou inconstantes, entre dois ou mais objetos. Essa comparação pode ser feita quando ambos os objetos estão presentes aos sentidos, ou quando nenhum dos dois está presente, ou ainda quando apenas um está. Quando ambos os objetos estão presentes aos sentidos, juntamente com a relação, chamamos a *isso* antes de percepção que de raciocínio – pois neste caso não há, propriamente falando, um exercício do pensamento, e tampouco uma ação, mas uma mera admissão passiva das impressões

pelos órgãos da sensação. De acordo com esse modo de pensar, não deveríamos considerar como raciocínio nenhuma das observações que se podem fazer a respeito da *identidade* e das relações de *tempo* e *espaço*. Em nenhuma delas, a mente é capaz de ir além daquilo que está imediatamente presente aos sentidos, para descobrir seja a existência real, seja as relações dos objetos. Apenas a *causalidade* produz uma conexão capaz de nos proporcionar uma convicção sobre a existência ou ação de um objeto que foi seguido ou precedido por outra existência ou ação. As outras duas relações só podem ser empregadas no raciocínio enquanto afetam ou são afetadas por ela. Não há nada em nenhum objeto capaz de nos persuadir de que ele está sempre *distante* de outro ou que os dois sejam sempre *contíguos*. E quando, pela observação e experiência, descobrimos que essa sua relação é invariável, sempre concluímos haver alguma *causa* secreta que os separa ou une. O mesmo raciocínio aplica-se à *identidade*. Estamos sempre prontos a supor que um objeto pode continuar sendo numericamente idêntico, ainda que se ausente e se reapresente diversas vezes perante os sentidos. Apesar da descontinuidade da percepção, atribuímos a ele uma identidade sempre que concluímos que, caso o tivéssemos mantido constantemente ao alcance de nosso olhar ou sob nossa mão, ele teria transmitido uma percepção invariável e ininterrupta. Mas tal conclusão, que ultrapassa as impressões de nossos sentidos, só pode estar fundada na conexão de *causa e efeito*. De outro modo, não poderíamos de forma alguma estar seguros de que o que temos agora diante de nós não é um outro objeto, muito semelhante àquele que estava antes presente aos sentidos. Sempre que descobrimos uma semelhança tão perfeita, examinamos se essa semelhança é comum nessa espécie de objeto; e se é possível ou provável que alguma causa tenha produzido a mudança e a semelhança. Nosso juízo a respeito da identidade do objeto será formulado de acordo com a conclusão acerca dessas causas e efeitos.

3   Vemos assim que, dessas três relações que não dependem meramente das ideias, a única que remete para além de nossos sentidos,

e nos informa acerca de existências e objetos que não vemos ou tocamos, é a *causalidade*. Por isso, procuraremos explicar essa relação de maneira mais completa antes de abandonarmos o tema do entendimento.

4   Para começar de maneira ordenada, devemos considerar a ideia de *causação* e examinar qual sua origem. É impossível raciocinar de maneira correta sem compreender perfeitamente a ideia sobre a qual raciocinamos; e é impossível compreender perfeitamente uma ideia sem referi-la à sua origem, e sem examinar aquela impressão primeira da qual ela surge. O exame da impressão confere clareza à ideia; e o exame da ideia confere uma clareza semelhante a todos os nossos raciocínios.

5   Voltemos, assim, nosso olhar para dois objetos quaisquer, que chamaremos de causa e efeito, e examinemo-los de todos os lados, a fim de encontrar a impressão que produz uma ideia de tamanha importância. Logo à primeira vista, percebo que não devo buscar essa impressão em nenhuma das *qualidades* particulares dos objetos, pois, qualquer que seja a qualidade que escolho, encontro sempre um objeto que não a possui e que não obstante se inclui sob a denominação de causa ou de efeito. De fato, não existe nada, interno ou externo, que não deva ser considerado uma causa ou um efeito. E, entretanto, é claro que não existe nenhuma qualidade que pertença universalmente a todos os seres, e que lhes dê direito a essa denominação.

6   A ideia de causação, portanto, deve ser derivada de alguma *relação* entre os objetos; e é essa relação que devemos agora tentar encontrar. Em primeiro lugar, vejo que todos os objetos considerados causas ou efeitos são *contíguos*; e que nenhum objeto pode atuar em um momento ou lugar afastados, por menos que seja, do momento e lugar de sua própria existência. Embora algumas vezes possa parecer que objetos distantes produzem uns aos outros, descobrimos ao examiná-los que estão ligados por uma cadeia de causas contíguas entre si e em relação ao objeto distante. E quando, em um caso particular, não somos capazes de descobrir essa conexão, ainda assim

presumimos que ela existe. Podemos, portanto, considerar a relação de CONTIGUIDADE como essencial à de causalidade. Ou ao menos podemos supor que é essencial, de acordo com a opinião geral, até que encontremos uma ocasião[2] mais apropriada para esclarecer esse problema, examinando que objetos são ou não suscetíveis de justaposição e de conjunção.

7   A segunda relação que assinalarei como essencial às causas e efeitos não é tão universalmente reconhecida, estando, ao contrário, sujeita a alguma controvérsia. Trata-se da PRIORIDADE temporal da causa em relação ao efeito. Há os que afirmam que não é absolutamente necessário que uma causa preceda seu efeito, e que qualquer objeto ou ação, já no primeiro instante de sua existência, pode exercer sua qualidade produtiva, gerando outro objeto ou ação que lhe seja perfeitamente contemporâneo. Contudo, além do fato de que a experiência parece contradizer essa opinião na maioria dos casos, podemos estabelecer a relação de prioridade por meio de uma espécie de inferência ou raciocínio. Tanto a filosofia da natureza como a filosofia moral têm como uma máxima estabelecida que um objeto que exista durante algum período de tempo em sua plena perfeição sem produzir um outro não é a única causa deste, sendo antes auxiliado por algum outro princípio, que o arranca de seu estado de inatividade, fazendo com que exerça aquela energia que secretamente possuía. Ora, se alguma causa pode ser perfeitamente contemporânea a seu efeito, é certo que, de acordo com essa máxima, todas devem sê-lo. Pois qualquer causa que retarde sua operação por um só instante deixa de atuar naquele momento particular preciso em que poderia ter atuado – e, portanto, não é propriamente uma causa. A consequência disso seria nada menos que a destruição da sucessão de causas que observamos no mundo e mesmo a total aniquilação do tempo. Porque se uma causa fosse contemporânea a seu efeito, e esse efeito a *seu* efeito, e assim por diante, é claro que não haveria algo como uma sucessão; e os objetos seriam todos coexistentes.

---

2 Parte 4, Seção 5.

8   Se esse argumento parece satisfatório, ótimo. Se não, peço ao leitor que me conceda a mesma liberdade que tomei no caso anterior, isto é, de supor que é satisfatório, pois verá que a questão não tem grande importância.

9   Tendo assim descoberto ou suposto que as duas relações, de *contiguidade* e *sucessão*, são essenciais às causas e efeitos, vejo que tenho de parar subitamente, e que não posso ir adiante pelo exame de um exemplo isolado de causa e efeito. O movimento de um corpo é visto como a causa, por impacto, do movimento de outro corpo. Quando consideramos atentamente esses objetos, tudo que vemos é que um corpo se aproxima do outro; e que seu movimento precede o movimento do outro, porém sem um intervalo perceptível. É inútil atormentarmo-nos com *mais* pensamentos e reflexões sobre esse assunto. Não podemos ir *mais* longe considerando este caso particular.

10   Se alguém descartar esse exemplo e quiser definir uma causa como uma coisa que produz outra, é evidente que não estará dizendo nada. Pois o que quer dizer com *produção*? Poderá dar uma definição desse termo que não seja a mesma que a definição de causação? Se puder, peço que a mostre. Se não puder, é porque está andando em círculos, oferecendo um sinônimo em lugar de uma definição.

11   Deveremos, pois, ficar satisfeitos com essas duas relações, de contiguidade e sucessão, como fornecendo uma ideia completa da causação? De forma alguma. Um objeto pode ser contíguo e anterior a outro, sem ser considerado sua causa. Há uma CONEXÃO NECESSÁRIA a ser levada em consideração; e essa relação é muito mais importante que as outras duas anteriormente mencionadas.

12   Aqui, novamente, examino o objeto de todos os lados, a fim de descobrir a natureza dessa conexão necessária e encontrar a impressão, ou impressões, de que pode ser derivada sua ideia. Quando dirijo meu olhar para as *qualidades conhecidas* dos objetos, descubro imediatamente que a relação de causa e efeito não depende em nada *delas*. Quando considero suas *relações*, as únicas que encontro são as de

contiguidade e sucessão – que já mostrei serem imperfeitas e insatisfatórias. Deverei afirmar, em desespero de causa, que estou aqui de posse de uma ideia que não é precedida por qualquer impressão similar? Isso seria uma prova demasiadamente forte de leviandade e inconstância, uma vez que o princípio contrário já foi firmemente estabelecido, não admitindo mais dúvidas – ao menos até termos examinado de modo mais completo a presente dificuldade.

13   Devemos, portanto, proceder como aqueles que, à procura de alguma coisa escondida e não a encontrando no lugar esperado, saem por todos os campos vizinhos, sem objetivo ou propósito certo, na esperança de que a sorte acabe por guiá-los até aquilo que buscam. É necessário que abandonemos a investigação direta dessa questão a respeito da natureza daquela *conexão necessária* que faz parte de nossa ideia de causa e efeito, e que nos esforcemos para encontrar outras questões, cujo exame talvez nos forneça alguma indicação para esclarecermos a presente dificuldade. Dessas questões, há duas que examinarei a seguir, a saber:

14   Em primeiro lugar, por que razão afirmamos ser *necessário* que tudo aquilo cuja existência tem um começo deva também ter uma causa?

15   Em segundo lugar, por que concluímos que tais causas particulares devem *necessariamente* ter tais efeitos particulares; e qual a natureza da *inferência* que fazemos daquelas a estes, bem como da *crença* que depositamos nessa inferência?

16   Antes de passar adiante, observarei apenas que, embora as ideias de causa e de efeito sejam derivadas das impressões de reflexão assim como das de sensação, entretanto, no interesse da concisão, mencionarei em geral apenas estas últimas como a origem de tais ideias – mas estou supondo que tudo o que delas disser pode se estender às primeiras. As paixões estão tão conectadas com seus objetos e umas com as outras quanto os corpos externos entre si. Portanto, a mesma relação de causa e efeito que pertence a um tipo de impressão deve ser comum a todas.

Seção 3
Por que uma causa é sempre necessária

1   Comecemos pela primeira questão, a respeito da necessidade de uma causa. Trata-se de uma máxima geral da filosofia que *tudo que começa a existir deve ter uma causa para sua existência*. Costuma-se pressupor essa máxima em todos os raciocínios, sem se fornecer ou exigir prova alguma. Ela supostamente está fundada na intuição, sendo uma dessas máximas que, embora possam ser negadas verbalmente, não podem ser sinceramente postas em dúvida pelos homens. Mas se a examinarmos segundo a ideia de conhecimento anteriormente explicada, não descobriremos nela nenhuma marca de uma tal certeza intuitiva. Ao contrário, veremos que sua natureza é bastante alheia a essa espécie de convicção.

2   Toda certeza provém da comparação de ideias e da descoberta de relações que permanecem inalteráveis enquanto as ideias continuam iguais. Essas relações são a *semelhança*, as *proporções de quantidade e de número*, *os graus de uma qualidade e a contrariedade* – nenhuma das quais está implicada na proposição de que *tudo que tem um começo deve ter uma causa para sua existência*. Essa proposição, portanto, não é intuitivamente certa. Ou, ao menos, qualquer pessoa que queira afirmar que é intuitivamente certa deverá negar que essas sejam as únicas relações infalíveis, e deverá descobrir alguma outra relação desse tipo implicada naquela proposição – e então será o momento adequado de examiná-la.

3   Mas eis aqui um argumento que prova de uma só vez que a proposição precedente não é nem intuitiva nem demonstrativamente certa. Nunca poderíamos demonstrar a necessidade de uma causa para toda nova existência ou para toda nova modificação de existência sem mostrar, ao mesmo tempo, a impossibilidade de que alguma coisa comece a existir sem algum princípio produtivo. E se esta última proposição não puder ser provada, deve-se perder qualquer esperança de jamais provar a primeira. Ora, que a última proposição é inteiramente incapaz de receber uma prova demonstrativa é algo de que podemos

nos convencer considerando que, como todas as ideias distintas são separáveis entre si, e como as ideias de causa e de efeito são evidentemente distintas, é fácil conceber que um objeto seja não-existente neste momento e existente no momento seguinte, sem juntar a ele a ideia distinta de uma causa ou princípio produtivo. Portanto, a separação da ideia de uma causa da ideia de um começo de existência é claramente possível para a imaginação. Uma vez, portanto, que não implica contradição ou absurdo, a separação real desses objetos é possível, e por isso não pode ser refutada por nenhum raciocínio baseado nas meras ideias. E, sem isso, é impossível demonstrar a necessidade de uma causa.

4   Por conseguinte, o exame das demonstrações já apresentadas a favor da necessidade de uma causa mostrará que são todas falaciosas e sofísticas. Alguns filósofos[3] dizem que todos os pontos do tempo e do espaço em que podemos supor que um objeto começa a existir são em si mesmos equivalentes. A menos que haja alguma causa que seja peculiar a um momento e a um lugar, determinando e fixando dessa maneira a existência, esta deverá permanecer eternamente em suspenso; e o objeto nunca poderá começar a existir, em por falta de alguma coisa que fixe seu começo. Mas eu pergunto: será mais difícil supor que o tempo e o espaço sejam fixados sem uma causa do que supor que a existência seja determinada dessa mesma maneira? A primeira pergunta que se coloca a esse respeito é sempre *se* o objeto irá ou não existir; a pergunta seguinte é *quando* e *onde* ele começará a existir. Se, no primeiro caso, for intuitivamente absurdo suprimir toda causa, também deve ser assim no segundo; mas se, no primeiro caso, esse absurdo não ficar claro sem uma prova, esta também será necessária no segundo. Portanto, o absurdo de uma suposição jamais pode servir de prova do absurdo da outra – pois elas estão na mesma condição, sendo confirmadas ou refutadas pelo mesmo raciocínio.

---

3 Sr. *Hobbes*.

5   O segundo argumento[4] que vi ser utilizado a propósito dessa questão enfrenta a mesma dificuldade. Tudo deve ter uma causa, dizem; pois, se alguma coisa carecesse de causa, *ela* seria produzida por *si mesma*, isto é, existiria antes de existir, o que é impossível. Esse raciocínio, porém, é claramente inconcludente. Ele supõe que, ao negarmos uma causa, estamos ainda admitindo aquilo que negamos expressamente, a saber, que deve haver uma causa – a qual, portanto, é tida como o próprio objeto. *Isso*, sem dúvida, é uma evidente contradição. Mas dizer que alguma coisa é produzida, ou, para me exprimir de maneira mais apropriada, dizer que uma coisa passa a existir sem uma causa, não é afirmar que ela é sua própria causa. Ao contrário, ao excluirmos todas as causas externas, excluímos também *a fortiori* a própria coisa criada. Um objeto que existe absolutamente sem nenhuma causa, com certeza não é sua própria causa. Sustentar o contrário seria supor aquilo mesmo que está em questão, tomando como certo que é inteiramente impossível que alguma coisa possa começar a existir sem uma causa, e que, se excluirmos um princípio produtivo, teremos sempre de recorrer a outro.

6   Exatamente o mesmo se passa com o terceiro argumento[5] utilizado para demonstrar a necessidade de uma causa. Tudo que é produzido sem causa é produzido por *nada*;* ou, em outras palavras, tem como causa o nada. Mas o nada nunca poderia ser uma causa, assim como não pode ser alguma coisa, ou ser igual a dois ângulos retos. A mesma intuição que nos leva a perceber que o nada não é igual a dois ângulos retos, ou que não é alguma coisa, leva-nos a perceber que jamais poderia ser uma causa. Consequentemente, devemos perceber que a existência de todo objeto possui uma causa real.

7   Creio que não precisarei ser muito prolixo para mostrar a fraqueza desse argumento, após o que eu já disse acerca do argumento

---

[4] Dr. *Clarke* e outros.
[5] Sr. *Locke*.
* "Whatever is produc'd without any cause, is produc'd by *nothing*". A frase gramaticalmente correta em português seria "Tudo que é produzido sem causa não é produzido por *nada*", mas isso deixaria sem sentido o raciocínio de Hume. (N.T.)

anterior. Os dois estão fundados na mesma falácia e derivam do mesmo modo de pensar. Basta apenas observar que, ao excluirmos todas as causas, nós realmente as excluímos, e não supomos nem que o nada nem que o objeto mesmo sejam as causas da existência deste. Consequentemente, não podemos extrair do absurdo dessas suposições nenhum argumento para provar o absurdo daquela exclusão. Se tudo deve ter uma causa, segue-se que, ao excluirmos outras causas, devemos aceitar que o próprio objeto ou o nada são causas. Mas o que está em questão é justamente se tudo deve ou não ter uma causa. Portanto, de acordo com todas as regras do bom raciocínio, isso é algo que nunca se deve dar por suposto.

8   São ainda mais levianos aqueles que dizem que todo efeito deve ter uma causa porque a ideia de causa está implicada na ideia mesma de efeito. Todo efeito pressupõe necessariamente uma causa, já que efeito é um termo relativo, cujo correlato é causa. Mas isso não prova que todo ser tenha de ser precedido por uma causa, assim como, do fato de que todo marido deve ter uma esposa não se segue que, por isso, todo homem tenha de ser casado. A verdadeira questão é se todo objeto que começa a existir deve ter sua existência atribuída a uma causa. E isso eu afirmo que não é nem intuitiva nem demonstrativamente certo, como espero haver provado de maneira suficiente pelos argumentos precedentes.

9   Uma vez que não é do conhecimento ou de um raciocínio científico que derivamos a opinião de que uma causa é necessária para toda nova produção, tal opinião deve vir necessariamente da observação e da experiência. A questão seguinte, portanto, deveria naturalmente ser: *como a experiência dá origem a um tal princípio?* Mas penso que o mais conveniente será embutir essa questão na seguinte, a saber: *por que concluímos que tais causas particulares devem necessariamente ter tais efeitos particulares, e por que realizamos uma inferência daquelas para estes últimos?* Esse, portanto, será o tema de nossa próxima investigação. Talvez acabemos descobrindo que a mesma resposta serve para ambas as questões.

Seção 4
Das partes componentes de
nossos raciocínios acerca da causa e do efeito

1 Embora a mente, em seus raciocínios partindo de causas ou efeitos, dirija sua atenção para além dos objetos que vê ou recorda, ela nunca deve perdê-los inteiramente de vista, nem raciocinar apenas com base em suas próprias ideias, sem combiná-las com impressões, ou ao menos com ideias da memória, que equivalem a impressões. Quando inferimos efeitos de causas, devemos estabelecer a existência dessas causas. E só temos dois meios de fazê-lo: por uma percepção imediata de nossa memória ou nossos sentidos, ou por uma inferência a partir de outras causas. Estas últimas, por sua vez, devem ser determinadas da mesma maneira, ou seja, por uma impressão presente ou por uma inferência baseada em *suas* causas; e assim por diante, até chegarmos a um objeto que vemos ou recordamos. É impossível prosseguir com nossas inferências ao infinito; e a única coisa capaz de as deter é uma impressão da memória ou dos sentidos, além da qual não cabem dúvidas nem perquirições.

2 Para ilustrar esse tema, podemos escolher um ponto qualquer da história, e examinar por que razão acreditamos nele ou o rejeitamos. Assim, por exemplo, acreditamos que César foi morto no Senado nos idos de março, porque esse fato foi estabelecido com base no testemunho unânime dos historiadores, que concordam em atribuir esse momento e lugar precisos a tal acontecimento. Temos aqui certos caracteres e letras que estão presentes em nossa memória ou a nossos sentidos, e também nos lembramos de que esses caracteres foram usados como signos de certas ideias. Ora, essas ideias ou estavam nas mentes dos que se encontravam imediatamente presentes àquela ação, recebendo tais ideias diretamente da existência de tal ação; ou foram derivadas do testemunho de outras pessoas, e este novamente de outro testemunho, mediante um visível processo gradativo, até chegarmos às testemunhas oculares e espectadores do

acontecimento. É óbvio que toda essa cadeia de argumentos, ou conexão de causas e efeitos, está fundada primeiramente nesses caracteres ou letras que são vistos ou recordados, e que, sem a autoridade, seja da memória seja dos sentidos, todo o nosso raciocínio seria quimérico e infundado. Nesse caso, cada elo da cadeia estaria preso a outro, mas não haveria nada afixado a um dos extremos, capaz de sustentar o todo; consequentemente, não haveria nem crença nem evidência. É isso o que de fato se passa com todos os argumentos *hipotéticos*, ou seja, raciocínios baseados em uma suposição; pois neles não há nenhuma impressão presente, nem tampouco crença em uma existência real.

3 É desnecessário observar que não se trata de uma objeção legítima à presente doutrina dizer que podemos raciocinar com base em nossas conclusões ou princípios passados, sem ter de recorrer às impressões de que estes derivaram em primeiro lugar. Pois, mesmo supondo que essas impressões se apaguem inteiramente de nossa memória, a convicção por elas produzida pode ainda permanecer. Por isso, é igualmente verdadeiro que todo raciocínio acerca de causas e efeitos deriva originalmente de alguma impressão, do mesmo modo que a certeza de uma demonstração procede sempre de uma comparação de ideias, embora possa permanecer mesmo depois de esquecida essa comparação.

Seção 5
Das impressões dos sentidos e da memória

1 Nesse tipo de raciocínio por causalidade, portanto, empregamos materiais de natureza mista e heterogênea, que, embora conectados, são essencialmente diferentes uns dos outros. Todos os nossos argumentos concernentes a causas e efeitos consistem tanto em uma impressão da memória ou dos sentidos como na ideia daquela existência que produz o objeto da impressão, ou que é por ele produzida. Temos aqui, portanto, três coisas a explicar: em *primeiro lugar*, a impressão original; em *segundo*, a transição para a ideia da causa ou do efeito conectados; e, em terceiro, a natureza e as qualidades dessa ideia.

2   Quanto às *impressões* provenientes dos *sentidos*, sua causa última é, em minha opinião, inteiramente inexplicável pela razão humana, e será para sempre impossível decidir com certeza se elas surgem imediatamente do objeto, se são produzidas pelo poder criativo da mente, ou ainda se derivam do autor de nosso ser. Tal questão, diga-se de passagem, não tem nenhuma importância para nosso propósito presente. Podemos sempre fazer inferências partindo da coerência de nossas percepções, sejam estas verdadeiras ou falsas, representem elas a natureza de maneira correta ou sejam meras ilusões dos sentidos.

3   Quando buscamos a característica que distingue a *memória* da imaginação, devemos imediatamente perceber que ela não pode estar nas ideias simples que aquela nos apresenta, pois ambas as faculdades retiram suas ideias simples das impressões, e nunca podem ir além dessas percepções originais. As duas faculdades tampouco se distinguem pela disposição de suas ideias complexas. Porque, embora seja uma propriedade peculiar da memória preservar a ordem e posição originais de suas ideias, enquanto a imaginação as transpõe e altera a seu bel-prazer, essa diferença não é suficiente para distingui-las em suas operações ou para nos permitir discernir uma da outra. Pois é impossível recordar impressões passadas a fim de compará-las com nossas ideias presentes, e dessa forma ver se sua ordenação é exatamente igual. Como, portanto, a memória não é conhecida nem pela ordem de suas ideias *complexas* nem pela natureza de suas ideias *simples*, segue-se que a diferença entre ela e a imaginação está em sua força e vividez superior. Um homem pode dar vazão a sua fantasia imaginando-se como personagem de uma cena passada de aventuras. E não haveria possibilidade de distinguir essa cena de uma lembrança de um tipo semelhante, se as ideias da imaginação não fossem mais fracas e obscuras.

4   [É frequente acontecer que, quando dois homens estiveram envolvidos em um episódio, um deles se lembre dele muito melhor que o outro, e tenha a maior dificuldade do mundo para fazer que seu com-

panheiro se lembre também. Enumera em vão diversas circunstâncias, menciona o momento, o lugar, as pessoas que estavam presentes, o que foi dito, o que cada um fez, até que, finalmente, toca em uma circunstância feliz, que faz reviver o conjunto todo, dando a seu amigo uma memória perfeita de cada detalhe. Aqui, a pessoa que esqueceu recebe inicialmente do discurso da outra todas as ideias, com as mesmas circunstâncias de tempo e lugar, mas as considera como meras ficções da imaginação. Entretanto, assim que é mencionada a circunstância que toca sua memória, exatamente as mesmas ideias aparecem sob nova luz, produzindo como que uma sensação [*feeling*] diferente daquela que antes produziam. Sem qualquer outra alteração além dessa na sensação [*feeling*], elas se tornam imediatamente ideias da memória, e recebem nosso assentimento.

5   Portanto, como a imaginação é capaz de representar todos os mesmos objetos que a memória pode nos oferecer, e já que essas faculdades só se distinguem pela maneira diferente como sentimos as ideias que nos apresentam, talvez seja apropriado considerar qual a natureza dessa sensação [*feeling*]. E, aqui, acredito que todos concordarão imediatamente comigo, que as ideias da memória são mais *fortes* e mais *vívidas* que as da fantasia.] Um pintor que quisesse representar uma paixão ou emoção qualquer tentaria observar uma pessoa movida por uma emoção semelhante, a fim de avivar suas ideias e dar-lhes uma força e vividez superiores às encontradas nas ideias que são meras ficções da fantasia. Quanto mais recente essa memória, mais clara a ideia; e quando, após um longo intervalo, o pintor voltasse a contemplar seu objeto, sempre acharia a ideia deste bastante enfraquecida, senão apagada por completo. Frequentemente, quando as ideias da memória se tornam muito fracas e pálidas, ficamos indecisos a seu respeito; e não sabemos como determinar se uma imagem procede da fantasia ou da memória, quando não está pintada com as cores vivas que distinguem esta última faculdade. Acho que me lembro de tal acontecimento, diz alguém, mas não tenho certeza. Um longo intervalo de tempo quase o apagou de

minha memória, e não sei dizer se é ou não um mero produto de minha fantasia.

6   E assim como uma ideia da memória, ao perder sua força e vividez, pode degenerar a ponto de ser tomada por uma ideia da imaginação, assim também, em contrapartida, uma ideia da imaginação pode adquirir tal força e vividez que chega a passar por uma ideia da memória, simulando seus efeitos sobre a crença e o juízo. Isso pode ser notado no caso dos mentirosos, que, pela frequente repetição de suas mentiras, acabam finalmente por acreditar nelas, e lembram-se mesmo delas como realidades. Neste caso, como em muitos outros, o costume e o hábito exercem sobre a mente a mesma influência que a natureza, fixando a ideia com igual força e vigor.

7   Vemos, assim, que a *crença* ou *assentimento* que sempre acompanha a memória e os sentidos não consiste senão na vividez das percepções que ambos apresentam, e que somente isso os distingue da imaginação. Crer, nesse caso, é sentir uma impressão imediata dos sentidos, ou uma repetição dessa impressão na memória. É simplesmente a força e a vividez da percepção que constituem o primeiro ato do juízo e estabelecem o fundamento do raciocínio que construímos com base nela, quando traçamos a relação de causa e efeito.

Seção 6
Da inferência da impressão à ideia

1   É fácil observar que, ao traçarmos essa relação, a inferência que fazemos da causa ao efeito não deriva meramente de um exame desses objetos particulares, nem de uma penetração em suas essências que pudesse revelar a dependência de um em relação ao outro. Nenhum objeto implica a existência de outro se considerarmos esses objetos em si mesmos, sem olhar para além das ideias que deles formamos. Uma tal inferência equivaleria a um conhecimento, e implicaria a absoluta contradição e impossibilidade de se conceber algo diferente. Mas, uma vez que todas as ideias distintas são separáveis, é evidente

que não pode haver tal impossibilidade. Quando passamos de uma impressão presente à ideia de um objeto qualquer, teria sido possível separar a ideia da impressão, substituindo-a por qualquer outra ideia.

2   É apenas pela EXPERIÊNCIA, portanto, que podemos inferir a existência de um objeto da existência de outro. A natureza da experiência é a seguinte. Lembramo-nos de ter tido exemplos frequentes da existência de objetos de uma certa espécie; e também nos lembramos que os indivíduos de uma outra espécie de objetos sempre acompanharam os primeiros, existindo em uma ordem regular de contiguidade e sucessão em relação a eles. Assim, lembramo-nos de ter visto aquela espécie de objetos que denominamos *chama*, e de ter sentido aquela espécie de sensação que denominamos *calor*. Recordamo-nos, igualmente, de sua conjunção constante em todos os casos passados. Sem mais cerimônias, chamamos à primeira de *causa* e à segunda de *efeito*, e inferimos a existência de uma da existência da outra. Em todos os casos com base nos quais constatamos a conjunção entre causas e efeitos particulares, tanto a causa como o efeito foram percebidos pelos sentidos, e são recordados. Mas em todos os casos em que raciocinamos a seu respeito, apenas um é percebido ou lembrado, enquanto o outro é suprido em conformidade com nossa experiência passada.

3   Assim, conforme avançamos, descobrimos sem querer uma nova relação entre a causa e o efeito, quando menos esperávamos, estando inteiramente envolvidos em outro assunto. Tal relação é a CONJUNÇÃO CONSTANTE. Contiguidade e sucessão não são suficientes para nos fazer declarar que dois objetos são causa e efeito, a não ser que percebamos que essas duas relações se mantêm em vários casos. Podemos ver, agora, a vantagem de ter abandonado o exame direto dessa relação, com o intuito de descobrir a natureza daquela *conexão necessária* que constitui uma parte tão essencial dela. Desse modo, podemos ter esperanças de chegar finalmente ao objetivo que propusemos, embora, para falar a verdade, essa recém-descoberta relação de uma conjunção constante pareça nos fazer avançar muito

pouco em nosso caminho. Pois ela não implica nada mais que isto: objetos semelhantes têm se mostrado sempre em relações semelhantes de contiguidade e sucessão. E parece evidente, ao menos à primeira vista, que por esse meio jamais descobriremos uma ideia nova; podemos simplesmente multiplicar, mas não acrescentar novos objetos à nossa mente. Pode-se pensar que aquilo que não aprendemos com um objeto não poderemos nunca aprender com uma centena de objetos do mesmo tipo e perfeitamente semelhantes em todas as circunstâncias. Assim como nossos sentidos nos mostram um exemplo de dois corpos, ou movimentos, ou qualidades, em determinadas relações de sucessão e contiguidade, assim também nossa memória nos apresenta apenas uma multiplicidade de casos em que sempre encontramos corpos, movimentos, ou qualidades semelhantes, em relações semelhantes. Da mera repetição de uma impressão passada, mesmo ao infinito, jamais surgirá uma nova ideia original, tal como a de uma conexão necessária; um grande número de impressões não tem, neste caso, um efeito maior que se nos confinássemos a apenas uma. Esse raciocínio parece correto e óbvio; entretanto, seria tolice perder tão cedo as esperanças, e assim continuaremos seguindo o fio de nosso discurso. Tendo visto que, após a descoberta da conjunção constante entre dois objetos quaisquer, nós sempre fazemos uma inferência de um a outro, examinaremos agora a natureza dessa inferência e da transição da impressão à ideia. Talvez acabemos descobrindo que, em vez de a inferência depender da conexão necessária, é a conexão necessária que depende da inferência.

4   Tendo já visto que a transição que fazemos de uma impressão, presente à memória ou aos sentidos, para a ideia de um objeto que denominamos causa ou efeito está fundada na *experiência* passada e em nossa lembrança de sua *conjunção constante*, a próxima questão é: a experiência produz a ideia por meio do entendimento ou da imaginação? É a razão que nos determina a fazer a inferência, ou uma certa associação e relação de percepções? Se fosse a razão, ela o faria com base no princípio de que *os casos de que não tivemos experiência devem*

se assemelhar aos casos de que tivemos experiência, e de que *o curso da natureza continua sempre uniformemente o mesmo*. A fim de esclarecer essa questão, portanto, passemos ao exame de todos os argumentos que podem supostamente fundamentar essa proposição. E, como tais argumentos devem ser derivados quer do *conhecimento* quer da *probabilidade*, consideremos cada um desses graus de evidência, para ver se podem nos fornecer alguma conclusão legítima dessa natureza.

5   Nosso método anterior de raciocínio nos convencerá facilmente de que não pode haver nenhum argumento *demonstrativo* para provar que *os casos de que não tivemos experiência se assemelham àqueles de que tivemos experiência*. Podemos ao menos conceber uma mudança no curso da natureza, o que é prova suficiente de que tal mudança não é absolutamente impossível. Ser capaz de formar uma ideia clara de alguma coisa é um argumento inegável a favor da possibilidade dessa coisa, e constitui por si só uma refutação de qualquer pretensa demonstração em contrário.

6   Quanto à probabilidade, como não se aplica às relações de ideias consideradas enquanto tais, mas apenas às relações de objetos, ela deve, sob certos aspectos, estar fundada nas impressões de nossa memória e sentidos, e sob outros, em nossas ideias. Se não houvesse alguma impressão misturada a nossos raciocínios prováveis, a conclusão seria inteiramente quimérica. E se não houvesse ideias misturadas, a ação da mente ao observar a relação seria, propriamente falando, uma sensação, e não um raciocínio. Portanto, é necessário que, em todos os raciocínios prováveis, haja alguma coisa presente à mente, quer seja vista ou lembrada, e que dessa coisa infiramos algo a ela conectado, que não é nem visto nem lembrado.

7   A única conexão ou relação de objetos capaz de nos levar para além das impressões imediatas de nossa memória e sentidos é a de causa e efeito; e isso porque é a única sobre a qual podemos fundar uma inferência legítima de um objeto a outro. A ideia de causa e efeito é derivada da *experiência*, que nos informa que tais objetos particulares, em todos os casos passados, estiveram em conjunção constante

um com o outro. E como se supõe que um objeto similar a um deles está imediatamente presente em sua impressão, presumimos, a partir disso, a existência de um objeto similar ao que habitualmente o acompanha. De acordo com essa explicação do que se passa – explicação que creio ser inquestionável em todos os seus pontos –, a probabilidade se funda na suposição de uma semelhança entre os objetos de que tivemos experiência e aqueles de que não tivemos. É impossível, portanto, que essa suposição possa surgir da probabilidade. O mesmo princípio não pode ser ao mesmo tempo causa e efeito de outro; e essa é, talvez, a única proposição intuitiva ou demonstrativamente certa acerca dessa relação.

8 Se alguém pensa poder eludir esse argumento, afirmando que todas as conclusões a respeito de causas e efeitos são construídas com base em um raciocínio sólido, sem sequer determinar se esse raciocínio deriva da demonstração ou da probabilidade, a única coisa que posso fazer é pedir que nos apresente esse raciocínio, para que seja submetido a nosso exame. Talvez se diga que, após a experiência da conjunção constante de certos objetos, nós raciocinamos da seguinte maneira. Sempre se viu que tal objeto produzia um outro. É impossível que ele tivesse esse efeito, se não fosse dotado de um poder de produção. O poder implica necessariamente o efeito e, portanto, existe um fundamento legítimo para se tirar uma conclusão da existência de um objeto para a daquele que comumente o acompanha. A produção passada implica um poder; o poder implica uma nova produção; e é essa nova produção que inferimos do poder e da produção passada.

9 Ser-me-ia muito fácil mostrar a fraqueza desse raciocínio, se desejasse utilizar aqui as observações que fiz há pouco, a saber, que a ideia de *produção* é a mesma que a de *causação*, e que nenhuma existência implica de maneira certa e demonstrativa um poder em outro objeto; ou então se fosse apropriado antecipar o que terei ocasião de observar adiante a respeito da ideia que formamos do *poder* e da *eficácia*. Mas como tal procedimento pode parecer, ou enfraquecer meu sistema, por apoiar uma de suas partes em outra, ou gerar uma confusão

em meu raciocínio, tentarei sustentar a presente afirmação sem esse recurso.

10   Admitamos, pois, por um momento, que a produção de um objeto por outro, em um caso qualquer, implica um poder; e que esse poder está conectado com seu efeito. Ora, uma vez que já se provou que o poder não repousa nas qualidades sensíveis da causa, e como não há nada presente a nós além das qualidades sensíveis, pergunto: por que, em outros casos, presumis que exista o mesmo poder, com base apenas no aparecimento dessas qualidades? Vosso recurso à experiência passada não serve de nada neste caso, podendo, no máximo, provar que aquele mesmo objeto que produziu um outro era, naquele mesmo instante, dotado de tal poder. Jamais poderá provar, porém, que o mesmo poder deve permanecer no mesmo objeto ou coleção de qualidades sensíveis; e, menos ainda, que um poder semelhante ocorre sempre em conjunção com qualidades sensíveis semelhantes. Se se disser que temos experiência de que o mesmo poder continua unido ao mesmo objeto, e de que objetos semelhantes são dotados de poderes semelhantes, eu recolocaria minha questão: *por que, partindo dessa experiência, formamos uma conclusão que ultrapassa os casos passados de que tivemos experiência?* Se vossa resposta a essa questão for semelhante à anterior, ela suscitará uma nova questão do mesmo tipo, e assim ao infinito – o que prova claramente que o raciocínio não possuía um fundamento legítimo.

11   Assim, não apenas nossa razão nos falha na descoberta da *conexão última* entre causas e efeitos, mas, mesmo após a experiência ter-nos informado de sua *conjunção constante*, é impossível nos convencermos, pela razão, de que deveríamos estender essa experiência para além dos casos particulares que pudemos observar. Nós supomos, mas nunca conseguimos provar, que deve haver uma semelhança entre os objetos de que tivemos experiência e os que estão além do alcance de nossas descobertas.

12   Já observamos a existência de certas relações que nos fazem passar de um objeto a outro, mesmo sem haver uma razão que nos deter-

mine a fazer essa transição. Podemos estabelecer como regra geral que, sempre que a mente constante e uniformemente faz uma transição sem nenhuma razão, ela está sendo influenciada por essas relações. Ora, tal é exatamente o caso presente. A razão jamais pode nos mostrar a conexão entre dois objetos, mesmo com a ajuda da experiência e da observação de sua conjunção constante em todos os casos passados. Portanto, quando a mente passa da ideia ou impressão de um objeto à ideia de outro objeto, ou seja, à crença neste, ela não está sendo determinada pela razão, mas por certos princípios que associam as ideias desses objetos, produzindo sua união na imaginação. Se as ideias não fossem mais unidas na fantasia que os objetos parecem ser no entendimento, nunca poderíamos realizar uma inferência das causas aos efeitos, nem depositar nossa crença em qualquer questão de fato. A inferência, portanto, depende unicamente da união das ideias.

13 Quanto aos princípios de união entre as ideias, eu os reduzi a três princípios gerais, e afirmei que a ideia ou impressão de um objeto introduz naturalmente a ideia de qualquer outro objeto que seja semelhante, contíguo ou conectado com o primeiro. Admito que esses princípios não são nem causas *infalíveis*, nem as *únicas* causas de uma união entre ideias. Não são causas infalíveis, pois podemos fixar nossa atenção durante algum tempo em um só objeto, sem olhar para mais nada além dele. Não são as únicas causas, pois é evidente que o pensamento apresenta um movimento muito irregular ao percorrer seus objetos, podendo saltar dos céus à terra, de um extremo ao outro da criação, sem método ou ordem certa. Mas, embora admita essa fraqueza nessas três relações, bem como essa irregularidade na imaginação, afirmo que os únicos princípios *gerais* que associam ideias são a semelhança, a contiguidade e a causalidade.

14 É verdade que existe um princípio de união entre ideias que, à primeira vista, pode ser considerado diferente desses; mas veremos que, no fundo, ele depende da mesma origem. Quando a experiência mostra que todos os indivíduos de uma espécie de objetos estão

constantemente unidos com os indivíduos de outra espécie, o aparecimento de um novo indivíduo pertencente a uma das duas espécies leva naturalmente o pensamento àquele que usualmente o acompanha. Assim, uma vez que tal ideia particular é comumente vinculada a tal palavra particular, a mera audição dessa palavra basta para produzir a ideia correspondente; será quase impossível à mente, por mais que se esforce, impedir essa transição. Nesse caso, não é absolutamente necessário que, ao ouvir esse som particular, nós reflitamos sobre uma experiência passada, e consideremos que ideia esteve comumente conectada ao som. A imaginação, por si mesma, supre o lugar dessa reflexão, e está tão acostumada a passar da palavra à ideia que não deixa transcorrer um só momento entre a audição de uma e a concepção da outra.

15 Embora eu reconheça que esse é um verdadeiro princípio de associação entre ideias, afirmo, porém, que ele é exatamente o mesmo que vigora para as ideias de causa e efeito, e que constitui uma parte essencial de todos os nossos raciocínios baseados nessa relação. A única noção que temos de causa e efeito é a de certos objetos que existiram *sempre conjuntamente*, e que, em todos os casos passados, mostraram-se inseparáveis. Não podemos penetrar na razão da conjunção. Apenas observamos o próprio fato e vemos sempre que, em consequência de sua conjunção constante, os objetos adquirem uma união na imaginação. Quando a impressão de um deles se torna presente a nós, formamos imediatamente uma ideia daquele que comumente o acompanha; em consequência disso, podemos estabelecer como parte da definição de uma opinião ou crença que esta é *uma ideia relacionada ou associada com uma impressão presente*.

16 Assim, embora a causalidade seja uma relação *filosófica*, por implicar contiguidade, sucessão e conjunção constante, é apenas enquanto ela é uma relação *natural*, produzindo uma união entre nossas ideias, que somos capazes de raciocinar ou fazer qualquer inferência a partir dela.

Seção 7
Da natureza da ideia ou crença

1   A ideia de um objeto é uma parte essencial da crença que nele depositamos, mas não é tudo. Concebemos muitas coisas em que não acreditamos. Por isso, para descobrir de maneira mais completa a natureza da crença, ou as qualidades das ideias a que damos nosso assentimento, pesemos as seguintes considerações.

2   É evidente que todos os raciocínios feitos a partir de causas ou efeitos terminam em conclusões a respeito de questões de fato, isto é, a respeito da existência de objetos ou suas qualidades. É também evidente que a ideia de existência não é nada diferente da ideia de um objeto. Quando, após ter simplesmente concebido alguma coisa, nós em seguida a concebemos como existente, na realidade não acrescentamos nada a nossa primeira ideia, e tampouco a alteramos. Assim, quando afirmamos que Deus existe, simplesmente formamos a ideia desse ser, tal como nos é representado; a existência que a ele atribuímos não é concebida mediante uma ideia particular que juntaríamos à ideia de suas outras qualidades, e a qual pudéssemos novamente separar e distinguir destas últimas. Mas vou mais longe ainda: não satisfeito em afirmar que a concepção da existência de um objeto não acrescenta nada à sua simples concepção, sustento ainda que a crença nessa existência não junta novas ideias àquelas que compõem a ideia do objeto. Quando penso em Deus, quando penso nele como existente, e quando creio que ele existe, minha ideia dele não aumenta nem diminui. Mas, como é certo que há uma grande diferença entre a simples concepção da existência de um objeto e a crença nesta, e como tal diferença não repousa nas partes ou na composição da ideia que concebemos, segue-se que ela deve estar na *maneira* como a concebemos.

3   Suponhamos que haja uma pessoa diante de mim enunciando proposições com as quais não concordo: que *César morreu em seu leito*, que *a prata é mais fusível que o chumbo*, ou que *o mercúrio é mais pesado*

que o ouro. É evidente que, não obstante minha incredulidade, entendo claramente o que essa pessoa quer dizer, e formo as mesmas ideias que ela. Minha imaginação é dotada dos mesmos poderes que a sua, e é impossível que ela conceba qualquer ideia que eu não possa conceber, ou que junte ideias que eu também não possa juntar. Pergunto, portanto: em que consiste a diferença entre crer e não crer em uma proposição? A resposta é fácil quando se trata de proposições provadas por intuição ou por demonstração. Nesse caso, a pessoa que manifesta seu assentimento não apenas concebe as ideias de acordo com a proposição, mas é necessariamente determinada a concebê-las dessa maneira particular, seja imediatamente, seja pela interposição de outras ideias. Tudo que é absurdo é ininteligível; é impossível para a imaginação conceber algo contrário a uma demonstração. Mas, nos raciocínios causais e concernentes a questões de fato, essa necessidade absoluta não pode ocorrer e a imaginação é livre para conceber ambos os lados da questão. Por isso, volto a perguntar: *em que consiste a diferença entre a incredulidade e a crença?* – já que em ambos os casos é igualmente possível e imprescindível conceber a ideia.

4   Não basta responder que uma pessoa que não dá seu assentimento a uma proposição que emitis, após ter concebido o objeto da mesma maneira que vós, imediatamente depois o concebe de maneira diferente, formando dele ideias diferentes. Essa resposta é insatisfatória, não por conter uma falsidade, mas por não revelar toda a verdade. Deve-se reconhecer que, em todos os casos em que discordamos de alguém, nós concebemos ambos os lados da questão; mas, como só podemos crer em um deles, segue-se evidentemente que a crença deve produzir alguma diferença entre a concepção a que damos nosso assentimento e aquela de que discordamos. Podemos misturar, unir, separar, embaralhar e alterar nossas ideias de centenas de modos diferentes. Mas até que apareça um princípio que fixe uma dessas diferentes situações, não temos realmente nenhuma opinião. E esse princípio, uma vez que claramente não acrescenta nada a nossas ideias precedentes, pode apenas mudar a *maneira* como as concebemos.

5   As percepções da mente são todas de dois tipos, a saber, impressões e ideias, que só se distinguem por seus diferentes graus de força e vividez. Nossas ideias são copiadas de nossas impressões, representando-as em todas as suas partes. Se quisermos alterar de algum modo a ideia de um objeto particular, a única coisa que podemos fazer é aumentar ou diminuir sua força e vividez.* Se produzirmos nela qualquer outra mudança, ela passará a representar um objeto ou impressão diferente. O mesmo se dá no caso das cores. Uma tonalidade particular de uma cor pode adquirir um novo grau de vividez ou brilho sem que haja nenhuma outra variação. Se produzirmos qualquer outra variação, porém, não teremos mais a mesma tonalidade ou cor. Sendo assim, como a crença não faz senão variar a maneira como concebemos um objeto, ela só pode conceder a nossas ideias uma força e vividez adicionais. Portanto, uma opinião ou crença pode ser definida mais precisamente como UMA IDEIA VÍVIDA RELACIONADA OU ASSOCIADA COM UMA IMPRESSÃO PRESENTE.[6]

---

* Ver Apêndice, p.675.

[6] Aproveitemos essa ocasião para observar um erro bastante apreciável, que, de tanto ser ensinado nas escolas, tornou-se uma espécie de máxima estabelecida, sendo universalmente aceito por todos os lógicos. Esse erro consiste na divisão usual dos atos do entendimento em *concepção, juízo* e *raciocínio*, e em suas respectivas definições. A concepção é definida como a simples consideração de uma ou mais ideias; o juízo, como a separação ou a união de diferentes ideias; o raciocínio, como a separação ou a união de diferentes ideias pela interposição de outras, que mostram a relação que aquelas mantêm entre si. Mas essas distinções e definições são falhas em vários pontos importantes. Em *primeiro* lugar, está longe de ser verdade que, em todos os juízos que formamos, nós unimos duas ideias diferentes; pois na proposição *Deus existe*, ou mesmo em qualquer outra que diga respeito à existência, a ideia de existência não é uma ideia distinta que unimos à ideia do objeto, e que seria capaz de formar, por essa união, uma ideia composta. Em *segundo* lugar, assim como podemos formar uma proposição que contenha apenas uma ideia, podemos também exercer nossa razão sem empregar mais de duas ideias, e sem recorrer a uma terceira que sirva de termo médio entre elas. Inferimos imediatamente uma causa de seu efeito; e essa inferência é não apenas uma verdadeira espécie de raciocínio, como o mais forte de todos, e mais convincente do que aqueles em que interpomos outra ideia para conectar os dois extremos. O que podemos afirmar, em geral, a respeito desses três atos do entendimento é que, examinados de um ponto de vista apropriado, todos eles se reduzem ao primeiro, não sendo senão formas particulares de concebermos nossos objetos. Quer consideremos um único objeto ou vários; quer nos demoremos sobre esses objetos ou passemos a outros; e qualquer que seja a forma ou ordem em que os consideremos, o ato da mente não excede uma simples concepção; a

6   Eis aqui o cerne dos argumentos que nos levam a essa conclusão. Sempre que inferimos a existência de um objeto da existência de outros, deve haver algum objeto presente à memória ou aos sentidos que sirva de fundamento a nosso raciocínio – já que a mente não pode seguir com suas inferências ao infinito. A razão jamais pode nos convencer de que a existência de um objeto qualquer implica a de outro; assim, quando passamos da impressão de um à ideia de outro, ou à crença nele, não estamos sendo determinados pela razão, mas pelo costume ou um princípio de associação. Mas a crença é algo mais que uma simples ideia. É uma maneira particular de formar uma ideia. E como a mesma ideia só pode ser alterada por uma alteração em seus graus de força e vividez, segue-se, de tudo o que foi dito, que a crença é uma ideia vívida produzida por uma relação com uma impressão presente, conforme à definição precedente.

7   [Essa operação da mente que gera a crença em um fato parece ter sido até hoje um dos maiores mistérios da filosofia, embora ninguém tenha sequer suspeitado de que havia alguma dificuldade em sua explicação. De minha parte, devo confessar que vejo aqui uma dificuldade considerável; e, mesmo quando penso compreender perfeitamente o assunto, não encontro as palavras adequadas para expressar o que quero dizer. Por uma indução que me parece bastante evidente, concluo que uma opinião ou crença não é senão uma ideia que difere de uma ficção, não na natureza ou na ordem de suas partes, mas sim na *maneira* como é concebida. Mas quando pretendo explicar o que é essa *maneira*, não consigo encontrar nenhuma palavra plenamente satisfatória, sendo por isso obrigado a apelar para aquilo que cada um sente, a fim de lhe dar uma noção perfeita dessa operação da mente. Uma ideia que recebe o assentimento é *sentida*

única diferença apreciável se dá quando juntamos uma crença à concepção, e estamos persuadidos da verdade daquilo que concebemos. Esse ato mental nunca foi explicado por nenhum filósofo. Por isso, sinto-me livre para propor minha hipótese a seu respeito: a crença é somente concepção forte e firme de uma ideia, aproximando-se em grande medida de uma impressão imediata.

de maneira diferente [*feels different*] de uma ideia fictícia, apresentada apenas pela fantasia. É essa maneira diferente de sentir [*this different feeling*] que tento explicar, denominando-a uma *força, vividez, solidez, firmeza*, ou *estabilidade* superior. Essa variedade de termos, que pode parecer tão pouco filosófica, busca apenas exprimir aquele ato mental que torna as realidades mais presentes a nós que as ficções e faz que tenham um peso maior no pensamento, bem como uma influência superior sobre as paixões e a imaginação. Contanto que concordemos acerca dos fatos, é desnecessário discutir sobre os termos. A imaginação tem o controle de todas as suas ideias, podendo juntá-las, misturá-las e alterá-las de todos os modos possíveis. Ela pode conceber os objetos com todas as circunstâncias de tempo e espaço. Pode, por assim dizer, apresentá-los a nossos olhos em suas cores verdadeiras, exatamente como devem ter existido. Mas, como é impossível que essa faculdade possa jamais, por si só, alcançar a crença, é evidente que esta não consiste na natureza ou na ordem de nossas ideias, mas na maneira como as concebemos e como são sentidas pela mente. Confesso que é impossível explicar perfeitamente essa sensação [*feeling*] ou maneira de se conceber. Podemos empregar palavras que expressem algo próximo a isso. Mas seu nome verdadeiro e apropriado é *crença*, termo que todos compreendem suficientemente na vida comum. E, na filosofia, não podemos ir além da afirmação de que a crença é algo *sentido* pela mente, que permite distinguir as ideias do juízo das ficções da imaginação. A crença dá a essas ideias mais força e influência; faz que pareçam mais importantes, fixa-as na mente; e as torna os princípios reguladores de todas as nossas ações.]

8   Essa definição também irá se mostrar inteiramente conforme à sensação [*feeling*] e à experiência de cada um de nós. Nada é mais evidente que o fato de que as ideias a que damos nosso assentimento são mais fortes, firmes e cheias de vida que os vagos devaneios de um sonhador. Se uma pessoa senta-se para ler um livro como se fosse um romance, e outra como se ele fosse uma história verdadeira, é

claro que elas recebem as mesmas ideias, na mesma ordem; e a credulidade de uma e a incredulidade da outra não as impedem de atribuir exatamente o mesmo sentido a seu autor. As palavras deste produzem as mesmas ideias em ambas, mas seu testemunho não tem sobre elas a mesma influência. A segunda tem uma concepção mais viva de todos os incidentes; entra mais profundamente nos problemas dos personagens; representa para si mesma suas ações, caráter, amizades e inimizades; chega até a formar uma noção de seus traços, aparência e modos. Ao passo que a primeira, como não dá crédito ao testemunho do autor, concebe todos esses detalhes de maneira mais fraca e lânguida, e, não fosse pelo estilo e habilidade da composição, não conseguiria extrair da obra quase nenhum prazer.

Seção 8
Das causas da crença

1 Tendo assim explicado a natureza da crença, e mostrado que consiste em uma ideia vívida relacionada com uma impressão presente, examinemos agora de que princípios ela deriva e o que confere vividez à ideia.

2 Gostaria de estabelecer como uma máxima geral da ciência da natureza humana que, *quando uma impressão se torna presente a nós, ela não apenas conduz a mente às ideias com que está relacionada, mas também comunica-lhes parte de sua força e vividez*. Todas as operações da mente dependem em grande medida da disposição em que esta se encontra ao realizá-las; e, conforme os espíritos animais estejam mais ou menos estimulados,* e a atenção mais ou menos concentrada, a ação terá sempre mais ou menos vigor e vividez. Assim, quando se apresen-

---

* "According as the spirits are more or less elevated". Hume utiliza indiferentemente *"spirits"* (no plural) e *"animal spirits"* para se referir aos "espíritos animais". Neste e em alguns outros casos, (p.e., à p.387), é possível que ele esteja se referindo, de maneira mais vaga, àquilo que poderíamos chamar de "o estado de ânimo" de uma pessoa, como nas expressões "to be in high spirits" ou "to be in low spirits". Cf. *Oxford English Dictionary* e nota de D. F. e M. J. Norton e esta ocorrência (op. cit., p.455). Os dois sentidos, entretanto, estão estreitamente relacionados. Veja-se a outra ocorrência do termo mais adiante, neste mesmo parágrafo. (N.T.)

ta um objeto que esperta e aviva o pensamento, toda ação a que a mente se aplica será mais forte e vívida, enquanto durar tal disposição. Ora, é evidente que a continuidade da disposição depende inteiramente dos objetos para os quais a mente se volta. Um objeto novo dá naturalmente uma nova direção aos espíritos, alterando a disposição da mente. Ao contrário, quando a mente se fixa de maneira constante no mesmo objeto, ou quando passa fácil e imperceptivelmente por objetos relacionados, a disposição tem uma duração muito mais longa. Ocorre assim que, quando a mente é estimulada por uma impressão presente, ela passa a formar uma ideia mais viva dos objetos relacionados, em virtude de uma transição natural da disposição de um a outro. A mudança de objetos é tão fácil que a mente quase não se dá conta dela, aplicando-se em conceber as ideias relacionadas com toda a força e vividez que adquiriu da impressão presente.

3   Se podemos nos convencer da realidade desse fenômeno simplesmente considerando a natureza da relação e a facilidade de transição que lhe é essencial, então muito bem. Mas confesso que, para provar um princípio tão importante, confio sobretudo na experiência. O primeiro experimento a que recorreremos para obter tal prova é o seguinte: podemos observar que, ao nos ser apresentado o retrato de um amigo ausente, a ideia que temos dele se aviva de forma evidente pela *semelhança*, e que todas as paixões que essa ideia ocasiona, quer de alegria, quer de tristeza, adquirem nova força e vigor. Concorrem para a produção desse efeito uma relação e uma impressão presente. Se o quadro não mostra nenhuma semelhança com esse amigo, ou se não pretendia retratá-lo, não chega sequer a conduzir nosso pensamento a ele. E quando, além da pessoa do amigo, também seu retrato está ausente, embora a mente possa passar do pensamento de um ao de outro, ela sente sua ideia antes ser enfraquecida que avivada por essa transição. Temos prazer em ver o retrato de um amigo, quando colocado à nossa frente; mas, quando retirado, preferimos pensar em nosso amigo diretamente, e não por meio de seu reflexo em uma imagem igualmente distante e obscura.

4   As cerimônias da religião *católica romana* podem ser consideradas como experimentos da mesma natureza. Quando criticados, os devotos dessa estranha superstição costumam justificar toda aquela sua pantomima, alegando que esses movimentos, posturas e ações exteriores lhes são benéficos, por revitalizar sua devoção e estimular seu fervor, os quais, de outro modo, se dirigidos inteiramente para objetos distantes e imateriais, acabariam por se apagar. Figuramos os objetos de nossa fé em emblemas e imagens sensíveis, dizem eles, e assim, pela presença imediata desses emblemas, tornamos tais objetos mais presentes a nós do que seria possível por uma mera visão e contemplação intelectuais. Objetos sensíveis exercem sempre uma influência maior sobre a fantasia que qualquer outro tipo de objeto; e transmitem essa influência facilmente às ideias com que estão relacionados e às quais se assemelham. Dessas práticas e desse raciocínio, inferirei apenas que o efeito da semelhança ao avivar as ideias é muito comum; e como, em todos os casos, uma semelhança e uma impressão presente devem concorrer, temos à nossa disposição uma abundância de experimentos para provar a realidade do princípio precedente.

5   Podemos reforçar esses experimentos por meio de outros de um tipo diferente, considerando os efeitos da *contiguidade*, além dos da *semelhança*. É certo que a distância diminui a força de qualquer ideia e que, ao nos aproximarmos de um objeto, este, mesmo que não se mostre a nossos sentidos, age sobre a mente com uma influência que imita a de uma impressão imediata. Pensar em um objeto rapidamente conduz a mente ao que lhe é contíguo, mas apenas a presença real de um objeto o faz com uma vividez superior. Quando estou a algumas milhas de casa, tudo que se relaciona com ela me toca mais de perto do que quando estou a duzentas léguas. Mesmo a essa distância, porém, o ato de refletir sobre alguma coisa próxima de meus amigos e família produz naturalmente uma ideia deles. Mas, neste último caso, ambos os objetos da mente são ideias; e por isso, apesar de haver uma transição fácil entre elas, essa transição sozinha não é

capaz de conferir a nenhuma das duas uma vividez superior, por falta de uma impressão imediata.*

6   Não há dúvida de que a causalidade tem a mesma influência que as outras duas relações, de semelhança e contiguidade. Os supersticiosos têm grande estima por relíquias de santos e beatos, e a razão disso é a mesma que os leva a buscar emblemas e imagens, ou seja, para intensificar sua devoção e formar uma concepção mais íntima e forte daquelas vidas exemplares, que tanto desejam imitar. Ora, é evidente que uma das melhores relíquias que um devoto poderia conseguir seria algo produzido pelas mãos de um santo; e se as roupas e apetrechos deste podem ser considerados como relíquias, é por terem estado algum dia à sua disposição, tendo sido tocados e afetados por ele – e, nesse sentido, devem ser considerados como uma espécie de efeitos [*as imperfect effects*], conectados a ele por meio de uma cadeia de consequências mais curta que aquelas que nos levam a conhecer a realidade de sua existência. Esse fenômeno prova de maneira clara que uma impressão presente, juntamente com uma relação de causalidade, pode avivar qualquer ideia e, em consequência disso, produzir crença ou assentimento, conforme a definição precedente dessa noção.

7   Mas por que procurar outros argumentos para provar que uma impressão presente, junto com uma relação ou transição da fantasia, pode avivar uma ideia, quando o exemplo mesmo de nossos raciocínios de causa e efeito é suficiente para esse propósito? É certo que devemos ter uma ideia de toda questão de fato em que acreditamos. É certo que essa ideia surge somente de uma relação com uma impressão presente. É certo que a crença não acrescenta nada à ideia, mas apenas transforma nossa maneira de a conceber, tornando-a mais forte e vívida. A presente conclusão a respeito da influência da relação é a consequência imediata de todos esses passos; e cada passo me parece seguro e infalível. As únicas coisas que entram nessa operação da mente são uma impressão presente, uma ideia vívida e uma

---

* Ver Apêndice, p.668.

relação ou associação na fantasia entre a impressão e a ideia; de forma que não pode haver nem suspeita de erro.

8   Para esclarecer de maneira mais completa todo esse tema, consideremo-lo como uma questão de filosofia da natureza, que deve ser determinada pela experiência e observação. Suponhamos que haja diante de mim um objeto, do qual extraio uma certa conclusão, formando ideias em que se diz que acredito ou a que dou meu assentimento. É evidente que aqui se pode pensar que o objeto presente a meus sentidos e aquele cuja existência infiro pelo raciocínio influenciam um ao outro por seus poderes ou qualidades particulares. Entretanto, como o fenômeno da crença, que ora examinamos, é meramente interno, esses poderes e qualidades, sendo inteiramente desconhecidos, não podem ter nenhuma participação em sua produção. A impressão presente é que deve ser considerada a causa verdadeira e real da ideia, bem como da crença que a acompanha. Devemos, portanto, tentar descobrir, por meio de experimentos, as qualidades particulares que a tornam capaz de produzir um efeito tão extraordinário.

9   Primeiramente, pois, observo que a impressão presente não tem esse efeito em virtude de seu próprio poder e eficácia, e quando considerada isoladamente, como uma percepção singular, limitada ao momento presente. Constato que uma impressão da qual não sou capaz de tirar nenhuma conclusão quando de sua primeira aparição pode, mais tarde, tornar-se o fundamento da crença, uma vez que eu tenha tido experiência de suas consequências usuais. Em cada caso, é preciso que tenhamos observado a mesma impressão em exemplos passados, e que essa impressão tenha ocorrido em conjunção constante com alguma outra impressão. Isso se confirma por tantos experimentos que não admite a menor dúvida.

10   De uma segunda observação, concluo que a crença, que acompanha a impressão presente e é produzida por um certo número de impressões e conjunções passadas, surge imediatamente, sem nenhuma operação nova da razão ou imaginação. Posso estar certo disso,

porque jamais tenho consciência de uma operação assim, e não encontro nada em que ela pudesse estar fundada. Ora, como chamamos de COSTUME a tudo aquilo que procede de uma repetição passada sem nenhum novo raciocínio ou conclusão, podemos estabelecer como uma verdade certa que toda a crença que se segue a uma impressão presente é derivada exclusivamente dessa origem. Quando estamos acostumados a ver duas impressões em conjunção, o aparecimento ou a ideia de uma nos leva imediatamente à ideia da outra.

11 Estando plenamente satisfeito quanto a isso, farei uma terceira série de experimentos, a fim de descobrir se, além da transição habitual, alguma coisa mais é requerida para a produção desse fenômeno da crença. Substituo, assim, a primeira impressão por uma ideia; e observo que, embora a transição habitual para a ideia correlata ainda permaneça, não há, na realidade, nenhuma crença ou persuasão. Uma impressão presente, portanto, é absolutamente necessária para toda essa operação. Quando, em seguida, comparo uma impressão com uma ideia, e vejo que sua única diferença está em seus graus de força e vividez, concluo de tudo isso que a crença é uma concepção mais vívida e intensa de uma ideia, procedente de sua relação com uma impressão presente.

12 Assim, todo raciocínio provável não é senão uma espécie de sensação. Não é somente na poesia e na música que devemos seguir nosso gosto e sentimento, mas também na filosofia. Quando estou convencido de um princípio qualquer, é apenas uma ideia que me atinge com mais força; quando dou preferência a um conjunto de argumentos sobre outro, não faço mais que decidir, partindo daquilo que sinto [*from my feeling*], sobre a superioridade de sua influência. Os objetos não possuem entre si nenhuma conexão que se possa descobrir; e nenhum outro princípio senão o costume, operando sobre a imaginação, permite-nos fazer uma inferência da aparição de um à existência de outro.

13 Vale a pena observar aqui que a experiência passada, da qual dependem todos os nossos juízos a respeito de causas e efeitos, pode

atuar em nossa mente de maneira tão insensível que passa despercebida, podendo mesmo, em certa medida, ser-nos desconhecida. Se uma pessoa interrompe sua viagem ao encontrar um rio no caminho, é porque prevê as consequências de seguir adiante; e seu conhecimento dessas consequências é transmitido pela experiência passada, que lhe informa sobre determinadas conjunções de causas e efeitos. Mas será possível pensar que, nesse momento, ela se põe a refletir sobre alguma experiência passada e a recordar casos que viu ou de que ouviu falar, a fim de descobrir os efeitos da água sobre o corpo animal? Certamente não; não é assim que procede seu raciocínio. A ideia de afundar está tão intimamente conectada com a de água, e a ideia de se afogar com a de afundar, que a mente faz a transição sem o auxílio da memória. O costume age antes que tenhamos tempo de refletir. Os objetos parecem de tal modo inseparáveis que não aguardamos um só momento para passar de um ao outro. Mas, como essa transição procede da experiência, e não de alguma conexão anterior entre as ideias, temos necessariamente de reconhecer que a experiência pode produzir uma crença e um juízo de causas e efeitos por uma operação secreta, e sem que pensemos nela uma vez sequer. Isso elimina qualquer pretexto, se ainda restar algum, para afirmar que é pelo raciocínio que a mente se convence do princípio de que *os casos de que não tivemos experiência devem necessariamente se assemelhar àqueles de que tivemos*. Pois vimos aqui que o entendimento ou imaginação é capaz de fazer inferências partindo da experiência passada, sem refletir acerca dela, e mais ainda, sem formar um princípio a seu respeito ou raciocinar com base nesse princípio.

14 Podemos observar em geral que, em todas as conjunções mais firmes e uniformes de causas e efeitos, como as de gravidade, choque [*impulse*], solidez etc., a mente nunca se volta expressamente para a consideração de experiências passadas. Mas em outras associações de objetos mais raras e inusitadas, ela pode auxiliar o costume e a transição de ideias por meio dessa reflexão. Em alguns casos, aliás, vemos a reflexão produzir a crença sem o costume; ou, mais propriamente falando,

vemos a reflexão produzir o costume de maneira *oblíqua* e *artificial*. Explico-me. É certo que, não só na filosofia, mas mesmo na vida corrente, podemos obter o conhecimento de uma causa particular com base em apenas um experimento, contanto que este seja feito criteriosamente e após uma cuidadosa exclusão de todas as circunstâncias estranhas e supérfluas. Ora, uma vez que, após um único experimento dessa espécie, a mente, quando do aparecimento da causa ou do efeito, é capaz de inferir a existência de seu correlato; e uma vez que um hábito nunca pode ser adquirido por apenas uma ocorrência, pode-se pensar que, neste caso, não se deve considerar a crença como efeito do costume. Tal dificuldade desaparecerá se considerarmos que, embora estejamos aqui supondo ter tido apenas uma experiência de um efeito particular, tivemos milhões para nos convencer do princípio de que *objetos semelhantes, em circunstâncias semelhantes, produzirão sempre efeitos semelhantes*. E como esse princípio foi estabelecido com base em um costume suficiente, ele confere evidência e firmeza a qualquer opinião a que possa se aplicar. A conexão das ideias não se torna habitual após uma única experiência; mas essa conexão está compreendida sob um outro princípio, que é habitual – o que nos traz de volta à nossa hipótese. Em todos os casos, transferimos nossa experiência a ocorrências de que não tivemos experiência, *expressa* ou *tacitamente*, *direta* ou *indiretamente*.

15 Não devo concluir este tema sem observar que é muito difícil falar das operações da mente de modo perfeitamente apropriado e exato; pois a linguagem corrente raramente faz distinções muito sutis entre elas, referindo-se em geral pelo mesmo termo a todas as que possuem uma grande semelhança. E como essa é uma fonte quase inevitável de obscuridade e confusão no autor, pode frequentemente gerar dúvidas e objeções no leitor, com as quais ele de outro modo nunca haveria sonhado. Assim, minha posição geral, que *uma opinião ou crença não é senão uma ideia forte e vívida derivada de uma impressão presente a ela relacionada*, é passível da seguinte objeção, em razão de uma

pequena ambiguidade nas palavras *forte* e *vívida*. Pode-se dizer que não apenas uma impressão pode originar um raciocínio, mas uma ideia também pode ter o mesmo efeito – sobretudo se levarmos em conta meu princípio de que *todas as nossas ideias são derivadas de impressões correspondentes*. Pois suponha-se que eu forme agora uma ideia, de cuja impressão correspondente me esqueci. Sou capaz de concluir dessa ideia que uma tal impressão algum dia existiu; e, como essa conclusão é acompanhada de crença, pode-se perguntar: de onde derivam as qualidades da força e da vividez que constituem essa crença? Ao que respondo imediatamente: *da ideia presente*. Porque, como essa ideia não é aqui considerada a representação de um objeto ausente, mas sim uma real percepção na mente, da qual estamos intimamente conscientes, ela deve ser capaz de conferir a tudo que esteja relacionado com ela a mesma qualidade – quer a chamemos de *firmeza, solidez, força* ou *vividez* – com que a mente reflete sobre ela, e se assegura de sua existência presente. A ideia ocupa aqui o lugar de uma impressão e, no que diz respeito a nosso propósito presente, é exatamente igual a ela.

16   Segundo esses mesmos princípios, não há nada de surpreendente no se falar da lembrança de uma ideia; isto é, da ideia de uma ideia, e de sua força e vividez superior à das vagas concepções da imaginação. Ao pensar em nossos pensamentos passados, não apenas figuramos os objetos em que pensávamos, mas também concebemos a ação da mente na meditação, aquele certo *je-ne-sais-quoi*, impossível de ser definido ou descrito, mas que cada um de nós entende suficientemente. Quando a memória proporciona uma ideia disto e a representa como passada, é fácil conceber por que essa ideia pode ter mais vigor e firmeza do que quando pensamos em um pensamento passado do qual não temos nenhuma lembrança.

17   Depois disso, qualquer um entenderá como podemos formar a ideia de uma impressão e de uma ideia, e como podemos crer na existência de uma impressão e de uma ideia.

Seção 9
Dos efeitos de outras relações e outros hábitos

1 Por mais convincentes que possam parecer os argumentos anteriores, não devemos nos contentar com eles. Devemos examinar a questão de todos os lados, a fim de encontrar novos pontos de vista que possam ilustrar e confirmar princípios tão extraordinários e fundamentais. Uma cuidadosa hesitação perante qualquer hipótese nova é uma disposição tão louvável nos filósofos, e tão necessária ao exame da verdade, que merece nossa adesão, exigindo que apresentemos a eles todos os argumentos capazes de lhes satisfazer, como também que afastemos qualquer objeção que lhes perturbe o raciocínio.

2 Observei várias vezes que, além da causa e efeito, as relações de semelhança e contiguidade devem ser consideradas como princípios de associação do pensamento, e capazes de conduzir a imaginação de uma ideia a outra. Também observei que, quando dois objetos estão conectados por uma dessas relações, e um deles está imediatamente presente à memória ou aos sentidos, a mente não apenas é levada a seu correlato pelo princípio de associação, mas, além disso, concebe-o com uma força e um vigor adicionais, graças à ação conjunta desse princípio e da impressão presente. Tudo isso observei, com o intuito de confirmar, por analogia, minha explicação de nossos juízos a respeito das causas e efeitos. Mas esse mesmo argumento pode, talvez, voltar-se contra mim e, em lugar de confirmar minha hipótese, tornar-se uma objeção a ela. Pois pode-se dizer que, se todas as partes dessa hipótese forem verdadeiras – a saber, *que* essas três espécies de relações são derivadas dos mesmos princípios; *que* todas têm o mesmo efeito de reforçar e avivar nossas ideias; e *que* a crença não é senão uma concepção mais imperativa e vívida de uma ideia –, deve-se seguir daí que essa ação mental pode ser derivada não somente da relação de causa e efeito, mas também das de contiguidade e semelhança. Mas, como descobrimos pela experiência que a crença surge exclusivamente da causalidade, e que não somos capazes de

fazer nenhuma inferência de um objeto a outro exceto quando estão conectados por essa relação, podemos concluir que há algum erro nesse raciocínio, e que é esse erro que nos leva a tais dificuldades.

3   Essa é a objeção; consideremos, agora, sua solução. É evidente que tudo que está presente à memória, por atingir a mente com uma vividez semelhante à de uma impressão presente, deve assumir uma importância considerável em todas as operações da mente, sobressaindo facilmente às meras ficções da imaginação. Dessas impressões ou ideias da memória formamos uma espécie de sistema, que compreende tudo o que nos lembramos ter estado presente a nossa percepção interna ou a nossos sentidos; e a cada elemento particular desse sistema, juntamente com as impressões presentes, costumamos chamar de uma *realidade*. Mas a mente não para aqui. Ao constatar que esse sistema de percepções está conectado com um outro sistema pelo costume ou, se quisermos, pela relação de causa e efeito, ela passa a considerar as ideias deste sistema. E, sentindo que está de certo modo necessariamente determinada a visar essas ideias em particular, e que o costume ou relação que a determina não admite a menor alteração, forma com elas um novo sistema, igualmente agraciado com o título de *realidades*. O primeiro sistema é objeto da memória e dos sentidos; o segundo, do juízo.

4   É este último princípio que povoa o mundo, trazendo a nosso conhecimento aquelas existências que, por afastadas no tempo e no espaço, encontram-se fora do alcance dos sentidos e da memória. Por meio dele, eu pinto o mundo em minha imaginação, fixando minha atenção em qualquer parte que desejar. Formo uma ideia de ROMA, cidade que não vejo nem recordo, mas que está conectada com impressões que me lembro ter obtido em conversas e em livros de viajantes e historiadores. Essa ideia de *Roma*, situo-a em um certo lugar sobre a ideia de um objeto que chamo de globo terrestre. Junto a ela a concepção de um governo, religião e costumes particulares. Olho para trás e considero o momento de sua fundação, suas diversas revoluções, vitórias e infortúnios. Tudo isso, e tudo mais

em que acredito, não são senão ideias; entretanto, por sua força e ordem inflexível, derivadas do costume e da relação de causa e efeito, distinguem-se das outras ideias, que são meramente frutos da imaginação.

5 Quanto à influência da contiguidade e da semelhança, podemos observar que, se o objeto* contíguo e semelhante estiver compreendido nesse sistema de realidades, não há dúvida de que essas duas relações irão auxiliar a de causa e efeito, fixando mais fortemente na imaginação a ideia relacionada. Logo desenvolverei esse ponto. Enquanto isso, levo minha observação um passo adiante, e afirmo que, mesmo quando apenas fantasiamos** o objeto relacionado, a relação serve para avivar a ideia e ampliar sua influência. Um poeta, sem dúvida, será capaz de fazer uma descrição mais viva dos *Campos Elíseos*, se estimular sua imaginação pela visão de um belo prado ou jardim; em outro momento, pode também, por meio de sua fantasia, colocar-se nesse lugar fabuloso, avivando assim sua imaginação por meio dessa contiguidade simulada.

---

* O texto da NN/OPT corrige *"object"* para *"objects"*, por julgarem seus editores que o substantivo relevante aqui se refere aos objetos relacionados à ideia de Roma, e não à própria ideia de Roma. Discordo dessa solução: 1) nesse parágrafo, Hume está iniciando um novo raciocínio. O exemplo de Roma vinha mostrar como incluímos no segundo sistema de realidades aquelas ideias relacionadas às ideias da memória ou às impressões dos sentidos por meio da relação de causa e efeito. Nesse novo parágrafo, ele está tratando das outras duas relações, de contiguidade e semelhança. Para ilustrá-las, ele nos dará um *outro* exemplo, a saber, do poeta que vai para um jardim real para melhor imaginar os Campos Elíseos; 2) de todo modo, os objetos relacionados à ideia de Roma já se encontram inseridos dentro do primeiro sistema de realidades; é a realidade (do segundo tipo) atribuída à própria ideia de Roma que cabe explicar; 3) finalmente, note-se a frase de Hume logo antes do exemplo do poeta: "Enquanto isso, ... afirmo que, mesmo quando apenas fantasiamos o objeto relacionado". (N.T.)

** Com um sentido que se situa no ponto de interseção entre "inventar", "forjar", "fingir", "simular", "imaginar", "fantasiar" e "assumir algo hipoteticamente", o verbo *"to feign"* não possui um equivalente ideal em português. Traduzi-o algumas vezes por "simular", "imaginar", e pela expressão "criar/produzir a ficção de"; na maior parte das ocorrências, entretanto, empreguei a palavra "fantasiar". Em um único caso (p.547), utilizei o adjetivo "hipotético" para *"feigned"*. Por outro lado, como Hume utiliza indiferentemente os substantivos *"imagination"* ("imaginação") e *"fancy"* ("fantasia"), e como o verbo *"to imagine"* também é usado como sinônimo de *"to fancy"*, traduzi ambos os verbos por "imaginar" (cf. p.255-6). (N.T.)

6   Mas embora não se possa negar por completo a ação da semelhança e contiguidade sobre a fantasia, observemos que, quando isoladas, sua influência é muito fraca e incerta. Assim como é preciso a relação de causa e efeito para nos persuadir da existência real de algo, assim também tal persuasão é necessária para dar força às outras relações. Pois, mesmo se, quando da aparição de uma impressão, não apenas fantasiamos um outro objeto, mas, além disso, arbitrariamente e para nosso simples prazer, atribuímos a ele uma relação particular com a impressão, é pequeno o efeito que tal relação pode ter sobre a mente. E quando essa mesma impressão retorna, não há nenhuma razão que nos faça colocar o mesmo objeto na mesma relação com ela. A mente não tem absolutamente nenhuma necessidade de fantasiar objetos semelhantes e contíguos; e, se o faz, tampouco tem necessidade de se restringir sempre aos mesmos objetos, sem nenhuma diferença ou variação. De fato, há tão pouca razão fundamentando tal ficção, que nada, a não ser o puro capricho, pode determinar a mente a formá-la. E como esse princípio é oscilante e incerto, é impossível que ele possa jamais operar com um grau considerável de força e constância. A mente prevê e antecipa a mudança; e, desde o primeiro instante, sente como são imprecisas suas ações, e como é fraco o domínio que exerce sobre seus objetos. Tal imperfeição, bastante sensível em cada caso singular, aumenta ainda mais pela experiência e observação, quando comparamos os diversos casos de que nos lembramos e formamos uma *regra geral* contra a atribuição de qualquer certeza a esses lampejos momentâneos, que surgem na imaginação em consequência de uma semelhança e contiguidade fantasiadas.

7   A relação de causa e efeito tem todas as vantagens opostas. Os objetos que apresenta são fixos e inalteráveis. As impressões da memória nunca se alteram consideravelmente; e cada impressão traz consigo uma ideia precisa, que toma seu lugar na imaginação, como algo sólido e real, certo e invariável. O pensamento vê-se sempre determinado a passar da impressão à ideia, e dessa impressão particular àquela ideia particular, sem escolha ou hesitação.

8   Não satisfeito em afastar essa objeção, porém, tentarei extrair dela uma prova da presente doutrina. Contiguidade e semelhança exercem um efeito muito inferior ao da causalidade; mas ainda assim exercem algum efeito, aumentando a convicção das opiniões e a vividez das concepções. Se pudermos provar essa afirmação em vários novos casos além daqueles que já observamos, teremos um argumento bastante considerável a favor da tese de que a crença não é senão uma ideia vívida relacionada a uma impressão presente.

9   Comecemos pela contiguidade. Observou-se, tanto entre os *maometanos* como entre os *cristãos*, que os *peregrinos* que estiveram em MECA ou na TERRA SANTA tornam-se para sempre crentes mais fiéis e zelosos que aqueles que nunca tiveram tal oportunidade. Um homem cuja memória apresenta uma imagem viva do *Mar Vermelho*, do *deserto*, de *Jerusalém* e da *Galileia* jamais pode duvidar dos acontecimentos miraculosos relatados por *Moisés* ou pelos *Evangelistas*. A ideia vívida dos lugares passa, por uma transição fácil, aos fatos que se supõem terem sido relacionados a eles por contiguidade, e, ao aumentar a vividez da concepção, aumenta também a crença. A lembrança desses campos e rios tem sobre o vulgo a mesma influência que um novo argumento, e pelas mesmas causas.

10 Podemos fazer uma observação similar a respeito da *semelhança*. Vimos que a inferência que fazemos de um objeto presente à sua causa ou efeito ausente nunca está fundada em qualidades que observamos nesse objeto considerado em si mesmo. Em outras palavras, é impossível determinar, senão pela experiência, o que há de resultar de um fenômeno qualquer, ou o que o precedeu. No entanto, embora isso seja tão evidente em si mesmo que nos pareceu não necessitar de prova, alguns filósofos imaginaram que existe uma causa manifesta da comunicação do movimento, e que qualquer pessoa sensata poderia imediatamente inferir o movimento de um corpo partindo do impacto de outro, sem recorrer à observação passada. Mas é fácil provar que essa opinião é falsa. Se tal inferência pudesse ser feita simplesmente tomando por base as ideias de corpo, movimento

e impacto, ela deveria constituir uma demonstração e implicar a absoluta impossibilidade de qualquer suposição contrária. Assim, todo efeito distinto da comunicação de movimento implicaria uma contradição formal; e seria impossível não somente que ele existisse, como também que fosse concebido. Mas podemos rapidamente nos convencer do contrário, formando uma ideia clara e consistente do movimento de um corpo em direção a outro, e de seu repouso imediatamente após o contato; ou então de seu retorno pela mesma linha por onde veio; ou de sua aniquilação; ou de um movimento circular ou elíptico; e, em suma, de um número infinito de outras mudanças que podemos supor que ele sofra. Todas essas suposições são consistentes e naturais. A razão por que imaginamos que a comunicação de movimento é mais consistente e natural, não apenas que os efeitos implicados em tais suposições, mas também que qualquer outro efeito natural, funda-se na relação de *semelhança* entre a causa e o efeito, que neste caso está unida à experiência, ligando os objetos entre si da maneira mais estreita e íntima, a ponto de nos fazer imaginar que são absolutamente inseparáveis. A semelhança, portanto, tem uma influência igual ou análoga à da experiência. E como o único efeito imediato da experiência é associar nossas ideias entre si, segue-se que toda crença resulta da associação de ideias, conforme a minha hipótese.

11 Todos os tratados de óptica admitem que o olho vê sempre o mesmo número de pontos físicos, e que a imagem que se apresenta aos sentidos de um homem quando este se encontra no topo de uma montanha não é maior que quando ele está confinado no mais estreito pátio ou aposento. É somente pela experiência que ele infere a grandeza do objeto, com base em certas qualidades peculiares da imagem; e isso, que é uma inferência do juízo, ele confunde com uma sensação, como costuma ocorrer em outras ocasiões. Ora, é evidente que, neste caso, a inferência do juízo é muito mais vívida que aquela que é comum em nossos raciocínios correntes. Um homem forma uma concepção mais vívida da vasta extensão do oceano pela imagem que recebe do olho, quando está no alto de um promontório, do que

simplesmente pelo barulho das ondas. Extrai um prazer mais sensível de sua grandeza, o que prova a presença de uma ideia mais vívida; e confunde seu juízo com uma sensação, o que é mais uma prova disso. Como a inferência é igualmente certa e imediata em ambos os casos, porém, essa vividez superior de nossa concepção em um caso só pode proceder do fato de que, ao fazermos uma inferência baseados na visão, existe, além da conjunção habitual, uma semelhança entre a imagem e o objeto inferido – e essa semelhança fortalece a relação, transmitindo a vividez da impressão para a ideia relacionada com um movimento mais fácil e natural.

12   Não há fraqueza mais universal e manifesta na natureza humana que aquilo que comumente chamamos de CREDULIDADE, ou seja, uma fé demasiadamente fácil no testemunho alheio. Essa fraqueza também se explica, de modo muito natural, pela influência da semelhança. Quando admitimos uma questão de fato baseados no testemunho dos homens, nossa fé tem exatamente a mesma origem que nossas inferências de causas a efeitos e de efeitos a causas. Somente nossa *experiência* dos princípios que governam a natureza humana pode nos assegurar da veracidade dos homens. Mas, embora a experiência seja o verdadeiro critério deste, bem como de todos os outros juízos, raramente nos guiamos inteiramente por ela. Possuímos uma notável propensão a crer em tudo que nos é relatado, mesmo no caso de aparições, encantamentos e prodígios, por mais contrários que sejam à experiência e à observação diárias. As palavras ou discursos dos outros têm uma estreita conexão com certas ideias existentes em suas mentes; e essas ideias também têm uma conexão com os fatos ou objetos que representam. Esta última conexão é em geral muito superestimada, e induz nosso assentimento além do que seria justificável pela experiência – o que só pode proceder da semelhança entre as ideias e os fatos. Outros efeitos indicam suas causas apenas de maneira oblíqua; mas o testemunho humano o faz diretamente, devendo ser considerado não só um efeito, mas igualmente uma imagem. Não é de admirar, pois, que nos precipitemos tanto fazendo

inferências com base em tal testemunho, e que, em nossos juízos a seu respeito, deixemo-nos guiar pela experiência em menor medida que nos juízos acerca de qualquer outro assunto.

13   Assim como a semelhança, quando conjugada com a causalidade, fortalece nossos raciocínios, assim também a ausência de semelhança, em um grau muito elevado, é capaz de os destruir quase inteiramente. Um exemplo notável disso é o descuido e a apatia universal dos homens diante de uma existência póstuma. Em relação a esse assunto, eles se mostram tão obstinadamente incrédulos como se mostram cegamente crédulos em outras ocasiões. De fato, nada fornece matéria tão ampla para a admiração dos estudiosos ou para o pesar dos piedosos que a observação da negligência da grande maioria dos homens quanto à sua condição vindoura. Com razão, muitos teólogos eminentes não hesitaram em afirmar que, embora o vulgo não possua princípios formais de negação da fé, ele de fato é infiel em seu coração, não possuindo nada semelhante ao que podemos denominar de crença na duração eterna de sua alma. De um lado, consideremos a importância da eternidade, que os teólogos mostraram com tanta eloquência, e observemos que, mesmo se tais discursos contêm um pouco de exagero, como em todas as questões de retórica, neste caso há que se admitir que as mais fortes figuras retóricas são infinitamente inferiores ao tema em pauta. De outro lado, consideremos a prodigiosa tranquilidade dos homens acerca disso. Pergunto, pois, se as pessoas realmente creem naquilo que lhes é inculcado, e que pretendem professar. A resposta é obviamente negativa. Como a crença é um ato da mente decorrente do costume, não é de se estranhar que a falta de semelhança destrua aquilo que o costume estabeleceu, diminuindo a força da ideia tanto quanto este último princípio a aumenta. Uma vida póstuma é algo tão afastado de nossa compreensão, e é tão obscura nossa ideia do modo como existiremos após a dissolução do corpo, que todas as razões que podemos inventar, por mais fortes que sejam em si mesmas, e por mais reforçadas pela educação, jamais são capazes de superar a dificuldade encontrada por nossas

imaginações morosas, conferindo uma autoridade e força suficientes à ideia. Tal incredulidade deve-se à fraqueza da ideia que formamos sobre nossa condição futura, o que atribuo antes à falta de semelhança desta com a vida presente do que à sua grande distância de nós. Pois observo que todos os homens se preocupam com o que pode acontecer após sua morte, contanto que isso diga respeito a este mundo; são poucos os que, em qualquer período de sua vida, são indiferentes a seu nome, sua família, seus amigos e seu país.

14   De fato, a falta de semelhança neste caso destrói tão completamente a crença que, à parte aqueles poucos que, após refletir friamente sobre a importância do assunto, tiveram o cuidado de imprimir em sua mente, por uma repetida meditação, os argumentos a favor de uma existência póstuma, dificilmente alguém acreditaria na imortalidade da alma com base em um juízo verdadeiro e bem estabelecido, comparável ao que é derivado do testemunho de viajantes e historiadores. Isso aparece de modo bastante evidente sempre que os homens têm a oportunidade de comparar os prazeres e as dores, as recompensas e as punições desta vida com os de uma vida futura – mesmo que a questão não diga respeito a eles mesmos, e nenhuma paixão violenta esteja perturbando seu julgamento. Os *católicos romanos* formam certamente a seita mais zelosa de todo o mundo cristão; e, entretanto, constatamos que quase todos os membros mais sensíveis dessa comunhão censuram a *Conspiração da Pólvora* e o massacre de *São Bartolomeu*, considerando-os cruéis e bárbaros, embora tenham sido planejados ou executados contra aquelas mesmas pessoas que, sem qualquer escrúpulo, eles condenam a castigos eternos e infinitos. Tudo que podemos dizer para desculpar tal incoerência é que eles não creem realmente naquilo que afirmam a respeito de uma existência póstuma. Aliás, a melhor prova disso é essa própria incoerência.

15   A isso podemos acrescentar uma observação. Em questões de religião, os homens têm prazer em sentir medo, e os pregadores mais populares são os que despertam as paixões mais lúgubres e sombrias. Nos afazeres cotidianos, quando estamos mergulhados na materia-

lidade sensível dos assuntos tratados, nada pode ser mais desagradável que o medo e o terror. Somente nos espetáculos dramáticos e nos sermões religiosos estes podem nos dar prazer. Aqui, a imaginação repousa indolentemente sobre a ideia; e a paixão, suavizada pela falta de crença no tema, tem apenas o agradável efeito de dar ânimo à mente e prender sua atenção.

16   A presente hipótese receberá uma confirmação adicional se examinarmos os efeitos de outros tipos de costume, bem como de outras relações. Para compreender isso, devemos considerar que o costume, a que atribuo toda crença e raciocínio, possui duas maneiras diferentes de atuar sobre a mente e revigorar uma ideia. Supondo que durante toda a experiência passada tenhamos visto que dois objetos estiveram sempre em conjunção, é evidente que, quando do aparecimento de um desses objetos em uma impressão, devemos, por costume, fazer uma transição fácil para a ideia daquele objeto que comumente o acompanha. E, por meio da impressão presente e da transição fácil, devemos conceber essa ideia de uma maneira mais forte e vívida que a maneira como concebemos qualquer das imagens vagas e oscilantes da fantasia. Mas suponhamos agora que uma mera ideia isolada, sem nada dessa preparação extremamente meticulosa e quase artificial, apareça com frequência na mente. Essa ideia deve gradualmente adquirir força e facilidade; e, por sua forte influência, como também pela facilidade com que é introduzida, distingue-se de toda ideia nova e inusitada. Este é o único ponto em que esses dois tipos de costumes concordam. E, se ficar claro que seus efeitos sobre o juízo são similares e proporcionais, poderemos concluir com segurança que a explicação precedente dessa faculdade é satisfatória. Ora, como duvidar dessa concordância em sua influência sobre o juízo, após considerarmos a natureza e os efeitos da EDUCAÇÃO?

17   Tão profundas são as raízes criadas por todas essas opiniões e noções das coisas a que nos acostumamos desde a infância, que nos é quase impossível erradicá-las, mesmo com todos os poderes da razão e da experiência. E a influência desse hábito não apenas se aproxi-

ma daquela oriunda da união constante e inseparável de causas e efeitos, mas também, em muitas ocasiões, prevalece sobre ela. Em tal caso, não devemos nos contentar em dizer que a vividez da ideia produz a crença: devemos sustentar que elas são numericamente idênticas. A repetição frequente de uma ideia fixa-a na imaginação; mas nunca poderia por si só produzir uma crença se, pela constituição original de nossa natureza, este ato da mente estivesse vinculado somente a um raciocínio e a uma comparação de ideias. O costume pode nos levar a uma falsa comparação de ideias – esse é o maior efeito que se lhe pode conceber. Mas é certo que nunca poderia ocupar o lugar dessa comparação, nem produzir um ato da mente que coubesse naturalmente a tal princípio.

18 Alguém que teve uma perna ou um braço amputado continua, durante muito tempo, tentando usá-los. Após a morte de uma pessoa, é comum sua família, e sobretudo os criados, observarem que quase não conseguem acreditar que ela morreu; imaginam que ainda está em seu quarto ou em algum outro lugar onde costumavam encontrá-la. Muitas vezes, conversando sobre uma pessoa famosa, ouvi alguém que não a conhecia dizer: *Nunca vi tal pessoa, mas quase consigo imaginar que a conheço, de tanto que ouço falar nela*. Todos esses são exemplos análogos.

19 Se analisado de maneira adequada, este argumento da *educação* irá se mostrar bastante convincente, tanto mais que está fundado em um dos fenômenos mais comuns que podemos encontrar. Estou persuadido de que, se examinarmos as opiniões que predominam entre os homens, veremos que mais da metade delas se deve à educação, e que os princípios abraçados desse modo implícito superam os resultantes do raciocínio abstrato ou da experiência. Assim como os mentirosos, de tanto repetirem suas mentiras, acabam se lembrando delas como fatos, assim também o juízo, ou antes a imaginação, por meios semelhantes, pode ter ideias impressas tão fortemente em si, e concebê-las com tal clareza, que essas ideias podem operar sobre a mente da mesma maneira que aquelas que se apresentam pelos sentidos, memória

ou razão. Mas como a educação é uma causa artificial, e não natural, e como suas máximas são frequentemente contrárias à razão, e até a si mesmas em diferentes momentos e lugares, ela nunca é reconhecida pelos filósofos. Na realidade, entretanto, ela é construída quase sobre o mesmo fundamento que o de nossa experiência ou de* nossos raciocínios de causas e efeitos, ou seja, o costume e a repetição.[7]

Seção 10
Da influência da crença

1   Embora a educação seja repudiada pela filosofia, por ser considerada uma base falaciosa de assentimento a qualquer opinião, ela entretanto prevalece no mundo, e é por sua causa que todos os sistemas, por mais convincentes que sejam os argumentos sobre os quais se fundam, tendem de início a ser rejeitados como novos e insólitos. Talvez seja esse o destino do que aqui expus a respeito da *crença* e de nossos raciocínios sobre causas e efeitos; e, embora as provas que apresentei me pareçam perfeitamente conclusivas, não espero ganhar muitos prosélitos para minha opinião. Dificilmente os homens irão se convencer um dia de que efeitos de tal consequência podem emanar de princípios em aparência tão insignificantes, e que a maior parte de nossos raciocínios, juntamente com todas as nossas ações e paixões,

---

* Acréscimo cf. a edição NN/OPT, cujos editores esclarecem (cf. David F. Norton & Mary J. Norton, op. cit.) que, para abrir espaço para a inserção de uma nota ampliando seu uso de "imaginação", Hume abreviou o texto de três parágrafos. Assim, a OPT restaura a parte do original que não se tornou redundante pela inserção da nota. (N.T.)

[7] Podemos observar em geral que, como nosso assentimento aos raciocínios prováveis está sempre fundado na vividez das ideias, ele se assemelha a muitos daqueles caprichos e preconceitos rejeitados sob a acusação ignominiosa de serem frutos da imaginação. Essa expressão mostra que a palavra "imaginação" é comumente usada em dois sentidos diferentes. E, embora nada seja mais contrário à verdadeira filosofia que essa imprecisão, fui obrigado a incorrer nela frequentemente nos raciocínios a seguir. Quando oponho a imaginação à memória, refiro-me à faculdade pela qual formamos nossas ideias mais fracas. Quando a oponho à razão, tenho em mente a mesma faculdade, excluindo apenas nossos raciocínios demonstrativos e prováveis. Quando não a oponho a nenhuma das duas, é indiferente se tomamos no sentido mais amplo ou no mais restrito, ou ao menos o contexto será suficiente para explicar seu significado.

podem ser derivados simplesmente do costume e do hábito. Para afastar essa objeção, anteciparei aqui um pouco daquilo que consideraremos de modo mais apropriado adiante, quando tratarmos das paixões e do sentido* do belo.

2   A natureza implantou na mente humana uma percepção do bem e do mal, ou, em outras palavras, da dor e do prazer, que é a principal fonte e princípio motor de todas as suas ações. Mas dor e prazer têm duas maneiras de aparecer na mente, cada uma com efeitos bem diferentes. Podem se dar como impressões que se apresentam à sensação [*feeling*] e experiência real, ou simplesmente como ideias, como ocorre agora que os menciono. Ora, é evidente que a influência dessas impressões e dessas ideias sobre nossas ações está longe de ser igual. As impressões sempre ativam a mente no mais alto grau, mas nem toda ideia tem esse efeito. A natureza agiu com prudência neste caso, e parece ter cuidadosamente evitado os inconvenientes dos dois extremos. Se apenas as impressões influenciassem a vontade, estaríamos em todos os momentos de nossa vida sujeitos às maiores calamidades; porque, mesmo que prevíssemos a aproximação dessas calamidades, a natureza não nos teria dotado de nenhum princípio de ação capaz de nos fazer evitá-las. Por outro lado, se todas as ideias influenciassem nossas ações, nossa condição não melhoraria muito. É tal a instabilidade e a atividade do pensamento que imagens de todas as coisas, sobretudo de bens e males, estão sempre a errar pela mente; e se esta fosse movida por cada vã concepção desse tipo, jamais gozaria de um momento sequer de paz e tranquilidade.

3   Por isso, a natureza escolheu um meio-termo: não conferiu a toda ideia de bem e mal o poder de ativar a vontade, mas tampouco retirou-lhes por completo essa influência. Embora ficções vãs não tenham

---

* Além do caso mais comum dos sentidos externos, também quando a palavra "sense" se refere a sentimentos e juízos morais ou estéticos, traduzi-a por "sentido". Algumas vezes, entretanto, pareceu-me mais adequado empregar os termos "sendo" (p.405), "sentimento"(p.310, 427-9 e 538) e "noção"(p.404 e 420); nestes dois últimos casos, porém, acrescentei, então, o termo em inglês: [*sense*]. (N.T.)

nenhuma eficácia, a experiência nos mostra que as ideias dos objetos em cuja existência presente ou futura acreditamos produzem, em menor grau, o mesmo efeito que as impressões imediatamente presentes aos sentidos e à percepção. O efeito da crença, portanto, é alçar uma simples ideia a um nível de igualdade com nossas impressões, conferindo-lhe uma influência semelhante sobre as paixões. E ela só pode ter tal efeito fazendo a ideia se aproximar de uma impressão em sua força e vividez. Pois, como a diferença nos graus de força constitui toda a diferença original entre uma impressão e uma ideia, ela deve também, consequentemente, ser a fonte de todas as diferenças entre os efeitos dessas percepções; e sua eliminação total ou parcial deve ser a causa de qualquer nova semelhança que venham a adquirir. Sempre que pudermos fazer uma ideia se aproximar das impressões no que se refere à força e vividez, ela também as imitará em sua influência sobre a mente; e vice-versa, quando imita essa influência, como no caso presente, isso deve proceder de sua aproximação em força e vividez. Portanto, como a crença faz com que uma ideia imite os efeitos das impressões, ela deve fazer que se assemelhe a elas nessas qualidades, não sendo senão *uma concepção mais vívida e intensa de uma ideia*. Isso pode servir, pois, tanto como um argumento adicional a favor do presente sistema quanto para nos dar uma noção da maneira pela qual nossos raciocínios causais são capazes de agir sobre a vontade e as paixões.

4 Assim como a crença é um requisito quase indispensável para despertar nossas paixões, também as paixões são, por sua vez, muito favoráveis à crença. Por esse motivo, não apenas os fatos que proporcionam emoções agradáveis, mas com frequência também os que provocam dor, tornam-se mais facilmente objetos de fé e convicção. Um covarde, que se amedronta facilmente, acredita sem pestanejar em qualquer um que lhe fale de um perigo. Uma pessoa de disposição triste e melancólica é bastante crédula em relação a tudo que alimente sua paixão dominante. Quando aparece um objeto capaz de afetá-la, ele dá o alarme, e imediatamente desperta um certo grau

de sua paixão correspondente – sobretudo no caso das pessoas naturalmente inclinadas a essa paixão. Tal emoção passa para a imaginação por uma transição fácil; e, ao se difundir por nossa ideia do objeto que causa o afeto, leva-nos a formar essa ideia com uma força e vividez maiores, e, consequentemente, a assentir a ela, de acordo com o sistema precedente. A admiração e a surpresa têm o mesmo efeito que as outras paixões; assim, observamos que charlatães e aventureiros, graças às suas pretensões grandiosas, ganham a fé das pessoas comuns com mais facilidade do que se se mantivessem dentro dos limites da moderação. O espanto inicial que naturalmente acompanha seus relatos fantásticos se espalha por toda a alma, e vivifica e anima a ideia a tal ponto que acaba por torná-la semelhante às inferências que extraímos da experiência. Esse é um mistério com que devemos estar já um pouco familiarizados, e em que teremos ainda ocasião de penetrar no decorrer deste tratado.

5   Após essa explicação da influência da crença sobre as paixões, encontraremos menor dificuldade em explicar seus efeitos sobre a imaginação, por extraordinários que possam parecer. É certo que não conseguimos extrair prazer de nenhuma narrativa se nosso juízo não concorda com as imagens apresentadas à nossa fantasia. A conversa com pessoas que adquiriram o hábito de mentir, mesmo em questões de pouca monta, jamais nos dá satisfação – isso porque as ideias que essas pessoas nos apresentam, não sendo acompanhadas de crença, tampouco produzem qualquer impressão sobre nossa mente. Até os poetas, embora mentirosos por profissão, buscam sempre dar um ar de verdade a suas ficções; e quando se descuidam inteiramente disso, suas obras, por mais engenhosas, não são capazes de proporcionar muito prazer. Em suma, podemos observar que, mesmo quando as ideias não têm nenhuma influência sobre a vontade e as paixões, ainda se requer a verdade e a realidade para torná-las agradáveis à imaginação.

6   Se compararmos, porém, todos os fenômenos que ocorrem nesse domínio, descobriremos que a verdade, por mais necessária que possa parecer a toda obra de gênio, não tem outro efeito senão

proporcionar uma fácil recepção para as ideias, fazendo que a mente aquiesça a elas com satisfação, ou ao menos sem relutância. Ora, podemos admitir sem dificuldade que esse efeito é resultante daquela solidez e força que, segundo meu sistema, acompanham todas as ideias estabelecidas mediante raciocínios causais; segue-se, portanto, que toda a influência da crença sobre a fantasia pode ser explicada por meio desse sistema. Assim, podemos observar que, sempre que tal influência surge de outros princípios que não a verdade ou realidade, esses outros princípios desempenham o mesmo papel que esta, e satisfazem igualmente a imaginação. Os poetas criaram o que chamam de sistema poético das coisas; e, embora nem eles mesmos nem seus leitores creiam nesse sistema, ele costuma ser considerado um fundamento suficiente para qualquer ficção. Habituamo-nos tanto aos nomes *Marte*, *Júpiter* e *Vênus* que, assim como a educação fixa uma opinião, a constante repetição dessas ideias faz que elas penetrem na mente com facilidade, impondo-se à fantasia, sem influenciar o juízo. De maneira semelhante, os autores trágicos sempre tomam sua fábula, ou ao menos o nome dos protagonistas, de alguma passagem famosa da história. E fazem-no, não para enganar os espectadores, pois confessam francamente que não se atêm à verdade de forma inviolável, mas sim para proporcionar, aos acontecimentos extraordinários que representam, uma recepção mais fácil na imaginação. Mas essa precaução não é necessária no caso dos poetas cômicos, cujos personagens e incidentes, por serem mais familiares, dispensam tais cerimônias e são concebidos com mais facilidade, mesmo sendo à simples vista reconhecidos como fictícios e puros produtos da fantasia.

7   Tal mistura de verdade e falsidade nas fabulações dos poetas trágicos não apenas serve a nosso propósito presente, por mostrar que a imaginação pode ser satisfeita sem qualquer crença ou certeza absoluta, mas também, vista de outro ângulo, pode ser considerada uma fortíssima confirmação de nosso sistema. É evidente que os poetas fazem uso desse artifício de extrair da história o nome de seus personagens, bem como os episódios principais de seus poemas, para

que o conjunto da obra seja mais facilmente recebido, causando uma impressão mais profunda sobre a fantasia e os afetos. Os diversos incidentes da peça adquirem uma espécie de relação por estarem unidos em um poema ou encenação; e se algum desses incidentes for objeto de crença, concederá força e vividez a todos os outros com que esteja relacionado. A vividez da primeira concepção espalha-se pelas relações, e é transmitida, como se através de dutos ou canais, a toda ideia que tenha alguma comunicação com a primeira. É verdade que tal coisa nunca poderia constituir uma certeza perfeita, porque a união entre as ideias é, de certo modo, acidental. Mas sua influência pode chegar tão perto disso, que é capaz de nos convencer de que ambas têm a mesma origem. A crença deve aprazer à imaginação mediante a força e vividez que a acompanha – já que toda ideia que possui força e vividez se mostra agradável a essa faculdade.

8   Para confirmar isso, podemos observar que é mútua a colaboração entre juízo e fantasia, bem como entre juízo e paixão; e não somente a crença dá vigor à imaginação, mas uma imaginação vigorosa e forte é, dentre todos os dons, o mais apropriado para produzir crença e autoridade. É difícil recusar nosso assentimento àquilo que é retratado com todas as cores da eloquência. E a vividez produzida pela fantasia é, em muitos casos, maior que a resultante do costume e da experiência. Somos arrebatados pela viva imaginação daquele que lemos ou ouvimos; e este último, por sua vez, é frequentemente vítima de seu próprio entusiasmo e genialidade.

9   Cabe observar que, assim como uma imaginação vivaz muito amiúde degenera em loucura ou insensatez, e guarda-lhes uma grande semelhança em suas operações, assim também estas influenciam o juízo da mesma maneira, produzindo crença exatamente pelos mesmos princípios. Quando a imaginação, em virtude de alguma fermentação extraordinária do sangue e dos espíritos animais, adquire uma vivacidade grande a ponto de desordenar todos os seus poderes e faculdades, não há como distinguir entre a verdade e a falsidade. Toda vã ficção ou ideia, tendo a mesma influência que as impressões da memória ou as conclusões do juízo, é recebida em pé de igualdade

com estas, e age com igual força sobre as paixões. Agora não há mais necessidade de uma impressão presente e uma transição habitual para avivar nossas ideias. Qualquer quimera do cérebro é tão viva e intensa quanto as inferências que antes honrávamos com o nome de conclusões acerca de questões de fato; às vezes tão viva e intensa quanto as próprias impressões presentes dos sentidos.*

10   "[Observemos que a poesia possui esse mesmo efeito, em grau menor. A poesia e a loucura têm em comum o fato de que a vividez que conferem às ideias não é derivada das situações ou conexões particulares dos objetos dessas ideias, mas do humor e disposição da pessoa naquele momento. Porém, por maior que seja a intensidade atingida pela vividez, é evidente que, na poesia, ela nunca tem a mesma *sensação [feeling]* que a vividez que surge na mente ao raciocinarmos, mesmo quando esse raciocínio se faz com base no grau mais baixo de probabilidade. A mente distingue facilmente entre os dois tipos de vividez; e qualquer que seja a emoção conferida aos espíritos animais pelo entusiasmo poético, trata-se sempre de um mero simulacro de crença ou persuasão. O que ocorre com a ideia ocorre também com as paixões por ela ocasionadas. Não há paixão da mente humana que não possa surgir da poesia. Mas, ao mesmo tempo, as sensações [*feelings*] das paixões são muito diferentes quando despertadas por ficções poéticas e quando nascem da crença e da realidade. Uma paixão que na vida real é desagradável pode proporcionar um grande deleite numa tragédia ou num poema épico. Neste último caso, ela não pesa tanto sobre nós; é sentida como algo menos firme e sólido, e seu único efeito é estimular agradavelmente os espíritos animais e despertar a atenção. A diferença nas paixões é uma clara prova da

---

* Conforme as instruções de Hume no Apêndice, a edição NN/OPT inseriu neste ponto os três parágrafos seguintes, o que também fizemos. Com essa inserção, entretanto, embora Hume não se tenha dado conta disso, criou-se uma redundância no texto, pois a primeira frase inserida é igual à que inicia o parágrafo seguinte. Isso levou os editores da OPT a simplesmente excluir este último parágrafo, considerando que todo ele havia-se tornado redundante (cf. David F. Norton & Mary J. Norton, op. cit.). Essa conclusão me parece um pouco apressada, e por isso mantivemos o último parágrafo, conforme a edição SBN. Isso faz com que esta seção tenha um parágrafo a mais que a da NN/OPT. (N.T.)

existência de uma diferença semelhante nas ideias que originam as paixões. Quando a vividez surge de uma conjunção habitual com uma impressão presente, mesmo que aparentemente a imaginação possa não ser tão afetada, há sempre algo mais imperativo e real em suas ações que no calor da poesia e da eloquência. A força de nossas ações mentais não deve, neste caso como em nenhum outro, ser medida pela agitação aparente da mente. Uma descrição poética pode ter um efeito mais sensível sobre a fantasia que uma narrativa histórica. Pode reunir um maior número daquelas circunstâncias que formam uma imagem ou quadro completo. Pode parecer dispor diante de nós o objeto em cores mais vivas. Mas, ainda assim, as ideias que apresenta são *sentidas* de maneira diferente que aquelas que surgem da memória e do juízo. Há algo fraco e imperfeito em meio a toda a aparente veemência de pensamento e sentimento que acompanha as ficções da poesia.

11   Mais tarde, teremos ocasião de observar tanto as semelhanças como as diferenças entre um entusiasmo poético e uma convicção séria. Enquanto isso, não posso deixar de notar que a grande diferença em sua sensação [*feeling*] procede em certa medida da reflexão e das *regras gerais*. Observamos que o vigor na concepção, que as ficções recebem da poesia e da eloquência, é uma circunstância meramente acidental, de que toda ideia é suscetível; e que tais ficções não se conectam com nada real. Essa observação faz que apenas nos entreguemos temporariamente, por assim dizer, à ficção. Mas a ideia é sentida de modo muito diferente das convicções permanentemente estabelecidas* que se fundam na memória e no costume. Ficções e convicções são um pouco do mesmo gênero, mas aquelas são muito inferiores a estas, tanto em suas causas como em seus efeitos.

12   Uma reflexão semelhante sobre as *regras gerais* impede que aumentemos nossa crença a cada vez que cresce a força e a vividez de

---

* "From the eternal established perswasions". A NN/OPT corrige *"eternal"* para *"external"*, e seus editores nos dão a seguinte justificativa (David F. Norton & Mary J. Norton, op. cit.): "It may seem unlikely that Hume meant to speak of those beliefs that derive from memory and custom, in contrast to the fictions of poetry, as 'external' persuasions, but it is even less likely that he meant to speak of 'eternal' persuasions. He makes the remark in question

nossas ideias. Quando uma opinião não comporta dúvida ou qualquer probabilidade oposta, atribuímos a ela uma total convicção, embora a falta de semelhança ou contiguidade possa tornar sua força inferior à de outras opiniões. É assim que o entendimento corrige as aparências sensíveis, fazendo-nos imaginar que um objeto a uma distância de vinte pés pareça aos olhos tão grande quanto um outro objeto, do mesmo tamanho, a uma distância de dez pés.]

13   Observemos que a poesia possui esse mesmo efeito em um grau menor – com a única diferença de que a menor reflexão dissipa as ilusões da poesia, recolocando os objetos na perspectiva adequada. No entanto, é certo que, no calor do entusiasmo poético, o poeta chega a simular uma crença e mesmo uma espécie de visão de seus objetos. E se há o menor argumento que possa apoiar sua crença, nada contribui mais para uma total convicção que o fulgor das figuras e imagens poéticas, cujo efeito se exerce sobre o próprio poeta, bem como sobre seus leitores.

Seção 11
*Da probabilidade de chances**

1   Para conferir a esse sistema toda sua força e evidência, porém, devemos afastar nosso olhar dele por um momento e considerar suas

---

in the midst of a discussion that contrasts what he calls loose fictions, chimeras of the brain, and the ideas of poetry with those beliefs that arise from experience. In this context, a contrast between internal and external beliefs makes good Humean sense, while a contrast between internal and eternal beliefs, whatever they might be, does not. Moreover, although it is clear that Hume supposes all perceptions are in the most fundamental sense internal, at 1.4.2.7 he distinguishes between 'external and internal' impressions." De nossa parte, como nenhuma das alternativas nos parece *plenamente* satisfatória e como, por outro lado, não parece *inteiramente* improvável que Hume tenha usado a palavra *"eternal"*, de maneira um pouco imprecisa, para contrastar o caráter duradouro das convicções fundadas na memória e no costume com o caráter passageiro de nossa "entrega" à poesia, utilizamos o termo "permanentemente", que preserva esse contraste, sem ter o mesmo peso do adjetivo "eternas". (N.T.)

* "Of the probability of chances". Em inglês, a palavra *"chance"* pode significar tanto "acaso" como "chance", e foi, portanto, ora de uma maneira ora de outra que a traduzi, con-

consequências, explicando, pelos mesmos princípios, algumas outras espécies de raciocínio derivadas da mesma origem.

2   Os filósofos que dividiram a razão humana em *conhecimento* e *probabilidade*, e que definiram o primeiro como *evidência oriunda da comparação de ideias*, veem-se obrigados a incluir todos os nossos argumentos baseados em causas ou efeitos dentro do nome geral de probabilidade. Mas, embora cada qual seja livre para empregar seus termos no sentido que desejar – foi assim que, na parte precedente deste discurso, eu mesmo adotei tal modo de expressão –, o certo é que, na linguagem corrente, não hesitamos em afirmar que muitos argumentos causais excedem a probabilidade, podendo ser aceitos como uma espécie superior de evidência. Se alguém dissesse que é apenas provável que o sol nasça amanhã, ou que todos os homens devem morrer, pareceria ridículo; no entanto, é evidente que a única certeza que temos acerca desses fatos é a que a experiência nos proporciona. Por essa razão, a fim de preservar o significado comum das palavras e ao mesmo tempo marcar os diversos graus de evidência, talvez seja mais conveniente distinguir a razão humana em três classes, conforme proceda com base no *conhecimento*, em *provas* ou em *probabilidades*. Entendo por conhecimento a certeza resultante da comparação de ideias. Por provas, os argumentos derivados da relação de causa e efeito, e que estão inteiramente livres de dúvidas e incerteza. Por probabilidade, a evidência que ainda se faz acompanhar de incerteza. É esta última espécie de raciocínio que examinarei a seguir.

3   A probabilidade, ou raciocínio por conjetura, pode ser dividida em dois tipos, a saber, a que se funda no *acaso* e a resultante de *causas*. Examinemos cada uma delas por ordem.

---

forme me pareceu ser exigido pelo contexto. Entretanto, os dois sentidos devem permanecer próximos e, por isso, até mesmo essa distinção ficará inexata se não entendermos "chance" e "chances" como significando primeiramente o simples "evento" (definido *a priori*), a simples *possibilidade* de um resultado, e não aquilo que resultará da soma de chances ou eventos iguais, ou seja, a *probabilidade* de chances propriamente dita. Como meras possibilidades, as "chances" remetem ao acaso e à indiferença; quando se juntam e formam uma probabilidade, elas produzem crença. Apenas duas vezes, no contexto da análise da probabilidade, Hume utiliza ainda o termo "*hazard*"; traduzi-o por "chance" no primeiro caso e por "azar" no segundo, acrescentando o termo em inglês [*hazard*]. (N.T.)

4   A ideia de causa e efeito é derivada da experiência, que, ao nos apresentar certos objetos em conjunção constante, habitua-nos a tal ponto a considerá-los nessa relação que só com uma sensível violência somos capazes de concebê-los em uma relação diferente. Por outro lado, como o acaso em si mesmo não é nada de real e, propriamente falando, é somente a negação de uma causa, sua influência sobre a mente é contrária à da causalidade. Faz parte de sua essência deixar a imaginação inteiramente indiferente para considerar a existência ou a inexistência daquele objeto que é visto como contingente. Uma causa traça o caminho para nosso pensamento e, de certo modo, nos força a considerar objetos determinados em relações determinadas. Tudo que o acaso pode fazer é destruir tal determinação do pensamento, deixando a mente em seu estado original de indiferença,* a que, na ausência de uma causa, ela retorna instantaneamente.

5   Portanto, como uma total indiferença é essencial ao acaso, é impossível que uma chance seja superior a outra, a menos que seja composta de um número superior de chances iguais. Porque se afirmarmos que uma chance pode ser superior a outra de um modo diferente, deveremos ao mesmo tempo afirmar que existe alguma coisa que lhe dá essa superioridade e determina o resultado a se inclinar mais para aquele lado que para outro. Em outras palavras, teríamos de admitir a existência de uma causa, destruindo assim a suposição prévia de acaso. Uma indiferença perfeita e total é essencial ao acaso, e uma indiferença total jamais pode ser em si mesma superior ou inferior a outra. Essa verdade não é peculiar a meu sistema; ao contrário, é admitida por todo aquele que faz cálculos sobre chances.

6   É de se notar que, embora acaso e causalidade sejam diretamente contrários, é impossível concebermos a combinação de chances requerida para tornar uma chance [*hazard*] superior a outra, sem supor uma mistura de causas entre as chances e a conjunção de uma necessidade em alguns pontos particulares com uma total indiferen-

---

* Ver nossa nota à p.160. (N.T.)

ça em outros. Ali onde nada limita as chances, todas as noções que a fantasia mais extravagante é capaz de formar estão em pé de igualdade. E não pode haver nenhuma circunstância que dê a uma dessas noções uma vantagem sobre as outras. Assim, a menos que admitamos a existência de causas que façam os dados cair, preservar sua forma ao cair e repousar sobre apenas um de seus lados, não poderemos fazer nenhum cálculo sobre as leis do azar [*hazard*]. Mas se supusermos a operação dessas causas, e se supusermos igualmente que todo o resto é indiferente e determinado pelo acaso, obteremos facilmente a noção de uma combinação superior de chances. Um dado contendo quatro faces marcadas com um certo número de pontos e apenas duas faces com um outro número nos fornece um exemplo claro e simples dessa superioridade. A mente é aqui limitada pelas causas a considerar um número determinado e qualidades precisas de eventos; ao mesmo tempo, é indeterminada em sua escolha de um evento particular dentre todos.

7 Já avançamos três passos, portanto, em nosso raciocínio: afirmamos *que* o acaso é meramente a negação de uma causa, e produz uma total indiferença na mente; *que* uma negação de uma causa e uma indiferença total nunca podem ser superiores a outras; e *que*, para fundamentar um raciocínio, é preciso haver sempre uma mistura de causas entre as chances. Consideremos, a seguir, que efeito pode ter sobre a mente uma combinação superior de chances, e de que maneira ela influencia nosso juízo e opinião. Podemos aqui repetir os mesmos argumentos que empregamos em nosso exame da crença decorrente de causas; e podemos provar, da mesma maneira, que não é nem por *demonstração* nem por *probabilidade* que um número superior de chances produz nosso assentimento. De fato, é evidente que, pela comparação de meras ideias, jamais seremos capazes de descobrir nada importante a esse respeito, sendo impossível provar com certeza que o resultado de um evento tenha de favorecer o lado em que há um número superior de chances. Supor alguma certeza, neste caso, seria subverter o que já estabelecemos a propó-

sito da oposição de chances e de sua perfeita equivalência e ausência de diferença.*

8 Se alguém dissesse que, embora em uma oposição de chances seja impossível determinar com *certeza* qual será o resultado do evento, podemos declarar com certeza que é mais verossímil e provável que seja aquele que conta com um número superior de chances, e não aquele onde existe um número inferior; se alguém dissesse isso, eu perguntaria: o que quer dizer aqui com *verossimilhança* e *probabilidade*? A verossimilhança e probabilidade de chances consiste em um número superior de chances iguais; consequentemente, quando dizemos que é mais provável que o evento tenha o resultado superior que o inferior, não fazemos mais que afirmar que ali onde há um número superior de chances, há de fato um número superior, e onde há um número inferior, há um número inferior – proposições idênticas e irrelevantes. A questão, portanto, é determinar de que modo um número superior de chances iguais age sobre a mente produzindo crença ou assentimento – visto que não é nem mediante argumentos produzidos por demonstração, nem por probabilidade.

9 Para esclarecer essa dificuldade, suponhamos que uma pessoa pegue um dado, construído de tal modo que quatro de suas faces são marcadas com um algarismo ou com um certo número de pontos, e as duas outras com outro algarismo ou número de pontos, e coloque o dado no copo, com a intenção de o lançar. É claro que ela deve concluir que um algarismo é mais provável que o outro, e dará preferência àquele que está inscrito no maior número de faces. Ela de certa forma acredita que esse algarismo irá cair voltado para cima, mas ainda apresenta alguma hesitação e dúvida, proporcional ao número de chances contrárias. E, conforme essas chances contrárias dimi-

---

* *"Indifference"*. Infelizmente, o termo em português elimina a ambiguidade da palavra em inglês, já que a *ausência de diferença* entre as chances tem, como contrapartida, uma *indiferença* por parte da mente que contempla as chances. Nos diversos casos das páginas 158-9, preferi manter o termo "indiferença", porque ali, sobretudo na primeira ocorrência, pareceu-me que o aspecto mais importante da *"indifference"* era a ausência de determinação da mente. (N.T.)

nuem, e a superioridade do outro lado aumenta, sua crença adquire novos graus de estabilidade e certeza. Como essa crença decorre de uma operação da mente sobre um objeto simples e definido que temos diante de nós, será mais fácil descobrir e explicar sua natureza. Basta-nos contemplar um único dado para compreender uma das mais curiosas operações do entendimento.

10 O dado construído segundo a descrição acima apresenta três circunstâncias que merecem nossa atenção. Em *primeiro* lugar, certas causas, como a gravidade, a solidez, uma forma cúbica etc., que determinam que ele caia, que preserve sua forma na queda, e que uma de suas faces fique voltada para cima. Em *segundo* lugar, um certo número de faces, que se supõem indiferentes. Em *terceiro* lugar, uma certa figura inscrita em cada face. Essas três particularidades formam toda a natureza do dado, no que diz respeito a nosso propósito presente; e, consequentemente, são as únicas circunstâncias consideradas pela mente para formar um juízo acerca do resultado do lance. Examinemos, portanto, gradativa e cuidadosamente, qual deve ser a influência dessas circunstâncias sobre o pensamento e a imaginação.

11 Primeiramente, já observamos que a mente é determinada pelo costume a passar de uma causa a seu efeito, e, quando um dos dois aparece, é quase impossível que ela deixe de formar a ideia do outro. Sua conjunção constante em casos passados produziu um tal hábito na mente que ela sempre os conjuga em seu pensamento, inferindo a existência de um da existência daquele que normalmente o acompanha. Quando considera o dado não mais sustentado pelo copo, a mente não consegue, sem uma violência, imaginar que está suspenso no ar; ao contrário, põe-no naturalmente sobre a mesa, e o vê voltando uma de suas faces para cima. Esse é o efeito das causas entremescladas, requeridas para a formação de qualquer cálculo concernente a chances.

12 Em segundo lugar, supõe-se que, embora o dado esteja necessariamente determinado a cair e a virar para cima uma de suas faces, não há nada que fixe uma face em particular, sendo esta inteiramente determinada

pelo acaso. A natureza e a essência mesma do acaso é ser uma negação das causas e deixar a mente em uma completa indiferença entre os eventos que se supõem contingentes. Quando, portanto, as causas determinam o pensamento a considerar o dado caindo e virando uma das faces para cima, as chances apresentam todas essas faces como equivalentes, fazendo-nos conceber cada uma delas, uma após a outra, como igualmente provável e possível. A imaginação passa da causa, o lance do dado, ao efeito, ou seja, uma das seis faces se voltar para cima; e sente uma espécie de impossibilidade tanto de parar no meio do caminho como de formar uma outra ideia qualquer. Mas como essas seis faces são incompatíveis entre si, e como o dado não pode cair com mais de uma face voltada ao mesmo tempo para cima, esse princípio não nos leva a conceber todas elas como viradas para cima ao mesmo tempo, o que consideramos impossível. Tampouco nos direciona com total força para uma face em particular – pois, se assim o fizesse, essa face seria considerada certa e inevitável. Direciona-nos, antes, para o conjunto das seis faces, de forma a dividir sua força igualmente entre elas. Concluímos, em geral, que alguma delas tem de resultar do lance; percorremos todas em nossa mente; a determinação do pensamento é comum a todas, mas a parcela da força que recai sobre uma não é maior que aquela correspondente a sua proporção com o resto. É dessa maneira que o impulso original, e consequentemente a vividez do pensamento, resultante das causas, divide-se e se fragmenta entre as chances com elas entrelaçadas.

13 Já vimos a influência das duas primeiras qualidades do dado: as *causas*, e o *número* e a *ausência de diferença* entre as faces. Aprendemos como elas dão um impulso ao pensamento, dividindo esse impulso em tantas partes quantas faces houver. Devemos agora considerar os efeitos do terceiro aspecto, a saber, as *figuras* inscritas em cada face. É evidente que, se várias faces têm inscrita a mesma figura, elas devem coincidir em sua influência sobre a mente, unindo em uma única imagem ou ideia de uma figura todos os impulsos divididos e dispersos pelas diversas faces que têm essa figura inscrita. Se a questão

fosse apenas saber que face sairá virada para cima, diríamos que todas são perfeitamente equivalentes, e nenhuma tem qualquer vantagem sobre as outras. Mas como a questão diz respeito à figura, e como mais de uma face apresenta a mesma figura, é evidente que os impulsos correspondentes a essas faces devem se reunir naquela figura única, tornando-se mais fortes e imperativos em virtude dessa união. No caso presente, supõe-se que quatro faces têm inscrita a mesma figura, e duas, uma outra figura. Os impulsos das primeiras são, portanto, superiores aos das duas últimas. Mas como os eventos são contrários, e como é impossível que as duas figuras se voltem para cima, também os impulsos se tornam contrários, e o impulso inferior destrói o superior na medida de sua força. A vividez da ideia é sempre proporcional aos graus do impulso ou à tendência à transição; e a crença é o mesmo que a vividez da ideia, de acordo com a doutrina precedente.

Seção 12
Da probabilidade de causas

1   O que eu disse acerca da probabilidade de chances não tem outro propósito senão auxiliar-nos na explicação da probabilidade de causas, pois os filósofos normalmente admitem que aquilo que o vulgo chama de acaso não é senão uma causa secreta e oculta. Essa espécie de probabilidade, portanto, é o que devemos sobretudo examinar.

2   Há vários tipos de probabilidades de causas, mas todos derivam da mesma origem: *a associação de ideias a uma impressão presente*. Como o hábito que produz a associação nasce da conjunção frequente de objetos, ele deve atingir sua perfeição gradativamente, adquirindo mais força a cada caso observado. O primeiro caso tem pouca ou nenhuma força; o segundo acrescenta alguma força ao primeiro; o terceiro torna-se ainda mais sensível; e é assim, a passos lentos, que nosso juízo chega a uma perfeita certeza. Antes de atingir tal grau de

perfeição, porém, passa por diversos graus inferiores; e em todos eles deve ser considerado apenas uma suposição ou probabilidade. Portanto, a gradação que vai de probabilidades a provas é, em muitos casos, insensível; e a diferença entre esses tipos de evidência é mais facilmente percebida nos graus mais afastados que naqueles mais próximos ou contíguos.

3   Vale observar neste ponto que, embora a espécie de probabilidade aqui explicada seja, por ordem, a primeira, e ocorra naturalmente antes que uma prova completa possa existir, ninguém que já tenha atingido a maturidade ainda é capaz de reconhecê-la. É verdade que nada é mais comum que pessoas de grande conhecimento terem obtido apenas uma experiência imperfeita de muitos eventos particulares, o que naturalmente produz um hábito e uma transição apenas imperfeitos. Mas devemos considerar que a mente, tendo observado outras conexões de causas e efeitos, confere nova força a seu raciocínio partindo dessa observação; e assim é capaz de construir um argumento baseada em um único experimento, se este for devidamente preparado e examinado. Quando vemos que alguma coisa se seguiu uma vez de um objeto, concluímos que se seguirá dele para sempre. E se tal máxima nem sempre é tida como uma base certa, não é por falta de um número suficiente de experimentos, mas porque frequentemente encontramos exemplos do contrário – o que nos leva à segunda espécie de probabilidade, em que existe uma *contrariedade* em nossa experiência e observação.

4   Seria uma grande felicidade para os homens, na conduta de sua vida e de suas ações, se os mesmos objetos estivessem sempre juntos; nada teríamos então a temer a não ser os erros de nosso próprio juízo, e não haveria nenhuma razão para recear a incerteza da natureza. Mas como uma observação frequentemente se mostra contrária a outra, e as causas e efeitos nem sempre se seguem na mesma ordem que mostraram em nossa experiência anterior, somos obrigados a modificar nosso raciocínio de acordo com essa incerteza e a levar em consideração a contrariedade dos acontecimentos. A primeira pergunta

que se apresenta neste ponto diz respeito à natureza e às causas da contrariedade.

5   O vulgo, que toma as coisas segundo sua primeira aparência, atribui a incerteza dos acontecimentos a uma incerteza nas causas, que faria com que, mesmo sem encontrar nenhum obstáculo ou impedimento a sua operação, essas causas falhassem amiúde em sua influência habitual. Mas os filósofos observam que quase todas as partes da natureza contêm uma ampla variedade de causas e princípios que se ocultam em razão de seu caráter diminuto ou remoto; e assim descobrem que é ao menos possível que a contrariedade de acontecimentos proceda, não de uma contingência na causa, mas da operação secreta de causas contrárias. Essa possibilidade se converte em certeza após observações adicionais, quando percebem que, se examinada rigorosamente, uma contrariedade de efeitos sempre deixa transparecer uma contrariedade de causas, procedendo de sua mútua obstrução e oposição. A melhor razão que um camponês é capaz de dar para um relógio que parou de andar é dizer que, às vezes, ele não funciona direito. Um relojoeiro, ao contrário, percebe facilmente que a mesma força na mola ou no pêndulo exerce sempre a mesma influência sobre as engrenagens; se seu efeito habitual falha, isso se deve talvez a um grão de poeira, que interrompe todo o movimento. Pela observação de vários casos análogos, os filósofos formam a máxima de que a conexão entre todas as causas e efeitos é igualmente necessária, e que sua aparente incerteza em alguns casos procede da oposição secreta de causas contrárias.

6   Mas embora os filósofos e as pessoas comuns possam diferir em sua explicação sobre a contrariedade de acontecimentos, as inferências que extraem dessa contrariedade são do mesmo gênero e fundadas nos mesmos princípios. Uma contrariedade de acontecimentos no passado pode nos dar uma espécie de crença hesitante quanto ao futuro, e isso de dois modos distintos. *Primeiramente*, produzindo um hábito e uma transição imperfeitos da impressão presente à ideia relacionada. Quando a conjunção de dois objetos é fre-

quente, mas não inteiramente constante, a mente se vê determinada a passar de um objeto ao outro, mas não com um hábito tão completo como quando a união é ininterrupta e todos os exemplos que já encontramos são uniformes e da mesma espécie. Descobrimos pela experiência comum, em nossas ações como em nossos raciocínios, que a perseverança constante em um certo curso de vida produz uma forte inclinação e tendência a continuar assim no futuro; embora haja hábitos dotados de graus inferiores de força, proporcionais aos graus inferiores de estabilidade e uniformidade em nossa conduta.

7   Não há dúvida de que esse princípio às vezes se manifesta, produzindo as inferências que extraímos de fenômenos contrários. Estou convencido, porém, de que um exame adequado mostrará não ser esse o princípio que mais comumente influencia a mente nessa espécie de raciocínio. Quando seguimos apenas a determinação habitual da mente, fazemos a transição sem refletir e sem deixar passar um só momento entre a visão do objeto e a crença naquele que sempre vimos acompanhá-lo. Como o costume não depende de uma deliberação, ele opera imediatamente, sem dar tempo à reflexão. Mas em nossos raciocínios prováveis, temos poucos exemplos dessa maneira de proceder; menos ainda que naqueles que são derivados da conjunção ininterrupta dos objetos. Na primeira espécie de raciocínio, costumamos levar conscientemente em consideração a contrariedade dos acontecimentos passados; comparamos os diferentes lados da contrariedade, e pesamos com cuidado as experiências que temos de cada lado. Podemos concluir daí que essa espécie de raciocínio não surge *diretamente* do hábito, mas apenas de maneira *oblíqua*. É isso que devemos agora tentar explicar.

8   É evidente que, quando um objeto se faz acompanhar de efeitos contrários, nosso juízo se baseia apenas em nossa experiência passada, e sempre consideramos possíveis os efeitos que observamos terem se seguido desse objeto. E assim como a experiência passada regula nosso juízo sobre a possibilidade desses efeitos, regula igualmente o juízo sobre sua probabilidade. É sempre o efeito mais comum que

consideramos como o mais provável. Há aqui, portanto, duas coisas a examinar: as *razões* que nos determinam a fazer do passado um padrão para o futuro, e a *maneira* como extraímos um juízo único de uma contrariedade de acontecimentos passados.

9   Podemos observar, em primeiro lugar, que a suposição de que o *futuro se assemelha ao passado* não está fundada em nenhum tipo de argumento, sendo antes derivada inteiramente do hábito, que nos determina a esperar, para o futuro, a mesma sequência de objetos a que nos acostumamos. Esse hábito, ou determinação de transferir o passado para o futuro, é completo e perfeito; consequentemente, o primeiro impulso da imaginação nessa espécie de raciocínio é dotado das mesmas qualidades.

10   Mas, em *segundo* lugar, quando, ao examinar experiências passadas, vemos que são de natureza contrária, essa determinação, embora completa e perfeita nela mesma, não nos apresenta um objeto fixo, oferecendo-nos antes um número de imagens discordantes em uma certa ordem e proporção. O primeiro impulso, portanto, fragmenta-se e se difunde por todas essas imagens, cada uma das quais recebe uma parcela igual daquela força e vividez derivada do impulso. Qualquer um desses acontecimentos passados pode acontecer novamente; e julgamos que, quando de fato acontecerem, estarão misturados na mesma proporção que no passado.

11   Se nossa intenção, portanto, for considerar as proporções dos acontecimentos contrários em um grande número de casos, as imagens apresentadas por nossa experiência passada devem permanecer em sua *forma original* e preservar suas proporções originais. Suponhamos, por exemplo, que uma longa observação tenha-me mostrado que, de vinte navios que partem para o mar, apenas dezenove retornam. Suponhamos que eu veja agora vinte navios deixando o cais. Transfiro minha experiência passada para a futura, e represento para mim mesmo dezenove desses navios retornando a salvo, e um naufragando. Quanto a isso não pode haver dificuldade. Mas como frequentemente percorremos essas diversas ideias de acontecimentos passados a fim

de formar um juízo acerca de um único acontecimento que parece incerto, essa consideração tem de alterar a *forma original* de nossas ideias, reunindo as imagens separadas que a experiência apresentou – pois é a *ela* que referimos a determinação daquele acontecimento particular sobre o qual raciocinamos. Por hipótese, muitas dessas imagens coincidem, e um número superior coincide em um dos lados. Essas imagens concordantes se unem, tornando a ideia mais forte e viva, não somente que uma mera ficção da imaginação, mas também que qualquer outra ideia sustentada por um número menor de experiências. Cada nova experiência é como uma nova pincelada, que confere às cores uma vividez adicional, sem multiplicar nem ampliar a figura. Essa operação da mente foi tão bem explicada quando tratamos da probabilidade de chances, que não preciso aqui tentar torná-la mais inteligível. Cada experiência passada pode ser considerada uma espécie de chance – pois não temos certeza se o objeto existirá conforme a uma experiência ou a outra. Por essa razão, tudo que eu disse sobre a probabilidade de chances se aplica também aqui.

12   Em resumo, portanto, experiências contrárias produzem uma crença imperfeita, seja enfraquecendo o hábito, seja dividindo e em seguida juntando em diferentes partes esse hábito *perfeito* que nos faz concluir, em geral, que os casos de que não tivemos experiência devem necessariamente se assemelhar aos casos de que tivemos.

13   Para justificar ainda melhor essa explicação da segunda espécie de probabilidade, em que raciocinamos consciente e refletidamente com base em uma contrariedade de experiências passadas, proporei as seguintes considerações, confiando que o ar de sutileza que as envolve não chocará ninguém. O bom raciocínio, ainda que sutil, conserva quiçá sua força, do mesmo modo que a matéria conserva sua solidez no ar, no fogo e nos espíritos animais, tanto quanto nas formas mais grosseiras e sensíveis.

14   Em primeiro lugar, podemos observar que não há probabilidade tão grande que não admita uma possibilidade contrária; caso contrário, deixaria de ser uma probabilidade, tornando-se uma certeza. Essa

probabilidade de causas, de maior extensão, que estamos agora examinando, depende de uma contrariedade de experiências; e é evidente que uma experiência no passado revela pelo menos uma possibilidade para o futuro.

15   Em segundo lugar, as partes componentes dessa possibilidade e probabilidade são da mesma natureza, e diferem apenas em número, mas não em gênero. Já observamos que cada chance singular é inteiramente igual às outras, e que a única circunstância capaz de dar a um acontecimento contingente uma superioridade sobre outro é uma superioridade no número de chances. De maneira semelhante, como a incerteza das causas é descoberta pela experiência, que nos apresenta uma visão de acontecimentos contrários, é claro que, quando transferimos o passado para o futuro, o conhecido para o desconhecido, todas as experiências passadas têm o mesmo peso, e somente um número superior delas pode fazer a balança pender para um dos lados. Portanto, a possibilidade que entra em todo raciocínio desse tipo é composta de partes da mesma natureza, tanto entre si como em relação àquelas que compõem a probabilidade oposta.

16   Em terceiro lugar, podemos estabelecer como uma máxima certa que, em todos os fenômenos morais e naturais, sempre que uma causa é constituída de um certo número de partes e o efeito aumenta ou diminui de acordo com a variação desse número, tal efeito é, propriamente falando, composto, surgindo da união de diversos efeitos, cada qual procedente de uma parte da causa. Assim, como o peso de um corpo aumenta ou diminui pelo aumento ou diminuição de suas partes, concluímos que cada parte contém essa qualidade e contribui para a gravidade do todo. A ausência ou a presença de uma parte da causa é acompanhada da ausência ou da presença de uma parte proporcional do efeito. Essa conexão ou conjunção constante prova de modo suficiente que uma parte é causa da outra. Ora, como a crença que depositamos em um acontecimento aumenta ou diminui de acordo com o número de chances ou experiências passadas, ela deve ser considerada um efeito composto, cujas partes surgem, cada uma delas, de um número proporcional de chances ou experiências.

17 Reunamos agora essas três observações e vejamos que conclusão podemos delas extrair. Para cada probabilidade existe uma possibilidade oposta. Essa possibilidade é composta de partes que são exatamente da mesma natureza que as da probabilidade e que, consequentemente, exercem a mesma influência sobre a mente e o entendimento. A crença que acompanha a probabilidade é um efeito composto, formado pela concorrência de diversos efeitos, cada um dos quais procede de uma parte da probabilidade. Portanto, como cada parte da probabilidade contribui para a produção da crença, cada parte da possibilidade deve ter a mesma influência sobre o lado oposto – já que a natureza dessas partes é exatamente a mesma. A crença contrária, que acompanha a possibilidade, implica uma visão de um certo objeto, como a probabilidade implica uma visão oposta. Nesse aspecto particular, esses dois graus de crença são semelhantes. O único meio, portanto, pelo qual o número maior de partes componentes similares em um dos lados pode exercer sua influência e prevalecer sobre o número menor no outro lado é produzindo uma imagem mais forte e vívida de seu objeto. Cada parte apresenta uma visão particular; e todas essas visões, unindo-se, produzem uma visão geral, mais completa e mais distinta em virtude do maior número de causas ou princípios de que deriva.

18 As partes componentes da probabilidade e da possibilidade, sendo semelhantes em sua natureza, devem produzir efeitos semelhantes; e a semelhança entre seus efeitos consiste em que cada um deles apresenta uma imagem de um objeto particular. Mas, embora essas partes sejam semelhantes em sua natureza, são muito diferentes em sua quantidade e número; e essa diferença deve aparecer no efeito tanto quanto a similaridade. Ora, como a imagem que elas apresentam é, em ambos os casos, plena e integral, e como compreende o objeto em todas as suas partes, é impossível que haja qualquer diferença sob esse aspecto particular. Nada pode distinguir esses efeitos, a não ser uma vividez superior na probabilidade, resultante da concorrência de um número superior de imagens.

19   Eis agora quase o mesmo argumento, colocado de outro ângulo. Todos os nossos raciocínios concernentes à probabilidade de causas são fundados na transferência do passado ao futuro. A transferência de uma experiência passada ao futuro é suficiente para nos dar uma visão do objeto, quer essa experiência seja única ou esteja combinada com outras do mesmo tipo, quer seja homogênea ou oposta a outras de um tipo contrário. Supondo-se, então, que adquira ambas as qualidades, de combinação e oposição, ela nem por isso perde seu poder anterior de apresentar uma visão do objeto; apenas concorda com algumas experiências dotadas de uma influência semelhante e se opõe a outras. Uma questão, portanto, pode ser levantada a respeito da maneira como se dão essa concordância e oposição. Quanto à *concordância*, a única alternativa é entre estas duas hipóteses: *primeira*, que a imagem do objeto ocasionada pela transferência de cada experiência passada conserva-se isolada, e somente o número de imagens se multiplica; ou, *segunda*, que ela se funde com outras imagens similares e correspondentes, dando-lhes um grau superior de força e vividez. Ora, nossa experiência deixa evidente que a primeira hipótese é errônea, já que a crença que acompanha um raciocínio qualquer consiste em uma conclusão única, e não em uma multiplicidade de conclusões similares, que apenas distrairiam a mente e, em muitos casos, seriam numerosas demais para serem compreendidas distintamente por uma mente finita. A única opinião razoável que resta, portanto, é que essas visões similares se fundem umas nas outras e unem suas forças, de modo a produzir uma imagem mais forte e mais clara que a resultante de uma visão singular. É desse modo que as experiências passadas concordam ao serem transferidas para um acontecimento futuro. Quanto ao modo como se dá sua *oposição*, é evidente que, uma vez que as imagens contrárias são incompatíveis entre si e é impossível que o objeto exista ao mesmo tempo conforme a ambas, sua influência se torna mutuamente destrutiva, e a determinação que a mente sofre em direção à imagem superior possui apenas a força que resta após a subtração da inferior.

20   Tenho consciência de quão abstruso todo esse raciocínio deve parecer aos leitores em geral, que, não estando acostumados a reflexões tão profundas a respeito das faculdades intelectuais da mente, tenderão a rejeitar como quimérico tudo que destoe das noções comumente aceitas e dos princípios mais fáceis e óbvios da filosofia. Não há dúvida de que é necessário algum esforço para penetrar nesses raciocínios, mas talvez um esforço bem pequeno já baste para se perceber a imperfeição de todas as hipóteses vulgares acerca desse tema e a fraca luz que a filosofia é capaz de lançar sobre especulações tão sublimes e rebuscadas. Se algum dia os homens se convencerem plenamente destes dois princípios: que *não há nada em nenhum objeto, considerado em si mesmo, capaz de nos fornecer uma razão para extrair uma conclusão que o ultrapasse;* e que, *mesmo após a observação da conjunção frequente ou constante entre objetos, não temos nenhuma razão para fazer uma inferência a respeito de outro objeto além daqueles de que tivemos experiência* – se os homens, digo, algum dia se convencerem plenamente desses dois princípios, isso os afastará a tal ponto de todos os sistemas comuns que não terão dificuldade em aceitar nenhum outro, ainda que pareça o mais extraordinário. Vimos que esses princípios são bastante convincentes, mesmo em relação a nossos raciocínios causais mais exatos; e ouso afirmar que, no que concerne aos raciocínios conjeturais ou prováveis, eles adquirem um grau ainda maior de evidência.

21   Em primeiro lugar, é óbvio que, em raciocínios desse tipo, o objeto que se apresenta, considerado nele mesmo, não é o que nos dá uma razão para extrair uma conclusão a respeito de qualquer outro objeto ou acontecimento. Porque, como se supõe que este último objeto é incerto, e como a incerteza procede de uma secreta contrariedade de causas no primeiro, se alguma das causas estivesse nas qualidades conhecidas daquele objeto, ela não seria mais secreta, e tampouco nossa conclusão seria incerta.

22   Mas, em *segundo* lugar, é igualmente óbvio, nessa espécie de raciocínio, que, se a transferência do passado ao futuro fosse fundada me-

ramente em uma conclusão do entendimento, nunca poderia ocasionar uma crença ou certeza. Quando transferimos experiências contrárias para o futuro, não podemos senão repetir essas experiências contrárias com suas proporções particulares. E isso não poderia produzir nenhuma certeza acerca de um acontecimento isolado sobre o qual raciocinamos, a menos que a fantasia fundisse todas as imagens concordantes e delas extraísse uma única ideia ou imagem, com uma intensidade e vividez proporcional ao número de experiências de que é derivada e à sua superioridade em relação às experiências antagônicas. Nossa experiência passada não apresenta nenhum objeto determinado. E como nossa crença, mesmo fraca, fixa-se em um objeto determinado, é evidente que ela não surge unicamente da transferência do passado para o futuro, mas de alguma operação da *fantasia* com ela conjugada. Isso nos permite conceber de que maneira essa faculdade participa de todos os nossos raciocínios.

23   Concluirei este tema com duas reflexões que talvez mereçam nossa atenção. A *primeira* pode-se explicar da seguinte maneira. Quando a mente forma um raciocínio a respeito de uma questão de fato apenas provável, ela volta seu olhar para a experiência passada e, transferindo-a para o futuro, defronta-se com o mesmo número de visões contrárias de seu objeto; aquelas que são do mesmo tipo se unem e se fundem em um único ato mental, tornando-o mais forte e vívido. Mas suponhamos que essa multiplicidade de visões ou vislumbres de um objeto não proceda da experiência, mas sim de um ato voluntário da imaginação. Neste caso, tal efeito não se seguiria ou, ao menos, não no mesmo grau. Pois, embora o costume e a educação possam produzir crença por meio de uma repetição como essa, que não é derivada da experiência, isso exige, entretanto, um longo período de tempo, juntamente com uma repetição muito frequente e *não proposital*. De maneira geral, podemos afirmar que uma pessoa que[8]

---

[8] Seções 9 e 10 desta parte. [Cf. NN/OPT. Ver David F. Norton & Mary J. Norton, op. cit., para uma divertida descrição da longa série de enganos envolvendo esta nota. (N.T.)]

voluntariamente repetisse uma ideia em sua mente, mesmo que apoiada por uma experiência passada, não estaria mais inclinada a crer na existência de seu objeto que se houvesse se contentado em considerá-la apenas uma vez. Além do efeito da intencionalidade, cada ato da mente, por ser separado e independente, tem uma influência separada, e não junta sua força à de seus congêneres. Não estando unidos por um objeto comum que os tivesse produzido, esses atos não têm relação entre si; e, consequentemente, não realizam nenhuma transição ou união de forças. Compreenderemos melhor esse fenômeno adiante.

24   Minha *segunda* reflexão baseia-se nessas altas probabilidades acerca das quais a mente é capaz de julgar, e nas minúsculas diferenças que é capaz de observar entre elas. Quando as chances ou experiências em um lado chegam a dez mil e as do outro lado a dez mil e um, o juízo dá preferência a estas, em razão de sua superioridade – embora a diferença seja tão insignificante que é claramente impossível para a mente percorrer cada visão particular e distinguir a vividez superior da imagem resultante do número superior. Temos um exemplo análogo no caso dos afetos. De acordo com os princípios acima mencionados, é evidente que, quando um objeto produz em nós uma paixão que varia conforme as diferentes quantidades do objeto, a paixão não é, propriamente falando, uma emoção simples, mas composta de um grande número de paixões mais fracas, derivadas da visão de cada parte do objeto. De outro modo, seria impossível que a paixão aumentasse com o aumento dessas partes. Assim, um homem que deseja mil libras tem na realidade mil ou mais desejos, que, ao se unirem, parecem formar uma só paixão. Mas a composição se revela de maneira evidente a cada alteração do objeto, pela preferência que esse homem dá ao número maior, ainda que a diferença seja de apenas uma unidade. Entretanto, nada pode ser mais certo que o fato de que uma diferença tão pequena seria indiscernível nas paixões, e não poderia torná-las distinguíveis umas das outras. Portanto, a diferença em nossa conduta, ao preferirmos o número maior, não depende de nossas paixões, mas do hábito e de *regras gerais*. Mediante uma multipli-

cidade de exemplos, descobrimos que, quando os números são precisos e a diferença sensível, o aumento do montante de uma quantia qualquer de dinheiro aumenta a paixão. A mente é capaz de perceber, por uma sensação [*feeling*] imediata, que três guinéus produzem uma paixão maior que dois guinéus; *isso* ela transfere para números maiores, em razão da semelhança; e, por uma regra geral, confere a mil guinéus uma paixão mais forte que aquela que confere a novecentos e noventa e nove. Explicaremos essas regras gerais a seguir.

25   Mas, além dessas duas espécies de probabilidade, derivadas de uma experiência *imperfeita* e de causas *contrárias*, há uma terceira, resultante da ANALOGIA, que difere daquelas em alguns pontos importantes. Segundo a hipótese acima explicada, todos os tipos de raciocínios que partem de causas ou efeitos estão fundados em duas circunstâncias particulares: a conjunção constante entre dois objetos em toda a experiência passada, e a semelhança entre um deles e um objeto presente. O efeito dessas duas circunstâncias é que o objeto presente revigora e aviva a imaginação; e a semelhança, juntamente com a união constante, transmite essa força e vividez à ideia relacionada – e assim se diz que esta última recebe nossa crença ou assentimento. Mas se enfraquecermos, seja a união, seja a semelhança, enfraqueceremos o princípio de transição e, em consequência disso, a crença dele derivada. A vividez da primeira impressão não pode ser integralmente transmitida à ideia relacionada se a conjunção de seus objetos não é constante, ou se a impressão presente não se assemelha perfeitamente a nenhuma daquelas cuja união estamos acostumados a observar. Nas probabilidades de chances e de causas, acima explicadas, o que diminui é a constância da união; na probabilidade derivada da analogia, é apenas a semelhança que é afetada. Sem algum grau de semelhança, bem como de união, é impossível haver qualquer raciocínio. Mas como essa semelhança admite vários graus diferentes, o raciocínio se torna proporcionalmente mais ou menos firme e certo. Uma experiência perde parte de sua força quando transferida para casos que não são exatamente semelhantes; mas, en-

quanto restar alguma semelhança, é evidente que ela ainda pode conservar força suficiente para fundamentar uma probabilidade.

Seção 13
Da probabilidade não filosófica

1   Todos esses tipos de probabilidade são admitidos pelos filósofos e reconhecidos como fundamentos válidos de crença e opinião. Mas há outros tipos que, apesar de derivados dos mesmos princípios, não tiveram a sorte de obter igual aprovação. O *primeiro* tipo de probabilidade que se encontra nessa situação pode ser explicado da seguinte maneira. Como mostramos anteriormente, a diminuição da união, bem como da semelhança, diminui a facilidade da transição, enfraquecendo assim a evidência. Ora, podemos observar que a mesma diminuição da evidência decorre também de uma diminuição da impressão e do obscurecimento das cores com que aparece à memória ou aos sentidos. O argumento que fundamos sobre qualquer fato de que nos lembramos será mais ou menos convincente, conforme o fato seja recente ou remoto. Mas a diferença entre esses graus de evidência não é aceita pelos filósofos como sólida e legítima – pois, se assim o fosse, um argumento deveria ter hoje uma força diferente da que terá daqui a um mês. Entretanto, apesar da oposição da filosofia, é certo que tal circunstância exerce uma influência considerável sobre o entendimento, transformando secretamente a autoridade do mesmo argumento segundo os diferentes momentos em que ele nos é proposto. Uma maior força e vividez na impressão transmite naturalmente uma força e vividez maior à ideia relacionada. E é dos graus de força e vividez que depende a crença, de acordo com o sistema precedente.

2   Existe uma *segunda* diferença que podemos frequentemente observar em nossos graus de crença e certeza, e que nunca deixa de ocorrer, embora rejeitada pelos filósofos. Uma experiência recente e ainda fresca na memória nos afeta mais que outra que já esteja meio apagada, exercendo uma influência superior sobre o juízo e sobre as

paixões. Uma impressão vívida produz uma maior certeza que uma impressão fraca, porque tem mais força original para comunicar à ideia relacionada, que assim adquire uma força e vividez maior. Uma observação recente tem um efeito semelhante, pois o costume e a transição são ali mais completos, preservando melhor a força original quando ela é comunicada. Assim, um bêbado que viu seu companheiro morrer por excesso de bebida fica durante algum tempo abalado com o ocorrido, temendo que um acidente semelhante lhe aconteça; mas como a memória do acidente gradualmente se deteriora, sua segurança anterior retorna, e o perigo parece menos certo e real.

3 Como *terceiro* exemplo desse tipo, acrescento que, embora nossos raciocínios por provas sejam consideravelmente diferentes dos raciocínios por probabilidades, eles com frequência se degradam insensivelmente até se transformarem nestes últimos, e isso pelo simples fato de haver um grande número de argumentos conectados. É certo que, quando se faz uma inferência imediatamente a partir de um objeto, sem qualquer causa ou efeito intermediário, a convicção é muito mais forte e a persuasão mais vívida do que quando a imaginação é conduzida por uma longa cadeia de argumentos conectados, por mais infalível que se considere a conexão entre cada elo e o seguinte. A vividez de todas as ideias deriva da impressão original, pela transição habitual da imaginação. E é evidente que essa vividez deve decair gradativamente conforme a distância, perdendo um pouco a cada transição. Às vezes, essa distância tem uma influência até maior que aquela que teriam experiências contrárias. Um homem pode extrair uma convicção mais vívida de um raciocínio provável que seja próximo e imediato do que de uma longa cadeia de consequências, mesmo que todas as suas partes sejam corretas e conclusivas. É raro, aliás, que raciocínios deste último tipo produzam alguma convicção. É preciso possuir uma imaginação muito forte e firme para preservar até o fim uma evidência que percorre tantas etapas.

4 Mas talvez não seja fora de propósito observar aqui um fenômeno muito curioso, que este tema nos sugere. É evidente que não há

um só ponto da história antiga sobre o qual possamos ter alguma certeza se não passarmos ao longo de muitos milhões de causas e efeitos, por uma cadeia de argumentos de uma extensão quase imensurável. Para que o conhecimento do fato tenha chegado aos primeiros historiadores, ele antes tem de ter sido transmitido de boca em boca numerosas vezes; e uma vez posto por escrito, cada nova cópia se torna um novo objeto, cuja conexão com o anterior só é conhecida por experiência e observação. Por conseguinte, é bem possível que o raciocínio anterior leve à conclusão de que a evidência de toda a história antiga deve agora estar perdida; ou, ao menos, irá se perder com o tempo, conforme a cadeia de causas cresça e se alongue. Entretanto, como parece contrário ao bom-senso* pensar que, se a república das letras e a arte da imprensa continuarem no mesmo passo que hoje, nossa posteridade, mesmo que só após mil gerações, talvez tenha dúvidas se existiu realmente um homem como *Júlio César*, isso pode ser considerado uma objeção ao presente sistema. Se a crença consistisse somente em uma certa vividez transmitida de uma impressão original, ela se degeneraria ao longo da transição, devendo finalmente se extinguir por completo. E vice-versa, se a crença em algumas ocasiões não é passível de tal extinção, ela deve ser alguma coisa diferente da vividez.

5   Antes de responder a tal objeção, observarei que foi deste tema que se extraiu um argumento célebre contra a *religião cristã*;** mas com a diferença de que ali se supunha que a conexão entre cada elo da cadeia no testemunho humano não excedia a probabilidade, estando sujeita a um certo grau de dúvida e incerteza. De fato, deve-se reconhecer que, a se considerar a questão dessa maneira (que, entretanto, não é correta), não há história ou tradição que não deva acabar por perder toda sua força e evidência. Cada nova probabilidade

---

* Traduzo *"common sense"* ora como "bom-senso", ora como "senso comum". Apenas na página 597 a expressão "the common sense and judgement of mankind" será traduzida como "o bom-senso e o senso comum dos homens". (N.T.)

** John Craig, *Theologiæ christianæ principia mathematica* (Londres, 1699). (N.T.)

diminui a convicção original; e por maior que se suponha tal convicção, é impossível que ela possa subsistir a essas diminuições reiteradas. Isso geralmente é verdade; porém mais tarde veremos[9] que existe uma exceção notável, de amplas consequências para o presente tema do entendimento.

6   Enquanto isso, respondamos à objeção anterior, baseada na suposição de que a evidência histórica equivale inicialmente a uma prova completa. Consideremos que, embora sejam inúmeros os elos que conectam um fato original à impressão presente que fundamenta a crença, eles são todos do mesmo tipo, dependendo da fidelidade de tipógrafos e copistas. Uma edição passa a outra, esta a uma terceira, e assim por diante, até chegarmos ao volume que ora examinamos. Não há variação nessas etapas. Quando conhecemos uma delas, conhecemos todas; e após cumprirmos a primeira, não hesitamos em cumprir as outras. Só essa circunstância é capaz de preservar a evidência da história, e é ela que perpetuará a memória dos tempos presentes para a mais remota posteridade. Se toda a longa cadeia de causas e efeitos que conecta um evento passado qualquer a um livro de história fosse composta por partes diferentes entre si, as quais a mente tivesse de conceber distintamente, seria impossível preservarmos até o fim qualquer crença ou evidência. Mas como a maioria dessas provas é perfeitamente semelhante, a mente passa com facilidade ao longo delas, salta sem esforço de uma parte a outra e forma apenas uma noção confusa e geral de cada elo. Desse modo, uma longa cadeia de argumentos diminui muito menos a vividez original do que o faria uma cadeia bem mais curta, mas composta de partes diferentes entre si, cada uma das quais exigindo um exame distinto.

7   Uma quarta espécie de probabilidade não filosófica é derivada de *regras gerais* que apressadamente formamos para nós mesmos, e que são a fonte daquilo que denominamos propriamente PRECONCEITO. Os *irlandeses* não podem ter espiritualidade, os *franceses* não

---

[9] Parte 4, Seção 1.

podem ter consistência;* por isso, ainda que a conversa de um irlandês seja claramente muito agradável, e a de um francês bastante judiciosa, é tal nosso preconceito contra eles que dizemos, contra todo bom-senso e razão, que o primeiro tem que ser estúpido e o segundo leviano. A natureza humana está muito sujeita a esse tipo de erro; e talvez esta nação tanto quanto qualquer outra.

8 Caso alguém me perguntasse por que os homens formam regras gerais e permitem que elas influenciem seu julgamento, mesmo contra a observação e experiência presente, eu responderia que, em minha opinião, isso se deve aos mesmos princípios de que dependem todos os juízos sobre causas e efeitos. Nossos juízos sobre causas e efeitos são derivados do hábito e da experiência. Quando nos acostumamos a ver um objeto unido a outro, nossa imaginação passa do primeiro ao segundo por uma transição natural que precede a reflexão e que não pode ser evitada por ela. Ora, é da natureza do costume não somente operar com plena força quando os objetos que se apresentam são exatamente iguais àqueles com que nos havíamos acostumado, mas também operar em um grau menor, quando descobrimos objetos similares. Embora o hábito perca parte de sua força a cada diferença, é raro que ele seja completamente destruído quando circunstâncias importantes permanecem iguais. Um homem que contraiu o hábito de comer frutas consumindo peras ou pêssegos irá se satisfazer com melões quando não conseguir encontrar sua fruta predileta; do mesmo modo, um homem que se tornou alcoólatra bebendo vinhos tintos será atraído com uma violência quase igual pelo vinho branco, se lhe mostrarmos uma garrafa deste. Foi por esse princípio que expliquei aquela espécie de probabilidade derivada da analogia, em que transferimos nossa experiência de casos passados a objetos semelhantes, mas não exatamente iguais, aos objetos de que tivemos experiência. À proporção que se reduz a semelhança, a pro-

---

* "An *Irishman* cannot have wit, and a *Frenchman* cannot have solidity". Para evitar mal--entendidos, quase sempre, traduzi *"wit"* como "espirituosidade", reservando o termo "espírito" para os casos que me pareceram suficientemente claros. (N.T.)

babilidade diminui; mas conservará sempre alguma força enquanto restar algum traço da semelhança.

9   Podemos ampliar essa observação e ressaltar que, embora o costume seja o fundamento de todos os nossos juízos, às vezes seu efeito sobre a imaginação se opõe ao juízo, produzindo uma contrariedade em nossos sentimentos sobre o mesmo objeto. Explico-me. Em quase todas as espécies de causas existe uma complexidade de circunstâncias, algumas das quais são essenciais e outras supérfluas; algumas são absolutamente necessárias à produção do efeito e outras estão apenas acidentalmente conjugadas com ele. Ora, podemos observar que, quando essas circunstâncias supérfluas são numerosas e consideráveis, ocorrendo em conjunção frequente com as essenciais, elas exercem tal influência sobre a imaginação que, mesmo na ausência das circunstâncias essenciais, levam-nos à concepção do efeito usual, dando a essa concepção uma força e vividez que a torna superior às meras ficções da fantasia. Podemos corrigir essa propensão mediante uma reflexão sobre a natureza dessas circunstâncias; mas, ainda nesse caso, é certamente o costume que sai na frente, imprimindo a inclinação à imaginação.

10   Para ilustrar esse tema por meio de um exemplo familiar,* consideremos o caso de um homem que se encontra dentro de uma gaiola de ferro pendente de uma alta torre. Ao olhar para o precipício embaixo dele, esse homem não pode se impedir de tremer, embora saiba que está perfeitamente seguro e que não cairá, pois tem experiência de que o ferro que o sustenta é sólido, e as ideias da queda, dos ferimentos e da morte derivam somente do costume e da experiência. O mesmo costume ultrapassa os casos de que se origina e a que corresponde perfeitamente; e influencia as ideias de objetos que são semelhantes em alguns aspectos, mas que não se enquadram precisamente na mesma regra. As circunstâncias da altura e da queda têm tal impacto sobre esse homem que sua influência não pode ser des-

---

* Montaigne, *Essais*, II-XII, *Apologie de Raimond Sebond* (ed. Thibaudet, p.578). (N.T.)

truída pelas circunstâncias contrárias da sustentação e da solidez, que entretanto deveriam dar a ele uma perfeita segurança. A imaginação se deixa levar por seu objeto e desperta uma paixão proporcional a este. A paixão incide novamente sobre a imaginação e aviva a ideia. Essa ideia vívida exerce uma nova influência sobre a paixão, aumentando sua força e violência. Dessa maneira, a fantasia e os afetos, sustentando-se mutuamente, fazem que todo o conjunto tenha uma grande influência sobre ele.

11 Mas para que buscar outros exemplos, quando o presente tema das probabilidades não filosóficas nos oferece um tão evidente, na oposição entre juízo e imaginação decorrente desses efeitos do costume? De acordo com meu sistema, todo raciocínio é apenas efeito do costume; e o único efeito do costume é avivar a imaginação, produzindo em nós uma concepção forte de um determinado objeto. Pode-se, portanto, concluir que nosso juízo e nossa imaginação nunca podem ser contrários, e que a ação do costume sobre esta última faculdade é incapaz de fazê-la opor-se à primeira. A única forma de se eliminar essa dificuldade é admitir a influência de regras gerais. Mais adiante,[10] observaremos algumas regras gerais pelas quais devemos regular nosso juízo sobre causas e efeitos. Essas regras se formam segundo a natureza de nosso entendimento, e conforme nossa experiência da operação deste nos juízos que formamos acerca dos objetos. Graças a elas, aprendemos a distinguir as circunstâncias acidentais das causas eficientes. Quando descobrimos que um efeito pode ser produzido sem a concorrência de alguma circunstância particular, concluímos que essa circunstância não faz parte da causa eficiente, por mais frequente que seja sua conjunção com ela. Mas como essa conjunção frequente necessariamente faz com que tal circunstância tenha um efeito sobre a imaginação, apesar da conclusão oposta decorrente das regras gerais, a oposição desses dois princípios produz uma contrariedade em nossos pensamentos, fazendo-nos atribuir

---

10 Seção 15.

uma das inferências a nosso juízo e a outra a nossa imaginação. A regra geral é atribuída ao juízo, por ser mais extensa e constante; a exceção à imaginação, por ser mais caprichosa e incerta.

12   Assim, nossas regras gerais se opõem de certo modo umas às outras. Quando aparece um objeto semelhante a uma causa quanto a circunstâncias muito consideráveis, a imaginação naturalmente nos leva a uma concepção vívida do efeito habitual, embora o objeto seja diferente da causa quanto às circunstâncias mais importantes e eficazes. Eis a primeira influência das regras gerais. Mas quando passamos em revista esse ato da mente e o comparamos às operações mais gerais e autênticas do entendimento, descobrimos que ele possui uma natureza irregular e que destrói os princípios mais bem estabelecidos do raciocínio, razão pela qual o rejeitamos. Essa é uma segunda influência das regras gerais, e implica a condenação da primeira. Ora uma, ora a outra prevalece, conforme a disposição e o caráter da pessoa. O vulgo costuma se guiar pela primeira, e os homens avisados, pela segunda. Enquanto isso, os céticos podem ter o prazer de observar aqui uma nova e notável contradição de nossa razão, vendo toda a filosofia prestes a ser destruída por um princípio da natureza humana, e ser salva, em seguida, por uma nova direção desse mesmo princípio. Seguir regras gerais é uma espécie de probabilidade muito pouco filosófica. Entretanto, apenas se as seguimos podemos corrigir a esta e a todas as outras probabilidades não filosóficas.

13   Como temos exemplos em que as regras gerais agem sobre a imaginação de maneira contrária ao juízo, não devemos nos surpreender por vermos crescer seus efeitos quando conjugados com esta última faculdade, nem por observarmos que, assim, essas regras conferem às ideias que nos apresentam uma força superior à que acompanha qualquer outra ideia. Todos sabem que existe uma maneira indireta de se insinuar um elogio ou uma condenação, bem menos ofensiva que a lisonja ou censura abertas a uma pessoa. Embora possamos comunicar nossos sentimentos por meio dessas insinuações dissimuladas, e fazer com que sejam conhecidos com a mesma certeza que

se os revelássemos abertamente, é certo que sua influência não será tão forte e poderosa. Aquele que me fustiga com sátiras veladas não suscita em mim uma indignação tão grande quanto se me dissesse diretamente que sou um imbecil presunçoso – embora eu entenda o que quer dizer exatamente como se o dissesse. Essa diferença deve ser atribuída à influência das regras gerais.

14 Quer uma pessoa me insulte abertamente, quer insinue solertemente seu desprezo, não é de imediato que percebo seu sentimento ou opinião; só me torno sensível a estes por meio de signos, isto é, por seus efeitos. A única diferença entre esses dois casos consiste portanto em que, quando revela francamente seus sentimentos, essa pessoa faz uso de signos gerais e universais; e quando os sugere dissimuladamente, emprega signos mais singulares e menos comuns. O efeito dessa circunstância é que a imaginação, ao passar da impressão presente à ideia ausente, realiza a transição com maior facilidade e, consequentemente, concebe o objeto com uma força maior no caso em que a conexão é comum e universal do que naquele em que essa conexão é mais rara e particular. Assim, podemos observar que, quando declaramos abertamente nossos sentimentos, diz-se que tiramos a máscara, ao passo que, quando apenas insinuamos disfarçadamente nossas opiniões, diz-se que as velamos. A diferença entre uma ideia produzida por uma conexão geral e a originada em uma conexão particular se compara, aqui, à diferença entre uma impressão e uma ideia. Essa diferença na imaginação tem um efeito correspondente sobre as paixões, e esse efeito se amplia graças a outra circunstância. Uma insinuação velada de raiva ou desprezo mostra que ainda temos alguma consideração pela pessoa visada, e evitamos atacá-la diretamente. Isso torna uma sátira velada menos desagradável, mas o princípio de que depende é o mesmo. Pois se uma ideia não fosse mais fraca quando apenas insinuada, nunca consideraríamos um maior sinal de respeito agir dessa maneira de preferência à outra.

15 Às vezes, a grosseria é menos desagradável que a sátira sutil porque, proporcionando-nos uma boa razão para condenar e desprezar

a pessoa que nos atacou, de certa forma nos vinga do insulto no momento mesmo em que este foi cometido. Mas também esse fenômeno depende do mesmo princípio. Afinal, por que condenamos toda linguagem grosseira e insultuosa, senão porque a consideramos contrária à boa educação e ao respeito humano? E por que é contrária a estes, senão por ofender mais que uma crítica delicada? As regras da boa educação condenam tudo que seja abertamente ofensivo e cause um sensível mal-estar e embaraço àqueles com quem falamos. Uma vez estabelecidas essas regras, a linguagem insultuosa passa a ser universalmente condenada, e dói menos, pois sua rudeza e incivilidade tornam desprezível quem a empregou. Ela se torna menos desagradável apenas porque originalmente o é mais; e é mais desagradável, porque permite uma inferência por regras gerais e comuns que são palpáveis e inegáveis.

16   A essa explicação das diferentes influências da lisonja ou crítica aberta e velada, acrescentarei a consideração de um fenômeno análogo. Há vários preceitos relativos à honra, tanto de homens como de mulheres, cuja violação o mundo jamais perdoa quando aberta e franca, mas tende a deixar passar quando as aparências são salvas e a transgressão é secreta e velada. Mesmo aqueles que sabem com certeza que a falta foi cometida perdoam-na mais facilmente quando as provas parecem em certa medida oblíquas e equívocas do que quando são diretas e inegáveis. A mesma ideia está presente nos dois casos e, para falar corretamente, é aceita da mesma forma pelo juízo; mas sua influência é diferente, em razão da maneira diferente como se apresenta.

17   Ora, se compararmos as violações *abertas* e *veladas* aos códigos de honra, veremos que a diferença entre os dois casos consiste em que, no primeiro, o signo do qual inferimos a ação condenável é único, sendo suficiente para, sozinho, fundamentar nosso raciocínio e julgamento; no segundo, ao contrário, os signos são numerosos, e são pouco ou nada decisivos quando se apresentam isolados e sem a companhia de muitas circunstâncias minúsculas e quase imperceptíveis. A verdade é que qualquer raciocínio é sempre tão mais con-

vincente quanto mais simples e unificado se mostra ao olhar, e quanto menos esforço exige da imaginação para reunir todas as suas partes e passar delas para a ideia correlata que forma a conclusão. O trabalho do pensamento perturba o progresso regular dos sentimentos, como observaremos em breve.[11] A ideia não nos toca com a mesma vividez; consequentemente, não tem tanta influência sobre as paixões e a imaginação.

18   Podemos justificar com base nos mesmos princípios estas observações do CARDEAL DE RETZ:* que *há muitas coisas sobre as quais o mundo deseja ser iludido;* e que *é mais fácil se desculpar uma pessoa por agir do que por falar de maneira contrária ao decoro de sua profissão e caráter.* Uma falta expressa em palavras costuma ser mais franca e distinta que uma falta manifesta nas ações, pois estas admitem várias desculpas e atenuantes, e não revelam tão claramente as intenções e opiniões do agente.

19   Assim, levando-se em conta tudo o que foi dito, vemos que todos os tipos de opiniões ou juízos que não chegam a formar um conhecimento derivam exclusivamente da força e vividez da percepção, e que essas qualidades constituem na mente aquilo que denominamos CRENÇA na existência de um objeto. Essa força e essa vividez são mais manifestas na memória; por isso, nossa confiança na veracidade dessa faculdade é a maior que se possa imaginar, igualando-se em muitos aspectos à certeza de uma demonstração. O grau seguinte dessas qualidades é o que deriva da relação de causa e efeito; e também é bastante elevado, sobretudo quando a experiência mostra que a conjunção é perfeitamente constante, e quando o objeto que se apresenta a nós se assemelha exatamente àqueles de que tivemos experiência. Abaixo desse grau de evidência há, porém, muitos outros que exercem uma influência sobre as paixões e a imaginação, proporcionalmente ao grau de força e vividez que comunicam à ideia.

---

11 Parte 4, Seção 1.

* Cardinal de Retz (1613-1679). O trecho citado encontra-se em *Mémoires du Cardinal de Retz*, 3. (N.T.)

É por hábito que fazemos a transição da causa ao efeito; e é de alguma impressão presente que retiramos a vividez que transmitimos para a ideia correlata. Mas quando o número de casos observados não é suficiente para produzir um hábito forte; ou quando esses casos são contrários uns aos outros; ou a semelhança não é exata; ou a impressão presente é fraca e obscura; ou a experiência foi em certa medida apagada da memória; ou a conexão depende de uma longa cadeia de objetos; ou a inferência deriva de regras gerais e, não obstante, não é conforme a elas – em todos esses casos a evidência diminui em virtude da diminuição da força e intensidade da ideia. Tal é, portanto, a natureza do juízo e da probabilidade.

20   O que confere autoridade a esse sistema é, sobretudo, além dos argumentos indubitáveis em que se fundam todas as suas partes, a concordância entre essas partes, e a necessidade de cada uma para explicar as outras. A crença que acompanha nossa memória tem a mesma natureza que a derivada de nossos juízos. Não há nenhuma diferença entre o juízo resultante de uma conexão constante e uniforme de causas e efeitos e o que depende de uma conexão descontínua e incerta. De fato, é evidente que, sempre que a mente precisa tomar alguma decisão com base em experiências contrárias, ela de início se vê internamente dividida, inclinando-se um pouco para cada lado, em proporção ao número de experiências vistas ou recordadas. Esse combate finalmente se decide em favor do lado em que observamos o maior número dessas experiências, mas a força de sua evidência sofre um decréscimo correspondente ao número de experiências contrárias. Cada possibilidade de que se compõe a probabilidade age separadamente sobre a imaginação, e é o conjunto mais amplo de possibilidades que finalmente prevalece, com uma força proporcional à sua superioridade. Todos esses fenômenos levam diretamente ao sistema anterior. É impossível que qualquer outro sistema forneça uma explicação satisfatória e consistente desses fenômenos. Se não considerarmos esses juízos como efeitos do costume sobre a imaginação, mergulharemos em perpétuas contradições e absurdos.

Seção 14
Da ideia de conexão necessária

1   Tendo assim explicado a maneira *como em nossos raciocínios ultrapassamos nossas impressões imediatas e concluímos que tais causas particulares têm de ter tais efeitos particulares*, devemos agora voltar sobre nossos passos para examinar a questão[12] que primeiro levantamos, e que deixamos de lado ao longo de nosso caminho: *em que consiste nossa ideia de necessidade quando dizemos que dois objetos estão necessariamente conectados um com o outro?* Sobre este ponto, repito o que tive ocasião de observar diversas vezes. Se afirmamos que realmente temos uma ideia de necessidade, então devemos encontrar alguma impressão que a origine, porque não temos nenhuma ideia que não seja derivada de uma impressão. Para isso, considero em que objetos comumente se supõe que existe necessidade; e como vejo que esta é sempre atribuída a causas e efeitos, dirijo meu olhar para dois objetos que supostamente mantêm tal relação entre si, examinando-os em todas as situações em que podem se encontrar. Imediatamente, percebo que eles são *contíguos* no tempo e no espaço, e que o objeto que chamamos de causa *antecede* o que chamamos de efeito. Em nenhum caso isolado sou capaz de ir além disso, sendo-me impossível descobrir uma terceira relação entre esses objetos. Por essa razão, amplio minha visão para abarcar vários casos de objetos semelhantes que existem sempre em relações semelhantes de contiguidade e sucessão. À primeira vista, isso parece servir muito pouco a meu objetivo. A reflexão sobre diversos casos apenas repete os mesmos objetos e, por isso, nunca pode gerar uma nova ideia. Contudo, levando adiante minha investigação, vejo que a repetição não é igual em todos os aspectos, mas produz uma nova impressão e, desse modo, produz também a ideia que estou examinando. Pois, após uma repetição frequente, descubro que, quando um dos objetos aparece, o costume *determina* a mente a

---
12 Seção 2.

considerar aquele que usualmente o acompanha, e a considerá-lo de um modo mais intenso em virtude de sua relação com o primeiro objeto. Portanto, é essa impressão ou *determinação* que me fornece a ideia de necessidade.

2   Não tenho dúvida de que tais conclusões serão aceitas imediatamente e sem nenhuma dificuldade, por serem deduções evidentes de princípios que já estabelecemos e que empregamos várias vezes em nossos raciocínios. Essa evidência, tanto dos primeiros princípios como das deduções, pode nos conduzir despercebidamente para a conclusão, fazendo-nos imaginar que ela não contém nada de extraordinário ou digno de nossa curiosidade. Mas, embora tal inadvertência possa facilitar a aceitação desse raciocínio, fará também que seja mais facilmente esquecido. Por essa razão, creio que devo advertir que acabo de examinar uma das questões mais sublimes da filosofia, a saber, a questão *concernente ao poder e à eficácia das causas*, e a qual parece ser objeto de tamanho interesse por parte de todas as ciências. Essa advertência naturalmente despertará a atenção do leitor, e o fará solicitar uma explicação mais completa de minha doutrina, bem como dos argumentos em que está fundada. Esse pedido é tão razoável que não posso me recusar a atendê-lo, sobretudo por ter esperança de que esses princípios, quanto mais forem examinados, mais força e evidência irão adquirir.

3   Nenhuma questão, por sua importância e dificuldade, causou mais discussões entre os filósofos antigos e modernos que esta referente à eficácia das causas, ou seja, à qualidade que faz com que sejam seguidas por seus efeitos. Mas parece-me que, antes de entrar nessas discussões, não teria sido mal se eles houvessem examinado que ideia temos dessa eficácia, a qual é o objeto da controvérsia. É especialmente isso que vejo faltar em seus raciocínios, e que buscarei aqui remediar.

4   Começo observando que os termos *eficácia, ação, poder, força, energia, necessidade, conexão* e *qualidade produtiva* são quase sinônimos; e, por isso, é absurdo empregar qualquer um deles para definir o resto. Com essa observação rejeitamos, de uma só vez, todas as

definições comuns que os filósofos dão para poder e eficácia. Em vez de procurar a ideia nessas definições, devemos procurá-la nas impressões de que originalmente deriva. Se for uma ideia composta, deverá resultar de impressões compostas. Se for simples, de impressões simples.

5   Creio que a explicação mais geral e mais popular dessa questão é dizer que,[13] vendo pela experiência que existem diversas produções novas na matéria, tais como os movimentos e as variações dos corpos, e concluindo que tem de haver em algum lugar um poder capaz de as produzir, chegamos finalmente, por esse raciocínio, à ideia de poder e eficácia. Mas para nos convencermos de que essa explicação é mais popular que filosófica, basta refletirmos sobre dois princípios bastante óbvios. *Primeiro*, que a razão, por si só, jamais pode gerar uma ideia original; e, *segundo*, que a razão, enquanto distinta da experiência, jamais pode nos fazer concluir que uma causa ou qualidade produtiva é absolutamente necessária para todo começo de existência. Ambas as considerações já foram suficientemente explicadas e, por isso, não insistiremos sobre elas agora.

6   Apenas inferirei que, como a razão jamais pode dar origem à ideia de eficácia, tal ideia tem que ser derivada da experiência e de alguns exemplos particulares dessa eficácia, que penetram na mente pelos canais comuns da sensação ou da reflexão. As ideias sempre representam seus objetos ou impressões; e, reciprocamente, para dar origem a uma ideia, sempre é necessário um objeto. Portanto, se alegamos possuir uma ideia legítima dessa eficácia, devemos apresentar algum exemplo em que a eficácia se mostre à mente de forma clara, e em que suas operações sejam evidentes à nossa consciência ou sensação. Se nos negarmos a isso, estaremos reconhecendo que a ideia é impossível e imaginária. Pois o princípio das ideias inatas, o único que poderia nos livrar desse dilema, já foi refutado, e agora é quase

---

13 Ver Sr. *Locke*, capítulo sobre o poder. [*An Essay concerning human understanding*, 2.21 (N.T.)]

universalmente rejeitado no mundo erudito. Nossa tarefa presente, portanto, deve ser encontrar alguma produção natural em que a operação e a eficácia de uma causa possam ser claramente concebidas e compreendidas pela mente, sem risco de obscuridade ou engano.

7   Nesta pesquisa, sentimo-nos muito pouco encorajados pela prodigiosa diversidade de opiniões emitidas pelos filósofos que alegaram explicar a força e energia secreta das causas.[14] Alguns afirmam que os corpos agem por sua forma substancial; outros, que agem por seus acidentes ou qualidades; muitos, por sua matéria e forma; alguns ainda, por sua forma e acidentes; e outros, por certas virtudes e faculdades distintas de tudo isso. Ademais, todas essas opiniões se misturam e se transformam de mil maneiras diferentes, o que nos dá um forte motivo para suspeitar que nenhuma delas possui qualquer solidez ou evidência, e que a suposição de que haveria uma eficácia em alguma das qualidades conhecidas da matéria é inteiramente infundada. Essa suspeita fica mais forte quando consideramos que esses princípios (formas substanciais, acidentes e faculdades) não constituem, na realidade, nenhuma das propriedades conhecidas dos corpos, sendo antes completamente ininteligíveis e inexplicáveis. Porque é evidente que os filósofos jamais teriam recorrido a princípios tão obscuros e incertos se houvessem encontrado princípios claros e inteligíveis que pudessem tê-los satisfeito – sobretudo numa questão como esta, que deve ser objeto do mais simples entendimento, senão dos sentidos. De tudo isso, podemos concluir que é impossível mostrar, em um só exemplo que seja, o princípio em que se situa a força e o poder ativo de uma causa; e que o entendimento mais refinado e o mais comum se veem igualmente perdidos a esse respeito. Se alguém pensa que cabe refutar tal asserção, não precisa se dar ao trabalho de inventar longos raciocínios; basta que nos mostre o exemplo de uma causa em que possamos descobrir o poder ou

---

14 Ver Padre *Malebranche*, Livro VI, Parte 2, Capítulo 3 e os esclarecimentos correspondentes [*La Recherche de la vérité*, XVme. Éclaircissement.] (N.T.)

princípio operador. Vemo-nos com frequência obrigados a fazer uso desse tipo de desafio, por ser praticamente o único meio de provar uma negação em filosofia.

8   O fraco sucesso obtido por todas as tentativas de determinar esse poder finalmente obrigou os filósofos a concluir que a força e eficácia última da natureza nos é inteiramente desconhecida, e que é em vão que a buscamos nas qualidades conhecidas da matéria. Sobre essa conclusão, os filósofos são praticamente unânimes; apenas quanto à inferência que dela extraem é que descobrem diferenças entre suas opiniões. De fato, alguns deles, em particular os *cartesianos*, havendo estabelecido como um princípio que possuímos um perfeito conhecimento da essência da matéria, inferiram muito naturalmente que esta não tem nenhuma eficácia, e é impossível que, por si só, comunique movimento ou produza qualquer dos efeitos que a ela atribuímos. Como a essência da matéria consiste na extensão, e como a extensão não implica um movimento em ato, mas apenas a mobilidade, concluem que a energia que produz o movimento não pode estar na extensão.

9   Essa conclusão leva-os a uma outra, que veem como absolutamente inevitável. A matéria, dizem eles, é em si mesma inteiramente inativa e desprovida de qualquer poder pelo qual pudesse produzir, continuar ou comunicar movimento. Mas, como esses efeitos são evidentes para nossos sentidos, e como o poder que os produz tem de estar em algum lugar, ele deve residir em DEUS, esse ser divino que contém em sua natureza toda excelência e perfeição. Deus, portanto, é o primeiro motor do universo, e não apenas criou a matéria e deu a ela seu impulso original, mas também, por um exercício contínuo de sua onipotência, sustenta sua existência, conferindo-lhe sucessivamente todos os movimentos, configurações e qualidades de que é dotada.

10   Tal opinião é certamente muito curiosa, e bem merece nossa atenção; mas, se refletirmos por um momento sobre o motivo que nos levou a atentar para ela, perceberemos que seria supérfluo examiná-la

aqui. Estabelecemos como um princípio que, como todas as ideias são derivadas de impressões, ou seja, de *percepções* anteriores, é impossível que tenhamos qualquer ideia de poder e eficácia, a menos que se possa mostrar algum caso em que se *perceba* esse poder em exercício. Ora, como casos assim jamais podem ser descobertos nos corpos, os *cartesianos*, com base em seu princípio das ideias inatas, recorreram a um espírito ou divindade suprema, a quem consideram como o único ser ativo no universo e como a causa imediata de toda alteração na matéria. Mas, uma vez aceito que o princípio das ideias inatas é falso, segue-se que a suposição de uma divindade de nada nos serve para dar conta daquela ideia de poder ativo que em vão procuramos em todos os objetos que se apresentam a nossos sentidos, ou de que estamos internamente conscientes em nossa própria mente. Pois se toda ideia é, derivada de uma impressão, a ideia de Deus procede da mesma origem; e se nenhuma impressão, de sensação ou de reflexão, implica uma força ou eficácia, é igualmente impossível descobrir ou sequer imaginar um tal princípio ativo em Deus. Como esses filósofos, portanto, concluíram que a matéria não pode ser dotada de nenhum princípio eficiente, porque é impossível descobrir nela um tal princípio, o mesmo raciocínio deveria determinar que o excluíssem do ser supremo. Ou, se consideram tal opinião absurda e ímpia, como realmente o é, direi como podem evitá-la: concluindo, desde o início, que não possuem uma ideia adequada de poder ou eficácia em nenhum objeto – pois nem no corpo nem no espírito, nem nas naturezas superiores nem nas inferiores, serão capazes de descobrir um só exemplo desse poder.

11   A mesma conclusão se segue, inevitavelmente, da hipótese dos que sustentam a eficácia das causas segundas e atribuem à matéria um poder e energia derivados mas reais. Como admitem que essa energia não se encontra em nenhuma das qualidades conhecidas da matéria, permanece a dificuldade a respeito da origem de sua ideia. Se realmente temos uma ideia de poder, podemos atribuir poder a uma qualidade desconhecida. Mas como é impossível que essa ideia seja derivada de tal qualidade, e como não há nada nas qualidades conhecidas

193

que a possa produzir, segue-se que estamos enganando a nós mesmos quando imaginamos possuir uma ideia dessa espécie, da maneira como normalmente a entendemos. Todas as ideias são derivadas de impressões, e as representam. Jamais temos nenhuma impressão que contenha poder ou eficácia. Portanto, jamais temos nenhuma ideia de poder.

12 [Alguns afirmaram que sentimos uma energia ou poder em nossa própria mente; e que, tendo assim adquirido a ideia de poder, transferimos essa qualidade à matéria, na qual não somos capazes de descobri-la imediatamente. Os movimentos de nosso corpo, assim como os pensamentos e sentimentos de nossa mente (dizem) obedecem à vontade – não precisamos ir além disso para obter uma noção correta de força ou poder. Mas, para nos convencermos de quão falacioso é esse raciocínio, basta considerarmos que, como a vontade é aqui tida como uma causa, ela não tem com seu efeito uma conexão mais manifesta que aquela que qualquer causa material tem com seu próprio efeito. Longe de se perceber a conexão entre um ato de volição e um movimento do corpo, o que se vê é que nenhum efeito é mais inexplicável, dados os poderes e a essência do pensamento e da matéria. Tampouco o domínio da vontade sobre nossa mente é mais inteligível. Aqui o efeito é distinguível e separável da causa, e não poderia ser previsto sem a experiência de sua conjunção constante. Temos o comando de nossa mente até um certo grau; mas, além *deste*, perdemos todo domínio sobre ela. E, sem consultarmos a experiência, é evidentemente impossível fixar qualquer limite preciso para nossa autoridade. Em suma, as ações da mente são, sob esse aspecto, iguais às da matéria. Tudo que percebemos é sua conjunção constante, e nosso raciocínio jamais pode ir além disso. Nenhuma impressão interna possui uma energia evidente, não mais que os objetos externos. Portanto, já que os filósofos admitem que a matéria age por meio de uma força desconhecida, em vão esperaríamos chegar a uma ideia de força consultando nossa própria mente.*]

---

* Ver nota de Hume à p.671.

13   Estabelecemos como um princípio certo que as ideias gerais ou abstratas não são senão ideias individuais vistas de um certo ângulo, e que, ao refletirmos sobre um objeto, é tão impossível excluir de nosso pensamento todos os graus particulares de quantidade e qualidade quanto o é excluí-los da natureza real das coisas. Se possuímos, portanto, uma ideia de poder em geral, também temos que ser capazes de conceber alguma espécie particular desse poder. E como o poder não pode subsistir por si só, sendo sempre considerado um atributo de algum ser ou existência, devemos ser capazes de situar esse poder em algum ser particular e de conceber esse ser como dotado de uma força e energia reais, que fazem com que tal efeito particular resulte necessariamente de sua operação. Devemos conceber distinta e particularmente a conexão entre a causa e o efeito; devemos ser capazes de afirmar, pela simples observação de um deles, que deve ser seguido ou precedido pelo outro. Essa é a maneira correta de se conceber um poder particular em um corpo particular. E como uma ideia geral é impossível sem uma ideia individual, é certo que, quando esta última é impossível, a primeira jamais poderá existir. Ora, nada é mais evidente que o fato de que a mente humana não é capaz de formar uma tal ideia de dois objetos de modo a conceber uma conexão entre eles, ou a compreender distintamente o poder ou eficácia que os une. Tal conexão equivaleria a uma demonstração, e implicaria a absoluta impossibilidade de que um objeto não se seguisse, ou fosse concebido como não se seguindo de outro – e esse tipo de conexão já foi rejeitado em todos os casos. Se alguém tem uma opinião contrária, e pensa que adquiriu uma noção de poder em algum objeto particular, peço-lhe que me aponte esse objeto. Mas até que eu encontre tal pessoa (e não tenho nenhuma esperança de que isso venha a acontecer), não posso deixar de concluir que, visto jamais sermos capazes de conceber distintamente como é possível que um poder particular resida em um objeto particular, estamos enganando a nós mesmos quando imaginamos ser capazes de formar uma tal ideia geral.

14   Assim, de tudo o que foi dito, podemos inferir que, quando falamos de um ser qualquer, seja de natureza superior, seja inferior, e dizemos que possui um poder ou força proporcional a um certo efeito; quando falamos de uma conexão necessária entre objetos e supomos que essa conexão depende de uma eficácia ou energia de que algum desses objetos seria dotado; na verdade, nenhuma dessas expressões, *assim aplicadas*, possui um sentido distinto; ao empregá-las, estamos apenas utilizando palavras comuns, sem ter nenhuma ideia clara e determinada. Mas, como o mais provável nesse caso é, não que essas expressões nunca tenham tido nenhum sentido, e sim que elas tenham perdido seu sentido verdadeiro por terem sido *erroneamente aplicadas*, convém fazer um novo exame desse tema, para ver se podemos descobrir a natureza e a origem das ideias que a elas vinculamos.

15   Suponhamos que se apresentem a nós dois objetos, dos quais um é a causa e o outro, o efeito. É claro que, pela simples observação de um ou de ambos os objetos, jamais perceberemos o laço pelo qual estão unidos, nem seremos capazes de afirmar com certeza que há uma conexão entre eles. Portanto, não é partindo de um exemplo singular que chegamos à ideia de causa e efeito, de uma conexão necessária, de poder, de força, de energia e de eficácia. Se jamais víssemos nada além de conjunções particulares de objetos inteiramente diferentes uns dos outros, jamais seríamos capazes de formar tais ideias.

16   Mais ainda. Supondo-se que observemos diversos exemplos em que os mesmos objetos estão sempre em conjunção uns com os outros, imediatamente conceberemos uma conexão entre eles e começaremos a fazer uma inferência de um ao outro. Essa multiplicidade de casos semelhantes constitui, portanto, a essência mesma do poder ou conexão, sendo a fonte de que nasce sua ideia. Portanto, para compreendermos tal ideia, temos de considerar essa multiplicidade. Isso é tudo que peço para encontrar a solução dessa dificuldade, que há tanto nos vem aturdindo. Eis meu raciocínio. A repetição de casos perfeitamente similares não pode nunca, *por si só*, gerar uma ideia

original que seja diferente da que se encontra em um caso particular – como já observei, e como se segue de modo evidente de nosso princípio fundamental, que *todas as ideias são copiadas de impressões*. Portanto, uma vez que a ideia de poder é uma nova ideia original, que não se encontra em nenhum caso singular e que, não obstante, surge da repetição de diversos casos, segue-se que a repetição, *por si só*, não tem esse efeito, devendo antes *revelar* ou *produzir* alguma coisa nova que seja a fonte dessa ideia. Se a repetição não revelasse nem produzisse nada de novo, ela poderia multiplicar nossas ideias, mas estas não sofreriam nenhum acréscimo em relação ao que são quando da observação de um caso isolado. Por isso, qualquer acréscimo (como a ideia de poder ou de conexão) oriundo da multiplicidade de casos similares é copiado de determinados efeitos da multiplicidade, e será compreendido perfeitamente quando compreendermos esses efeitos. Se encontrarmos alguma coisa nova revelada ou produzida pela repetição, é aí que devemos situar o poder; não devemos nunca procurá-lo em outro objeto.

17 Mas é evidente, em primeiro lugar, que a repetição de objetos semelhantes em relações semelhantes de sucessão e contiguidade não *revela* nada de novo nesses objetos; pois, como já provamos,[15] não podemos extrair dessa repetição nenhuma inferência, nem tomá-la como objeto de nossos raciocínios, sejam eles demonstrativos, sejam prováveis. Mais ainda, supondo-se que pudéssemos fazer uma inferência, isso não teria nenhuma importância neste caso, pois nenhum tipo de raciocínio pode originar uma ideia nova, como essa ideia de poder; ao contrário, sempre que raciocinamos, temos de possuir previamente ideias claras que possam ser os objetos de nosso raciocínio. A concepção sempre precede o entendimento; quando ela é obscura, ele é incerto; e quando ela está ausente, ele tampouco pode existir.

18 Em segundo lugar, é certo que essa repetição de objetos similares em situações similares não *produz* nada, nem nesses objetos, nem

---

15 Seção 6.

nos corpos externos. Pois concordar-se-á imediatamente que os diversos casos da conjunção de causas e efeitos semelhantes são em si mesmos inteiramente independentes, e que a comunicação de movimento que vejo agora resultar do choque de duas bolas de bilhar é totalmente distinta daquela que vi resultar de um impulso semelhante há um ano. Esses impulsos não exercem nenhuma influência uns sobre os outros. São inteiramente separados pelo tempo e pelo espaço; e um poderia ter existido e comunicado movimento mesmo que o outro nunca tivesse existido.

19   Portanto, nada de novo é revelado ou produzido em nenhum objeto por sua conjunção constante com outro, ou pela semelhança ininterrupta de suas relações de sucessão e contiguidade. Mas é dessa semelhança que provêm as ideias de necessidade, poder e eficácia. Tais ideias, portanto, não representam nada que pertença ou possa vir a pertencer aos objetos que estão em conjunção constante. Este argumento se mostrará absolutamente irrefutável, seja qual for a perspectiva pela qual o examinemos. Casos similares continuam sendo a fonte inicial de nossa ideia de poder ou necessidade, mas, ao mesmo tempo, sua similaridade não faz com que tenham nenhuma influência uns sobre os outros ou sobre objetos externos. Portanto, devemos buscar a origem dessa ideia em algum outro canto.

20   Embora os diversos casos semelhantes que originam a ideia de poder não se influenciem mutuamente e jamais possam produzir no *objeto* uma nova qualidade que pudesse ser o modelo dessa ideia, a *observação* dessa semelhança produz uma nova impressão *na mente*; e é essa impressão que é seu modelo real. Após termos observado a semelhança em um número suficiente de casos, sentimos de imediato uma determinação da mente a passar de um objeto àquele que usualmente o acompanha, e a concebê-lo mais intensamente em função dessa relação. Tal determinação é o único efeito da semelhança e, portanto, deve ser o mesmo que o poder ou a eficácia, cuja ideia é derivada da semelhança. Os diversos casos de conjunções semelhantes nos conduzem à noção de poder e necessidade. Esses casos são, em si mesmos, totalmente distintos uns dos outros, e não têm nenhuma união, a não ser

na mente que os observa e que reúne suas ideias. A necessidade, portanto, é o efeito dessa observação, e é apenas uma impressão interna da mente, uma determinação a levar nossos pensamentos de um objeto a outro. Se não a considerarmos desse modo, nunca poderemos ter dela a mais distante noção, nem seremos capazes de atribuí-la seja aos objetos externos seja aos internos, ao espírito ou ao corpo, às causas ou aos efeitos.

21   A conexão necessária entre causas e efeitos é o fundamento de nossa inferência daquelas a estes, ou reciprocamente. O fundamento de nossa inferência é a transição resultante da união habitual. A conexão necessária e a transição são, portanto, a mesma coisa.

22   A ideia de necessidade surge de alguma impressão. Nenhuma impressão transmitida por nossos sentidos é capaz de gerar tal ideia. Ela deve, portanto, ser derivada de alguma impressão interna, ou seja, de uma impressão de reflexão. A única impressão interna com alguma relação com aquilo de que estamos tratando é a propensão, produzida pelo costume, a passar de um objeto à ideia daquele que o acompanha usualmente. Essa é, portanto, a essência da necessidade. Em suma, a necessidade é algo que existe na mente, e não nos objetos. E jamais poderemos formar a menor ideia dela se a considerarmos uma qualidade dos corpos. Ou bem não temos nenhuma ideia de necessidade, ou então a necessidade não é senão a determinação do pensamento a passar das causas aos efeitos e dos efeitos às causas, de acordo com a experiência de sua união.

23   Assim como a necessidade que faz com que dois multiplicado por dois seja igual a quatro ou que a soma dos três ângulos de um triângulo seja igual a dois retos encontra-se unicamente no ato do entendimento pelo qual consideramos e comparamos essas ideias, assim também a necessidade ou poder que une causas e efeitos está na determinação da mente a passar daquelas a estes ou reciprocamente. A eficácia ou energia das causas não se situa nem nas próprias causas, nem em Deus, nem na concorrência desses dois princípios. Pertence inteiramente à alma que considera a união de dois ou mais objetos em todos os

casos passados. É aqui que se encontra o poder real das causas, juntamente com sua conexão e necessidade.

24   Reconheço que, de todos os paradoxos que já apresentei ou que terei ocasião de apresentar no decorrer deste tratado, este é o mais radical; e somente a força de uma prova e de um raciocínio sólidos podem me dar esperanças de que um dia será aceito, superando os preconceitos inveterados da humanidade. Antes de admitirmos essa doutrina, quantas vezes não devemos repetir para nós mesmos *que* a mera visão de dois objetos ou ações quaisquer, mesmo relacionados, jamais pode nos dar a ideia de um poder ou de uma conexão entre eles; *que* essa ideia nasce da repetição de sua união; *que* a repetição não revela nem causa nada nos objetos, influenciando apenas a mente, mediante a transição habitual por ela produzida; *que* essa transição habitual é, portanto, a mesma coisa que o poder e a necessidade, os quais, consequentemente, são qualidades das percepções, e não dos objetos, e são sentidos internamente pela alma, em lugar de percebidos externamente nos corpos? O espanto costuma acompanhar tudo que é extraordinário; e esse espanto se transforma imediatamente no mais alto grau de admiração ou desprezo, conforme aprovemos ou desaprovemos o objeto. Tenho um grande receio de que, embora o raciocínio anterior me pareça o mais conciso e decisivo que se possa imaginar, os leitores, em geral, vejam prevalecer a inclinação da mente que lhes dará uma predisposição contra a presente doutrina.

25   Essa inclinação contrária se explica facilmente. É comum observarmos que a mente tem uma grande propensão a se espalhar pelos objetos externos, ligando a eles todas as impressões internas que eles ocasionam, e as quais sempre aparecem ao mesmo tempo que esses objetos se manifestam aos sentidos. Assim, como observamos que certos sons e odores sempre acompanham determinados objetos visíveis, naturalmente imaginamos uma conjunção, também espacial, entre os objetos e as qualidades, embora essas qualidades sejam de uma natureza que não admite tal conjunção, e na realidade não existam

em nenhum lugar. Falaremos mais sobre esse assunto adiante.[16] Por ora, basta notar que a mesma propensão é a razão por que supomos que a necessidade e o poder se encontram nos objetos que observamos, e não na mente que os observa, muito embora não nos seja possível formar a menor ideia dessa qualidade quando não a tomamos como a determinação da mente a passar da ideia de um objeto à ideia daquele que o acompanha usualmente.

26   Mas, embora essa seja a única explicação razoável que se pode fornecer da necessidade, a noção contrária está tão enraizada na mente em razão dos princípios acima mencionados, que não duvido que muitos tratarão minhas ideias como extravagantes e ridículas. O quê? A eficácia das causas está na determinação da mente? Como se as causas não operassem de modo inteiramente independente da mente, e não fossem continuar sua operação mesmo que não existisse nenhuma mente para as contemplar ou para raciocinar a seu respeito. O pensamento pode bem depender das causas para sua operação, mas não as causas do pensamento. Isso é inverter a ordem da natureza, tomando como secundário o que na realidade é primário. Para cada operação existe um poder proporcional; e esse poder tem de estar situado no corpo que opera. Se retiramos o poder de uma causa, temos de atribuí-lo a outra. Mas retirá-lo de todas as causas e atribuí-lo a um ser que não está de modo algum relacionado com a causa ou com o efeito, senão porque os percebe, é um absurdo grosseiro, contrário aos princípios mais seguros da razão humana.

27   A tais argumentos só posso responder que este caso se parece muito com o de um cego que pretendesse encontrar um grande número de absurdos na suposição de que a cor escarlate não é igual ao som de um trompete, ou de que a luz não é igual à solidez. Se realmente não temos nenhuma ideia de um poder ou eficácia em nenhum objeto, nem de uma conexão real entre causas e efeitos, de pouco servirá provar que uma eficácia é necessária em todas as operações. Não

---

16 Parte 4, Seção 5.

compreendemos o sentido de nossas próprias palavras ao falar assim. Sem o saber, confundimos ideias que são inteiramente distintas. De fato, estou pronto a admitir que pode haver várias qualidades, tanto nos objetos materiais como nos imateriais, que desconhecemos completamente; e se queremos chamá-las de *poder* ou *eficácia*, isso pouco importa para o mundo. Mas quando, em vez de nos referirmos a essas qualidades desconhecidas, fazemos que os termos poder e eficácia signifiquem alguma coisa de que temos uma ideia clara, mas é incompatível com os objetos aos quais a aplicamos, a obscuridade e o erro começam a se impor, e somos desencaminhados por uma falsa filosofia. É o que ocorre quando transferimos a determinação do pensamento para os objetos externos e supomos que existe, entre estes, uma conexão real e inteligível – pois essa é uma qualidade que só pode pertencer à mente que os considera.

28 Quanto à afirmação de que as operações da natureza são independentes de nosso pensamento e raciocínio, eu o admito. Foi assim que observei que os objetos mantêm entre si relações de contiguidade e sucessão; que podemos observar vários exemplos de objetos semelhantes com relações semelhantes; e que tudo isso independe das operações do entendimento e as antecede. Quando vamos além disso, porém, atribuindo um poder ou conexão necessária a esses objetos, afirmo que devemos extrair tal ideia daquilo que sentimos internamente quando os contemplamos, já que isso é algo que nunca poderíamos observar neles. E estou tão convencido disso que estou disposto a tomar meu raciocínio presente como um exemplo do que acabo de dizer, em virtude de uma sutileza que não será difícil compreender.

29 Quando um objeto se apresenta a nós, ele imediatamente traz à mente uma ideia vívida daquele objeto que geralmente o acompanha; e essa determinação da mente forma a conexão necessária entre esses objetos. Mas quando deslocamos o ponto de vista dos objetos para as percepções, a impressão deve ser considerada a causa, e a ideia vívida, o efeito; e sua conexão necessária é essa nova determinação que sentimos a passar da ideia de um à do outro. O princípio unificador

de nossas percepções internas é tão ininteligível quanto o dos objetos externos, e nos é conhecido exclusivamente pela experiência. Ora, a natureza e os efeitos da experiência já foram suficientemente examinados e explicados. Ela jamais nos deixa entrever a estrutura interna ou o princípio de operação dos objetos, mas apenas acostuma a mente a passar de um objeto ao outro.

30   Este é o momento de reunir as diferentes partes deste raciocínio e, com elas, compor uma definição exata da relação de causa e efeito, tema da presente investigação. A ordem que adotamos, examinando primeiro nossa inferência baseada na relação, para depois explicar a própria relação, seria indesculpável se tivesse sido possível seguir um método diferente. Mas como a natureza da relação depende em tão grande medida da natureza da inferência, vimo-nos obrigados a proceder dessa maneira aparentemente às avessas, empregando os termos antes de sermos capazes de defini-los com exatidão ou de determinar seu sentido. Corrigiremos agora essa falta, apresentando uma definição precisa de causa e efeito.

31   Podemos dar duas definições dessa relação, que diferem apenas por apresentarem aspectos diferentes do mesmo objeto, fazendo com que o consideremos, seja como uma relação *filosófica*, seja como uma relação *natural*; como uma comparação entre duas ideias, ou como uma associação entre elas. Podemos definir uma CAUSA como 'Um objeto anterior e contíguo a outro, tal que todos os objetos semelhantes ao primeiro mantêm relações semelhantes de anterioridade e contiguidade com os objetos semelhantes ao último'. Se tal definição for considerada deficiente, porque extraída de objetos estranhos à causa, podemos substituí-la por esta outra: 'Uma CAUSA é um objeto anterior e contíguo a outro, e unido a ele de tal forma que a ideia de um determina a mente a formar a ideia do outro, e a impressão de um a formar uma ideia mais vívida do outro'. Se também essa definição for rejeitada pela mesma razão, o único remédio que vejo é que as pessoas que se mostrarem tão exigentes a substituam por uma definição mais exata. De minha parte, devo confessar que sou incapaz de realizar tal

coisa. Quando examino com a maior precisão possível objetos comumente denominados causas e efeitos, o que vejo, se considero um caso isolado, é que um objeto é anterior e contíguo ao outro; e se amplio minha visão para compreender vários casos, constato tão somente que objetos semelhantes estão sempre situados em relações semelhantes de sucessão e contiguidade. Novamente, quando considero a influência dessa conjunção constante, percebo que tal relação nunca pode ser objeto de raciocínio, e nunca pode operar sobre a mente senão por meio do costume, que determina a imaginação a fazer uma transição da ideia de um objeto à daquele outro que o acompanha usualmente, e da impressão de um a uma ideia mais vívida do outro. Por mais extraordinárias que possam parecer essas afirmações, creio que é inútil me dar ao trabalho de realizar mais investigações ou raciocínios sobre esse assunto; ao contrário, apoiar-me-ei nelas como se em máximas já estabelecidas.

32   Antes de deixarmos este tema, devemos apenas extrair dele alguns corolários que nos permitirão eliminar vários preconceitos e erros populares que têm tido grande prevalência na filosofia. Em primeiro lugar, aprendemos com a doutrina precedente que todas as causas são da mesma espécie e, em particular, que é infundada a distinção por vezes estabelecida entre causas eficientes e causas *sine qua non*; ou entre causas eficientes e causas formais, materiais, exemplares e finais. Porque, como nossa ideia de eficiência é derivada da conjunção constante entre dois objetos, sempre que se observa tal conjunção, a causa é eficiente; quando não se a observa, não pode haver nenhum tipo de causa. Pela mesma razão, devemos rejeitar a distinção entre *causa* e *ocasião*, se por ela se entende que esses termos significam coisas essencialmente diferentes. Se, naquilo que chamamos ocasião, estiver implicada uma conjunção constante, essa ocasião será uma causa real. Se não estiver, não será absolutamente uma relação, e não pode originar nenhum argumento ou raciocínio.

33   Em segundo lugar, o mesmo raciocínio nos fará concluir que existe apenas uma espécie de *necessidade,* assim como existe apenas uma

espécie de causa, e que a distinção comum entre necessidade *moral* e *física* não possui fundamento na natureza. Isso fica claro pela explicação anterior da necessidade. É a conjunção constante dos objetos, juntamente com a determinação da mente, que constitui uma necessidade física; e a exclusão destas é o mesmo que o *acaso*. Como os objetos têm de estar ou não em conjunção, e como a mente tem de ser ou não determinada a passar de um objeto a outro, é impossível admitir um meio-termo entre o acaso e a necessidade absoluta. Se enfraquecermos essa conjunção e determinação, não estaremos alterando a natureza da necessidade. Pois, mesmo na operação dos corpos, há diferentes graus de constância e de força, sem que isso produza uma espécie diferente dessa relação.

34 A distinção que com frequência fazemos entre o *poder* e seu *exercício* é igualmente infundada.

35 Em terceiro lugar, talvez agora sejamos capazes de superar inteiramente aquela aversão tão natural ao raciocínio anterior, por meio do qual tentamos provar que a necessidade de haver uma causa para todo começo de existência não se funda em nenhum argumento, nem demonstrativo, nem intuitivo. Tal opinião não causará estranheza após as definições já apresentadas. Se definirmos uma causa como *um objeto anterior e contíguo a outro, e tal que todos os objetos semelhantes ao primeiro mantêm relações semelhantes de anterioridade e contiguidade com os objetos semelhantes ao último*, poderemos facilmente conceber que não existe uma necessidade absoluta ou metafísica de que todo começo de existência seja acompanhado de tal objeto. Se definirmos uma causa como *um objeto anterior e contíguo a outro, e unido a ele de tal forma na imaginação que a ideia de um determina a mente a formar a ideia do outro, e a impressão de um a formar uma ideia mais vívida do outro*, teremos ainda menos dificuldade em concordar com essa opinião. Uma tal influência sobre a mente é, em si mesma, inteiramente extraordinária e incompreensível; e apenas pela experiência e observação podemos estar certos de sua realidade.

36   Acrescentarei, como um quarto corolário, que jamais teremos qualquer razão para acreditar na existência de um objeto se não pudermos formar uma ideia dele. Pois, como todos os nossos raciocínios concernentes à existência são derivados da causalidade, e como todos os nossos raciocínios concernentes à causalidade são derivados da conjunção que experimentamos entre os objetos, e não de algum raciocínio ou reflexão, a mesma experiência deve nos dar uma noção desses objetos, e afastar qualquer mistério de nossas conclusões. Isso é tão evidente que dificilmente teria merecido nossa atenção, se não fosse para nos prevenirmos contra certas objeções desse tipo, que podem ser levantadas contra meus raciocínios ulteriores acerca da *matéria* e da *substância*. Não preciso observar que não se requer aqui um conhecimento completo do objeto, mas apenas das qualidades desse objeto que acreditamos existir.

Seção 15
Regras para se julgar sobre causas e efeitos

1   De acordo com a doutrina precedente, não existe um só objeto que, por um mero exame e sem consultar a experiência, possamos determinar ser, com certeza, a causa de algum outro; e não há um só objeto que possamos determinar, desse mesmo modo, não ser a causa de outro. Qualquer coisa pode produzir qualquer coisa. Criação, aniquilação, movimento, razão, volição – todas essas coisas podem surgir umas das outras ou de qualquer outro objeto que possamos imaginar. Isso não parecerá estranho se compararmos dois princípios acima explicados: que *a conjunção constante entre objetos determina sua causalidade*, e que,[17] *propriamente falando, nenhum objeto é contrário a outro, senão a existência e a não-existência*. Quando os objetos não são contrários, nada os impede de ter essa conjunção constante de que depende inteiramente a relação de causa e efeito.

---

17 Parte 1, Seção 5.

2   Como, portanto, todos os objetos podem se tornar causas ou efeitos uns dos outros, talvez seja apropriado fixar algumas regras gerais, que nos permitam saber quando eles realmente o são.
3   1. A causa e o efeito têm de ser contíguos no espaço e no tempo.
4   2. A causa tem de ser anterior ao efeito.
5   3. Tem de haver uma união constante entre a causa e o efeito. É sobretudo essa qualidade que constitui a relação.
6   4. A mesma causa sempre produz o mesmo efeito, e o mesmo efeito jamais surge senão da mesma causa. Esse princípio nós derivamos da experiência, e é a fonte da maior parte de nossos raciocínios filosóficos. Quando, mediante um experimento claro, descobrimos as causas ou os efeitos de um fenômeno, imediatamente estendemos nossa observação a todos os fenômenos do mesmo tipo, sem esperar por sua repetição constante, da qual derivamos a primeira ideia dessa relação.
7   5. Há um outro princípio que depende do anterior: quando diversos objetos diferentes produzem o mesmo efeito, isso deve se dar por meio de alguma qualidade que descobrimos ser comum a todos eles. Pois, uma vez que efeitos semelhantes implicam causas semelhantes, devemos sempre atribuir a causalidade àquela circunstância em que descobrimos a semelhança.
8   6. O princípio seguinte se fundamenta na mesma razão. A diferença entre os efeitos de dois objetos semelhantes deve proceder da particularidade pela qual eles diferem. Pois como causas semelhantes sempre produzem efeitos semelhantes, quando, em um caso qualquer, ocorre algo que não esperávamos, devemos concluir que tal irregularidade procede de alguma diferença entre as causas.
9   7. Quando um objeto aumenta ou diminui com o aumento ou a diminuição de sua causa, deve ser visto como um efeito composto, derivado da união dos diversos efeitos diferentes, resultantes das diversas partes diferentes da causa. Está-se supondo aqui que a ausência ou a presença de uma parte da causa é sempre acompanhada da ausência ou da presença de uma parte proporcional do efeito. Uma

tal conjunção constante prova suficientemente que uma parte é a causa da outra. Devemos, entretanto, ter o cuidado de não extrair essa conclusão de uns poucos experimentos. Um certo grau de calor nos dá prazer; se diminuirmos esse calor, o prazer diminui; mas daí não se segue que, se o aumentarmos além de um certo grau, o prazer também aumentará – pois constatamos que ele se transforma em dor.

10   8. A oitava e última regra que notarei é que um objeto que existe durante algum tempo em toda a sua perfeição sem produzir um efeito não será a única causa desse efeito, requerendo o auxílio de algum outro princípio que possa promover sua influência e operação. Porque, como efeitos semelhantes necessariamente se seguem de causas semelhantes, e num momento e lugar contíguos, sua separação durante um período mostra que essas causas não são completas.

11   Eis toda a LÓGICA que penso dever empregar em meu raciocínio. E talvez sequer ela fosse muito necessária, pois poderia ter sido suprida pelos princípios naturais de nosso entendimento. Nossas sumidades escolásticas e nossos lógicos não mostram, em seus raciocínios habilidosos, tanta superioridade em relação ao mero vulgo que passássemos a querer imitá-los, apresentando um longo sistema de regras e preceitos para a direção de nosso juízo filosófico. Todas as regras dessa natureza são muito fáceis de inventar, mas extremamente difíceis de aplicar. A própria filosofia experimental, que parece mais natural e simples que qualquer outra, requer um esforço extremo do juízo humano. Na natureza, todo fenômeno é composto e modificado por tantas circunstâncias diferentes que, para chegarmos ao ponto decisivo, devemos separar dele cuidadosamente tudo o que é supérfluo e investigar, por meio de novos experimentos, se cada circunstância particular do primeiro experimento lhe era essencial. Esses novos experimentos são passíveis de uma discussão do mesmo tipo; de modo que precisamos da máxima constância para perseverar em nossa investigação, e da maior sagacidade, para escolher o caminho correto, dentre tantos que se apresentam. Se isso ocorre até na filosofia da natureza, quanto mais na filosofia moral, em que existe

uma complicação muito maior de circunstâncias, e em que as opiniões e sentimentos essenciais a qualquer ação da mente são tão implícitos e obscuros que frequentemente escapam à nossa mais rigorosa atenção, permanecendo não apenas inexplicáveis em suas causas, mas até mesmo desconhecidos em sua existência! Tenho grande receio de que o medíocre sucesso de minhas investigações acabe por emprestar a essa observação antes um ar de pedido de desculpas que de vanglória.

12   Se há algo capaz de me dar alguma segurança a este respeito, será ampliar ao máximo a esfera de meus experimentos. Por essa razão, talvez seja conveniente examinar agora a faculdade de raciocínio dos animais, comparando-a com a das criaturas humanas.

Seção 16
Da razão dos animais

1   Quase tão ridículo quanto negar uma verdade evidente é realizar um grande esforço para defendê-la. E nenhuma verdade me parece mais evidente que a de que os animais são dotados de pensamento e razão, assim como os homens. Os argumentos neste caso são tão óbvios que não escapam nem aos mais estúpidos e ignorantes.

2   Temos consciência de que nós mesmos, ao adaptar os meios aos fins, somos guiados pela razão e por um propósito, e não é irrefletidamente nem por acaso que realizamos ações que tendem à nossa autopreservação, a obter prazer e evitar a dor. Quando, portanto, vemos milhões de exemplos de outras criaturas realizando ações semelhantes e direcionando-as para fins semelhantes, todos os nossos princípios de razão e probabilidade nos levam com uma força invencível a crer na existência de uma causa semelhante. Em minha opinião, é desnecessário ilustrar esse argumento pela enumeração de casos particulares. A mínima atenção nos fornecerá mais exemplos do que precisamos. A semelhança entre as ações dos animais e as dos homens é tão completa, quanto a esse aspecto, que já a pri-

meira ação do primeiro animal que escolhermos nos fornecerá um argumento incontestável da presente doutrina.

3   Essa doutrina é tão útil quanto óbvia, e nos fornece uma espécie de pedra de toque com a qual podemos pôr à prova todos os sistemas desse gênero de filosofia. É com base na semelhança entre as ações externas dos animais e as por nós mesmos realizadas que julgamos que também suas ações internas se assemelham às nossas. E o mesmo princípio de raciocínio, levado um pouco adiante, nos fará concluir que, como nossas ações internas se assemelham umas às outras, as causas de que elas derivam também têm de ser semelhantes. Portanto, quando apresentamos uma hipótese para explicar uma operação mental comum aos homens e aos animais, devemos poder aplicar a mesma hipótese a ambos. Qualquer hipótese verdadeira sobreviverá a esse teste, e arrisco-me a afirmar que nenhuma hipótese falsa jamais resistirá a ele. O defeito comum a todos os sistemas apresentados pelos filósofos para explicar as ações da mente é que supõem um pensamento tão sutil e refinado que não apenas ultrapassam a capacidade dos simples animais, mas até das crianças e pessoas comuns de nossa própria espécie – que, não obstante, são suscetíveis das mesmas emoções e afetos que as pessoas de maior genialidade e inteligência. Tal sutileza é uma prova clara da falsidade de um sistema, enquanto a simplicidade, ao contrário, é uma prova de sua verdade.

4   Sendo assim, submetamos nosso presente sistema sobre a natureza do entendimento a essa prova decisiva, e vejamos se ele pode dar conta tanto dos raciocínios dos animais como dos da espécie humana.

5   Devemos fazer aqui uma distinção entre as ações dos animais que são de uma natureza ordinária, e parecem estar no mesmo nível que suas habilidades comuns, e os exemplos mais extraordinários de sagacidade, que os animais por vezes mostram quando agem com vistas à sua autopreservação e à propagação de sua espécie. Um cão que evita o fogo e os precipícios, que se afasta de estranhos e trata seu dono carinhosamente nos dá um exemplo do primeiro tipo de

ação. Um pássaro que escolhe com grande cuidado e precisão o lugar e os materiais para seu ninho, que choca seus ovos pelo tempo devido e na estação apropriada, com a precaução de um químico que realiza a experiência mais delicada, fornece-nos um exemplo vivo do segundo.

6   Quanto às ações do primeiro tipo, afirmo que procedem de um raciocínio que, em si mesmo, não é diferente nem fundado em princípios diferentes dos que aparecem na natureza humana. Em primeiro lugar, é necessário que haja alguma impressão presente à sua memória ou a seus sentidos, capaz de fundamentar seu julgamento. Do tom de voz, o cão infere a raiva de seu dono e prevê seu próprio castigo. De uma certa sensação que afeta seu olfato, julga que sua presa não está muito distante dele.

7   Em segundo lugar, a inferência que faz partindo da impressão presente é construída sobre a experiência e sobre sua observação da conjunção de certos objetos em casos passados. Se modificarmos essa experiência, ele modificará seu raciocínio. Assim, se, por várias vezes, batermos no cachorro logo após um certo sinal ou movimento, e depois trocarmos esse sinal ou movimento, ele extrairá sucessivamente conclusões diferentes, segundo sua experiência mais recente.

8   Pois bem, faça-se qualquer filósofo um esforço para explicar aquele ato da mente que chamamos de *crença*; se conseguir dar uma explicação dos princípios de que esta se origina, sem apelar para a influência do costume sobre a imaginação; e se sua hipótese for aplicável igualmente aos animais e à espécie humana – se conseguir fazer isso, prometo esposar sua opinião. Mas, ao mesmo tempo, como justa contrapartida, peço que, se meu sistema for o único capaz de responder a todas essas condições, ele o aceite como inteiramente satisfatório e convincente. Ora, que meu sistema é o único capaz disso fica evidente sem a necessidade de quase nenhum raciocínio. Os animais, certamente, nunca percebem nenhuma conexão real entre os objetos. É pela experiência, portanto, que inferem uns dos outros. São incapazes de, mediante argumentos, formar a conclusão geral de que

objetos que eles nunca experimentaram se assemelham àqueles de que já tiveram experiência. Portanto, é unicamente por meio do costume que a experiência opera sobre eles. Tudo isso era suficientemente evidente a propósito do homem. Mas, quanto aos animais, não pode haver a menor suspeita de engano – o que deve ser visto como uma forte confirmação, ou antes, como uma prova invencível de meu sistema.

9   Nada mostra melhor a força que o hábito exerce ao fazer-nos aceitar um fenômeno qualquer que o fato de os homens não se espantarem com as operações de sua própria razão, ao mesmo tempo em que admiram o *instinto* dos animais e têm dificuldade em explicá-lo, simplesmente porque não pode ser reduzido exatamente aos mesmos princípios. Mas, a se considerar devidamente a questão, a razão não é senão um maravilhoso e ininteligível instinto de nossas almas, que nos conduz por uma certa sequência de ideias, conferindo-lhes qualidades particulares em virtude de suas situações e relações particulares. É verdade que tal instinto surge da observação e experiência passada; mas quem poderá dar a razão última que explique por que deve ser a experiência e a observação passada, e não a natureza por si mesma, o que produz tal efeito? A natureza certamente é capaz de produzir tudo aquilo que pode surgir do hábito. Ou antes: o hábito não é senão um dos princípios da natureza, e extrai toda a sua força dessa origem.

Parte 4
Do ceticismo e outros sistemas filosóficos

Seção 1
Do ceticismo quanto à razão

1   Em todas as ciências demonstrativas, as regras são certas e infalíveis; mas quando as aplicamos, nossas faculdades, falíveis e incertas, têm uma grande tendência a delas se afastar e a cair em erro. Por isso, em todo raciocínio, devemos conferir e controlar nosso primeiro juízo ou crença mediante um novo juízo; e devemos ampliar nossa visão para abranger uma espécie de história de todos os casos em que nosso entendimento nos enganou, comparando-os àqueles em que seu testemunho foi legítimo e verdadeiro. Nossa razão deve ser considerada uma espécie de causa, cujo efeito natural é a verdade; mas esse efeito pode ser frequentemente impedido pela irrupção de outras causas, e pela inconstância de nossos poderes mentais. Desse modo, todo conhecimento degenera em probabilidade; e essa probabilidade é maior ou menor, segundo nossa experiência da veracidade ou falsidade de nosso entendimento e segundo a simplicidade ou a complexidade da questão.

2   Nenhum algebrista ou matemático é tão versado em sua ciência a ponto de depositar plena confiança em uma verdade assim que a descobre, ou de considerá-la algo mais que uma mera probabilidade. Sua confiança cresce toda vez que refaz as provas; e cresce ainda mais com a aceitação dos amigos, atingindo sua máxima perfeição pela aprovação universal e pelos aplausos do mundo erudito. Ora, é evidente que esse aumento gradual da certeza não é senão a adição de novas probabilidades, e deriva da união constante de causas e efeitos, de acordo com a experiência e a observação passada.

3   Em cálculos longos ou importantes, os comerciantes raramente confiam na certeza infalível dos números; em vez disso produzem, pela estrutura artificial dos registros contábeis, uma probabilidade que ultrapassa aquela que deriva da habilidade e experiência do contador. Pois esta, por si só, já constitui claramente um grau de probabilidade, embora incerta e variável, segundo o grau da experiência e a complexidade do cálculo. Ora, como ninguém sustentaria que nossa certeza em um cálculo complexo excede a probabilidade, posso afirmar com segurança que não há praticamente nenhuma proposição numérica sobre a qual possamos ter uma certeza mais completa. Porque, diminuindo-se gradativamente os números, é fácil reduzir a mais longa série de adições ao problema mais simples possível: a adição de apenas dois números. E, de acordo com essa suposição, veremos que é impraticável mostrar os limites precisos do conhecimento e da probabilidade, ou descobrir exatamente em que número aquele termina e esta começa. Mas conhecimento e probabilidade têm naturezas tão contrárias e discordantes que não poderiam se transformar insensivelmente um no outro, e isso porque não se dividem, devendo antes estar inteiramente presentes ou inteiramente ausentes. Ademais, se uma só adição fosse certa, todas seriam, e consequentemente também a soma inteira ou total – a menos que o todo possa ser diferente do conjunto de suas partes. Eu quase ia dizendo que este raciocínio é certo; mas, pensando melhor, vejo que *ele* também, assim como todos os outros raciocínios, deve se reduzir e, de conhecimento, degenerar em probabilidade.

4   Portanto, como todo conhecimento se reduz a uma probabilidade, acabando por adquirir a mesma natureza que essa evidência que empregamos na vida diária, devemos agora examinar esta última espécie de raciocínio, para determinar seu fundamento.

5   Em todo juízo que podemos formar acerca da probabilidade, bem como do conhecimento, devemos sempre corrigir o primeiro juízo, referente à natureza do objeto, por meio de um outro juízo, referente à natureza do entendimento. É certo que um homem inteligente e com uma longa experiência deveria ter, e geralmente tem, uma segurança maior acerca de suas opiniões do que um homem tolo e ignorante, e que nossas opiniões possuem graus diferentes de autoridade perante nós mesmos, proporcionalmente aos graus de nossa razão e experiência. Tal autoridade jamais é completa, sequer no homem mais inteligente e experiente; pois até este deve ter consciência de muitos erros cometidos no passado, e teme repeti-los no futuro. Surge aqui, portanto, uma nova espécie de probabilidade, para corrigir e regular a primeira, e para fixar seu critério e proporção corretos. Assim como a demonstração está sujeita ao controle da probabilidade, assim também a probabilidade está sujeita a uma nova correção por um ato reflexivo da mente, cujo objeto é a natureza de nosso entendimento, bem como nosso raciocínio baseado na primeira probabilidade.

6   Assim, em toda probabilidade, após termos descoberto, além da incerteza original inerente ao objeto, uma nova incerteza, derivada da fraqueza da faculdade de julgar, e após termos ajustado uma à outra essas duas incertezas, nossa razão nos obriga a somar a elas uma nova dúvida, derivada da possibilidade de erro em nossa estimativa da verdade e da fidelidade de nossas faculdades. Essa é uma dúvida que nos ocorre imediatamente; e, se quisermos seguir de modo estrito nossa razão, não poderemos deixar de dar uma solução para ela. Mas, por estar fundada unicamente na probabilidade, essa solução, mesmo favorável a nosso juízo precedente, deve enfraquecer ainda mais nossa primeira evidência, sendo ela própria enfraquecida por uma quarta dúvida do mesmo tipo, e assim ao infinito; até que, finalmente, nada

reste da probabilidade original, por maior que possamos supor que ela tenha sido, e por menor que tenha sido a diminuição decorrente de cada nova incerteza. Nenhum objeto finito pode subsistir a um decréscimo repetido ao infinito; e, desse modo, até a maior quantidade concebível pela imaginação humana deve se reduzir a nada. Por mais forte que seja nossa crença inicial, ela infalivelmente perecerá ao passar por tantos novos exames, cada um dos quais diminui um pouco sua força e vigor. Quando reflito sobre a falibilidade natural de meu juízo, confio menos em minhas opiniões do que quando considero apenas os objetos sobre os quais raciocino. E quando vou ainda mais longe, inspecionando minhas sucessivas estimativas acerca de minhas faculdades, todas as regras da lógica determinam uma contínua diminuição e, finalmente, uma total extinção da crença e da evidência.

7   Se me perguntassem se concordo sinceramente com esse argumento, que pareço esforçar-me tanto para estabelecer, e se sou realmente um desses céticos que sustentam que tudo é incerto e que nosso juízo não possui *nenhuma* medida da verdade ou falsidade de *nada*, responderia que essa questão é inteiramente supérflua, e nem eu nem qualquer outra pessoa jamais esposou sincera e constantemente tal opinião. A natureza, por uma necessidade absoluta e incontrolável, determinou-nos a julgar, assim como a respirar e a sentir. Não podemos deixar de considerar certos objetos de um modo mais forte e pleno em virtude de sua conexão habitual com uma impressão presente, como não podemos nos impedir de pensar enquanto estamos despertos, ou de enxergar os objetos circundantes quando voltamos nossos olhos para eles em plena luz do dia. Quem quer que tenha-se dado ao trabalho de refutar as cavilações desse ceticismo *total*, na verdade debateu sem antagonista e fez uso de argumentos na tentativa de estabelecer uma faculdade que a natureza já havia antes implantado em nossa mente, tornando-a inevitável.

8   Minha intenção, portanto, ao expor tão cuidadosamente os argumentos dessa seita imaginária, é apenas sensibilizar o leitor para a verdade de minha hipótese: *que nossos raciocínios acerca de causas e efeitos*

derivam unicamente do costume; e que a crença é mais propriamente um ato da parte sensitiva que da parte cogitativa de nossa natureza. Provei, aqui, que exatamente os mesmos princípios que nos levam a formar uma conclusão sobre um assunto qualquer, e a corrigir essa conclusão pela consideração de nossa inteligência e capacidade, bem como da situação em que nossa mente se encontrava quando examinamos o assunto; provei que esses mesmos princípios, quando levados adiante e aplicados a cada novo juízo reflexivo, devem diminuir continuamente a evidência original, até reduzi-la a nada, destruindo por completo toda crença e opinião. Se a crença, portanto, fosse um simples ato do pensamento, independente de uma maneira peculiar de concepção ou adição de uma força e vividez, ela necessariamente destruiria a si mesma, terminando sempre em uma total suspensão de juízo. Mas a experiência será suficiente para convencer, a quem quer que pense valer a pena pôr tudo isso à prova, de que, mesmo que não encontre nenhum erro nos argumentos anteriores, continuará a crer, a pensar e a raciocinar como de costume; e, por isso, pode concluir com segurança que seu raciocínio e sua crença são apenas uma sensação ou maneira peculiar de conceber, que meras ideias e reflexões são incapazes de destruir.

9   Mas talvez alguém pergunte, neste ponto, como é possível, mesmo segundo minha hipótese, que esses argumentos acima explicados não produzam uma total suspensão de juízo, e de que modo a mente pode conservar algum grau de certeza sobre um assunto qualquer. Pois essas novas probabilidades, que por sua repetição diminuem sem cessar a evidência original, fundamentam-se exatamente nos mesmos princípios, sejam eles do pensamento ou da sensação, que fundamentam o primeiro juízo; desse modo, pode parecer inevitável que elas destruam a evidência tanto em um caso como em outro, e, pela oposição quer de pensamentos, quer de sensações contrárias, reduzam a mente a uma total incerteza. Suponho que alguém me coloca uma questão, e que, após repassar as impressões de minha memória e meus sentidos, levando meus pensamentos dessas impressões aos

objetos que comumente se encontram em conjunção com elas, sinto que concebo um dos lados de maneira mais forte e imperativa que o outro. Essa concepção forte constitui minha primeira conclusão. Suponho que, em seguida, examino meu próprio juízo; e, observando pela experiência que ele é ora correto, ora errôneo, considero-o como sendo regulado por princípios ou causas contrárias, algumas das quais levam à verdade, e outras ao erro. Ao contrapor essas causas contrárias, diminuo, por uma nova probabilidade, a certeza de minha primeira conclusão. Essa nova probabilidade está sujeita à mesma diminuição que a precedente, e assim por diante, ao infinito. Pergunta-se, portanto: *como pode acontecer que, com tudo isso, conservemos um grau de crença suficiente para nosso propósito, seja na filosofia, seja na vida comum?*

10   Respondo que, após a primeira e a segunda conclusões, a ação da mente se torna forçada e pouco natural, e as ideias fracas e obscuras; e embora os princípios do juízo e a contraposição de causas opostas sejam iguais ao que eram no início, sua influência sobre a imaginação e o vigor que emprestam ao pensamento ou dele retiram não são, de forma alguma, os mesmos. Quando a mente não atinge seus objetos confortavelmente e com facilidade, os mesmos princípios não exercem os mesmos efeitos que exercem no caso de uma concepção mais natural das ideias; e a imaginação tampouco tem uma sensação comparável àquela que surge de seus juízos e opiniões correntes. A atenção está tensionada; a postura da mente é desconfortável; e os espíritos animais, tendo sido desviados de seu curso natural, não têm seus movimentos governados pelas mesmas leis, ao menos não no mesmo grau, do que quando fluem por seus canais usuais.

11   Se desejarmos exemplos similares, não será muito difícil encontrá-los. O presente tema da metafísica nos fornece uma abundância deles. O mesmo argumento que teria sido considerado convincente em um raciocínio concernente à história ou à política tem pouca ou nenhuma influência nesses temas mais abstrusos, mesmo que seja perfeitamente compreendido. Isso porque tal compreensão requer um estudo e um esforço do pensamento; e esse esforço do pensamento

perturba a operação de nossos sentimentos, de que a crença depende. O mesmo se passa em outros domínios. O esforço excessivo da imaginação sempre impede o fluxo regular das paixões e sentimentos. Um poeta trágico que representasse seus heróis como muito engenhosos e espirituosos em meio a seus infortúnios jamais conseguiria tocar as paixões. Assim como as emoções da alma impedem qualquer raciocínio e reflexão sutil, estas últimas ações da mente são igualmente prejudiciais às primeiras. A mente, como o corpo, parece ser dotada de um grau preciso de força e atividade, que, quando empregado em uma ação, tem de ser subtraído de todas as outras. A verdade disso é mais evidente quando as ações são de naturezas bastante diferentes; pois, nesse caso, não só a força da mente é desviada, mas a disposição também é transformada, o que nos torna incapazes de uma transição súbita de uma ação a outra, e, mais ainda, incapazes de realizar ambas ao mesmo tempo. Não é de admirar, portanto, que a convicção decorrente de um raciocínio sutil diminua proporcionalmente ao esforço realizado pela imaginação para penetrar o raciocínio e concebê-lo em todas as suas partes. A crença, sendo uma concepção vívida, jamais pode ser completa se não estiver fundada em algo natural e fácil.

12 Tal é, a meu ver, o verdadeiro estado da questão. Não posso aprovar esse modo apressado que alguns usam contra os céticos, de rejeitar de uma só vez todos os seus argumentos, sem submetê-los a uma investigação ou exame. Se os raciocínios céticos são fortes, dizem eles, isso é uma prova de que a razão pode ter alguma força e autoridade; se são fracos, jamais podem ser suficientes para invalidar todas as conclusões de nosso entendimento. Esse argumento não é correto, pois os raciocínios céticos, se pudessem existir sem ser destruídos por sua sutileza, seriam sucessivamente fortes e fracos, conforme as sucessivas disposições da mente. Primeiro, a razão aparece no trono, ditando leis e impondo máximas, com um poder e autoridade absolutos. Seu inimigo, portanto, é obrigado a se abrigar sob sua proteção; e, empregando argumentos racionais para provar a falibilidade e incompetência da razão, produz como que uma carta patente, assinada e selada

por esta. Tal garantia, de início, possui uma autoridade proporcional à autoridade presente e imediata da razão, da qual é derivada. Mas, como se supõe que é contraditória em relação à razão, ela diminui de modo gradativo a força deste princípio regulador, e sua própria força ao mesmo tempo, até que finalmente, por essa diminuição regular e precisa, ambas desaparecem por completo. As razões cética e dogmática são da mesma espécie, embora contrárias em suas operações e tendências. Desse modo, quando a última é forte, encontra na primeira um inimigo com a mesma força; e, como suas forças de início eram iguais, elas continuam iguais, enquanto uma das duas subsiste. A força que uma perde no combate é subtraída igualmente da antagonista. Felizmente, a natureza quebra a força de todos os argumentos céticos a tempo, impedindo-os de exercer qualquer influência considerável sobre o entendimento. Se fôssemos confiar inteiramente em sua autodestruição, teríamos de esperar até terem antes minado toda convicção e destruído inteiramente a razão humana.

Seção 2
Do ceticismo quanto aos sentidos

1   Assim, o cético continua a raciocinar e a crer, muito embora afirme ser incapaz de defender a razão pela razão. E, pela mesma regra, deve dar seu assentimento ao princípio concernente à existência dos corpos, embora não possa ter a pretensão de sustentar sua veracidade por meio de argumentos filosóficos. A natureza não deixou isso à sua escolha; sem dúvida, avaliou que se tratava de uma questão demasiadamente importante para ser confiada a nossos raciocínios e especulações incertos. Podemos perfeitamente perguntar *que causas nos induzem a crer na existência dos corpos*. Mas é inútil perguntar *se existem ou não corpos*. Esse é um ponto que devemos dar por suposto em todos os nossos raciocínios.

2   O tema de nossa investigação presente, portanto, diz respeito às *causas* que nos induzem a crer na existência dos corpos. Meus raciocínios acerca desse ponto terão início com uma distinção, que à pri-

meira vista pode parecer supérflua, mas que contribuirá muito para a perfeita compreensão do que se segue. Devemos examinar em separado estas duas questões, que são igualmente confundidas: por que atribuímos uma existência CONTÍNUA aos objetos, mesmo quando não estão presentes aos sentidos? e por que supomos que possuem uma existência DISTINTA da mente e da percepção? Com este último ponto, refiro-me a sua situação, bem como a suas relações; a sua posição *externa*, bem como à *independência* de sua existência e operação. As duas questões, concernentes à existência contínua e distinta dos corpos, estão estreitamente conectadas. Porque se os objetos de nossos sentidos continuam a existir mesmo quando não são mais percebidos, é claro que sua existência é independente e distinta da percepção; e vice-versa, se sua existência é independente e distinta da percepção, eles têm de continuar existindo, mesmo quando não são percebidos. A resposta a uma questão responde também à outra. Porém, para que possamos descobrir mais facilmente os princípios da natureza humana de que deriva essa resposta, conservaremos conosco a distinção e examinaremos se são os *sentidos*, a *razão* ou a *imaginação* o que produz a opinião de uma existência *contínua* ou de uma existência *distinta*. Essas são as únicas questões inteligíveis acerca do presente tema; pois, quanto à noção de existência externa, quando considerada como algo especificamente diferente de nossas percepções,[1] já mostramos seu absurdo.

3   Comecemos com os SENTIDOS. É evidente que essas faculdades são incapazes de dar origem à noção da existência *contínua* de seus objetos quando estes não mais aparecem a elas. Isso seria uma contradição em termos; seria supor que os sentidos continuam a operar, mesmo após terem cessado qualquer tipo de operação. Tais faculdades, portanto, se têm alguma influência neste caso, devem produzir a noção de uma existência distinta, não a de uma existência contínua; e, para isso, devem apresentar suas impressões, seja como imagens e representações, seja como essas próprias existências distintas e externas.

---

[1] Parte 2, Seção 6.

4   Que nossos sentidos não oferecem suas impressões como imagens de alguma coisa *distinta*, ou seja *independente* e *externa*, é evidente. Pois tudo que eles nos transmitem é uma percepção singular, e jamais nos dão a menor indicação de algo além dela. Uma percepção singular nunca poderia produzir a ideia de uma dupla existência, a não ser por meio de alguma inferência da razão ou da imaginação. Quando a mente dirige sua visão para além daquilo que lhe aparece imediatamente, suas conclusões jamais podem ser levadas à conta dos sentidos. E certamente é isso que ela faz quando, partindo de uma percepção singular, infere uma dupla existência e supõe, entre essas existências, as relações de semelhança e causalidade.

5   Se nossos sentidos, portanto, sugerem alguma ideia de existências distintas, devem apresentar as impressões como se fossem essas próprias existências, por uma espécie de falácia e ilusão. Sobre isso podemos observar que todas as sensações são sentidas pela mente tais como realmente são; e quando temos dúvidas se elas se apresentam como objetos distintos ou como meras impressões, a dificuldade não diz respeito a sua natureza, mas a suas relações e situação. Ora, se os sentidos apresentassem nossas impressões como externas e independentes de nós, tanto os objetos como nós mesmos teríamos de ser evidentes para nossos sentidos – de outro modo, não poderíamos ser comparados por essas faculdades. A dificuldade, portanto, está em saber até que ponto *nós* somos objetos de nossos sentidos.

6   Certamente não há na filosofia questão mais abstrusa que aquela concernente à identidade e à natureza do princípio de união que constitui uma pessoa. Longe de sermos capazes de resolver essa questão apenas por meio de nossos sentidos, temos de recorrer à mais profunda metafísica para encontrar para ela uma resposta satisfatória. É evidente que, na vida corrente, essas ideias de eu e pessoa jamais são muito precisas ou determinadas. Portanto, é absurdo imaginar que os sentidos alguma vez sejam capazes de distinguir entre nós e os objetos externos.

7 　　Acrescente-se a isso que todas as impressões (externas e internas, paixões, afetos, sensações, dores e prazeres) são originalmente equivalentes; sejam quais forem as diferenças que possamos observar entre elas, todas aparecem em suas verdadeiras cores, como impressões ou percepções. De fato, se considerarmos corretamente a questão, veremos que é quase impossível que fosse de outro modo. É inconcebível que nossos sentidos fossem mais capazes de nos enganar acerca da situação e das relações de nossas impressões que acerca de sua natureza. Porque, como todas as ações e sensações da mente nos são conhecidas pela consciência, elas devem necessariamente, em todos os pormenores, parecer o que são, e ser o que parecem. Como tudo que entra na mente é na *realidade* uma percepção,* é impossível que alguma coisa pareça diferente em sua *sensação* [*feeling*]. Afirmar isso seria supor que poderíamos estar enganados mesmo sobre aquilo de que estamos mais intimamente conscientes.

8 　　Mas, para não perder tempo examinando se é possível que nossos sentidos nos enganem, representando nossas percepções como distintas de nós, isto é, como *externas* e *independentes*, consideremos se eles realmente nos enganam, e se esse erro procede de uma sensação imediata ou de alguma outra causa.

9 　　Comecemos com a questão da existência *externa*. Talvez se diga que, deixando de lado a questão metafísica da identidade de uma substância pensante, é evidente que nosso próprio corpo nos pertence; e como várias impressões aparecem como exteriores ao corpo, supomos que também são exteriores a nós. O papel em que ora escrevo está além de minha mão. A mesa está além do papel. As paredes do aposento, além da mesa. E, ao dirigir meu olhar para a janela, percebo uma grande extensão de campos e edificações além de meu aposento. De tudo isso, poder-se-ia inferir que não é preciso nenhuma outra faculdade além dos sentidos para nos convencer da existência externa dos corpos. Mas, para evitar tal inferência, basta-nos atentar para as três

---

* Corrigido segundo o Apêndice p.675.

considerações seguintes. *Primeiro*, que não é propriamente nosso corpo o que percebemos quando olhamos para nossos membros e partes corporais, mas certas impressões que entram pelos sentidos; de modo que a atribuição de uma existência real e corpórea a essas impressões, ou a seus objetos, é um ato da mente tão difícil de explicar quanto o que estamos agora examinando. *Segundo*, sons, sabores e aromas, embora costumem ser vistos pela mente como qualidades contínuas e independentes, não parecem ter nenhuma existência na extensão, e consequentemente não podem aparecer aos sentidos como situados fora do corpo. A razão de lhes atribuirmos um lugar será considerada[2] posteriormente. *Terceiro*, mesmo nossa visão não nos informa da distância ou exterioridade (por assim dizer) de maneira imediata e sem um certo raciocínio e experiência, como reconhecem os filósofos mais razoáveis.

10 Quanto à *independência* de nossas percepções em relação a nós, ela jamais pode ser objeto dos sentidos; qualquer opinião que formemos a esse respeito deve ser derivada da experiência e observação. E veremos adiante que nossas conclusões baseadas na experiência estão longe de favorecer a doutrina da independência de nossas percepções. Enquanto isso, podemos observar que, ao falarmos de existências reais e distintas, costumamos ter em vista mais sua independência do que sua situação espacial externa; pensamos que um objeto tem uma realidade suficiente quando sua existência é ininterrupta e independente das transformações incessantes de que temos consciência em nós mesmos.

11 Assim, para resumir o que eu disse acerca dos sentidos, eles não nos dão nenhuma noção de existência contínua, porque não podem operar além do domínio em que realmente operam. Tampouco produzem a opinião de uma existência distinta, porque não podem oferecê-la à mente nem como representada, nem como original. Para oferecê-la como representada, teriam de apresentar tanto um objeto como uma

---

2 Seção 5.

imagem. Para fazê-la aparecer como original, teriam de transmitir uma falsidade, a qual teria de estar nas relações e na situação. Para isso, teriam de ser capazes de comparar o objeto conosco – e, mesmo nesse caso, não nos enganariam, nem seria possível que nos enganassem. Podemos, portanto, concluir com segurança que a opinião de uma existência contínua e de uma existência distinta nunca provém dos sentidos.

12 Para confirmar tal conclusão, observemos que os sentidos nos transmitem três tipos diferentes de impressões. O primeiro tipo compreende as impressões da figura, volume, movimento e solidez dos corpos. O segundo, as de cores, sabores, aromas, sons, calor e frio. O terceiro compreende as dores e os prazeres resultantes da aplicação dos objetos a nossos corpos; por exemplo, quando uma lâmina corta nossa carne, e coisas semelhantes. Tanto os filósofos como o vulgo supõem que as impressões do primeiro tipo possuem uma existência distinta e contínua. Somente o vulgo considera as do segundo da mesma maneira. Tanto os filósofos como o vulgo, novamente, consideram que as do terceiro tipo são meras percepções e, consequentemente, existências descontínuas e dependentes.

13 Ora, é evidente que, qualquer que seja nossa opinião filosófica, as cores, os sons, o calor e o frio, tais como aparecem aos sentidos, existem da mesma maneira que o movimento e a solidez, e que a diferença que fazemos entre aquelas qualidades e estas últimas não surge da mera percepção. É tão forte o preconceito a favor da existência distinta e contínua das primeiras qualidades que, quando os filósofos modernos propõem a opinião contrária, as pessoas imaginam que podem refutá-la com base quase exclusivamente naquilo que sentem e em sua experiência, e que seus próprios sentidos contradizem essa filosofia. É também evidente que as cores, os sons etc. estão originalmente em pé de igualdade com a dor resultante de uma lâmina que nos corta e o prazer produzido pelo calor de uma lareira; e que a diferença entre eles não se funda nem na percepção, nem na razão, mas na imaginação. Pois como se reconhece que tanto aqueles como estes

são apenas percepções derivadas das configurações e movimentos particulares das partes do corpo, em que poderia consistir sua diferença? De tudo isso, portanto, podemos concluir que, até onde os sentidos podem julgar, todas as percepções são iguais em seu modo de existir.

14   Observemos também, neste caso dos sons e das cores, que podemos atribuir uma existência distinta e contínua aos objetos, sem jamais consultar a RAZÃO ou avaliar nossas opiniões por meio de princípios filosóficos. De fato, por mais convincentes que sejam os argumentos que os filósofos imaginam poder produzir para estabelecer a crença nos objetos independentes da mente, é óbvio que tais argumentos são conhecidos por muito poucas pessoas, e que não é por meio deles que crianças, camponeses e a maior parte da humanidade são induzidos a atribuir objetos a algumas impressões, e negá-los a outras. Por conseguinte, vemos que todas as conclusões do vulgo a esse respeito são diretamente contrárias àquelas que são sustentadas pelos filósofos. Pois a filosofia nos informa que tudo que aparece à mente não é senão percepção, e possui uma existência descontínua e dependente da mente; o vulgo, ao contrário, confunde percepções e objetos, atribuindo uma existência distinta e contínua às próprias coisas que sente ou vê. Essa opinião, portanto, por ser inteiramente irracional, tem que proceder de uma outra faculdade que não o entendimento. Podemos acrescentar que, enquanto tomamos nossas percepções e objetos como a mesma coisa, jamais podemos inferir a existência destes da existência daquelas, e tampouco formar um argumento baseado na relação de causa e efeito, a única capaz de nos assegurar a respeito de questões de fato. E veremos em breve que, mesmo após distinguirmos nossas percepções de nossos objetos, ainda somos incapazes de raciocinar partindo da existência daquelas para a destes. Em suma, nossa razão não nos fornece nenhuma certeza sobre a existência distinta e contínua dos corpos, e jamais poderia fazê-lo, sob nenhuma hipótese. Tal opinião deve ser atribuída inteiramente à IMAGINAÇÃO – que será agora o objeto de nossa investigação.

15   Como todas as impressões são existências internas e perecíveis, e aparecem como tais, a noção de sua existência distinta e contínua tem de surgir da concorrência de algumas de suas qualidades com aquelas da imaginação; e como essa noção não se estende a todas elas, deve vir de certas qualidades peculiares a algumas impressões. Portanto, será fácil descobrir essas qualidades se compararmos as impressões a que atribuímos uma existência distinta e contínua com aquelas que vemos como internas e perecíveis.

16   Observemos, portanto, que não é nem pela involuntariedade de certas impressões, como se costuma supor, nem por sua força e violência superiores que atribuímos a elas a realidade e existência contínua que recusamos a outras impressões, voluntárias ou fracas. Pois é evidente que nossas dores e prazeres, nossas paixões e afetos, que nunca supomos possuir uma existência fora de nossa percepção, agem com uma violência maior, e são tão involuntárias quanto as impressões de figura e extensão, cor e som, que vemos como seres permanentes. Supomos que o calor do fogo, quando moderado, existe no fogo mesmo; mas a dor que esse fogo causa quando demasiadamente próximo, consideramos que não possui um ser senão em nossa percepção.

17   Uma vez rejeitadas essas opiniões comuns, portanto, devemos buscar alguma outra hipótese que nos permita descobrir as qualidades peculiares de nossas impressões em virtude das quais atribuímos a estas uma existência distinta e contínua.

18   Após um breve exame, descobriremos que todos os objetos a que atribuímos uma existência contínua possuem uma *constância* peculiar, que os distingue das impressões cuja existência depende de nossa percepção. Essas montanhas, casas e árvores que estão agora diante de meus olhos sempre me apareceram na mesma ordem; e se as perco de vista, ao fechar os olhos ou virar a cabeça, logo depois vejo que retornam a mim sem a menor alteração. Minha cama e minha mesa, meus livros e papéis se apresentam da mesma maneira uniforme, e não mudam quando interrompo meu ato de ver ou percebê-los. Isso se

passa com todas as impressões cujos objetos supomos ter uma existência externa; e não se passa com nenhuma outra impressão, suave ou violenta, voluntária ou involuntária.

19   Tal constância, entretanto, não é tão perfeita a ponto de não admitir exceções bastante consideráveis. Os corpos frequentemente mudam sua posição e qualidades e, após uma pequena ausência ou interrupção, podem se tornar quase irreconhecíveis. Mas observemos que, mesmo com essas mudanças, eles preservam uma *coerência*, e mantêm uma dependência regular uns em relação aos outros. Isso serve de fundamento a uma espécie de raciocínio causal, produzindo a opinião de sua existência contínua. Quando retorno a meu aposento após dele me ausentar por uma hora, não encontro o fogo de minha lareira na mesma situação em que o deixara; mas, afinal, estou acostumado a ver, em outros exemplos, uma alteração semelhante produzir-se em um intervalo de tempo semelhante, esteja eu presente ou ausente, próximo ou distante. Essa coerência em suas mudanças, portanto, é uma das características dos objetos externos, ao lado de sua constância.

20   Tendo descoberto que a opinião da existência contínua dos corpos depende da COERÊNCIA e da CONSTÂNCIA de certas impressões, passo agora a examinar de que maneira essas qualidades dão origem a uma opinião tão extraordinária. Comecemos pela coerência. Podemos observar que, embora as impressões internas que vemos como fugazes e perecíveis também possuam uma certa coerência ou regularidade em suas aparições, essa coerência ou regularidade é de natureza diferente da que descobrimos nos corpos. Constatamos, pela experiência, que nossas paixões apresentam uma mútua conexão e dependência; mas em nenhum caso, para preservar a mesma dependência e conexão de que tivemos experiência, é necessário supor que elas tenham existido e operado quando não eram percebidas. Não é o que ocorre com os objetos externos. Estes requerem uma existência contínua, sem o que perdem, em grande medida, a regularidade de sua operação. Aqui estou, sentado em meu quarto, com o rosto voltado

para a lareira; e todos os objetos que tocam meus sentidos estão contidos dentro de algumas jardas a meu redor. É certo que minha memória me informa da existência de muitos objetos, mas essa informação não se estende além de sua existência passada; nem meus sentidos, nem minha memória me fornecem qualquer testemunho da continuação de seu ser. Estando assim sentado, portanto, remoendo esses pensamentos, ouço de repente um barulho como que de uma porta girando sobre seus gonzos; pouco depois, vejo um mensageiro que vem em minha direção. Isso dá ocasião a várias novas reflexões e raciocínios. Primeiramente, jamais observei que esse barulho pudesse proceder de alguma coisa que não fosse o movimento de uma porta; e, portanto, concluo que o presente fenômeno contradiz toda a experiência passada, a menos que a porta que me recordo ter estado no outro lado do quarto ainda exista. Novamente, sempre observei que o corpo humano possuía a qualidade que chamo de gravidade, a qual o impede de subir no ar – como este mensageiro teria de ter feito para chegar até meu quarto, a menos que a escada de que me lembro não tenha sido aniquilada por minha ausência. Mas isso não é tudo. Recebo uma carta e, ao abri-la, percebo pela letra e pela assinatura ter sido enviada por um amigo, que diz estar a duzentas léguas de distância. É evidente que eu não poderia dar conta desse fenômeno de maneira conforme à minha experiência de outros casos, sem desdobrar em minha mente todo o mar e o continente que nos separam, e sem supor os efeitos e a existência contínua dos correios e barcas, de acordo com minha memória e observação. Considerados de um certo ângulo, esses fenômenos do mensageiro e da carta constituem contradições em relação à experiência corrente, e podem ser vistos como objeções àquelas máximas que formamos sobre as conexões de causas e efeitos. Estou acostumado a ouvir tal som, e a ver ao mesmo tempo tal objeto em movimento. Neste caso particular, não obtive essas duas percepções. Essas observações são contrárias, a não ser que eu suponha que a porta ainda permanece, e que foi aberta sem que eu o percebesse. E tal suposição, a princípio inteiramente arbitrária e hipotética, adquire força e evidência por ser a única que me permite resolver essas contradições. Não há quase nenhum momento em minha vida em que não se me apresente um exemplo similar, e em que eu não tenha a ocasião de supor a existência contínua de certos objetos, a fim de conectar suas aparições passadas e presentes, produzindo entre elas uma união que a experiência passada me mostrou ser adequada a suas naturezas e circunstâncias particulares. Aqui, portanto, sou levado a ver o mundo como algo real e duradouro, que preserva sua existência mesmo quando não mais presente à minha percepção.

21 Essa conclusão, baseada na coerência das aparições, parece ter a mesma natureza que nossos raciocínios concernentes a causas e efeitos, por ser derivada do costume e regulada pela experiência passada. Ao examiná-la, entretanto, veremos que esses dois tipos de raciocínios são, no fundo, consideravelmente diferentes, e que a inferência baseada na coerência só resulta do entendimento e do costume de maneira indireta e oblíqua. Pois admitir-se-á sem dificuldade que, como nada jamais está realmente presente à mente além de suas percepções, é impossível não apenas adquirirmos um hábito de outra forma que não seja pela sucessão regular dessas percepções, como também que qualquer hábito jamais exceda tal grau de regularidade. Por conseguinte, nenhum grau de regularidade em nossas percepções pode jamais servir de fundamento para inferirmos um grau maior de regularidade em alguns objetos que não percebemos; isso suporia uma contradição, a saber, um hábito adquirido de algo que nunca esteve presente à mente. Ora, é evidente que, sempre que inferimos a existência contínua dos objetos dos sentidos partindo de sua coerência e da frequência de sua união, é com o objetivo de atribuir aos objetos uma regularidade maior que a observada em nossas meras percepções. Notamos uma conexão entre dois tipos de objetos em suas aparições passadas aos sentidos, mas não somos capazes de observar se essa conexão é perfeitamente constante, já que, ao simplesmente virarmos a cabeça ou fecharmos os olhos, ela pode se interromper. O que supomos neste caso, portanto, senão que esses objetos mantêm sua

conexão usual apesar de sua aparente descontinuidade, e que as aparições irregulares são unidas por alguma coisa a que somos insensíveis? Mas como todos os raciocínios sobre questões de fato surgem unicamente do costume, e como o costume só pode resultar de percepções repetidas, a extensão do costume e do raciocínio para além das percepções nunca poderia ser um efeito direto e natural da repetição e da conexão constantes, devendo antes surgir da cooperação de alguns outros princípios.

22 Ao examinar o fundamento da matemática, observei[3] que a imaginação, quando envolvida em uma cadeia de pensamentos, tende a dar continuidade a ela, mesmo na falta de seu objeto; e, como uma galera posta em movimento pelos remos, segue seu curso sem qualquer novo impulso. Afirmei ser essa a razão pela qual, após considerar diversos critérios aproximados de igualdade, e corrigi-los uns pelos outros, passamos a imaginar, para essa relação, um critério tão correto e exato que não é passível do menor erro ou variação. O mesmo princípio faz com que formemos facilmente essa opinião da existência contínua dos corpos. Os objetos já possuem uma certa coerência assim como aparecem a nossos sentidos; mas essa coerência será muito maior e uniforme se supusermos que têm uma existência contínua; e como a mente já vem observando uma uniformidade entre esses objetos, ela continua naturalmente, até tornar a uniformidade o mais completa possível. A simples suposição de sua existência contínua basta para esse propósito, dando-nos a noção de uma regularidade muito maior entre os objetos do que aquela que vemos quando não olhamos para além de nossos sentidos.

23 Por maior que seja a força que atribuamos a esse princípio, porém, temo que ele seja fraco demais para sustentar sozinho um edifício tão vasto como o da existência contínua de todos os corpos externos; para explicar satisfatoriamente essa opinião, deveremos juntar, à *coerência*, a *constância* de sua aparição. Mas como a explicação desta última me

---

3 Parte 2, Seção 4.

conduzirá a um domínio considerável de raciocínios muito profundos, creio ser apropriado, para evitar qualquer confusão, fazer um pequeno esboço ou resumo de meu sistema, antes de expor suas partes em toda sua extensão. Essa inferência com base na constância de nossas percepções, como a inferência precedente, baseada em sua coerência, dá origem à opinião da existência *contínua* dos corpos, que é anterior à de sua existência *distinta* e produz este último princípio.

24   Quando nos habituamos a observar uma constância em certas impressões; quando constatamos, por exemplo, que a percepção do sol ou do oceano retorna a nós, após uma ausência ou aniquilação, com partes semelhantes e numa ordem semelhante à de sua primeira aparição, temos uma tendência a não considerar essas percepções intermitentes como diferentes (o que na verdade são), mas, ao contrário, como numericamente idênticas, em virtude de sua semelhança. Mas como essa descontinuidade de sua existência é contrária à sua perfeita identidade, e nos faz ver a primeira impressão como tendo sido aniquilada e a segunda como se fosse uma nova criação, encontramo-nos de certo modo perdidos e envolvidos em uma espécie de contradição. Para nos livrar dessa dificuldade, disfarçamos a descontinuidade tanto quanto possível, ou antes, eliminamo-la inteiramente, supondo que essas percepções intermitentes estão conectadas por uma existência real, à qual somos insensíveis. Tal suposição ou ideia de existência contínua adquire força e vividez pela memória dessas impressões fragmentadas, e pela propensão que estas nos dão a supor que são uma mesma coisa. Ora, de acordo com o raciocínio anterior, a essência mesma da crença consiste na força e vividez da concepção.

25   Para justificar esse sistema, há quatro coisas a fazer. *Primeira*, explicar o *principium individuationis*, ou seja, o princípio de identidade. *Segunda*, encontrar a razão pela qual a semelhança de nossas percepções fragmentadas e descontínuas nos leva a atribuir-lhes uma identidade. *Terceira*, explicar a propensão, produzida por essa ilusão, a unir essas aparições fragmentadas por meio de uma existência con-

tínua. *Quarta* e última, explicar a força e vividez da concepção resultante da propensão.

26 Primeiramente, quanto ao princípio de individuação, podemos observar que a visão de um objeto não é suficiente para nos transmitir a ideia de identidade. Pois na proposição: *um objeto é o mesmo que ele próprio*, se a ideia expressa pela palavra *objeto* não se distinguisse de modo algum da ideia significada por *ele próprio*, nossas palavras na verdade não teriam sentido, e a proposição não conteria um predicado e um sujeito, os quais, entretanto, estão implicados na afirmação. Um objeto isolado transmite a ideia de unidade, não a de identidade.

27 Por outro lado, uma multiplicidade de objetos, por mais semelhantes que eles sejam, jamais poderia transmitir tal ideia. A mente decreta sempre que um não é o outro, e considera-os como formando dois, três ou qualquer número determinado de objetos, com existências inteiramente distintas e independentes.

28 Uma vez que tanto a pluralidade como a unidade são incompatíveis com a relação de identidade, portanto esta deve, estar em algo distinto daquelas. Mas, para falar a verdade, à primeira vista isso parece inteiramente impossível. Entre a unidade e a pluralidade não pode haver meio-termo, como não pode haver meio-termo entre a existência e a não-existência. Após supormos que um objeto existe, devemos supor ou que um outro também existe – nesse caso, temos a ideia de pluralidade –, ou que não existe – e, nesse caso, o primeiro objeto permanece como uma unidade.

29 Para resolver essa dificuldade, recorramos à ideia de tempo ou duração. Já observei[4] que o tempo, em sentido estrito, implica a sucessão; e só podemos aplicar sua ideia a um objeto imutável graças a uma ficção da imaginação, pela qual supomos que o objeto imutável participa das mudanças dos objetos coexistentes, em particular de nossas percepções. Tal ficção da imaginação ocorre quase sem exceção. É por meio dela que um objeto singular, situado diante de nós e

---

[4] Parte 2, Seção 5.

observado durante um certo tempo sem que nele descubramos nenhuma interrupção ou variação, é capaz de nos dar uma noção de identidade. Porque, quando consideramos dois pontos quaisquer desse tempo, podemos vê-los por duas perspectivas diferentes: podemos, por um lado, considerar a ambos exatamente no mesmo instante – nesse caso, eles nos dão a ideia de número, tanto por si mesmos como pelo objeto, que deve ser multiplicado para ser concebido de uma só vez como existindo nesses dois pontos diferentes do tempo. Por outro lado, podemos fazer acompanhar a sucessão do tempo por uma sucessão semelhante de ideias, concebendo primeiro um momento, juntamente com o objeto então existente, e depois imaginando uma mudança no tempo sem qualquer *variação* ou *interrupção* no objeto – e, nesse caso, eles nos dão a ideia de unidade.* Eis aqui, portanto, uma ideia que é um meio-termo entre a unidade e a pluralidade; ou, mais corretamente falando, é uma coisa ou outra, conforme a perspectiva pela qual a consideremos. É a essa ideia que chamamos ideia de identidade. Falando de maneira apropriada, não podemos dizer que um objeto é o mesmo que ele próprio, a menos que com isso queiramos dizer que o objeto existente em um momento é o mesmo que ele próprio existente em outro momento. Dessa forma, fazemos uma diferença entre a ideia significada pela palavra *objeto* e a significada por *ele próprio*,

---

* Os editores da NN/OPT corrigem "unidade" para "identidade", dizendo que o exercício de imaginar que a sucessão no tempo ocorreu sem uma sucessão ou mudança no objeto já é a ideia de identidade, meio-termo entre a unidade e o número (David F. Norton & Mary J. Norton, op. cit.). Embora eu concorde que existe aqui um problema, creio que a troca de "unidade" para "identidade" não se faz sem perdas. Pois parece evidente que Hume estava aqui querendo estabelecer um contraste entre as ideias de pluralidade e de unidade. Há dois modos de considerarmos os dois pontos no tempo. Um nos dá a ideia de pluralidade, o outro, a de unidade (ou ao menos é o que nos leva a crer a lógica e a estrutura do trecho). A ideia de identidade será um meio-termo entre as duas, ou, em outras palavras, "*é uma ou outra*, conforme a perspectiva pela qual a consideremos" (meu grifo). Certamente, portanto, a ideia em questão já é a de identidade, mas é também tanto a de pluralidade como a de unidade. Ora, é relativamente simples entender como obtemos a ideia de pluralidade pela comparação dos dois pontos; mas cabe perguntar como exatamente obtemos a ideia de unidade; ou seja, qual é essa outra "perspectiva", na qual a ideia de identidade é também a de unidade. (N.T.)

sem nos estender até a pluralidade e, ao mesmo tempo, sem nos restringir a uma unidade estrita e absoluta.

30 Assim, o princípio de individuação não é senão a *invariabilidade* e a *ininterruptibilidade* de um objeto ao longo de uma suposta variação do tempo, pela qual a mente pode acompanhá-lo nos diferentes períodos de sua existência, sem nenhuma quebra na visão, e sem ser obrigada a formar a ideia de multiplicidade ou número.

31 Passo agora a explicar a *segunda* parte de meu sistema; mostrarei por que a constância de nossas percepções nos faz atribuir-lhes uma perfeita identidade numérica, mesmo havendo longos intervalos entre suas aparições, e mesmo que elas tenham apenas uma das qualidades essenciais da identidade, a saber, a *invariabilidade*. Para evitar qualquer ambiguidade e confusão sobre esse ponto, saliento que estou aqui explicando as opiniões e crenças do vulgo a respeito da existência dos corpos; e, por isso, tenho de me conformar inteiramente com seu modo de pensar e de se expressar. Ora, já observamos que, embora os filósofos possam distinguir entre os objetos e as percepções dos sentidos, supondo-os coexistentes e semelhantes, a generalidade dos homens não compreendem essa distinção; como percebem apenas um ser, jamais poderiam concordar com a opinião de uma dupla existência e representação.* As próprias sensações que entram pelo olho ou ouvido são para eles os verdadeiros objetos, e não lhes é fácil conceber que esta pluma ou este papel que são imediatamente percebidos representam outros, diferentes, porém semelhantes a eles. Portanto, para me ajustar às suas noções, começarei supondo que há apenas uma única existência, a que chamarei indiferentemente *objeto* ou *percepção*, conforme pareça mais adequado a meu propósito, entendendo por ambos os termos aquilo que todo homem comum entende por um chapéu, um sapato, uma pedra ou qualquer outra impressão transmitida por seus sentidos. Não deixarei de advertir quando retornar a um modo mais filosófico de falar e pensar.

---

* A formulação correta deveria ser: "de uma dupla existência, isto é, do objeto e da representação". (N.T.)

32   Dando início, portanto, à questão acerca da origem de nosso erro e engano a respeito da identidade, que ocorre quando a atribuímos a nossas percepções semelhantes apesar de sua descontinuidade, devo recordar algo que já provei e expliquei.[5] Nada tende mais a nos fazer confundir duas ideias que a existência de uma relação entre elas, a qual as associa na imaginação, fazendo que esta passe com facilidade de uma à outra. De todas as relações, a de semelhança é a mais eficaz sob esse aspecto, pois causa não somente uma associação de ideias, mas também de disposições, levando-nos a conceber uma ideia por um ato ou operação da mente similar ao ato pelo qual concebemos a outra. Observei que essa circunstância é de grande importância. E podemos estabelecer como regra geral que todas as ideias que põem a mente na mesma disposição ou em disposições similares têm grande tendência a ser confundidas. A mente passa facilmente de uma à outra, e não percebe a mudança, a não ser por uma rigorosa atenção, da qual, em geral, é inteiramente incapaz.

33   Para aplicar essa máxima geral, devemos, em primeiro lugar, examinar a disposição da mente quando observa um objeto que preserva uma identidade perfeita, e então encontrar algum outro objeto que seja confundido com o primeiro por causar uma disposição similar. Quando fixamos nosso pensamento em um objeto e supomos que continua o mesmo durante algum tempo, é evidente que estamos supondo que a mudança se dá apenas no tempo, e nunca nos empenhamos em produzir uma nova imagem ou ideia do objeto. As faculdades da mente como que repousam, esforçando-se apenas o necessário para dar continuidade à ideia que já possuíamos anteriormente e a qual subsiste sem qualquer variação ou interrupção. A passagem de um momento a outro quase não é sentida, e tampouco se distingue por uma percepção ou ideia diferente, que poderia exigir uma direção diferente dos espíritos animais para ser concebida.

---

5 Parte 2, Seção 5.

34   Ora, que outros objetos, além dos idênticos, são capazes, quando considerados pela mente, de colocá-la na mesma disposição e de causar a mesma passagem ininterrupta da imaginação de uma ideia a outra? Tal questão é da maior importância. Pois, se formos capazes de encontrar tais objetos, poderemos concluir com certeza, pelo princípio anterior, que eles são muito naturalmente confundidos com objetos idênticos, sendo considerados como tais na maioria de nossos raciocínios. Mas, embora a questão seja muito importante, ela não é muito difícil nem sujeita a dúvidas. Pois imediatamente respondo que uma sucessão de objetos relacionados coloca a mente nessa disposição, sendo considerada por meio do mesmo progresso suave e ininterrupto da imaginação que acompanha a visão de um mesmo objeto invariável. A própria natureza e essência da relação é conectar nossas ideias entre si, e, quando do aparecimento de uma, facilitar a transição para sua correlata. A passagem entre ideias relacionadas é, portanto, tão suave e fácil que produz pouca alteração na mente, parecendo-se com a continuação da mesma ação. E como a continuação da mesma ação é um efeito da contemplação contínua do mesmo objeto, atribuímos a mesmidade [*sameness*] a toda sucessão de objetos relacionados. O pensamento desliza ao longo da sucessão com a mesma facilidade com que considera um objeto único; por isso confunde a sucessão com a identidade.

35   Posteriormente, veremos vários exemplos dessa tendência da relação a nos fazer atribuir uma *identidade* a objetos *diferentes*; mas, por enquanto, iremos nos limitar ao presente tema. Descobrimos pela experiência que existe uma tal *constância* em quase todas as impressões dos sentidos, que sua interrupção não produz nelas nenhuma alteração, nem as impede de retornar iguais, em aparência e situação, ao que eram em sua primeira existência. Examino a mobília contida em meu aposento; fecho os olhos, abro-os logo depois, e constato que as novas percepções se assemelham perfeitamente àquelas que antes atingiam meus sentidos. Essa semelhança é observada em milhares de casos, e naturalmente conecta nossas ideias dessas percepções in-

termitentes pela mais forte relação, conduzindo a mente por uma transição fácil de uma a outra. Uma transição ou passagem fácil da imaginação ao longo das ideias dessas percepções diferentes e descontínuas é uma disposição mental quase igual àquela pela qual consideramos uma percepção constante e ininterrupta. É muito natural, portanto, confundirmos as duas.[6]

36   As pessoas que mantêm tal opinião a respeito da identidade de nossas percepções semelhantes são, em geral, toda a parte não pensante e não filosófica da humanidade (isto é, todos nós, em um momento ou em outro) e, consequentemente, aquelas que supõem que suas percepções são seus únicos objetos, jamais pensando em uma dupla existência, interna e externa, representante e representada. A própria imagem que está presente aos sentidos é para nós o corpo real; e é a essas imagens descontínuas que atribuímos uma perfeita identidade. Mas como a descontinuidade da aparição parece contrária à identidade, levando-nos naturalmente a ver essas percepções semelhantes como diferentes umas das outras, encontramo-nos, aqui, perdidos sobre como reconciliar opiniões tão opostas. A passagem suave da imaginação pelas ideias das percepções semelhantes faz que atribuamos a elas uma identidade perfeita. A maneira descontínua de sua aparição nos faz considerá-las seres semelhantes, porém distintos, que aparecem a intervalos. A perplexidade resultante dessa contradição produz uma propensão a unir essas aparições fragmentadas mediante a ficção de uma existência contínua, o que constitui a *terceira* parte da hipótese que propus explicar.

---

6   Há que se reconhecer que tal raciocínio é um pouco abstruso e difícil de compreender; mas notemos que essa mesma dificuldade pode-se converter em prova do raciocínio. Podemos observar que há duas relações, ambas de semelhança, que contribuem para confundirmos a sucessão de nossas percepções descontínuas com um objeto idêntico. A primeira é a semelhança entre as percepções; a segunda, a semelhança entre o ato pelo qual a mente examina uma sucessão de objetos semelhantes e aquele pelo qual examina um objeto idêntico. Ora, essas semelhanças, tendemos a confundi-las uma com a outra; e é natural que o façamos, de acordo com esse mesmo raciocínio. Mas mantenhamo-las distintas, e não encontraremos dificuldade em conceber o argumento anterior.

37   Nada é mais certo, pela experiência, que o fato de qualquer contradição em relação aos sentimentos ou às paixões produzir um sensível desconforto, quer essa contradição proceda de fora, quer de dentro, da oposição de objetos externos ou do combate entre princípios internos. Ao contrário, tudo que se harmoniza com as propensões naturais e favorece externamente sua satisfação, ou concorre internamente com seus movimentos, produz com certeza um prazer sensível. Ora, como existe aqui uma oposição entre a noção da identidade de percepções semelhantes e as interrupções em sua aparição, a mente deve se sentir desconfortável nessa situação e, naturalmente, procura obter alívio do desconforto. E uma vez que esse desconforto nasce da oposição entre dois princípios contrários, o alívio deverá ser buscado no sacrifício de um princípio em benefício do outro. Mas como é a passagem suave de nosso pensamento ao longo de nossas percepções semelhantes que nos leva a atribuir a elas uma identidade, jamais poderíamos, sem relutância, abrir mão de tal opinião. Temos, portanto, de nos voltar para o outro lado: supomos que nossas percepções não são mais interrompidas, que preservam uma existência contínua e invariável, e que por isso são inteiramente idênticas. Mas as interrupções na aparição dessas percepções são aqui tão longas e frequentes que é impossível desprezá-las; e como a *aparição* de uma percepção na mente e sua *existência* parecem à primeira vista exatamente a mesma coisa, pode-se duvidar de que algum dia sejamos capazes de concordar com uma contradição tão palpável e supor que uma percepção exista sem estar presente à mente. Para esclarecer essa questão e descobrir como a interrupção na aparição de uma percepção não implica necessariamente uma interrupção em sua existência, será conveniente tocar em alguns princípios que mais tarde teremos ocasião de explicar de maneira mais completa.[7]

38   Podemos começar observando que a dificuldade neste caso não diz respeito à questão de fato, a saber, se a mente forma uma tal conclu-

---
7 Seção 6.

são acerca da existência contínua de suas percepções, mas apenas à maneira como a conclusão é formada e aos princípios de que deriva. É certo que quase toda a humanidade, e até os próprios filósofos, durante a maior parte de suas vidas, tomam suas percepções como seus únicos objetos, e supõem que o próprio ser que está intimamente presente à mente é o corpo real ou existência material. É também certo que supomos que essa mesma percepção ou objeto tem uma existência contínua e ininterrupta, e que não é nem aniquilada por nossa ausência, nem trazida à existência por nossa presença. Quando não estamos em sua presença, dizemos que ela ainda existe, mas que não a sentimos, que não a vemos. Quando estamos presentes, dizemos que a sentimos ou vemos. Duas questões, portanto, podem surgir aqui. *Primeiro*, como podemos admitir que uma percepção esteja ausente da mente sem ser aniquilada? *Segundo*, de que maneira concebemos que um objeto se torna presente à mente sem a criação de uma nova percepção ou imagem, e o que queremos dizer com esse *ver*, *sentir* e *perceber*?

39 Quanto à primeira questão, podemos observar que aquilo que chamamos uma *mente* não é senão um feixe ou coleção de diferentes percepções, unidas por certas relações, e as quais supomos, embora falsamente, serem dotadas de uma perfeita simplicidade e identidade. Ora, como toda percepção é distinguível das outras, e pode ser considerada como existindo separadamente, segue-se de modo evidente que não é absurdo separar da mente uma percepção particular qualquer, isto é, romper todas as suas relações com essa massa conectada de percepções que constituem um ser pensante.

40 O mesmo raciocínio fornece-nos uma resposta à segunda questão. Se o nome *percepção* não torna absurda e contraditória essa separação de uma mente, o nome *objeto*, que representa exatamente a mesma coisa, jamais poderia tornar impossível sua conjunção. Os objetos externos são vistos, sentidos, e se tornam presentes à mente, isto é, adquirem uma tal relação com um feixe conectado de percepções que influenciam consideravelmente a estas, aumentando seu número com reflexões e paixões presentes e abastecendo a memória de ideias. O

mesmo ser contínuo e ininterrupto pode, portanto, estar ora presente à mente, ora ausente, sem nenhuma mudança real ou essencial no próprio ser. Uma interrupção na aparição aos sentidos não implica necessariamente uma interrupção na existência. A suposição da existência contínua dos objetos ou percepções sensíveis não envolve contradição. Podemos facilmente ceder à nossa inclinação para tal suposição. Quando a exata semelhança de nossas percepções nos faz atribuir a elas uma identidade, podemos eliminar a aparente descontinuidade, fantasiando um ser contínuo, capaz de preencher esses intervalos e preservar uma identidade perfeita e integral em nossas percepções.

41   Entretanto, como aqui nós não apenas *fantasiamos*, mas também *cremos* nessa existência contínua, a questão é: *de onde surge tal crença?* E essa questão nos leva à *quarta* parte deste sistema. Já provamos que a crença em geral não consiste senão na vividez de uma ideia, e que uma ideia pode adquirir tal vividez por sua relação com alguma impressão presente. As impressões são naturalmente as percepções mais vívidas da mente; e essa qualidade é parcialmente transmitida, pela relação, a toda ideia conectada. A relação causa uma passagem suave da impressão à ideia, e produz até mesmo uma propensão para essa passagem. A mente resvala tão facilmente de uma percepção a outra, que quase não percebe a mudança, retendo na segunda, uma parcela considerável da vividez da primeira. Ela é estimulada pela impressão vívida, e essa vividez é transmitida à ideia relacionada sem que haja uma grande diminuição nessa passagem, em razão da transição suave e da propensão da imaginação.

42   Suponhamos, porém, que essa propensão surja de outros princípios que não o da relação; é evidente que ela deverá ter o mesmo efeito, transmitindo a vividez da impressão à ideia. Ora, esse é exatamente o caso presente. Nossa memória nos apresenta um grande número de exemplos de percepções perfeitamente semelhantes entre si, que retornam a diferentes intervalos de tempo, e após interrupções consideráveis. Essa semelhança nos dá uma propensão a considerar essas

percepções intermitentes como uma mesma coisa; e também uma propensão a conectá-las por uma existência contínua, para justificar essa identidade e evitar a contradição em que a aparição descontínua dessas percepções parece necessariamente nos envolver. Temos aqui, portanto, uma propensão a fantasiar a existência contínua de todos os objetos sensíveis; e como essa propensão deriva de certas impressões vívidas da memória, ela concede uma vividez a tal ficção; ou, em outras palavras, leva-nos a acreditar na existência contínua dos corpos. Se, às vezes, atribuímos uma existência contínua a objetos que nos são perfeitamente novos, e de cuja constância e coerência não tivemos nenhuma experiência, é porque a maneira como eles se apresentam a nossos sentidos se assemelha à dos objetos constantes e coerentes; e essa semelhança é uma fonte de raciocínio e analogia, levando-nos a atribuir as mesmas qualidades aos objetos similares.

43   Acredito que um leitor inteligente terá menos dificuldade em aceitar esse sistema que em compreendê-lo de maneira completa e distinta; e, após uma pequena reflexão, admitirá que cada uma de suas partes traz consigo sua própria prova. De fato, é evidente que, como o vulgo *pressupõe* que suas percepções são seus únicos objetos e, ao mesmo tempo, *crê* na existência contínua da matéria, devemos explicar a origem desta crença em razão de tal pressuposição. Ora, segundo tal pressuposição, é falsa a opinião de que qualquer um de nossos objetos, ou percepções, seja numericamente idêntico após uma interrupção. Consequentemente, a opinião de sua identidade jamais poderia surgir da razão, devendo antes ser derivada da imaginação. A imaginação só se vê atraída a uma tal opinião em virtude da semelhança de certas percepções, pois constatamos que as únicas percepções que tendemos a considerar as mesmas são as semelhantes. Essa inclinação a atribuir identidade a nossas percepções semelhantes produz a ficção de uma existência contínua; pois essa ficção, assim como a identidade, é na verdade falsa (como reconhecem todos os filósofos), e não tem outro efeito senão remediar a descontinuidade de nossas percepções, única circunstância contrária a sua identidade. Em último lugar, essa

inclinação causa a crença por meio das impressões presentes da memória; pois é claro que, sem a lembrança de sensações anteriores, nunca depositaríamos uma crença na existência contínua dos corpos. Assim, ao examinar todas essas partes, vemos que cada uma delas é sustentada pelas provas mais fortes, e que todas juntas formam um sistema consistente e perfeitamente convincente. Uma forte propensão ou inclinação, sozinha, sem uma impressão presente, às vezes já basta para causar uma crença ou opinião; quanto mais quando auxiliada por essa circunstância!

44   Embora a propensão natural da imaginação nos leve a atribuir uma existência contínua a esses objetos ou percepções sensíveis que vemos assemelhar-se uns aos outros em sua aparição descontínua, um pouco de reflexão e filosofia basta, contudo, para nos fazer perceber a falácia dessa opinião. Já observei que existe uma conexão íntima entre o princípio de uma existência *contínua* e o de uma existência *distinta* ou *independente*; e que, tão logo estabelecemos um deles, o outro se segue como uma consequência necessária. É a opinião da existência contínua que ocorre primeiro e, sem muito estudo ou reflexão, traz consigo a outra, sempre que a mente segue sua tendência primeira e mais natural. Mas quando comparamos experimentos e raciocinamos um pouco acerca deles, rapidamente percebemos que a doutrina da existência independente de nossas percepções sensíveis é contrária à mais clara experiência. Isso nos faz retornar sobre nossos passos, para perceber o erro de atribuir uma existência contínua a nossas percepções; e dá origem a muitas opiniões bastante curiosas, que tentaremos aqui explicar.

45   Primeiramente, será conveniente examinar alguns dos experimentos que nos convencem de que nossas percepções não possuem uma existência independente. Quando pressionamos um olho com o dedo, percebemos imediatamente que todos os objetos se duplicam, e metade deles se afasta de sua posição comum e natural. Mas como não atribuímos uma existência contínua a ambas as percepções, embora tenham a mesma natureza, percebemos com clareza que todas as nos-

sas percepções dependem de nossos órgãos e da disposição de nossos nervos e espíritos animais. Essa opinião é confirmada pelo aparente aumento ou diminuição no tamanho dos objetos, segundo sua distância; pelas aparentes alterações em sua forma; pelas mudanças em suas cores e outras qualidades, ocasionadas por nossas doenças e indisposições; e por um número infinito de outros experimentos do mesmo tipo. Tudo isso nos ensina que nossas percepções sensíveis não possuem uma existência distinta ou independente.

46   A consequência natural desse raciocínio deveria ser que nossas percepções não possuem nem uma existência contínua, nem uma existência independente. De fato, os filósofos tanto adotaram essa opinião que alteraram seu sistema, passando a distinguir (como faremos daqui em diante) entre percepções e objetos. Assim, supõem que aquelas são descontínuas, perecíveis e diferentes cada vez que retornam; e que estes últimos são ininterruptos e preservam uma existência contínua e uma identidade. Entretanto, por mais filosófico que esse novo sistema possa ser considerado, afirmo que constitui um mero paliativo, com todas as dificuldades do sistema vulgar e mais algumas outras que lhe são peculiares. Nenhum princípio, seja do entendimento, seja da fantasia, leva-nos diretamente a adotar essa opinião da dupla existência, das percepções e dos objetos; só podemos chegar até ela passando pela hipótese comum da identidade e continuidade de nossas percepções descontínuas. Se não estivéssemos antes persuadidos de que nossas percepções são nossos únicos objetos, e que continuam existindo mesmo quando não mais aparecem aos sentidos, nunca seríamos levados a pensar que nossas percepções são diferentes de nossos objetos, e somente estes preservam uma existência contínua. 'Essa segunda hipótese não possui, originalmente, nada que a recomende nem à razão, nem à imaginação, adquirindo toda sua influência sobre a imaginação pela primeira hipótese.' Tal proposição contém duas partes, que procuraremos provar da maneira mais distinta e clara que o permitem esses temas abstrusos.

47 Quanto à primeira parte da proposição, que *essa hipótese filosófica não possui, originalmente, nada que a recomende nem à razão, nem à imaginação*, podemos rapidamente nos convencer dela, no que concerne à *razão*, pelas seguintes reflexões. As únicas existências de que estamos certos são as percepções, que, por estarem imediatamente presentes a nós pela consciência, exigem nosso mais forte assentimento, sendo o primeiro fundamento de todas as nossas conclusões. Só podemos inferir a existência de uma coisa a partir de outra por meio da relação de causa e efeito, que mostra que há uma conexão entre elas, e que a existência de uma depende da existência da outra. A ideia dessa relação é derivada da experiência passada, pela qual descobrimos que dois seres possuem uma conjunção constante, estando sempre presentes ao mesmo tempo à mente. Mas como os únicos seres que jamais estão presentes à mente são as percepções, segue-se que podemos observar uma conjunção ou uma relação de causa e efeito entre diferentes percepções, mas nunca podemos observá-la entre percepções e objetos. Portanto, é impossível que, da existência ou de qualquer qualidade das percepções, possamos jamais formar uma conclusão concernente à existência dos objetos, e que jamais possamos satisfazer nossa razão acerca desse ponto.

48 É igualmente certo que esse sistema filosófico não possui nada que o recomende à *imaginação*, e que esta faculdade nunca teria, por si mesma e por sua tendência original, chegado a um tal princípio. Reconheço que será um pouco difícil provar essa afirmação de um modo que convença plenamente o leitor; porque ela implica uma negação e, em muitos casos, as negações não admitem uma prova positiva. Se alguém se desse ao trabalho de examinar o problema, e inventasse um sistema para dar conta da origem direta dessa opinião na imaginação, seríamos capazes de, estudando tal sistema, enunciar um juízo certo sobre o assunto presente. Admitamos que nossas percepções são fragmentadas e descontínuas, e, mesmo semelhantes, são diferentes uma das outras. Se alguma pessoa, com base nessa suposição, mostrar por que a fantasia, direta e imediatamente, passa a crer em uma

outra existência, semelhante a essas percepções em sua natureza, mas contínua, ininterrupta e idêntica; se fizer isso de um modo convincente, prometo renunciar a minha opinião presente. Por enquanto, não posso deixar de concluir, pelo próprio caráter abstrato e difícil da suposição inicial, que este não é um tema próprio para ser trabalhado pela fantasia. Quem quiser explicar a origem da opinião *comum* a respeito da existência contínua e distinta dos corpos, deve tomar a mente em sua situação *comum*, procedendo com base na suposição de que nossas percepções são nossos únicos objetos, e continuam a existir mesmo quando não são mais percebidas. Embora falsa, essa opinião é a mais natural de todas, e a única que consegue se impor originalmente à fantasia.

49   Quanto à segunda parte da proposição, que *o sistema filosófico adquire toda sua influência sobre a imaginação pelo sistema vulgar*, podemos observar que essa é uma consequência natural e inevitável da conclusão anterior, de que *ele não possui originalmente nada que o recomende nem para a razão, nem para a imaginação*. Porque, como o sistema filosófico, segundo nos mostra a experiência, domina muitas mentes, em particular a daqueles que refletem, por pouco que seja, sobre esse assunto, ele deve extrair toda sua autoridade do sistema vulgar – uma vez que originalmente não possui autoridade própria. A seguir, explicaremos de que modo esses dois sistemas se conectam, embora sejam diretamente contrários.

50   A imaginação percorre naturalmente esta cadeia de pensamentos: nossas percepções são nossos únicos objetos; percepções semelhantes são uma mesma coisa, ainda que sua aparição seja fragmentada ou interrompida;* essa interrupção aparente é contrária à sua identidade; a interrupção, consequentemente, não se estende além da aparên-

---

* Texto corrigido segundo a edição Norton & Norton, que diz: "however broken or interrupted in their appearance". A edição Selby-Bigge/Nidditch punha: "however broken or uninterrupted in their appearance", o que me parece sem sentido, sobretudo pelo que diz a frase seguinte, e porque a menção à ausência de interrupção é supérflua para o raciocínio. (N.T.)

cia, e a percepção, ou objeto, na realidade continua a existir, mesmo quando longe de nossa presença; portanto, nossas percepções sensíveis possuem uma existência contínua e ininterrupta. Mas uma pequena reflexão mostra que nossas percepções possuem uma existência dependente, destruindo assim essa conclusão de que sua existência é contínua; por isso, seria natural esperar que rejeitássemos por completo a opinião de que existe na natureza alguma coisa como uma existência contínua, preservada mesmo quando não aparece mais aos sentidos. Entretanto, não é isso o que ocorre. Os filósofos estão tão longe de rejeitar a opinião de uma existência contínua por terem rejeitado a da independência e continuidade de nossas percepções sensíveis, que, embora todas as escolas concordem com esta última posição, a primeira, que é de certa forma sua consequência necessária, tem sido peculiar a uns poucos céticos extravagantes; e estes, afinal, sustentam tal opinião apenas verbalmente, e jamais foram capazes de acreditar nela com toda sinceridade.

51   Há uma grande diferença entre as opiniões que formamos após uma reflexão serena e profunda e as que abraçamos por uma espécie de instinto ou impulso natural, em virtude de sua adequação e conformidade com a mente. Se essas opiniões se tornam contrárias, não é difícil prever qual terá a precedência. Enquanto nossa atenção está voltada para o assunto em questão, o sistema filosófico e refletido pode prevalecer; mas assim que relaxamos nossos pensamentos, a natureza se revela, trazendo-nos de volta à nossa primeira opinião. Mais ainda: a influência da natureza é tal, que é capaz de deter nosso avanço, mesmo no decorrer das reflexões mais profundas, impedindo-nos de tirar todas as consequências de um sistema filosófico. Assim, embora percebamos claramente a dependência e a descontinuidade de nossas percepções, não vamos adiante, e jamais rejeitamos, por esse motivo, a noção de uma existência independente e contínua. Essa opinião cria raízes tão profundas na imaginação que é impossível erradicá-la; e nem a mais forçada convicção metafísica da dependência de nossas percepções será suficiente para tal propósito.

52   Embora nossos princípios naturais e evidentes prevaleçam aqui sobre nossas reflexões mais cuidadosas, é certo, contudo, que deve haver alguma luta e oposição, ao menos enquanto essas reflexões mantêm alguma força ou vividez. Para eliminar nosso desconforto acerca desse ponto, fabricamos uma nova hipótese, que parece compreender ambos os princípios, da razão e da imaginação. Trata-se da hipótese filosófica da dupla existência, das percepções e dos objetos, que satisfaz nossa razão, ao admitir que nossas percepções dependentes são descontínuas e diferentes; e, ao mesmo tempo, é agradável para a imaginação, por atribuir uma existência contínua a outra coisa, a que chamamos *objetos*. Esse sistema filosófico, portanto, é o fruto monstruoso de dois princípios contrários, que são abraçados ao mesmo tempo pela mente, um não sendo capaz de destruir o outro. A imaginação nos diz que nossas percepções semelhantes têm uma existência contínua e ininterrupta, e que não são aniquiladas quando estão ausentes. A reflexão nos diz que mesmo nossas percepções semelhantes são diferentes umas das outras e possuem uma existência descontínua. A contradição entre essas opiniões, nós a eludimos por meio de uma nova ficção, conforme tanto à hipótese da reflexão quanto à da fantasia, atribuindo essas qualidades contrárias a existências diferentes: a *descontinuidade* às percepções, e a *continuidade* aos objetos. A natureza é obstinada e não abandona o campo de batalha, mesmo que vigorosamente atacada pela razão; ao mesmo tempo, a razão é tão clara sobre esse ponto que é impossível disfarçá-la. Incapazes de reconciliar essas duas inimigas, procuramos tanto quanto possível amenizar nosso desconforto, dando sucessivamente a cada uma aquilo que ela pede, e criando a ficção de uma dupla existência, em que cada uma possa encontrar algo que contenha todas as condições desejadas. Se estivéssemos inteiramente convencidos de que nossas percepções semelhantes são contínuas, idênticas e independentes, nunca formaríamos a opinião de uma dupla existência – pois ficaríamos satisfeitos com nossa primeira suposição, sem precisar buscar nada além dela. Novamente, se estivéssemos inteiramente convencidos de que nossas per-

cepções são dependentes, descontínuas e diferentes, estaríamos igualmente pouco inclinados a abraçar a opinião de uma dupla existência – pois, nesse caso, perceberíamos claramente o erro de nossa primeira suposição de uma existência contínua, e nunca mais a levaríamos em consideração. Portanto, essa opinião surge da situação intermediária da mente, ou seja, da adesão a esses princípios contrários, de tal forma que nos vemos levados a buscar um pretexto que justifique nossa aceitação de ambos. Felizmente, acabamos encontrando esse pretexto no sistema de uma dupla existência.

53 Outra vantagem desse sistema filosófico é sua similaridade em relação ao sistema vulgar. Isso nos permite comprazer momentaneamente à nossa razão, quando ela se torna inquieta e inoportuna; mas, a seu menor descuido ou desatenção, podemos com facilidade retomar nossas noções vulgares e naturais. De fato, vemos que os filósofos não desprezam essa vantagem: tão logo deixam seu gabinete de estudos, misturam-se ao resto da humanidade em suas opiniões desacreditadas de que nossas percepções são nossos únicos objetos, e continuam idêntica e ininterruptamente as mesmas ao longo de todas as suas aparições descontínuas.

54 Há outras particularidades desse sistema, em que podemos observar de maneira bastante evidente sua dependência em relação à fantasia. Dentre elas, examinarei as duas seguintes. *Primeiramente*, supomos que os objetos externos se assemelham às percepções internas. Já mostrei que a relação de causa e efeito nunca nos permitiria fazer uma inferência legítima da existência ou das qualidades de nossas percepções para a existência de objetos externos e contínuos. Acrescentarei que, mesmo que permitisse tal inferência, nunca teríamos razão para inferir que nossos objetos se assemelham a nossas percepções. Essa opinião, portanto, não é derivada senão da qualidade da fantasia que explicamos anteriormente, ou seja, que *ela toma todas as suas ideias de algumas percepções anteriores*. Jamais podemos conceber nada além de percepções e, portanto, temos de fazer tudo se assemelhar a elas.

55   Em segundo lugar, assim como supomos que nossos objetos em geral se assemelham a nossas percepções, assim também damos por suposto que cada objeto particular se assemelha à percepção por ele causada. A relação de causa e efeito nos determina a acrescentar a ela a de semelhança; ou seja, como as ideias dessas existências já estão unidas na fantasia pela primeira relação, nós naturalmente acrescentamos a segunda para completar a união. Possuímos uma forte propensão a completar toda união entre ideias somando novas relações às primeiramente observadas, como teremos ocasião de notar em breve.[8]

56   Tendo assim explicado todos os sistemas, tanto populares como filosóficos, a respeito das existências externas, não posso deixar de dar vazão a um certo sentimento, que surge quando torno a examinar tais sistemas. Iniciei este tema com a premissa de que deveríamos ter uma fé implícita em nossos sentidos, e que essa é a conclusão que extrairia da totalidade de meu raciocínio. Mas, para ser franco, sinto-me *neste momento* possuído pelo sentimento contrário. Estou mais inclinado a não ter fé alguma em meus sentidos, ou antes imaginação, do que a depositar neles uma tal confiança implícita. Não consigo conceber como qualidades tão triviais da fantasia, conduzidas por essas falsas suposições, podem jamais nos levar a um sistema sólido e racional. A coerência e a constância de nossas percepções é que produzem a opinião de sua existência contínua, embora essas qualidades das percepções não tenham nenhuma conexão perceptível com tal existência. A constância de nossas percepções tem o efeito mais considerável e, entretanto, se faz acompanhar das maiores dificuldades. É uma grande ilusão supor que nossas percepções semelhantes possuem uma identidade numérica; e é essa ilusão que nos leva à opinião de que essas percepções são ininterruptas, e existem mesmo quando não estão mais presentes aos sentidos. Isso é o que ocorre com nosso sistema popular. Quanto ao filosófico, ele é pas-

---
8 Seção 5.

sível das mesmas dificuldades; e além disso é sobrecarregado com o absurdo de, a um só tempo, negar e corroborar a suposição vulgar. Os filósofos negam que nossas percepções semelhantes sejam ininterruptas e numericamente idênticas; entretanto, têm tamanha propensão a crer que o sejam, que inventam de modo arbitrário um novo conjunto de percepções, a que atribuem essas qualidades. Digo um novo conjunto de percepções, pois podemos perfeitamente supor em geral, mas é impossível concebermos distintamente, que os objetos tenham uma natureza que não seja exatamente a mesma que a das percepções. O que poderíamos esperar, portanto, dessa confusão de opiniões infundadas e extraordinárias, senão o erro e a falsidade? E como poderíamos justificar perante nós mesmos qualquer crença que nelas depositemos?

57   Essa dúvida cética, tanto em relação à razão como aos sentidos, é uma doença que jamais pode ser radicalmente curada, voltando sempre a nos atormentar, por mais que a afastemos, e por mais que às vezes pareçamos estar inteiramente livres dela. É impossível, com base em qualquer sistema, defender seja nosso entendimento, seja nossos sentidos. Apenas os deixamos mais vulneráveis quando tentamos justificá-los dessa maneira. Como a dúvida cética nasce naturalmente de uma reflexão profunda e intensa sobre esses assuntos, ela cresce quanto mais longe levamos nossas reflexões, sejam estas conformes ou opostas a ela. Apenas o descuido e a desatenção podem nos trazer algum remédio. Por essa razão, confio inteiramente neles; e estou seguro de que, qualquer que seja a opinião do leitor neste momento presente, daqui a uma hora estará convencido de que existe tanto um mundo externo como um interno. Guiando-me por essa certeza, pretendo examinar alguns sistemas gerais, antigos e modernos, que foram propostos a respeito de ambos os mundos, antes de passar a uma investigação mais detalhada sobre nossas impressões. Talvez vejamos, no final, que esse tema não está muito distante de nosso propósito presente.

Seção 3
Da filosofia antiga

1   Diversos moralistas recomendaram, como um excelente método para conhecermos nossos próprios corações e avaliarmos nosso progresso na virtude, que recordemos nossos sonhos pela manhã, examinando-os com o mesmo rigor com que examinaríamos nossas ações mais sérias e deliberadas. Nosso caráter é sempre o mesmo, dizem eles, e aparece melhor lá onde o artifício, o medo e a dissimulação não têm lugar, e onde os homens não podem ser hipócritas consigo mesmos ou com os outros. A generosidade ou a baixeza de nosso caráter, nossa brandura ou crueldade, nossa coragem ou pusilanimidade influenciam as ficções da imaginação com a liberdade mais irrestrita, revelando-se em suas cores mais brilhantes. De maneira semelhante, estou convencido de que muitas descobertas úteis podem ser feitas com base em uma crítica das ficções da filosofia antiga referentes a *substâncias, formas substanciais, acidentes* e *qualidades ocultas* – que, por mais irracionais e caprichosas, possuem uma conexão íntima com os princípios da natureza humana.

2   Os filósofos mais judiciosos admitem que nossas ideias dos corpos não são mais que coleções, formadas pela mente, das ideias das diversas qualidades sensíveis distintas que compõem os objetos, e que constatamos possuírem uma união constante umas com as outras. Mas, embora tais qualidades possam ser em si mesmas inteiramente distintas, o certo é que costumamos considerar o composto que formam como UMA coisa, que continua a MESMA ao longo de alterações bastante consideráveis. A reconhecida composição é evidentemente contrária a essa suposta *simplicidade*; e a alteração, à *identidade*. Por isso, talvez valha a pena considerar as *causas* que fazem com que, quase sem exceção, caiamos em contradições tão evidentes, bem como os *meios* pelos quais tentamos ocultá-las.

3   É evidente que, como as ideias das diversas qualidades distintas e *sucessivas* dos objetos são unidas por uma relação muito estreita, a

mente, ao percorrer a sucessão, deverá ser levada de uma parte a outra por uma transição fácil, e não perceberá a mudança mais que se estivesse contemplando o mesmo objeto imutável. Essa transição fácil é o efeito ou, antes, a essência da relação; e como a imaginação toma imediatamente uma ideia por outra, quando sua influência sobre a mente é similar, assim acontece que qualquer sucessão de qualidades relacionadas é logo considerada como um único objeto contínuo, existindo sem qualquer variação. O curso suave e ininterrupto do pensamento, sendo semelhante nos dois casos, facilmente engana a mente, e nos faz atribuir uma identidade à sucessão cambiante de qualidades conectadas.

4   Porém, quando alteramos nosso modo de considerar a sucessão e, em vez de acompanhá-la gradativamente, ao longo dos pontos sucessivos do tempo, contemplamos de uma só vez dois períodos distintos de sua duração, comparando as diferentes condições das qualidades sucessivas, nesse caso as variações, que eram imperceptíveis quando se davam de modo gradativo, mostram-se importantes e parecem destruir por completo a identidade. Surge, assim, uma espécie de contrariedade em nosso modo de pensar, decorrente dos diferentes pontos de vista a partir dos quais examinamos o objeto, bem como da proximidade ou do afastamento entre os instantes temporais que comparamos. Quando seguimos gradativamente um objeto em suas sucessivas mudanças, o progresso suave do pensamento nos faz atribuir uma identidade à sucessão – porque é mediante um ato mental similar que contemplamos um objeto imutável. Quando comparamos sua situação após uma mudança considerável, o progresso do pensamento se quebra e, consequentemente, apresenta-se-nos a ideia de diversidade. Para resolver essas contradições, a imaginação tende a fantasiar algo desconhecido e invisível, que supõe continuar o mesmo ao longo dessas variações. A esse algo ininteligível ela dá o nome de *substância*, ou *matéria primeira e original*.

5   Sustentamos uma noção similar a respeito da *simplicidade* das substâncias, e por causas semelhantes. Suponhamos que se nos apresente

um objeto perfeitamente simples e indivisível, junto com um outro, cujas partes *coexistentes* são conectadas por uma forte relação. Nesse caso, é evidente que as ações da mente ao considerar os dois objetos não são muito diferentes. A imaginação concebe o objeto simples de uma só vez, com facilidade, por um esforço único de pensamento, sem mudança ou variação. A conexão entre as partes no objeto composto tem quase o mesmo efeito, e une internamente o objeto de tal maneira que a fantasia não sente a transição ao passar de uma parte a outra. Assim, a cor, o sabor, a forma, a solidez e outras qualidades, combinadas em um pêssego ou melão, são concebidas como formando *uma coisa*; e isso em virtude de sua estreita relação, que as faz afetar o pensamento como se o objeto não possuísse nenhuma composição. Mas a mente não para aqui. Sempre que observa o objeto de outra perspectiva, constata que essas qualidades são todas diferentes, distinguíveis e separáveis entre si. E essa perspectiva, por destruir suas noções primeiras e mais naturais, obriga a imaginação a fantasiar um algo desconhecido, uma substância e matéria *original*, como princípio de união ou coesão entre essas qualidades, capaz de dar ao objeto composto o direito de ser chamado de uma coisa, apesar de sua diversidade e composição.

6   A filosofia peripatética afirma que a matéria *original* é perfeitamente homogênea em todos os corpos, e considera que o fogo, a água, a terra e o ar, em virtude de suas mudanças e transformações graduais uns nos outros, são exatamente da mesma substância. Ao mesmo tempo, confere a cada uma dessas espécies de objetos uma *forma substancial* distinta, que supõe ser a fonte de todas aquelas diferentes qualidades que eles possuem, e um novo fundamento de simplicidade e identidade para cada espécie particular. Tudo depende de nossa maneira de ver os objetos. Quando acompanhamos as mudanças insensíveis dos corpos, supomos que todos têm a mesma substância ou essência. Quando consideramos suas diferenças sensíveis, atribuímos a cada um deles uma diferença substancial e essencial. E para satisfazer a esses nossos dois modos de considerar os objetos, supomos que

todos os corpos possuem ao mesmo tempo uma substância e uma forma substancial.

7   A noção de *acidente* é uma consequência inevitável desse modo de pensar a respeito de substâncias e formas substanciais. Não podemos nos impedir de considerar cores, sons, sabores, formas e outras propriedades dos corpos como existências incapazes de subsistir separadamente, e que requerem um sujeito de inerência que as sustente e suporte. Pois sempre que descobrimos alguma dessas qualidades sensíveis, também imaginamos, pelas razões acima mencionadas, a existência de uma substância; e o mesmo hábito que nos faz inferir uma conexão entre causa e efeito leva-nos, aqui, a inferir que todas as qualidades dependem da substância desconhecida. O costume de imaginar uma dependência tem o mesmo efeito que teria o costume de observá-la. Mas essa ficção é tão irracional quanto as anteriores. Como toda qualidade é uma coisa distinta, pode ser concebida existindo separadamente, e pode existir separadamente, não apenas de todas as outras qualidades, mas também dessa quimera ininteligível que é a substância.

8   Porém esses filósofos levam ainda mais longe suas ficções quando falam de *qualidades ocultas*, supondo ao mesmo tempo uma substância que sustenta, e que eles não compreendem, e um acidente sustentado, do qual têm uma ideia igualmente imperfeita. Todo o sistema, portanto, é completamente incompreensível, e não obstante deriva de princípios tão naturais quanto qualquer um dos acima explicados.

9   Refletindo sobre este tema, podemos observar uma gradação entre três opiniões, que se sucedem à medida que aqueles que as formam adquirem novos graus de razão e conhecimento. Essas opiniões são as do vulgo, da falsa filosofia, e da verdadeira filosofia. Ao examiná-las, veremos que a verdadeira filosofia se aproxima mais dos sentimentos do vulgo que daqueles de um conhecimento equivocado. É natural que os homens, em seu modo comum e descuidado de pensar, imaginem perceber uma conexão entre os objetos que constataram estar constantemente unidos; e como o costume tornou difícil separar as ideias, eles tendem a imaginar que essa separação é em si mes-

ma impossível e absurda. Mas os filósofos, que abstraem os efeitos do costume e comparam as ideias dos objetos, percebem imediatamente a falsidade dessas concepções vulgares, descobrindo que não existe nenhuma conexão conhecida entre os objetos. Cada objeto diferente lhes parece inteiramente distinto e separado; e percebem que não é partindo de uma visão de sua natureza e qualidades que inferimos um objeto de outro, mas apenas quando, em diversos casos, observamos que apresentaram uma conjunção constante. No entanto, tais filósofos, em vez de extrair dessa observação uma inferência legítima e concluir que não possuímos nenhuma ideia de um poder ou princípio de ação separados da mente e pertencentes às causas, buscam frequentemente as qualidades em que esse princípio de ação consiste, e ficam descontentes com todos os sistemas que sua razão lhes sugere para explicá-la. Possuem suficiente perspicácia para se livrar do erro vulgar de que existiria uma conexão natural e perceptível entre as diversas qualidades sensíveis e as ações da matéria, mas não suficiente para se abster de procurar tal conexão na matéria ou nas causas. Caso houvessem chegado à conclusão correta, teriam retornado à situação do vulgo, considerando todas estas perquirições com descaso e indiferença. No presente momento, parecem estar em uma situação bastante lamentável, da qual os poetas nos forneceram uma vaga noção em suas descrições das punições de Sísifo e de Tântalo. Pois será possível imaginar tormento maior que a busca voraz de algo que para sempre nos escapa; e sua busca lá onde é impossível que possa vir a existir?

10 A natureza parece ter guardado, contudo, uma espécie de justiça e compensação em todas as coisas, e não se descuidou dos filósofos mais que do resto da criação; ao contrário, reservou-lhes um consolo em meio a todas as suas decepções e aflições. Tal consolo consiste especialmente na invenção, por parte dos filósofos, das palavras *faculdade* e *qualidade oculta*. De fato, após utilizarmos com frequência termos realmente significativos e inteligíveis, é comum omitirmos a ideia que pretendíamos exprimir por meio deles, conservando apenas o costume que nos permite evocar essa ideia a nosso bel-prazer; por isso, tam-

bém é natural que, após o uso frequente de termos inteiramente ininteligíveis e sem significado, imaginemos que eles se equiparam aos precedentes e que possuem um sentido secreto, que poderíamos descobrir por reflexão. A semelhança de sua aparência engana a mente, como é usual, fazendo-nos imaginar uma perfeita semelhança e conformidade. Desse modo, esses filósofos se reconfortam, e finalmente atingem, graças a uma ilusão, a mesma indiferença que as pessoas comuns adquirem por sua estupidez, e os verdadeiros filósofos por seu ceticismo moderado. Para isso, basta que digam, de qualquer fenômeno que os embarace, que este deriva de uma faculdade ou de uma qualidade oculta, e acabam-se todas as disputas e investigações sobre o assunto.

11   Mas, dentre todos os casos que nos mostram que os peripatéticos se deixam guiar por qualquer vã propensão da imaginação, nenhum é mais digno de nota que suas *simpatias, antipatias* e *horror ao vácuo*. A natureza humana possui uma notável inclinação a atribuir aos objetos externos as mesmas emoções que observa em si própria; e a enxergar em todo lugar aquelas ideias que lhe estão mais presentes. É verdade que essa inclinação se elimina por uma pequena reflexão, e só persiste nas crianças, nos poetas e nos filósofos antigos. Nas crianças, aparece, por exemplo, em seu desejo de bater nas pedras que as ferem; nos poetas, na facilidade com que personificam todas as coisas; e nos filósofos antigos, nessas ficções da simpatia e da antipatia. Devemos perdoar as crianças, porque têm pouca idade; os poetas, porque admitem seguir, sem reservas, as sugestões de sua fantasia. Mas que desculpa encontraremos para justificar nossos filósofos em uma fraqueza tão evidente?

Seção 4
Da filosofia moderna

1   Pode-se aqui objetar que, como a imaginação, segundo eu mesmo admito, é o juiz último de todos os sistemas filosóficos, eu estaria sen-

do injusto ao condenar os filósofos antigos por fazerem uso daquela faculdade, e por se deixarem guiar inteiramente por ela em seus raciocínios. Para me justificar, devo fazer uma distinção, na imaginação, entre os princípios permanentes, irresistíveis e universais – tais como a transição costumeira das causas aos efeitos e dos efeitos às causas – e os princípios variáveis, fracos e irregulares – como os que acabo de mencionar. Os primeiros são o fundamento de todos os nossos pensamentos e ações, de tal forma que, se eliminados, a natureza humana imediatamente pereceria e desapareceria. Os últimos não são nem inevitáveis à humanidade, nem necessários, ou sequer úteis para a condução da vida; ao contrário, observa-se que só têm lugar em mentes fracas e, como se opõem aos outros princípios, do costume e do raciocínio, podem facilmente ser anulados por um contraste e oposição adequados. Por essa razão, os primeiros são aceitos pela filosofia, e os últimos rejeitados. A pessoa que conclui que há alguém por perto, quando ouve no escuro uma voz articulada, raciocina de maneira correta e natural; embora tal conclusão derive apenas do costume, que fixa e dá mais vida à ideia de uma criatura humana, em virtude de sua conjunção usual com a impressão presente. Mas a pessoa que, sem saber por que, é atormentada pelo temor de espectros na escuridão, desta também podemos dizer, talvez, que está raciocinando, e raciocinando de uma maneira natural; mas neste caso deve ser no mesmo sentido em que dizemos que uma doença é natural – porque deriva de causas naturais, apesar de ser contrária à saúde, que é a situação mais agradável e mais natural do homem.

2   As opiniões dos filósofos antigos, suas ficções da substância e dos acidentes e seus raciocínios acerca de formas substanciais e qualidades ocultas são como os espectros na escuridão, e derivam de princípios que, embora comuns, não são nem universais nem inevitáveis na natureza humana. A *filosofia moderna* pretende estar inteiramente livre desse defeito, e resultar exclusivamente dos princípios sólidos, permanentes e consistentes da imaginação. Devemos agora investigar qual o fundamento de tal pretensão.

3   O princípio fundamental dessa filosofia é a opinião a respeito das cores, sons, sabores, aromas, calor e frio, os quais afirma serem apenas impressões na mente, derivadas da operação dos objetos externos e sem qualquer semelhança com as qualidades dos objetos. Ao examinar essa opinião, vejo que apenas uma das razões comumente apresentadas para justificá-la é satisfatória, a saber, aquela que se baseia nas variações sofridas por essas impressões, mesmo quando o objeto externo, aparentemente, continua o mesmo. Tais variações dependem de diversas circunstâncias. Das diferentes condições de nossa saúde: um homem doente sente um sabor desagradável na carne que antes lhe agradava mais. Das diferentes compleições e constituições dos homens: aquilo que para um parece amargo é doce para outro. Da diferença em sua situação e posição externa: as cores refletidas pelas nuvens mudam de acordo com a distância dessas nuvens, e de acordo com o ângulo que formam com o olho e o corpo luminoso. O fogo também comunica a sensação de prazer a uma certa distância, e de dor a uma outra. Exemplos dessa espécie são muito numerosos e frequentes.

4   A conclusão deles extraída é igualmente a mais satisfatória que se pode imaginar. É certo que, quando diferentes impressões do mesmo sentido surgem de um objeto, nem todas elas podem ter uma qualidade semelhante existente no objeto. Porque, como o mesmo objeto não pode ser dotado simultaneamente de diferentes qualidades referentes ao mesmo sentido, e como a mesma qualidade não pode se assemelhar a impressões inteiramente diferentes, segue-se evidentemente que muitas de nossas impressões não possuem um modelo ou arquétipo externo. Ora, de efeitos semelhantes presumimos causas semelhantes. Admite-se que muitas impressões de cor, som etc. não são mais que existências internas, e resultam de causas que de nenhum modo se assemelham a elas. Essas impressões, em sua aparência, não são nem um pouco diferentes das outras impressões de cor, som etc. Concluímos, portanto, que todas elas têm uma origem semelhante.

5   Uma vez admitido esse princípio, todas as outras doutrinas dessa filosofia parecem se seguir facilmente. Pois, ao retirar sons, cores, calor e outras qualidades sensíveis da classe de existências contínuas e independentes, ficamos reduzidos apenas às chamadas qualidades primárias, como as únicas qualidades *reais* e de que temos uma noção adequada. Essas qualidades primárias são a extensão e a solidez, com suas diferentes combinações e modificações: forma, movimento, gravidade e coesão. A geração, o crescimento, o envelhecimento e a corrupção dos animais e vegetais são tão somente mudanças na forma e no movimento; o mesmo se aplica às operações de todos os corpos uns sobre os outros; do fogo, da luz, da água, do ar, da terra e de todos os elementos e poderes da natureza. Uma forma e um movimento produzem outra forma e outro movimento. E não resta no universo material nenhum outro princípio, ativo ou passivo, do qual possamos formar a ideia mais distante.

6   Acredito que se poderiam levantar muitas objeções a esse sistema. No momento, porém, irei me limitar a apenas uma, que considero decisiva. Afirmo que, por meio desse sistema, em vez de explicarmos as operações dos objetos externos, acabamos aniquilando por completo todos esses objetos e ficamos reduzidos às opiniões que o ceticismo mais extravagante mantém a seu respeito. Se cores, sons, sabores e aromas são somente percepções, nada que possamos conceber possui uma existência real, contínua e independente; sequer o movimento, a extensão e a solidez, que são as qualidades primárias em que mais se insiste.

7   Comecemos com o exame do movimento. É evidente que essa é uma qualidade que não pode de modo algum ser concebida isoladamente, sem referência a algum outro objeto. A ideia de movimento supõe necessariamente a de um corpo que se move. Ora, o que é nossa ideia do corpo que se move, sem a qual o movimento é incompreensível? Ela deve se reduzir à ideia de extensão ou de solidez; consequentemente, a realidade do movimento depende da realidade dessas outras qualidades.

8   Provei que essa opinião, universalmente reconhecida quando se trata do movimento, é também verdadeira no que diz respeito à extensão, e mostrei que é impossível conceber esta última senão como composta de partes dotadas de cor ou solidez. A ideia de extensão é uma ideia composta; mas como não é composta de um número infinito de partes ou ideias inferiores, ela tem que afinal se resolver em partes perfeitamente simples e indivisíveis. Essas partes simples e indivisíveis, não sendo ideias de extensão, teriam que ser não-entidades, a menos que as concebamos como sendo coloridas ou sólidas. A cor está excluída de qualquer existência real. A realidade de nossa ideia de extensão, portanto, depende da realidade da ideia de solidez, e a primeira não poderá ser legítima se esta última for quimérica. Por isso, voltemos nossa atenção para o exame da ideia de solidez.

9   A ideia de solidez é a de dois objetos que, mesmo impelidos por uma força extrema, não conseguem penetrar um no outro, mantendo, ao contrário, uma existência separada e distinta. A solidez, portanto, é inteiramente incompreensível de maneira isolada, sem a concepção de alguns corpos sólidos que conservam essa existência separada e distinta. Ora, que ideia temos desses corpos? As ideias de cores, sons e outras qualidades secundárias estão excluídas. A ideia de movimento depende da de extensão, e a ideia de extensão da de solidez. É impossível, portanto, que a ideia de solidez possa depender de qualquer uma das duas. Isso seria andar em círculos e fazer uma ideia depender de outra, ao mesmo tempo que esta última depende da primeira. Nossa filosofia moderna, assim, não nos deixa com nenhuma ideia legítima ou satisfatória de solidez e, consequentemente, tampouco de matéria.

10 Todo aquele que compreender esse argumento irá considerá-lo inteiramente conclusivo; mas, como ele pode parecer abstruso e intrincado para a generalidade dos leitores, peço que me perdoem por tentar torná-lo mais evidente, exprimindo-o de outra maneira. Para formar uma ideia de solidez, temos de conceber dois corpos pressionando um ao outro sem se penetrar; é impossível chegar a essa ideia

se nos limitamos a um só objeto e, mais ainda, se não concebemos nenhum. Duas não-entidades não podem se excluir reciprocamente de seus lugares, porque não ocupam lugar algum, nem podem ser dotadas de nenhuma qualidade. Agora pergunto: que ideia formamos desses corpos ou objetos a que atribuímos solidez? Dizer que os concebemos meramente como sólidos seria uma regressão ao infinito. Afirmar que os representamos como extensos seria reduzir tudo a uma ideia falsa, ou então cair em um círculo. A extensão tem que necessariamente ser considerada quer como colorida, o que é uma ideia falsa, quer como sólida, o que nos traz de volta à primeira questão. Podemos fazer a mesma observação a respeito da mobilidade e da forma; e, de tudo o que foi dito, devemos concluir que, com a exclusão das cores, sons, calor e frio da classe de existências externas, não sobra nada que possa nos dar uma ideia legítima e consistente de corpo.

11   Acrescente-se a isso que, para falar corretamente, a solidez ou impenetrabilidade não é senão uma impossibilidade de aniquilação, como já observamos.[9] Por essa razão, é ainda mais necessário que formemos alguma ideia distinta daquele objeto cuja aniquilação supomos impossível. Uma impossibilidade de aniquilação não pode existir, e jamais podemos conceber que exista, por si mesma; ela requer necessariamente algum objeto ou existência real a que possa ser atribuída. Ora, ainda permanece a dificuldade sobre como formar uma ideia desse objeto ou existência, sem recorrer às qualidades secundárias e sensíveis.

12   Tampouco devemos esquecer, nesta ocasião, nosso método costumeiro de examinar as ideias, ou seja, considerar as impressões de que elas derivam. A filosofia moderna afirma que as impressões que penetram pela visão, audição, olfato ou paladar não se assemelham a nenhum objeto; e, consequentemente, a ideia de solidez, que se supõe real, jamais poderia ser derivada de nenhum desses sentidos. Resta o tato, portanto, como o único sentido capaz de transmitir a impressão

---

9 Parte 2, Seção 4.

que dá origem à ideia de solidez; e, de fato, imaginamos naturalmente que sentimos a solidez dos corpos, e precisamos apenas tocar um objeto para perceber essa qualidade. Mas esse modo de pensar é mais popular que filosófico, como o mostrarão as seguintes reflexões.

13 Primeiramente, é fácil observar que, embora os corpos sejam sentidos por meio de sua solidez, a sensação do tato é algo bem diferente da solidez, e não há a menor semelhança entre os dois. Um homem com paralisia em uma das mãos adquire uma ideia tão perfeita de impenetrabilidade quando observa essa mão ser sustentada pela mesa como nas ocasiões em que sente a mesma mesa com a outra mão. Um objeto que pressiona um de nossos membros encontra uma resistência; e essa resistência, pelo movimento que ocasiona nos nervos e espíritos animais, transmite uma certa sensação à mente; mas daí não se segue que a sensação, o movimento e a resistência sejam de algum modo semelhantes.

14 Em segundo lugar, as impressões do tato são impressões simples, exceto quando consideradas quanto a sua extensão, o que não tem pertinência para nosso propósito presente. Dessa simplicidade, infiro que elas não representam nem a solidez, nem qualquer objeto real. Pois suponhamos dois casos: o de um homem que pressiona com a mão uma pedra ou outro corpo sólido, e o de duas pedras que pressionam uma à outra. Todos admitirão, imediatamente, que esses dois casos não são semelhantes sob todos os aspectos, pois no primeiro existe, em conjunção com a solidez, um tato ou sensação, que não aparece no segundo. Portanto, para tornar esses dois casos semelhantes, seria preciso eliminar alguma parte da impressão que o homem sente através de sua mão ou órgão da sensação; mas como isso é impossível, por se tratar de uma impressão simples, somos obrigados a eliminar a impressão inteira, o que prova que esta não possui nenhum arquétipo ou modelo nos objetos externos. Podemos acrescentar ainda que a solidez supõe necessariamente dois corpos, juntamente com a contiguidade e o choque – e, como isso constitui um objeto composto, ela jamais poderia ser representada por uma impressão simples. Sem mencionar

que, embora a solidez continue sempre invariavelmente a mesma, as impressões do tato mudam para nós a cada momento, o que é uma prova clara de que estas últimas não são representações da primeira.

15   Assim, há uma oposição direta e total entre nossa razão e nossos sentidos; ou, mais propriamente falando, entre as conclusões que formamos a partir da causa e efeito e as que nos persuadem da existência contínua e independente dos corpos. Quando raciocinamos a partir da causa e efeito, concluímos que nem a cor, nem o som, nem o sabor, nem o aroma têm uma existência contínua e independente. Quando excluímos essas qualidades sensíveis, não resta nada no universo que possua tal existência.

Seção 5
Da imaterialidade da alma

1   Tendo encontrado tantas contradições e dificuldades em todos os sistemas concernentes aos objetos externos, bem como na ideia de matéria, que imaginávamos ser tão clara e precisa, é natural esperarmos encontrar dificuldades e contradições ainda maiores nas hipóteses acerca de nossas percepções internas e da natureza da mente, que tendemos a imaginar muito mais obscuras e incertas. Mas quanto a isso estamos enganados. O mundo intelectual, embora envolto em infinitas obscuridades, não é embaraçado por nenhuma dessas contradições que descobrimos no mundo natural. Aquilo que conhecemos a seu respeito concorda consigo mesmo; e aquilo que desconhecemos, temos de nos conformar em deixar como está.

2   É verdade que certos filósofos prometem diminuir nossa ignorância; mas receio que, se prestássemos ouvidos a eles, arriscar-nos-íamos a cair em contradições, das quais o assunto em si mesmo está isento. Refiro-me aos filósofos que constroem raciocínios meticulosos para mostrar que nossas percepções seriam inerentes a uma

substância material ou a uma substância imaterial. Para pôr um termo nessas infindáveis cavilações de ambos os lados, o melhor método que conheço é perguntar a tais filósofos, em poucas palavras: *o que querem dizer com substância e inerência?* Apenas após terem respondido a essa questão, e só então, será razoável entrar seriamente na discussão.

3   Vimos que era impossível responder a essa questão no caso da matéria e dos corpos. Mas o caso da mente, além de enfrentar as mesmas dificuldades, é ainda sobrecarregado por outras, peculiares a esse tema. Como toda ideia é derivada de uma impressão precedente, se tivéssemos uma ideia da substância de nossas mentes, teríamos que ter dela também uma impressão – o que é muito difícil, senão impossível, de se conceber. Pois como poderia uma impressão representar uma substância, senão assemelhando-se a ela? E como poderia uma impressão se assemelhar a uma substância, já que, segundo essa filosofia, ela não é uma substância, e não possui nenhuma das qualidades ou características peculiares de uma substância?

4   Mas deixando de lado a questão sobre *o que pode e o que não pode ser*, e substituindo-a por esta outra: *o que realmente existe?*, gostaria que aqueles filósofos que afirmam que possuímos uma ideia da substância de nossas mentes nos apontassem a impressão que produz essa ideia, e que nos dissessem distintamente como tal impressão opera, e de que objeto deriva. É ela uma impressão de sensação ou de reflexão? É agradável, dolorosa, ou indiferente? Acompanha-nos em todos os momentos, ou só aparece a intervalos? Se a intervalos, em que momentos sobretudo aparece, e que causas a produzem?

5   Se, em vez de responder a essas questões, alguém quisesse escapar da dificuldade dizendo que uma substância se define como *alguma coisa que existe por si mesma*, e que essa definição deveria nos satisfazer; se alguém o dissesse, eu observaria que essa definição convém a tudo que se possa conceber, e, por isso, nunca serviria para distinguir substância de acidente, ou a alma de suas percepções. Meu raciocínio é o seguinte. Tudo que é concebido claramente pode existir; e tudo que é concebido claramente de determinada maneira pode existir dessa

mesma maneira. Esse é um princípio que já admitimos. Mais ainda, tudo que é diferente é distinguível, e tudo que é distinguível é separável pela imaginação. Esse é outro princípio. Desses dois princípios, concluo que, uma vez que todas as nossas percepções são diferentes umas das outras e de tudo mais no universo, também elas são distintas e separáveis, e podem ser consideradas existindo separadamente, e podem de fato existir separadamente, sem necessitar de nada mais para sustentar sua existência. São, portanto, substâncias, até onde a definição acima explica o que é uma substância.

6   Assim, nem considerando a origem das ideias, nem por meio de uma definição somos capazes de chegar a uma noção satisfatória de substância. Isso me parece uma razão suficiente para abandonarmos por completo a discussão acerca da materialidade ou imaterialidade da alma, e me faz condenar inteiramente a própria questão. Não possuímos ideia perfeita de nada senão de percepções. Uma substância é absolutamente diferente de uma percepção. Portanto, não possuímos nenhuma ideia de uma substância. A inerência a alguma coisa é supostamente necessária para sustentar a existência de nossas percepções. Nada parece necessário para sustentar a existência de uma percepção. Portanto, não possuímos ideia alguma de inerência. Como seria possível, então, responder à questão *se as percepções são inerentes a uma substância material ou imaterial*, quando nem mesmo compreendemos o sentido da questão?

7   Há um argumento comumente empregado a favor da imaterialidade da alma que me parece notável. Tudo que é extenso é composto de partes; e tudo que é composto de partes é divisível, senão na realidade, ao menos na imaginação. Mas é impossível haver uma conjunção entre uma coisa divisível e um pensamento ou uma percepção, que é um ser inteiramente inseparável e indivisível. Pois, supondo que houvesse tal conjunção, o pensamento indivisível existiria à esquerda ou à direita desse corpo extenso e divisível? Na superfície ou no meio? Atrás ou na frente dele? Se o pensamento existir em conjunção com a extensão, ele tem de estar em algum lugar dentro de suas dimensões. Se existir den-

tro de suas dimensões, tem de estar ou numa parte em particular – e então essa parte em particular é indivisível, e a percepção existe em conjunção apenas com ela, não com a extensão –, ou, se o pensamento está em todas as partes, ele também tem de ser extenso, separável e divisível, tal como o corpo – o que é inteiramente absurdo e contraditório. Pois quem poderia conceber uma paixão com uma jarda de comprimento, um pé de largura e uma polegada de espessura? O pensamento e a extensão, portanto, são qualidades absolutamente incompatíveis, e jamais poderiam se incorporar juntas em um objeto único.

8   Esse argumento não afeta a questão concernente *à substância* da alma, mas apenas aquela concernente à sua *conjunção local* com a matéria. Por isso, talvez não seja fora de propósito considerar quais objetos em geral são ou não suscetíveis de uma conjunção local. Essa é uma questão curiosa, e pode nos levar a algumas descobertas de grande importância.

9   A primeira noção de espaço e extensão é derivada exclusivamente dos sentidos da visão e do tato. Apenas as coisas coloridas ou tangíveis possuem partes dispostas de maneira a transmitir tal ideia. Quando diminuímos ou aumentamos um sabor, não o fazemos da mesma maneira pela qual diminuímos ou aumentamos um objeto visível. E quando diversos sons atingem nossa audição ao mesmo tempo, somente o costume e a reflexão nos fazem formar uma ideia dos graus de distância e contiguidade dos corpos de que esses sons derivam. Tudo aquilo cuja existência ocupa um lugar tem de ser, ou bem extenso, ou bem um ponto matemático, sem partes nem composição. Aquilo que é extenso tem de ter uma forma particular, como por exemplo quadrada, redonda, triangular; e nenhuma dessas convém a um desejo, nem, aliás, a qualquer impressão ou ideia, exceto as desses dois sentidos acima mencionados. Tampouco se deve considerar um desejo, embora indivisível, como um ponto matemático. Pois nesse caso seria possível, pela adição de outros, formar dois, três, quatro desejos, dispostos de tal maneira que tivessem um comprimento, uma largura e uma espessura determinados – o que, evidentemente, é absurdo.

10   Assim, não será surpreendente se eu enunciar uma máxima que é condenada por diversos metafísicos e considerada contrária aos princípios mais certos da razão humana. Essa máxima é que *um objeto pode existir, sem entretanto estar em nenhum lugar*; e afirmo que não apenas isso é possível, mas que a maior parte dos seres existem e têm de existir dessa maneira. Pode-se dizer que um objeto não está em nenhum lugar quando suas partes não estão situadas umas em relação às outras de modo a formar uma figura ou uma quantidade; nem o todo está situado em relação a outros corpos de modo a responder a nossas noções de contiguidade ou distância. Ora, é evidente que é esse o caso de todas as nossas percepções e objetos, exceto os da visão e do tato. Uma reflexão moral não pode estar situada à direita ou à esquerda de uma paixão, e um aroma ou um som não pode ter uma forma circular ou quadrada. Esses objetos e percepções, longe de demandarem um lugar particular, são absolutamente incompatíveis com qualquer lugar, e nem a imaginação é capaz de lhos atribuir. Quanto a se dizer que é absurdo supor que não estão em nenhum lugar, podemos observar que, se as paixões e sentimentos aparecessem à percepção como tendo um lugar particular, a ideia de extensão poderia ser derivada deles, tanto quanto da visão e do tato, o que contradiz o que já estabelecemos. E se *aparecem** como não tendo nenhum lugar particular, é possível que *existam* da mesma maneira, já que tudo que concebemos é possível.

11   Não será necessário provar agora que essas percepções simples e que não existem em nenhum lugar são incapazes de ter uma conjunção espacial com a matéria ou com os corpos extensos e divisíveis – pois só é possível fundar uma relação[10] sobre uma qualidade comum. Talvez valha mais a pena observar que essa questão da conjunção local dos objetos não ocorre somente nos debates metafísicos a respeito

---

* Como o sentido do verbo *"appear"* me parece aqui mais discutível, reproduzo a seguir o trecho em inglês: "...if the passions and sentiments appear to the perception to have any particular place, the idea of extension might be derived from them... If they *appear* not to have any particular place, they may possibly *exist* in the same manner..." . Cf. também nossa nota à p.75. (N.T.)

10 Parte 1, Seção 5.

da natureza da alma; até mesmo na vida comum temos, a todo momento, ocasião de observá-la. Assim, supondo que vejamos um figo sobre uma das extremidades de uma mesa e uma azeitona sobre a outra, é evidente que, ao formarmos as ideias complexas dessas substâncias, uma das mais óbvias é a de seus diferentes sabores; e é igualmente evidente que incorporamos e juntamos essas qualidades àquelas que são coloridas e tangíveis. Supomos que o sabor amargo de uma e o doce da outra estão no próprio corpo visível, e que estão separados um do outro por todo o comprimento da mesa. Essa é uma ilusão tão notável e tão natural que talvez seja apropriado considerar os princípios de que resulta.

12 Embora um objeto extenso não possa ter uma conjunção espacial com outro objeto que existe sem lugar ou extensão, os dois são suscetíveis de muitas outras relações. Assim, o sabor e o aroma de uma fruta são inseparáveis de suas outras qualidades de cor e tangibilidade. E não importa qual dessas qualidades é a causa ou o efeito; o certo é que são sempre coexistentes – e não são apenas coexistentes em geral, mas também contemporâneas em seu aparecimento na mente. É pela aplicação do corpo extenso a nossos sentidos que percebemos seu sabor e aroma particulares. Portanto, essas relações entre o objeto extenso e a qualidade que existe sem possuir um lugar particular, a saber, as relações de *causalidade* e *contiguidade no momento de sua aparição*, devem ter tal influência sobre a mente que, quando um deles aparece, ela imediatamente dirige seu pensamento para a concepção do outro. Mas isso não é tudo. Nós não apenas dirigimos nosso pensamento de um ao outro em virtude de sua relação, mas, além disso, tentamos lhes atribuir uma nova relação, a de uma *conjunção espacial*, para tornar a transição mais fácil e natural. Porque a natureza humana apresenta essa qualidade, que terei ocasião de observar com frequência, e que explicarei de maneira mais completa em seu devido lugar: quando determinados objetos estão unidos por uma relação qualquer, temos uma forte propensão a acrescentar a eles uma nova relação, a fim de completar a união. Quando ordenamos os corpos, sempre co-

locamos aqueles que são semelhantes em contiguidade uns com os outros, ou ao menos em pontos de vista equivalentes. Ora, por que o faríamos, senão porque sentimos uma satisfação em juntar a relação de contiguidade à de semelhança, ou a semelhança de situação à de qualidades? Já observamos[11] os efeitos dessa propensão na semelhança que tão prontamente supomos existir entre impressões particulares e suas causas externas. Mas seu efeito mais evidente se mostra no exemplo presente, em que, partindo de relações de causalidade e de contiguidade temporal entre dois objetos, fantasiamos também a de uma conjunção no espaço, com o propósito de fortalecer a conexão.

13 No entanto, quaisquer que sejam as noções confusas que possamos formar de uma união espacial entre um corpo extenso, como um figo, e seu sabor particular, é certo que, após uma reflexão, observaremos nessa união algo inteiramente ininteligível e contraditório. Pois, se fizéssemos a nós mesmos esta pergunta óbvia, a saber, se o sabor que concebemos como estando contido dentro do perímetro do corpo está em todas as partes desse corpo ou em apenas uma, logo nos sentiríamos perdidos, e perceberíamos ser impossível encontrar uma resposta satisfatória. Não podemos responder que está apenas em uma parte, pois a experiência nos convence de que todas as partes têm o mesmo sabor. Tampouco podemos responder que existe em todas as partes, pois, nesse caso, teríamos de supor que possui figura e extensão, o que é absurdo e incompreensível. Vemo-nos aqui, portanto, influenciados por dois princípios diretamente contrários, a saber, a *inclinação* de nossa fantasia, que nos determina a incorporar o sabor no objeto extenso, e nossa *razão*, que nos mostra a impossibilidade de tal união. Divididos entre esses princípios opostos, não renunciamos nem a um nem ao outro; em vez disso, envolvemos o assunto em tal confusão e obscuridade que não mais percebemos a oposição. Supomos que o sabor existe dentro do perímetro do corpo, mas de maneira a preen-

---

11 Final da Seção 2.

cher o todo sem ser extenso; e que existe inteiro em cada parte, sem se dividir. Em resumo, em nosso modo mais familiar de pensar, utilizamos aquele princípio escolástico que nos parece tão chocante quando apresentado cruamente: *totum in toto & totum in qualibet parte** – que é o mesmo que dizer que uma coisa está num certo lugar e, entretanto, não está lá.

14   Todo esse absurdo decorre do fato de tentarmos conceder um lugar a algo que é inteiramente incapaz de ocupar um lugar; e essa tentativa, por sua vez, decorre de nossa inclinação para completar uma união fundada na causalidade e na contiguidade temporal, atribuindo aos objetos uma conjunção no espaço. Mas, se a razão alguma vez tiver força suficiente para superar o preconceito, é certo que ela deve prevalecer neste caso. Pois só temos uma escolha: ou supor que alguns seres existem sem estar em nenhum lugar; ou supor que eles possuem figura e extensão; ou ainda que, quando se incorporam em objetos extensos, o todo está no todo e o todo está em cada parte. O absurdo das duas últimas suposições é uma prova suficiente da veracidade da primeira. E não há uma quarta alternativa. Pois quanto à suposição de que esses seres existem ao modo dos pontos matemáticos, ela se reduz à segunda opinião: supõe que diversas paixões podem estar dispostas de maneira a formar uma figura circular, e que um certo número de aromas, em conjunção com um certo número de sons, podem formar um corpo de doze polegadas cúbicas – algo cuja mera menção soa ridícula.

15   Segundo esse modo de ver as coisas, não podemos deixar de condenar os materialistas, que juntam todo pensamento com a extensão. Entretanto, um pouco de reflexão nos dará uma razão equivalente para condenar seus antagonistas, que juntam todo pensamento com uma substância simples e indivisível. A filosofia mais comum nos informa que a mente não pode conhecer nenhum objeto externo de maneira imediata, sem a interposição de uma imagem ou percepção. Aquela

---

* "O todo está no todo e o todo está em cada parte." (N.T.)

mesa que neste exato momento aparece diante de mim é apenas uma percepção, e todas as suas qualidades são qualidades de uma percepção. Ora, a mais evidente dentre todas essas qualidades é a extensão. A percepção se compõe de partes. Essas partes estão situadas de modo a nos fornecer a noção de distância e contiguidade, de comprimento, largura e espessura. O limite dessas três dimensões é o que chamamos de figura. Essa figura é móvel, separável e divisível. Mobilidade e separabilidade são as propriedades distintivas dos objetos externos. E, para acabar de vez com todas as disputas, a ideia mesma de extensão é copiada tão só de uma impressão e, em consequência disso, tem de corresponder perfeitamente a ela. Dizer que a ideia de extensão corresponde a alguma coisa é dizer que ela é extensa.

16   Agora, o livre-pensador já pode também triunfar. Tendo visto que há impressões e ideias realmente extensas, ele pode perguntar a seus antagonistas como é possível que um sujeito simples e indivisível e uma percepção extensa se incorporem. Todos os argumentos utilizados pelos teólogos podem agora se voltar contra estes. O sujeito indivisível, ou, se quiserem, a substância imaterial, está à esquerda ou à direita da percepção? Está nesta parte em particular, ou naquela outra? Estará em todas as partes sem ser extenso? Ou estará inteiro em cada uma das partes, sem abandonar as restantes? É impossível dar a essas perguntas uma resposta que não seja ela própria absurda, e que não explique ao mesmo tempo a união de nossas percepções indivisíveis com uma substância extensa.

17   Isso nos dá a oportunidade de considerar novamente a questão acerca da substância da alma. Embora eu tenha condenado essa questão como absolutamente ininteligível, não posso deixar de propor mais algumas reflexões a esse respeito. Afirmo que a doutrina da imaterialidade, simplicidade e indivisibilidade de uma substância pensante é um verdadeiro ateísmo, e serve para justificar todos aqueles sentimentos pelos quais *Spinoza* é tão universalmente malvisto. Espero tirar pelo menos um proveito desse assunto: quando perceberem que

seus arrazoados podem facilmente se voltar contra eles, meus adversários não terão mais nenhum pretexto para difamar a presente doutrina.

18   O princípio fundamental do ateísmo de *Spinoza* é a doutrina da simplicidade do universo, e a unidade daquela substância a que ele supõe que tanto o pensamento como a matéria são inerentes. Há apenas uma substância no mundo, diz ele; e essa substância é perfeitamente simples e indivisível, existindo em todos os lugares, sem nenhuma presença local. Tudo que descobrimos externamente pela sensação, tudo que sentimos internamente pela reflexão, tudo isso não passa de modificações desse ser único, simples e necessariamente existente, e não possui existência separada ou distinta. Todas as paixões da alma, todas as configurações da matéria, por mais diferentes e diversas, são inerentes à mesma substância, preservando em si mesmas seus caracteres distintivos, sem comunicá-los àquele sujeito a que são inerentes. O mesmo *substratum*, se posso me exprimir assim, sustenta as mais diferentes modificações, sem conter nenhuma diferença dentro de si mesmo; e altera essas modificações, sem sofrer qualquer alteração. Nem o tempo, nem o lugar, nem toda a diversidade da natureza são capazes de produzir qualquer composição ou mudança em sua perfeita simplicidade e identidade.

19   Acredito que essa breve exposição dos princípios desse famoso ateu serão suficientes para nosso propósito presente, e que, mesmo sem penetrar mais profundamente nessas regiões sombrias e obscuras, serei capaz de mostrar que essa hipótese abominável é quase igual à da imaterialidade da alma, que se fez tão popular. Para tornar isso evidente, lembremos[12] que, como toda ideia é derivada de uma percepção anterior, é impossível que nossa ideia de uma percepção possa representar algo especificamente diferente daquilo que é representado pela ideia de um objeto ou existência externa. Qualquer diferença que possamos supor entre elas é incompreensível para nós; somos obrigados a conceber um objeto externo seja como uma mera

---

12 Parte 2, Seção 6.

relação sem um correlato, seja como a mesma coisa que uma percepção ou impressão.

20   A consequência que disso extrairei pode, à primeira vista, parecer um mero sofisma; mas o menor exame bastará para mostrar que é consistente e satisfatória. Digo então que, como podemos supor, mas nunca conceber uma diferença específica entre um objeto e uma impressão, jamais poderemos saber com certeza se as conclusões que formamos a respeito da conexão ou incompatibilidade entre impressões pode ser aplicada aos objetos; em contrapartida, qualquer que seja a conclusão que a esse respeito formemos acerca dos objetos, ela será com toda certeza aplicável às impressões. A razão disso não é difícil de se entender. Como se supõe que um objeto é diferente de uma impressão, não podemos ter certeza de que a circunstância sobre a qual fundamos nosso raciocínio é comum a ambos, supondo que formemos esse raciocínio partindo da impressão. Ou seja, é sempre possível que o objeto seja diferente da impressão quanto a essa circunstância particular. Mas quando formamos nosso raciocínio com base primeiramente no objeto, não há dúvida de que esse mesmo raciocínio deve se estender à impressão. Isso porque a qualidade do objeto sobre a qual fundamos o argumento tem de ser ao menos concebida pela mente; e não poderia ser concebida se não fosse comum a uma impressão – já que não temos nenhuma ideia que não seja derivada dessa origem. Assim, podemos estabelecer como uma máxima certa que nenhum princípio jamais nos permitiria descobrir uma conexão ou incompatibilidade entre objetos que não se estendesse também às impressões – a menos que realizemos uma espécie irregular[13] de raciocínio partindo da experiência. A proposição inversa, entretanto, pode não ser igualmente verdadeira, a saber, que todas as relações que podemos descobrir entre as impressões são comuns aos objetos.

21   Apliquemos essa máxima ao caso presente. Apresentam-se dois sistemas diferentes de seres, aos quais estou supondo ser necessário

---

13 Tal como o da Seção 2, baseado na coerência de nossas percepções.

atribuir uma substância ou base de inerência. Observo primeiro o universo dos objetos ou corpos: o Sol, a Lua e as estrelas; a Terra, os mares, plantas, animais, homens, navios, casas, e outras produções da arte ou da natureza. Aqui aparece *Spinoza*, dizendo-me que todas essas coisas são apenas modificações, cujo sujeito de inerência é simples, sem composição e indivisível. Em seguida, considero o outro sistema de seres: o universo do pensamento, ou seja, minhas impressões e ideias. Ali observo um outro Sol, uma outra Lua, outras estrelas; outra Terra e outros mares, cobertos e habitados por plantas e animais; cidades, casas, montanhas, rios; e, em suma, todas as coisas que posso descobrir ou conceber no primeiro sistema. Quando pergunto sobre essas coisas, os teólogos se apresentam e me dizem que elas também são modificações, e modificações de uma substância única, simples, sem composição e indivisível. E imediatamente sou ensurdecido por centenas de vozes que tratam a primeira hipótese com execração e desprezo, e a segunda com aplauso e veneração. Dirijo minha atenção para essas hipóteses para descobrir qual a razão de tamanha parcialidade; e vejo que ambas têm o mesmo defeito: são ininteligíveis; e até onde podemos compreendê-las, são tão semelhantes que é impossível descobrir em uma qualquer absurdo que não se aplique também à outra. Todas as ideias que temos de uma qualidade em um objeto coincidem com uma qualidade em uma impressão, e podem representá-la; isso porque todas as nossas ideias são derivadas de nossas impressões. Portanto, jamais podemos encontrar uma incompatibilidade entre um objeto extenso, enquanto modificação, e uma essência simples e sem composição, enquanto sua substância, a menos que essa incompatibilidade tenha lugar igualmente entre a percepção ou impressão desse objeto extenso e a mesma essência sem composição. Toda ideia de uma qualidade de um objeto passa através de uma impressão; e, portanto, toda relação *perceptível*, seja de conexão, seja de incompatibilidade, tem de ser comum a objetos e impressões.

22   Esse argumento, considerado de maneira geral, parece evidente e isento de qualquer dúvida e contradição. Entretanto, para torná-lo

mais claro e compreensível, examinemo-lo detalhadamente, e vejamos se todos os absurdos que foram encontrados no sistema de *Spinoza* não podem ser encontrados também no dos teólogos.[14]

23 Em primeiro lugar, afirmou-se contra *Spinoza*, conforme à maneira escolástica de falar, mais que de pensar, que um modo, por não ser uma existência distinta ou separada, tem de ser exatamente o mesmo que sua substância, e que, em consequência disso, a extensão do universo deve ser de certa forma identificada com essa essência simples e sem composição, a que o universo supostamente é inerente. Mas isso, pode-se dizer, é absolutamente impossível e inconcebível, a menos que a substância indivisível se expanda até corresponder à extensão, ou que a extensão se contraia até se ajustar à substância indivisível. Esse argumento parece correto, até onde podemos compreendê-lo. E é claro que basta trocar os termos para aplicar o mesmo argumento a nossas percepções extensas e à essência simples da alma. Pois as ideias dos objetos e as percepções são iguais sob todos os aspectos, apenas acompanhadas da suposição de uma diferença, desconhecida e incompreensível.

24 Em segundo lugar, afirmou-se que não temos nenhuma ideia de substância que não seja aplicável também à matéria; ou nenhuma ideia de uma substância distinta que não seja aplicável a cada porção distinta de matéria. A matéria, portanto, não é um modo, mas uma substância, e cada parte da matéria é, não um modo distinto, mas uma substância distinta. Já provei que não possuímos uma ideia perfeita de substância; mas que, se a tomarmos como *alguma coisa que pode existir por si mesma*, é evidente que cada percepção seria uma substância, e cada parte distinta de uma percepção, uma substância distinta. Consequentemente, as duas hipóteses enfrentam as mesmas dificuldades sob esse aspecto.

25 Em terceiro lugar, contra o sistema de uma substância simples no universo, objetou-se que essa substância, sendo o suporte ou substrato

---

14 Ver o dicionário de *Bayle*, artigo sobre *Spinoza*.

de todas as coisas, tem de ser, exatamente no mesmo instante, modificada em formas contrárias e incompatíveis. As formas redonda e quadrada são incompatíveis na mesma substância ao mesmo tempo. Como é possível, então, que a mesma substância possa simultaneamente ser modificada naquela mesa quadrada e nesta redonda? Faço a mesma pergunta a respeito das impressões dessas mesas, e constato que a resposta é igualmente insatisfatória nos dois casos.

26 Parece portanto que, para qualquer lado que nos voltemos, encontramos as mesmas dificuldades, e não conseguimos avançar um só passo no estabelecimento da simplicidade e da imaterialidade da alma sem preparar o terreno para um ateísmo perigoso e irreparável. O mesmo aconteceria se, em vez de chamar o pensamento de uma modificação da alma, atribuíssemos a ele o nome mais antigo, porém mais em voga, de *ação*. Por "ação" entendemos quase o mesmo que aquilo que se costuma chamar de "modo abstrato", ou seja, alguma coisa que, propriamente falando, não é nem distinguível, nem separável de sua substância, sendo concebida apenas por uma distinção de razão, ou uma abstração. Mas nada se ganha com essa substituição do termo modificação pelo termo ação. Assim não nos livramos de uma dificuldade sequer, o que ficará claro pelas duas reflexões seguintes.

27 Em primeiro lugar, observo que a palavra "ação", de acordo com essa explicação, nunca poderia ser aplicada corretamente a uma percepção, sendo derivada de uma mente ou substância pensante. Nossas percepções são todas realmente diferentes, separáveis e distinguíveis umas das outras e de tudo o mais que possamos imaginar; e, portanto, é impossível conceber como elas poderiam ser a ação ou o modo abstrato de uma substância. O exemplo do movimento, que costuma ser utilizado para se mostrar de que maneira a percepção, enquanto ação, depende de sua substância, confunde mais que nos instrui. O movimento, ao que parece, não acarreta nenhuma mudança real ou essencial nos corpos, apenas alterando sua relação com outros objetos. Mas, entre uma pessoa que passeia de manhã pelo jardim com uma companhia agradável; e uma pessoa, à tarde, presa em um calabouço, e cheia de

terror, desespero e ressentimento, parece haver uma diferença radical, e de um tipo bem distinto da que se produz em um corpo em virtude de uma mudança de posição. Assim como, da distinção e separabilidade das ideias dos objetos externos, concluímos que esses objetos têm uma existência separada uns dos outros, assim também, quando tomamos essas próprias ideias como nossos objetos, devemos extrair a mesma conclusão a respeito *delas*, de acordo com o raciocínio anterior. Ao menos, deve-se reconhecer que, como não temos nenhuma ideia da substância da alma, é impossível dizer como ela pode admitir tais diferenças e mesmo contrariedades em suas percepções, sem sofrer uma mudança fundamental; consequentemente, nunca poderemos dizer em que sentido as percepções são ações dessa substância. Portanto, o emprego da palavra *ação* em lugar de modificação, quando não se faz acompanhar de nenhum sentido adicional, não acrescenta nada a nosso conhecimento, e não traz nenhum proveito para a doutrina da imaterialidade da alma.

28   Em segundo lugar, acrescento que, se traz algum proveito para essa causa, deve trazer igual proveito para a causa do ateísmo. Pois será que nossos teólogos pretendem monopolizar a palavra *ação*, e será que os ateus não podem também dela se apossar, afirmando que as plantas, animais, homens etc. não são mais que ações particulares de uma única substância simples e universal, que se exerce por uma necessidade cega e absoluta? Direis que isso é inteiramente absurdo. Reconheço que é ininteligível, mas ao mesmo tempo afirmo, em conformidade com os princípios anteriormente mencionados, que é impossível descobrir, na suposição de que os diversos objetos da natureza são ações de uma única substância simples, qualquer absurdo que não se aplique também a uma suposição semelhante acerca das impressões e ideias.

29   Dessas hipóteses sobre a *substância* e a *conjunção local* de nossas percepções, podemos passar a uma outra, que é mais inteligível que a primeira e mais importante que a segunda, a saber, a hipótese sobre a *causa* de nossas percepções. Costuma-se dizer nas escolas que a matéria

e o movimento, por mais que se transformem, são sempre matéria e movimento, e produzem apenas uma diferença na posição e situação dos objetos. Podeis dividir um corpo tantas vezes quantas quiserdes, ele ainda será um corpo. Podeis atribuir a ele qualquer figura, o resultado será sempre uma figura, ou relação entre as partes. Podeis movê-lo de todas as maneiras, encontrareis sempre um movimento ou mudança de relação. É absurdo imaginar que o movimento circular, por exemplo, seja unicamente um movimento circular, ao passo que o movimento em outra direção, como o elíptico, seja também uma paixão ou uma reflexão moral; que o choque de duas partículas esféricas possa se tornar uma sensação de dor, e que o encontro de duas partículas triangulares produza um prazer. Ora, como esses diferentes choques, transformações e combinações são as únicas mudanças de que a matéria é suscetível, e como nunca poderiam nos proporcionar uma ideia de pensamento ou percepção, conclui-se que é impossível que o pensamento possa ser causado pela matéria.

Poucos foram capazes de resistir à aparente evidência desse argumento; entretanto, nada no mundo é mais fácil que refutá-lo. Basta-nos refletir sobre o que já provamos detalhadamente, a saber, que jamais somos sensíveis a nenhuma conexão entre causas e efeitos, e que é apenas por nossa experiência de sua conjunção constante que podemos alcançar um conhecimento dessa relação. Ora, como todos os objetos que não são contrários são suscetíveis de uma conjunção constante, e como nenhum objeto real é contrário a outro,[15] inferi desses princípios que, considerando-se a questão *a priori*, qualquer coisa pode produzir qualquer coisa; e que jamais descobriremos uma razão pela qual um objeto qualquer pode ou não ser a causa de outro, por maior ou menor que seja a semelhança entre eles. Isso, evidentemente, destrói o raciocínio anterior a respeito da causa do pensamento ou da percepção. Pois, embora pareça não haver qualquer tipo de conexão entre movimento e pensamento, o que se passa aqui é o mesmo que com to-

---

15 Parte 3, Seção 15.

das as outras causas e efeitos. Colocai, em uma das extremidades de uma alavanca, um corpo pesando uma libra e, na outra, um outro corpo de mesmo peso; nunca encontrareis nesses corpos nenhum princípio de movimento que dependa mais de suas distâncias em relação ao centro que do pensamento e da percepção. Se pretendeis, portanto, provar *a priori* que uma tal posição dos corpos nunca poderá causar um pensamento (porque, de qualquer lado que a consideremos, teremos somente uma posição de corpos), deveis concluir, pelo mesmo raciocínio, que nunca poderá produzir movimento – pois não existe uma conexão mais aparente em um caso que no outro. No entanto, esta última conclusão é evidentemente contrária à experiência; mais ainda, é possível termos uma experiência semelhante nas operações da mente, em que percebamos uma conjunção constante entre pensamento e movimento. Por isso, vosso raciocínio é um tanto precipitado quando concluís, considerando simplesmente as ideias, que é impossível que o movimento jamais possa produzir o pensamento, ou que uma posição diferente das partes possa dar origem a uma paixão ou reflexão diferente. Melhor ainda: não é apenas possível que tenhamos tal experiência, é certo que a temos. Pois todos podem perceber que as diferentes disposições de seus corpos mudam seus pensamentos e sentimentos. E se acaso se disser que isso depende da união da alma e do corpo, responderei que devemos separar a questão acerca da substância da mente daquela acerca da causa de seu pensamento. Limitando-nos a esta última questão, descobrimos, pela comparação entre suas ideias, que pensamento e movimento são duas coisas diferentes; e, pela experiência, que estão constantemente unidos. Sendo estas as únicas circunstâncias que entram na ideia de causa e efeito, quando aplicada às operações da matéria, podemos concluir com certeza que o movimento pode, e de fato é, a causa do pensamento e da percepção.

31   Parece que nos resta, assim, uma única alternativa: ou afirmar que uma coisa só pode ser causa de outra quando a mente é capaz de perceber a conexão em sua ideia desses objetos; ou sustentar que todos

os objetos que encontramos em conjunção constante devem, por esse motivo, ser considerados causas e efeitos. Se escolhermos a primeira possibilidade, as consequências serão as seguintes. *Primeiramente*, na realidade afirmamos que não existe no universo algo como uma causa ou princípio produtivo, nem mesmo Deus – já que nossa ideia desse ser supremo é derivada de impressões particulares, nenhuma das quais contém qualquer eficácia, nem parece ter conexão com *nenhuma* outra existência. Quanto à objeção de que a conexão entre a ideia de um ser infinitamente poderoso e a de um efeito qualquer que seja objeto de sua vontade [*any effect, which he wills*] é necessária e inevitável, respondo que não temos nenhuma ideia de um ser dotado de qualquer poder, quanto menos de um ser dotado de poder infinito. Se quisermos mudar nosso modo de falar, porém, o que podemos fazer é definir o poder pela conexão; e então, ao dizer que a ideia de um ser infinitamente poderoso está conectada com a de todo efeito que seja objeto de sua vontade, na realidade não estamos fazendo mais que afirmar que um ser cuja volição está conectada com todo efeito está conectado com todo efeito – o que é uma proposição tautológica, que não nos revela nada sobre a natureza desse poder ou conexão. Mas, *em segundo lugar*, supor que Deus seja o grande princípio eficaz que supre a deficiência de todas as causas nos levaria às mais crassas impiedades e absurdos. Porque a razão que nos leva a recorrer a ele nas operações naturais, e a afirmar que a matéria por si mesma não é capaz de comunicar movimento ou de produzir pensamento, é a inexistência de uma conexão aparente entre esses objetos; e, por essa mesma razão, devemos reconhecer que Deus é o autor de todas as nossas volições e percepções – já que elas tampouco possuem uma conexão aparente, nem umas com as outras, nem com a suposta, mas desconhecida, substância da alma. Sabemos que diversos filósofos[16] sustentaram esse poder ativo do ser supremo no que se refere a todas as ações da mente, exceto a volição, ou, antes, uma parte insignificante da volição,

---

16 Como o *Padre Malebranche* e outros *cartesianos*.

embora seja fácil perceber que essa exceção é uma mera desculpa para evitar as perigosas consequências dessa doutrina. Se só aquilo que tem um poder aparente é ativo, em nenhum caso o pensamento pode ser mais ativo que a matéria; e se essa inatividade nos obriga a recorrer a uma divindade, o ser supremo é a verdadeira causa de todas as nossas ações, tanto as más como as boas, as viciosas como as virtuosas.

32   Assim, ficamos necessariamente reduzidos à outra possibilidade: que todos os objetos que encontramos em conjunção constante devem, apenas por esse motivo, ser vistos como causas e efeitos. Ora, como todos os objetos que não são contrários são suscetíveis de uma conjunção constante, e como nenhum objeto real é contrário a outro, segue-se que, tanto quanto podemos determinar pelas meras ideias, qualquer coisa pode ser a causa ou o efeito de qualquer coisa; o que evidentemente dá a vantagem aos materialistas sobre seus antagonistas.

33   De tudo o que foi dito, eis a conclusão final: a questão acerca da substância da alma é absolutamente ininteligível. Nem todas as nossas percepções são suscetíveis de uma união local com o que é extenso ou com o que é inextenso, pois algumas delas são extensas e outras inextensas. E como a conjunção constante entre os objetos constitui a essência mesma da causa e efeito, a matéria e o movimento podem, em muitas ocasiões, ser considerados as causas do pensamento, até onde podemos ter alguma noção dessa relação.

34   Trata-se, certamente, de uma espécie de desonra para a filosofia, cuja autoridade soberana deveria ser universalmente reconhecida, obrigá-la a estar sempre pedindo desculpas por suas conclusões e se justificando perante todas as artes e ciências particulares que possam se sentir ofendidas por ela. Isso nos faz pensar em um rei acusado de alta traição contra seus súditos. Existe apenas uma ocasião em que a filosofia considera ser necessário, e mesmo honroso, justificar-se: quando a religião parece ter sido ofendida, por menos que seja; pois os direitos da religião são tão caros à filosofia quanto os seus próprios, e de fato são os mesmos. Portanto, se alguém imagina que os argu-

mentos anteriores representam algum perigo para a religião, espero que a justificativa a seguir desfaça suas apreensões.

35   A mente humana é incapaz de conceber um fundamento para qualquer conclusão *a priori* sobre as operações ou sobre a duração de um objeto. Podemos imaginar, acerca de qualquer objeto, que ele se torna inteiramente inativo, ou que é aniquilado em um instante. E trata-se de um princípio evidente que *tudo que podemos imaginar é possível*. Ora, isso é tão verdadeiro no que diz respeito à matéria quanto no que diz respeito ao espírito; a uma substância extensa e composta quanto a uma substância simples e inextensa. Em ambos os casos, os argumentos metafísicos a favor da imortalidade da alma são igualmente inconclusivos; e, em ambos os casos, os argumentos morais e os derivados da analogia com fatos naturais são igualmente fortes e convincentes. Se, portanto, minha filosofia não acrescenta nada aos argumentos favoráveis à religião, tenho ao menos a satisfação de pensar que não lhes retira nada, e que tudo permanece precisamente como antes.

Seção 6
Da identidade pessoal

1   Há filósofos que imaginam estarmos, em todos os momentos, intimamente conscientes daquilo que denominamos nosso EU [*our SELF*]; que sentimos sua existência e a continuidade de sua existência; e que estamos certos de sua perfeita identidade e simplicidade, com uma evidência que ultrapassa a de uma demonstração. A sensação mais forte, a paixão mais violenta, dizem eles, ao invés de nos distrair dessa visão, fixam-na de maneira ainda mais intensa; e, por meio da dor ou do prazer que produzem, levam-nos a considerar a influência que exercem sobre o *eu*. Tentar fornecer uma prova desse eu seria enfraquecer sua evidência, pois nenhuma prova poderia ser derivada de um fato de que estamos tão intimamente conscientes; e não há nada de que possamos estar certos se duvidarmos disso.

2   Lamentavelmente, todas essas asserções positivas contradizem essa própria experiência que é invocada a seu favor, e não possuímos nenhuma ideia de *eu* da maneira aqui descrita. Pois de que impressão poderia ser derivada essa ideia? É impossível responder a essa pergunta sem produzir uma contradição e um absurdo manifestos; e entretanto, se queremos que a ideia de eu seja clara e inteligível, precisamos necessariamente encontrar uma resposta para ela. Toda ideia real deve sempre ser originada de uma impressão. Mas o eu ou pessoa não é uma impressão, e sim aquilo a que nossas diversas impressões e ideias supostamente se referem. Se alguma impressão dá origem à ideia de eu, essa impressão tem de continuar invariavelmente a mesma, ao longo de todo o curso de nossas vidas – pois é dessa maneira que o eu supostamente existe. Mas não há qualquer impressão constante e invariável. Dor e prazer, tristeza e alegria, paixões e sensações sucedem-se umas às outras, e nunca existem todas ao mesmo tempo. Portanto, a ideia de eu não pode ser derivada de nenhuma dessas impressões, ou de nenhuma outra. Consequentemente, não existe tal ideia.

3   Além disso, segundo essa hipótese, o que deve acontecer com todas as nossas percepções particulares? Afinal, elas são todas diferentes, distinguíveis e separáveis entre si, podem ser consideradas separadamente, e podem existir separadamente, sem necessitar de algo que sustente sua existência. De que maneira, portanto, pertenceriam ao eu, e como estariam conectadas com ele? De minha parte, quando penetro mais intimamente naquilo que denomino *meu eu*, sempre deparo com uma ou outra percepção particular, de calor ou frio, luz ou sombra, amor ou ódio, dor ou prazer. Nunca apreendo a *mim mesmo*, em momento algum, sem uma percepção, e nunca consigo observar nada que não seja uma percepção. Quando minhas percepções são suprimidas por algum tempo, como ocorre no sono profundo, durante todo esse tempo fico insensível a *mim mesmo*, e pode-se dizer verdadeiramente que não existo. E se a morte suprimisse todas as minhas percepções; se, após a dissolução de meu corpo, eu não pudesse mais pensar, sentir, ver, amar ou odiar, eu estaria inteiramente aniquilado

– pois não posso conceber o que mais seria preciso para fazer de mim um perfeito nada. Se, após uma reflexão séria e livre de preconceitos, ainda houver alguém que pense possuir uma noção diferente de *si mesmo*, confesso que não posso mais raciocinar com ele. Posso apenas conceder-lhe que talvez esteja certo tanto quanto eu, e que somos essencialmente diferentes quanto a esse aspecto particular. Talvez ele perceba alguma coisa simples e contínua, que denomina *seu eu*; mas estou certo de que não existe tal princípio em mim.

4   À parte alguns metafísicos dessa espécie; porém, arrisco-me a afirmar que os demais homens não são senão um feixe ou uma coleção de diferentes percepções, que se sucedem umas às outras com uma rapidez inconcebível, e estão em perpétuo fluxo e movimento. Nossos olhos não podem girar em suas órbitas sem fazer variar nossas percepções. Nosso pensamento é ainda mais variável que nossa visão; e todos os outros sentidos e faculdades contribuem para essa variação. Não há um só poder na alma que se mantenha inalteravelmente o mesmo, talvez sequer por um instante. A mente é uma espécie de teatro, onde diversas percepções fazem sucessivamente sua aparição; passam, repassam, esvaem-se, e se misturam em uma infinita variedade de posições e situações. Nela não existe, propriamente falando, nem *simplicidade* em um momento, nem *identidade* ao longo de momentos diferentes, embora possamos ter uma propensão natural a imaginar essa simplicidade e identidade. Mas a comparação com o teatro não nos deve enganar. A mente é constituída unicamente pelas percepções sucessivas; e não temos a menor noção do lugar em que essas cenas são representadas ou do material de que esse lugar é composto.

5   O que é, então, que nos dá uma propensão tão forte a atribuir uma identidade a essas percepções sucessivas, e a supor que possuímos uma existência invariável e ininterrupta durante todo o decorrer de nossas vidas? Para responder a essa questão, devemos distinguir a identidade pessoal enquanto diz respeito a nosso pensamento e imaginação, e enquanto diz respeito a nossas paixões ou ao interesse que

temos por nós mesmos. A primeira é nosso tema presente; e, para compreendê-la perfeitamente, teremos de nos aprofundar bastante, e explicar aquela identidade que atribuímos às plantas e animais – pois há uma grande analogia entre esta e a identidade de um eu ou pessoa.

6   Possuímos uma ideia distinta de um objeto que permanece invariável e ininterrupto ao longo de uma suposta variação de tempo; e a essa ideia denominamos *identidade* ou *mesmidade*. Possuímos também uma ideia distinta de diversos objetos diferentes existindo em sucessão e conectados entre si por uma relação estreita; e essa ideia proporciona, para um olhar preciso, uma noção tão perfeita de *diversidade* como se não houvesse nenhuma relação entre os objetos. Mas, embora essas ideias de identidade e de uma sucessão de objetos relacionados sejam em si mesmas totalmente distintas, e até contrárias, é certo que, em nosso modo comum de pensar, geralmente as confundimos. A ação da imaginação pela qual consideramos o objeto ininterrupto e invariável e a ação pela qual refletimos sobre a sucessão de objetos relacionados são sentidas de maneira quase igual [*are almost the same to the feeling*], não sendo preciso um esforço de pensamento muito maior neste último caso que no primeiro. A relação facilita a transição da mente de um objeto ao outro, e torna essa passagem tão suave como se contemplássemos um único objeto contínuo. Tal semelhança é a causa de nossa confusão e erro, fazendo-nos trocar a noção de objetos relacionados pela de identidade. Embora em um momento possamos ver a sucessão relacionada como variável ou descontínua, no momento seguinte certamente iremos atribuir a ela uma identidade perfeita, considerando-a como invariável e ininterrupta. Nossa propensão para esse erro é tão forte, em virtude da semelhança já mencionada, que o cometemos antes de nos darmos conta disso. E, mesmo que nos corrijamos incessantemente pela reflexão, retornando assim a um modo mais exato de pensar, não conseguimos sustentar nossa filosofia por muito tempo, nem libertar a imaginação dessa inclinação. Nosso último recurso é ceder a esta última, e afirmar ousadamente que esses diferentes objetos relacionados são de fato a mesma coisa, não

obstante sua descontinuidade e variação. Para justificar perante nós mesmos tal absurdo, frequentemente imaginamos algum princípio novo e ininteligível que conecte os objetos, impedindo sua descontinuidade ou variação. É assim que criamos a ficção da existência contínua das percepções de nossos sentidos, com o propósito de eliminar a descontinuidade; e chegamos à noção de uma *alma*, um *eu* e uma *substância*, para encobrir a variação. Mas podemos observar além disso que, mesmo quando não criamos tal ficção, nossa propensão a confundir a identidade com a relação é tão forte que tendemos a imaginar[17] alguma coisa desconhecida e misteriosa conectando as partes, além da relação. Penso ser este o caso da identidade que atribuímos às plantas e animais. E, mesmo quando isso não ocorre, ainda sentimos uma propensão a confundir essas ideias, embora não consigamos nos convencer inteiramente quanto a esse ponto, por não encontrarmos alguma coisa invariável e ininterrupta que justifique nossa noção de identidade.

7   Assim, a controvérsia em torno da identidade não é uma mera disputa de palavras. Quando atribuímos identidade, em um sentido impróprio, a objetos variáveis e intermitentes, nosso erro não se limita à maneira pela qual nos exprimimos; ao contrário, comumente se faz acompanhar de uma ficção, seja de alguma coisa invariável e ininterrupta, seja de algo misterioso e inexplicável, ou ao menos de uma propensão para tais ficções. Para provar essa hipótese de um modo que satisfaça a qualquer investigador imparcial, basta-nos mostrar, partindo da experiência e observação diárias, que os únicos objetos variáveis e descontínuos que supomos continuar os mesmos são os que consistem em uma sucessão de partes conectadas por semelhança, contiguidade ou causalidade. Porque, como é evidente que uma tal sucessão

---

17 Se o leitor quiser saber como um grande gênio, tanto quanto o mero vulgo, é capaz de se deixar influenciar por esses princípios aparentemente triviais da imaginação, pode ler os raciocínios de *Lord Shaftesbury* acerca do princípio unificador do universo, e da identidade das plantas e animais. Cf. seu *Moralists*: ou *Philosophical rhapsody* . [*The Moralists, a philosophical rhapsody* (1709). (N.T.)]

corresponde a nossa noção de diversidade, só pode ser por engano que lhe atribuímos uma identidade; e como a relação das partes, que nos leva a esse erro, é na realidade apenas uma qualidade que produz uma associação de ideias e uma transição fácil da imaginação de uma ideia a outra, esse erro só pode decorrer da semelhança entre esse ato da mente e aquele pelo qual contemplamos um único objeto contínuo. Nossa principal tarefa, portanto, deve ser provar que todos os objetos a que atribuímos identidade sem ter observado sua invariabilidade e ininterruptibilidade são constituídos por uma sucessão de objetos relacionados.

8   Para isso, suponhamos diante de nós uma massa de matéria, cujas partes são contíguas e conectadas. É claro que iremos atribuir uma perfeita identidade a essa massa, contanto que todas as suas partes continuem ininterrupta e invariavelmente as mesmas, apesar de qualquer movimento ou mudança de lugar que possamos observar no todo ou em alguma de suas partes. Suponhamos, porém, que uma parte muito *pequena* ou *insignificante* seja adicionada à massa, ou dela subtraída. A rigor, isso destrói por completo a identidade do todo; entretanto, como nunca pensamos de maneira tão precisa, sempre que encontramos uma alteração tão insignificante não hesitamos em afirmar que a massa de matéria é a mesma. A passagem do pensamento, do objeto antes da mudança para o objeto depois da mudança, é tão suave e fácil, que quase não percebemos a transição, e tendemos a imaginar que se trata apenas do exame contínuo de um mesmo objeto.

9   Esse experimento apresenta uma circunstância bastante interessante: embora a alteração de uma parte considerável de uma massa de matéria destrua a identidade do todo, devemos medir a grandeza da parte, não de maneira absoluta, mas *proporcionalmente* ao todo. A adição ou a subtração de uma montanha não seriam suficientes para produzir uma diversidade em um planeta, mas a alteração de apenas algumas polegadas poderia destruir a identidade de alguns corpos. Será impossível explicar isso se não refletirmos que os objetos agem sobre

a mente e quebram ou interrompem a continuidade de suas ações, não segundo sua grandeza real, mas segundo suas proporções recíprocas. Por isso, como essa interrupção faz que um objeto deixe de parecer o mesmo, é o progresso ininterrupto do pensamento que deve constituir a identidade imperfeita.

10   Podemos confirmar essa afirmação por meio de um outro fenômeno. A alteração de uma parte considerável de um corpo destrói sua identidade; mas é de se notar que, quando a alteração se produz de forma *gradual* e *insensível*, nossa tendência a atribuir a ela esse mesmo efeito é menor. É claro que a razão disso só pode ser o fato de que a mente, ao acompanhar as mudanças sucessivas do corpo, sente uma facilidade em passar da consideração de sua condição em um momento para a observação de sua condição em outro momento; por isso, em nenhum instante em particular, percebe uma interrupção em suas ações. É em decorrência dessa percepção contínua que a mente atribui ao objeto uma existência contínua e uma identidade.

11   Contudo, por mais que tomemos a precaução de introduzir as mudanças de modo gradual, fazendo-as proporcionais ao todo, o certo é que, quando finalmente observamos que essas mudanças se tornaram consideráveis, hesitamos em atribuir identidade a objetos tão diferentes. Outro artifício, no entanto, permite-nos induzir a imaginação a avançar mais um passo: produzir uma referência das partes umas às outras, e uma combinação tendo em vista algum *fim* ou propósito *comum*. Um navio que teve uma parte considerável alterada por sucessivos consertos ainda é considerado o mesmo; a diferença do material não nos impede de atribuir a ele uma identidade. O fim comum para o qual as partes conspiram permanece o mesmo ao longo de todas as suas variações, permitindo à imaginação realizar uma transição fácil de uma situação do corpo a outra.

12   Mas isso é ainda mais notável quando, a esse *fim comum*, acrescentamos uma *simpatia* entre as partes, e supomos que elas mantêm entre si a relação recíproca de causa e efeito em todas as suas ações e operações. Esse é o caso de todos os animais e vegetais, cujas diver-

sas partes não apenas se referem a um propósito geral, mas também apresentam uma mútua dependência ou conexão. O efeito de uma relação tão forte é que, embora todos tenhamos de admitir que, em poucos anos, tanto os vegetais como os animais sofrem uma *total* transformação, continuamos atribuindo a eles uma identidade, ainda que sua forma, tamanho e substância se alterem inteiramente. Um carvalho que, de uma pequena planta, cresce até se transformar em uma grande árvore, é sempre o mesmo carvalho, embora nenhuma de suas partículas materiais nem a forma de suas partes continuem as mesmas. Uma criança torna-se um homem, e ora engorda, ora emagrece, sem sofrer nenhuma mudança em sua identidade.

13 Consideremos também estes dois fenômenos, notáveis em seu gênero. O primeiro é que, embora comumente sejamos capazes de distinguir de forma bastante precisa entre a identidade numérica e a específica, algumas vezes as confundimos, utilizando uma em lugar da outra em nossos pensamentos e raciocínios. Assim, um homem que ouve um barulho que para e recomeça diversas vezes diz tratar-se sempre do mesmo barulho; mas é evidente que os sons têm apenas uma semelhança ou identidade específica, e a única coisa numericamente idêntica é a causa que os produziu. De maneira análoga, pode-se dizer, sem nenhuma impropriedade de linguagem, que tal igreja, que antes era feita de tijolos, foi destruída, e que a paróquia reconstruiu a mesma igreja em pedra de cantaria, seguindo a arquitetura moderna. Aqui, nem a forma nem o material são os mesmos, e não há nada que seja comum aos dois objetos, a não ser sua relação com os habitantes da paróquia – mas isso é suficiente para nos fazer dizer que esses objetos são uma mesma coisa. Observemos entretanto que, em casos como esses, o primeiro objeto é de algum modo aniquilado antes que o segundo passe a existir; dessa forma, em nenhum momento se nos apresenta a ideia de diferença e multiplicidade; e, por isso, temos menos escrúpulos em dizer que são a mesma coisa.

14 Em segundo lugar, notemos que, em uma sucessão de objetos relacionados, a preservação da identidade de certa forma exige que a

alteração das partes não seja repentina nem completa; entretanto, quando os objetos são mutáveis e inconstantes por sua própria natureza, admitimos uma transição mais súbita que aquela que de outro modo seria condizente com essa relação. Assim, como a natureza de um rio consiste no movimento e na mudança das partes, embora em menos de vinte e quatro horas estas estejam totalmente alteradas, isso não impede que o rio continue o mesmo durante várias gerações. Aquilo que é natural e essencial a algo é de certo modo esperado; e aquilo que é esperado causa menos impressão e parece menos importante que aquilo que é insólito e extraordinário. Uma mudança considerável do primeiro tipo parece realmente menor para a imaginação que a mais ínfima alteração do segundo tipo; e, por quebrar menos a continuidade do pensamento, tem menor influência na destruição da identidade.

15   Passemos agora à explicação da natureza da *identidade pessoal*, que se tornou uma questão tão importante na filosofia, especialmente nos últimos anos na Inglaterra, onde se estudam as ciências mais abstrusas com um ardor e aplicação peculiares. É evidente que aqui devemos dar continuidade ao mesmo método de raciocínio que nos permitiu explicar com tanto sucesso a identidade de plantas, animais, navios, casas e todas as produções compostas e mutáveis da arte ou da natureza. A identidade que atribuímos à mente humana é apenas fictícia, e de um tipo semelhante à que atribuímos a vegetais e corpos animais. Não pode, portanto, ter uma origem diferente, devendo, ao contrário, proceder de uma operação semelhante da imaginação sobre objetos semelhantes.

16   Porém, caso esse argumento não convença o leitor (embora, em minha opinião, seja inteiramente decisivo), sugiro que considere o seguinte raciocínio, que é ainda mais próximo e imediato. É evidente que a identidade que atribuímos à mente humana, por mais perfeita que possamos imaginá-la, não é capaz de fundir as diversas percepções diferentes em uma só, fazendo-as perder os caracteres distintivos e diferenciais que lhes são essenciais. Continua sendo verdade que cada percepção distinta que entra na composição da mente é uma existência

distinta, e é diferente, distinguível e separável de todas as demais percepções, contemporâneas ou sucessivas. Mas, apesar dessa distinção e separabilidade, supomos que todo o curso de percepções está unido pela identidade. Por isso, é natural que surja uma questão acerca dessa relação de identidade: ela é algo que realmente vincula nossas diversas percepções, ou apenas associa suas ideias na imaginação? Em outras palavras, quando fazemos uma afirmação sobre a identidade de uma pessoa, observamos algum vínculo real entre suas percepções, ou apenas sentimos um vínculo entre as ideias que formamos dessas percepções? Será fácil responder a essa questão se nos recordarmos do que já provamos detalhadamente, a saber, que o entendimento nunca observa uma conexão real entre objetos, e mesmo a união de causa e efeito, quando rigorosamente examinada, reduz-se a uma associação habitual de ideias. Pois daí se segue evidentemente, que a identidade não é alguma coisa que pertença realmente a essas diferentes percepções e que as una umas às outras; é apenas uma qualidade que lhes atribuímos quando refletimos sobre elas, em virtude da união de suas ideias na imaginação. Ora, as únicas qualidades que podem dar às ideias uma união na imaginação são as três relações antes mencionadas. Essas relações são os princípios de união do mundo ideal, e sem elas todo objeto distinto é separável pela mente, pode ser considerado separadamente, e não parece ter mais conexão com nenhum outro objeto do que se ambos estivessem separados pela maior diferença e distância. Portanto, é de uma ou mais dentre essas três relações (de semelhança, contiguidade e causalidade) que a identidade depende. E, como a essência mesma dessas relações é produzir uma transição fácil entre ideias, segue-se que nossas noções de identidade pessoal decorrem integralmente do progresso suave e ininterrupto do pensamento ao longo de uma cadeia de ideias conectadas, de acordo com os princípios acima explicados.

17   A única questão que resta, portanto, é saber que relações produzem esse progresso ininterrupto de nosso pensamento, quando consideramos a existência sucessiva de uma mente ou pessoa pensante.

E aqui é evidente que devemos nos limitar à semelhança e à causalidade, deixando de lado a contiguidade, que tem pouca ou nenhuma influência neste caso.

18 Comecemos pela *semelhança*. Suponhamos que pudéssemos ver claramente o íntimo de outrem, e assim observar aquela sucessão de percepções que constitui sua mente ou princípio pensante; suponhamos também que essa pessoa preserve sempre a memória de uma parte considerável das percepções passadas; é evidente que nada contribuiria mais para produzir uma relação nessa sucessão, em meio a todas as suas variações. Pois o que é a memória, senão a faculdade pela qual despertamos as imagens de percepções passadas? E como uma imagem necessariamente se assemelha a seu objeto, a frequente inserção dessas percepções semelhantes na cadeia de pensamento não deve conduzir a imaginação mais facilmente de um elo a outro, fazendo o todo se parecer com a continuação de um objeto único? Por esse aspecto, portanto, a memória não apenas revela a identidade, mas também contribui para sua produção, ao produzir a relação de semelhança entre as percepções. Isso ocorre quer consideremos a nós mesmos, quer aos outros.

19 Quanto à *causalidade*, podemos observar que a verdadeira ideia de uma mente humana é a de um sistema de diferentes percepções ou diferentes existências, encadeadas pela relação de causa e efeito, e que produzem, destroem, influenciam e modificam-se umas às outras. Nossas impressões originam suas ideias correspondentes; e essas ideias, por sua vez, produzem outras impressões. Um pensamento expulsa outro pensamento, e arrasta consigo um terceiro, que o exclui por sua vez. Por esse aspecto, a melhor comparação que eu poderia fazer da alma é com uma república ou comunidade [*a republic or commonwealth*], cujos diversos membros estão unidos por laços recíprocos de governo e subordinação, gerando outras pessoas, que propagam a mesma república pela transformação incessante de suas partes. E, assim como a mesma república individual pode mudar não só seus membros, mas também suas leis e constituições, assim também a mesma pessoa pode

variar seu caráter e disposição, bem como suas impressões e ideias, sem perder sua identidade. Por mais mudanças que sofra, suas diversas partes estarão sempre conectadas pela relação de causalidade. Vista dessa forma, nossa identidade referente às paixões serve para corroborar aquela referente à imaginação, ao fazer que nossas percepções distantes influenciem umas às outras, e ao produzir em nós um interesse presente por nossas dores ou prazeres, passados ou futuros.

20 Como apenas a memória nos faz conhecer a continuidade e a extensão dessa sucessão de percepções, devemos considerá-la, sobretudo por essa razão, como a fonte da identidade pessoal. Se não tivéssemos memória, jamais teríamos nenhuma noção de causalidade e tampouco, por conseguinte, da cadeia de causas e efeitos que constitui nosso eu ou pessoa. Mas, uma vez tendo adquirido da memória essa noção de causalidade, podemos estender a mesma cadeia de causas, e consequentemente a identidade de nossas pessoas, para além de nossa memória; e assim podemos fazê-la abarcar tempos, circunstâncias e ações de que nos esquecemos inteiramente, mas que, em geral, supomos terem existido. Pois são muito poucas as ações passadas de que temos alguma memória. Quem pode me dizer, por exemplo, quais foram seus pensamentos e ações nos dias 1º de *janeiro* de 1715, 11 de *março* de 1719 e 3 de *agosto* de 1733? Ou será que, apenas por ter-se esquecido inteiramente dos incidentes ocorridos nesses dias, afirmará que o eu presente não é a mesma pessoa que o eu daquele tempo, destruindo assim todas as noções mais bem estabelecidas de identidade pessoal? Desse ponto de vista, portanto, a memória não tanto *produz*, mas *revela* a identidade pessoal, ao nos mostrar a relação de causa e efeito existente entre nossas diferentes percepções. Cabe àqueles que afirmam que a memória produz integralmente nossa identidade pessoal explicar por que podemos estender desse modo nossa identidade para além de nossa memória.

21 O conjunto dessa doutrina leva-nos a uma conclusão de grande importância para o presente tema, a saber, que todas as questões refi-

nadas e sutis acerca da identidade pessoal nunca poderão ser resolvidas, devendo ser vistas como dificuldades antes gramaticais que filosóficas. A identidade depende das relações entre as ideias; e essas relações produzem a identidade por meio da transição fácil que ocasionam. Mas como as relações e a facilidade da transição podem diminuir gradativa e insensivelmente, não possuímos um critério exato que nos permita resolver qualquer controvérsia sobre o momento em que adquirem ou perdem o direito ao nome de identidade. Todas as controvérsias acerca da identidade de objetos conectados são meramente verbais, exceto enquanto a relação entre as partes gera alguma ficção ou algum princípio imaginário de união, como já observamos.

22   Aquilo que eu disse a respeito da origem e da incerteza de nossa noção de identidade, enquanto aplicada à mente humana, pode-se estender com pequena ou nenhuma variação à noção de *simplicidade*. Um objeto cujas diferentes partes coexistentes estão ligadas por uma relação estreita atua sobre a imaginação quase da mesma maneira que um objeto perfeitamente simples e indivisível, e não requer, para ser concebido, um esforço muito maior de pensamento. Com base nessa similaridade de operação, atribuímos a ele uma simplicidade, e fantasiamos a existência de um princípio de união como suporte dessa simplicidade e centro de todas as diferentes partes e qualidades do objeto.

23   Terminamos, assim, nosso exame dos diversos sistemas filosóficos, tanto sobre o mundo intelectual como sobre o da natureza.* A maneira heterogênea como raciocinamos nos levou a diversos tópicos que, ou ilustram e confirmam alguma parte anterior deste discurso, ou preparam o caminho para nossas próximas opiniões. Tendo explicado de forma completa a natureza de nosso juízo e entendimento, é hora de retornar a um exame mais rigoroso de nosso tema, e de dar continuidade à anatomia precisa da natureza humana.

---

* Corrigido segundo o Apêndice, p.675.

Seção 7
Conclusão deste livro

1   Antes de me lançar nessas imensas profundezas da filosofia que jazem diante de mim, porém, sinto-me inclinado a parar por um momento em meu posto presente, a fim de ponderar sobre a viagem que ora empreendo, e que sem dúvida requer o máximo de arte e aplicação para ser conduzida a um termo feliz. Sinto-me como um homem que, após encalhar em vários bancos de areia, e escapar por muito pouco do naufrágio ao navegar por um pequeno esteiro, ainda tem a temeridade de fazer-se ao mar na mesma embarcação avariada e maltratada pelas intempéries, levando sua ambição a tal ponto que pensa em cruzar o globo terrestre sob circunstâncias tão desfavoráveis. A memória de meus erros e perplexidades passados me faz desconfiar do futuro. A condição desoladora, a fraqueza e a desordem das faculdades que sou obrigado a empregar em minhas investigações aumentam minhas apreensões. E a impossibilidade de melhorar ou corrigir essas faculdades me reduz quase ao desespero, fazendo-me preferir perecer sobre o rochedo estéril em que ora me encontro a me aventurar por esse ilimitado oceano que se perde na imensidão. Essa súbita visão do perigo a que estou exposto me enche de melancolia; e como costumamos ceder a esta paixão mais que a todas as outras, não posso me impedir de alimentar meu desespero com todas essas reflexões desalentadoras, que o presente tema me proporciona em tamanha abundância.

2   Em um primeiro momento, sinto-me assustado e confuso com a solidão desesperadora em que me encontro dentro de minha filosofia; imagino-me como um monstro estranho e rude que, por incapaz de se misturar e se unir à sociedade, foi expulso de todo relacionamento com os outros homens e largado em total abandono e desconsolo. De bom grado, aproximar-me-ia da multidão à procura de abrigo e calor; mas não consigo convencer a mim mesmo a me juntar a ela, com tal deformidade. Clamo a outros para que se juntem a mim,

para formarmos um grupo à parte; mas ninguém me dá ouvidos. Todos mantêm distância, temendo a tempestade que se abate sobre mim de todos os lados. Expus-me à inimizade de todos os metafísicos, lógicos, matemáticos e mesmo teólogos; como me espantar, então, com os insultos que devo sofrer? Declarei que desaprovo seus sistemas; como me surpreender se expressarem seu ódio a meu próprio sistema e a minha pessoa? Quando olho em redor, prevejo, por todos os lados, disputas, contradições, ira, calúnia e difamação. Quando volto meu olhar para dentro de mim mesmo, não encontro senão dúvida e ignorância. O mundo inteiro une-se contra mim e me contradiz; mas minha fraqueza é tal que sinto todas as minhas opiniões se desagregarem e desmoronarem por si mesmas, quando não suportadas pela aprovação alheia. Cada passo que dou é com hesitação, e a cada nova reflexão temo encontrar um erro e um absurdo em meu raciocínio.

3   Pois com que confiança poderia eu me aventurar em empresas tão audaciosas, quando, além das inúmeras deficiências que me são peculiares, encontro tantas outras comuns à natureza humana? Como posso estar seguro de que, ao abandonar todas as opiniões estabelecidas, estou seguindo a verdade? E por meio de que critério a distinguirei, mesmo que a sorte finalmente me leve até ela? Após o mais cuidadoso e exato de meus raciocínios, ainda sou incapaz de dizer por que deveria assentir a ele; sinto apenas uma *forte* propensão a considerar *fortemente* os objetos segundo o ponto de vista em que me aparecem. A experiência é um princípio que me instrui sobre as diversas conjunções de objetos no passado. O hábito é um outro princípio, que me determina a esperar o mesmo para o futuro; e ambos, atuando conjuntamente sobre a imaginação, levam-me a formar certas ideias de uma maneira mais intensa e vívida que outras que não se fazem acompanhar das mesmas vantagens. Sem essa qualidade pela qual a mente aviva algumas ideias mais do que outras (qualidade que aparentemente é tão insignificante, e tão pouco fundada na razão), nunca poderíamos dar nosso assentimento a nenhum argumento, nem levar nosso olhar para além daqueles poucos objetos presentes a nossos

sentidos. E mesmo a esses objetos nunca poderíamos atribuir nenhuma existência, senão a que depende de nossos sentidos; e teríamos de incluí-los integralmente dentro dessa sucessão de percepções que constitui nosso eu ou pessoa. Mais ainda, mesmo em relação a essa sucessão, apenas poderíamos admitir as percepções imediatamente presentes a nossa consciência; as imagens vívidas que a memória nos apresenta nunca poderiam ser aceitas como retratos verdadeiros de percepções passadas. A memória, os sentidos e o entendimento são todos, portanto, fundados na imaginação, ou na vividez de nossas ideias.

4   Não é de admirar que um princípio tão inconstante e falacioso nos leve ao erro, quando seguido cegamente (como deve ser), em todas as suas variações. É esse princípio que nos faz raciocinar partindo de causas e efeitos; e é esse mesmo princípio que nos convence da existência contínua dos objetos externos, quando ausentes dos sentidos. Mas, embora essas duas operações sejam igualmente naturais e necessárias à mente humana, em algumas circunstâncias elas são[18] diretamente contrárias; é-nos impossível raciocinar de maneira correta e regular a partir de causas e efeitos e, ao mesmo tempo, acreditar na existência contínua da matéria. Como, portanto, conciliaremos tais princípios? Qual deles preferiremos? Ou, se não elegermos nenhum dos dois, mas, em vez disso, dermos nosso assentimento a cada um sucessivamente, como é comum entre filósofos, com que confiança poderemos depois reivindicar esse glorioso título, tendo de modo consciente abraçado uma contradição manifesta?

5   Essa[19] contradição seria mais perdoável se fosse compensada por algum grau de solidez e convicção nas outras partes de nosso raciocínio. O que ocorre, porém, é exatamente o oposto. Quando investigamos os primeiros princípios do entendimento humano, vemo-nos conduzidos a opiniões que parecem ridicularizar todo nosso esforço e trabalho passados, e desencorajar nossas investigações futuras. Nada

---

18 Seção 4 [p.264].
19 Parte 3, Seção 14.

é mais meticulosamente investigado pela mente humana que as causas de todos os fenômenos. E não nos contentamos em saber as causas imediatas; prosseguimos nossa busca até chegarmos ao princípio original e último. Não queremos parar antes de conhecer, na causa, a energia que a faz agir sobre seu efeito, o laço que os conecta e a qualidade eficaz de que esse laço depende. Essa é nossa meta em todos os nossos estudos e reflexões. E como devemos ficar desapontados, quando descobrimos que essa conexão, laço ou energia se encontra unicamente dentro de nós mesmos, e não é mais que a determinação da mente, adquirida pelo costume, que nos leva a fazer uma transição de um objeto àquele que usualmente o acompanha, e da impressão de um à ideia vívida do outro! Tal descoberta não apenas desfaz toda esperança de algum dia alcançarmos uma perfeita convicção, mas chega a impedir nossos próprios desejos: pois parece que, ao dizer que desejamos conhecer o princípio operador último enquanto algo que residiria no objeto externo, ou estamos nos contradizendo, ou dizemos coisas sem sentido.

6 Essa deficiência de nossas ideias, é verdade, não se percebe na vida comum; não nos damos conta de que, nas conjunções mais usuais de causa e efeito, somos tão ignorantes sobre o princípio último que une a causa e o efeito quanto nas mais insólitas e extraordinárias. Mas isso procede de uma mera ilusão da imaginação. Ora, a questão é: até que ponto devemos ceder a essas ilusões? Essa é uma questão muito difícil, e nos reduz a um dilema muito perigoso, como quer que o solucionemos. Porque, se assentimos a todas as triviais sugestões da fantasia, estas, além de serem frequentemente contrárias umas às outras, levam-nos a tais erros, absurdos e obscuridades, que acabamos envergonhados de nossa credulidade. Nada é mais perigoso para a razão que os voos da imaginação, a maior causa de erro entre os filósofos. Os homens dotados de uma fantasia vivaz podem, sob esse aspecto, ser comparados àqueles anjos que a Escritura representa cobrindo os olhos com suas asas. Já vimos tantos exemplos disso que podemos nos poupar o trabalho de insistir mais sobre esse assunto.

7   Por outro lado, se a consideração desses exemplos nos fizesse tomar a resolução de rejeitar todas as triviais sugestões da fantasia e seguir o entendimento, isto é, as propriedades mais gerais e estabelecidas da imaginação; mesmo essa resolução, se rigorosamente posta em prática, seria perigosa e levaria às consequências mais fatais. Pois já mostrei[20] que o entendimento, quando age sozinho e de acordo com seus princípios mais gerais, destrói-se a si mesmo, sem deixar subsistir o menor grau de evidência em nenhuma proposição, seja na filosofia, seja na vida comum. O único meio de nos salvarmos desse ceticismo total é por meio dessa singular e aparentemente trivial propriedade da fantasia, pela qual acedemos com dificuldade às visões remotas das coisas, não sendo capazes de ter delas uma impressão tão sensível quanto aquela que temos das visões mais fáceis e naturais. Estabeleceremos, então, como uma máxima geral, que nunca se deve aceitar nenhum raciocínio sutil ou mais elaborado? Considerem-se bem as consequências de um tal princípio. Desse modo, acabaríamos de vez com toda ciência e filosofia: procedendo com base em uma única qualidade da imaginação, teríamos de abraçar todas elas por uma paridade da razão. E estaríamos expressamente incorrendo em uma contradição, pois essa máxima tem de ser construída sobre o raciocínio anterior, que, devemos admitir, é bastante sutil e metafísico. Que partido tomaremos, portanto, em meio a tais dificuldades? Se adotarmos esse princípio, e condenarmos todos os raciocínios sutis, cairemos nos absurdos mais manifestos. Se o rejeitarmos em favor desses raciocínios, arruinaremos por completo o entendimento humano. Não nos resta escolha, portanto, senão entre uma falsa razão e razão nenhuma. De minha parte, não sei o que se deve fazer neste caso. Posso apenas observar o que se costuma fazer, ou seja, que raramente ou nunca se pensa nessa dificuldade; e mesmo quando ela já esteve alguma vez presente à mente, é rapidamente esquecida, deixando atrás de si apenas uma leve impressão. Reflexões muito sutis exercem pouca ou

---

20 Seção 1 [p.215ss.]

nenhuma influência sobre nós; entretanto, não estabelecemos, e não podemos estabelecer, como uma regra, que não deveriam exercer nenhuma influência – o que implicaria uma contradição manifesta.

8   Mas que foi que eu disse? Que as reflexões muito sutis e metafísicas exercem pouca ou nenhuma influência sobre nós? Dificilmente poderia deixar de me retratar e de condenar essa minha opinião com base em meu sentimento [*feeling*] e experiência presente. A visão *intensa* dessas variadas contradições e imperfeições da razão humana me afetou de tal maneira, e inflamou minha mente a tal ponto, que estou prestes a rejeitar toda crença e raciocínio, e não consigo considerar uma só opinião como mais provável ou verossímil que as outras. Onde estou, o que sou? De que causas derivo minha existência, e a que condição retornarei? De quem o favor deverei cortejar, a ira de quem devo temer? Que seres me cercam? Sobre quem exerço influência, e quem exerce influência sobre mim? Todas essas questões me confundem, e começo a me imaginar na condição mais deplorável, envolvido pela mais profunda escuridão, e inteiramente privado do uso de meus membros e faculdades.

9   Felizmente ocorre que, sendo a razão incapaz de dissipar essas nuvens, a própria natureza o faz, e me cura dessa melancolia e delírio filosóficos, tornando mais branda essa inclinação da mente, ou então fornecendo-me alguma distração e alguma impressão sensível mais vívida, que apagam todas essas quimeras. Janto, jogo uma partida de gamão, converso e me alegro com meus amigos; após três ou quatro horas de diversão, quando quero retomar essas especulações, elas me parecem tão frias, forçadas e ridículas, que não me sinto mais disposto a levá-las adiante.

10 Encontro-me aqui, portanto, absoluta e necessariamente determinado a viver, a falar e a agir como as outras pessoas, nos assuntos da vida corrente. Mas, embora minha propensão natural e o curso de meus espíritos animais e de minhas paixões me deixem reduzido a esta crença indolente nas máximas gerais do mundo, ainda sinto tantos resquícios de minha disposição anterior, que estou pronto a lançar ao

fogo todos os meus livros e papéis, e resolvo que nunca mais renunciarei aos prazeres da vida em benefício do raciocínio e da filosofia. Pois são esses meus sentimentos, quando dominado, como agora, por esse humor irritadiço. Posso, ou antes, tenho de ceder à corrente da natureza, submetendo-me aos sentidos e ao entendimento; e, nessa cega submissão, mostro ainda mais perfeitamente minha disposição e princípios céticos. Mas seguir-se-á daí que devo lutar contra a corrente da natureza, que me conduz à indolência e ao prazer? Que devo me isolar, em alguma medida, do comércio e da sociedade dos outros homens, que me é tão agradável? E tenho de torturar meu cérebro com sutilezas e sofisticarias, no momento mesmo em que não sou capaz de me convencer da razoabilidade de uma aplicação tão penosa, nem tenho qualquer perspectiva tolerável de, por seu intermédio, chegar à verdade e à certeza? Que obrigação tenho de fazer um tão mau uso de meu tempo? E a que fim isso pode servir, seja em prol da humanidade, seja em meu próprio interesse? Não: se tenho de ser insensato, como *certamente* o são todos aqueles que raciocinam ou creem em alguma coisa, que ao menos meus desatinos sejam naturais e agradáveis. Quando lutar contra minha inclinação, terei uma boa razão para justificar minha resistência; e não serei mais levado a vagar em meio a tão lúgubres solidões e atravessar mares tão bravios quanto os que até agora tenho encontrado.

11   São esses os meus sentimentos de melancolia e indolência. E, na verdade, devo confessar que a filosofia nada tem a opor a eles, já que espera obter uma vitória mais pelo retorno de uma disposição séria e bem-humorada que pela força da razão e da convicção. Em todos os incidentes da vida, devemos sempre preservar nosso ceticismo. Se acreditamos que o fogo aquece, ou que a água refresca, é somente porque é muito penoso pensar de outra maneira. Mais ainda: se somos filósofos, deveria ser somente com base em princípios céticos, e por sentirmos uma inclinação a assim empregar nossa vida. Quando a razão é vívida e se combina com alguma propensão, deve receber o assentimento. Quando não o é, não pode ter nenhum direito de atuar sobre nós.

12   Assim, no momento em que, cansado de diversões e de companhia, entrego-me a devaneios em meu aposento, ou enquanto passeio solitário pela margem de um rio, sinto minha mente inteiramente voltada para si mesma, e minha atenção se *inclina* naturalmente para aqueles temas sobre os quais encontrei tantas discussões no decorrer de minhas leituras e conversas. Não posso deixar de sentir curiosidade sobre os princípios morais do bem e do mal, a natureza e o fundamento do governo, e a causa das diversas paixões e inclinações que me movem e governam. Sinto-me desconfortável ao pensar que aprovo um objeto e desaprovo um outro, que chamo alguma coisa de bela e outra de feia, que tomo decisões acerca da verdade e da falsidade, da razão e da insensatez, sem saber com base em que princípios o faço. Preocupo-me com a condição do mundo erudito, envolto em uma ignorância tão deplorável acerca de todos esses pontos. Sinto crescer em mim a ambição de contribuir para a instrução da humanidade, e de conquistar um nome por minhas invenções e descobertas. Tais sentimentos brotam naturalmente em minha disposição presente; e, se eu tentasse erradicá-los, dedicando-me a qualquer outra tarefa ou divertimento, *sinto* que perderia no âmbito do prazer; e esta é a origem de minha filosofia.

13   Mesmo supondo, contudo, que essa curiosidade e ambição não me transportassem a especulações para além da esfera da vida comum, o que necessariamente aconteceria é que minha própria fraqueza me levaria a tais investigações. A superstição é certamente muito mais audaz em seus sistemas e hipóteses que a filosofia; enquanto esta se contenta em atribuir novas causas e princípios aos fenômenos que aparecem no mundo visível, aquela abre um mundo só seu, apresentando-nos cenas, seres e objetos inteiramente novos. Portanto, como é quase impossível para a mente humana permanecer, como a dos animais, dentro desse estreito círculo de objetos que formam o tema das conversas e ações cotidianas, o que temos a fazer é apenas deliberar sobre a escolha de nosso guia e dar nossa preferência àquele que é mais seguro e agradável. Quanto a isso, ouso recomendar a filosofia, e não

hesito em escolhê-la em lugar de à superstição, de qualquer gênero ou nome. Pois, como a superstição surge de modo natural e fácil com base nas opiniões populares da humanidade, apodera-se da mente com mais força, sendo com frequência capaz de perturbar a conduta de nossas vidas e ações. A filosofia, ao contrário, se legítima, só pode nos oferecer sentimentos brandos e moderados; e, se falsa e extravagante, suas opiniões são objetos de uma mera especulação fria e geral, e raramente chegam a interromper o curso de nossas propensões naturais. Os CÍNICOS formam um exemplo extraordinário de filósofos, pois, partindo de raciocínios puramente filosóficos, cometeram extravagâncias de conduta tão grandes quanto as de qualquer MONGE ou DERVIXE que já tenha passado por este mundo. Mas, falando de maneira geral, os erros da religião são perigosos; os da filosofia, apenas ridículos.

14 Estou ciente de que esses dois casos de força e fraqueza da mente não abarcam toda a humanidade, e que, particularmente na *Inglaterra*, existem muitos cavalheiros honestos, sempre ocupados com seus afazeres domésticos, ou divertindo-se em recreações comuns, e que, por isso mesmo, nunca levaram seus pensamentos muito além dos objetos que, todos os dias, apresentam-se a seus sentidos. E de fato, não pretendo transformar pessoas como essas em filósofos; não espero que se associem a estas pesquisas, ou que prestem ouvidos a estas descobertas. Fazem bem em se manter em sua situação presente. Em vez de refinar tais pessoas, tornando-as em filósofos, seria muito melhor se pudéssemos comunicar a nossos fundadores de sistemas uma parcela dessa mistura bruta e terrena, ingrediente que costuma lhes fazer tanta falta, e que serviria para temperar aquelas partículas incandescentes de que eles se compõem. Enquanto uma imaginação ardorosa for admissível em filosofia, e enquanto se aceitar que hipóteses possam ser abraçadas meramente por especiosas e agradáveis, jamais poderemos ter princípios firmes ou sentimentos adequados à prática e à experiência comuns. Mas se algum dia essas hipóteses forem eliminadas, poderemos então ter esperanças de estabelecer

um sistema ou um conjunto de opiniões que, se não verdadeiras (pois isso talvez seria esperar demais), sejam ao menos satisfatórias para a mente humana e resistam à prova do exame mais crítico. Os muitos sistemas quiméricos que sucessivamente emergiram e declinaram entre os homens não devem nos fazer perder as esperanças de alcançar esse objetivo; devemos considerar como foi breve o período em que essas questões foram tema de investigação e raciocínio. Dois mil anos, com interrupções tão longas e sob tão fortes desencorajamentos, são um período pequeno para permitir um aperfeiçoamento tolerável das ciências; e talvez estejamos ainda em uma época muito inicial do mundo para descobrir qualquer princípio que suporte o exame da posteridade mais tardia. De minha parte, só espero poder contribuir um pouco para o avanço do conhecimento, dando uma nova direção a alguns aspectos das especulações dos filósofos, e apontando a estes de maneira mais distinta os únicos assuntos em que podem esperar obter certeza e convicção. A Natureza Humana é a única ciência do homem; entretanto, até aqui tem sido a mais negligenciada. A mim basta trazê-la um pouco mais para a atualidade; e a esperança de consegui-lo serve para me recompor daquela melancolia e para resgatar meu humor daquela indolência, que por vezes me dominam. Se o leitor se encontra na mesma disposição favorável, que me acompanhe em minhas especulações futuras. Se não, que siga sua inclinação e aguarde o retorno da aplicação e do bom humor. A conduta de um homem que estuda filosofia desse modo descuidado é mais verdadeiramente cética que a daquele que, mesmo sentindo dentro de si uma inclinação para esse estudo, está a tal ponto soterrado por dúvidas e reservas, que o rejeita inteiramente. O verdadeiro cético desconfiará tanto de suas dúvidas filosóficas quanto de sua convicção filosófica; e jamais, em virtude de nenhuma delas, recusará qualquer satisfação inocente que se ofereça.

15   E não devemos apenas nos entregar em geral à nossa inclinação nas pesquisas filosóficas mais elaboradas, apesar de nossos princípios céticos, mas também ceder à propensão que nos inclina a ser confiantes

e seguros acerca de *pontos particulares*, segundo a perspectiva como os examinemos naquele *instante particular*. É mais fácil impedir todo exame e investigação que refrear uma inclinação tão natural e nos guardar daquela certeza que surge sempre que examinamos um objeto de maneira exata e completa. Numa ocasião como essa, tendemos a esquecer não apenas nosso ceticismo, mas nossa modéstia também; e empregamos expressões como é *evidente, é certo, é inegável* – que uma devida consideração pelo público deveria, talvez, impedir. A exemplo de outros, também eu posso ter cometido essa falta; mas faço aqui uma ressalva contra qualquer objeção que se possa apresentar a isso; declaro que foi a visão presente do objeto que me forçou a usar tais expressões, e que elas não refletem um espírito dogmático, nem uma imagem presunçosa de meu próprio juízo – sentimentos que sei não serem apropriados a ninguém, muito menos a um cético.

Tratado da natureza humana

Uma tentativa de introduzir o método experimental de raciocínio nos assuntos morais

*Rara temporum felicitas, ubi sentire,
quæ velis; & quæ sentias, dicere licet*

Tácito[*]

**Livro 2
Das paixões**

---

[*] Tácito, *Histórias*, I-1: "Rara felicidade de uma época em que se pode pensar o que se quer e dizer o que se pensa". (N.T.)

Parte 1
Do orgulho e da humildade

Seção 1
Divisão do tema

1   Assim como todas as percepções da mente podem ser divididas em *impressões* e *ideias*, assim também as impressões admitem uma outra divisão, em *originais* e *secundárias*. Essa divisão das impressões é a mesma[1] que utilizei anteriormente, quando as distingui em impressões de *sensação* e de *reflexão*. Impressões originais ou de sensação são as que surgem na alma sem nenhuma percepção anterior, pela constituição do corpo, pelos espíritos animais, ou pela aplicação dos objetos sobre os órgãos externos. As impressões secundárias ou reflexivas* são as que procedem de algumas dessas impressões originais, seja imediatamente, seja pela interposição de suas ideias. Do primeiro tipo são todas as impressões dos sentidos, e todas as dores e os prazeres corporais; do segundo, as paixões e outras emoções semelhantes.

---

  1 Livro 1, Parte 1, Seção 2.
  * "*Reflective*". No livro 1, Hume utilizara exclusivamente o termo "impressões de reflexão" ("*impressions of reflexion*"). Veja-se, por exemplo 1.1.2, p.32. (N.T.)

2   É certo que a mente, em suas percepções, tem de começar de algum lugar; e, uma vez que as impressões precedem suas ideias correspondentes, é preciso que algumas impressões apareçam na alma sem que nada as introduza. Mas essas impressões dependem de causas naturais e físicas, e seu exame me afastaria muito de meu tema presente, levando-me até as ciências da anatomia e filosofia da natureza. Por essa razão, limitar-me-ei aqui àquelas outras impressões que denominei secundárias e reflexivas, por surgirem das impressões originais ou de suas ideias. Dores e prazeres físicos são fontes de muitas paixões, seja quando sentidos, seja quando considerados pela mente; mas surgem na alma, ou no corpo (como se preferir), originalmente, sem nenhum pensamento ou percepção precedente. Uma crise de gota produz uma longa série de paixões, como pesar, esperança, medo; mas não deriva imediatamente de nenhum afeto ou ideia.

3   As impressões reflexivas podem ser divididas em dois tipos: as *calmas* e as *violentas*. Do primeiro tipo são o sentimento [*sense*] do belo e do feio nas ações, composições artísticas e objetos externos. Do segundo são as paixões de amor e ódio, pesar e alegria, orgulho e humildade.* Essa divisão está longe de ser exata. O enlevo poético e musical atinge com frequência grandes alturas, enquanto aquelas outras impressões, chamadas propriamente de *paixões*, podem se atenuar até se transformarem em emoções tão suaves que passam de alguma maneira despercebidas. Em geral, porém, as paixões são mais violentas que as emoções resultantes da beleza e da deformidade e, por isso, essas impressões têm sido comumente distinguidas umas das outras. Como o tema da mente humana é copioso e variado, tirarei partido aqui dessa divisão vulgar e cômoda, para proceder de maneira mais ordenada.

---

* Embora "humildade", para nós, refira-se antes a uma qualidade que a uma paixão, não pude encontrar um termo melhor para traduzir a palavra *"humility"*. Mesmo essa solução, entretanto, é problemática. De fato, causa estranheza ler, como à página 323, que "A sensação da humildade é desagradável, como a do orgulho é agradável". Por outro lado, a vantagem dessa escolha é que a "humildade", como a *"humility"*, é também considerada uma virtude por aquelas pessoas que estão "acostumadas ao estilo das escolas e do púlpito" (cf. p.331-2). (N.T.)

Tendo já dito tudo que pensei ser necessário dizer a respeito de nossas ideias, explicarei agora essas emoções violentas ou paixões, sua natureza, origem, causas e efeitos.

4   Quando examinamos o conjunto das paixões, ocorre-nos dividi-las em *diretas* e *indiretas*. Por paixões diretas entendo as que surgem imediatamente do bem ou do mal, da dor ou do prazer. Por indiretas, as que procedem dos mesmos princípios, mas pela conjunção de outras qualidades. Não posso agora justificar ou explicar essa distinção de maneira mais completa. Posso apenas observar, de modo geral, que incluo, entre as paixões indiretas, o orgulho, a humildade, a ambição, a vaidade, o amor, o ódio, a inveja, a piedade, a malevolência, a generosidade, juntamente com as que delas dependem. E, entre as paixões diretas, o desejo, a aversão, a tristeza, a alegria, a esperança, o medo, o desespero e a confiança. Começarei pelas primeiras.

Seção 2
Do orgulho e da humildade; seus objetos e suas causas

1   As paixões do ORGULHO e da HUMILDADE são impressões simples e uniformes e, por isso, não importa quantas palavras utilizemos, é impossível fornecer uma definição precisa delas ou, aliás, de qualquer outra paixão. O máximo que podemos almejar é descrevê-las, enumerando as circunstâncias que as acompanham. Mas como essas palavras, *orgulho* e *humildade*, são de uso geral, e como as impressões que representam são as mais comuns, cada qual, por si mesmo, será capaz de formar delas uma ideia correta, sem perigo de se enganar. Por essa razão, para não perder tempo com preliminares, passarei imediatamente ao exame dessas paixões.

2   É evidente que o orgulho e a humildade, embora diretamente contrários, têm o mesmo OBJETO. Esse objeto é o eu, ou seja, aquela sucessão de ideias e impressões relacionadas, de que temos uma memória e consciência íntima. É aqui que se fixa nosso olhar, sempre que somos movidos por uma dessas paixões. Conforme nossa ideia de nós

mesmos seja mais ou menos favorável, sentimos um desses afetos opostos, sendo exaltados pelo orgulho ou abatidos pela humildade. Qualquer outro objeto apreendido pela mente será sempre considerado em sua relação conosco; de outro modo, jamais poderia excitar essas paixões, ou sequer produzir nelas o menor aumento ou diminuição. Quando o eu não é levado em consideração, não há lugar nem para o orgulho, nem para a humildade.

3   Embora essa sucessão conectada de percepções a que denominamos o *eu* seja sempre o objeto dessas duas paixões, é impossível, porém, que seja também sua CAUSA, e que, por si só, baste para as despertar. Pois como essas paixões são diretamente contrárias e têm o mesmo objeto em comum, se esse objeto fosse também sua causa, nunca poderia produzir um grau de uma das paixões sem ao mesmo tempo despertar um grau igual da outra – e essa oposição e contrariedade destruiria a ambas. É impossível que um homem seja ao mesmo tempo orgulhoso e humilde; e caso tenha uma razão diferente para cada uma dessas paixões, como ocorre com frequência, ou estas se dão alternadamente, ou, se coincidem, uma aniquila a outra na medida de sua força, e apenas o que resta da paixão superior continua a atuar sobre a mente. Mas, no caso de que estamos tratando, nenhuma das duas paixões poderia se tornar superior; pois, se supusermos que o que as despertou foi exclusivamente a visão de nós mesmos, como essa visão é perfeitamente indiferente em relação a uma e à outra paixão, deve produzir exatamente o mesmo grau de ambas; ou, em outras palavras, não pode produzir nenhuma. Despertar uma paixão e, ao mesmo tempo, suscitar uma porção equivalente de sua antagonista é desfazer imediatamente o que se havia feito, acabando por deixar a mente em total calma e indiferença.

4   Temos de fazer uma distinção, portanto, entre a causa e o objeto dessas paixões; entre a ideia que as excita e aquela a que dirigem seu olhar, quando excitadas. Orgulho e humildade, uma vez despertados, imediatamente levam nossa atenção para nós mesmos, considerando-

-nos seu objeto último e final. Contudo, é preciso algo mais para despertar essas paixões, alguma coisa que seja peculiar a uma delas, e que não produza as duas exatamente no mesmo grau. A primeira ideia que se apresenta à mente é a da causa ou princípio produtivo. Essa ideia desperta a paixão a ela conectada; e essa paixão, quando despertada, dirige nosso olhar para uma outra ideia, que é a ideia do eu. Temos aqui, portanto, uma paixão situada entre duas ideias, das quais uma a produz e a outra é produzida por ela. A primeira ideia, portanto, representa a *causa*, e a segunda, o *objeto* da paixão.

5   Comecemos com as causas do orgulho e da humildade. Podemos observar que sua propriedade mais evidente e notável é a grande variedade de *sujeitos* em que podem estar localizadas. Toda qualidade mental de valor, seja da imaginação, do juízo, da memória ou do temperamento – espírito, bom-senso, erudição, coragem, justiça, integridade –, todas são causas de orgulho; e seus opostos, de humildade. E não é apenas a mente que é contemplada por essas paixões, mas também o corpo. Um homem pode se orgulhar de sua beleza, força, agilidade, boa aparência, talento para a dança, equitação, esgrima e de sua destreza em qualquer ocupação ou atividade manual. Mas isso não é tudo. As paixões vão ainda mais longe, compreendendo qualquer objeto que tenha conosco a menor aliança ou relação. Nosso país, família, filhos, parentes, riquezas, casas, jardins, cavalos, cães, roupas – tudo isso pode se tornar causa de orgulho ou de humildade.

6   O exame dessas causas nos mostra que é necessário fazer uma nova distinção nas causas da paixão, a saber, entre a *qualidade* operante e o *sujeito* em que essa qualidade está situada. Por exemplo, um homem se envaidece com uma bela casa que lhe pertence, ou que ele próprio construiu e projetou. Aqui, o objeto da paixão é ele mesmo, e a causa é a bela casa; e essa causa, por sua vez, pode-se subdividir em duas partes: a qualidade que atua sobre a paixão e o sujeito a que tal qualidade é inerente. A qualidade é a beleza, e o sujeito é a casa, considerada como sua propriedade ou criação. Ambas as partes são essenciais, e

a distinção não é vã nem quimérica. A beleza, considerada simplesmente como tal, nunca produziria orgulho ou vaidade, a menos que situada em algo relacionado a nós; e a mais forte relação, por si só, sem a beleza ou algo que a substitua, tampouco exerceria qualquer influência sobre essa paixão. Portanto, como esses dois elementos podem ser facilmente separados, e como é necessária sua conjunção para que a paixão se produza, devemos considerá-los partes componentes da causa; e devemos imprimir, em nossa mente, uma ideia exata dessa distinção.

Seção 3
De onde derivam esses objetos e causas

1   Tendo já observado uma diferença entre o *objeto* das paixões e sua *causa*, e tendo distinguido, na causa, entre a *qualidade* que opera sobre as paixões e o *sujeito* a que ela é inerente, passaremos agora a examinar o que determina cada um desses a ser o que é, ou seja, o que designa para esses afetos um tal objeto, qualidade e sujeito particulares. Desse modo, compreenderemos perfeitamente a origem do orgulho e da humildade.

2   Em primeiro lugar, é evidente que a propriedade que determina que essas paixões tenham como *objeto* o eu não é somente natural, mas também original. Dada a constância e a estabilidade de suas operações, ninguém pode duvidar que essa propriedade seja *natural*. O objeto do orgulho e da humildade é sempre o eu; e quando essas paixões contemplam algo além deste, elas o fazem tendo sempre em vista a nós mesmos; nenhuma pessoa ou objeto poderia exercer influência sobre nós se não fosse assim.

3   Que isso procede de uma qualidade *original* ou impulso primário ficará igualmente evidente se considerarmos que tal é a característica distintiva dessas paixões. Se a natureza não houvesse conferido à mente algumas propriedades originais, esta jamais poderia ter qualida-

des secundárias, pois, nesse caso, não teria nenhum fundamento para a ação, e jamais poderia começar a se exercer. Ora, essas qualidades que devemos considerar como originais são as mais inseparáveis da alma, e não podem ser reduzidas a outras. E assim é a qualidade que determina o objeto do orgulho e da humildade.

4 Talvez possamos ampliar essa questão e perguntar se as *causas* que produzem a paixão são tão *naturais* quanto o objeto a que ela se dirige, e se toda essa imensa variedade se deve ao capricho ou decorre da constituição da mente. Será fácil desfazer essa dúvida, se dirigirmos nosso olhar para a natureza humana e considerarmos que, em todas as nações e épocas, são sempre os mesmos objetos que dão origem ao orgulho e à humildade; mesmo no caso de um desconhecido, podemos saber de maneira bastante aproximada o que aumentará ou diminuirá essas suas paixões. Qualquer variação nesse ponto procede unicamente de uma diferença no temperamento e caráter dos homens; e, além do mais, é bem insignificante. Como imaginar que, a natureza humana permanecendo a mesma, os homens poderiam algum dia se tornar inteiramente indiferentes ao poder, riqueza, beleza ou mérito pessoais, e seu orgulho e vaidade não fossem afetados por essas vantagens?

5 Mas, embora as causas do orgulho e da humildade sejam claramente *naturais*, veremos, ao examiná-las, que não são *originais*, e seria inteiramente impossível que cada uma delas se adaptasse a essas paixões por um dispositivo particular e pela constituição primária da natureza. Além de seu número prodigioso, muitas delas são efeitos da arte, surgindo em parte do trabalho, em parte do capricho, e em parte da sorte dos homens. O trabalho produz casas, móveis e roupas. O capricho determina suas espécies e qualidades particulares. E a sorte frequentemente contribui para tudo isso, revelando os efeitos que resultam das diferentes misturas e combinações dos corpos. Portanto, é absurdo imaginar que cada uma dessas causas tenha sido prevista e providenciada pela natureza, e que cada nova produção da arte que

causa orgulho ou humildade, em vez de se adaptar à paixão* participando de alguma qualidade geral que já opere naturalmente sobre a mente, seja ela própria objeto de um princípio original, até então oculto na alma, e revelado afinal apenas por acidente. Assim, o primeiro artesão que concebeu uma bela escrivaninha teria produzido orgulho naquele que se tornou seu proprietário, mas por princípios diferentes dos que fizeram o mesmo homem orgulhoso de possuir belas cadeiras ou mesas. Ora, isso parece obviamente ridículo, e devemos concluir que não é verdade que cada causa de orgulho e humildade se adapte a essas paixões por uma qualidade original distinta; ao contrário, existe uma ou mais circunstâncias comuns a todas elas, das quais depende sua eficácia.

6 Além disso, constatamos que, no curso da natureza, embora os efeitos sejam muitos, os princípios de que essas causas derivam são comumente poucos e simples; um filósofo natural que recorresse a uma qualidade diferente para explicar cada operação diferente daria mostras de inabilidade. Quão mais verdadeiro isso deve ser no que concerne à mente humana, que, sendo um objeto tão limitado, pode, com razão, ser considerada incapaz de conter esse monstruoso amontoado de princípios que seriam necessários para despertar as paixões do orgulho e da humildade, se cada causa distinta fosse ajustada à paixão** mediante um conjunto distinto de princípios!

7 Aqui, portanto, a filosofia moral está na mesma situação em que estava a filosofia da natureza em relação à astronomia antes do tempo de *Copérnico*. Os antigos, embora cientes da máxima de que *a natureza não faz nada em vão*, conceberam sistemas celestes tão complicados que acabaram parecendo incompatíveis com a verdadeira filosofia, dando lugar a algo mais simples e natural. Inventar sem escrúpulos um novo princípio para cada novo fenômeno, em vez de adaptá-lo ao

---

* Aqui, como um pouco adiante (ver nota seguinte), a NN/OPT corrigiu "paixão" para "paixões", porque "The context indicates that Hume is here discussing two passions, pride and humility, and hence the plural form is required" (cf. David F. Norton & Mary J. Norton, op. cit.). Talvez, mas penso que não necessariamente, pois Hume pode estar se referindo à adaptação da causa ou objeto a uma só paixão: ou orgulho ou humildade. (N.T.)

** Cf. nota anterior. (N.T.)

princípio antigo; sobrecarregar nossas hipóteses com tamanha variedade – são provas certas de que nenhum desses princípios é o legítimo e que tudo que desejamos é um grande número de falsidades para encobrir nossa ignorância da verdade.

Seção 4
Das relações de impressões e de ideias

1 Estabelecemos assim duas verdades, sem encontrar nenhum obstáculo ou dificuldade: *é a partir de princípios naturais que essas diversas causas excitam o orgulho e a humildade, e não é por um princípio diferente que cada causa diferente se ajusta a sua paixão*. Passaremos agora a investigar como podemos reduzir esses princípios a um número menor, encontrando alguma coisa comum a todas essas causas, de que dependa sua influência.

2 Devemos, para isso, refletir sobre certas propriedades da natureza humana que, embora tenham uma influência poderosa sobre todas as operações tanto do entendimento como das paixões, não são muito enfatizadas pelos filósofos. A *primeira* é a associação de ideias, que tantas vezes observei e expliquei. É impossível à mente fixar-se firmeza sobre uma única ideia durante um tempo considerável; nem o maior esforço lhe permitiria alcançar tal constância. Nossos pensamentos, porém, por mais variáveis que possam ser, não são inteiramente desprovidos de regras e de método em suas mudanças. A regra segundo a qual procedem consiste em passar de um objeto àquele que lhe é semelhante ou contíguo, ou que é produzido por ele. Quando uma ideia está presente à imaginação, qualquer outra ideia unida à primeira por essas relações segue-a naturalmente, e penetra com mais facilidade em virtude dessa introdução.

3 A *segunda* propriedade que observarei na mente humana é uma associação parecida de impressões. Todas as impressões semelhantes se conectam entre si, e tão logo uma delas surge, as demais imediatamente a seguem. A tristeza e o desapontamento dão origem à raiva, a raiva à

inveja, a inveja à malevolência, e a malevolência novamente à tristeza, até que o círculo se complete. Do mesmo modo, nosso humor, quando exaltado pela alegria, entrega-se naturalmente ao amor, à generosidade, à piedade, à coragem, ao orgulho e a outros afetos semelhantes. É difícil para a mente, quando movida por uma paixão, limitar-se a essa paixão, sem mudança ou variação alguma. A natureza humana é demasiadamente inconstante para admitir tal regularidade. A mutabilidade lhe é essencial. E o que poderia ser mais natural que mudar para afetos ou emoções que condizem com o humor e se harmonizam com o conjunto de paixões então prevalecentes? É evidente, portanto, que existe uma atração ou associação entre as impressões, assim como entre as ideias, embora com a importante diferença que as ideias se associam por semelhança, contiguidade e causalidade; e as impressões, apenas por semelhança.

4   Em *terceiro* lugar, observemos que essas duas espécies de associação se apoiam e favorecem uma à outra, e a transição se realiza mais facilmente quando elas coincidem no mesmo objeto. Assim, um homem cujo humor foi fortemente perturbado e abalado por alguma ofensa é capaz de encontrar uma centena de motivos de descontentamento, impaciência, medo e outras paixões desagradáveis, sobretudo se puder descobrir esses motivos na pessoa que causou sua primeira paixão ou em algo próximo a ela. Os princípios que favorecem a transição entre as ideias concorrem aqui com os que agem sobre as paixões; e, unindo-se em uma única ação, os dois conferem à mente um duplo impulso. A nova paixão, portanto, deve surgir com uma violência proporcionalmente maior, e a transição até ela deve se tornar igualmente mais fácil e natural.

5   Aproveito a ocasião para citar a autoridade de um elegante escritor, que se exprime da seguinte maneira:* "Como a fantasia se deleita com tudo que é grande, estranho ou belo, e tanto mais se satisfaz quanto mais dessas perfeições encontra no *mesmo* objeto, ela é capaz

---

* Joseph Addison (1672-1719), *Spectator* n.412. (N.T.)

também de receber uma nova satisfação pela ajuda de um outro sentido. Assim, um som contínuo, como o canto dos pássaros ou uma queda d'água, desperta a todo instante a mente do espectador, tornando-o mais atento às diversas belezas do lugar em que se encontra. Se surge um doce aroma ou perfume, ele eleva os prazeres da imaginação, fazendo até as cores e o verde da paisagem parecerem mais agradáveis; pois as ideias desses dois sentidos reforçam-se mutuamente e, juntas, são mais agradáveis que quando penetram separadas na mente – como as diferentes cores de um quadro, quando bem situadas, realçam umas às outras, e ganham uma beleza adicional em virtude de sua situação favorável". Nesse fenômeno, podemos observar a associação tanto de impressões como de ideias, bem como o auxílio mútuo entre elas.

Seção 5
Da influência dessas relações
sobre o orgulho e a humildade

1 Agora que já estabelecemos esses princípios com base em uma experiência inquestionável, passo a investigar como iremos aplicá-los; para isso, farei uma reflexão acerca de todas as causas de orgulho e de humildade, sejam elas vistas como as qualidades operantes, ou como os sujeitos em que essas qualidades estão localizadas. Ao examinar essas *qualidades*, constato de imediato que muitas delas concorrem na produção da sensação de dor e de prazer, independentemente desses afetos que procuro aqui explicar. Assim, a beleza de nosso corpo, por si só, e por sua aparência mesma, dá prazer, além de orgulho; e sua feiura produz dor, além de humildade. Um banquete suntuoso nos deleita, e um banquete grosseiro nos desagrada. Aquilo que descubro ser verdadeiro em alguns casos, *suponho* que o seja em todos; por isso, dou por suposto neste momento, sem mais provas, que toda causa de orgulho, por suas qualidades peculiares, produz um prazer à parte, e toda causa de humildade, um mal-estar.

2   Por outro lado, considerando os *sujeitos* a que essas qualidades se ligam, faço uma nova *suposição*, que também parece provável, por se apoiar em exemplos numerosos e evidentes: esses sujeitos são ou bem partes de nós mesmos, ou alguma coisa estreitamente relacionada conosco. Assim, as boas e más qualidades de nossas ações e maneiras constituem virtudes e vícios, determinando nosso caráter pessoal, a coisa que mais fortemente atua sobre essas paixões. De modo semelhante, é a beleza ou a fealdade de nosso corpo, casas, equipagem ou mobiliário que nos torna vaidosos ou humildes. As mesmas qualidades, quando transferidas a sujeitos que não têm relação conosco, não influenciam em nada nenhum dos dois afetos.

3   Supus, assim, de alguma maneira, a existência de duas propriedades das causas desses afetos, a saber, que as *qualidades* produzem uma dor ou um prazer separados, e que os *sujeitos* em que se encontram essas qualidades têm uma relação com o eu. Agora, passo a examinar as próprias paixões, com o propósito de nelas encontrar algo que corresponda às propriedades que supus existirem em suas causas. *Primeiramente*, vejo que o objeto peculiar do orgulho e da humildade é determinado por um instinto original e natural, e é absolutamente impossível, dada a constituição primitiva da mente, que essas paixões jamais visem a algo além do eu, ou seja, da pessoa individual de cujas ações e sentimentos cada um de nós está intimamente consciente. É aqui que nossa atenção termina sempre por se fixar, quando somos movidos por uma das duas paixões; nessa situação da mente, nunca podemos perder de vista tal objeto. Não pretendo dar uma razão para isso; ao contrário, considero essa direção peculiar do pensamento como uma qualidade original.

4   A *segunda* qualidade que descubro nessas paixões, e que também considero uma qualidade original, são suas sensações, ou seja, as emoções peculiares que elas despertam na alma e que constituem seu próprio ser e essência. Assim, o orgulho é uma sensação prazerosa, e a humildade, uma sensação dolorosa; retirando-se o prazer e a dor, não há, na realidade, nem orgulho nem humildade. Aquilo mesmo que

sentimos nos convence disso; e é vão raciocinar ou discutir aqui sobre o que ultrapassa os limites do que sentimos.

5   Comparo, portanto, essas duas propriedades *estabelecidas* das paixões – a saber, seu objeto, que é o eu, e sua sensação, que é prazerosa ou dolorosa – com as duas propriedades *supostas* das causas – sua relação com o eu e sua tendência a produzir dor ou prazer, independentemente da paixão; e imediatamente descubro que, se considerar essas duas suposições como sendo corretas, o verdadeiro sistema se impõe a mim com uma evidência irresistível. A causa que suscita a paixão está relacionada com o objeto que a natureza atribuiu à paixão; a sensação que a causa produz separadamente está relacionada com a sensação da paixão. Dessa dupla relação, de ideias e impressões, é que deriva a paixão. Uma ideia converte-se facilmente em sua ideia correlata; e uma impressão, naquela outra impressão que se assemelha e corresponde a ela. Quão mais fácil não deve ser tal transição quando esses movimentos se auxiliam um ao outro e quando a mente recebe um duplo impulso das relações de suas impressões e ideias!

6   Para compreendermos melhor isso, temos de admitir que a natureza conferiu aos órgãos da mente humana uma certa disposição própria para produzir uma impressão ou emoção peculiar, que chamamos de *orgulho*; a essa emoção, atribuiu uma certa ideia, a ideia de *eu*, que se produz infalivelmente. Esse dispositivo da natureza é fácil de se conceber. Temos vários exemplos de tal estado de coisas. Os nervos do nariz e do palato são dispostos de maneira a transmitir à mente, em determinadas circunstâncias, sensações peculiares. As sensações de fome e de desejo carnal sempre produzem em nós a ideia dos objetos peculiares que convêm a cada apetite. Essas duas circunstâncias se unem no orgulho. Os órgãos estão dispostos de maneira a produzir a paixão; e a paixão, uma vez produzida, naturalmente produz uma determinada ideia. Nada disso precisa ser provado. É evidente que jamais possuiríamos tal paixão se não houvesse uma disposição da mente apropriada para ela; e é igualmente evidente que a paixão sempre di-

rige nosso olhar para nós mesmos, fazendo-nos pensar em nossas próprias qualidades e particularidades.

7   Tendo compreendido perfeitamente esse ponto, podemos agora perguntar *se a natureza produz a paixão imediatamente, por si mesma, ou se precisa da cooperação de outras causas*. Pois observemos que, sob esse aspecto particular, sua conduta é diferente nas diferentes paixões e sensações. Para produzir um gosto qualquer, o palato tem de ser excitado por um objeto externo; a fome, ao contrário, nasce internamente, sem o concurso de nenhum objeto externo. Entretanto, seja qual for o caso das outras paixões e impressões, o orgulho certamente requer o auxílio de algum objeto estranho, e os órgãos que o produzem não exercem, como o coração e as artérias, um movimento interno original. Pois, em *primeiro* lugar, a experiência cotidiana nos convence de que o orgulho requer determinadas causas para ser excitado, e elanguesce quando não é sustentado por alguma excelência no caráter, nos dons corporais, vestimentas, equipagem ou fortuna. Em *segundo* lugar, é evidente que, se surgisse imediatamente da natureza, o orgulho seria permanente, pois seu objeto é sempre o mesmo, e não existe uma disposição corporal que seja peculiar ao orgulho, como no caso da sede e da fome. Em *terceiro* lugar, a situação da humildade é exatamente a mesma que a do orgulho; por isso, segundo essa suposição, deve ou ser permanente também, ou destruir a paixão contrária desde o primeiro instante, de modo que nenhuma das duas poderia jamais aparecer. Em suma, podemos ficar satisfeitos com a conclusão anterior, que o orgulho tem de ter uma causa, assim como um objeto, e um não tem influência sem o outro.

8   A única dificuldade, portanto, é descobrir essa causa e determinar o que move inicialmente o orgulho, acionando os órgãos naturalmente aptos a produzir essa emoção. Ao consultar a experiência, com o intuito de resolver essa dificuldade, descubro imediatamente uma centena de causas diferentes que produzem orgulho; e ao examinar essas causas, suponho algo que desde o início percebo ser provável, a saber, que todas coincidem em duas circunstâncias: produzem, por si

sós, uma impressão aliada à paixão, e encontram-se em um sujeito aliado ao objeto da paixão. Quando, em seguida, considero a natureza da *relação* e seus efeitos sobre as paixões e sobre as ideias, não posso mais ter dúvida, baseado nessas suposições, de que é o mesmo princípio que origina o orgulho e confere movimento a esses órgãos que, naturalmente dispostos de forma a produzir esse afeto, requerem apenas um primeiro impulso para iniciar sua ação. Qualquer coisa que proporcione uma sensação prazerosa e esteja relacionada ao eu desperta a paixão do orgulho, que também é agradável, e tem o eu como objeto.

9   Tudo que eu disse acerca do orgulho é igualmente verdade em relação à humildade. A sensação da humildade é desagradável,* como a do orgulho é agradável; por essa razão, a sensação separada que deriva das causas deve ser invertida, enquanto a relação com o eu permanece a mesma. Embora o orgulho e a humildade sejam diretamente contrários em seus efeitos e em suas sensações, eles possuem o mesmo objeto, de forma que basta trocar a relação de impressões, sem fazer nenhuma alteração na de ideias. Assim, constatamos que uma bela casa que nos pertence produz orgulho; e a mesma casa, ainda pertencendo a nós, produz humildade quando, por um acidente, sua beleza se transforma em fealdade, e com isso a sensação de prazer, que correspondia ao orgulho, é transformada em dor, relacionada à humildade. A dupla relação entre as ideias e as impressões subsiste em ambos os casos, e produz uma transição fácil de uma emoção à outra.

10   Em uma palavra, a natureza conferiu uma espécie de atração a certas impressões e ideias, pela qual uma delas, ao aparecer, introduz naturalmente sua correlata. Se essas duas atrações ou associações de impressões e ideias concorrem no mesmo objeto, elas se auxiliam mutuamente, e a transição dos afetos e da imaginação se faz com menos esforço e mais facilidade. Quando uma ideia produz uma impressão relacionada a uma outra impressão, conectada por sua vez com uma

---

* Ver nossa nota à p.310. (N.T.)

ideia relacionada à primeira ideia, essas duas impressões devem de algum modo ser inseparáveis, e em nenhum caso uma delas pode vir desacompanhada da outra. É dessa maneira que se determinam as causas particulares do orgulho e da humildade. A qualidade que opera sobre a paixão produz separadamente uma impressão semelhante a ela; o sujeito a que essa qualidade se liga relaciona-se ao eu, objeto da paixão. Não é de admirar que a causa como um todo, sendo constituída de uma qualidade e de um sujeito, origine tão inevitavelmente a paixão.

11 Para ilustrar essa hipótese, podemos compará-la àquela pela qual expliquei a crença que acompanha nossos juízos baseados na causalidade. Observei que, em todos os juízos desse gênero, há sempre uma impressão presente e uma ideia relacionada; e a impressão presente confere uma vividez à fantasia, e a relação transmite essa vividez, por uma transição fácil, à ideia relacionada. Sem a impressão presente, a atenção não se fixa e os espíritos animais não são excitados. Sem a relação, essa atenção permanece em seu primeiro objeto, sem mais consequências. Há evidentemente uma grande analogia entre essa hipótese e nossa hipótese presente de uma impressão e uma ideia que se transfundem para uma outra impressão e ideia por meio de sua dupla relação. E devemos admitir que tal analogia é uma prova nada desprezível de ambas as hipóteses.

Seção 6
Limitações desse sistema

1 Antes de seguir adiante nesse tema e de fazer um exame de cada causa particular de orgulho e humildade, porém, convém estabelecer algumas limitações ao sistema geral de que *todos os objetos agradáveis relacionados a nós por uma associação de ideias e de impressões produzem orgulho, e os objetos desagradáveis, humildade*. Essas limitações resultam da natureza mesma do assunto.

2   1. Suponhamos que um objeto agradável adquira uma relação com o eu; a primeira paixão a aparecer então é a alegria; e essa paixão se manifesta por ocasião de uma relação menos forte que a necessária para suscitar o orgulho e a vanglória. Podemos sentir alegria por estarmos presentes em um banquete, quando nossos sentidos se regalam com todo tipo de iguarias; mas somente o anfitrião do banquete sente, além da mesma alegria, a paixão adicional da autoaclamação e da vaidade. É verdade que algumas vezes os homens se gabam pelo mero fato de terem estado presentes a uma grande festa; e, mesmo apoiados em uma relação tão pequena, convertem seu prazer em orgulho. Entretanto, há que se admitir que, em geral, a alegria nasce de uma relação menos importante que a vaidade, e muitas coisas alheias demais para produzir orgulho são, não obstante, capazes de nos dar um deleite e prazer. A razão dessa diferença pode-se explicar da seguinte maneira. Uma relação é necessária, no caso da alegria, para aproximar o objeto de nós e assim fazer que ele nos dê alguma satisfação. Isso é algo comum às duas paixões; no caso do orgulho, porém, a relação é necessária ainda para produzir uma transição de uma paixão à outra, e assim converter a satisfação em vaidade. Por ter uma dupla tarefa a realizar, essa relação tem de ser dotada de uma redobrada força e energia. A isso podemos acrescentar que, nos casos em que os objetos agradáveis não mantêm uma relação muito estreita conosco, eles comumente a mantêm com alguma outra pessoa; e esta última relação não apenas supera, mas até diminui, e às vezes chega a destruir a primeira, como veremos posteriormente.[2]

3   Eis, portanto, a primeira limitação que devemos fazer à nossa posição geral, de que *tudo que tem alguma relação conosco e produz prazer ou dor produz igualmente orgulho ou humildade*. É preciso haver não apenas uma relação, mas uma relação estreita, e mais estreita que aquela necessária para a alegria.

---

2 Parte 2, Seção 4.

4 2. A segunda limitação é que o objeto agradável ou desagradável seja não apenas estreitamente relacionado, mas também peculiar a nós, ou ao menos comum a nós e a algumas poucas pessoas. Podemos observar que a natureza humana possui esta qualidade, que procuraremos explicar mais adiante, a saber, que tudo que se apresenta com frequência, tudo com que há muito nos acostumamos perde seu valor aos nossos olhos, e em pouco tempo é desprezado e negligenciado. De modo semelhante, julgamos os objetos mais por comparação com outros que por seu mérito real e intrínseco; e quando não somos capazes de realçar seu valor por esse contraste, tendemos a negligenciar até mesmo o que existe neles de essencialmente bom. Essas qualidades da mente têm um efeito tanto sobre a alegria como sobre o orgulho; e é de se notar que os bens que são comuns a toda a humanidade, e que o costume tornou familiares a nós, dão-nos pouca satisfação – embora sejam, às vezes, mais excelentes que aqueles a que atribuímos um valor mais alto em virtude de sua singularidade. Mas, embora essa circunstância atue sobre as duas paixões, sua influência é bem maior no caso da vaidade. Alegramo-nos com inúmeros bens que, por muito frequentes, não nos dão orgulho. A saúde, quando retorna após uma longa ausência, proporciona-nos uma satisfação bastante sensível; mas raramente é vista como motivo de vaidade, porque a compartilhamos com um número muito amplo de pessoas.

5 Penso que a razão pela qual o orgulho é tão mais exigente sob esse aspecto que a alegria é a seguinte. Para suscitar o orgulho, temos sempre de contemplar dois objetos: a *causa*, ou seja, o objeto que produz prazer, e o eu, que é o verdadeiro objeto da paixão. Mas a alegria só necessita de um objeto para ser produzida, a saber, aquele que dá prazer; e embora esse objeto tenha de ter alguma relação com o eu, esta só é requerida para torná-lo agradável; pois o eu não é, propriamente falando, o objeto dessa paixão. Portanto, como o orgulho tem, por assim dizer, dois objetos, aos quais dirige nosso olhar, segue-se que, quando nenhum dos dois possui qualquer singularidade, a paixão deve

se tornar mais fraca que aquela que tem apenas um objeto. Quando nos comparamos com os outros (o que fazemos a todo momento), vemos que não nos distinguimos em nada; e quando comparamos o objeto que possuímos, descobrimos a mesma infeliz circunstância. Com duas comparações tão desvantajosas, a paixão se vê inteiramente destruída.

6 3. A terceira limitação é que o objeto prazeroso ou doloroso deve ser facilmente discernível e evidente, e isso não apenas para nós, mas também para os outros. Essa circunstância, como as duas anteriores, exerce uma influência tanto sobre a alegria como sobre o orgulho. Imaginamo-nos mais felizes, além de mais virtuosos ou belos, quando parecemos assim para os outros; porém, gostamos mais ainda de ostentar nossas virtudes que nossos prazeres. Isso se deve a causas que tentarei explicar posteriormente.

7 4. A quarta limitação resulta da inconstância da causa dessas paixões e da curta duração de sua conexão conosco. Aquilo que é casual e inconstante nos dá pouca alegria, e menos orgulho. Não ficamos muito satisfeitos com a própria coisa; e menos ainda tendemos a sentir novos graus de autossatisfação por sua causa. Prevemos e antecipamos sua mudança por meio de nossa imaginação, o que nos torna pouco satisfeitos com ela. Comparamo-la conosco, com nossa existência mais duradoura, e isso faz sua inconstância parecer ainda maior. Parece ridículo inferir uma excelência em nós com base em um objeto que tem uma duração tão mais curta e nos acompanha durante uma parte tão breve de nossa existência. É fácil compreender por que essa causa não age com a mesma força na alegria que no orgulho: é que a ideia do eu não é tão essencial à primeira quanto a esta última paixão.

8 5. Posso acrescentar, como uma quinta limitação, ou antes, alargamento deste sistema, que as regras gerais têm grande influência sobre o orgulho e a humildade, bem como sobre todas as outras paixões. É com base nelas que formamos uma opinião das diferentes posições sociais dos homens, de acordo com seu poder ou riqueza; e não mudamos essa opinião em virtude de peculiaridades da saúde ou do

temperamento das pessoas, mesmo que essas peculiaridades possam impedi-las de desfrutar plenamente de suas posses. Isso se explica pelos mesmos princípios que explicaram a influência das regras gerais sobre o entendimento. O costume facilmente nos leva a ultrapassar os justos limites em nossas paixões, assim como em nossos raciocínios.

9   Não é descabido observar nesta ocasião que a influência das regras e máximas gerais sobre as paixões contribui muito para facilitar os efeitos de todos os princípios que explicaremos no decorrer deste tratado. É evidente que, se uma pessoa adulta e de natureza igual à nossa fosse subitamente transportada para nosso mundo, ela ficaria bastante confusa com todos os objetos, e não descobriria facilmente que grau de amor ou ódio, orgulho ou humildade, ou qualquer outra paixão, deveria atribuir a eles. As paixões frequentemente variam por causa de princípios insignificantes; e estes nem sempre atuam com uma regularidade perfeita, sobretudo na primeira tentativa. Mas o costume e a prática tornam claros todos esses princípios, determinando o valor correto de cada coisa, o que certamente contribui para a fácil produção dessas paixões, e para nos guiar, mediante máximas gerais estabelecidas, acerca das proporções que devemos guardar ao preferir um objeto a outro. Essa observação pode ser útil para afastar dificuldades que venham a surgir a respeito de determinadas causas que a seguir atribuirei a algumas paixões particulares, e as quais poderiam ser consideradas demasiadamente sutis para operarem da forma tão universal e certa como o fazem.

10   Concluirei este tema com uma reflexão derivada dessas cinco limitações: as pessoas mais orgulhosas, e que, aos olhos do mundo, têm mais razões para seu orgulho, nem sempre são as mais felizes; e as mais humildes nem sempre são as mais infelizes, como este sistema poderia nos levar a imaginar em um primeiro momento. Um mal pode ser real, ainda que sua causa não tenha relação conosco; pode ser real, sem nos ser peculiar; pode ser real, sem transparecer aos outros; pode ser real, sem ser constante; e pode ser real, sem cair sob regras gerais.

Males como esses não deixarão de nos tornar infelizes, embora tenham pouca tendência a diminuir nosso orgulho. E talvez descubramos que os males mais reais e mais palpáveis da vida são dessa natureza.

Seção 7
Do vício e da virtude

1 Tendo em mente essas limitações, passemos ao exame das causas do orgulho e da humildade; e vejamos se podemos descobrir em todos os casos a dupla relação que lhes permite agir sobre nossas paixões. Se descobrirmos que todas essas causas estão relacionadas ao eu, e produzem um prazer ou desprazer separados dessa paixão, não restará nenhuma reserva quanto ao presente sistema. Esforçar-nos-emos principalmente para provar este último ponto, já que o primeiro é de certa forma autoevidente.

2 Comecemos com o VÍCIO e a VIRTUDE, que são as causas mais óbvias dessas paixões. Seria inteiramente alheio a meu propósito presente entrar na controvérsia, que nos últimos anos vem despertando tanto a curiosidade do público, *se essas distinções morais se fundam em princípios naturais e originais ou se nascem do interesse e da educação*. Reservo o exame dessa questão para o próximo livro; por ora, tentarei mostrar que meu sistema se sustenta em qualquer das duas hipóteses – o que constitui uma forte prova de sua solidez.

3 De fato, mesmo admitindo que a moralidade não tem fundamento na natureza, deve-se reconhecer que o vício e a virtude, seja por interesse próprio, seja pelos preconceitos da educação, produzem em nós uma dor e um prazer reais; e podemos notar que esse ponto é vigorosamente sustentado pelos defensores dessa hipótese. Toda paixão, hábito ou traço de caráter (dizem eles) que tenda a nos trazer algum benefício ou prejuízo proporciona, respectivamente, um contentamento ou um mal-estar; e é daí que surge a aprovação ou a desaprovação. Sempre ganhamos com a liberalidade dos outros, mas corremos pe-

rigo de perder por sua avareza; a coragem nos protege, mas a covardia nos deixa expostos a qualquer ataque; a justiça é a sustentação da sociedade, mas a injustiça, se não controlada, rapidamente traria sua ruína; a humildade nos enaltece, mas o orgulho nos humilha. Por essas razões, as primeiras qualidades são consideradas virtudes, e as últimas, vícios. Ora, como aqui ainda se continua admitindo que existe um contentamento ou um mal-estar acompanhando todos os tipos de mérito ou demérito, isso é suficiente para meu propósito.

4 Vou mais adiante, contudo, e observo que não apenas essa hipótese moral concorda com meu presente sistema, mas também o reconhecimento de que aquela é correta constitui uma prova absoluta e irresistível deste último. Pois, se toda moralidade se funda na dor ou no prazer gerados pela perspectiva de algum prejuízo ou vantagem que possam resultar de nosso próprio caráter ou do caráter alheio, todos os efeitos da moralidade têm de ser derivados da mesma dor ou prazer – entre eles, as paixões do orgulho e da humildade. A essência mesma da virtude, segundo essa hipótese, é produzir prazer, e a do vício é causar dor. Para suscitar orgulho ou humildade, a virtude e o vício devem fazer parte de nosso caráter. Ora, que outra prova podemos desejar para a dupla relação, de impressões e de ideias?

5 O mesmo argumento irrefutável pode ser extraído da opinião daqueles que sustentam que a moralidade é algo real, essencial e fundado na natureza. A hipótese mais provável já proposta para explicar a distinção entre vício e virtude, bem como a origem dos direitos e das obrigações morais, é que, por uma constituição primitiva da natureza, certos caracteres e paixões, só de vistos e contemplados, produzem um desprazer, e outros, de maneira semelhante, suscitam um prazer. O desprazer e a satisfação não são apenas inseparáveis do vício e da virtude; constituem sua própria natureza e essência. Aprovar um caráter é sentir um contentamento original diante dele. Desaprová-lo é sentir um desprazer. A dor e o prazer, portanto, sendo as causas originais do vício e da virtude, devem ser também as causas de todos os seus efeitos e, consequentemente, do orgulho e da humildade, que acompanham de maneira inevitável essa distinção.

6   Supondo-se, no entanto, que essa hipótese da filosofia moral seja considerada falsa, ainda assim é evidente que a dor e o prazer, se não são as causas do vício e da virtude, são ao menos inseparáveis destes. A mera consideração de um caráter generoso e nobre nos proporciona uma satisfação; e quando ele se apresenta a nós, ainda que apenas em um poema ou romance, nunca deixa de nos encantar e agradar. Em contrapartida, a crueldade e a traição nos desagradam por sua própria natureza; é impossível aceitar essas qualidades, estejam elas em nós mesmos ou em outros. Assim, a primeira hipótese moral é uma prova inegável do sistema anterior, e a segunda, no pior dos casos, concorda com ele.

7   Porém, o orgulho e a humildade não nascem somente daquelas qualidades da mente que, segundo os sistemas vulgares de ética, consideram-se partes do dever moral, mas também de qualquer outra que tenha uma conexão com o prazer e o desprazer. Nada gratifica tanto nossa vaidade quanto nosso talento de agradar aos outros pelo fato de termos um espírito agudo, bom humor, ou qualquer outro dom; e nada nos provoca maior humilhação que o fracasso em qualquer tentativa dessa natureza. Ninguém jamais foi capaz de dizer em que consiste o *a espirituosidade*, nem de mostrar por que se deve denominar assim um determinado sistema de pensamento e não outro. Somente o gosto permite-nos tomar alguma decisão a esse respeito; não possuímos nenhum outro critério com base no qual possamos formar um juízo desse gênero. Ora, o que é esse *gosto* de que o verdadeiro e o falso espírito extraem sua existência, e sem o qual nenhum pensamento tem direito a um ou outro desses nomes? Evidentemente, não é nada mais que uma sensação de prazer suscitada pelo verdadeiro espírito, e de desprazer pelo falso, sem que sejamos capazes de dar as razões desse prazer ou desprazer. O poder de gerar essas sensações opostas é, portanto, a essência mesma do verdadeiro e do falso espírito, e, consequentemente, a causa do orgulho e da humildade que deles derivam.

8   Algumas pessoas, talvez, acostumadas ao estilo das escolas e do púlpito, nunca consideraram a natureza humana por outra perspec-

tiva que não a *delas próprias*, e por isso podem se surpreender por me ouvirem dizer que a virtude suscita o orgulho, coisa que veem como um vício; e que o vício produz a humildade, que aprenderam a considerar uma virtude. Mas, para não ficar discutindo acerca de palavras, noto que entendo por *orgulho* aquela impressão agradável que surge na mente quando a visão de nossa virtude, beleza, riqueza ou poder nos faz ficar satisfeitos com nós mesmos; e que, com humildade, refiro-me à impressão oposta. É evidente que a primeira impressão nem sempre é um vício, nem a última é sempre uma virtude. Mesmo a mais rígida moral permite que sintamos prazer ao refletir sobre uma ação generosa; e nenhuma considera que seja uma virtude sentir remorsos inúteis quando pensamos em ações vis e baixas que cometemos no passado. Examinemos, portanto, essas impressões, consideradas em si mesmas; e investiguemos suas causas, quer estejam localizadas na mente ou no corpo, sem nos preocupar neste momento com o mérito ou a censura que as podem acompanhar.

Seção 8
Da beleza e da deformidade

1 Quer consideremos o corpo uma parte de nós mesmos, quer concordemos com aqueles filósofos que o veem como algo externo, devemos admitir que ele está conectado conosco de maneira estreita o bastante para formar uma daquelas duas relações que afirmei serem necessárias para causar orgulho e humildade. Portanto, sempre que pudermos encontrar a outra relação, de impressões, junto a essa relação de ideias, podemos esperar com segurança uma ou outra dessas paixões, conforme a impressão seja agradável ou desagradável. Ora, a *beleza* de todos os tipos nos proporciona um deleite e uma satisfação peculiares, assim como a *deformidade* produz um desprazer, qualquer que seja o sujeito em que esteja situada, e quer seja observada em um objeto animado ou inanimado. Se a beleza ou a deformi-

dade, portanto, estiver situada em nosso próprio corpo, esse prazer ou esse mal-estar deve se converter em orgulho ou em humildade, já que este caso contém todas as circunstâncias requeridas para produzir uma perfeita transição de impressões e ideias. Essas sensações opostas estão relacionadas com as paixões opostas. A beleza ou a deformidade têm uma relação estreita com o eu, objeto de ambas as paixões. Não é de admirar, portanto, que nossa própria beleza se torne um objeto de orgulho, e nossa deformidade, um objeto de humildade.

2 Mas esse efeito das qualidades pessoais e corpóreas, além de ser uma prova do presente sistema, por mostrar que neste caso as paixões não surgiriam sem a presença de todas as circunstâncias que afirmei serem necessárias, pode servir como um argumento mais forte e convincente. Se analisarmos as hipóteses já concebidas pela filosofia ou pela razão comum para explicar a diferença entre a beleza e a deformidade, veremos que todas se reduzem a esta: que a beleza é uma ordenação e estrutura tal das partes que, pela *constituição primitiva* de nossa natureza, pelo *costume*, ou ainda pelo *capricho*, é capaz de dar prazer e satisfação à alma. Esse é o caráter distintivo da beleza, constituindo toda a diferença entre ela e a deformidade, cuja tendência natural é produzir desprazer. O prazer e o desprazer, portanto, não são apenas os concomitantes necessários da beleza e da deformidade, mas constituem sua essência mesma. De fato, se considerarmos que uma grande parte da beleza que admiramos nos animais ou em outros objetos deriva da ideia de conveniência e utilidade, não hesitaremos em concordar com essa opinião. Em certo animal, é bela a forma que produz força; em outro, aquela que indica agilidade. A ordem e o conforto de um palácio não são menos essenciais a sua beleza que sua mera forma e aparência. De maneira semelhante, as regras da arquitetura exigem que o alto de uma pilastra seja mais estreito que sua base, e isso porque tal forma nos transmite a ideia de segurança, que é agradável, ao passo que a forma contrária nos dá apreensão e medo, que é desagradável. De inúmeros exemplos desse gênero, bem como da consideração do fato de que a beleza, como a espirituosidade, não

pode ser definida, sendo ao contrário, discernida apenas por meio de um gosto ou sensação, podemos concluir que a beleza não é mais que uma forma que produz prazer, enquanto a deformidade é uma estrutura de partes que transmite desprazer; e, uma vez que o poder de produzir prazer e desprazer constitui assim a essência da beleza e da deformidade, todos os efeitos dessas qualidades devem ser derivados dessa sensação – entre eles, o orgulho e a humildade, que são seus efeitos mais comuns e notáveis.

3   Considero esse argumento correto e decisivo. Para conferir uma maior autoridade ao presente raciocínio, porém, suponhamos por um momento que seja falso, e vejamos o que se segue. Se o poder de produzir prazer e dor não constitui a essência da beleza e da deformidade, ao menos é certo que essas sensações são inseparáveis dessas qualidades, sendo difícil até mesmo considerá-las separadamente. Ora, a única coisa comum à beleza natural e à moral (que são, ambas, causas de orgulho) é esse poder de produzir prazer; e como um efeito comum supõe sempre uma causa comum, é claro que o prazer deve, nos dois casos, ser a causa real e influente da paixão. Mais ainda: a única coisa originalmente diferente entre a beleza de nossos corpos e a beleza dos objetos externos e estranhos a nós é que a primeira tem uma relação estreita conosco, o que não ocorre com a segunda. Essa diferença original, portanto, deve ser a causa de todas as suas demais diferenças – entre elas, a diferente influência que cada uma exerce sobre a paixão do orgulho, que é despertado pela beleza de nosso corpo, mas não é sequer minimamente afetado pela beleza dos objetos externos e estranhos a nós. Reunindo, portanto, essas duas conclusões, constatamos que, juntas, elas formam o sistema precedente, a saber, que o prazer, como impressão relacionada ou semelhante, produz orgulho, por uma transição natural, quando localizado em um objeto relacionado; e seu contrário produz humildade. Esse sistema parece, portanto, suficientemente confirmado pela experiência, embora ainda não tenhamos esgotado todos os nossos argumentos.

Livro 2, Parte 1, Seção 8

4   Não é apenas a beleza do corpo que produz orgulho, mas também sua força e vigor. A força é um tipo de poder, e por isso o desejo de sobressair em força deve ser considerado uma espécie inferior de *ambição*. Por essa razão, tal fenômeno será explicado de maneira suficiente quando tratarmos dessa paixão.

5   Quanto a todos os outros dons corporais, podemos observar em geral que tudo que há em nós de útil, belo ou surpreendente é objeto de orgulho; e seus contrários, de humildade. Ora, é evidente que todas as coisas úteis, belas ou surpreendentes concordam pelo fato de produzirem um prazer separado, e por nada mais. O prazer, portanto, juntamente com a relação com o eu, há que ser a causa dessa paixão.

6   Embora seja questionável se a beleza não é alguma coisa real e diferente do poder de produzir prazer, não pode haver dúvida de que, sendo a surpresa apenas um prazer resultante da novidade, ela não é, rigorosamente falando, uma qualidade de um objeto, mas simplesmente uma paixão ou impressão da alma. Portanto, deve ser dessa impressão que nasce o orgulho, por uma transição natural. E nasce de maneira tão natural, que não há nada *em nós ou pertencente a nós* que produza surpresa e não desperte ao mesmo tempo essa outra paixão. Assim, por exemplo, vangloriamo-nos das aventuras surpreendentes que vivemos, de ter conseguido escapar delas, e dos perigos a que estivemos expostos. Tal é a origem do hábito comum de mentir; pois alguns homens, sem nenhum interesse e por mera vaidade, desfilam um grande número de eventos extraordinários, que são ou bem ficções de seu cérebro, ou então, se verdadeiros, não têm nenhuma conexão com eles. Sua fértil capacidade inventiva abastece-os de uma grande variedade de aventuras; e quando lhes falta esse talento, eles se apropriam das aventuras alheias, a fim de satisfazer sua própria vaidade.

7   Nesse fenômeno estão como que contidos dois experimentos curiosos, que, se comparados segundo as conhecidas regras para se julgar sobre causas e efeitos em anatomia, filosofia da natureza e outras ciências, fornecerão um argumento inegável a favor da influência das duplas

relações acima mencionadas. Por um desses experimentos, descobrimos que um objeto produz orgulho simplesmente pela interposição do prazer; isso porque, na realidade, a qualidade pela qual produz orgulho é simplesmente o poder de produzir prazer. Pelo outro experimento, descobrimos que o prazer produz orgulho por uma transição ao longo de ideias relacionadas; pois, quando rompemos essa relação, imediatamente destruímos a paixão. Uma aventura surpreendente em que estivemos envolvidos tem relação conosco, e desse modo produz orgulho. Mas as aventuras alheias, embora possam causar prazer, nunca excitam aquela paixão, justamente pela falta dessa relação de ideias. Que outra prova se pode desejar para o presente sistema?

8   Esse sistema concernente a nosso corpo comporta apenas uma objeção: embora nada seja mais agradável que a saúde, e nada mais doloroso que a doença, os homens comumente não se orgulham daquela nem se humilham por esta. Isso se explica facilmente, se considerarmos a *segunda* e a *quarta* limitações propostas a nosso sistema geral. Observamos que nenhum objeto jamais produzirá orgulho ou humildade se não tiver algo que seja *peculiar* a nós; além disso, toda causa dessas paixões precisa ter um certo grau de *constância*, e ser razoavelmente proporcional à duração de nosso eu, que é seu objeto. Ora, como a saúde e a doença variam incessantemente em todos os homens, e como ninguém se encontra *somente* ou *certamente* em uma das duas situações, essas bênçãos e desgraças acidentais são, em certo sentido, separadas de nós, e nunca as consideramos como conectadas com nosso ser e existência. Que essa explicação é correta fica claro pelo fato de que, sempre que uma doença, de qualquer espécie, está tão enraizada em nossa constituição que não temos mais esperanças de uma recuperação, a partir desse momento ela se torna um objeto de humildade, como é evidente nos anciãos, a quem nada humilha mais que a consideração de sua idade e de suas enfermidades. Esforçam-se, tanto quanto possível, em esconder sua cegueira e surdez, seu reumatismo e gota; e

só com muita relutância e mal-estar confessam que sofrem dessas doenças. E, embora os jovens não se envergonhem de cada dor de cabeça ou resfriado que tenham, nenhum assunto é mais apropriado para abater o orgulho humano e para nos dar uma opinião desfavorável de nossa natureza que esse, ou seja, o fato de estarmos em todos os momento de nossa vida sujeitos a tais enfermidades. Isso prova suficientemente que a dor física e a doença são em si mesmas causas próprias da humildade; embora o costume de avaliar todas as coisas mais por comparação que por seu mérito e valor intrínsecos faça-nos passar por cima de desgraças a que constatamos que todos estão sujeitos, e nos leve a formar uma ideia de nosso mérito e caráter independentemente delas.

9 Envergonhamo-nos das doenças que afetam os outros e que lhes são ou perigosas ou desagradáveis. Da epilepsia, porque causa horror a todos que a presenciam; da sarna, porque é infecciosa; da escrófula, porque costuma passar aos descendentes. Os homens sempre levam em conta os sentimentos alheios quando julgam a si mesmos. Isso ficou evidente em alguns dos raciocínios precedentes, e ficará ainda mais evidente adiante, quando for explicado de maneira mais completa.

Seção 9
Das vantagens e desvantagens externas

1 Embora o orgulho e a humildade tenham como causas naturais e mais imediatas os atributos de nossa mente e corpo, isto é, do *eu*, a experiência nos mostra que há, porém, muitos outros objetos que produzem esses afetos, e que sua causa primária se vê, em alguma medida, obscurecida e perdida em meio à multiplicidade de causas estranhas e extrínsecas. Casas, jardins, equipagem são motivos de vaidade, além do mérito e de realizações pessoais. E embora essas vantagens externas sejam, em si mesmas, bastante distantes do pensamento da

pessoa,* elas influenciam consideravelmente até mesmo uma paixão que se dirige a esta como a seu objeto último. Isso acontece quando os objetos externos adquirem conosco uma relação particular, sendo associados e conectados a nós. Um belo peixe no oceano, um animal no deserto, qualquer coisa que não nos pertença nem tenha relação conosco não tem como influenciar a vaidade, não importa quais sejam suas qualidades ou o grau de surpresa e admiração que possa naturalmente ocasionar. Para tocar o orgulho, o objeto tem que estar associado a nós de alguma forma. Sua ideia, de algum modo, tem que depender da ideia de nós mesmos; e a transição de uma à outra tem que ser fácil e natural.

2 Mas notemos que, embora a relação de *semelhança* aja sobre a mente da mesma maneira que a de contiguidade e de causalidade, isto é, conduzindo-nos de uma ideia a outra, ela raramente serve de fundamento para o orgulho ou a humildade. Se somos semelhantes a uma pessoa por algum traço valioso de seu caráter, devemos possuir, em algum grau, essa qualidade que nos torna semelhantes; e quando tomamos essa qualidade como base para algum grau de vaidade, sempre preferimos considerá-la diretamente, em nós mesmos, e não por meio de seu reflexo, na outra pessoa. Desse modo, embora uma semelhança possa ocasionalmente produzir essa paixão, ao sugerir uma ideia mais vantajosa de nós mesmos, é nesta que nosso olhar acaba sempre se fixando, e é nesta que a paixão encontra sua causa última e final.

3 De fato, há casos em que as pessoas se mostram envaidecidas por se assemelharem a um grande homem em sua aparência, forma física, jeito ou outros pequenos detalhes que não contribuem em nada para sua reputação; mas deve-se reconhecer que tal fato não tem grande alcance, nem grandes consequências no que diz respeito a esses

---

* "From thought of a person", em lugar de "from thought or a person" (cf. SBN), seguindo sugestão dos editores da NN/OPT (cf. David F. Norton & Mary J. Norton, op. cit.): "Hume is contrasting, as causes of pride and humility, the qualities of the self with 'external advantages'. Given this context, and the singular 'to that' ['a esta'] of the concluding clause, we conclude that 'of' is the correct reading". (N.T.)

afetos. A tal vaidade atribuo a seguinte razão. Só podemos envaidecer-nos por nos assemelharmos a uma pessoa em detalhes insignificantes se ela for dotada de qualidades muito notáveis que nos causem respeito e veneração. A rigor, essas qualidades é que causam nossa vaidade, mediante sua relação conosco. Ora, de que maneira se dá essa relação? Essas qualidades são partes da pessoa que valorizamos e, consequentemente, estão conectadas com esses outros detalhes insignificantes, que também se supõem serem partes dela. Esses detalhes estão conectados com as qualidades semelhantes que se encontram em nós; e essas nossas qualidades, sendo partes de nós, estão conectadas com o todo; forma-se, assim, uma cadeia de vários elos entre nós e as qualidades excelentes da pessoa com quem nos parecemos. No entanto, esse grande número de relações deve enfraquecer a conexão; além disso, é evidente que o contraste deve fazer que a mente, ao passar das qualidades notáveis às sem importância, perceba melhor a insignificância destas últimas e sinta certa vergonha pela comparação e pela semelhança.

4   Basta, portanto, que haja uma relação de contiguidade ou de causalidade entre a causa e o objeto do orgulho ou da humildade para que se originem essas paixões; e essas relações não são mais que qualidades pelas quais a imaginação é conduzida de uma ideia à outra. Consideremos, agora, que efeitos elas podem ter sobre a mente, e por que se tornam tão importantes para a produção dessas paixões. É evidente que a associação de ideias age de maneira tão silenciosa e imperceptível que quase não a sentimos, descobrindo-a antes por seus efeitos que por uma sensação [*feeling*] ou percepção imediata. Ela não produz nenhuma emoção, e não gera nenhuma nova impressão, de espécie alguma, apenas modificando aquelas ideias antes presentes na mente e que podem ser relembradas quando preciso. Desse raciocínio, bem como de uma experiência indubitável, podemos concluir que uma associação de ideias, embora necessária, não é suficiente para, sozinha, despertar uma paixão.

5   Portanto, é evidente que, quando a mente sente a paixão de orgulho ou de humildade diante do aparecimento de um objeto relacionado, existe, além da relação ou transição do pensamento, uma emoção ou impressão original produzida por algum outro princípio. A questão é saber se a emoção que é primeiramente produzida já é a própria paixão, ou alguma outra impressão a ela relacionada. Não demoraremos a encontrar a solução dessa questão. Além de todas as outras evidências tão abundantes nesse assunto, fica evidente que a relação de ideias, que a experiência mostra ser uma circunstância tão importante para a produção da paixão, seria inteiramente supérflua, se não viesse reforçar uma relação de afetos, facilitando a transição de uma impressão a outra. Se a natureza produzisse imediatamente a paixão do orgulho ou da humildade, esta paixão estaria completa em si mesma, sem precisar ser aumentada ou acrescida por nenhum outro afeto. Mas supondo-se que a primeira emoção esteja apenas relacionada com o orgulho ou a humildade, é fácil conceber para que pode servir a relação de objetos, e como as duas associações diferentes, de impressões e de ideias, unindo suas forças, podem se auxiliar mutuamente em suas operações. Isso não é apenas fácil de se conceber; arrisco-me mesmo a afirmar que é a única maneira de concebermos essa questão. Uma transição fácil de ideias que, por si só, não causa nenhuma emoção nunca poderia ser necessária, ou sequer útil às paixões, se não favorecesse a transição entre algumas impressões relacionadas. Isto para não mencionarmos o fato de que o mesmo objeto causa um grau maior ou menor de orgulho, proporcionalmente não só ao aumento ou à diminuição de suas qualidades, mas também à distância ou à proximidade da relação – o que constitui uma clara evidência de que existe uma transição de afetos, juntamente com a relação de ideias, já que toda mudança na relação produz uma mudança proporcional na paixão. Assim, uma parte do sistema anterior, concernente à relação de ideias, é uma prova suficiente da outra parte, concernente à relação de impressões; e ela própria está fundada de maneira tão evidente na experiência que seria perda de tempo tentar fornecer provas adicionais.

6   Isso ficará ainda mais evidente por meio de exemplos. Os homens vangloriam-se da beleza de seu país, de seu condado, de sua paróquia. Aqui a ideia de beleza produz claramente um prazer. Esse prazer está relacionado ao orgulho. O objeto ou causa desse prazer está, por hipótese, relacionado ao eu, ou seja, ao objeto do orgulho. Por essa dupla relação, de impressões e de ideias, realiza-se uma transição entre uma impressão e outra.

7   Os homens também se vangloriam da amenidade do clima em que nasceram; da fertilidade de seu solo natal; da excelência dos vinhos, das frutas ou dos outros alimentos nele produzidos; da suavidade ou da força de sua língua materna, além de outras particularidades desse tipo. Esses objetos se referem claramente aos prazeres dos sentidos, sendo originalmente considerados agradáveis ao tato, ao paladar ou à audição. Como poderiam então se tornar objetos de orgulho, a não ser por meio da transição acima explicada?

8   Há aqueles que manifestam uma vaidade de tipo oposto, e são dados a depreciar seu próprio país, comparando-o com outros países que visitaram. Tais pessoas acham que, quando estão em sua terra, cercadas por seus conterrâneos, a forte relação entre elas e sua nação é compartilhada com tantos outros que de certa forma se perde para elas; ao passo que sua remota relação com um país estrangeiro, formada pelo fato de o terem visto e de nele terem vivido, fica fortalecida quando consideram como são poucos os que fizeram a mesma coisa. Por essa razão, sempre admiram a beleza, a utilidade e a raridade daquilo que há no estrangeiro, em comparação com o que têm em seu próprio país.

9   E como podemos nos envaidecer de um país, clima ou qualquer objeto inanimado que tenha alguma relação conosco, não é de admirar que nos envaideçamos das qualidades daqueles que estão conectados conosco por consanguinidade ou amizade. De acordo com isso, vemos que precisamente as mesmas qualidades que em nós causam orgulho produzem o mesmo afeto, em menor grau, quando aparecem em pessoas relacionadas a nós. Os orgulhosos exibem cuidadosamen-

te a beleza, a destreza, o mérito, a reputação e as honrarias de seus parentes, como algumas das mais importantes fontes de sua vaidade.

10   Assim como nos orgulhamos de nossas riquezas, assim também, para satisfazer nossa vaidade, desejamos que todos que têm alguma conexão conosco também sejam ricos, e envergonhamo-nos se algum de nossos amigos ou parentes for pobre ou de condição inferior. Por essa razão, afastamos os pobres de nós tanto quanto possível. Embora não possamos evitar a pobreza de alguns parentes colaterais distantes, nossos antepassados são considerados nossos parentes mais próximos, de modo que nós todos nos damos ares de ser de boa família e de descender de uma longa sucessão de ancestrais ricos e honrados.

11   Observei várias vezes que as pessoas que se gabam da antiguidade de suas famílias ficam contentes quando podem acrescentar a essa antiguidade o fato de seus ancestrais terem sido, sem interrupção, e ao longo de várias gerações, proprietários da mesma porção de terra, e de sua família nunca ter-se desfeito de suas posses, nem ter-se mudado para outros condados ou províncias. Observei também que elas têm um motivo adicional de vaidade quando podem se gabar do fato de essas posses terem sido transmitidas por uma linha de descendência exclusivamente masculina, e de os títulos e a fortuna jamais terem passado pelas mãos de uma mulher. Vamos tentar explicar esses fenômenos pelo sistema anterior.

12   É evidente que, quando uma pessoa se gaba da antiguidade de sua família, os motivos de sua vaidade não são simplesmente o longo tempo e o grande número de ancestrais, mas também sua riqueza e reputação, que supostamente refletem sobre ela um lustre em virtude de sua relação com eles. Essa pessoa considera primeiro esses objetos, que a afetam de um modo agradável; então, pela relação entre pais e filhos, volta-se para si mesma e se vê enaltecida pela paixão do orgulho, por meio da dupla relação, de impressões e ideias. Portanto, como a paixão depende dessas relações, tudo que fortalece uma dessas relações deve aumentar também a paixão, e tudo que enfraquece as relações deve diminuí-la. Ora, é certo que a identidade das posses reforça

a relação de ideias resultante da consanguinidade e do parentesco, conduzindo a fantasia com mais facilidade de uma geração a outra, dos ancestrais mais remotos à sua posteridade, isto é, àqueles que são ao mesmo tempo seus herdeiros e seus descendentes. Em virtude dessa facilidade, a impressão é transmitida mais íntegra, e excita um grau superior de orgulho e vaidade.

13   O mesmo acontece com a transmissão de títulos e fortunas por meio de uma sucessão masculina, sem passar por mulheres. Uma qualidade da natureza humana, que consideraremos mais adiante,[3] é que a imaginação naturalmente se volta para tudo que é importante e significativo; e quando se apresentam dois objetos, um pequeno e um grande, ela em geral se afasta do primeiro e se concentra inteiramente no segundo. Na sociedade matrimonial, o sexo masculino tem primazia sobre o feminino, e por isso é o marido quem primeiro chama nossa atenção; e, quer o consideremos diretamente, ou cheguemos a ele apenas após passar por objetos relacionados, o pensamento se detém sobre ele com maior satisfação e chega até ele com maior facilidade que até sua consorte. É fácil ver que essa propriedade deve fortalecer a relação da criança com o pai e enfraquecer sua relação com a mãe. Pois, como toda relação é somente uma propensão a passar de uma ideia a outra, tudo que fortalece a propensão fortalece a relação; e, uma vez que temos uma propensão mais forte a passar da ideia dos filhos à ideia do pai que da mesma ideia à da mãe, devemos considerar a primeira relação mais próxima e mais significativa. Essa é a razão por que os filhos costumam levar o nome do pai, e são considerados como tendo tido um berço mais ou menos nobre, segundo a família *deste*. Mesmo que a mãe seja dotada de um espírito e um talento superiores aos do pai, como muitas vezes acontece, a *regra geral* prevalece, apesar da exceção, conforme a doutrina exposta. E mesmo que a superioridade em determinada qualidade seja tão grande, ou que outras razões tenham tal efeito a ponto de fazer que os filhos representem antes a família da

---

[3] Parte 2, Seção 2.

mãe que a do pai, a regra geral ainda conserva uma tal eficácia que enfraquece a relação, criando uma espécie de ruptura na linha de ancestrais. A imaginação não a percorre com facilidade, sendo incapaz de transferir a honra e a reputação dos ancestrais aos descendentes de mesmo nome e família, tão rapidamente como quando a transição se dá em conformidade com as regras gerais, passando de pai para filho, ou de irmão para irmão.

Seção 10
Da propriedade e da riqueza

1   Porém, a relação considerada mais estreita e, dentre todas, a que mais comumente produz a paixão do orgulho é a de *propriedade*. Não poderei explicar completamente essa relação antes de tratar da justiça e das outras virtudes morais. Neste momento, basta observar que a propriedade pode ser definida como *aquele tipo de relação entre uma pessoa e um objeto que permite a essa pessoa, mas proíbe a todas as outras, o livre uso e posse desse objeto, sem violação das leis da justiça e da equidade moral*. Se for verdade, portanto, que a justiça é uma virtude com uma influência natural e original sobre a mente humana, a propriedade pode ser vista como uma espécie particular de *causalidade* – quer consideremos a liberdade que ela dá ao proprietário de agir como bem quiser sobre o objeto, quer os benefícios que ele extrai desse objeto. O mesmo ocorrerá se a justiça, de acordo com o sistema de certos filósofos, for considerada uma virtude artificial, e não natural. Pois, nesse caso, a honra, o costume e o direito civil ocupariam o lugar da consciência moral natural [*natural conscience*] e produziriam, em um certo grau, os mesmos efeitos. Seja como for, o certo é que a menção da propriedade leva naturalmente nosso pensamento ao proprietário, e a do proprietário à propriedade. Isso prova que existe uma perfeita relação de ideias, o que é suficiente para nosso propósito presente. Uma relação de ideias, juntamente com a de impressões, sempre produz uma transição de afetos; e portanto, sempre que um prazer ou uma dor

resulta de um objeto conectado conosco pela propriedade, podemos estar certos de que ou o orgulho ou a humildade resultarão dessa conjunção de relações, se o sistema anterior for consistente e satisfatório. E se ele é de fato satisfatório ou não, é fácil sabê-lo pelo exame mais superficial da vida humana.

2   Tudo que um vaidoso possui é do bom e do melhor. A seu ver, suas casas, equipagem, móveis, roupas, cavalos e cães sobressaem a todos os outros; e sempre que algum desses objetos apresenta a menor superioridade, observamos que ele logo extrai daí um novo motivo de orgulho e vaidade. A se acreditar no que diz, seu vinho tem um sabor mais delicado que qualquer outro; sua cozinha é mais requintada; sua mesa, mais bem posta; seus criados, mais eficientes; o ar em que vive, mais saudável; o solo que cultiva é mais fértil; seus frutos amadurecem mais cedo e mais perfeitamente; tal coisa é notável por sua novidade, tal outra, por sua antiguidade; isto é obra de um artista famoso, aquilo já pertenceu a um certo príncipe ou grande homem. Em suma, todos os objetos úteis, belos ou surpreendentes, ou que têm alguma relação com esses, podem, por meio da propriedade, despertar aquela paixão. Ora, todos esses objetos concordam pelo fato de dar prazer, e por nada mais. Apenas isso lhes é comum e, portanto, tem de ser a qualidade que produz a paixão, que é seu efeito comum. Como cada novo exemplo é um novo argumento, e como os exemplos são aqui incontáveis, ouso afirmar que praticamente nenhum sistema foi provado de modo tão completo pela experiência quanto este que propus.

3   Se a propriedade de alguma coisa que dá prazer por sua utilidade, beleza ou novidade produz também orgulho por uma dupla relação, de impressões e ideias, não devemos nos surpreender pelo fato de que o poder de adquirir essa propriedade tenha o mesmo efeito. Ora, a riqueza deve ser considerada o poder de adquirir a propriedade daquilo que nos apraz; e é somente enquanto tal que ela exerce influência sobre as paixões. Em muitas ocasiões, os títulos financeiros podem ser considerados uma riqueza, porque dão o poder de adquirir

dinheiro; e o dinheiro é uma riqueza, não por ser um metal dotado de certas qualidades (por exemplo, solidez, peso e fusibilidade), mas por ter uma relação com os prazeres e as comodidades da vida. Uma vez aceito isso (aliás, trata-se de algo por si mesmo bastante evidente), podemos extrair daí um dos argumentos mais fortes que já empreguei para provar a influência das duplas relações sobre o orgulho e a humildade.

4 Ao tratarmos do entendimento, observamos que a distinção que às vezes se faz entre um *poder* e seu *exercício* é inteiramente inútil, e não devemos pensar que o homem ou qualquer outro ser possua uma capacidade, a menos que esta seja exercida e posta em ação. Entretanto, embora isso seja rigorosamente verdade segundo um modo preciso e *filosófico* de pensar, essa certamente não é a *filosofia* de nossas paixões; de fato, muitas coisas atuam sobre elas por meio da ideia e da suposição de um poder, independentemente de seu exercício efetivo. Ficamos satisfeitos quando adquirimos a capacidade de proporcionar um prazer, e não gostamos quando outra pessoa adquire um poder de provocar dor. A experiência mostra isso de maneira evidente; mas, para darmos uma explicação correta desse fato, e para compreendermos essa satisfação e esse desprazer, devemos pesar as seguintes reflexões.

5 É evidente que o erro de distinguir o poder de seu exercício não se deve inteiramente à doutrina escolástica do *livre-arbítrio*; na verdade, esta não tem muito espaço na vida comum, exercendo pouca influência sobre nosso modo vulgar e popular de pensar. Segundo essa doutrina, os motivos não nos privam de nosso livre-arbítrio, nem retiram nosso poder de realizar ou de nos abster de realizar uma ação. Mas, de acordo com as noções comuns, um homem não possui nenhum poder se motivos muito importantes se colocam entre ele e a satisfação de seus desejos, obrigando-o a se abster daquilo que queria realizar. Não penso estar em poder de meu inimigo quando o vejo passar por mim na rua com uma espada na algibeira, enquanto eu não carrego nenhuma arma. Sei que o medo do juiz é uma coibição tão forte

quanto o ferro, e que estou tão seguro como se ele estivesse acorrentado ou aprisionado. Mas quando uma pessoa adquire sobre mim uma autoridade tal que, não somente não há obstáculos externos às suas ações, mas, além disso, ela pode me punir ou me recompensar como quiser, sem medo de ser ela própria punida por isso, nesse caso atribuo-lhe um total poder, e me considero seu súdito ou vassalo.

6   Ora, se compararmos estes dois casos, a saber, o de uma pessoa que tem motivos muito fortes de interesse ou segurança para se abster de uma determinada ação, e o de outra pessoa que não se encontra sob tal obrigação, veremos, conforme a filosofia exposta no livro anterior, que a única diferença *conhecida* entre eles está em que, no primeiro, concluímos, com base na *experiência passada*, que a pessoa jamais irá realizar aquela ação, e, no segundo, que ela possível ou provavelmente irá realizá-la. Nada é mais flutuante e inconstante que a vontade do homem, como podemos observar em muitas ocasiões; e apenas a existência de motivos muito fortes pode nos dar uma certeza absoluta quando nos pronunciamos acerca de uma de suas ações futuras. Quando vemos que uma pessoa está livre de tais motivos, supomos que existe a possibilidade tanto de ela agir como de se abster; e embora, em geral, possamos concluir que ela se acha determinada por motivos e causas, isso não elimina a incerteza de nosso juízo acerca dessas causas, e tampouco a influência dessa incerteza sobre as paixões. Portanto, uma vez que atribuímos o poder de realizar uma ação a todo aquele que não tenha um motivo muito poderoso para se abster dela, e o negamos àqueles que têm tal motivo, é com razão que se pode concluir que o *poder* sempre se refere a seu *exercício*, seja este real ou provável, e que consideramos que uma pessoa é dotada de uma determinada capacidade quando constatamos, pela experiência passada, que é provável, ou ao menos possível, que ela a exerça. De fato, como nossas paixões sempre consideram a existência real dos objetos, e como sempre julgamos acerca dessa realidade com base em casos passados, nada pode ser mais verossímil, por si só, e sem a necessidade de um raciocínio adicional, que o fato de o poder consistir na

possibilidade ou probabilidade de uma ação, tal como fica manifesto pela experiência e pela prática da vida.

7   Ora, é evidente que, sempre que uma pessoa está em uma tal situação em relação a mim que não há nenhum motivo muito poderoso que a impeça de me prejudicar, sendo portanto *incerto* se ela irá ou não me prejudicar, sinto-me desconfortável com essa situação, e preocupo-me sensivelmente sempre que considero essa possibilidade ou probabilidade. As paixões não são afetadas apenas pelos acontecimentos certos e infalíveis, mas também, em menor grau, por aqueles que são possíveis e contingentes. E mesmo que eu jamais venha de fato a ser prejudicado e acabe descobrindo que, filosoficamente falando, a pessoa nunca teve o poder de me prejudicar, já que não o exerceu, isso não impede meu mal-estar, em decorrência da incerteza anterior. As paixões agradáveis podem operar neste caso, assim como as desagradáveis, produzindo um prazer quando percebo que um bem se torna possível ou provável pela possibilidade ou probabilidade de que outra pessoa mo proporcione, se forem removidos os fortes motivos que podem ter anteriormente impedido que ela o fizesse.

8   Mas podemos observar ainda que essa satisfação aumenta quando um certo bem é tão próximo que está em nosso *próprio* poder tomá-lo ou ignorá-lo, e quando não há nenhum impedimento físico ou nenhum motivo muito forte impedindo que dele desfrutemos. Como todos os homens desejam o prazer, nada pode ser mais provável que sua existência quando não há obstáculos externos à sua produção, e quando os homens não temem seguir suas inclinações. Nesse caso, sua imaginação antecipa facilmente a satisfação, transmitindo a mesma alegria que transmitiria se estivessem persuadidos de sua existência real e efetiva.

9   Isso não é suficiente, porém, para explicar a satisfação que acompanha a riqueza. Um avaro tem prazer com seu dinheiro, isto é, com o *poder* que este lhe dá de obter todos os prazeres e as comodidades da vida, mesmo sabendo que durante quarenta anos esteve de posse

de suas riquezas sem delas ter jamais usufruído; e, portanto, não possa concluir, por nenhuma espécie de raciocínio, que a existência real desses prazeres está mais próxima que se fosse inteiramente privado de todas as suas posses. Embora não possa formar uma tal conclusão por meio de um raciocínio acerca da maior proximidade do prazer, é certo que ele *imagina* que esse prazer está mais próximo sempre que todos os obstáculos externos são eliminados, juntamente com os motivos mais poderosos de interesse e de segurança, que a ele se opõem. Para uma explicação mais satisfatória desse ponto, devo remeter o leitor à minha análise da vontade, em que[4] tratarei da falsa sensação de liberdade, que nos faz imaginar que podemos realizar qualquer coisa que não seja muito perigosa ou destrutiva. Sempre que uma outra pessoa não esteja sob uma forte obrigação de interesse que a afaste de algum prazer, julgamos, por *experiência*, que esse prazer irá existir, e essa pessoa provavelmente o obterá. Mas quando nós mesmos estamos nessa situação, julgamos, *por uma ilusão da fantasia*, que o prazer é ainda mais próximo e imediato. A vontade parece se mover facilmente em todas as direções, projetando uma sombra ou imagem de si própria até mesmo onde não se estabeleceu. Em virtude dessa imagem, o contentamento parece ficar mais próximo de nós e nos dá uma satisfação tão viva como se fosse inteiramente certo e inevitável.

10   Agora será fácil tirar uma conclusão de todo esse raciocínio e provar que, quando a riqueza produz orgulho ou vaidade naqueles que a possuem (o que nunca deixa de fazer), isso se dá apenas por uma dupla relação, de impressões e ideias. A essência mesma da riqueza consiste no poder de proporcionar os prazeres e as comodidades da vida. A essência desse poder consiste na probabilidade de seu exercício e em nos fazer antecipar, por um raciocínio *verdadeiro* ou *falso*, a existência real do prazer. Tal antecipação do prazer é, nela mesma, um prazer considerável; e, como sua causa é algum bem ou propriedade de que

---
[4] Parte 3, Seção 2.

desfrutamos e que por isso tem uma relação conosco, vemos aqui claramente todos os elementos do sistema anterior desenharem-se diante de nós com plena exatidão e distinção.

11   A mesma razão que faz que a riqueza cause prazer e orgulho, e a pobreza suscite o desprazer e a humildade, deve fazer que o poder produza aquelas emoções, e a escravidão, estas últimas. O poder, ou a autoridade sobre outrem, torna-nos capazes de satisfazer todos os nossos desejos; já a escravidão, ao nos sujeitar à vontade alheia, deixa-nos expostos a milhares de privações e humilhações.

12   Cabe aqui observar que a vaidade do poder, bem como a vergonha da escravidão, cresce muito quando consideramos as pessoas sobre as quais exercemos nossa autoridade, ou que a exercem sobre nós. Caso se pudesse fabricar estátuas dotadas de um mecanismo tão admirável que fossem capazes de se mover e agir ao comando da vontade, é evidente que sua posse daria prazer e orgulho, mas não no mesmo grau que quando a mesma autoridade se exerce sobre criaturas sensíveis e racionais, cuja condição, comparada à nossa, faz que esta pareça mais agradável e honrosa. A comparação é sempre um modo seguro de aumentar nossa estima por alguma coisa. Um homem rico sente melhor a felicidade de sua condição quando a opõe à de um mendigo. Mas o poder possui ainda uma vantagem peculiar, decorrente do contraste que de certa maneira se nos apresenta entre nós e a pessoa que comandamos. A comparação é evidente e natural; a imaginação a encontra no próprio objeto; a passagem do pensamento à sua concepção é suave e fácil; e essa circunstância tem um efeito considerável, ao aumentar sua influência, como ficará manifesto mais adiante, quando examinarmos a natureza da *malevolência* e da *inveja*.

Seção 11
Do amor à boa reputação

1   Além dessas causas originais do orgulho e da humildade, porém, existe uma causa secundária, com igual influência sobre os afetos:

as opiniões alheias. Nossa reputação, nosso caráter, nosso bom nome são considerações de grande peso e importância; e mesmo as outras causas de orgulho – a virtude, a beleza e a riqueza – têm pouca influência quando não amparadas pelas opiniões e sentimentos alheios. Para dar conta desse fenômeno, será necessário fazer um pequeno desvio e explicar primeiramente a natureza da *simpatia*.

2   Não há na natureza humana qualidade mais notável, tanto em si mesma como por suas consequências, que nossa propensão a simpatizar com os outros e a receber por comunicação suas inclinações e sentimentos, por mais diferentes ou até contrários aos nossos. Isso é evidente, não apenas nas crianças, que aceitam sem pestanejar qualquer opinião que lhes seja proposta, mas também em homens de grande discernimento e inteligência, que têm muita dificuldade em seguir sua própria razão ou inclinação quando esta se opõe à de seus amigos ou companheiros do dia a dia. É a esse princípio que devemos atribuir a grande uniformidade observável no temperamento e no modo de pensar das pessoas de uma mesma nação; é muito mais provável que essa semelhança resulte da simpatia que de uma influência do solo ou do clima, os quais, mesmo que continuem invariavelmente iguais, são incapazes de manter o caráter de uma nação igual por todo um século. Um homem afável rapidamente assume o humor de seu grupo de amigos; e até os mais orgulhosos e mais intratáveis veem-se impregnados pelas cores de seus conterrâneos e conhecidos. Uma expressão alegre inspira uma sensível satisfação e serenidade a minha mente, ao passo que uma expressão raivosa ou triste causa-me um súbito desalento. Ódio, ressentimento, apreço, amor, coragem, alegria e melancolia – todas essas paixões, eu as sinto mais por comunicação que por meu próprio temperamento e disposição natural. Um fenômeno tão notável merece nossa atenção, e deve ser investigado até descobrirmos seus primeiros princípios.

3   Quando um afeto se transmite por simpatia, nós a princípio o conhecemos apenas por seus efeitos e pelos signos externos, presentes na expressão do rosto ou nas palavras, e que dele nos fornecem uma

ideia. Essa ideia imediatamente se converte em uma impressão, adquirindo um tal grau de força e vividez que acaba por se transformar na própria paixão, produzindo uma emoção equivalente a qualquer afeto original. Por mais instantânea que possa ser essa transformação da ideia em uma impressão, ela procede de certas considerações e reflexões que não escaparão ao exame rigoroso do filósofo, embora possam escapar à pessoa mesma.

4   É evidente que a ideia, ou, antes, a impressão de nós mesmos, está sempre presente em nosso íntimo, e que nossa consciência nos proporciona uma concepção tão viva de nossa própria pessoa que é impossível imaginar algo que a supere quanto a esse aspecto. Qualquer objeto que esteja relacionado conosco, portanto, deve ser concebido com uma vividez de concepção semelhante, de acordo com os princípios anteriores; e, mesmo que essa relação não seja tão forte quanto a de causalidade, ainda assim ela deve ter uma influência considerável. A semelhança e a contiguidade não são relações desprezíveis, sobretudo quando, por uma inferência de causa e efeito e pela observação de signos externos, somos informados da existência real do objeto semelhante ou contíguo.

5   Ora, é óbvio que a natureza preservou uma grande semelhança entre todas as criaturas humanas, e qualquer paixão ou princípio que observemos nas outras pessoas podem encontrar, em algum grau, um paralelo em nós mesmos. O que se passa com a trama da mente é o mesmo que ocorre com o corpo. Embora as partes possam diferir em sua forma ou tamanho, sua estrutura e composição são em geral as mesmas. Uma notável semelhança mantém-se em meio a toda sua diversidade; e essa semelhança deve contribuir muito para nos fazer penetrar nos sentimentos alheios, abraçando-os com facilidade e prazer. Assim, segundo constatamos, sempre que, além da semelhança geral de nossas naturezas, existe alguma similaridade peculiar em nossas maneiras, caráter, país ou linguagem, isso facilita a simpatia. Quanto mais forte for a relação entre nós e um objeto, mais facilmente a imaginação realizará a transição e transmitirá à ideia relacionada a

vividez daquela concepção com que formamos a ideia de nossa própria pessoa.

6   Mas a semelhança não é a única relação que tem esse efeito; ao contrário, ela é reforçada por outras relações que podem acompanhá-la. Os sentimentos das outras pessoas têm pouca influência quando elas estão muito afastadas de nós, pois a relação de contiguidade é necessária para que eles se comuniquem integralmente. As relações de consanguinidade, sendo uma espécie de causalidade, podem às vezes contribuir para o mesmo efeito, como também a convivência, que opera do mesmo modo que a educação e o costume, como veremos melhor posteriormente.[5] Todas essas relações, quando unidas, levam a impressão ou consciência de nossa própria pessoa à ideia dos sentimentos ou paixões das outras pessoas, fazendo com que os concebamos da maneira mais forte e vívida.

7   No início deste tratado, observamos que todas as ideias são tiradas de impressões, e que essas duas espécies de percepções diferem apenas nos graus de força e vividez com que atingem a alma. As partes componentes das ideias e impressões são exatamente semelhantes. A maneira e a ordem como aparecem podem ser as mesmas. Os diferentes graus de sua força e vividez são, portanto, a única particularidade que as distingue. E como essa diferença pode ser eliminada, em certa medida, pela existência de uma relação entre as impressões e as ideias, não é de espantar que a ideia de um sentimento ou paixão possa desse modo ser avivada a ponto de se tornar o próprio sentimento ou paixão. A ideia vívida de um objeto sempre se aproxima de sua impressão; e certamente podemos sentir mal-estar e dor pela mera força da imaginação, e até mesmo tornar real uma doença de tanto pensar nela. Isso é mais notável, porém, nas opiniões e nos afetos, e é sobretudo ali que uma ideia vívida se converte em uma impressão. Nossos afetos dependem de nós mesmos e das operações internas da mente mais que qualquer outra impressão; é por essa razão que surgem mais na-

---

5 Parte 2, Seção 4.

turalmente da imaginação e das ideias vívidas que deles formemos. Tal é a natureza e a causa da simpatia; e é desse modo que penetramos tão profundamente nas opiniões e sentimentos alheios, sempre que os descobrimos.

8   O mais notável de tudo isso é que esses fenômenos confirmam fortemente o sistema anterior, concernente ao entendimento, e por conseguinte também o sistema presente, concernente às paixões – já que os dois são análogos. De fato, é evidente que, quando simpatizamos com as paixões e sentimentos alheios, de início esses movimentos aparecem em *nossa* mente como meras ideias, e nós os concebemos como pertencendo a uma outra pessoa, assim como concebemos qualquer outro fato. Também é evidente que as ideias dos afetos alheios se convertem nas próprias impressões que elas representam, e que as paixões nascem em conformidade com as imagens que delas formamos. Tudo isso é objeto da mais clara experiência e não depende de nenhuma hipótese da filosofia. A esta ciência só cabe explicar os fenômenos; embora, ao mesmo tempo, devamos reconhecer que estes são em si mesmos tão claros que temos poucas ocasiões de empregá-la. Pois, para além da relação de causa e efeito, que nos convence da realidade da paixão com que simpatizamos, precisamos das relações de semelhança e contiguidade para sentir a simpatia em sua plenitude. E, como essas relações podem converter inteiramente uma ideia em uma impressão, transmitindo a vividez desta para aquela de maneira tão perfeita que nada se perde na transição, podemos facilmente conceber como a relação de causa e efeito pode, sozinha, servir para fortalecer e avivar uma ideia. Na simpatia, existe uma conversão evidente de uma ideia em uma impressão. Essa conversão resulta da relação dos objetos conosco. Nosso eu está sempre intimamente presente a nós. Comparemos todas essas circunstâncias, e veremos que a simpatia corresponde exatamente às operações de nosso entendimento; e contém mesmo algo de mais surpreendente e extraordinário.

9   Agora é o momento de desviar nosso olhar dessas considerações gerais sobre a simpatia para sua influência sobre o orgulho e a humil-

dade, nos casos em que essas paixões surgem do elogio e da censura, da boa e da má reputação. Podemos observar que, sempre que uma pessoa é elogiada por possuir determinada qualidade, tal qualidade, se real, produz por si mesma um orgulho nessa pessoa. Os elogios giram em torno de seu poder, riqueza, família ou virtude; e tudo isso é motivo de vaidade, como já examinamos e explicamos. É certo, pois, que, se uma pessoa se considerasse sob a mesma perspectiva sob a qual aparece a seu admirador, obteria primeiramente um prazer separado, e depois orgulho ou autossatisfação, de acordo com a hipótese acima. Ora, nada é mais natural que abraçarmos neste ponto as opiniões dos outros – tanto pela *simpatia*, que torna todos seus sentimentos intimamente presentes a nós, como pelo *raciocínio*, que nos faz considerar seu julgamento uma espécie de argumento em favor daquilo que afirmam. Esses dois princípios, da autoridade e da simpatia, influenciam quase todas as nossas opiniões, mas têm uma influência especial quando julgamos acerca de nosso próprio valor e caráter. Tais julgamentos sempre se fazem acompanhar de uma paixão;[6] e nada é mais propício a perturbar nosso entendimento, e a nos precipitar em toda sorte de opiniões, mesmo as mais irracionais, que sua conexão com a paixão, já que esta se difunde pela imaginação, dando uma força adicional a toda ideia relacionada. A isso podemos acrescentar que, como temos consciência de ser bastante parciais para conosco, ficamos particularmente satisfeitos com tudo que confirma a boa opinião que temos de nós mesmos e ofendemo-nos facilmente com tudo que se opõe a ela.

10 Tudo isso parece bastante provável em teoria; mas, para conferir plena certeza a este raciocínio, devemos examinar os fenômenos das paixões e ver se estão de acordo com ele.

11 Entre esses fenômenos, existe um que podemos considerar bastante favorável a nossa tese presente, a saber, que, embora a boa fama seja em geral agradável, obtemos uma satisfação muito maior da aprova-

---

6 Livro 1, Parte 3, Seção 10.

ção daqueles que nós mesmos estimamos e aprovamos do que daqueles que odiamos e desprezamos. Da mesma maneira, o que nos desgosta é sobretudo o desprezo das pessoas a cujo julgamento damos algum valor, ao passo que a opinião do resto da humanidade nos é em grande medida indiferente. Mas, se fosse algum instinto original que produzisse na mente o desejo da boa fama e a aversão pela má fama, a boa e a má fama nos influenciariam indistintamente; e toda opinião, conforme fosse favorável ou desfavorável, excitaria igualmente esse desejo ou aversão. O julgamento de um tolo é o julgamento de outrem tanto quanto o de um sábio o é, e só é inferior a este em sua influência sobre nosso próprio julgamento.

12 E não apenas agrada-nos mais a aprovação de um sábio que a de um tolo, mas obtemos uma satisfação adicional do primeiro quando ela resulta de uma longa familiaridade e intimidade. Isso se explica da mesma maneira.

13 Os elogios dos outros nunca nos dão muito prazer se não coincidem com nossa própria opinião, e se não nos exaltam sobretudo por aquelas qualidades pelas quais nos distinguimos. Um simples soldado pouco valoriza o atributo da eloquência; um civil, o atributo da coragem; um bispo, o do humor; e um comerciante, o da erudição. Qualquer que seja o apreço de um homem por uma qualidade considerada abstratamente, quando tem consciência de que não a possui, nem a opinião favorável do mundo inteiro a esse respeito lhe dará muito prazer, porque jamais será capaz de influenciar sua própria opinião.

14 Nada é mais comum que homens de boa família, mas de poucos recursos, deixarem os amigos e o país natal, preferindo buscar entre estranhos os meios de sua subsistência, em trabalhos humildes e subalternos, ao invés de permanecer entre aqueles que estão familiarizados com sua linhagem e educação. Seremos desconhecidos, dizem, no lugar aonde iremos. Ninguém suspeitará de que família viemos. Estaremos longe de todos os nossos amigos e conhecidos, e, desse modo, nossa pobreza e inferioridade nos serão mais fáceis de suportar. Ao

examinar tais sentimentos, vejo que fornecem muitos argumentos bastante convincentes em apoio à minha tese presente.

15 Em primeiro lugar, deles podemos inferir que o desprazer que surge quando somos desprezados depende da simpatia, e a simpatia depende da relação dos objetos a nós. Pois sentimo-nos mal sobretudo quando desprezados por pessoas que estão relacionadas conosco tanto por consanguinidade como por uma contiguidade no espaço. Assim, procuramos diminuir essa simpatia e esse mal-estar, desfazendo essas relações e colocando-nos em contiguidade com estranhos, ao mesmo tempo que nos distanciamos de nossos parentes.

16 Em segundo lugar, podemos concluir que as relações são necessárias à simpatia, não absolutamente, isto é, quando consideradas simplesmente como relações, mas por influírem na conversão de nossas ideias dos sentimentos dos outros nesses próprios sentimentos, mediante a associação entre a ideia que temos de suas pessoas e a da nossa própria. Pois aqui, tanto a relação de parentesco quanto a de contiguidade subsistem; mas como não estão unidas nas mesmas pessoas, contribuem para a simpatia apenas em menor grau.

17 Em terceiro lugar, essa circunstância mesma, da diminuição da simpatia pela separação de parentes e amigos, merece nossa atenção. Suponhamos que eu me encontre em uma condição humilde em meio a estrangeiros, e, consequentemente, seja tratado com desconsideração; apesar disso, sinto-me mais confortável nessa situação do que quando era todos os dias exposto ao desprezo de meus familiares e compatriotas. Sofro aqui um duplo desprezo: de meus parentes e dos que me cercam; mas aqueles estão ausentes, e estes me são estranhos. E, embora esse duplo desprezo seja fortalecido pelas duas relações, de parentesco e de contiguidade, como as pessoas que estão conectadas comigo por uma e por outra relação não são as mesmas, a diferença entre essas duas ideias separa as impressões resultantes do desprezo, impedindo-as de se unir. O desprezo de meus vizinhos tem uma certa influência, e também o de meus parentes. Mas essas influências são distintas, e nunca se unem, como ocorria quando o desprezo procedia

de pessoas que eram ao mesmo tempo meus vizinhos e meus parentes. Esse fenômeno é análogo ao sistema do orgulho e da humildade anteriormente exposto, e qual pode parecer tão extraordinário ao entendimento comum.

18   Em quarto lugar, uma pessoa nessa situação naturalmente esconde as condições de seu nascimento daqueles entre os quais vive; e sente-se muito mal se alguém suspeita que ela pertence a uma família de condições muito superiores no que se refere à riqueza e a seu modo de vida. Tudo neste mundo é julgado por comparação. O que é uma imensa fortuna para um cavalheiro particular é esmola para um príncipe. Um camponês considerar-se-ia feliz se possuísse o mesmo que, para um cavalheiro, não compraria sequer suas necessidades básicas. Quando um homem está habituado a um modo de vida mais refinado, ou acredita ter direito a tal por nascimento e posição social, tudo que é inferior lhe desagrada e até envergonha; e é com o maior empenho que esconde suas pretensões a uma melhor sorte. Neste caso, ele conhece seu próprio infortúnio; mas como aqueles com quem vive o ignoram, essa reflexão e essa comparação desagradável lhe são sugeridas apenas por seus pensamentos, e não por simpatia com os demais – o que deve contribuir muito para seu bem-estar e satisfação.

19   Se houver objeções a esta hipótese de que *o prazer que obtemos com o elogio surge de uma comunicação de sentimentos*, seu exame nos mostrará que, quando devidamente consideradas, elas servem antes para confirmá-la. A popularidade pode ser agradável até mesmo para um homem que despreza as pessoas comuns, mas isso ocorre porque o grande número dessas pessoas confere a sua opinião um peso e autoridade adicionais. Os plagiadores deliciam-se com elogios que têm consciência de não merecer; mas estão construindo castelos no ar: sua imaginação brinca com suas próprias ficções e se esforça para torná-las firmes e estáveis por uma simpatia com os sentimentos alheios. Os orgulhosos são os que mais se abatem quando desprezados, mesmo que não concordem imediatamente com o motivo desse desprezo; mas isso se deve à oposição entre sua paixão natural e a que recebem

por simpatia. De maneira semelhante, um amante apaixonado fica muito ofendido quando censuramos e condenamos seu amor; mas é evidente que nossa oposição não pode ter nenhum efeito se não tiver influência sobre ele, e se ele não tiver uma simpatia conosco. Se nos despreza, ou se perceber que estamos brincando, nada que lhe digamos terá qualquer efeito sobre ele.

Seção 12
Do orgulho e da humildade dos animais

1   Assim, seja qual for a perspectiva pela qual examinemos esse assunto, podemos observar que as causas do orgulho e da humildade satisfazem exatamente a nossa hipótese: nada pode despertar essas paixões, a menos que esteja relacionado conosco e, além disso, produza um prazer ou dor independentes dessa paixão. Provamos não apenas que uma tendência a produzir prazer ou dor é comum a todas as causas do orgulho ou da humildade, mas também que essa é a única coisa comum a elas; e, consequentemente, é a qualidade pela qual operam. Provamos, além disso, que as causas mais importantes dessas paixões não são, na realidade, senão o poder de produzir sensações agradáveis ou desagradáveis; e, portanto, todos os seus efeitos, entre eles o orgulho e a humildade, derivam exclusivamente dessa origem. Princípios tão simples e naturais, fundados em provas tão sólidas, não podem deixar de ser aceitos pelos filósofos, a menos que me tenha escapado alguma objeção.

2   Os anatomistas costumam acrescentar a suas observações e experimentos sobre o corpo humano os que eles realizam sobre os animais; e, da concordância entre esses experimentos, derivam um argumento adicional em favor de uma hipótese particular qualquer. De fato, é certo que, nos casos em que a estrutura das partes é a mesma nos animais e nos homens, e em que a operação dessas partes também é a mesma, as causas dessa operação não podem ser diferentes; isso

nos permite concluir sem hesitar que tudo aquilo que descobrimos ser verdadeiro a propósito de uma espécie é certo também para a outra. Assim, embora seja correto presumir que a mistura dos humores e a composição das partículas seja um pouco diferente nos homens e nos animais, e que, portanto, nem sempre os experimentos que fazemos sobre os efeitos de certos medicamentos em um caso se aplicam ao outro, entretanto, como a estrutura das veias e dos músculos, a constituição e a localização do coração, dos pulmões, do estômago, do fígado e de outras partes são iguais ou quase iguais em todos os animais, a mesma hipótese que explica o movimento muscular, a progressão do quilo e a circulação do sangue em uma espécie deve ser aplicável também às outras. Assim, conforme essa hipótese concorde ou não com os experimentos que fizermos em uma espécie qualquer, teremos uma prova de sua verdade ou falsidade. Apliquemos, pois, este método de investigação, que se tem mostrado tão correto e útil nos raciocínios sobre o corpo, à nossa anatomia da mente, e vejamos que descobertas nos permite fazer.

3   Para isso, temos primeiramente que mostrar a correspondência entre as *paixões* nos homens e nos animais, e em seguida comparar as *causas* que produzem essas paixões.

4   É claro que, em quase todas as espécies de criaturas, mas sobretudo nas mais nobres, há muitas e evidentes marcas de orgulho e humildade. O próprio porte e o andar de um cisne, um peru ou um pavão mostram a altiva ideia que têm de si mesmos, e seu desprezo para com os outros. Isso é ainda mais notável porque, nestas duas últimas espécies de animais, o orgulho sempre acompanha a beleza, e só aparece no macho. A vaidade e a emulação dos rouxinóis em seu canto tem sido observada com frequência; e também a do cavalo em sua rapidez, dos cães de caça em sua sagacidade e olfato, do touro e do galo em sua força, e de todos os outros animais, em suas excelências próprias. Acrescente-se a isso que todas as espécies que se aproximam do homem com tal frequência que chegam a adquirir com ele uma familiaridade mostram um evidente orgulho por sua aprovação, e com-

prazem-se com seus elogios e carinhos, independentemente de qualquer outra consideração. E não é o carinho de todos, sem distinção, que lhes provoca essa vaidade, mas especialmente o das pessoas que conhecem e amam; exatamente como ocorre quando essa paixão é despertada no homem. Todas essas são provas evidentes de que o orgulho e a humildade não são paixões meramente humanas, estendendo-se, antes, por todo o reino animal.

5   As *causas* dessas paixões também são muito semelhantes nos animais e em nós, ressalvando naturalmente nosso conhecimento e inteligência superiores. Assim, os animais têm pouco ou nenhum sentido de virtude ou de vício; perdem rapidamente de vista as relações de consanguinidade; e são incapazes de estabelecer as do direito e de propriedade. Por essa razão, as causas de seu orgulho e humildade têm de estar exclusivamente em seu corpo, e nunca em sua mente ou nos objetos externos. Mas, no que diz respeito ao corpo, as qualidades que causam orgulho no animal são as mesmas que na espécie humana; ou seja, essa paixão se funda sempre na beleza, força, rapidez ou em alguma outra qualidade útil ou agradável.

6   A próxima questão é saber se, uma vez que essas paixões são as mesmas e surgem das mesmas causas em toda a criação, a *maneira* pela qual as causas operam também é a mesma. De acordo com todas as regras da analogia, é correto esperar que isso se dê; e se, ao fazermos um teste, descobrirmos que a explicação que utilizamos para dar conta desses fenômenos em uma espécie não se aplica às outras, podemos presumir que essa explicação, embora atraente, é na verdade infundada.

7   Para resolver essa questão, consideremos que existe evidentemente a mesma *relação* de ideias, e derivada das mesmas causas, na mente dos animais e dos homens. Um cachorro que escondeu um osso com frequência esquece o lugar onde o escondeu; mas quando o trazemos a esse lugar, seu pensamento passa facilmente àquilo que havia escondido, pela contiguidade, que produz uma relação entre as ideias. Assim também, quando foi duramente castigado em um determinado local, tremerá ao se aproximar dali, mesmo que não descubra nenhum

sinal de perigo imediato. Os efeitos da semelhança não são tão notáveis; mas como essa relação constitui um ingrediente importante da causalidade, da qual todos os animais mostram uma apreciação tão evidente, podemos concluir que as três relações, de semelhança, contiguidade e causalidade, operam da mesma maneira sobre os animais e sobre as criaturas humanas.

8   Há também exemplos da relação de impressões, suficientes para nos convencer de que existe uma união entre certos afetos nas espécies inferiores de criaturas tanto quanto nas superiores, e que sua mente é frequentemente conduzida ao longo de uma série de emoções interconectadas. Um cachorro, quando tomado pela alegria, torna-se naturalmente amoroso e afável, seja para com seu dono, seja para com o sexo oposto. De modo semelhante, quando cheio de dor e tristeza, ele se torna bravo e irritadiço; e, à menor oportunidade, a paixão, que de início era de tristeza, converte-se em raiva.

9   Assim, todos os princípios internos necessários para produzir em nós o orgulho ou a humildade são comuns a todas as criaturas; e, como as causas que despertam essas paixões são também as mesmas, podemos legitimamente concluir que essas causas operam da mesma *maneira* em todo o reino animal. Minha hipótese é tão simples, e supõe tão pouca reflexão e juízo, que pode ser aplicada a todas as criaturas sensíveis; isso não apenas deve ser considerado uma prova convincente de sua veracidade, mas ainda, e tenho plena confiança disso, servirá como objeção contra qualquer outro sistema.

Parte 2
Do amor e do ódio

Seção 1
Dos objetos e das causas do amor e do ódio

1   É absolutamente impossível definir o *amor* e o *ódio*, porque essas paixões produzem apenas uma impressão simples, e não comportam nenhuma mistura ou composição. Seria igualmente inútil tentar descrevê-las tomando por base sua natureza, origem, causas e objetos, porque esses são justamente os temas de nossa investigação presente, e porque essas paixões, por si mesmas, já são suficientemente conhecidas por nosso sentimento [*feeling*] e experiência comuns. Já havíamos observado isso a respeito do orgulho e da humildade; agora o estamos repetindo, a propósito do amor e do ódio. De fato, é tão grande a semelhança entre esses dois pares de paixões, que seremos obrigados a começar por uma espécie de resumo de nossos raciocínios concernentes às primeiras, a fim de explicar estas últimas.

2   Enquanto o *objeto* imediato do orgulho e da humildade é o eu, ou seja, aquela pessoa idêntica de cujos pensamentos, ações e sensações

somos intimamente conscientes, o *objeto* do amor e do ódio é alguma outra pessoa, de cujos pensamentos, ações e sensações não temos consciência. Isso fica bastante evidente pela experiência. Nosso amor e ódio sempre se dirigem a algum ser sensível exterior a nós; quando falamos em *amor a si próprio*, não o fazemos em sentido estrito, pois a sensação que essa paixão produz não tem nada em comum com aquela terna emoção despertada por um amigo ou pela mulher amada. O mesmo ocorre com o ódio. Podemos nos sentir humilhados por nossas próprias faltas e loucuras, mas só sentimos raiva ou ódio quando prejudicados por outrem.

3   Mas, embora o objeto do amor e do ódio seja sempre alguma outra pessoa, é claro que, rigorosamente falando, esse objeto não é a *causa* dessas paixões, e tampouco, por si só, é suficiente para despertá-las. Pois, uma vez que o amor e o ódio são diretamente contrários em sua sensação e têm em comum o mesmo objeto, se esse objeto fosse também sua causa, ele produziria essas paixões opostas no mesmo grau; e assim, desde o primeiro instante, elas se destruiriam mutuamente, e nenhuma das duas jamais poderia aparecer. Portanto, tem de haver alguma causa diferente do objeto.

4   Se considerarmos as causas do amor e do ódio, veremos que são bastante diversificadas, e que não têm muito em comum umas com as outras. A virtude, o conhecimento, a espirituosidade, o bom-senso e o bom temperamento de uma pessoa produzem amor e apreço; e as qualidades contrárias produzem ódio e desprezo. As mesmas paixões nascem de dotes físicos, como beleza, força, rapidez, destreza, e seus contrários; e também das vantagens e desvantagens externas, como família, posses, roupas, país e clima. Cada um desses objetos, por suas diferentes qualidades, pode produzir amor e apreço, ou ódio e desprezo.

5   Do exame dessas causas, podemos derivar uma nova distinção, entre a *qualidade* operante e o *sujeito* em que essa qualidade se encontra. Um príncipe que possui um palácio magnífico obtém o apreço de seu povo por este motivo: *primeiro*, pela beleza do palácio, e *segundo*,

pela relação de propriedade que os conecta. A supressão de qualquer um desses fatores destrói a paixão, o que é uma prova evidente de que a causa é composta.

6   Seria entediante refazer, a propósito das paixões do amor e do ódio, todas as observações que fizemos a respeito do orgulho e da humildade, e que são igualmente aplicáveis aos dois pares de paixões. Basta *notar*, em geral, que o objeto do amor e do ódio é evidentemente alguma pessoa pensante; e a sensação da primeira paixão é sempre agradável, ao passo que a da segunda é desagradável. Podemos também *supor*, com alguma pretensão de probabilidade, que a causa de ambas as paixões está sempre relacionada com um ser pensante, e que *a causa da primeira produz separadamente um prazer, e a da segunda um mal-estar*.

7   A primeira suposição, que a causa do amor e do ódio, para produzir essas paixões, tem de estar relacionada com uma pessoa ou ser pensante, é não apenas provável, mas evidente demais para ser contestada. A virtude e o vício, quando considerados em abstrato; a beleza e a fealdade, quando residem em objetos inanimados; a pobreza e a riqueza, quando atributos de uma terceira pessoa, não excitam grau algum de amor ou de ódio, de apreço ou de desprezo por aqueles que não têm nenhuma relação com tais coisas. Uma pessoa olha pela janela e me vê passando na rua; atrás de mim, vê um belo palácio que não tem nada a ver comigo. Creio que ninguém irá afirmar que essa pessoa terá por mim o mesmo respeito que teria se fosse eu o dono do palácio.

8   Mas que essas paixões precisem de uma relação de impressões, isso não é algo tão imediatamente evidente; porque, na transição, uma impressão se confunde a tal ponto com a outra, que elas se tornam de certa forma indistinguíveis. Mas como no caso do orgulho e da humildade pudemos facilmente fazer tal separação, e provar que toda causa dessas paixões produz uma dor ou um prazer separados, eu poderia seguir aqui o mesmo método, e com o mesmo sucesso, examinando cada causa particular de amor e de ódio. Entretanto, tenho pressa em fornecer uma prova completa e decisiva desses sistemas, e

por esse motivo adiarei esse exame por um momento. Enquanto isso, tentarei converter à minha tese presente todos os meus raciocínios concernentes ao orgulho e à humildade, por meio de um argumento fundado sobre uma experiência inquestionável.

9   Poucas pessoas, estando satisfeitas com seu próprio caráter, talento ou fortuna, não desejarão se exibir ao mundo e ganhar o amor e a aprovação da humanidade. Ora, é evidente que exatamente as mesmas qualidades e circunstâncias que causam orgulho ou autoestima causam também vaidade ou o desejo de uma boa reputação; e que sempre exibimos aos outros as peculiaridades com as quais nós próprios estamos mais satisfeitos. Mas se o amor e o apreço não fossem produzidos pelas mesmas qualidades que o orgulho, conforme essas qualidades estejam relacionadas conosco ou com os outros, esse modo de proceder seria inteiramente absurdo, pois os homens não poderiam esperar encontrar uma correspondência entre seus próprios sentimentos e os de todas as outras pessoas. É verdade que poucos são capazes de construir sistemas exatos sobre as paixões, ou refletir acerca de sua natureza geral e suas semelhanças. Mas, mesmo sem esse avanço na filosofia, não estamos sujeitos a muitos erros quanto a este ponto; pois somos suficientemente guiados pela experiência corrente, bem como por uma espécie de *pré-sensação*, que nos permite saber o que se passa com os outros, com base no que sentimos imediatamente em nós mesmos. Portanto, como as mesmas qualidades que produzem orgulho ou humildade causam amor ou ódio, todos os argumentos que utilizamos para provar que as causas daquelas paixões geram uma dor ou um prazer independentes da paixão poderão ser aplicados, com igual evidência, às causas destas últimas.

Seção 2
Experimentos que confirmam este sistema

1   Após considerar devidamente esses argumentos, ninguém hesitará em concordar com a conclusão que deles extraí, a respeito da

transição entre impressões e ideias relacionadas, sobretudo por se tratar de um princípio em si mesmo tão fácil e natural. Mas, para que possamos isentar este sistema de qualquer dúvida, tanto em relação ao amor e ao ódio como em relação ao orgulho e à humildade, convém fazer alguns novos experimentos acerca de todas essas paixões, e ao mesmo tempo recordar algumas das observações antes esboçadas.

2   Para realizar tais experimentos, suponhamos que eu esteja na companhia de uma pessoa por quem anteriormente não nutria nenhum sentimento de amizade ou inimizade. Tenho neste caso, diante de mim, o objeto natural e último dessas quatro paixões. Eu mesmo sou o objeto próprio do orgulho ou da humildade; e a outra pessoa, do amor ou do ódio.

3   Examinemos agora, atentamente, a natureza dessas paixões e sua situação recíproca. É evidente que temos aqui quatro afetos, dispostos como em um quadrado, de forma que, ao mesmo tempo que estão conectados, mantêm entre si uma distância regular. As paixões de orgulho e humildade, bem como as de amor e ódio, conectam-se pela identidade de seu objeto, que, no caso do primeiro par de paixões, é o eu, e no do segundo, alguma outra pessoa. Essas duas linhas de comunicação ou conexão formam dois lados opostos do quadrado. Mais ainda, orgulho e amor são paixões agradáveis; ódio e humildade, desagradáveis. Essa similitude de sensação entre o orgulho e o amor e entre a humildade e o ódio constitui uma nova conexão, e podemos considerar que ela forma os dois outros lados do quadrado. Em resumo, o orgulho está conectado com a humildade, e o amor com o ódio, por meio de seus objetos ou ideias; e o orgulho está conectado com o amor, e a humildade com o ódio, por meio de suas sensações ou impressões.

4   Digo, então, que nada poderá produzir uma dessas paixões se não mantiver com ela uma dupla relação: uma relação de ideias, com o objeto da paixão; e de sensação, com a própria paixão. É isso que temos de provar por meio de nossos experimentos.

5   Primeiro experimento. Para proceder da forma mais ordenada possível nesses experimentos, suponhamos primeiramente que, estando eu na situação acima mencionada, isto é, na companhia de alguma outra pessoa, apresente-se a nós um objeto sem nenhuma relação de impressões ou de ideias com nenhuma dessas paixões. Suponhamos, por exemplo, que nós dois estejamos olhando para uma pedra qualquer, ou outro objeto corriqueiro, que não pertence a nenhum de nós, e que não causa por si mesmo nenhuma emoção, ou seja, nenhuma dor ou prazer independentes. É evidente que tal objeto não produzirá nenhuma dessas quatro paixões. Façamos um teste com cada uma delas sucessivamente. Apliquemo-lo ao amor, ao ódio, à humildade e ao orgulho; nenhum deles é despertado, sequer no mínimo grau imaginável. Troquemos de objeto tantas vezes quantas desejarmos, contanto que escolhamos sempre um que não tenha nenhuma dessas duas relações. Repitamos o experimento em todas as disposições de que a mente é capaz. Nenhum objeto, em meio à imensa variedade da natureza, e em nenhuma disposição, irá produzir qualquer paixão sem essas relações.

6   Segundo experimento. Já que um objeto que careça dessas duas relações nunca poderá produzir uma paixão, vamos conferir a ele apenas uma dessas relações, e observar o que acontece. Suponhamos, assim, que eu olhe para uma pedra ou para algum objeto corriqueiro que pertença a mim ou a meu companheiro, e adquira desse modo uma relação de ideias com o objeto das paixões. É claro que, considerando-se a questão *a priori*, não é razoável esperar nenhum tipo de emoção. Pois a relação de ideias, além de operar de forma secreta e calma sobre a mente, confere a esta um impulso equivalente em direção às paixões opostas de orgulho e de humildade, de amor e de ódio, conforme o objeto pertença a nós ou a outrem; e essa oposição entre as paixões deve destruí-las, deixando a mente completamente livre de qualquer afeto ou emoção. Esse raciocínio *a priori* se confirma pela experiência. Nenhum objeto trivial ou comum, que não cause nem dor, nem prazer independentes da paixão, jamais será capaz,

por sua relação de propriedade conosco ou com os outros, ou por qualquer outra relação, de produzir os afetos do orgulho ou da humildade, do amor ou do ódio.

7   Terceiro experimento. É evidente, portanto, que uma relação de ideias não é capaz de, sozinha, gerar esses afetos. Suprimamos agora essa relação e, em seu lugar, coloquemos uma relação de impressões, apresentando um objeto que seja agradável ou desagradável, mas que não tenha nenhuma relação conosco ou com nosso companheiro; e observemos as consequências. Considerando-se a questão primeiramente *a priori*, como no experimento anterior, podemos concluir que o objeto terá uma conexão pequena, mas incerta, com essas paixões. É verdade que, além de essa relação não ser fria e imperceptível, ela não tem o inconveniente da relação de ideias, nos dirige com a mesma força para duas paixões contrárias, as quais, por sua oposição, destroem-se mutuamente. Mas se considerarmos, por outro lado, que essa transição da sensação ao afeto não é auxiliada por nenhum princípio que produza uma transição de ideias; e que, ao contrário, embora uma das impressões seja facilmente transfundida para a outra, a troca dos objetos é supostamente contrária a todos os princípios que causam uma transição desse tipo; podemos inferir daí que aquilo que está conectado com uma paixão apenas por uma relação de impressões nunca poderá ser uma causa firme ou duradoura dessa paixão. Comparando esses argumentos, nossa razão concluiria, por analogia, que um objeto que produz prazer ou desprazer, mas que não tem nenhuma conexão conosco ou com os outros, pode imprimir uma tal direção a nossa disposição que a faça inclinar-se naturalmente para o orgulho ou para o amor, para a humildade ou para o ódio, e buscar outros objetos, sobre os quais, por uma dupla relação, possa fundar esses afetos; mas um objeto que tenha apenas uma dessas relações, ainda que seja a mais favorável, nunca poderá gerar uma paixão constante e firme.

8   Felizmente, constatamos que todo esse raciocínio é exatamente conforme à experiência e aos fenômenos das paixões. Suponhamos

que eu estivesse viajando com um companheiro por um país em que nós dois fôssemos completos desconhecidos; é evidente que, se a paisagem fosse bela, a estrada agradável e as estalagens confortáveis, isso talvez me pusesse num alegre estado de espírito tanto em relação a mim mesmo quanto a meu companheiro de viagem. Mas como estamos supondo que esse país não tem nenhuma relação nem comigo nem com meu amigo, ele nunca poderia ser causa imediata de orgulho ou de amor; e, portanto, se eu não fundamentar a paixão em algum outro objeto que mantenha com um de nós uma relação mais estreita, minhas emoções deverão ser consideradas antes como transbordamentos de uma disposição nobre ou generosa que como uma paixão estabelecida. O mesmo acontece quando o objeto produz um mal-estar.

9   Quarto experimento. Havendo descoberto que, se um objeto não tem nenhuma relação de ideias ou impressões, ou se tem apenas uma relação, nunca poderá causar orgulho ou humildade, nem amor ou ódio, a razão por si só pode nos convencer, sem mais experimentos, que tudo que possua uma dupla relação deve necessariamente despertar essas paixões – pois é evidente que elas têm de ter alguma causa. Mas, para deixar o menor espaço possível para dúvidas, vamos refazer nossos experimentos, e ver se o que acontece nesse caso corresponde às nossas expectativas. Escolho um objeto, como por exemplo a virtude, que causa uma satisfação separada. A esse objeto atribuo uma relação com o eu, e constato que essa situação gera imediatamente uma paixão. Mas que paixão? Precisamente a do orgulho, com que esse objeto mantém uma dupla relação. Sua ideia está relacionada à do eu, objeto da paixão; e a sensação que causa se assemelha à sensação da paixão. Para assegurar-me de que não estou enganado acerca deste experimento, suprimo primeiro uma relação, e depois a outra; e vejo que cada supressão destrói a paixão, deixando a mente inteiramente indiferente. Mas não me contento com isso, e faço um novo teste: em vez de suprimir a relação, apenas a substituo por outra de um tipo diferente. Suponho que a virtude pertence a meu companhei-

ro, e não a mim; e observo o que se segue dessa alteração. Percebo imediatamente que os afetos mudam de direção, afastando-se do orgulho, em que existe apenas uma relação, de impressões, e voltando-se para o lado do amor, a que são atraídos por uma dupla relação, de impressões e ideias. Se repetir o mesmo experimento, trocando novamente a relação de ideias, reconduzo os afetos de volta ao orgulho; e, se o repetir ainda mais uma vez, novamente os dirijo para o amor ou afeição. Plenamente convencido da influência dessa relação, experimento os efeitos da outra: troco a virtude pelo vício, e assim converto a impressão agradável, decorrente da primeira, em uma impressão desagradável, procedente deste último. O efeito ainda corresponde à expectativa. Quando reside em outra pessoa, o vício desperta, por meio de sua dupla relação, a paixão do ódio em lugar do amor, que, pela mesma razão, decorre da virtude. Continuando o experimento, mudo novamente a relação de ideias, e suponho que o vício pertence a mim. O que acontece? O de costume: uma transformação subsequente da paixão, de ódio em humildade. Essa humildade eu converto em orgulho, alterando novamente a impressão; e constato que, afinal, completei o círculo, e que, por meio dessas trocas, trouxe a paixão de volta à mesma situação em que a encontrei pela primeira vez.

10   Mas para tornar esse ponto ainda mais certo, altero o objeto; em vez do vício e da virtude, faço o teste com a beleza e a fealdade, a riqueza e a pobreza, o poder e a servidão. Se formos trocando suas relações, cada um desses objetos percorre o círculo das paixões da mesma maneira. E seja qual for a ordem em que procedamos, do orgulho ao amor, ao ódio e à humildade, ou da humildade ao ódio, ao amor e ao orgulho, o experimento se mantém inalterado. É verdade que, em algumas ocasiões, o apreço e o desprezo surgem em lugar do amor e do ódio; mas trata-se, no fundo, das mesmas paixões, apenas diversificadas por algumas causas, que explicaremos posteriormente.

11   Quinto experimento. Para conferir maior autoridade a esses experimentos, alteremos a situação tanto quanto possível, apresentando

as paixões e os objetos em todas as diferentes posições de que são suscetíveis. Suponhamos, além das relações já mencionadas, que a pessoa com a qual realizo todos esses experimentos esteja estreitamente conectada a mim por consanguinidade ou amizade. Suponhamos que seja meu filho ou irmão, ou que esteja unida a mim por uma longa familiaridade. Suponhamos, em seguida, que a causa da paixão adquira uma dupla relação, de impressões e de ideias, com essa pessoa. Vejamos quais os efeitos dessas complicadas atrações e relações.

12   Antes de considerarmos quais são de fato esses efeitos, determinemos quais deveriam ser, de acordo com minha hipótese. É claro que, conforme a impressão seja agradável ou desagradável, terá de ser de amor ou ódio a paixão dirigida à pessoa conectada com a causa da impressão por meio dessa dupla relação, que afirmei esse tempo todo ser necessária. A virtude de um irmão deve me fazer amá-lo; e seu vício ou má reputação despertará a paixão contrária. Mas, a se julgar apenas pelo estado de coisas, eu não deveria esperar que os afetos se detivessem aí, e nunca se transfundissem em outras impressões. Já que aqui existe uma pessoa que, por meio de uma dupla relação, é objeto de minha paixão, o mesmo raciocínio me leva a pensar que a paixão irá mais adiante. A pessoa, segundo nossa suposição, tem comigo uma relação de ideias; a paixão da qual ela é objeto, sendo agradável ou desagradável, tem uma relação de impressões com o orgulho ou a humildade. É evidente, então, que uma dessas paixões tem de resultar do amor ou ódio.

13   Esse é o raciocínio que formo em conformidade com minha hipótese; e fico feliz ao descobrir, quando o ponho à prova, que tudo se dá exatamente como eu esperava. A virtude ou o vício de um filho ou irmão não só despertam amor ou ódio, mas, por uma nova transição, decorrente de causas similares, geram orgulho ou humildade. Nada nos causa maior vaidade que o fato de nossos parentes possuírem alguma qualidade notável; ao contrário, nada nos humilha mais que seu vício ou descrédito. Essa exata conformidade da experiência com

nosso raciocínio é uma prova convincente da solidez da hipótese com base na qual raciocinamos.

14   Sexto experimento. Essa evidência será ainda maior se invertermos o experimento, conservando as mesmas relações, mas começando com uma paixão diferente. Suponhamos que, em vez da virtude ou vício de um filho ou irmão, que causa primeiramente amor ou ódio e, em seguida, orgulho ou humildade, atribuamos a nós mesmos essas duas qualidades, boa e má, que não teriam nenhuma conexão imediata com a pessoa relacionada a nós. A experiência nos mostra que, em virtude dessa mudança de situação, toda a cadeia se quebra, e a mente não é mais conduzida de uma paixão à outra, como no exemplo anterior. Nunca amamos ou odiamos um filho ou irmão pela virtude ou vício que discernimos em nós mesmos; mas é evidente que essas mesmas qualidades, quando neles situadas, produzem em nós um orgulho ou humildade bastante sensíveis. À primeira vista pode-se pensar que isso é contrário à minha hipótese, pois as relações de impressões e ideias são em ambos os casos precisamente iguais. Orgulho e humildade são impressões relacionadas ao amor e ao ódio. Eu mesmo tenho uma relação com a pessoa. Portanto, como causas semelhantes têm de produzir efeitos semelhantes, seria de esperar que uma transição perfeita surgisse da dupla relação, como em todos os outros casos. Podemos facilmente resolver essa dificuldade pelas seguintes reflexões.

15   É evidente que, como estamos em todos os momentos intimamente conscientes de nós mesmos, de nossos sentimentos e paixões, as ideias destes devem nos tocar com maior vividez que as ideias dos sentimentos e paixões de qualquer outra pessoa. Mas tudo que nos toca com vividez, e aparece sob uma luz forte e plena, como que se impõe a nossa consideração, fazendo-se presente à mente à menor sugestão e à mais leve relação. Pela mesma razão, uma vez presente, prende a atenção, impedindo-a de se desviar para outros objetos, por mais forte que seja a relação destes com nosso primeiro objeto. A imaginação passa facilmente das ideias obscuras às vívidas, mas tem dificuldade em passar

das vívidas às obscuras. No primeiro caso, a relação é auxiliada por um outro princípio; no segundo, é contrariada por ele.

16   Ora, observei que essas duas faculdades da mente, a imaginação e as paixões, auxiliam-se mutuamente em suas operações quando suas propensões são similares e quando agem sobre o mesmo objeto. A mente sempre apresenta uma propensão a passar de uma paixão a qualquer outra que esteja relacionada com ela; e essa propensão é favorecida quando o objeto de uma das paixões tem uma relação com o objeto da outra. Os dois impulsos coincidem, tornando toda a transição mais suave e fácil. Mas, se acontecesse à relação de ideias que, mesmo continuando estritamente a mesma, não mais causasse uma transição da imaginação, é evidente que sua influência sobre as paixões também teria de cessar, já que depende inteiramente dessa transição. É por essa razão que o orgulho ou a humildade não se transformam em amor ou ódio com a mesma facilidade com que estas últimas paixões se transformam nas primeiras. Se um homem é meu irmão, eu também sou seu irmão. Mas, embora as relações sejam recíprocas, elas têm efeitos muito diferentes sobre a imaginação. A passagem é suave e livre quando se faz da consideração de uma pessoa relacionada conosco à de nossa própria pessoa, de quem estamos a todo momento conscientes. Mas, uma vez os afetos tendo sido dirigidos a nós, a fantasia não passa com a mesma facilidade deste objeto para outra pessoa, por mais estreita que seja sua relação conosco. Essa transição fácil ou difícil da imaginação atua sobre as paixões, facilitando ou retardando sua transição; e isso constitui uma clara prova de que essas duas faculdades, paixões e imaginação, são interconectadas, e que as relações de ideias exercem uma influência sobre os afetos. Inumeráveis experimentos provam essa afirmação. Além disso, constatamos aqui que, mesmo quando a relação permanece, se alguma circunstância particular a impede de exercer sobre a fantasia seu efeito usual, ou seja, de produzir uma associação ou transição de ideias, fica também impedido seu efeito usual sobre as paixões, que é conduzir-nos de uma à outra.

17   Talvez alguns vejam uma contradição entre esse fenômeno e o da simpatia, em que a mente passa facilmente da ideia de nós mesmos à de qualquer outro objeto relacionado conosco. Mas essa dificuldade desaparecerá se considerarmos que, na simpatia, nossa própria pessoa não é objeto de nenhuma paixão, e não há nada que fixe nossa atenção sobre nós mesmos, como ocorre no caso presente, em que, por suposição, somos movidos pelo orgulho ou pela humildade. Nosso eu, sem a percepção de outros objetos, na realidade não é nada. Por essa razão, devemos voltar nosso olhar para os objetos externos; e é natural que consideremos com maior atenção aqueles que nos são contíguos ou semelhantes. Mas quando o eu é objeto de alguma paixão, não é natural deixar de considerá-lo até que a paixão se esgote – caso em que a dupla relação, de impressões e ideias, não pode mais operar.

18   *Sétimo experimento.* Para testar mais uma vez todo esse raciocínio, façamos um novo experimento. Como já vimos os efeitos das relações de paixões e ideias, suponhamos agora uma identidade de paixões juntamente com uma relação de ideias, e examinemos os efeitos dessa nova situação. É evidente que temos toda razão de esperar aqui uma transição das paixões de um objeto ao outro, pois estamos supondo que a relação de ideias continua, e uma identidade de impressões tem de produzir uma conexão mais forte que a mais perfeita semelhança que se possa imaginar. Se, portanto, uma dupla relação, de impressões e ideias, é capaz de produzir uma transição de uma à outra, quanto mais uma identidade de impressões juntamente com uma relação de ideias. Constatamos assim que, quando amamos ou odiamos uma pessoa, as paixões raramente se mantêm em seus limites iniciais; ao contrário, estendem-se em direção aos objetos contíguos,* incluindo os amigos e parentes daquele que amamos ou odiamos. Nada é mais natural que sentir afeição por alguém apenas em virtude de nossa amizade por seu

---

* Sobretudo nesta seção e, mais adiante, na Seção 7 da Parte 3, parece-me mais natural ler *"contiguous"* como "próximo", e não como "contíguo". Entretanto, em razão da importância da contiguidade em Hume como um dos princípios de associação, procurei, sempre que possível, manter a tradução mais literal. (N.T.)

irmão, sem examinar mais a fundo seu próprio caráter. Uma desavença com uma pessoa nos faz odiar toda a sua família, mesmo que esta seja inteiramente inocente da razão de nosso desagrado. Exemplos desse tipo encontram-se em toda parte.

19   Há apenas uma dificuldade neste experimento, que teremos de resolver antes de passarmos adiante. É evidente que, embora todas as paixões passem facilmente de um objeto a outro a ele relacionado, essa transição se faz com mais facilidade quando o objeto mais importante se apresenta primeiro, sendo seguido pelo menos importante, do que quando essa ordem é invertida, e o menos importante precede o primeiro. Assim, é mais natural amarmos o filho por causa do pai, que o pai por causa do filho; o criado por causa do senhor, que o senhor por causa do criado; o súdito por causa do príncipe, que o príncipe por causa do súdito. De maneira semelhante, é mais fácil contrairmos um ódio por toda uma família quando nossa primeira desavença foi com seu chefe, do que quando foi um filho, um criado ou algum outro membro inferior quem nos ofendeu. Em suma, para nossas paixões, como para outros objetos, é mais fácil descer que subir.

20   Para compreendermos em que consiste a dificuldade de explicar esse fenômeno, devemos considerar que precisamente a mesma razão que determina a imaginação a passar dos objetos distantes aos contíguos com mais facilidade que dos contíguos aos distantes também faz com que ela mude mais facilmente do menor para o maior que do maior para o menor. Aquilo que tem maior influência se nota mais; e aquilo que se nota mais se apresenta mais prontamente à imaginação. Qualquer que seja o assunto, temos uma tendência maior a negligenciar aquilo que é trivial do que aquilo que parece mais importante, sobretudo se este último precede aquele e atrai primeiro nossa atenção. Assim, por exemplo, se acidentalmente somos levados a considerar os *satélites de Júpiter*, nossa fantasia se vê naturalmente determinada a formar a ideia desse planeta; mas, se pensarmos primeiro no planeta principal, é mais natural negligenciarmos os que o acompanham. A menção das províncias de um império conduz nosso pensa-

mento ao centro deste; mas a fantasia não retorna com a mesma facilidade para a consideração das províncias. A ideia do criado nos faz pensar em seu amo; a do súdito leva nossa visão até o príncipe. Mas a mesma relação não tem igual influência para nos trazer de volta. Esse é o fundamento da acusação de *Cornélia* a seus filhos, de que deveriam se envergonhar por ela ser mais conhecida como filha de *Cipião* que como mãe dos *Gracos*. Em outras palavras, *Cornélia* exortava-os a se tornar tão ilustres e famosos quanto seu avô; pois senão a imaginação do povo, ao partir dela, que ocupava uma posição intermediária e igualmente relacionada ao pai e aos filhos, sempre se desviaria destes, designando-a pelo nome daquele que era mais importante e digno de consideração. Sobre o mesmo princípio baseia-se o costume comum de dar às esposas o nome de seus maridos, em vez de aos maridos o nome de suas esposas, como também a formalidade de dar precedência àqueles que honramos e respeitamos. Poderíamos encontrar muitos outros exemplos para confirmar esse princípio, se ele já não fosse suficientemente evidente.

21 Ora, como a fantasia encontra a mesma facilidade para passar do menor ao maior que do distante ao contíguo, por que essa transição fácil entre ideias não auxilia a transição das paixões no primeiro caso, assim como no segundo? As virtudes de um amigo ou irmão produzem primeiro amor, e depois orgulho, porque nesse caso a imaginação passa do distante ao contíguo, de acordo com sua inclinação. Nossas próprias virtudes não produzem primeiro orgulho e então amor por um amigo ou irmão, porque a passagem, nesse caso, seria do contíguo ao distante, contrariando a propensão da imaginação. Mas o amor ou o ódio por um inferior não causa prontamente uma paixão pelo superior, embora essa seja a propensão natural da imaginação; ao passo que o amor ou ódio por um superior causa uma paixão pelo inferior, contrariamente à sua propensão. Em resumo, a mesma facilidade de transição não atua da mesma maneira em relação ao superior e ao inferior que em relação ao contíguo e ao distante. Esses dois fenômenos parecem contraditórios e requerem alguma atenção para serem conciliados.

22   Como a transição de ideias aqui se faz em direção contrária à da tendência natural da imaginação, essa faculdade deve ser sobrepujada por algum princípio mais forte de outro tipo; e como nada jamais está presente à mente senão impressões e ideias, esse princípio deve estar necessariamente nas impressões. Ora, já observamos que as impressões ou paixões só se conectam por sua semelhança, e, quando duas paixões põem a mente na mesma disposição, ou em disposições similares, ela passa muito naturalmente de uma à outra; e, ao contrário, uma incompatibilidade entre as disposições produz uma dificuldade na transição das paixões. Notemos, porém, que essa incompatibilidade pode nascer de uma diferença de graus, assim como de espécie; experimentamos a mesma dificuldade em passar subitamente de um pequeno grau de amor a um pequeno grau de ódio quanto em passar de um pequeno a um alto grau de apenas um desses afetos. Quando um homem está calmo, ou apenas moderadamente agitado, ele é tão diferente, sob todos os aspectos, daquilo que é quando abalado por uma paixão violenta, que não poderia haver duas pessoas mais dessemelhantes; e não é fácil passar de um extremo ao outro sem um intervalo considerável entre os dois.

23   A dificuldade não é menor, se é que não é ainda maior, em passar da paixão forte à fraca que da fraca à forte, contanto que uma das paixões, ao aparecer, destrua a outra, e as duas não existam ao mesmo tempo. Mas o caso é inteiramente diferente quando as paixões se unem e atuam ao mesmo tempo na mente. A adição de uma paixão fraca a uma forte não provoca uma mudança tão considerável na disposição quanto a adição de uma paixão forte a uma fraca; por essa razão, existe uma conexão mais estreita do grau maior ao menor que do menor ao maior.

24   O grau de uma paixão depende da natureza de seu objeto; um afeto dirigido a uma pessoa que é importante para nós ocupa e se apodera da mente muito mais que um afeto cujo objeto seja uma pessoa que consideramos menos importante. Mostra-se aqui, portanto, a contradição entre as propensões da imaginação e da paixão. Quando diri-

gimos nosso pensamento para um objeto grande e outro pequeno, a imaginação encontra uma facilidade maior em passar do pequeno ao grande que do grande ao pequeno; mas os afetos encontram uma maior dificuldade. E como estes últimos constituem um princípio mais poderoso que a imaginação, não é de admirar que prevaleçam sobre ela, puxando a mente em sua direção. Apesar da dificuldade de passar da ideia do que é grande para a do que é pequeno, uma paixão dirigida ao primeiro sempre produz uma paixão similar pelo segundo, quando o grande e o pequeno estão relacionados. A ideia do criado conduz nosso pensamento mais rapidamente à do senhor; mas o ódio ou o amor pelo senhor produz com mais facilidade raiva ou benevolência em relação ao criado. Neste caso, a paixão mais forte tem a precedência; e, como a adição da mais fraca não provoca uma mudança considerável na disposição, a passagem entre elas se torna, desse modo, mais fácil e natural.

25   No experimento anterior vimos que, quando uma relação de ideias, por uma circunstância particular qualquer, deixa de produzir seu efeito usual de facilitar a transição de ideias, ela também deixa de atuar sobre as paixões. Assim também, neste experimento, encontramos a mesma propriedade nas impressões. Dois graus diferentes da mesma paixão certamente estão relacionados; mas, se o menor se apresentar primeiro, terá pouca ou nenhuma tendência a introduzir o maior; isso porque a adição do maior ao menor produz uma alteração mais sensível em nosso humor que a adição do menor ao maior. Esses fenômenos, quando corretamente examinados, constituem provas convincentes da presente hipótese.

26   Poderemos confirmar essas provas se considerarmos a maneira pela qual a mente resolve a contradição que observei existir entre as paixões e a imaginação. A fantasia passa com mais facilidade do menor ao maior que do maior ao menor; mas é mais fácil uma paixão violenta produzir uma fraca que uma paixão fraca produzir uma violenta. Nessa oposição, a paixão acaba prevalecendo sobre a imaginação; mas normalmente ela o faz condescendendo com esta, e buscando uma outra

qualidade que possa contrabalançar esse princípio de que resulta a oposição. Quando amamos o pai ou o chefe de uma família, quase não pensamos em seus filhos ou criados. Mas quando estes se encontram em nossa presença, ou quando está em nosso poder ajudá-los, neste caso a proximidade ou contiguidade aumenta sua magnitude, ou ao menos suprime a oposição da fantasia à transição dos afetos. Se a imaginação encontra dificuldade em passar do maior ao menor, encontra uma facilidade equivalente em passar do distante ao contíguo – o que equilibra as coisas, deixando livre o caminho de uma paixão à outra.

27   Oitavo experimento. Já observei que a transição do amor ou ódio ao orgulho ou humildade é mais fácil que a do orgulho ou humildade ao amor ou ódio; e a dificuldade que a imaginação encontra ao passar do contíguo ao distante explica por que não temos quase nenhum exemplo desta última transição de afetos. Entretanto, tenho de abrir uma exceção, a saber, quando a própria causa do orgulho e da humildade se encontra em outra pessoa. Pois aqui a imaginação é compelida a considerar a pessoa, e não lhe é possível confinar sua visão em nós mesmos. Assim, nada produz mais facilmente ternura e afeição por uma pessoa que sua aprovação de nossa conduta e caráter; em contrapartida, nada nos inspira maior ódio do que sua censura ou desprezo. É evidente que, aqui, a paixão original é o orgulho ou a humildade, cujo objeto é o eu; e essa paixão se transforma em amor ou ódio, cujo objeto é alguma outra pessoa, não obstante a regra que já estabeleci, a saber, que *a imaginação passa com dificuldade do contíguo ao distante*. Mas a transição, neste caso, não se faz apenas em virtude da relação entre nós e a pessoa, e sim porque essa mesma pessoa é a verdadeira causa de nossa primeira paixão e, em consequência disso, está intimamente conectada com esta. É sua aprovação que produz orgulho; e sua desaprovação, humildade. Não é de espantar, portanto, que a imaginação retorne a essa causa, acompanhada das paixões relacionadas do amor e do ódio. Isso não é uma contradição, mas uma exceção à regra e uma exceção que resulta da mesma razão que a própria regra.

28   Uma tal exceção é, portanto, antes uma confirmação da regra. De fato, se considerarmos os oito experimentos que acabo de expor, veremos que o mesmo princípio aparece em todos eles, e é por meio de uma transição resultante de uma dupla relação, de impressões e ideias, que se produzem o orgulho e a humildade, o amor e o ódio. Um objeto sem[1] relação, ou[2] com apenas uma relação, nunca produz nenhuma dessas paixões; e constatamos[3] que a paixão sempre varia em conformidade com a relação. Além disso, podemos observar que, quando a relação, por alguma circunstância particular, não tem seu efeito usual de produzir uma transição de[4] ideias ou de impressões, ela deixa de atuar sobre as paixões, não produzindo nem orgulho nem amor, nem humildade nem ódio. Constatamos que essa regra se mantém,[5] mesmo quando o que ocorre parece contrariá-la. Assim, frequentemente temos a experiência de uma relação que não produz nenhum efeito; ao examiná-la, porém, descobrimos que isso se deve a alguma circunstância particular que impede a transição; e por outro lado, nos casos em que essa circunstância, embora presente, não impede a transição, descobrimos que isso se deve à presença de alguma outra circunstância que a contrabalança. Desse modo, não apenas as variações se reduzem ao princípio geral, mas também as variações dessas variações.

Seção 3
Solução das dificuldades

1   Após tantas provas inegáveis extraídas da experiência e da observação diárias, parece supérfluo examinar agora, uma por uma, todas as causas do amor e do ódio. Por esse motivo, utilizarei o res-

---

1 Primeiro experimento.
2 Segundo e terceiro experimentos.
3 Quarto experimento.
4 Sexto experimento.
5 Sétimo e oitavo experimentos.

tante desta parte para, em *primeiro* lugar, eliminar algumas dificuldades concernentes às causas particulares dessas paixões; e, em *segundo* lugar, examinar os afetos compostos resultantes da mistura do amor e do ódio com outras emoções.

2   Nada é mais evidente que o fato de que as pessoas obtêm nossa afeição ou se expõem à nossa má vontade na proporção direta do prazer ou desprazer que delas recebemos, e que as paixões mantêm exatamente o mesmo ritmo que as sensações em todas as suas mudanças e variações. Aquele que encontra uma maneira de se tornar útil ou agradável a nós, seja por meio de seus serviços, sua beleza, ou sua adulação, pode estar certo de que terá nossa afeição. Ao contrário, aquele que nos prejudica ou desagrada sempre despertará nossa raiva ou ódio. Quando nossa nação está em guerra com outra, detestamos todos os membros desta última, acusando-os de cruéis, pérfidos, injustos e violentos; a nós e a nossos aliados, porém, consideramos sempre justos, moderados e clementes. Se o general de nossos inimigos consegue levá-los à vitória, dificilmente reconhecemos nele um caráter ou traços humanos. É um feiticeiro; tem parte com o demônio (como se dizia de *Oliver Cromwell* e do *Duque de Luxemburgo*); é sanguinário, tem prazer em matar e destruir. Mas, se a vitória é nossa, então nosso comandante tem todas as qualidades opostas: é um modelo de virtude, bem como de coragem e boa conduta. A sua traição chamamos estratégia; sua crueldade é um mal inseparável da guerra. Em suma, procuramos atenuar cada uma de suas faltas, ou então dignificá-la dando-lhe o nome da virtude que dela se aproxima. É evidente que o mesmo método de pensamento está presente em toda a vida comum.

3   Alguns acrescentam uma outra condição; afirmam que não apenas a outra pessoa deve produzir em nós uma dor ou um prazer, mas deve produzi-los conscientemente, com um propósito e uma intenção particulares. Um homem que nos fere e prejudica acidentalmente não se torna nosso inimigo só por essa razão; e tampouco pensamos estar obrigados por laços de gratidão a alguém que nos

presta um serviço da mesma maneira. É pela intenção que julgamos as ações; conforme seja boa ou má, as ações se tornam causas de amor ou de ódio.

4   Aqui devemos, porém, fazer uma distinção. Se a qualidade que nos agrada ou desagrada em alguém for constante e inerente a sua pessoa e caráter, causará amor ou ódio independentemente da intenção; se não for assim, serão necessários um conhecimento e uma intenção para dar origem a essas paixões. Uma pessoa cuja feiura ou insensatez nos é desagradável se torna objeto de nossa aversão, embora seja evidente que ela não tem a menor intenção de nos descontentar por essas qualidades. Mas, se o desagrado não provém de uma qualidade, e sim de uma ação, que se produz e é aniquilada em um instante, ele precisa ser derivado de uma premeditação e de um propósito particular para produzir alguma relação e uma conexão forte o suficiente entre essa ação e a pessoa. Não basta que a ação derive da pessoa e tenha nela sua causa imediata e seu autor. Tal relação, por si só, é demasiadamente fraca e inconstante para ser o fundamento dessas paixões. Não alcança a parte sensível e pensante, e tampouco procede de algo *duradouro* na pessoa; não deixa nada atrás de si, esvai-se em um instante, e é como se não houvesse existido. Por outro lado, uma intenção mostra certas qualidades que, permanecendo após a realização da ação, conectam essa ação com a pessoa, e facilitam a transição de ideias de uma à outra. Não podemos pensar nessa pessoa sem refletir sobre essas qualidades, a menos que o arrependimento e uma mudança de vida tenham produzido uma alteração a esse respeito – mas, nesse caso, também a paixão se altera. Esta é uma razão, portanto, que explica por que é preciso uma intenção para excitar o amor ou o ódio.

5   Mas devemos ainda considerar que uma intenção, além de fortalecer a relação de ideias, é frequentemente necessária para produzir uma relação de impressões, e para gerar prazer e desprazer. Pois observemos que a principal parte de um agravo é o desprezo e o ódio que revela na pessoa que nos prejudica; o simples dano, sem isso, nos dá

um desprazer menos sensível. De maneira semelhante, um benefício é agradável, sobretudo porque satisfaz nossa vaidade, e é uma prova da afeição e do apreço da pessoa que o realiza. A supressão da intenção suprime a humilhação, em um caso, e a vaidade, no outro; e, é claro, deve causar uma diminuição considerável nas paixões do amor e do ódio.

6   Admito que a supressão da intenção diminui o grau das relações de impressões e de ideias, mas não é capaz de suprimi-las inteiramente. Mas então pergunto se a supressão da intenção é capaz de suprimir inteiramente as paixões do amor e do ódio. Estou seguro de que a experiência nos informa do contrário; nada é mais certo que o fato de que os homens com frequência se encolerizam violentamente por sofrerem danos que eles próprios reconhecem serem inteiramente involuntários e acidentais. É verdade que essa emoção não pode durar por muito tempo; mas é suficiente para mostrar que existe uma conexão natural entre o desprazer e a raiva, e que a relação de impressões pode operar partindo de uma relação de ideias bem fraca. No entanto, assim que a violência da impressão se ameniza um pouco, a deficiência da relação começa a se fazer sentir com mais intensidade; e como esses danos casuais e involuntários não dizem respeito de forma alguma ao caráter de uma pessoa, raramente mantemos uma inimizade duradoura por causa disso.

7   Para ilustrar essa doutrina mediante um caso análogo, podemos observar que não é apenas o desprazer que resulta acidentalmente de outra pessoa que tem pouca força para excitar nossa paixão, mas também o que resulta de uma necessidade e um dever reconhecidos. Se alguém tem realmente a intenção de nos prejudicar, mas não por ódio ou má vontade e sim por um desejo de justiça e equidade, essa pessoa não desperta nossa cólera, se formos um pouco razoáveis; e entretanto, ela é não apenas a causa, mas a causa consciente de nossos sofrimentos. Examinemos rapidamente esse fenômeno.

8   Em primeiro lugar, é evidente que essa circunstância não é decisiva, pois, embora seja capaz de diminuir as paixões, raramente pode

suprimi-las por completo. São poucos os criminosos que não sentem rancor por quem os acusou ou pelo juiz que os condenou, mesmo estando conscientes de que seu castigo foi merecido. Do mesmo modo, costumamos considerar nosso adversário em uma questão judicial e nosso concorrente na disputa por algum cargo como nossos inimigos, embora, se pensarmos um pouco, devamos reconhecer que seus motivos são tão justificáveis quanto os nossos.

9   Além disso, consideremos que, quando sofremos algum mal por parte de uma pessoa, tendemos a imaginar que ela é criminosa, e é com extrema dificuldade que admitimos sua justiça e inocência. Isso é uma prova clara de que, independentemente da opinião de que houve iniquidade, qualquer dano ou desprazer tem uma tendência natural a despertar nosso ódio, e de que só posteriormente buscamos razões para justificar e fundamentar a paixão. Neste caso, a ideia do dano não produz a paixão, mas se origina dela.

10   E não é de estranhar que a paixão produza a opinião de que houve um dano, pois, de outro modo, ela sofreria uma diminuição considerável, coisa que todas as paixões evitam tanto quanto possível. A supressão do dano pode suprimir a raiva, sem que isso prove que a raiva deriva apenas do dano. O mal que sofremos e a justiça são dois objetos contrários, dos quais o primeiro tem uma tendência a produzir ódio, e o segundo, amor. E é de acordo com seus diferentes graus, e com a índole particular de nosso pensamento, que um ou outro prevalece, despertando sua paixão própria.

Seção 4
Do amor pelos parentes e amigos*

1   Agora que já explicamos por que diversas ações que causam um prazer ou um desprazer reais não despertam nenhum grau, ou despertam apenas um pequeno grau das paixões do amor ou do ódio por

---

* "Parentes e amigos" por *"relations"*. (N.T.)

seus agentes, é preciso mostrar em que consiste o prazer ou o desprazer de muitos objetos que, pela experiência, vemos produzir essas paixões.

2   De acordo com o sistema anterior, para produzir amor ou ódio é preciso haver sempre, entre a causa e o efeito, uma dupla relação, de impressões e de ideias. Embora isso seja universalmente verdadeiro, porém, é de notar que a paixão do amor pode ser excitada por apenas uma *relação* de um tipo diferente, a saber, a relação entre nós e o objeto; ou, mais propriamente falando, que essa relação sempre se faz acompanhar pelas outras duas. Qualquer pessoa que esteja unida a nós por meio de alguma conexão pode ter certeza de que receberá uma parcela de nosso amor, proporcional ao grau da conexão, sem que precisemos saber quais são suas outras qualidades. Assim, a relação de consanguinidade produz, no caso do amor dos pais pelos filhos, o laço mais forte de que a mente é capaz; e produz um grau cada vez menor do mesmo afeto, conforme a relação vai diminuindo. E não é apenas a consanguinidade que tem esse efeito, mas qualquer outra relação, sem exceção. Amamos nossos conterrâneos, nossos vizinhos, aqueles que exercem o mesmo ofício ou profissão que nós, e até os que têm o mesmo nome. Todas essas relações são consideradas como constituindo vínculos, e dão direito a uma parte de nossa afeição.

3   Há um outro fenômeno análogo a esse: a *familiaridade*, sem nenhum tipo de parentesco, também gera amor e afeição. Quando nos acostumamos e adquirimos uma intimidade com uma pessoa, mesmo que essa convivência não nos tenha revelado nela nenhuma qualidade de valor, não podemos deixar de preferi-la a outras pessoas de cujo mérito superior estamos plenamente convencidos, mas que são estranhas a nós. Esses dois fenômenos, os efeitos do parentesco e da familiaridade, esclarecem-se mutuamente, e ambos podem ser explicados pelo mesmo princípio.

4   Aqueles que se comprazem em lançar invectivas contra a natureza humana observaram que o homem é inteiramente incapaz de se bastar a si mesmo, e, se desfizermos todos os laços que mantém com

os objetos externos, ele imediatamente mergulhará na mais profunda melancolia e desespero. É por isso, dizem eles, que estamos continuamente à procura de diversão, seja no jogo, na caça, ou nos negócios; por meio dessas atividades, tentamos esquecer de nós mesmos e resgatar nossos espíritos animais* daquele torpor em que caem quando não são mantidos por alguma emoção enérgica e vivaz. Estou de acordo com esse modo de pensar, pois reconheço que a mente é insuficiente para entreter a si mesma, e por isso busca naturalmente objetos estranhos que possam produzir uma sensação vivaz e agitar seus espíritos animais. Quando um desses objetos aparece, a mente desperta como que de um sonho: o sangue flui mais veloz, o coração se exalta; e o homem como um todo adquire um vigor de que é incapaz em seus momentos de solidão e calma. Por isso a companhia alheia é naturalmente tão prazerosa, por apresentar o mais vívido de todos os objetos: um ser racional e pensante como nós, que nos comunica todas as ações de sua mente, confia-nos seus sentimentos e afetos mais íntimos, e permite que vislumbremos, no momento mesmo em que se produzem, todas as emoções causadas por um objeto. Toda ideia vívida é agradável, mas sobretudo a de uma paixão; pois uma tal ideia se torna uma espécie de paixão, conferindo à mente uma agitação mais sensível que a resultante de qualquer outra imagem ou concepção.

5   Uma vez admitido isso, todo o resto é fácil. Pois, assim como a companhia de estranhos nos é agradável pelo *curto período* em que aviva nosso pensamento, assim também a companhia de nossos parentes e amigos deve ser particularmente agradável, porque tem esse mesmo efeito em um grau ainda maior, possuindo uma influência mais *duradoura*. Tudo que se relaciona conosco é concebido de maneira vívida em virtude da fácil transição de nós ao objeto relacionado. Também o costume, ou familiaridade, facilita a entrada de qualquer objeto e fortalece sua concepção. O primeiro caso é análogo a nossos raciocínios por causa e efeito; o segundo, à educação. Ora, como a

---

* Aqui e na frase seguinte: *"spirits"*. Ver nossa nota à p.128. (N.T.)

única coincidência entre o raciocínio e a educação é o fato de ambos produzirem uma ideia vívida e forte de um objeto, esse também é o único ponto comum ao parentesco e à familiaridade, devendo ser, portanto, a qualidade em virtude da qual ambos exercem uma influência, e que é responsável pela produção de todos os seus efeitos comuns. E, visto que o amor ou afeição é um desses efeitos, essa paixão tem de ser derivada da força e vividez da concepção. Tal concepção é particularmente agradável, e nos faz sentir uma consideração afetuosa por tudo que a produz, quando é objeto adequado de ternura e benevolência.

6   É evidente que as pessoas se associam de acordo com seus temperamentos e disposições particulares: os homens de temperamento alegre naturalmente amam as pessoas alegres; os de temperamento sério sentem afeição pelas pessoas sérias. Isso acontece não somente quando percebem essa semelhança entre eles e os outros, mas também pelo curso natural de sua disposição, e por uma certa simpatia que sempre nasce entre temperamentos similares. Quando os homens percebem a semelhança, ela atua como uma relação, isto é, produzindo uma conexão de ideias. Quando não a percebem, ela age por meio de algum outro princípio; e se este princípio for similar ao primeiro, teremos de ver nele uma confirmação do raciocínio anterior.

7   A ideia de nosso eu está sempre intimamente presente a nós, e transmite um sensível grau de vividez à ideia de qualquer objeto com que estejamos relacionados. Essa ideia vívida se transforma gradualmente em uma impressão real – pois esses dois tipos de percepção são em grande medida iguais, diferindo apenas em seus graus de força e vividez. Mas essa transformação deve se produzir ainda com mais facilidade pelo fato de nosso temperamento natural nos tornar propensos à mesma impressão que observamos nas outras pessoas, fazendo que essa impressão surja à menor ocasião. Nesse caso, a semelhança converte a ideia em uma impressão, não apenas por meio da relação, transferindo a vividez original para a ideia relacionada, mas também por apresentar um material que se incendeia à menor fagulha. E como nos dois casos a semelhança gera amor ou afeição, pode-

mos aprender com isso que uma simpatia com os demais só é agradável por proporcionar uma emoção aos espíritos animais – uma vez que uma simpatia fácil e emoções correspondentes são as únicas coisas comuns ao *parentesco*, à *familiaridade* e à *semelhança*.

8 A forte propensão dos homens ao orgulho pode ser vista como um fenômeno similar. Após termos vivido durante um bom tempo em determinada cidade de que inicialmente não gostávamos, é comum acontecer que, conforme vamos convivendo com os objetos e adquirimos uma familiaridade, ainda que apenas com suas ruas e prédios, a aversão gradativamente diminui, até se transformar na paixão oposta. A mente encontra satisfação e conforto na visão de objetos a que está acostumada, e naturalmente os prefere a outros que conhece menos, embora estes possam ter mais valor em si próprios. A mesma qualidade da mente nos faz ter uma boa opinião de nós mesmos e de todos os objetos que nos pertencem. Estes nos aparecem com mais intensidade que todos os outros, são mais agradáveis e, consequentemente, mais adequados para se tornar objetos de orgulho e vaidade.

9 Já que estamos tratando da afeição que sentimos por nossos amigos e parentes, não será fora de propósito observar alguns fenômenos bastante curiosos que a acompanham. Em nossa vida corrente, notamos frequentemente que os filhos consideram que a relação com sua mãe se enfraquece bastante quando ela se casa uma segunda vez, e não a veem mais com os mesmos olhos com que a veriam se continuasse em sua situação de viuvez. Isso não ocorre apenas quando o segundo casamento lhes causou algum inconveniente, ou quando o novo marido é muito inferior a ela; ocorre mesmo sem nenhuma consideração desse tipo, simplesmente porque sua mãe se tornou parte de outra família. O mesmo se dá com o segundo casamento de um pai, mas em grau bem menor; os laços de sangue certamente não se afrouxam tanto neste caso quanto no caso do casamento de uma mãe. Esses dois fenômenos já são notáveis por si mesmos, porém mais ainda quando comparados um com o outro.

10   Para que se produza uma relação perfeita entre dois objetos, é preciso não apenas que a imaginação seja conduzida de um ao outro por semelhança, contiguidade ou causalidade, mas também que ela retorne do segundo ao primeiro com o mesmo conforto e facilidade. À primeira vista, isso pode parecer uma consequência necessária e inevitável. Se um objeto é semelhante a outro, este último tem de ser necessariamente semelhante ao primeiro. Se um objeto é causa de outro, o segundo é seu efeito. O mesmo vale para a contiguidade. Portanto, como a relação é sempre recíproca, podemos pensar que a volta da imaginação do segundo termo ao primeiro tem de ser sempre tão natural quanto sua passagem do primeiro ao segundo. Mas um exame mais completo nos mostrará facilmente que estamos errados. Pois, supondo-se que o segundo objeto, além de sua relação recíproca com o primeiro, mantenha também uma forte relação com um terceiro, neste caso, embora a relação permaneça a mesma, o pensamento, após passar do primeiro objeto ao segundo, não retorna com a mesma facilidade; ao invés disso, segue rapidamente para o terceiro objeto, por meio da nova relação que se apresenta e que dá um novo impulso à imaginação. Essa nova relação, portanto, enfraquece o laço entre o primeiro e o segundo objetos. Por sua própria natureza, a fantasia é instável e inconstante; e considera que a relação entre dois objetos é mais forte quando o movimento nos dois sentidos é igualmente fácil do que quando ele só é fácil em apenas um dos sentidos. O duplo movimento é uma espécie de duplo vínculo, ligando os objetos da maneira mais estreita e íntima.

11   O segundo casamento de uma mãe não quebra a relação entre ela e seu filho; e essa relação é suficiente para transportar a imaginação do filho, de si mesmo até ela, com o maior conforto e facilidade. Mas, ao chegar a esse ponto, a imaginação encontra seu objeto cercado por tantas outras relações, todas elas disputando sua atenção, que fica sem saber qual deve preferir, e a que novo objeto se dirigir. Os laços de interesse e dever ligam minha mãe a uma outra família, impedindo que a fantasia retorne dela a mim, o que, entretanto, é necessário para

manter a união. O pensamento não tem mais aquela oscilação necessária para deixá-lo perfeitamente à vontade e satisfazer sua inclinação à mudança. Ele vai com facilidade, mas volta com dificuldade; e, por causa dessa obstrução, considera a relação muito mais fraca do que seria se a passagem fosse fácil e desimpedida nos dois sentidos.

12   Agora, para explicar por que esse efeito não se dá com a mesma intensidade por ocasião do segundo casamento de um pai, podemos refletir sobre algo que já provamos, a saber, que, embora a imaginação passe facilmente da visão de um objeto menos importante para a de um mais importante, ela não volta do segundo ao primeiro com a mesma facilidade. Quando minha imaginação vai de mim a meu pai, ela não passa tão imediatamente dele a sua segunda esposa, nem o considera como fazendo parte de uma família diferente, mas sim como continuando o chefe da família de que eu mesmo faço parte. Sua superioridade impede a transição fácil do pensamento dele para sua consorte, mas ainda mantém a passagem aberta para que retorne até mim pela mesma relação entre pai e filho. A figura de meu pai não é encoberta pela nova relação que ele adquiriu; por isso, o duplo movimento, ou a oscilação do pensamento, é ainda fácil e natural. E como a fantasia ainda pode dar vazão a sua inconstância, o laço entre pai e filho preserva sua plena força e influência.

13   Uma mãe não pensa que o vínculo com seu filho fica enfraquecido só porque o compartilha com seu marido; e um filho tampouco pensa isso de seu vínculo com seus pais, por compartilhá-los com um irmão. O terceiro objeto está aqui relacionado ao primeiro, tanto quanto ao segundo; desse modo, a imaginação vai e vem de um ao outro com a maior facilidade.

Seção 5
De nossa estima pelos ricos e poderosos

1   Nada possui maior tendência a produzir nosso apreço por uma pessoa que seu poder e riqueza; ou a produzir nosso desprezo, que

sua pobreza ou inferioridade. E, uma vez que apreço e desprezo devem ser considerados espécies de amor e de ódio, convém explicar agora esses fenômenos.

2   Ocorre aqui, felizmente, que a maior dificuldade não é descobrir um princípio capaz de produzir tal efeito, mas escolher, entre diversos princípios que se apresentam, o fundamental e predominante. A *satisfação* que experimentamos com a riqueza alheia e o *apreço* que sentimos por seu proprietário podem ser atribuídos a três causas diferentes. Em *primeiro* lugar, aos objetos possuídos, como casas, jardins e carruagens, os quais, sendo agradáveis em si mesmos, produzem necessariamente um sentimento de prazer em todos que os consideram ou examinam. Em *segundo* lugar, à expectativa de obter vantagens dos ricos e poderosos, compartilhando de seus bens. Em *terceiro* lugar, à simpatia, que nos faz participar da satisfação de todos que estão próximos de nós. Todos esses princípios podem concorrer para a produção do presente fenômeno. A questão é a qual deles devemos sobretudo atribuí-lo.

3   O primeiro princípio, ou seja, a reflexão acerca de objetos agradáveis, tem certamente uma influência maior do que poderíamos imaginar à primeira vista. Raramente pensamos no que é belo ou feio, agradável ou desagradável, sem sentir uma emoção de prazer ou desprazer; e, embora essas sensações não apareçam com muita frequência no modo indolente como usualmente pensamos, é fácil descobri-las na leitura ou na conversação. As pessoas espirituosas sempre dirigem a conversa para assuntos que sejam agradáveis à imaginação; e os poetas nunca apresentam objetos de natureza diferente dessa. O Sr. *Philips** colheu a *sidra* como tema de um excelente poema. A cerveja não teria sido tão apropriada, já que não é tão agradável nem ao paladar nem aos olhos. Mas ele certamente teria preferido o vinho, se seu país natal lhe houvesse proporcionado esse tão agradável licor. Podemos concluir daí que tudo que é agradável aos sentidos

---

* John Philips (1676-1708). Hume se refere a seu poema didático *Cyder*. (N.T.)

agrada também, em alguma medida, à fantasia, transmitindo ao pensamento uma imagem daquela satisfação que produz quando realmente aplicado aos órgãos do corpo.

4 Mas, embora essas razões possam nos levar a incluir esse requinte da imaginação entre as causas do respeito que mostramos pelos ricos e poderosos, há muitas outras razões que podem nos impedir de vê-lo como a única ou principal causa. Pois, como as ideias de prazer só podem nos influenciar por meio de sua vividez, que as aproxima das impressões, é mais natural que tenham essa influência as ideias favorecidas pelo maior número de circunstâncias, e que por isso têm uma tendência natural a se tornar fortes e vívidas – como é o caso de nossas ideias das paixões e sensações de qualquer criatura humana. Toda criatura humana se assemelha a nós e, por isso, leva vantagem sobre qualquer outro objeto em sua operação sobre a imaginação.

5 Além disso, se considerarmos a natureza dessa faculdade e a forte influência que todas as relações exercem sobre ela, poderemos facilmente nos convencer de que, embora as ideias das amenidades de que desfrutam os ricos, como vinhos, músicas ou jardins, possam se tornar vívidas e agradáveis, a fantasia não se limita a elas, dirigindo seu olhar também para os objetos relacionados, particularmente para quem os possui. O mais natural é que a ideia ou imagem prazerosa produza neste caso uma paixão pela pessoa, mediante sua relação com o objeto; desse modo, é inevitável que essa pessoa entre na concepção original, por ser objeto da paixão derivada. Mas se ela entra na concepção original, e se consideramos que usufrui desses objetos agradáveis, então é a *simpatia* que é propriamente a causa do afeto; e, portanto, o *terceiro* princípio é mais poderoso e universal que o *primeiro*.

6 Acrescente se a isso que a riqueza e o poder, por si sós, ainda que não sejam empregados, causam naturalmente estima e respeito; por conseguinte, essas paixões não surgem da ideia de objetos belos ou agradáveis. É verdade que o dinheiro implica uma espécie de representação desses objetos, porque nos dá o poder de obtê-los; e, por

essa razão, pode-se considerá-lo apropriado para transmitir essas imagens agradáveis capazes de gerar a paixão. Mas, como tal perspectiva é muito distante, é mais natural que tomemos um objeto contíguo, a saber, a satisfação que esse poder proporciona à pessoa que o possui. Ficaremos mais convencidos disso se considerarmos que a riqueza só representa os bens da vida em virtude da vontade de quem dela faz uso; e, portanto, implica, por sua própria natureza, uma ideia da pessoa, não podendo ser considerada sem uma espécie de simpatia para com suas sensações e prazeres.

7 Podemos confirmar o que acabamos de dizer por uma reflexão que alguns talvez considerem demasiadamente sutil e refinada. Já observei que o poder, quando distinto de seu exercício, ou não tem nenhum sentido, ou não passa de uma possibilidade ou probabilidade de existência, pela qual um determinado objeto se torna mais próximo da realidade, produzindo uma influência sensível sobre a mente. Observei também que, por uma ilusão da fantasia, essa proximidade da realidade parece muito maior quando somos nós que possuímos o poder, e não uma outra pessoa. No primeiro caso, os objetos parecem tocar a fronteira mesma da realidade, transmitindo-nos quase a mesma satisfação que sentiríamos se de fato os possuíssemos. Afirmo agora que, quando estimamos uma pessoa por sua riqueza, devemos entrar nesse sentimento do proprietário; e que, sem essa simpatia, a ideia dos objetos agradáveis que a riqueza lhe dá o poder de produzir teria apenas uma fraca influência sobre nós. Um homem avaro é respeitado por seu dinheiro, embora não tenha praticamente nenhum *poder*, ou seja, embora não haja praticamente nenhuma *probabilidade*, ou sequer *possibilidade*, de que venha a empregar seu dinheiro para adquirir os prazeres e as comodidades da vida. Apenas para ele esse poder parece perfeito e íntegro; devemos, portanto, receber seus sentimentos por simpatia, antes que possamos ter uma ideia forte e intensa desses prazeres, ou estimá-lo por causa deles.

8 Vimos, assim, que o *primeiro* princípio, *a ideia agradável dos objetos de que a riqueza nos permite desfrutar*, reduz-se em grande medida

ao *terceiro*, transformando-se em uma *simpatia* pela pessoa que estimamos ou amamos. Examinemos agora o *segundo* princípio, a saber, *a agradável expectativa de obter alguma vantagem*, e vejamos que força podemos rigorosamente atribuir a ele.

9   É evidente que, embora a riqueza e a autoridade indubitavelmente proporcionem à pessoa que os possui um poder de nos beneficiar, esse poder não deve ser considerado como equivalente ao poder que essa pessoa tem de agradar a si mesma e satisfazer a seus próprios apetites. No segundo caso, o amor a si próprio aproxima muito o poder de seu exercício; mas, para que se produza um efeito similar no primeiro caso, temos de supor a conjunção da riqueza com a amizade e a boa vontade. Sem essa circunstância, é difícil conceber em que podemos fundamentar nossa esperança de tirar vantagem da riqueza dos outros, embora não haja dúvida de que nós naturalmente estimamos e respeitamos os ricos, antes mesmo de descobrir neles uma tal disposição favorável para conosco.

10   Mas isso não é tudo. Observo também que respeitamos os ricos e poderosos, não apenas quando não mostram nenhuma inclinação para nos favorecer, mas ainda quando estamos tão fora da esfera de sua atuação que sequer podemos supor que eles tenham esse poder. Os prisioneiros de guerra são sempre tratados com um respeito condizente com sua condição; e a riqueza certamente tem um grande papel na determinação da condição de uma pessoa. Se o nascimento e a posição social também contribuem para essa determinação, isso nos fornece mais um argumento do mesmo tipo. Pois o que é isso que chamamos de um homem bem-nascido, senão alguém que descende de uma longa linhagem de ancestrais ricos e poderosos, que ganha nossa estima em virtude de sua relação com pessoas a quem estimamos? Seus ancestrais, portanto, mesmo estando mortos, são respeitados em alguma medida graças a sua riqueza, e, consequentemente, sem que esperemos nada deles.

11   Não precisamos, porém, ir buscar tão longe, nos prisioneiros de guerra e nos mortos, os exemplos desse apreço desinteressado pela

riqueza; observemos com um pouco de atenção os fenômenos que ocorrem conosco na vida corrente e no comércio humano. Quando um homem dotado de razoável fortuna está em companhia de estranhos, trata-os naturalmente com diferentes graus de respeito e deferência, conforme seja informado de suas diferentes fortunas e condições financeiras; no entanto, é impossível que pretenda obter, e talvez sequer aceitasse da parte deles qualquer benefício. Um viajante encontra ou não uma boa recepção e é tratado com mais ou menos cortesia conforme sua comitiva e equipagem transmitam a imagem de um homem abastado ou humilde. Em suma, as diferentes posições sociais dos homens são, em grande parte, reguladas pela riqueza, e isso no que diz respeito tanto aos superiores como aos inferiores, aos estranhos como aos conhecidos.

12   Existe, é verdade, uma resposta a esses argumentos, extraída da influência das *regras gerais*. Pode-se afirmar que, acostumados a esperar auxílio e proteção dos ricos e poderosos, e a estimá-los por esse motivo, estendemos os mesmos sentimentos a pessoas que se assemelham a eles por sua fortuna, mas de quem jamais podemos esperar obter nenhum benefício. A regra geral prevalece e, por imprimir uma inclinação à imaginação, arrasta consigo a paixão, como se seu objeto próprio existisse e fosse real.

13   Mas esse princípio não tem lugar aqui, o que ficará evidente se considerarmos que, para estabelecer uma regra geral e estendê-la para além de seus limites apropriados, é preciso haver uma certa uniformidade em nossa experiência, e que o número de casos conformes à regra seja muito superior ao número de casos contrários. Ora, o que ocorre aqui é muito diferente. Entre uma centena de homens de consideração e fortuna que encontro, talvez não haja um sequer de quem eu possa esperar alguma vantagem, de forma que é impossível que qualquer costume prevaleça no caso presente.

14   De tudo o que foi dito, concluímos que não resta nada que possa produzir em nós uma estima pelo poder e riqueza, e um desprezo pela inferioridade e pobreza, exceto o princípio da *simpatia*, por meio do

qual penetramos nos sentimentos de ricos e pobres e compartilhamos seu prazer e desprazer. A riqueza dá uma satisfação a seu proprietário; e essa satisfação é transmitida ao observador pela imaginação, que produz uma ideia semelhante à impressão original em força e vividez. Essa ideia ou impressão agradável está conectada com o amor, que é uma paixão agradável. E procede de um ser pensante e consciente, que é o objeto mesmo do amor. A paixão nasce dessa relação de impressões e dessa identidade de ideias, de acordo com minha hipótese.

15 O melhor meio de nos convencermos dessa opinião é examinar o conjunto do universo, e observar a força da simpatia em todo o reino animal e a facilidade com que os sentimentos se comunicam de um ser pensante a outro. Em todas as criaturas não predadoras e que não são agitadas por paixões violentas, manifesta-se um notável desejo de companhia, que faz com que se associem umas às outras, sem que possam pretender tirar qualquer proveito dessa união. Isso é ainda mais visível no homem, que é, dentre todas as criaturas do universo, a que tem o desejo mais ardente de sociedade e está preparada para ela pelo maior número de circunstâncias favoráveis. Somos incapazes de formar um desejo sequer que não se refira à sociedade. A completa solidão é, talvez, a maior punição que podemos sofrer. Todo prazer elanguesce quando gozado sem companhia, e toda dor se torna mais cruel e intolerável. Quaisquer que sejam as outras paixões que possam nos mover – orgulho, ambição, avareza, curiosidade, vingança ou luxúria –, a alma ou princípio que anima a todas elas é a simpatia; não teriam força alguma, se fizéssemos inteira abstração dos pensamentos e sentimentos alheios. Ainda que todos os poderes e os elementos da natureza se unam para servir e obedecer a um só homem; ainda que o sol nasça e se ponha a seu comando, que os rios e mares se movam conforme a sua vontade, e a terra forneça espontaneamente tudo que lhe possa ser útil ou agradável – ainda assim ele será infeliz, enquanto não lhe dermos ao menos uma pessoa com quem possa dividir sua felicidade e de cuja estima e amizade possa gozar.

16   Essa conclusão, extraída de uma visão geral da natureza humana, pode ser confirmada por meio de exemplos particulares em que a força da simpatia é bastante notável. A maior parte dos diferentes tipos de beleza tem essa origem. Mesmo que nosso primeiro objeto seja um simples pedaço de matéria inanimada e insensível, raramente nos limitamos a ele; ao contrário, dirigimos nosso olhar também para sua influência sobre as criaturas sensíveis e racionais. Um homem que nos mostra uma casa ou um edifício toma um cuidado especial, entre outras coisas, em salientar a comodidade dos aposentos, as vantagens de sua localização e o pequeno espaço ocupado pelas escadas, antessalas e corredores; e, de fato, é evidente que a beleza consiste sobretudo nesses detalhes. A observação da comodidade dá-nos prazer, pois a comodidade é um tipo de beleza. Mas de que maneira nos dá prazer? Certamente, nosso interesse pessoal não entra em consideração neste caso; e como essa é uma beleza de interesse, e não de forma, por assim dizer, deve ser por mera comunicação que ela nos agrada, e por simpatizarmos com o proprietário da moradia. Entramos em seu interesse pela força da imaginação, e sentimos a mesma satisfação que esses objetos naturalmente nele ocasionam.

17   Essa observação se estende a mesas, cadeiras, escrivaninhas, lareiras, carruagens, selas, arados, e a todo produto da indústria humana, pois é uma regra universal que sua beleza deriva sobretudo de sua utilidade e adequação ao propósito a que se destinam. Mas essa é uma vantagem que diz respeito apenas ao proprietário; e somente pela simpatia pode interessar ao espectador.

18   É evidente que nada torna um campo mais agradável que sua fertilidade, e poucas vantagens de ordem ornamental ou de localização serão equiparáveis a essa beleza. O que ocorre com o campo ocorre também com as árvores e as plantas particulares que nele crescem. Uma planície invadida pelo tojo e pela giesta pode bem ser, em si mesma, tão bela quanto uma colina coberta de parreiras e oliveiras; mas ela assim não parecerá a quem estiver familiarizado com o valor de cada uma dessas plantas. Entretanto, essa beleza se origina meramente da

imaginação, sem fundamento naquilo que aparece aos sentidos. A fertilidade e o valor referem-se claramente ao uso; e este à riqueza, ao gozo e à abundância; e, mesmo que não tenhamos esperança de usufruir destes, entramos neles por meio da vivacidade da fantasia, partilhando-os, em certo grau, com o proprietário.

19   Não há na arte da pintura regra mais razoável que a do equilíbrio das figuras, e de sua localização da maneira mais exata possível, em seus centros de gravidade próprios. Uma figura mal equilibrada é desagradável, porque transmite as ideias de sua queda, ferimento e dor, as quais se tornam dolorosas quando adquirem, por simpatia, algum grau de força e vividez.

20   Acrescente-se a isso que a parte principal da beleza de uma pessoa é um ar de saúde e vigor, e uma formação tal dos membros que prometa força e atividade. Essa ideia de beleza não pode ser explicada por outra coisa senão pela simpatia.

21   Podemos observar, em geral, que as mentes dos homens são como espelhos umas das outras, não apenas porque cada uma reflete as emoções das demais, mas também porque as paixões, sentimentos e opiniões podem se irradiar e reverberar várias vezes, deteriorando-se gradual e insensivelmente. Assim, o prazer que um homem rico obtém com seus bens, projetado sobre o observador, causa, neste, prazer e apreço; estes sentimentos, por sua vez, sendo objetos de percepção e simpatia, aumentam o prazer do proprietário; e, sendo mais uma vez refletidos, tornam-se um novo fundamento de prazer e apreço no observador. Há certamente uma satisfação original na riqueza, derivada do poder que nos proporciona de desfrutar de todos os prazeres da vida; e, como essa é sua natureza mesma e sua essência, deve ser a fonte primeira de todas as paixões que dela resultam. Dentre essas paixões, uma das mais consideráveis é a do amor ou apreço por parte dos demais, que procede, portanto, de uma simpatia com os prazeres do proprietário. Mas o proprietário tem ainda uma satisfação secundária com a riqueza, resultante do amor e do apreço que adquire por meio dela, e essa satisfação não passa de um segundo re-

flexo daquele prazer original que procedia dele mesmo. Essa satisfação ou vaidade secundária se torna um dos principais atrativos da riqueza, sendo a razão fundamental por que a desejamos para nós mesmos ou a apreciamos nos outros. Temos aqui, portanto, uma terceira reverberação do prazer original; depois disso, fica difícil distinguir entre imagens e reflexos, em virtude de sua palidez e confusão.

Seção 6
Da benevolência e da raiva

1   As ideias podem-se comparar à extensão e à solidez da matéria; e as impressões, especialmente as reflexivas, às cores, sabores, odores e outras qualidades sensíveis. As ideias nunca admitem uma união total; ao contrário, são dotadas de uma espécie de impenetrabilidade, que faz com que se excluam mutuamente, de modo que só são capazes de formar um composto por meio de sua conjunção, e não por sua mistura. As impressões e as paixões, por sua vez, são suscetíveis de uma união completa; como as cores, podem se misturar tão perfeitamente que cada uma delas desaparece, e apenas contribui para modificar a impressão uniforme resultante do conjunto. Alguns dos fenômenos mais curiosos da mente humana decorrem dessa propriedade das paixões.

2   Ao examinar os ingredientes capazes de se unir ao amor e ao ódio, começo a me dar conta de uma vicissitude a que estão sujeitos todos os sistemas filosóficos que o mundo já conheceu. Quando explicamos as operações da natureza mediante uma hipótese particular, é comum descobrirmos que, em meio a um certo número de experimentos que se enquadram perfeitamente dentro dos princípios que tentamos estabelecer, há sempre um fenômeno mais obstinado, que não se dobra tão facilmente a nosso propósito. Não devemos nos surpreender que isso aconteça na filosofia da natureza. A

essência e a composição dos corpos externos é tão obscura que, em nossos raciocínios, ou antes, conjeturas a seu respeito, envolvemo-nos necessariamente em contradições e absurdos. Mas, como as percepções da mente são perfeitamente conhecidas, e como tomei todo o cuidado imaginável ao formar conclusões a seu respeito, sempre esperei me manter livre das contradições que acompanham todos os outros sistemas. Assim sendo, a dificuldade que ora tenho em vista não é de modo algum contrária a meu sistema; constitui apenas um pequeno afastamento daquela simplicidade que até aqui constituiu sua principal força e beleza.

3   As paixões do amor e do ódio são sempre seguidas pela benevolência e pela raiva, ou antes, ocorrem sempre em conjunção com estas últimas. É sobretudo essa conjunção que distingue tais afetos do orgulho e da humildade. Pois o orgulho e a humildade são puras emoções da alma; não são acompanhados de nenhum desejo, e não nos impelem imediatamente à ação. O amor e o ódio, ao contrário, não se completam em si mesmos; não se detêm naquela emoção que produzem, mas levam a mente a algo além dela. O amor é sempre seguido por um desejo da felicidade da pessoa amada e uma aversão por sua infelicidade; e o ódio produz um desejo da infelicidade e uma aversão pela felicidade da pessoa odiada. Uma diferença tão notável entre esses dois pares de paixões, de orgulho e humildade e de amor e ódio, que não obstante se correspondem mutuamente em tantos outros aspectos, merece nossa atenção.

4   A conjunção desse desejo e aversão com o amor e o ódio pode ser explicada por duas hipóteses diferentes. A primeira é que amor e ódio não têm apenas uma *causa* que os excita, a saber, o prazer e a dor; e um *objeto* a que se dirigem, a saber, uma pessoa ou ser pensante; têm também um *fim* que buscam atingir, ou seja, a felicidade ou infelicidade da pessoa amada ou odiada; e a mistura de todas essas considerações forma uma única paixão. De acordo com esse sistema, o amor não é senão um desejo da felicidade de outra pessoa, e o ódio, um desejo de sua infelicidade. O desejo e a aversão constituem a própria

natureza do amor e do ódio. Não são apenas inseparáveis destes, mas a mesma coisa.

5   Ora, é evidente que isso contradiz a experiência. É certo que nunca amamos uma pessoa sem desejar sua felicidade, e nunca a odiamos sem querer sua infelicidade; entretanto, esses desejos só surgem quando a imaginação nos apresenta as ideias da felicidade ou infelicidade de nosso amigo ou inimigo, não sendo absolutamente essenciais ao amor e ao ódio. São os sentimentos mais evidentes e naturais desses afetos, mas não os únicos. As paixões podem se expressar de uma centena de maneiras diferentes, e podem subsistir por um período de tempo considerável, sem pensarmos na felicidade ou na infelicidade de seus objetos; isso prova claramente que esses desejos não são a mesma coisa que o amor ou o ódio, e não constituem uma parte essencial destes.

6   Podemos inferir, portanto, que a benevolência e a raiva são paixões diferentes do amor e do ódio, e só aparecem em conjunção com estes em virtude da constituição original da mente. Assim como a natureza concedeu ao corpo certos apetites e inclinações, que ela aumenta, diminui ou muda de acordo com a situação dos fluidos e dos sólidos, procedeu da mesma maneira em relação à mente. Conforme estejamos possuídos pelo amor ou pelo ódio, o desejo correspondente da felicidade ou da infelicidade da pessoa que é objeto dessas paixões surge na mente, e varia a cada variação dessas paixões opostas. Essa ordem das coisas, considerada abstratamente, não é necessária. O amor e o ódio poderiam não ser acompanhados de nenhum desejo desse tipo, ou sua conexão particular poderia ser inteiramente invertida. Se a natureza assim o quisesse, o amor poderia ter o mesmo efeito que o ódio, e o ódio o mesmo efeito que o amor. Não vejo nenhuma contradição em supor que um desejo de produzir a infelicidade fosse vinculado ao amor, e um desejo de produzir a felicidade fosse vinculado ao ódio. Se as sensações da paixão e do desejo fossem opostas, a natureza poderia ter alterado a sensação sem alterar a tendência do desejo, tornando-os assim compatíveis.

Seção 7
Da compaixão

1   Embora o desejo da felicidade ou infelicidade daqueles que amamos ou odiamos seja um instinto arbitrário e original implantado em nossa natureza, vemos, no entanto, que em muitas ocasiões ele pode ser imitado e surgir de princípios secundários. A *piedade* é uma preocupação com a infelicidade alheia, e a *malevolência* um júbilo diante da mesma infelicidade, sem que nenhuma amizade ou inimizade ocasione essa preocupação ou esse júbilo. Temos pena até mesmo de estranhos que nos são absolutamente indiferentes; e quando nossa má vontade para com outrem procede de algum dano ou ofensa que sofremos, não se trata propriamente de malevolência, mas sim de desejo de vingança. Se examinarmos, porém, esses afetos da piedade e da malevolência, veremos que são secundários, e derivam de afetos originais modificados por alguma inclinação particular do pensamento e imaginação.

2   É fácil explicar a paixão da *piedade* com base no raciocínio anterior concernente à *simpatia*. Temos uma ideia viva de tudo que tem relação conosco. Todas as criaturas humanas estão relacionadas conosco pela semelhança. Portanto, suas existências, seus interesses, suas paixões, suas dores e prazeres devem nos tocar vivamente, produzindo em nós uma emoção similar à original – pois uma ideia vívida se converte facilmente em uma impressão. Se isso é verdade em geral, quanto mais no que diz respeito à aflição e à tristeza, que exercem uma influência mais forte e duradoura que qualquer prazer ou satisfação.

3   O espectador de uma tragédia atravessa uma longa cadeia de afetos, de pesar, terror, indignação e outros, que o poeta representa em seus personagens. Como muitas tragédias têm um final feliz, e como toda boa tragédia deve conter alguns reveses de fortuna, o espectador deve simpatizar com todas essas mudanças, experimentando não só uma alegria fictícia, mas todas as outras paixões. Portanto, a me-

nos que se afirme que cada paixão distinta é comunicada por uma qualidade original distinta, e não é derivada do princípio geral da simpatia acima explicado, deve-se reconhecer que todas surgem desse princípio. Abrir exceção para uma em particular seria muito pouco razoável. Pois como todas estão primeiro presentes na mente de uma pessoa, e depois aparecem na mente de outra pessoa; e como sempre aparecem do mesmo modo, isto é, primeiro como ideia e depois como impressão, a transição tem de derivar do mesmo princípio. Ao menos estou seguro de que essa maneira de raciocinar seria considerada correta tanto na filosofia da natureza como na vida corrente.

4 Acrescente-se a isso que a piedade depende em grande parte da contiguidade, e mesmo da visão direta do objeto, o que prova que ela deriva da imaginação. Isso sem mencionar que mulheres e crianças são mais dadas à piedade, porque são preponderantemente guiadas por essa faculdade. A mesma fragilidade que as faz desmaiar à simples visão de uma espada desembainhada, ainda que esta se encontre nas mãos de seu melhor amigo, faz que se compadeçam enormemente daqueles que passam por algum desgosto ou aflição. Os filósofos que derivam essa paixão de não sei que sutis reflexões sobre a instabilidade do destino e sobre o fato de estarmos sujeitos aos mesmos infortúnios que observamos nos demais descobrirão que essa observação os contradiz, assim como muitas outras que poderíamos facilmente apresentar.

5 Falta apenas chamar a atenção para um fenômeno bastante interessante que ocorre com essa paixão: às vezes, a paixão comunicada por simpatia adquire força pela fraqueza da paixão original, e pode até mesmo surgir por uma transição com base em afetos que não existem. Assim, por exemplo, quando uma pessoa recebe um cargo de honra ou herda uma grande fortuna, alegramo-nos tão mais com sua prosperidade quanto menos noção [*sense*] ela parece ter da mesma, e quanto maior for a equanimidade e a indiferença com que a desfruta. De maneira semelhante, lastimamos o homem a quem os infortúnios não conseguem abater, em virtude de sua resignação; e se essa virtude

chega ao ponto de suprimir inteiramente todo sofrimento [*all sense of uneasiness*], ela aumenta ainda mais nossa compaixão. Quando uma pessoa de mérito se vê atingida pelo que se costuma considerar uma grande desgraça, formamos uma noção de sua condição e, levando nossa fantasia da causa até seu efeito usual, concebemos primeiramente uma ideia vívida de seu pesar e, em seguida, sentimos sua impressão, desprezando completamente a grandeza de espírito que põe essa pessoa acima de tais emoções, ou considerando essa virtude apenas o suficiente para aumentar nossa admiração, amor e ternura por ela. A experiência nos mostra que um tal grau de paixão ocorre usualmente em conjunção com um tal infortúnio; e, mesmo que haja uma exceção no caso presente, a imaginação se vê afetada pela *regra geral*, fazendo-nos conceber uma ideia vívida da paixão, ou antes fazendo-nos sentir a própria paixão, exatamente como se a pessoa estivesse de fato sendo movida por ela. Pelos mesmos princípios, enrubescemos pela conduta daqueles que se comportam de maneira tola diante de nós, mesmo que não mostrem nenhum senso de vergonha, nem pareçam ter consciência de sua estupidez. Tudo isso resulta da simpatia, mas de uma simpatia parcial, que vê apenas um lado de seus objetos, sem considerar o outro, que tem um efeito contrário e que destruiria inteiramente aquela emoção resultante da primeira aparência.

6   Temos também casos em que uma indiferença e insensibilidade diante do infortúnio aumenta nossa preocupação por aquele que o padece, mesmo que tal indiferença não proceda de uma virtude ou magnanimidade. O fato de um assassinato ser cometido contra pessoas que se encontravam adormecidas e sentindo-se em plena segurança é considerado um agravante; de modo semelhante, os historiadores observam que um príncipe infante mantido prisioneiro nas mãos de seus inimigos será tão mais digno de compaixão quanto menos consciência tiver de sua infeliz condição. Como nós, de nosso lado, conhecemos a situação lamentável em que a pessoa se encontra, isso nos dá uma ideia vívida e uma sensação de tristeza, que é a paixão que *geral-*

mente acompanha tal situação; e essa ideia se torna ainda mais viva, e a sensação, mais violenta, pelo contraste com a segurança e a indiferença exibidas pela própria pessoa. Um contraste, seja de que tipo for, nunca deixa de afetar a imaginação, sobretudo quando apresentado pelo próprio objeto; e a piedade depende inteiramente da imaginação.⁶

Seção 8
Da malevolência e da inveja

1 Devemos agora explicar a paixão da *malevolência*, cujos efeitos imitam os do ódio, como os da piedade imitam os do amor; e que nos proporciona um contentamento diante do sofrimento e da infelicidade dos demais, sem que tenhamos sofrido qualquer ofensa ou dano de sua parte.

2 Os homens são tão pouco governados pela razão em seus sentimentos e opiniões que julgam os objetos mais por comparação que por seu mérito e valor intrínsecos. Quando a mente considera um determinado grau de perfeição, ou está acostumada a ele, tudo aquilo que não atinge esse grau, ainda que de fato seja digno de apreço, terá sobre as paixões o mesmo efeito que se fosse defeituoso e mau. Essa é uma qualidade *original* da alma, similar à que experimentamos todos os dias em nosso corpo. Se um homem aquecer uma mão e esfriar a outra, a mesma água lhe parecerá simultaneamente fria e quente, segundo as diferentes disposições de seus órgãos. Um baixo grau de uma qualidade qualquer, sucedendo-se a um grau mais alto, dá a

---

6 Para evitar qualquer ambiguidade, devo observar que, quando oponho a imaginação à memória, refiro-me, em geral, à faculdade que apresenta nossas ideias mais fracas. Em todos os outros casos, e particularmente quando a oponho ao entendimento, entendo por imaginação a mesma faculdade, excluindo nossos raciocínios demonstrativos e prováveis. * Esta nota estava contida na edição original do *Tratado*. Hume posteriormente a ampliou, recomendando que fosse retirada deste local e reinserida no final de 1-3-9 (cf. David F. Norton & Mary J. Norton, op. cit., e o texto da NN/OPT, p.515). Embora a edição de SBN tenha entendido que deveria manter esta nota, a verdade é que a outra, mais longa, parece tê-la tornado redundante, exceto pelo uso ali da palavra "razão" onde aqui está "entendimento". (N.T.)

sensação de ser inferior ao que realmente é, chegando por vezes a produzir a sensação da qualidade oposta. Uma leve dor que sobrevém a uma dor violenta parece não ser nada, ou antes, torna-se um prazer; ao contrário, uma dor violenta, sucedendo a uma dor suave, é duplamente penosa e desconfortável.

3   Ninguém pode duvidar disso no que diz respeito a nossas paixões e sensações. Mas pode surgir alguma dificuldade no caso de nossas ideias e objetos. Quando, ao ser comparado com outros, um objeto aumenta ou diminui para o olho ou para a imaginação, a imagem e a ideia do objeto continuam as mesmas e ocupam a mesma extensão na retina e no cérebro, ou órgão da percepção. Os olhos refratam os raios de luz e os nervos óticos conduzem as imagens ao cérebro da mesma maneira, quer o objeto precedente tenha sido grande ou pequeno; e a imaginação tampouco altera as dimensões de seu objeto em virtude de sua comparação com outros. A questão, portanto, é saber como, partindo da mesma impressão e da mesma ideia, podemos formar juízos tão diferentes a respeito do mesmo objeto, ora admirando seu tamanho, ora desdenhando de sua pequenez. Essa variação em nossos juízos deve certamente proceder de uma variação em alguma percepção; mas como a variação não está na impressão imediata ou na ideia do objeto, ela tem de estar em alguma outra impressão que o acompanha.

4   Para explicar essa questão, mencionarei brevemente dois princípios, dos quais um será mais bem explicado no decorrer deste tratado, e o outro já foi considerado. Creio que se pode estabelecer seguramente, como uma máxima geral, que todo objeto que se apresenta aos sentidos e toda imagem que se forma na fantasia são acompanhados de alguma emoção ou movimento proporcional dos espíritos animais; e por mais que o costume nos torne insensíveis a essa sensação, e nos faça confundi-la com o objeto ou com a ideia, será fácil separá-los e distingui-los por meio de experimentos cuidadosos e precisos. Para citar apenas os casos da extensão e do número, é evidente que qualquer objeto muito grande, como por exemplo o oceano, uma extensa

planície, uma vasta cadeia de montanhas, uma imensa floresta; ou qualquer coleção muito numerosa de objetos, como um exército, uma frota ou uma multidão, desperta na mente uma sensível emoção; e que a admiração que nasce com a aparição de tais objetos é um dos prazeres mais intensos que a natureza humana é capaz de experimentar. Ora, como essa admiração aumenta ou diminui com o aumento ou a diminuição dos objetos, podemos concluir, de acordo com os princípios anteriores,[7] que ela é um efeito composto, procedente da conjunção de diversos efeitos, cada um dos quais decorre de uma parte da causa. Portanto, cada parte da extensão, bem como cada unidade numérica, quando concebida pela mente, vem acompanhada de uma emoção separada. Essa emoção nem sempre é agradável; entretanto, por sua conjunção com outras, e porque agita os espíritos animais no grau adequado, contribui para produzir a admiração, que é sempre agradável. Se admitimos isso no que diz respeito à extensão e ao número, não poderemos ter dificuldade quanto à virtude e ao vício, à inteligência e à estupidez, à riqueza e à pobreza, à felicidade e à infelicidade, e a outros objetos dessa espécie, que são sempre acompanhados de uma evidente emoção.

5   O segundo princípio que assinalarei é o de nossa adesão a *regras gerais*, que tão poderosa influência exerce sobre as ações e o entendimento, e é capaz de se impor aos próprios sentidos. Quando vemos pela experiência que um objeto está sempre acompanhado de outro, todas as vezes em que o primeiro aparece, ainda que tenha sofrido transformações importantes, apressamo-nos naturalmente a conceber o segundo, e a formar dele uma ideia tão viva e forte como se houvéssemos inferido sua existência mediante a conclusão mais legítima e autêntica de nosso entendimento. Nada pode desfazer essa ilusão, nem mesmo nossos sentidos, os quais, em vez de corrigir esse falso juízo, são frequentemente pervertidos por ele e parecem mesmo autorizar seus erros.

---

[7] Livro 1, Parte 3, Seção 15.

6   A conclusão que extrairei desses dois princípios, assim como da influência da comparação que mencionei anteriormente, é bastante breve e decisiva. Todo objeto se faz acompanhar de alguma emoção proporcional a ele; um objeto grande, de uma emoção grande, e um objeto pequeno, de uma emoção pequena. Portanto, um *objeto* grande que sucede a um pequeno faz com que uma grande *emoção* suceda a uma pequena. Ora, uma grande emoção, sucedendo a uma pequena, torna-se ainda maior, ultrapassando sua proporção usual. Mas, como costuma haver um grau determinado de emoção acompanhando cada magnitude de um objeto, quando a emoção aumenta, imaginamos naturalmente que o objeto também aumentou. O efeito leva nossa atenção para sua causa usual, ou seja, passamos de um determinado grau de emoção para uma determinada magnitude do objeto; e não consideramos que a comparação pode mudar a emoção sem mudar nada no objeto. Aqueles que estão familiarizados com a parte metafísica da óptica, e sabem como transferimos aos sentidos os juízos e conclusões do entendimento, compreenderão facilmente toda essa operação.

7   Mas, deixando de lado essa nova descoberta, de que existe uma impressão acompanhando secretamente cada ideia, temos de admitir ao menos o princípio do qual surgiu tal descoberta: *que os objetos parecem maiores ou menores pela comparação com outros*. Temos tantos exemplos disso, que é impossível duvidar de sua veracidade. Ora, é desse princípio que derivo as paixões da malevolência e da inveja.

8   É evidente que devemos obter uma satisfação ou um desprazer maior ou menor ao refletir sobre nossa própria condição e sobre as circunstâncias que nos cercam, conforme estas pareçam mais ou menos felizes ou infelizes, e proporcionalmente aos graus de riqueza, poder, mérito e reputação que pensamos possuir. Ora, como raramente julgamos os objetos por seu valor intrínseco; como, ao contrário, as noções que deles formamos resultam de uma comparação com outros objetos, segue-se que avaliamos nossa própria felicidade ou infelicidade segundo observemos uma porção maior ou menor

de felicidade ou de infelicidade nos demais, e é em consequência disso que sentimos dor ou prazer. A infelicidade de outrem nos dá uma ideia mais viva de nossa própria felicidade, e sua felicidade, de nossa infelicidade. A primeira, portanto, produz satisfação; e a última, desprazer.

9   Eis aqui, portanto, uma espécie de piedade às avessas, caracterizada pelo surgimento, no observador, de sensações contrárias às experimentadas pela pessoa que ele considera. Podemos observar em geral que, em qualquer tipo de comparação, o primeiro objeto sempre nos faz obter do segundo, com o qual é comparado, uma sensação contrária à que surge quando ele próprio é considerado direta e imediatamente. Um objeto pequeno faz um grande parecer ainda maior. Um objeto grande faz um pequeno parecer menor. A feiura, em si mesma, produz desprazer, mas nos faz obter um novo prazer por seu contraste com um objeto belo, cuja beleza ela aumenta; ao contrário, a beleza, que por si mesma produz prazer, faz com que experimentemos uma dor maior por seu contraste com algo feio, cuja deformidade ela aumenta. O mesmo deve se passar, portanto, com a felicidade e a infelicidade. A observação direta do prazer de outrem naturalmente nos dá prazer, e em consequência disso produz dor quando esse prazer é comparado com o nosso. A dor alheia, considerada em si mesma, é dolorosa para nós; mas aumenta a ideia de nossa própria felicidade, dando-nos prazer.

10   Não é de se estranhar que possamos experimentar uma sensação inversa partindo da felicidade e da infelicidade dos demais. Pois vemos que a mesma comparação pode nos proporcionar uma espécie de malevolência contra nós mesmos, fazendo que nos alegremos com nossas dores e nos entristeçamos com nossos prazeres. Assim, quando estamos satisfeitos com nossa situação presente, a lembrança de dores passadas é agradável; em contrapartida, nossos prazeres passados nos provocam um mal-estar, quando no presente não temos nada equivalente. Uma vez que a comparação é do mesmo tipo que aquela que fazemos quando refletimos sobre os sentimentos alheios, ela deve vir acompanhada dos mesmos efeitos.

11   Mais ainda. Uma pessoa pode estender essa malevolência contra si mesma também à sua sorte presente, chegando ao ponto de propositadamente buscar a aflição e aumentar suas dores e tristezas. Isso pode ocorrer em duas ocasiões. *Primeira*, quando do sofrimento e infortúnio de um amigo ou ente querido. *Segunda*, quando sente remorsos por um crime de que é culpada. É do princípio de comparação que surgem esses dois apetites irregulares pelo mal. Uma pessoa que se entrega a um prazer enquanto seu amigo passa por momentos de aflição sente a dor de seu amigo nela refletida ainda mais sensivelmente pela comparação com seu próprio prazer original. É verdade que esse contraste também deveria avivar o prazer presente. Mas como aqui, supostamente, a tristeza é a paixão predominante, qualquer adição passa para o seu lado, é engolida por ela, sem influenciar em nada o afeto contrário. O mesmo se passa com as penitências que os homens infligem a si mesmos por seus pecados e erros passados. Quando um criminoso pensa na punição que merece, a ideia de tal punição é ampliada pela comparação com seu conforto e satisfação presentes, o que o força, de alguma maneira, a procurar o desconforto, a fim de evitar um contraste tão desagradável.

12   Esse raciocínio explica também a origem da *inveja*, além da malevolência. A única diferença entre essas paixões é que a inveja é despertada por uma satisfação presente por parte de outrem, a qual, por comparação, diminui nossa ideia de nossa própria satisfação; ao passo que a malevolência é o desejo não provocado de causar mal a alguém, a fim de extrair um prazer da comparação. A satisfação que é objeto de inveja é em geral superior à nossa. A superioridade do outro parece naturalmente nos obscurecer, apresentando-nos uma comparação desagradável. Mesmo que haja inferioridade, porém, desejamos uma distância maior, que possa aumentar ainda mais a ideia de nós mesmos. Quando essa distância diminui, a comparação é menos vantajosa para nós; e consequentemente, nos dá menos prazer, sendo até mesmo desagradável. É daí que surge aquela espécie de inveja que os homens sentem quando percebem que seus inferiores deles

se aproximam ou com eles se emparelham na perseguição da glória ou da felicidade. Um homem que se compara com seu inferior extrai um prazer dessa comparação; e quando a inferioridade decresce pela elevação do inferior, aquilo que deveria ter sido apenas uma diminuição do prazer se torna uma verdadeira dor, em virtude de uma nova comparação, com sua condição anterior.

13 Vale observar, a respeito dessa inveja que decorre de uma superioridade nos demais, que não é a grande desproporção entre nós e a outra pessoa que a produz, mas, ao contrário, nossa proximidade. Um soldado raso não sente de seu general a mesma inveja que sente de seu sargento ou cabo; um escritor ilustre não encontra tanta inveja por parte de reles escrevinhadores de encomenda quanto de autores de nível semelhante ao seu. Pode-se pensar, é verdade, que, quanto maior a desproporção, maior deverá ser o desconforto resultante da comparação. Mas podemos considerar, por outro lado, que uma grande desproporção corta a relação e nos impede de comparar a nós mesmos com aquilo que está distante de nós, ou ao menos diminui os efeitos da comparação. A semelhança e a proximidade sempre produzem uma relação de ideias; e quando esses laços são destruídos, por mais que outros acidentes possam reunir as duas ideias, como elas não possuem um vínculo ou qualidade que as conecte na imaginação, é impossível que permaneçam unidas por muito tempo ou que exerçam uma influência considerável uma sobre a outra.

14 Ao considerar a natureza da ambição, observei que os poderosos extraem um duplo prazer da autoridade quando comparam sua própria condição com a de seus servos; e que essa comparação tem uma dupla influência, porque é natural e proposta pelo próprio objeto. Quando, ao realizar uma comparação, a fantasia não passa facilmente de um objeto ao outro, a ação da mente em grande parte se interrompe, e a fantasia, para considerar o segundo objeto, tem de recomeçar como se fosse do zero. Nesse caso, a impressão que acompanha todo objeto não parece maior por suceder a uma impressão menor do mesmo tipo; ao contrário, essas duas impressões são distintas, e

produzem efeitos distintos, sem comunicação entre si. A falta de relação nas ideias quebra a relação das impressões, e tal separação impede sua operação e influência mútuas.

15   Para confirmar isso, podemos observar que a proximidade nos graus de mérito não é suficiente para despertar a inveja, devendo ser auxiliada por outras relações. Um poeta não é dado a invejar um filósofo, ou sequer um poeta de outro gênero, ou de um país ou época diferentes. Todas essas diferenças impedem ou enfraquecem a comparação e, consequentemente, a paixão.

16   Essa também é a razão por que os objetos só parecem maiores ou menores quando comparados a outros da mesma espécie. Aos nossos olhos, uma montanha não aumenta nem diminui um cavalo; mas quando vemos um cavalo *flamengo* junto de um *galês*, um parece maior e o outro menor que quando vistos separadamente.

17   Tal princípio permite-nos explicar ainda aquela observação dos historiadores, de que, numa guerra civil, um partido sempre prefere assumir o risco de apelar para um inimigo estrangeiro a ter de se submeter a seus concidadãos. *Guicciardini* aplica essa observação às guerras da *Itália*,* onde as relações entre os diferentes estados não são, propriamente falando, senão relações de nome, língua e contiguidade. No entanto, mesmo essas relações, quando conjugadas com a superioridade, tornam a comparação mais natural, e por isso também mais penosa, fazendo que os homens busquem alguma outra superioridade que não seja acompanhada de nenhuma relação, e que, assim, influencie menos sensivelmente a imaginação. A mente rapidamente percebe suas diversas vantagens e desvantagens; e, vendo que sua situação é mais desconfortável nos casos em que a superioridade se dá em conjunção com outras relações, procura se tranquilizar ao máximo, separando-as e quebrando aquela associação de ideias que torna a comparação tão mais natural e eficaz. Quando não é capaz de quebrar a associação, sente um desejo mais forte de suprimir a superioridade.

---

* Francesco Guicciardini (1483-1540), *Istoria d'Italia* 3.4. (N.T.)

É por essa razão que os viajantes costumam ser tão pródigos em seus elogios aos *chineses* e *persas*, ao passo que depreciam as nações vizinhas, capazes de rivalizar com seu país natal.

18   Esses exemplos, extraídos da história e da experiência cotidiana, são ricos e interessantes. Mas podemos encontrar exemplos análogos e igualmente notáveis nas artes. Se acaso um autor escrevesse um tratado, do qual uma parte fosse séria e profunda e a outra leve e engraçada, todos condenariam uma mistura tão estranha e o acusariam de desprezar todas as regras da arte e da crítica. Essas regras da arte se fundam nas qualidades da natureza humana; e a qualidade da natureza humana que requer que toda obra possua uma coerência é o que torna a mente incapaz de passar muito rapidamente de uma paixão e disposição a outras muito diferentes. Entretanto, isso não nos faz censurar o Sr. *Prior** por reunir seus dois poemas *Alma* e *Solomon* em um mesmo volume, embora esse admirável poeta tenha sido igualmente bem-sucedido na alegria do primeiro e na melancolia do segundo. Mesmo que uma pessoa lesse cuidadosamente essas duas composições uma em seguida à outra, sentiria pouca ou nenhuma dificuldade em trocar de paixão. E por quê? Porque considera essas duas obras inteiramente diferentes; e essa ruptura entre as ideias interrompe o progresso dos afetos, impedindo que um influencie e contradiga o outro.

19   Um quadro que unisse um motivo heroico e outro burlesco seria monstruoso; no entanto, não hesitamos nem temos nenhuma dificuldade em colocar dois quadros de gêneros tão diferentes no mesmo aposento, e até perto um do outro.

20   Em resumo, duas ideias nunca poderão afetar uma à outra, seja por comparação, seja pelas paixões que produzem separadamente, a menos que estejam unidas por alguma relação, capaz de causar uma transição fácil entre as duas ideias e, consequentemente, entre as emoções ou impressões que as acompanham, e capaz de preservar uma das

---

*   Matthew Prior (1664-1721). Poeta e diplomata inglês. As obras que Hume cita são *Alma: or, the progress of the mind* e *Solomon or the vanity of the world*, em *Poems on several occasions*. (N.T.)

impressões na passagem da imaginação ao objeto da outra. Esse princípio é bastante notável, porque é análogo ao que observamos tanto a respeito do *entendimento* quanto das *paixões*. Suponhamos que se apresentem a mim dois objetos que não estão conectados por nenhum tipo de relação. Suponhamos que cada um desses objetos, separadamente, produza uma paixão, e que essas duas paixões sejam contrárias uma à outra. Descobrimos, pela experiência, que a falta de relação nos objetos ou nas ideias impede a natural contrariedade das paixões, e a interrupção da transição do pensamento afasta os afetos uns dos outros, impedindo sua oposição. O mesmo se passa também com a comparação; e, com base nesses dois fenômenos, podemos concluir com segurança que a relação de ideias deve auxiliar a transição entre as impressões, já que sua simples ausência é capaz de impedi-la e de separar coisas que naturalmente deveriam ter atuado uma sobre a outra. Quando a ausência de um objeto ou qualidade suprime um efeito usual ou natural, podemos concluir com certeza que sua presença contribui para a produção do efeito.

Seção 9
Da mistura da benevolência e da raiva com a compaixão e a malevolência

1   Procuramos explicar, assim, a *piedade* e a *malevolência*. Esses dois afetos surgem da imaginação, de acordo com a perspectiva pela qual ela considera seu objeto. Quando nossa fantasia considera diretamente os sentimentos alheios e penetra profundamente neles, torna-nos sensíveis a todas as paixões que observa, particularmente ao pesar e à tristeza. Ao contrário, quando comparamos os sentimentos alheios aos nossos, temos uma sensação diretamente oposta à original, a saber, sentimos uma alegria pela tristeza dos demais e uma tristeza por sua alegria. Mas estes são apenas os primeiros fundamentos dos afetos da piedade e da malevolência. Em seguida, outras paixões se mistu-

ram a eles. Existe sempre uma mistura de amor ou de ternura com a piedade, e de ódio ou de raiva com a malevolência. Devo reconhecer que essa mistura parece, à primeira vista, contradizer meu sistema. Pois como a piedade é um desconforto e a malevolência, uma alegria derivados da infelicidade alheia, a piedade deveria naturalmente, como em todos os outros casos, produzir ódio; e a malevolência, amor. Tentarei solucionar essa contradição da seguinte maneira.

2   Para causar uma transição das paixões, é preciso uma dupla relação, de impressões e de ideias, pois uma só relação não basta para produzir esse efeito. Para que possamos compreender plenamente a força dessa dupla relação, no entanto, devemos considerar que não é apenas a sensação presente, a dor ou o prazer momentâneos, que determinam o caráter de uma paixão, mas sim a totalidade de sua inclinação ou tendência, do início ao fim. Uma impressão pode estar relacionada com outra, não somente quando suas sensações são semelhantes (como supusemos ao longo de todos os casos anteriores), mas também quando seus impulsos ou direções são similares e correspondentes. Isso não pode ocorrer no caso do orgulho e da humildade, porque estas são apenas puras sensações, sem direção nem tendência à ação. Só devemos buscar exemplos dessa relação peculiar de impressões, portanto, naqueles afetos que são acompanhados de um certo apetite ou desejo – como as paixões do amor e do ódio.

3   A benevolência, ou apetite que acompanha o amor, é um desejo da felicidade da pessoa amada e uma aversão por sua infelicidade, assim como a raiva, ou apetite que acompanha o ódio, é um desejo da infelicidade da pessoa odiada e uma aversão por sua felicidade. Portanto, o desejo da felicidade de outrem e a aversão por sua infelicidade são similares à benevolência; e o desejo de sua infelicidade e a aversão por sua felicidade são correspondentes à raiva. Ora, a piedade é um desejo da felicidade de outrem e uma aversão por sua infelicidade; e a malevolência é o apetite contrário. A piedade, portanto, está relacionada à benevolência, e a malevolência, à raiva. E como já constatamos que a benevolência está conectada com o amor por uma

qualidade natural e original, e a raiva com o ódio, concluímos que é por essa cadeia que as paixões da piedade e da malevolência se conectam com o amor e o ódio.

4   Essa hipótese está suficientemente fundamentada na experiência. Quando uma pessoa, por algum motivo, toma a resolução de realizar uma ação, ela naturalmente se lança em direção a todos os outros motivos ou considerações que possam fortalecer essa resolução, conferindo-lhe, assim, autoridade e influência sobre a mente. Para reforçar nosso propósito, buscamos motivos, extraídos do interesse, da honra ou do dever. Não é de espantar, portanto, que a piedade e a benevolência, ou que a malevolência e a raiva, que são os mesmos desejos vindos de princípios diferentes, misturem-se a ponto de se tornar indistinguíveis. Quanto à conexão entre a benevolência e o amor, ou entre a raiva e o ódio, como é *original* e primária, não admite dificuldade.

5   Podemos acrescentar a esse um outro experimento, a saber, que a benevolência e a raiva, e, consequentemente, o amor e o ódio, surgem quando nossa felicidade ou infelicidade dependem de algum modo da felicidade ou da infelicidade de outra pessoa, sem necessidade de outra relação. Estou certo de que a singularidade desse experimento parecerá uma boa justificativa para que nos detenhamos por um momento a examiná-lo.

6   Suponhamos que duas pessoas de mesma profissão procurem emprego em uma cidade que não tem capacidade de absorver a ambas; é claro que o sucesso de uma é inteiramente incompatível com o da outra, e tudo que é do interesse de uma é contrário ao de sua rival, e vice-versa. Suponhamos, em seguida, que dois comerciantes, embora vivendo em partes diferentes do mundo, formem uma sociedade; nesse caso, todos os ganhos e perdas de um se convertem imediatamente em ganhos e perdas para seu parceiro, e a sorte de ambos é necessariamente a mesma. Ora, é evidente que, no primeiro caso, a contrariedade de interesses sempre produz o ódio, ao passo que, no segundo, a união dos interesses gera o amor. Vejamos a que princípios podemos atribuir essas paixões.

7   É claro que elas não resultam da dupla relação, de impressões e ideias, se considerarmos apenas a sensação presente. Tomemos por exemplo o primeiro caso, da rivalidade. O prazer e a vantagem de um adversário são necessariamente desvantajosos e dolorosos para mim; entretanto, para contrabalançar, sua dor e desvantagem me causam prazer e me favorecem; e, caso ele fracasse, posso extrair daí um grau superior de satisfação. Da mesma maneira, o sucesso de um parceiro me alegra, mas seus infortúnios me afligem na mesma proporção; e é fácil imaginar que, em muitos casos, este último sentimento possa preponderar. Mas quer a sorte de um rival ou parceiro seja boa, quer seja má, sempre odeio o primeiro e amo o segundo.

8   Esse amor que sinto por meu parceiro não pode proceder da relação ou conexão entre nós, como ocorre no caso de meu amor por um irmão ou compatriota. Um rival guarda comigo uma relação quase tão estreita quanto um parceiro, pois, assim como o prazer deste último me causa prazer e sua dor me causa dor, assim também o prazer do primeiro me causa dor e sua dor me causa prazer. Portanto, a conexão de causa e efeito é a mesma nos dois casos. E se, em um deles, a causa e o efeito têm também a relação de semelhança, no outro têm a de contrariedade – que, sendo também uma espécie de semelhança, deixa tudo equilibrado.

9   Assim, a única explicação que podemos dar para esse fenômeno é derivada do princípio, acima mencionado, de uma direção paralela dos afetos. Nossa preocupação com nosso próprio interesse nos dá um prazer pelo prazer e uma dor pela dor de um parceiro, do mesmo modo que, pela simpatia, sentimos uma sensação correspondente às que aparecem em qualquer pessoa que esteja em nossa presença. Por outro lado, a mesma preocupação com nosso interesse nos faz sentir dor pelo prazer e prazer pela dor de um rival; e, em suma, a mesma contrariedade de sentimentos que surge da comparação e da malevolência. Portanto, como uma direção paralela dos afetos, procedente do interesse, pode gerar benevolência ou raiva, não é de admirar que a mesma

direção paralela, resultante da simpatia e da comparação, tenha o mesmo efeito.

10   Podemos observar, em geral, que é impossível fazer o bem a outras pessoas, por qualquer motivo que seja, sem sentir por elas uma ponta de ternura e afeição, assim como, quando prejudicamos alguém, causamos ódio não apenas na pessoa que é prejudicada, mas em nós mesmos. Esses fenômenos, sem dúvida, podem ser parcialmente explicados por outros princípios.

11   Surge aqui, porém, uma objeção importante, que precisaremos examinar antes de passar adiante. Procurei provar que o poder e a riqueza, ou a pobreza e a inferioridade, que geram amor e ódio sem produzir um prazer ou desprazer originais, atuam sobre nós por meio de uma sensação secundária derivada de uma simpatia com a dor e com a satisfação que produzem na própria pessoa. Da simpatia com seu prazer nasce o amor, e com seu desprazer, o ódio. Mas uma máxima que acabei de estabelecer, e a qual é absolutamente necessária para explicar os fenômenos da piedade e da malevolência, diz que "não é a sensação presente, a dor e o prazer momentâneos, o que determina o caráter de uma paixão, mas sim a inclinação ou tendência geral dessa paixão, do começo ao fim". Por essa razão, a piedade, ou seja, uma simpatia com a dor, produz amor – porque nos dá um interesse pela sorte dos outros, boa ou má, produzindo em nós uma sensação secundária, correspondente à primária; e assim tem a mesma influência que o amor e a benevolência. Se essa regra vale em um caso, portanto, por que não prevalece em todos, e por que a simpatia com o desprazer algumas vezes produz uma paixão além da boa vontade e da ternura? Acaso convém a um filósofo alterar seu modo de raciocinar, saltando de um princípio a seu contrário, de acordo com o fenômeno particular que deseja explicar?

12   Mencionei duas causas diferentes das quais pode resultar uma transição entre as paixões: uma dupla relação, de ideias e de impressões, e (o que é semelhante) uma conformidade entre a tendência e direção de dois desejos quaisquer derivados de princípios diferentes.

Afirmo agora que, quando a simpatia com o desprazer é fraca, ela produz ódio ou desprezo, pela primeira causa; quando é forte, produz amor ou ternura, pela segunda. Essa é a solução da dificuldade acima mencionada, que parece tão premente. E esse princípio está fundado em argumentos tão evidentes que teríamos de estabelecê-lo mesmo que não fosse necessário para a explicação de nenhum fenômeno.

13 É certo que a simpatia nem sempre se limita ao momento presente. Frequentemente sentimos, por comunicação, dores e prazeres alheios que ainda não existem, mas que antecipamos pela força da imaginação. Suponhamos que eu visse uma pessoa inteiramente desconhecida dormindo sobre a relva, correndo perigo de ser pisoteada por cavalos; eu imediatamente correria para ajudá-la, e, ao fazê-lo, estaria sendo movido pelo mesmo princípio da simpatia que faz com que me preocupe com a aflição presente de um desconhecido. A simples menção disso é suficiente. Como a simpatia não é senão uma ideia vívida convertida em uma impressão, é evidente que, ao considerar a situação futura, possível ou provável, de uma pessoa qualquer, podemos entrar nessa situação mediante uma concepção tão viva que chegamos a fazer dela nosso próprio interesse; desse modo, tornamo-nos sensíveis a dores e prazeres que não nos pertencem, nem têm uma existência real no instante presente.

14 Mas, embora possamos estar pensando no futuro ao simpatizar com alguém, a extensão de nossa simpatia depende, em grande parte, da noção [*sense*] que temos de sua situação presente. Já é preciso um grande esforço de imaginação para formar, mesmo dos sentimentos presentes das outras pessoas, ideias tão vivas que cheguemos a sentir nós próprios esses sentimentos; mas estender essa simpatia ao futuro sem a ajuda de alguma circunstância no presente que nos toque de maneira vívida ser-nos-ia impossível. Quando a infelicidade presente de uma pessoa exerce uma forte influência sobre mim, a vividez da concepção não se limita apenas a seu objeto imediato; ao contrário, espalha sua influência por todas as ideias relacionadas, proporcionando-me uma noção vívida de todas as circunstâncias que en-

volvem essa pessoa, sejam passadas, presentes ou futuras; possíveis, prováveis ou certas. Por meio dessa noção vívida, interesso-me por essas circunstâncias, participo delas, e sinto em meu peito um movimento simpático, conforme a tudo que imagino se passar no seu. Se diminuo a vividez da primeira concepção, diminuo também a das ideias relacionadas – como ocorre com os canos, que não podem transportar mais água que aquela que brota da fonte. Com essa diminuição, destruo a perspectiva futura, necessária para que eu me interesse completamente pela sorte alheia. Posso sentir a impressão presente, mas não levo minha simpatia adiante, e em nenhum momento transmito a força da primeira concepção para minhas ideias dos objetos relacionados. Se for a infelicidade do outro o que se me apresenta dessa maneira tão fraca, eu a recebo por comunicação, e sou afetado por todas as paixões relacionadas a ela; mas, como não me interesso tanto a ponto de me preocupar igualmente com a boa e a má sorte dessa pessoa, nunca sinto a simpatia extensa, e tampouco as paixões com *ela* relacionadas.

15   Agora, para saber que paixões têm relação com esses diferentes tipos de simpatia, devemos considerar que a benevolência é um prazer original derivado do prazer da pessoa amada, e uma dor procedente de sua dor; dessa correspondência entre as impressões, surge um desejo subsequente de seu prazer e uma aversão por sua dor. Portanto, para fazer que uma paixão tenha uma direção paralela à da benevolência, precisamos sentir essas duplas impressões, correspondentes às da pessoa que consideramos; uma impressão, apenas, seria insuficiente para esse propósito. Quando simpatizamos somente com uma impressão e esta é dolorosa, essa simpatia se relaciona com a raiva e o ódio, em virtude do desprazer que nos transmite. Mas como o caráter extenso ou restrito da simpatia depende da força da primeira simpatia, segue-se que a paixão do amor ou do ódio depende do mesmo princípio. Uma impressão forte, quando comunicada, imprime uma dupla tendência às paixões, a qual se relaciona com a benevolência e o amor pela similaridade de suas direções, por mais dolorosa

que possa ter sido a primeira impressão. Uma impressão fraca e dolorosa relaciona-se com a raiva e o ódio pela semelhança de suas sensações. Portanto, a benevolência surge de um alto grau de infelicidade, ou de qualquer grau com que simpatizemos fortemente; o ódio ou desprezo surge de um baixo grau, ou de um grau com que simpatizemos pouco – o que vem a ser o princípio que eu pretendia provar e explicar.

16   Não é apenas a razão que nos permite confiar nesse princípio, mas também a experiência. Um determinado grau de pobreza produz desprezo, mas um grau a mais causa compaixão e benevolência. Podemos dar pouco valor a um camponês ou a um criado, mas quando a infelicidade de um mendigo parece muito grande, ou é retratada em cores muito vivas, simpatizamos com ele em suas aflições, e sentimos em nosso coração sinais evidentes de piedade e benevolência. O mesmo objeto causa paixões contrárias, segundo seus diferentes graus. As paixões, portanto, devem depender de princípios que atuam nesses graus precisos, de acordo com minha hipótese. O aumento da simpatia tem, evidentemente, o mesmo efeito que o aumento da infelicidade.

17   Uma região árida e desolada sempre parece repulsiva e desagradável, e comumente nos inspira desprezo por seus habitantes. Entretanto, tal repulsa procede em grande parte de uma simpatia com os habitantes, como já observamos; só que de uma simpatia fraca, que não vai além da sensação imediata, que é desagradável. A visão de uma cidade em cinzas traz sentimentos benevolentes, porque entramos tão profundamente nos interesses de seus infelizes habitantes que desejamos sua prosperidade, ao mesmo tempo que sentimos sua adversidade.

18   Mas, embora a força da impressão geralmente produza piedade e benevolência, é certo que, se for levada longe demais, deixa de ter esse efeito. Talvez valha a pena examinar esse ponto. Quando o desprazer é ele mesmo pequeno ou quando está longe de nós, não prende a imaginação, sendo incapaz de transmitir uma igual preocupação com o bem futuro e contingente que com o mal presente e real. Quando

adquire mais força, ficamos tão preocupados com os interesses da pessoa que nos tornamos sensíveis tanto a sua boa como a sua má sorte; e, dessa simpatia completa, nascem a piedade e a benevolência. Mas é fácil imaginar que, quando o mal presente nos toca com uma força maior que a usual, ele pode absorver inteiramente nossa atenção, impedindo aquela dupla simpatia acima mencionada. Assim, por exemplo, vemos que todas as pessoas, mas sobretudo as mulheres, tendem a se enternecer com criminosos que vão para o cadafalso, e logo imaginam que eles são extraordinariamente belos e bem-apessoados; entretanto, quem presencia a cruel execução do suplício não sente essas emoções suaves; ao contrário, enche-se de horror, e não tem nem tempo para moderar essa sensação desagradável por meio de uma simpatia oposta.

19   Mas o exemplo que mais claramente confirma minha hipótese é aquele em que, ao mudar de objeto, separamos a dupla simpatia até mesmo de um grau mediano da paixão – e, nesse caso, vemos que a piedade, ao invés de produzir o amor e a ternura, como de costume, engendra sempre o afeto contrário. Quando observamos uma pessoa que sofre uma adversidade, somos afetados pela piedade e pelo amor; mas o autor dessa adversidade se torna objeto de nosso ódio mais profundo, e é tão mais detestado quanto maior for nossa compaixão. Ora, por que razão deveria a mesma paixão da piedade produzir amor pela pessoa que sofre a adversidade e ódio pela pessoa que a causou, senão porque, neste último caso, o autor mantém uma relação apenas com a adversidade, ao passo que, ao considerar aquele que a padece, olhamos para todos os lados, e desejamos seu bem-estar, além de sentir sua aflição?

20   Antes de terminar este tema, observarei apenas que esse fenômeno da dupla simpatia e de sua tendência para produzir amor pode contribuir para a produção daquela afeição que naturalmente sentimos por nossos parentes e amigos. O costume e a relação de parentesco fazem-nos entrar profundamente nos sentimentos das pessoas; e seja qual for a sorte que imaginemos que lhes caiba, ela se torna

presente a nós pela imaginação, agindo como se fosse originalmente nossa. Alegramo-nos com seus prazeres e entristecemo-nos com suas aflições, pela mera força da simpatia. Nada que lhes interesse nos é indiferente; e como essa correspondência de sentimentos acompanha naturalmente o amor, ela produz facilmente esse afeto.

Seção 10
Do respeito e do desprezo

1   Resta agora explicar as paixões do *respeito* e do *desprezo*, juntamente com o afeto *amoroso*; com isso, teremos compreendido todas as paixões que contêm alguma mistura de amor ou de ódio. Comecemos com o respeito e o desprezo.

2   Ao considerar as qualidades e as particularidades das outras pessoas, podemos vê-las como são em si mesmas; ou compará-las com nossas próprias qualidades e particularidades; ou ainda, podemos conjugar essas duas maneiras de as considerar. Do primeiro ponto de vista, as boas qualidades alheias produzem amor; do segundo, humildade; e do terceiro, respeito, que é uma mistura dessas duas paixões. Suas más qualidades, do mesmo modo, causam ódio, orgulho ou desprezo, segundo a perspectiva pela qual as examinemos.

3   Que há um pouco de orgulho no desprezo e de humildade no respeito é algo que julgo tão evidente, pela própria aparência ou sensação [*feeling*] dessas paixões, que não há necessidade de provas. E não é menos evidente que essa mistura resulta de uma comparação tácita entre nós e a pessoa que desprezamos ou respeitamos. O mesmo homem pode causar respeito, amor ou desprezo por sua condição e seus talentos, conforme a pessoa que o considera passe de seu inferior para seu igual ou superior. Ao mudar o ponto de vista, mesmo que o objeto permaneça o mesmo, sua proporção conosco se altera completamente, e é isso que causa a alteração nas paixões. Essas paixões, portanto, surgem por observarmos a proporção, ou seja, surgem por uma comparação.

4   Já notei que a mente tem uma propensão muito mais forte para o orgulho que para a humildade; e procurei estabelecer a causa desse fenômeno partindo dos princípios da natureza humana. Quer se aceite ou não meu raciocínio, o fenômeno está fora de dúvida, e se manifesta em diversos casos. Por exemplo, é ele a razão de haver uma porção muito maior de orgulho no desprezo que de humildade no respeito, e também de nos sentirmos mais enaltecidos pela visão de alguém que está abaixo de nós que humilhados pela presença de alguém que está acima de nós. O desprezo ou desdém está tão impregnado de orgulho que raramente se pode discernir nele outras paixões, ao passo que, no apreço ou respeito, o amor é um ingrediente de mais peso que a humildade. A paixão da vaidade é tão pronta que desperta à menor chamada; a humildade, ao contrário, requer um impulso mais forte para se exercer.

5   Mas alguém poderia aqui perguntar, de forma bastante razoável, por que essa mistura só ocorre em alguns casos, não aparecendo em todas as ocasiões. Todos os objetos que causam amor quando situados em outra pessoa tornam-se causas de orgulho quando transferidos para nós; consequentemente, quando pertencem a outros e são apenas comparados aos que nos pertencem, deveriam ser causa de humildade, assim como de amor. Da mesma forma, toda qualidade que produz ódio quando diretamente considerada deveria sempre gerar orgulho por comparação; e, pela mistura dessas paixões do ódio e do orgulho, deveria despertar desprezo ou desdém. A dificuldade, portanto, é saber por que alguns objetos algumas vezes causam amor ou ódio puros, e nem sempre produzem as paixões mistas do respeito e do desprezo.

6   Até aqui supus que as paixões do amor e do orgulho, como também as da humildade e do ódio, são similares em suas sensações; e que como que as duas primeiras são sempre agradáveis, enquanto as últimas são penosas. Embora isso seja universalmente verdadeiro, contudo, pode-se observar que tanto as duas paixões agradáveis como as duas penosas apresentam algumas diferenças, e mesmo contrariedades,

que as distinguem. Nada revigora e exalta a mente tanto quanto o orgulho e a vaidade; ao mesmo tempo, o amor ou a ternura antes a enfraquecem e debilitam. Observa-se a mesma diferença entre as paixões desagradáveis. A raiva e o ódio conferem mais força a todos os nossos pensamentos e ações, enquanto a humildade e a vergonha nos deprimem e desencorajam. Será preciso formar uma ideia distinta dessas qualidades das paixões. Lembremos que o orgulho e o ódio fortalecem a alma; e o amor e a humildade a enfraquecem.

7   Segue-se daí que, embora a conformidade entre o amor e o orgulho, pelo caráter agradável de suas sensações, faça que essas duas paixões sejam despertadas pelos mesmos objetos, essa outra contrariedade é a razão pela qual elas são excitadas em graus muito diferentes. A inteligência e a erudição são objetos *prazerosos* e *eminentes*, sendo adequados ao orgulho e à vaidade por essas duas características; mas só têm relação com o amor pelo prazer que produzem. A ignorância e a parvoíce são *desagradáveis* e *desprezíveis*, o que lhes dá, de maneira semelhante, uma dupla conexão com a humildade, e uma conexão única com o ódio. Podemos, portanto, ter como certo que, embora o mesmo objeto sempre produza amor e orgulho, ou humildade e ódio, segundo suas diferentes situações, ele raramente produz as duas primeiras ou as duas últimas paixões na mesma proporção.

8   É neste ponto que devemos procurar uma solução para a dificuldade antes mencionada: por que certos objetos algumas vezes produzem amor ou ódio puros, e nem sempre produzem respeito ou desprezo pela mistura de humildade ou orgulho? Nenhuma qualidade alheia gera humildade por comparação, a menos que produza orgulho caso se situe em nós; e vice-versa, nenhum objeto desperta orgulho por comparação, a menos que produza humildade se observado diretamente em nós. Isto é evidente: a sensação que os objetos produzem por *comparação* é sempre diretamente contrária à sua sensação *original*. Suponhamos, portanto, que se nos apresente um objeto particularmente apto a produzir amor, mas não perfeitamente adequado para produzir orgulho. Esse objeto, por pertencer a outra pessoa, origina direta-

mente um alto grau de amor; mas, por comparação, gera apenas um fraco grau de humildade; em consequência disso, esta última paixão quase não se faz sentir dentro do composto, sendo incapaz de transformar o amor em respeito. Tal é o caso da boa índole, do bom humor, da docilidade, da generosidade, da beleza e de muitas outras qualidades, que têm uma aptidão peculiar para produzir amor pelos demais, mas não a mesma tendência para despertar orgulho em nós mesmos. Por essa razão, a visão dessas qualidades, quando pertencem a outra pessoa, produz amor puro, com apenas uma leve mistura de humildade e respeito. É fácil estender o mesmo raciocínio às paixões opostas.

9   Antes de passarmos a outro assunto, cabe explicar um fenômeno um tanto curioso: por que comumente nos mantemos distantes daqueles que desprezamos e não permitimos que nossos inferiores cheguem muito perto de nós, sequer no sentido espacial? Já notamos que quase todos os tipos de ideias são acompanhados de alguma emoção, inclusive as de número e de extensão, e mais ainda as dos objetos considerados importantes para a vida e que, por isso, prendem nossa atenção. Não podemos ficar inteiramente indiferentes ao observar um homem rico ou pobre; sempre sentimos ao menos uma ponta de respeito, no primeiro caso, e de desprezo, no segundo. Essas duas paixões são contrárias, mas só sentiremos essa contrariedade se os objetos estiverem relacionados de alguma maneira; de outro modo, os afetos ficam totalmente separados e distintos, sem jamais se encontrar. Ora, sempre que as pessoas se aproximam umas das outras, a relação se estabelece; e essa é a razão por que, em geral, sentimos um desconforto ao ver objetos tão desproporcionais como um homem rico e um homem pobre, um nobre e um criado, nessa situação de contiguidade.

10   Esse desconforto, comum a todos que observam tal situação, deve ser ainda mais sensível para o superior, pois a aproximação do inferior é vista como falta de educação, e mostra que este não é sensível à desproporção, nem é afetado por ela. O sentimento [*sense*] da superio-

ridade de um homem gera em todos os outros uma inclinação a se manter distantes dele, e a redobrar os sinais de respeito e reverência caso se vejam obrigados a se aproximar; quando não observam essa conduta, isso prova que não se dão conta da superioridade do outro. É por isso, também, que uma *diferença* grande nos graus de uma qualidade qualquer é denominada *distância*; trata-se de uma metáfora comum, que, por mais trivial que possa parecer, fundamenta-se em princípios naturais da imaginação. Uma grande diferença inclina-nos a produzir uma distância; as ideias de distância e diferença estão, portanto, conectadas; e ideias conectadas são facilmente tomadas uma pela outra. Essa é, em geral, a origem da metáfora, como teremos ocasião de observar posteriormente.

Seção 11
Da paixão amorosa, ou amor entre os sexos

1   De todas as paixões compostas resultantes da mistura do amor e do ódio com outros afetos, a que mais merece nossa atenção é o amor entre os sexos – e isso tanto por sua força e violência como pelos curiosos princípios filosóficos em favor dos quais nos fornece um argumento incontestável. É claro que esse afeto, em seu estado mais natural, deriva da conjunção de três impressões ou paixões diferentes: a sensação agradável resultante da beleza, o apetite carnal pela geração e uma afeição generosa ou benevolência. O modo como a beleza origina a ternura pode ser explicado com base no raciocínio anterior. A questão é saber como ela excita o apetite carnal.

2   O apetite de geração, quando se dá em um grau limitado, é evidentemente de uma espécie agradável, e tem forte conexão com todas as emoções agradáveis. Alegria, júbilo, vaidade e ternura, todas incentivam esse desejo, assim como a música, a dança, o vinho e a boa mesa. Em contrapartida, a tristeza, a melancolia, a pobreza e a humildade o destroem. Graças a essa sua qualidade, é fácil conceber por que esse desejo está conectado com o sentimento [*sense*] do belo.

3   Há, porém, outro princípio que contribui para o mesmo efeito. Observei que a direção paralela dos desejos constitui uma verdadeira relação e, tanto quanto a semelhança de suas sensações, produz uma conexão entre eles. Para compreendermos plenamente o alcance dessa relação, devemos considerar que qualquer desejo principal pode ser acompanhado de desejos subordinados e conectados com ele; e se outros desejos têm uma direção paralela à desses desejos subordinados, isso os torna relacionados também ao desejo principal. Assim, a fome pode frequentemente ser considerada uma inclinação primária da alma, e o desejo de se acercar do alimento uma inclinação secundária, já que é absolutamente necessário para satisfazer àquele apetite. Portanto, se um objeto, por meio de qualidades próprias, produz em nós uma inclinação a nos aproximarmos de um prato de comida, ele naturalmente aumenta nosso apetite; ao contrário, tudo que nos inclina a afastar de nós os alimentos contraria a fome, diminuindo assim nossa inclinação em direção a eles. Ora, a beleza tem claramente o primeiro tipo de efeito, e a fealdade, o segundo. E é por essa razão que aquela nos dá um apetite mais aguçado por nossos alimentos, enquanto esta última é suficiente para provocar nossa repugnância diante do prato mais saboroso já inventado pela arte culinária. Tudo isso se aplica facilmente ao apetite de geração.

4   Dessas duas relações, a saber, a semelhança e um desejo paralelo, resulta uma tal conexão entre o sentimento [*sense*] do belo, o apetite carnal e a benevolência, que estes se tornam de certo modo inseparáveis. E constatamos, pela experiência, que não faz diferença qual deles surge primeiro – pois é quase certo que qualquer um estará acompanhado dos afetos relacionados. Um homem cheio de desejo sente ao menos uma afeição momentânea por aquela que é objeto desse desejo, e ao mesmo tempo a imagina mais bela que de costume; mas há também muitos que começam sentindo afeição e apreço pelo talento e mérito da pessoa, passando destas às outras paixões. O gênero mais comum de amor é, porém, aquele que surge inicialmente da beleza e, em seguida, se difunde em afeição e apetite carnal. A afei-

ção ou apreço e o apetite de geração são paixões distantes demais para se unirem facilmente. Aquela é, talvez, a paixão mais refinada da alma; esta, a mais grosseira e vulgar. O amor pela beleza situa-se exatamente no meio das duas, participando da natureza de ambas. E é justamente por isso que é tão apropriado para produzir a ambas.

5   Essa explicação do amor não é própria de meu sistema; é inevitável em qualquer hipótese. Os três afetos que compõem essa paixão são evidentemente diversos, e cada um tem seu objeto distinto. É certo, portanto, que somente por meio de sua relação podem produzir uns aos outros. Mas a mera relação das paixões ainda não é suficiente. Também é necessária uma relação de ideias. A beleza de uma pessoa nunca nos inspira amor por outra pessoa, o que é uma prova sensível da dupla relação, de impressões e ideias. Esse exemplo é bastante evidente, e tomando-o por base podemos formar um juízo sobre os demais.

6   Visto de outro ângulo, esse caso também pode servir para ilustrar algo que salientei acerca da origem do orgulho e da humildade, do amor e do ódio. Observei que, embora o eu seja o objeto do primeiro par de paixões, e uma outra pessoa o objeto do segundo, tais objetos, sozinhos, não podem ser as causas dessas paixões – pois cada um está relacionado com dois afetos contrários, os quais, desde o primeiro instante, teriam de se destruir mutuamente. Eis, portanto, a situação da mente, tal como já a descrevi. Ela possui determinados órgãos naturalmente aptos a produzir uma paixão; essa paixão, quando produzida, naturalmente dirige a atenção para um determinado objeto. Mas, como isso não é suficiente para produzir a paixão, é preciso haver alguma outra emoção que, por uma dupla relação, de impressões e ideias, possa acionar esses princípios, conferindo-lhes o impulso inicial. Essa situação é ainda mais notável no caso do apetite de geração. O sexo oposto não é somente o objeto, mas também a causa do apetite. Ou seja, não apenas dirigimos nosso olhar para ele, quando movidos por esse apetite; basta pensar nele para excitar o

apetite. Entretanto, como essa causa perde sua força por ser muito frequente, precisa ser estimulada por um novo impulso; e esse impulso, constatamos que surge da *beleza* da *pessoa*, isto é, de uma dupla relação, de impressões e de ideias. Uma vez que essa dupla relação é necessária nos casos em que o afeto tem tanto um objeto distinto como uma causa distinta, ela o será ainda mais nos casos em que o afeto tem apenas um objeto distinto, sem nenhuma causa determinada.

Seção 12
Do amor e ódio dos animais

1   Mas, passando das paixões do amor e do ódio, bem como de suas misturas e combinações, tais como aparecem nos homens, para os mesmos afetos, tais como se manifestam nos animais, podemos observar, não apenas que o amor e o ódio são comuns a todas as criaturas sensíveis, como também que suas causas, acima explicadas, têm uma natureza tão simples que se pode facilmente supor que operam nos meros animais. Não é necessária nenhuma capacidade de reflexão ou penetração. Tudo é guiado por mecanismos e princípios que não são peculiares nem aos homens, nem a qualquer espécie animal. A conclusão que extraímos dessas observações favorece claramente o sistema anterior.

2   O amor dos animais não tem por objeto somente indivíduos da mesma espécie; ao contrário, estende-se a quase todo ser sensível e pensante. É natural que um cão ame mais a um homem que a um membro de sua própria espécie, e é muito comum que, em troca, receba a mesma afeição.

3   Como os animais são pouco suscetíveis dos prazeres ou das dores da imaginação, só podem julgar os objetos pelo bem ou mal sensível que estes produzem, e é a partir *desse* bem ou mal que devem regular sua afeição pelos objetos. Vemos assim que, conforme tratemos bem ou mal um animal qualquer, produzimos seu amor ou ódio; se o

alimentarmos e lhe dermos carinho, rapidamente obteremos sua afeição; ao contrário, se batermos nele e o maltratarmos, certamente despertaremos sua inimizade e rancor.

4   Nos animais, o amor não é causado pelo parentesco tanto quanto em nossa espécie, porque seus pensamentos não são tão ágeis a ponto de descobrir essas relações, a não ser em casos muito óbvios. Entretanto, é muito fácil notar que, em certas ocasiões, elas exercem uma influência considerável sobre eles. Assim, a familiaridade, que tem o mesmo efeito que o parentesco, gera sempre amor nos animais, seja pelos homens, seja por outros animais. Pela mesma razão, qualquer semelhança entre eles é fonte de afeição. Um boi fechado no pasto com cavalos se reunirá naturalmente a estes em busca de companhia, se posso me exprimir assim; mas sempre que tiver escolha, irá abandoná-los para desfrutar da companhia de sua própria espécie.

5   Nos animais, como em nossa espécie, a afeição dos pais pelos filhos procede de um instinto peculiar.

6   É evidente que a *simpatia*, ou comunicação das paixões, ocorre entre os animais tanto quanto entre os homens. Medo, raiva, coragem e outros afetos comunicam-se frequentemente de um animal a outro, sem que eles tenham conhecimento da causa que produziu a paixão original. Também a tristeza é recebida por simpatia, e tem quase as mesmas consequências, e desperta as mesmas emoções que em nossa espécie. Os uivos e lamentos de um cão produzem uma sensível inquietação em seus companheiros. E é notável que, embora quase todos os animais, ao brincar, empreguem a mesma parte do corpo que usam para lutar, e ajam quase da mesma maneira – o leão, o tigre e o gato usam suas garras; o boi, seus chifres; o cão, seus dentes; o cavalo, seus cascos –, eles evitam cuidadosamente ferir seu companheiro, mesmo sem temer sua reação. Isso é uma prova evidente do sentido que os animais têm das dores e dos prazeres uns dos outros.

7   Todo mundo já observou que os cães ficam muito mais animados quando caçam em matilhas que quando perseguem sua presa sozinhos; e é evidente que isso só pode resultar da simpatia. Os caça-

dores também sabem perfeitamente que esse efeito ocorre em um grau maior, e até em um grau demasiado, quando duas matilhas estranhas se encontram. Talvez nos fosse difícil explicar esse fenômeno, se não tivéssemos experiência de um fenômeno semelhante em nós mesmos.

8   A inveja e a malevolência são paixões muito notáveis nos animais. São, talvez, mais comuns que a piedade, porque requerem um esforço menor de pensamento e imaginação.

Parte 3
Da vontade e das paixões diretas

Seção 1
Da liberdade e da necessidade

1   Passaremos agora a explicar as paixões *diretas*, ou seja, as impressões que resultam imediatamente do bem ou do mal, da dor ou do prazer. Desse tipo são as paixões de *desejo* e *aversão*, *tristeza* e *alegria*, *esperança* e *medo*.

2   Dentre todos os efeitos imediatos da dor e do prazer, o mais notável é a VONTADE. Embora, rigorosamente falando, a vontade não se inclua entre as paixões, a plena compreensão de sua natureza e propriedades é necessária para explicar as paixões; por isso, iremos tomá-la aqui como tema de nossa investigação. Desejo observar que entendo por *vontade* simplesmente *a impressão interna que sentimos e de que temos consciência quando deliberadamente geramos um novo movimento em nosso corpo ou uma nova percepção em nossa mente*. É impossível definir essa impressão, e inútil descrevê-la com mais detalhe – exatamente como ocorria com as impressões de orgulho e humildade, ou amor e ódio. Por essa razão, evitaremos todas aquelas definições e distinções

com que os filósofos costumam confundir, mais que esclarecer, esse tema. Entraremos diretamente no assunto, examinando uma questão que há muito vem sendo objeto de discussão, e que ocorre tão naturalmente quando se trata da vontade: a questão acerca da liberdade e da necessidade.

3   Todos reconhecem que as operações dos corpos externos são necessárias, e que, na comunicação de seu movimento e em sua atração e coesão mútuas, não há nenhum traço de indiferença ou liberdade. Todo objeto é determinado por um destino absoluto a um certo grau e uma certa direção de movimento, sendo tão incapaz de se afastar dessa linha precisa em que se move quanto de se transformar em um anjo, um espírito ou qualquer substância superior. Portanto, as ações da matéria devem ser vistas como exemplos de ações necessárias; e tudo que, por esse aspecto, estiver na mesma situação que a matéria deverá ser admitido como necessário. Para saber se é este o caso das ações da mente, começaremos examinando a matéria e analisando qual o fundamento da ideia de uma necessidade em suas operações, e por que concluímos que um corpo ou ação é a causa infalível de outro corpo ou ação.

4   Já observei que não há um só caso em que a conexão última entre os objetos pudesse ser descoberta por nossa razão ou por nossos sentidos, e que somos incapazes de penetrar tão profundamente na essência e estrutura dos corpos a ponto de perceber o princípio de que depende sua influência mútua. Só temos conhecimento de sua união constante, e é dessa união constante que deriva a necessidade. Se os objetos não possuíssem entre si uma conjunção uniforme e regular, jamais chegaríamos a uma ideia de causa e efeito; e, com tudo isso, a necessidade contida nessa ideia não é mais que uma determinação da mente a passar de um objeto àquele que comumente o acompanha, e a inferir a existência de um da existência do outro. Eis aqui, portanto, dois pontos que devemos considerar essenciais à necessidade: a *união* constante e a *inferência* da mente; onde quer que os descubramos, teremos de admitir uma necessidade. Ora, como a única

necessidade existente nas ações da matéria é a que deriva dessas circunstâncias, e como não é por meio de uma visão direta [*insight*] da essência dos corpos que descobrimos sua conexão, a ausência dessa visão [*insight*], enquanto a união e a inferência se mantêm, nunca, em nenhum caso, eliminará a necessidade. É a observação da união que produz a inferência; por essa razão, poderíamos considerar que basta provar a existência de uma união constante nas ações da mente para estabelecer a inferência, juntamente com a necessidade dessas ações. Mas, para conferir mais força a meu raciocínio, examinarei separadamente esses pontos; provarei em primeiro lugar, pela experiência, que nossas ações possuem uma união constante com nossos motivos, temperamentos e com as circunstâncias que nos envolvem, e em seguida considerarei as inferências que extraímos dessa união.

5 Um exame ligeiro e geral do curso comum dos assuntos humanos será suficiente para tal fim. Como quer que examinemos esses assuntos, esse princípio se confirma. Quer consideremos os homens segundo suas diferenças de sexo, idade, governo, condição ou método de educação, podemos discernir a mesma uniformidade e regularidade na operação dos princípios naturais. Causas semelhantes sempre produzem efeitos semelhantes, do mesmo modo que na ação mútua dos elementos e poderes da natureza.

6 Diferentes árvores produzem regularmente frutos de sabores diferentes; essa regularidade é reconhecida como exemplo de necessidade e da existência de causas nos corpos externos. Mas serão os produtos de *Guienne* e de *Champagne* mais regularmente diferentes que os sentimentos, as ações e as paixões dos dois sexos, dos quais um se distingue por sua força e maturidade, e o outro por sua sutileza e suavidade?

7 Serão as transformações de nosso corpo da infância à velhice mais regulares e certas que as de nossa mente e conduta? E alguém que esperasse que uma criança de quatro anos de idade levantasse um peso de trezentas libras seria por acaso mais ridículo que alguém que es-

perasse, de uma criança da mesma idade, um raciocínio filosófico ou uma ação prudente e bem planejada?

8   Devemos certamente admitir que a coesão das partes da matéria decorre de princípios naturais e necessários, por mais que tenhamos dificuldade em explicá-los. Ora, por uma razão semelhante, devemos admitir que a sociedade humana se funda em princípios semelhantes; e nossa razão, neste último caso, é ainda melhor que no primeiro; porque não apenas observamos que os homens *sempre* buscam a sociedade, mas, além disso, podemos explicar os princípios em que se funda essa propensão universal. Pois será o ajuste de duas placas de mármore mais certo que a cópula de dois jovens selvagens de sexo oposto? Será que essa cópula gera filhos mais uniformemente que gera um cuidado, por parte dos pais, com sua segurança e preservação? E, após os filhos terem alcançado a idade da razão graças ao cuidado dos pais, serão os inconvenientes de sua separação mais certos que sua previsão desses inconvenientes, e seu cuidado em evitá-los por meio de uma forte união e associação?

9   A pele, os poros, os músculos e os nervos de um trabalhador são diferentes daqueles de um homem de qualidade; assim também seus sentimentos, ações e maneiras. As diferentes condições sociais influenciam toda a constituição, externa e interna; e essas diferentes condições decorrem necessária, porque uniformemente, dos princípios necessários e uniformes da natureza humana. Os homens não podem viver sem sociedade, e não podem se associar sem governo. O governo cria distinções de propriedade e estabelece as diferentes classes de homens. Isso produz a indústria, o comércio, manufaturas, ações judiciais, guerras, ligas, alianças, travessias, viagens, cidades, frotas de navios, portos e todas as outras ações e objetos que causam uma tal diversidade, e ao mesmo tempo mantêm uma tal uniformidade na vida humana.

10   Se um viajante, regressando de um país distante, nos dissesse ter visto um clima, a cinquenta graus de latitude norte, onde todas as frutas amadurecem e atingem seu pleno desenvolvimento no inver-

no, deteriorando-se no verão, do mesmo modo como, na *Inglaterra*, elas se produzem e se deterioram nas estações contrárias, encontraria poucas pessoas crédulas o bastante para acreditarem nele. Inclino-me a pensar que tampouco encontraria muito crédito um viajante que nos informasse da existência de pessoas exatamente com o mesmo caráter que as descritas na *República*, de Platão, ou então no *Leviatã*, de Hobbes. Existe um curso geral da natureza nas ações humanas, assim como nas operações do Sol e do clima. Existem também caracteres peculiares a diferentes nações e a diferentes pessoas, e outros que são comuns a toda a humanidade. O conhecimento desses caracteres funda-se na observação da uniformidade das ações deles decorrentes; e essa uniformidade constitui a própria essência da necessidade.

11 Só posso imaginar um modo de eludir esse argumento: negar aquilo que o fundamenta, ou seja, a uniformidade das ações humanas. Enquanto as ações tiverem uma união e conexão constante com a situação e o temperamento dos agentes, nós de fato admitiremos a existência de uma necessidade, por mais que em palavras nos recusemos a reconhecê-la. Mas talvez alguém encontre um pretexto para negar essa união e conexão regular. Pois o que é mais caprichoso que as ações humanas? O que é mais inconstante que os desejos do homem? E que criatura se afasta mais, não somente da boa razão, mas de seu próprio caráter e disposição? Uma hora, um instante é suficiente para fazê-lo passar de um extremo ao outro, e destruir aquilo que custou tanto esforço e trabalho para construir. A necessidade é regular e certa. A conduta humana é irregular e incerta. Esta, portanto, não procede daquela.

12 A isso respondo que, ao julgar as ações humanas, devemos proceder com base nas mesmas máximas que quando raciocinamos acerca dos objetos externos. Quando dois fenômenos se apresentam em uma conjunção constante e invariável, adquirem uma tal conexão na imaginação que esta passa de um ao outro sem qualquer dúvida ou hesitação. Abaixo desse, porém, há diversos graus inferiores de evidência e probabilidade; uma única contrariedade na experiência não

destrói inteiramente nosso raciocínio. A mente pesa as experiências contrárias e, subtraindo as inferiores das superiores, procede segundo o grau de segurança ou evidência que resta. Mesmo quando essas experiências contrárias são exatamente equivalentes, não suprimimos a noção de causas e de necessidade; supomos que a contrariedade usual decorre da operação secreta de causas contrárias, e concluímos que o acaso ou indiferença se deve a nosso conhecimento imperfeito e está apenas em nosso julgamento, não nas próprias coisas, as quais são igualmente necessárias em todos os casos, ainda que não apareçam de maneira igualmente constante ou certa. Nenhuma união pode ser mais constante e certa que a de algumas ações com determinados motivos e caracteres; se, em outros casos, a união é incerta, essa incerteza não é maior que a de algumas operações dos corpos. Não podemos extrair do primeiro tipo de irregularidade uma conclusão que não se siga igualmente do outro.

13   Costuma-se dizer que os loucos não têm liberdade. A julgar por suas ações, porém, estas são menos regulares e constantes que as ações das pessoas lúcidas e, consequentemente, estão mais afastadas da necessidade. Nosso modo de pensar sobre este ponto é, portanto, absolutamente incoerente; mas trata-se de uma consequência natural dessas ideias confusas e da falta de definição dos termos que comumente empregamos em nossos raciocínios, sobretudo neste assunto.

14   Devemos mostrar agora que, assim como a *união* entre os motivos e as ações tem a mesma constância que a união entre quaisquer operações naturais, assim também sua influência sobre o entendimento é a mesma, *determinando-nos* a inferir a existência de uns da existência dos outros. Se for assim, não haverá nenhuma circunstância conhecida, que faça parte da conexão e produção das ações da matéria, e não se encontre também em todas as operações da mente; por conseguinte, será um absurdo manifesto atribuir necessidade àquelas e recusá-la a estas.

15   Não há nenhum filósofo cujo juízo esteja tão preso a esse sistema imaginário da liberdade que não reconheça a força da *evidência mo-*

ral, e não a tome como um fundamento razoável para suas ações, tanto na especulação como na prática. Ora, a evidência moral não é mais que uma conclusão acerca das ações dos homens, derivada da consideração de seus motivos, temperamentos e situações. Assim, quando vemos certos caracteres e figuras traçados sobre o papel, inferimos que a pessoa que os produziu queria afirmar certos fatos: a morte de *César*, o sucesso de *Augusto*, a crueldade de *Nero*; e, lembrando-nos de muitos outros testemunhos coincidentes, concluímos que um dia tais fatos realmente existiram, e que tantas pessoas, sem nenhum interesse, nunca se uniriam para nos enganar – sobretudo porque, ao tentar fazê-lo, afirmando que esses fatos eram recentes e universalmente conhecidos, apenas se exporiam ao escárnio de todos os seus contemporâneos. O mesmo tipo de raciocínio está presente na política, na guerra, no comércio, na economia; de fato, está tão completamente entranhado na vida humana que é impossível agir ou sequer subsistir um só momento sem recorrer a ele. O príncipe que impõe uma taxa a seus súditos espera sua aquiescência. O general que comanda um exército conta com um certo grau de coragem. O comerciante confia na lealdade e na habilidade de seu gerente. O homem que dá ordens para seu jantar não duvida da obediência de seus criados. Em suma, como nada nos interessa tanto quanto nossas próprias ações e as dos outros, a maior parte de nossos raciocínios é empregada em juízos a respeito delas. Ora, afirmo que quem raciocina dessa maneira crê *ipso facto* que os atos da vontade decorrem da necessidade, e se o nega não sabe o que diz.

16 Considerados em si mesmos, todos os objetos que chamamos de *causas* e *efeitos* são tão distintos e separados uns dos outros quanto de qualquer outra coisa na natureza; jamais poderíamos, nem sequer pelo exame mais rigoroso, inferir a existência de um da existência do outro. Somente pela experiência e observação de sua união constante somos capazes de fazer essa inferência; e, assim mesmo, a inferência não passa de um efeito do costume sobre a imaginação. Não devemos, aqui, nos contentar em dizer que a ideia de causa e efeito decorre de

objetos constantemente unidos; temos de afirmar que ela é a mesma coisa que a ideia desses objetos, e a *conexão necessária* não é descoberta por uma conclusão do entendimento, sendo apenas uma percepção da mente. Portanto, sempre que observamos a mesma união, e sempre que a união age da mesma maneira sobre a crença e a opinião, temos uma ideia de causas e de necessidade, ainda que às vezes possamos evitar essas expressões. Em todos os casos passados que pudemos observar, o movimento de um corpo é seguido, por impacto, do movimento de outro corpo. É impossível à mente penetrar além disso. Dessa união constante, ela *forma* a ideia de causa e efeito e, por sua influência, *sente* a necessidade. Ora, como há a mesma constância e a mesma influência naquilo que denominamos evidência moral, não precisamos de mais nada. O que resta só pode ser pura discussão verbal.

17   De fato, quando consideramos quão adequadamente as evidências *naturais* e *morais* se aglutinam, formando uma cadeia única de argumentação, não hesitaremos em admitir que têm a mesma natureza e derivam dos mesmos princípios. O prisioneiro que não tem dinheiro ou influência descobre a impossibilidade de sua fuga, tanto pela obstinação do carcereiro quanto pelos muros e barras que o cercam; e, em todas as suas tentativas de alcançar a liberdade, prefere trabalhar a pedra e o ferro destes à natureza inflexível daquele. O mesmo prisioneiro, quando conduzido ao cadafalso, prevê sua morte com igual certeza pela constância e fidelidade de seus sentinelas como pela operação do machado ou da roda. Sua mente percorre uma certa sequência de ideias: a recusa dos soldados a consentir em sua fuga, a ação do carrasco, a separação da cabeça e do corpo, o sangramento, os movimentos convulsivos, a morte. Temos aqui uma cadeia em que se conectam causas naturais e ações voluntárias; mas a mente não sente nenhuma diferença entre elas ao passar de um elo ao outro; e não está menos certa do resultado futuro que se este estivesse conectado com as impressões presentes da memória e dos sentidos por uma cadeia de causas aglutinadas por aquilo que costumamos chamar uma *necessidade física*. A experiência da mesma união tem o

mesmo efeito sobre a mente, quer os objetos unidos sejam motivos, volições e ações, quer sejam figuras e movimentos. Podemos mudar os nomes das coisas, mas sua natureza e sua operação sobre o entendimento nunca mudam.

18   Ouso afirmar, com toda segurança, que ninguém há de tentar refutar esses raciocínios, a menos que altere minhas definições e atribua um sentido diferente aos termos *causa, efeito, necessidade, liberdade* e *acaso*. De acordo com minhas definições, a necessidade é parte essencial da causalidade; consequentemente, a liberdade, ao suprimir a necessidade, suprime também as causas, e é o mesmo que o acaso. Como normalmente se pensa que o acaso implica uma contradição, ou ao menos que é diretamente contrário à experiência, os mesmos argumentos podem sempre ser utilizados contra a liberdade ou livre-arbítrio. Se alguém alterar as definições, não posso pretender argumentar antes de conhecer o sentido que atribui a esses termos.

Seção 2
Continuação do mesmo tema

1   Creio que podemos dar três razões para a prevalência da doutrina da liberdade, por mais absurda que ela possa ser em um sentido, e ininteligível em outro. Primeira razão. Após termos realizado uma ação, mesmo que reconheçamos ter sido influenciados por considerações e motivos particulares, é difícil persuadirmos a nós mesmos de que fomos governados pela necessidade e de que nos teria sido inteiramente impossível agir de forma diferente – pois a ideia de necessidade parece implicar algo de força, violência e constrangimento, coisas de que não temos consciência ao agir. Poucos são capazes de fazer uma distinção entre a liberdade de *espontaneidade*, como é chamada na escolástica, e a liberdade de *indiferença*, ou seja, entre aquilo que se opõe à violência e aquilo que significa uma negação da necessidade e das causas. O primeiro sentido da palavra é o mais comum; e, uma vez que é somente essa espécie de liberdade que nos interessa

preservar, nossos pensamentos têm-se voltado sobretudo para ela, confundindo-a quase sempre com a outra.

2   Em segundo lugar, há até mesmo uma *falsa sensação* ou *experiência* da liberdade de indiferença, que é vista como um argumento em favor de sua existência real. A necessidade de uma ação, seja da matéria, seja da mente, não é, rigorosamente falando, uma qualidade do agente, mas sim de algum ser pensante ou inteligente que possa considerar de fora a ação, consistindo na determinação de seu pensamento a inferir a existência dessa ação a partir de objetos preexistentes. Em contrapartida, a liberdade ou o acaso não é senão a falta dessa determinação, e uma certa indefinição [*looseness*] que sentimos em passar ou não passar da ideia desses objetos à ideia da ação. Pois bem, podemos observar que, embora, ao refletir sobre as ações humanas, nós raramente sintamos uma tal indefinição ou indiferença, é muito comum acontecer que, ao realizarmos nossas próprias ações, sejamos sensíveis a algo semelhante. E como todos os objetos relacionados ou semelhantes são facilmente tomados uns pelos outros, isso tem sido utilizado como uma prova demonstrativa, ou mesmo intuitiva, da liberdade humana. Sentimos que nossas ações, na maioria das vezes, estão submetidas a nossa vontade; e imaginamos sentir que a vontade ela mesma não está submetida a nada – porque quando, diante da negação disso, vemo-nos incitados a pô-lo à prova, sentimos que nossa vontade se move facilmente em todas as direções, produzindo uma imagem de si própria até mesmo ali onde não se estabeleceu. Convencemo-nos de que essa imagem, ou movimento fraco, poderia ter-se completado na própria coisa; porque, se isso também for negado, descobrimos, ao tentar uma segunda vez, que este é realmente o caso. Mas esse esforço é todo em vão. Por mais caprichosas e irregulares que sejam as ações que então pratiquemos, como o desejo de mostrar nossa liberdade é seu único motivo, nunca podemos nos libertar das amarras da necessidade. Podemos imaginar que sentimos uma liberdade dentro de nós, mas um espectador comumente será capaz de inferir nossas ações de nossos motivos e de nosso caráter. E, mesmo

quando não pode fazê-lo, em geral conclui que o poderia, caso estivesse perfeitamente familiarizado com todas as circunstâncias de nossa situação e temperamento e com os mecanismos mais secretos de nossa constituição e disposição. Ora, tal é a essência mesma da necessidade, conforme a doutrina anterior.

3   Uma terceira razão por que a doutrina da liberdade é em geral mais bem-aceita que a doutrina antagônica provém da *religião*, que tem sido desnecessariamente envolvida nessa questão. Em discussões filosóficas, não há método de raciocínio mais comum, mas também mais condenável, que tentar refutar uma hipótese a pretexto de suas consequências perigosas para a religião e a moral. Quando uma opinião nos leva a absurdos, é certamente falsa; mas não é certo que uma opinião seja falsa porque tem consequências perigosas. Argumentos como esse, portanto, deveriam ser rigorosamente evitados, porque não ajudam em nada na descoberta da verdade, servindo apenas para tornar odiosa a pessoa do adversário. Faço essa observação de maneira geral, sem pretender tirar dela nenhuma vantagem. Exponho-me francamente a um exame desse tipo, e ouso afirmar que a doutrina da necessidade, segundo minha explicação, é não apenas inocente, mas vantajosa para a religião e a moral.

4   Defino a necessidade de duas maneiras, de acordo com as duas definições de *causa*, da qual ela é um componente essencial. Situo a necessidade seja na união e conjunção constante de objetos semelhantes, seja na inferência da mente de um ao outro. Ora, em ambos os sentidos, a necessidade tem sido universalmente, embora tacitamente, reconhecida nas escolas, no púlpito e na vida comum, como caracterizando a vontade do homem. Ninguém jamais pretendeu negar que podemos fazer inferências concernentes às ações humanas, e que tais inferências se fundam na experiência da união constante de ações semelhantes com motivos e circunstâncias semelhantes. Só há duas maneiras de alguém discordar de mim: ou recusando-se a chamar a isso de necessidade – mas enquanto compreendermos seu sentido, a palavra, assim espero, não pode causar mal algum –; ou então afir-

mando que há algo mais nas operações da matéria. Ora, se de fato é assim ou não, isso não tem nenhuma relevância para a religião, mesmo que seja importante para a filosofia da natureza. Posso estar errado ao afirmar que não temos ideia de nenhuma outra conexão nas ações dos corpos; e ficaria contente de aprender um pouco mais sobre isso. Mas tenho certeza de que não atribuo nada às ações da mente além do que se deve prontamente admitir. Que ninguém, portanto, venha deturpar minhas palavras, dizendo de maneira simplista que afirmo a necessidade das ações humanas e as coloco no mesmo plano das operações da matéria insensível. Não atribuo à vontade essa necessidade ininteligível, que se supõe existir na matéria. Ao contrário, atribuo à matéria essa qualidade inteligível, quer a chamemos ou não de necessidade, que até a mais rígida ortodoxia reconhece, ou deve reconhecer, como existindo na vontade. Portanto, não estou alterando nada nos sistemas estabelecidos no que diz respeito à vontade, mas apenas no que se refere aos objetos materiais.

5   E vou além. Afirmo que essa espécie de necessidade é tão essencial à religião e à moral que sua ausência acarretaria a total ruína de ambas; e qualquer outra suposição destruiria por completo todas as leis, *divinas* e *humanas*. De fato, como todas as leis humanas estão fundadas em recompensas e punições, admite-se certamente como um princípio fundamental que esses motivos exercem uma influência sobre a mente, produzindo boas ações e impedindo as más. Podemos dar a essa influência o nome que bem entendermos; mas como, usualmente, ela ocorre em conjunção com a ação, o bom-senso requer que a consideremos uma causa, e a vejamos como um exemplo dessa necessidade que pretendo estabelecer.

6   Esse raciocínio se mostra igualmente sólido quando aplicado às leis divinas, enquanto se considerar Deus um legislador que supostamente impõe punições e concede recompensas com o propósito de suscitar obediência. Mas afirmo também que, mesmo quando Deus não age na qualidade de magistrado, quando o vemos como puro vingador de crimes em virtude do caráter odioso e repulsivo destes, seria

impossível, sem a conexão necessária de causa e efeito nas ações humanas, não apenas que as punições infligidas fossem compatíveis com a justiça e a equidade moral, mas também que algum ser sensato jamais pensasse em infligi-las. O objeto constante e universal do ódio ou da raiva é uma pessoa, uma criatura dotada de pensamento e consciência; e quando uma ação criminosa ou nociva desperta essa paixão, ela o faz somente por sua relação ou conexão com essa pessoa. De acordo com a doutrina da liberdade ou acaso, porém, tal conexão se reduz a nada, e os homens são tão pouco responsáveis pelas ações planejadas e premeditadas quanto pelas mais casuais e acidentais. As ações são, por natureza, temporárias e perecíveis; e quando não procedem de alguma causa no caráter e na disposição do agente, não se implantam firmemente nele, nem podem redundar em sua honra, quando boas, ou descrédito, quando más. A ação em si mesma pode ser condenável, pode ser contrária a todas as regras da moral e da religião, mas a pessoa não é responsável por ela. E, como a ação não resultou de nada duradouro ou constante na pessoa, nem deixou atrás de si nada dessa natureza, é impossível que, por causa da ação, a pessoa possa se tornar objeto de punição ou vingança. Segundo a doutrina da liberdade, portanto, um homem continua tão puro e imaculado após ter cometido o mais terrível dos crimes, como no momento de seu nascimento; suas ações não atingem em nada seu caráter, pois não derivam dele; de modo que a perversidade das ações não pode ser usada como prova da depravação do caráter. Somente segundo os princípios da necessidade alguém pode adquirir mérito ou demérito por suas ações, por mais que a opinião comum se incline para a afirmação contrária.

7   Os homens, entretanto, são tão incoerentes consigo mesmos que, embora afirmem com frequência que a necessidade destrói inteiramente todo mérito e demérito, perante a humanidade ou perante os poderes superiores, continuam a raciocinar com base nesses mesmos princípios da necessidade em todos os seus juízos relativos a esse assunto. As pessoas não são condenadas por aquelas más ações que praticam sem saber e casualmente, sejam quais forem suas consequên-

cias. Por quê? Porque as causas dessas ações são apenas momentâneas e se esgotam nessas mesmas ações. As pessoas são condenadas menos pelas más ações que praticam apressadamente e sem premeditação que por aquelas que resultam de reflexão e deliberação. Por que razão? Porque a impetuosidade, embora seja uma causa constante na mente, opera apenas a intervalos e não contamina todo o caráter. Mais ainda. O arrependimento apaga por completo qualquer crime, sobretudo se acompanhado de uma evidente reforma na vida e nos hábitos. Como explicar isso? Afirmando que as ações só tornam uma pessoa criminosa por serem provas da presença de paixões ou princípios criminosos na mente; e quando, por alguma alteração desses princípios, deixam de ser provas legítimas, deixam também de ser criminosas. De acordo com a doutrina da *liberdade* ou *acaso*, porém, elas nunca chegaram a ser provas legítimas; consequentemente, nunca foram criminosas.

8   Volto-me agora, portanto, para meu adversário, e peço-lhe que libere seu próprio sistema dessas consequências odiosas antes de acusar os outros. Ou, se preferir resolver essa questão junto aos filósofos, por meio de argumentos legítimos, em vez de tentar convencer o povo pela retórica, peço-lhe que torne a considerar aquilo que apresentei para provar que a liberdade e o acaso são sinônimos, e também o que eu disse a respeito da natureza da evidência moral e da regularidade das ações humanas. Quando tiver examinado cuidadosamente esses raciocínios, sem dúvida alguma há de me conceder a vitória. Portanto, tendo provado que todas as ações da vontade têm causas particulares, passo agora a explicar quais são essas causas e como elas operam.

Seção 3
Dos motivos que influenciam a vontade

1   Nada é mais comum na filosofia, e mesmo na vida corrente, que falar no combate entre a paixão e a razão, dar preferência à razão e afirmar que os homens só são virtuosos quando se conformam a seus

preceitos. Afirma-se que toda criatura racional é obrigada a regular suas ações pela razão; e se qualquer outro motivo ou princípio disputa a direção de sua conduta, a pessoa deve se opor a ele até subjugá-lo por completo ou, ao menos, até torná-lo conforme àquele princípio superior. A maior parte da filosofia moral, seja antiga ou moderna, parece estar fundada nesse modo de pensar. E não há campo mais vasto, tanto para argumentos metafísicos como para declamações populares, que essa suposta primazia da razão sobre a paixão. A eternidade, a invariabilidade e a origem divina da razão têm sido retratadas nas cores mais vantajosas; a cegueira, a inconstância e o caráter enganoso da paixão foram salientados com o mesmo vigor. Para mostrar a falácia de toda essa filosofia, procurarei provar, *primeiramente*, que a razão, sozinha, não pode nunca ser motivo para uma ação da vontade; e, em *segundo* lugar, que nunca poderia se opor à paixão na direção da vontade.

2   O entendimento se exerce de dois modos diferentes, conforme julgue por demonstração ou por probabilidade; isto é, conforme considere as relações abstratas entre nossas ideias ou as relações entre os objetos, que só conhecemos pela experiência. Acredito que dificilmente se afirmará que a primeira espécie de raciocínio pode ser, sozinha, a causa de uma ação. Como seu domínio próprio é o mundo das ideias, e como a vontade sempre nos põe no mundo das realidades, a demonstração e a volição parecem estar, por esse motivo, inteiramente separadas uma da outra. É verdade que a matemática é útil nas operações mecânicas, e a aritmética, em quase todas as artes e profissões. Mas não é por si mesmas que elas têm influência. A mecânica é a arte de regular os movimentos dos corpos para alguma *finalidade* ou *propósito*; e a única razão de empregarmos a aritmética para determinar as proporções dos números é porque, com ela, podemos descobrir as proporções da influência e operação destes. O comerciante deseja conhecer a soma total de suas contas com alguém. E por quê? Porque assim poderá saber que soma, ao pagar sua dívida e ir ao mercado, terá os mesmos *efeitos* que todas as parcelas individuais tomadas em conjunto.

O raciocínio abstrato ou demonstrativo, portanto, só influencia nossas ações enquanto dirige nosso juízo sobre causas e efeitos. Isso nos leva à segunda operação do entendimento.

3   É evidente que, quando temos a perspectiva de vir a sentir dor ou prazer por causa de um objeto, sentimos, em consequência disso, uma emoção de aversão ou de propensão, e somos levados a evitar ou a abraçar aquilo que nos proporcionará esse desprazer ou essa satisfação. Também é evidente que tal emoção não se limita a isso; ao contrário, faz que olhemos para todos os lados, abrangendo qualquer objeto que esteja conectado com o original pela relação de causa e efeito. É aqui, portanto, que o raciocínio tem lugar, ou seja, para descobrir essa relação; e conforme nossos raciocínios variam, nossas ações sofrem uma variação subsequente. Mas é claro que, neste caso, o impulso não decorre da razão, sendo apenas dirigido por ela. É a perspectiva de dor ou prazer que gera a aversão ou propensão ao objeto; e essas emoções se estendem àquilo que a razão e a experiência nos apontam como as causas e os efeitos desse objeto. Nunca teríamos o menor interesse em saber que tais objetos são causas e tais outros são efeitos, se tanto as causas como os efeitos nos fossem indiferentes. Quando os próprios objetos não nos afetam, sua conexão jamais pode lhes dar uma influência; e é claro que, como a razão não é senão a descoberta dessa conexão, não pode ser por meio dela que os objetos são capazes de nos afetar.

4   Uma vez que a razão sozinha não pode produzir nenhuma ação nem gerar uma volição, infiro que essa mesma faculdade é igualmente incapaz de impedir uma volição ou de disputar nossa preferência com qualquer paixão ou emoção. Essa é uma consequência necessária. A única possibilidade de a razão ter esse efeito de impedir a volição seria conferindo um impulso em direção contrária à de nossa paixão; e esse impulso, se operasse isoladamente, teria sido capaz de produzir a volição. Nada pode se opor ao impulso da paixão, ou retardá-lo, senão um impulso contrário; e para que esse impulso contrário pudesse alguma vez resultar da razão, esta última faculdade teria

de exercer uma influência original sobre a vontade e ser capaz de causar, bem como de impedir, qualquer ato volitivo. Mas se a razão não possui uma influência original, é impossível que possa fazer frente a um princípio com essa eficácia, ou que possa manter a mente em suspenso por um instante sequer. Vemos, portanto, que o princípio que se opõe a nossa paixão não pode ser o mesmo que a razão, sendo assim denominado apenas em um sentido impróprio. Quando nos referimos ao combate entre paixão e razão, não estamos falando de uma maneira filosófica e rigorosa. A razão é, e deve ser, apenas a escrava das paixões, e não pode aspirar a outra função além de servir e obedecer a elas. Como essa opinião pode parecer um tanto extraordinária, talvez seja apropriado confirmá-la por meio de outras considerações.

5   Uma paixão é uma existência original ou, se quisermos, uma modificação de existência; não contém nenhuma qualidade representativa que a torne cópia de outra existência ou modificação. Quando tenho raiva, estou realmente possuído por essa paixão; e, com essa emoção, não tenho mais referência a um outro objeto do que quando estou com sede, ou doente, ou quando tenho mais de cinco pés de altura. Portanto, é impossível haver uma oposição ou contradição entre essa paixão e a verdade ou a razão; pois tal contradição consiste na discordância entre certas ideias, consideradas como cópias, e os objetos que elas representam.

6   A princípio, o que se pode pensar sobre esse ponto é que, uma vez que nada pode ser contrário à verdade ou à razão exceto o que se refira a ela de alguma maneira, e uma vez que somente os juízos de nosso entendimento o fazem, deve-se seguir que as paixões só podem ser contrárias à razão enquanto estiverem *acompanhadas* de algum juízo ou opinião. De acordo com esse princípio, que é tão evidente e natural, um afeto só pode ser dito contrário à razão* em dois sentidos. Primeiro, quando uma paixão, como a esperança ou o medo,

---

* Em toda esta seção, traduzo *"unreasonable"* como "contrário à razão". Note-se que Hume utiliza esta última expressão (*"contrary to reason"*) diversas vezes neste mesmo parágrafo. (N.T.)

a tristeza ou a alegria, o desespero ou a confiança, está fundada na suposição da existência de objetos que não existem realmente. Segundo, quando, ao agirmos movidos por uma paixão, escolhemos meios insuficientes para o fim pretendido, e nos enganamos em nossos juízos de causas e efeitos. Quando uma paixão não está fundada em falsas suposições, nem escolhe meios insuficientes para sua finalidade, o entendimento não pode nem justificá-la, nem condená-la. Não é contrário à razão eu preferir a destruição do mundo inteiro a um arranhão em meu dedo. Não é contrário à razão que eu escolha minha total destruição só para evitar o menor desconforto de um *índio* ou de uma pessoa que me é inteiramente desconhecida. Tampouco é contrário à razão eu preferir aquilo que reconheço ser para mim um bem menor a um bem maior, ou sentir uma afeição mais forte pelo primeiro que pelo segundo. Um bem trivial pode, graças a certas circunstâncias, produzir um desejo superior ao que resulta do prazer mais intenso e valioso. E não há nisto nada mais extraordinário que ver, em mecânica, um peso de uma libra suspender outro de cem libras, pela vantagem de sua situação. Em suma, uma paixão tem de ser acompanhada de algum juízo falso para ser contrária à razão; e mesmo então, não é propriamente a paixão que é contrária à razão, mas o juízo.

7 As consequências disso são evidentes. Como uma paixão não pode nunca, em nenhum sentido, ser dita contrária à razão, a não ser que esteja fundada em uma falsa suposição ou que escolha meios insuficientes para o fim pretendido, é impossível que razão e paixão possam se opor mutuamente ou disputar o controle da vontade e das ações. Assim que percebemos a falsidade de uma suposição ou a insuficiência de certos meios, nossas paixões cedem à nossa razão sem nenhuma oposição. Posso desejar uma fruta que julgo possuir um sabor excelente; mas se me convencerem de meu engano, meu desejo cessa. Posso querer realizar certas ações como meio de obter um bem desejado; mas como minha vontade de realizar essas ações é apenas secundária, e se baseia na suposição de que elas são as causas do efeito pretendido, logo que descubro a falsidade dessa suposição tais ações devem se tornar indiferentes para mim.

8   É natural que as pessoas que não examinam os objetos com um olhar estritamente filosófico imaginem que, se duas ações da mente não produzem sensações diferentes e não podem ser de imediato distinguidas pela sensação [*feeling*] e pela percepção, elas são exatamente as mesmas. O exercício da razão, por exemplo, não produz nenhuma emoção sensível; e, exceto nas indagações filosóficas mais sublimes, ou nas frívolas sutilezas escolásticas, quase nunca transmite prazer ou desconforto. É por isso que toda ação da mente que opera com a mesma calma e tranquilidade é confundida com a razão por todos aqueles que julgam as coisas por seu primeiro aspecto e aparência. Ora, é certo que há determinadas tendências e desejos calmos que, embora sejam verdadeiras paixões, produzem pouca emoção na mente, sendo conhecidos mais por seus efeitos que pelo sentimento ou sensação imediata que produzem. Esses desejos são de dois tipos: ou bem são certos instintos originalmente implantados em nossas naturezas, tais como a benevolência e o ressentimento, o amor à vida e a ternura pelas crianças; ou então são o apetite geral pelo bem e a aversão ao mal, considerados meramente enquanto tais. Quando alguma dessas paixões é calma e não causa nenhuma desordem na alma, é facilmente confundida com as determinações da razão, e supomos que procede da mesma faculdade que a que julga sobre a verdade e a falsidade. Supomos que sua natureza e seus princípios são os mesmos porque suas sensações não são evidentemente diferentes.

9   Além dessas paixões calmas, que com frequência determinam a vontade, há certas emoções violentas da mesma espécie que também têm grande influência sobre essa faculdade. Quando alguém me causa algum dano, frequentemente sinto uma paixão violenta de ressentimento, que me faz desejar seu mal e punição, independentemente de qualquer consideração de prazer e vantagem que eu possa obter com isso. Quando sou diretamente ameaçado por um mal opressivo, meus medos, apreensões e aversões se intensificam, produzindo uma emoção sensível.

10   O erro comum dos metafísicos tem sido atribuir a direção da vontade exclusivamente a um desses princípios e supor que o outro não tem nenhuma influência. Os homens com frequência agem conscientemente contra seus próprios interesses; por essa razão, a perspectiva do maior bem possível nem sempre os influencia. Os homens muitas vezes se contrapõem a uma paixão violenta ao perseguir seus interesses e objetivos; não é apenas o desprazer presente, portanto, que os determina. Observamos, em geral, que ambos os princípios atuam sobre a vontade; e, quando são contrários, um dos dois prevalece, segundo o caráter *geral* ou a disposição *presente* da pessoa. O que se chama de firmeza de caráter [strength of mind] implica o predomínio das paixões calmas sobre as violentas; mas é fácil observar que não há ninguém que possua essa virtude de forma tão constante que nunca, em nenhuma ocasião, ceda às solicitações da paixão e do desejo. A essas variações de temperamento deve-se a grande dificuldade em se decidir acerca das ações e resoluções humanas, quando existe qualquer contrariedade de motivos e paixões.

Seção 4
Das causas das paixões violentas

1   Não há na filosofia objeto de especulação mais sutil que esse tema das diferentes *causas* e *efeitos* das paixões calmas e violentas. É evidente que as paixões não influenciam a vontade na mesma proporção de sua violência ou da desordem que ocasionam no humor; ao contrário, uma vez que uma paixão se estabelece como um princípio de ação e se torna a inclinação predominante da alma, ela comumente não produz mais nenhuma agitação sensível. Como a repetição, o costume e sua própria força fazem tudo se submeter a ela, a paixão dirige as ações e a conduta sem essa oposição e essa emoção que tão naturalmente acompanham cada explosão momentânea de paixão. Temos, pois, de diferenciar paixões calmas de paixões fracas, e paixões violentas de paixões fortes. Apesar disso, o certo é que, se que-

remos governar um homem e induzi-lo a praticar uma ação, geralmente a melhor estratégia é trabalhar as paixões violentas em vez das calmas, e dominá-lo antes por sua inclinação que por aquilo que vulgarmente se chama sua *razão*. Devemos dispor os objetos em situações que sejam apropriadas para aumentar a violência da paixão. Pois observemos que tudo depende da situação do objeto, e que qualquer variação nesse ponto particular será capaz de transformar as paixões calmas em violentas e vice-versa. Ambas as espécies de paixões perseguem o bem e evitam o mal; e ambas aumentam ou diminuem com o aumento ou diminuição do bem ou do mal. A diferença entre elas consiste em que o mesmo bem, quando próximo, causará uma paixão violenta; e, quando distante, produzirá apenas uma paixão calma. Como este assunto faz parte da presente questão concernente à vontade, iremos aqui examiná-lo a fundo, considerando algumas das circunstâncias e situações dos objetos que tornam uma paixão calma ou violenta.

2 A natureza humana possui essa notável propriedade, que qualquer emoção que acompanhe uma paixão se converte facilmente nessa paixão, ainda que suas naturezas sejam originalmente diferentes ou até contrárias. É verdade que, para se estabelecer uma união perfeita entre as paixões, é preciso sempre uma dupla relação, de impressões e de ideias; uma só relação é insuficiente para esse fim. Mas, embora essa afirmação se confirme por uma experiência indubitável, devemos entendê-la com suas devidas limitações, e considerar a dupla relação como necessária apenas para fazer com que uma paixão produza outra. Quando duas paixões já foram produzidas separadamente por suas respectivas causas, e estão, ambas, presentes na mente, misturam-se e se unem facilmente, mesmo que mantenham entre si apenas uma relação, e às vezes nenhuma. A paixão predominante absorve a inferior e a transforma em si própria. Os espíritos animais, uma vez despertados, sofrem facilmente uma mudança em sua direção; e é natural imaginar que essa mudança virá do afeto predominante. A conexão entre duas paixões é, em muitos aspectos, mais estreita que a conexão entre uma paixão e a indiferença.

3   Quando um homem já está amando profundamente, constatamos que as pequenas faltas e caprichos de sua amada, os ciúmes e as brigas a que seu relacionamento está tão sujeito, por mais desagradáveis que sejam, e não obstante sua relação com a raiva e o ódio, conferem uma força adicional à paixão predominante. Um artifício comum entre os políticos, quando querem fazer que alguém se interesse muito por algum fato sobre o qual desejam lhe informar, é despertar primeiro sua curiosidade, adiar ao máximo a satisfação dessa curiosidade e assim aumentar sua ansiedade e impaciência ao extremo, antes de lhe revelar todo o assunto. Sabem que sua curiosidade o precipitará na paixão que pretendem despertar, auxiliando o objeto em sua influência sobre a mente. O soldado que avança para a guerra enche-se naturalmente de coragem e confiança ao pensar em seus amigos e companheiros de batalha; e é tomado pelo medo e terror ao pensar no inimigo. Portanto, qualquer nova emoção que proceda daqueles naturalmente aumenta a coragem; e a mesma emoção, quando procede deste último, aumenta o medo, pela relação de ideias e pela conversão da emoção inferior na predominante. É assim que, na disciplina militar, a homogeneidade e o esplendor de nossos uniformes, a regularidade de nossas evoluções e movimentos, juntamente com toda a pompa e a majestade da guerra, encorajam a nós e aos nossos aliados; mas os mesmos objetos, em si próprios agradáveis e belos, enchem-nos de terror quando se encontram em nossos inimigos.

4   Uma vez que as paixões, apesar de independentes, transformam-se naturalmente umas nas outras quando estão presentes ao mesmo tempo, segue-se que, quando o bem ou o mal estão situados de maneira a causar uma emoção particular, além de sua paixão direta de desejo ou aversão, esta última paixão deve adquirir mais força e violência.

5   Isso acontece, entre outros casos, sempre que um objeto desperta paixões contrárias. Pois observa-se que a oposição entre duas paixões causa comumente uma nova emoção nos espíritos animais, produzindo mais desordem que o concurso de dois afetos de força igual.

Essa nova emoção se converte facilmente na paixão predominante e eleva sua violência para além do grau que esta teria alcançado se não houvesse sofrido nenhuma oposição. Assim, nós naturalmente desejamos o que é proibido, e temos prazer em praticar ações simplesmente por serem ilícitas. A noção do dever, quando oposta às paixões, quase nunca é capaz de sobrepujá-las; e quando não o consegue, tende antes a aumentá-las, por produzir uma oposição em nossos motivos e princípios.

6   O mesmo efeito ocorre, quer a oposição resulte de motivos internos, quer de obstáculos externos. A paixão comumente adquire nova força e violência nos dois casos. O esforço que a mente realiza para superar o obstáculo excita os espíritos animais e aviva a paixão.

7   A incerteza tem a mesma influência que a oposição. A agitação do pensamento, sua rápida passagem de uma perspectiva a outra; a variedade das paixões que se sucedem segundo as diferentes perspectivas – tudo isso produz uma agitação na mente e se transfere para a paixão predominante.

8   Em minha opinião, a única causa natural que faz a segurança diminuir as paixões é que ela suprime a incerteza, que as aumenta. A mente, quando entregue a si mesma, imediatamente enlanguesce; para preservar seu ardor, tem de ser mantida, a todo momento, por um novo fluxo de paixão. Pela mesma razão, o desespero, embora contrário à segurança, tem uma influência semelhante.

9   É certo que nada estimula mais poderosamente um afeto que ocultar parte de seu objeto, projetando uma espécie de sombra sobre ele, a qual, ao mesmo tempo em que mostra o bastante para nos predispor em favor do objeto, deixa ainda algum trabalho para a imaginação. Além de a obscuridade estar sempre acompanhada por uma espécie de incerteza, o esforço que a fantasia realiza para completar a ideia eleva os espíritos animais, conferindo uma força adicional à paixão.

10   Assim como o desespero e a segurança, embora mutuamente contrários, produzem os mesmos efeitos, assim também se observa que

a ausência tem efeitos contrários e, em diferentes circunstâncias, aumenta ou diminui nossos afetos. O *Duque de La Rochefoucauld* observou muito bem que a ausência destrói as paixões fracas, mas aumenta as fortes, assim como o vento apaga uma vela, mas atiça uma fogueira.* Uma longa ausência naturalmente enfraquece nossa ideia e diminui a paixão; mas quando a ideia é forte e viva o bastante para sustentar-se a si mesma, o desprazer resultante da ausência aumenta a paixão, dando-lhe nova força e violência.

Seção 5
Dos efeitos do costume

1   Porém, nada é mais propício a aumentar e a diminuir nossas paixões, a converter prazer em dor e dor em prazer que o costume e a repetição. O costume tem dois efeitos *originais* sobre a mente: confere a ela uma *facilidade* para realizar uma ação ou para conceber um objeto; e, posteriormente, uma *tendência ou inclinação* a fazê-lo. Com base nesses dois efeitos, podemos explicar todos os outros, por mais extraordinários que sejam.

2   Quando a alma se aplica na realização de uma ação ou na concepção de um objeto a que não está acostumada, há uma certa inflexibilidade por parte das faculdades e uma dificuldade dos espíritos animais em se mover em sua nova direção. Como essa dificuldade excita os espíritos, gera admiração, surpresa e todas as emoções decorrentes da novidade; e ela própria é muito agradável, como tudo que aviva a mente em um grau moderado. Mas, embora a surpresa seja agradável em si mesma, ao produzir uma agitação nos espíritos não aumenta apenas nossos afetos agradáveis, mas também os dolorosos, de acordo com o princípio anterior, de que *toda emoção que precede ou acompanha uma paixão se converte facilmente nessa mesma paixão*. Por isso, tudo que é novo nos afeta mais e nos proporciona mais prazer ou mais dor que aquilo que, estritamente falando, seria condizente

---

* La Rochefoucauld (1613-1680), *Maximes* 276. (N.T.)

com sua natureza. Quando nos aparece reiteradamente, a novidade se desgasta, as paixões declinam, a agitação dos espíritos animais tem fim; e contemplamos os objetos com mais tranquilidade.

3   Gradativamente, a repetição produz uma facilidade, que é um outro princípio muito poderoso da mente humana e fonte infalível de prazer, quando não ultrapassa um certo grau. É de se notar que o prazer oriundo de uma facilidade moderada não tem a mesma tendência, que tem o prazer resultante da novidade, de aumentar os afetos dolorosos assim como os agradáveis. O prazer da facilidade não consiste tanto em uma fermentação dos espíritos animais quanto em seu movimento ordenado – o qual é por vezes tão poderoso que chega a transformar a dor em prazer, proporcionando-nos, com o decorrer do tempo, um gosto por coisas que de início eram bastante amargas e desagradáveis.

4   Mais ainda, assim como a facilidade converte a dor em prazer, frequentemente converte também o prazer em dor, a saber, quando é grande demais e torna as ações mentais tão fracas e lânguidas que não são mais capazes de afetar e ocupar a mente. De fato, quase nenhum objeto se torna desagradável pelo costume, exceto os que se fazem naturalmente acompanhar de alguma emoção ou afeto, que é destruído pela repetição demasiado frequente. Podemos contemplar repetidamente as nuvens, o céu, as árvores e as pedras, sem jamais sentir nenhuma aversão. Mas quando o belo sexo, a música, a boa mesa, ou qualquer coisa que naturalmente deveria ser agradável se torna indiferente, produz facilmente o afeto oposto.

5   Entretanto, o costume não cria apenas uma facilidade para realizar uma ação, como também uma inclinação e tendência a realizá-la, quando essa ação não é inteiramente desagradável e não é incapaz de se tornar objeto de inclinação. Essa é razão por que o costume aumenta todos os hábitos *ativos*, mas diminui os *passivos*, como observou recentemente um eminente filósofo.* A facilidade retira parte da força dos hábitos passivos ao tornar o movimento dos espíritos ani-

---

* Joseph Butler (1692-1752), em *Analogy of Religion* 1.5.2. (N.T.)

mais fraco e lânguido. Mas como, nos hábitos ativos, os espíritos se mantêm suficientemente a si mesmos, a tendência da mente lhes dá uma nova força, inclinando-os mais fortemente à ação.

Seção 6
Da influência da imaginação sobre as paixões

1 É importante notar que a imaginação e os afetos mantêm entre si uma união estreita, e nada que afeta aquela poderá ser inteiramente indiferente a estas. Sempre que nossas ideias de bem ou de mal adquirem uma nova vividez, as paixões se tornam mais violentas, e acompanham o passo da imaginação em todas as suas variações. Não me pronunciarei quanto à questão de saber se isso se deve ao princípio acima mencionado, que *qualquer emoção concomitante se converte facilmente na predominante*. Para meu objetivo presente, basta que tenhamos muitos exemplos que confirmem essa influência da imaginação sobre as paixões.

2 A perspectiva de um prazer com que estejamos familiarizados nos afeta mais que qualquer outro que reconheçamos ser superior, mas cuja natureza desconheçamos completamente. Podemos formar uma ideia particular e determinada do primeiro; mas concebemos este último apenas sob a noção geral de prazer – e, certamente, quanto mais gerais e universais nossas ideias, menos influência têm sobre a imaginação. Uma ideia geral, embora seja somente uma ideia particular considerada de um certo ângulo, costuma ser mais obscura; porque nenhuma ideia particular pela qual representamos uma ideia geral é fixa ou determinada, podendo, ao contrário, ser facilmente trocada por outras ideias particulares, que servirão igualmente para a representação.

3 Há uma passagem famosa na história da *Grécia* que pode servir a nosso propósito presente. *Temístocles* disse aos *atenienses* que havia concebido um plano de enorme utilidade para o público, mas que era impossível contar-lhes qual era esse plano sem arruinar sua execução,

já que seu sucesso dependia inteiramente do sigilo com que seria conduzido. Os *atenienses*, em vez de lhe dar total poder para agir como julgava adequado, ordenaram-lhe que comunicasse seu plano a *Aristides*, em cuja discrição confiavam plenamente, estando decididos a se submeter cegamente a sua opinião. O plano de *Temístocles* era incendiar em segredo toda a frota das repúblicas gregas, que estava reunida em um porto vizinho, para, com essa destruição, dar aos *atenienses* o domínio soberano do mar. *Aristides* voltou à assembleia e disse-lhes que nada poderia ser mais vantajoso que o plano de *Temístocles*, mas que, ao mesmo tempo, nada poderia ser mais injusto. Em vista disso, o povo rejeitou unanimemente o projeto.

4   Recentemente, um famoso historiador[1] expressou sua admiração por essa passagem da história antiga, como uma das mais singulares já encontradas. *Aqui, diz ele, quem decide que o interesse nunca deveria prevalecer sobre a justiça não são os filósofos em suas escolas, para os quais é fácil estabelecer as máximas mais sutis e sublimes da moral. É todo um povo, interessado na proposta que lhe é feita, que a considera importante para o bem público, mas que, não obstante, rejeita-a unanimemente, sem hesitação, apenas porque é contrária à justiça*. De minha parte, não vejo nada de tão extraordinário nessa maneira de proceder dos *atenienses*. As mesmas razões que tornam tão fácil aos filósofos estabelecer essas máximas sublimes tendem, em parte, a diminuir o mérito de uma tal conduta naquele povo. Os filósofos nunca hesitam entre o benefício e a honestidade, porque suas decisões são gerais, e nem suas paixões nem suas imaginações têm interesse pelos objetos. No caso em questão, a vantagem para os *atenienses* era imediata; entretanto, como era conhecida apenas sob a noção geral de vantagem, e não concebida por meio de uma ideia particular, deve ter tido uma influência menos considerável sobre sua imaginação e ter constituído uma tentação menos violenta que se estivessem a par de todas as circunstâncias envolvidas.

---

[1] *Monsieur Rollin*. [Charles Rollin (1661-1741)]. Hume refere-se a seu livro *Histoire Ancienne* 6.2.13. (N.T.)

De outro modo, injustos e violentos como os homens costumam ser, é difícil conceber que um povo inteiro aderisse de maneira tão unânime à justiça e rejeitasse qualquer vantagem considerável.

5   Qualquer satisfação que tenhamos experimentado recentemente, e a qual ainda esteja fresca e nova na memória, atua sobre a vontade com mais violência que aquela cujos traços estão enfraquecidos e quase apagados. A que atribuir tal coisa, senão ao fato de que a memória, no primeiro caso, auxilia a fantasia, dando uma força e um vigor adicionais a suas concepções? A imagem do prazer passado, sendo forte e violenta, confere essas qualidades à ideia do prazer futuro, conectada a ela pela relação de semelhança.

6   Um prazer condizente com o modo de vida que levamos excita mais nossos desejos e apetites que aquele que lhe é estranho. Esse fenômeno pode ser explicado pelo mesmo princípio.

7   Nada é mais propício a infundir uma paixão na mente que a eloquência, que representa os objetos nas cores mais fortes e vivas. Podemos reconhecer, por nós mesmos, que um certo objeto é valioso, e um outro odioso; mas, enquanto um orador não estimular nossa imaginação, reforçando essas ideias, elas exercerão apenas uma fraca influência sobre a vontade ou sobre os afetos.

8   Nem sempre, no entanto, a eloquência é necessária. A mera opinião alheia, sobretudo quando reforçada pela paixão, fará com que uma ideia de bem ou de mal, que de outro modo seria inteiramente negligenciada, passe a ter uma influência sobre nós. Isso se deve ao princípio da simpatia ou comunicação pois a simpatia, como já observei, não é senão a conversão de uma ideia em uma impressão pela força da imaginação.

9   Note-se que as paixões vívidas comumente acompanham uma imaginação vívida. Sob esse aspecto, entre outros, a força da paixão depende tanto do temperamento da pessoa quanto da natureza ou situação do objeto.

10   Já observei que a crença é somente uma ideia vívida relacionada com uma impressão presente. Essa vividez é uma circunstância necessária para despertar todas as nossas paixões, tanto as calmas como

as violentas; meras ficções da imaginação não exercem uma influência considerável sobre elas. São fracas demais para cativar a mente, ou para se fazer acompanhar de uma emoção.

Seção 7
Da contiguidade e da distância no espaço e no tempo

1   Existe uma razão fácil para explicar por que tudo que nos é contíguo no espaço ou no tempo é concebido com uma força e vividez peculiar, e supera qualquer outro objeto em sua influência sobre a imaginação. Nosso eu está intimamente presente a nós, e tudo que é relacionado ao eu deve partilhar dessa qualidade. Mas, quando um objeto está tão afastado que já perdeu a vantagem dessa relação, talvez seja necessário um exame mais detalhado para entendermos por que, se ele se afasta mais ainda, sua ideia se torna ainda mais fraca e obscura.

2   É evidente que a imaginação nunca pode se esquecer totalmente da localização de nossa existência no espaço e no tempo; recebe informações tão frequentes desta, pelas paixões e sentidos, que, por mais que volte sua atenção para objetos alheios e remotos, a todo momento se vê obrigada a pensar nos presentes. Pode-se notar igualmente que, ao conceber os objetos que consideramos reais e existentes, nós os tomamos em sua ordem e situação próprias; nunca saltamos de um objeto a outro que lhe seja distante sem percorrer, ao menos superficialmente, todos os objetos interpostos entre eles. Portanto, quando pensamos em um objeto distante de nós, somos obrigados não apenas, para chegar primeiro até ele, a passar por todo o espaço intermediário entre nós e o objeto, como também a renovar nosso percurso a todo momento, já que, a todo momento, somos chamados a pensar novamente em nós mesmos e em nossa situação presente. É fácil conceber que essa interrupção deve enfraquecer a ideia ao romper a ação da mente, impedindo assim que a concepção seja tão intensa e contínua como nas ocasiões em que refletimos acerca de um objeto mais próximo. Quanto *menos* passos são necessários para

chegar ao objeto, e quanto mais *suave* o caminho até ele, menos sentimos a diminuição da vividez; mas esta ainda poderá ser mais ou menos notada, proporcionalmente aos graus de distância e dificuldade.

3   Devemos, pois, considerar aqui dois tipos de objetos: os contíguos e os remotos; aqueles, por meio de sua relação conosco, aproximam-se das impressões em força e vividez; estes últimos, em razão da interrupção em nosso modo de concebê-los, aparecem de maneira mais fraca e imperfeita. Esse é seu efeito sobre a imaginação. E, se meu raciocínio estiver correto, devem ter um efeito proporcional sobre a vontade e as paixões. Os objetos contíguos devem ter uma influência muito superior à dos distantes e remotos. Assim, vemos na vida corrente que os homens se importam sobretudo com os objetos que não estão tão afastados no espaço ou no tempo, desfrutando o presente e deixando o que está longe aos cuidados do acaso e da sorte. Se falarmos a uma pessoa sobre sua situação daqui a trinta anos, ela não nos dará ouvidos. Mas se lhe falarmos sobre o que está para acontecer amanhã, ela prestará atenção. Preocupamo-nos mais com um espelho que se quebra em nosso lar do que com uma casa que se incendeia em um outro país, a centenas de léguas de nós.

4   Além disso, embora tanto a distância no espaço quanto a no tempo tenham um efeito considerável sobre a imaginação e, por meio desta, também sobre a vontade e as paixões, as consequências de um afastamento no *espaço* são muito inferiores às de um afastamento no *tempo*. Vinte anos constituem certamente uma distância de tempo bem curta em comparação com o que a história nos apresenta, ou até mesmo com o que a memória de algumas pessoas lhes dá a conhecer; mas duvido que mil léguas, ou sequer a maior distância espacial que o globo terrestre pode admitir, sejam capazes de enfraquecer tanto nossas ideias e diminuir tão consideravelmente nossas paixões. Um comerciante das *Índias Ocidentais** vos dirá que se preocupa com o que

---

* Ver as considerações sobre a propriedade da manutenção dessa expressão, ao invés de sua correção para "Índias Orientais", que, entretanto, pareceria a mais correta, em David F. Norton & Mary J. Norton, op. cit. (N.T.)

acontece na *Jamaica*; mas poucos estenderão seu olhar até um futuro tão distante a ponto de temer acidentes muitos remotos.

5 A causa desse fenômeno deve estar, evidentemente, nas diferentes propriedades do espaço e do tempo. Sem precisar recorrer à metafísica, qualquer um pode facilmente observar que o espaço, ou extensão, consiste em um certo número de partes coexistentes dispostas em uma certa ordem, e capazes de estar presentes ao mesmo tempo à visão ou ao tato. Ao contrário, o tempo ou sucessão, embora também seja constituído de partes, nunca nos apresenta mais de uma ao mesmo tempo; é impossível que duas partes do tempo coexistam. Essas qualidades dos objetos têm um efeito correspondente sobre a imaginação. As partes da extensão, sendo suscetíveis de uma união para os sentidos, adquirem uma união também na fantasia; e como o aparecimento de uma não exclui as outras, a transição ou passagem do pensamento ao longo das partes contíguas se torna, assim, mais suave e fácil. Em contrapartida, a incompatibilidade das partes do tempo em sua existência real separa-as na imaginação, tornando mais *difícil* para esta faculdade acompanhar longas sucessões ou séries de eventos. Cada parte deve aparecer só e isolada, e não pode entrar regularmente na fantasia sem banir a parte que se supõe imediatamente anterior. Desse modo, uma distância no tempo causa no pensamento uma interrupção maior que a mesma distância no espaço, e, em consequência disso, enfraquece mais consideravelmente a ideia e, por conseguinte, também as paixões, que dependem em grande medida da imaginação, segundo meu sistema.

6 Há outro fenômeno de natureza semelhante ao anterior, a saber: *a mesma distância, quando no futuro, tem efeitos superiores aos que exerce quando no passado.** Essa diferença se explica facilmente no que diz respeito à vontade. Como nenhuma de nossas ações pode alterar o passado, não é estranho que este nunca determine a vontade. Mas a

---

* "The superior effects of the same distance in futurity above that in the past". Compare-se esta última à afirmação da página 466.8.16-18: "A small degree of distance in the past has, therefore, a greater effect, in interrupting and weabening the conception, than a much greater in the future." Cf. também p.468.1.4-5. (N.T.)

questão ainda permanece no que diz respeito às paixões, e merece ser examinada.

7   Além da propensão a percorrer gradualmente os pontos do espaço e do tempo, nossa maneira de pensar tem outra peculiaridade, que concorre para a produção desse fenômeno. Sempre seguimos a sucessão do tempo ao ordenar nossas ideias, e passamos mais facilmente da consideração de um objeto para aquele que ocorre imediatamente depois do que para aquele que o precedeu. Um exemplo disso, entre outros, é a ordem que sempre se observa nas narrativas históricas. Somente uma absoluta necessidade pode obrigar um historiador a quebrar a ordem do tempo em sua *narrativa*, dando precedência a um acontecimento que, na *realidade*, era posterior a outro.

8   Isso se aplicará facilmente à questão de que estamos tratando, se refletirmos sobre algo que já observei antes: que a situação da imaginação é sempre a situação presente da pessoa, e é dela que partimos para conceber um objeto distante. Quando o objeto está no passado, a progressão do pensamento do presente até ele é contrária à natureza, pois passa de um ponto do tempo a um ponto anterior, e deste a outro ponto anterior, em oposição ao curso natural da sucessão. Em contrapartida, quando dirigimos nosso pensamento para um objeto futuro, nossa fantasia flui conforme o fluxo do tempo, chegando ao objeto por uma ordem que parece mais natural, porque sempre passa de um ponto do tempo a outro imediatamente posterior. Essa progressão *fácil* das ideias favorece a imaginação, fazendo-a conceber seu objeto de um modo mais forte e mais pleno que quando sofremos uma contínua oposição em nossa passagem e somos obrigados a superar as dificuldades decorrentes da propensão natural da fantasia. Um pequeno grau de distância no passado tem, portanto, um efeito maior, no interromper e enfraquecer a concepção, que uma distância muito maior no futuro. Desse seu efeito sobre a imaginação deriva sua influência sobre a vontade e as paixões.

9   Há outra causa que contribui para o mesmo efeito e procede da mesma qualidade da fantasia que nos determina a acompanhar a su-

cessão do tempo por uma sucessão similar de ideias. Quando, a partir do instante presente, consideramos dois pontos do tempo igualmente distantes no futuro e no passado, é evidente que, tomadas abstratamente, suas relações com o presente são quase iguais. Assim como o futuro se tornará presente *em algum momento*, assim também o passado foi presente *uma vez*. Portanto, se pudéssemos suprimir essa qualidade da imaginação, uma distância igual no passado e no futuro teria uma influência similar. Isso é verdade não apenas quando a fantasia permanece fixa e, do instante presente, considera o futuro e o passado, mas também quando muda sua situação, colocando-nos em diferentes períodos do tempo. Pois assim como, por um lado, ao supor que existimos em um ponto do tempo interposto entre o instante presente e o objeto futuro, vemos o objeto futuro se aproximar de nós e o passado retroceder, tornando-se mais distante; assim também, por outro lado, ao supor que existimos em um ponto do tempo localizado entre o presente e o passado, o passado se aproxima de nós, e o futuro se torna mais distante. Ora, em virtude da propriedade da fantasia anteriormente mencionada, escolhemos antes fixar nosso pensamento no ponto do tempo situado entre o presente e o futuro que no situado entre o presente e o passado. Preferimos avançar a retardar nossa existência; e, seguindo o que parece ser a sucessão natural do tempo, procedemos do passado ao presente, e do presente ao futuro. Desse modo, concebemos o futuro aproximando-se cada vez mais de nós, e o passado se afastando. Portanto, uma distância igual, no passado e no futuro, não tem o mesmo efeito sobre a imaginação, já que consideramos a primeira como aumentando continuamente, e a segunda diminuindo. A fantasia antecipa o curso das coisas, e considera o objeto na condição para a qual ele tende, bem como na que é vista como presente.

Seção 8
Continuação do mesmo tema

1   Desse modo, explicamos três fenômenos que parecem bastante notáveis: por que a distância enfraquece a concepção e a paixão;

por que a distância no tempo tem um efeito maior que a distância no espaço; e por que a distância no passado tem um efeito ainda maior que a distância no futuro. Devemos agora examinar três fenômenos que parecem ser de alguma forma o reverso desses: por que uma distância muito grande aumenta nossa estima e admiração por um objeto?, por que as aumenta mais quando ocorre no tempo que quando ocorre no espaço? e por que quando ocorre no passado mais que no futuro? A curiosidade do assunto, espero, fará que o leitor me desculpe por me demorar um pouco sobre essas questões.

2   Começando com o primeiro fenômeno, ou seja, por que uma grande distância aumenta nossa estima e admiração por um objeto, é evidente que a mera visão e contemplação de uma grandeza, seja ela sucessiva ou extensa, alarga a alma, dando-lhe um sensível deleite e prazer. Uma vasta planície, o oceano, a eternidade, uma sucessão de várias épocas; todos esses são objetos cativantes, e superam todas as coisas, por mais belas que sejam, cuja beleza não se faça acompanhar de uma grandeza apropriada. Ora, quando um objeto muito distante se apresenta à imaginação, pensamos naturalmente na distância entre nós e, desse modo, concebendo algo grande e imponente, obtemos a satisfação usual. Mas, como a fantasia passa facilmente de uma ideia a outra que esteja relacionada com ela, e transfere à segunda todas as paixões despertadas pela primeira, a admiração dirigida à distância se difunde naturalmente para o objeto distante. Constatamos, assim, que não é necessário que o objeto esteja de fato distante de nós para causar nossa admiração; basta que, pela associação natural das ideias, ele dirija nosso olhar para qualquer distância considerável. Um grande viajante, ainda que no mesmo aposento que nós, passará por uma pessoa extraordinária; e uma medalha *grega*, mesmo guardada em nossa estante de colecionador, é sempre considerada uma valiosa curiosidade. Nesses casos, o objeto, por uma transição natural, conduz nosso olhar para a distância; e a admiração decorrente dessa distância, por outra transição natural, retorna ao objeto.

3   Mas, embora toda grande distância produza uma admiração pelo objeto distante, uma distância no tempo tem um efeito mais significativo que uma no espaço. Inscrições e bustos antigos são mais valorizados que mesas de laca do *Japão*; e, sem mencionar os *gregos* e *romanos*, certamente vemos com mais veneração os antigos *caldeus* e *egípcios* que os *chineses* e *persas* modernos, e despendemos mais esforço tentando inutilmente esclarecer a história e a cronologia dos primeiros do que o que nos custaria para fazer uma viagem e obter informações seguras acerca do caráter, dos conhecimentos e da forma de governo dos segundos. Serei obrigado a fazer uma digressão para explicar esse fenômeno.

4   Trata-se de uma qualidade facilmente observável na natureza humana que qualquer oposição que não nos desencoraje e intimide inteiramente tem antes um efeito contrário, inspirando-nos uma grandeza e magnanimidade maior que a ordinária. Ao reunir forças para superar a oposição, revigoramos nossa alma, dando-lhe uma elevação que ela de outra forma nunca conheceria. A complacência, por tornar desnecessária nossa força, deixa-nos insensíveis a ela; mas a oposição a desperta e lhe dá uma utilidade.

5   O inverso também é verdadeiro. Não é apenas a oposição que alarga a alma; também a alma, quando cheia de coragem e grandeza, de um certo modo busca a oposição.

>   *Spumantemque dari pecora inter inertia votis*
>   *Optat aprum, aut fulvum descendere monte leonem.* *

6   Tudo que sustenta e preenche as paixões nos agrada; ao contrário, tudo que as enfraquece e debilita nos desagrada. Como a oposição tem o primeiro efeito e a facilidade, o segundo, não é de admirar que a mente, em certas disposições, deseje a primeira e sinta aversão pela segunda.

---

* "E anela que um javardo surda espumante dentre o bando inerte, ou que fulvo leão da serra desça." (Virgílio, *Eneida*, IV, v.158-9). Tradução de António Feliciano de Castilho e Manuel Odorico Mendes. São Paulo: W. M. Jackson Inc., 1964. (N.T.)

7   Esses princípios têm um efeito tanto sobre a imaginação como sobre as paixões. Para nos convencermos disso, basta considerarmos a influência das *altitudes* e das *profundidades* sobre aquela faculdade. Um lugar muito elevado comunica uma espécie de orgulho ou sublimidade de imaginação, dando-nos uma fantasiosa superioridade sobre os que estão abaixo de nós; e vice-versa, uma imaginação sublime e forte transmite a ideia de ascensão e elevação. É por isso que, de alguma maneira, associamos a ideia de tudo que é bom com a de altura, e a do que é mau com a de baixeza. Supomos que o céu está no alto, e o inferno embaixo. Um grande gênio é dito altivo e sublime. *Atque udam spernit humum fugiente penna.** Ao contrário, uma inteligência vulgar e trivial é designada indiferentemente como baixa ou medíocre. A prosperidade é denominada ascensão; a adversidade, queda. Reis e príncipes são considerados no topo da escala humana, ao passo que camponeses e trabalhadores, diz-se, estão nas camadas mais baixas. Essa nossa maneira de pensar e de nos expressar não é tão sem importância quanto pode parecer à primeira vista.

8   É evidente, tanto para o senso comum como para os filósofos, que não há diferença natural ou essencial entre o alto e o baixo, e que essa distinção resulta somente da gravitação da matéria, a qual produz um movimento de cima para baixo. Exatamente a mesma direção que, nesta parte do globo, é chamada de *ascendente* é denominada *descendente* em nossos antípodas, o que só pode resultar da tendência contrária dos corpos. Ora, é certo que a tendência dos corpos, agindo continuamente sobre nossos sentidos, deve produzir, por costume, uma tendência semelhante na fantasia, e, quando consideramos um objeto situado em um aclive, a ideia de seu peso nos dá uma tendência a transportá-lo do lugar em que está situado ao lugar imediatamente abaixo, e assim por diante, até chegarmos ao chão, que para igualmente o

---

* Horácio, *Odes*, livro III, ode II, v.23-4. O verso citado é o final de uma passagem, assim traduzida: "A virtude, abrindo o céu aos heróis dignos da imortalidade, atira-se com voo rápido por veredas inacessíveis, desprezando o comércio do vulgo e o lodo em que se atola". Tradução de Francisco-Antonio Picot, Librairies-Imprimeries Réunies: Paris, 1893. (N.T.)

corpo e nossa imaginação. Por uma razão semelhante, sentimos dificuldade em subir, e é com relutância que passamos do inferior ao que está situado acima dele, como se nossas ideias adquirissem de seus objetos uma espécie de gravidade. Como prova disso, não vemos que a característica de facilidade, que é tão estudada na música e na poesia, chama-se cadência* da harmonia ou do verso; ou seja, que a ideia de facilidade nos comunica a de descida, do mesmo modo que a descida produz uma facilidade?

9   Portanto, uma vez que a imaginação, ao passar do baixo ao alto, encontra uma oposição em suas qualidades e princípios internos, e uma vez que a alma, quando elevada pela alegria e pela coragem, de certa forma busca a oposição, abraçando com entusiasmo qualquer cena de pensamento ou de ação em que sua coragem encontre matéria para se alimentar e se tornar útil, segue-se que tudo aquilo que, ao tocar as paixões ou a imaginação, revigora e aviva a alma transmite naturalmente à fantasia essa inclinação a se elevar, e a determina a ir contra o curso natural de seus pensamentos e concepções. Tal progressão ascendente da imaginação concorda com a disposição presente da mente; e a dificuldade, ao invés de extinguir seu vigor e veemência, tem o efeito contrário, preservando-os e ampliando-os. Virtude, talento, poder e riqueza são, por essa razão, associados com a altura e o sublime, ao passo que pobreza, servidão e insensatez são conjugadas com o declínio e a baixeza. Se nosso caso fosse como o dos anjos, para quem, segundo *Milton* os representa,** *a descida é adversa, e não é possível cair sem esforço e coação*, essa ordem das coisas seria inteiramente invertida. Vê-se, portanto, que a própria natureza da ascensão e da queda é derivada da dificuldade e da propensão, e, consequentemente, todos os seus efeitos procedem dessa origem.

---

*   "*The fall or cadency*". Cf. Norton & Norton, em sua nota à frase de Hume (op. cit., p.530): "Musical or poetic compositions attain a sense of closure by ending on a note lower than those preceding. This downward cadence is called *a fall*". (N.T.)

** *Paradise Lost* (1667), II. 1021-33. (N.T.)

10   Tudo isso se aplica facilmente à questão presente, ou seja, por que uma distância considerável no tempo produz uma veneração maior pelos objetos distantes do que uma distância semelhante no espaço? A imaginação move-se com mais dificuldade ao passar de uma porção do tempo a outra que ao transitar ao longo das partes do espaço; isso porque o espaço, ou extensão, aparece unido a nossos sentidos, enquanto o tempo, ou sucessão, é sempre entrecortado e dividido. Essa dificuldade, quando conjugada com uma pequena distância, interrompe e enfraquece a fantasia; mas tem um efeito contrário quando o afastamento é grande. A mente, elevada pela vastidão de seu objeto, eleva-se ainda mais pela dificuldade da concepção; e, sendo obrigada a todo momento a renovar seus esforços para passar de uma parte a outra do tempo, sente uma disposição mais vigorosa e sublime que ao percorrer as partes do espaço, quando as ideias fluem com facilidade e conforto. Nessa disposição, a imaginação passa, como de costume, da consideração da distância à consideração dos objetos distantes, e assim nos dá uma veneração proporcional por esses objetos. É por essa razão que todas as relíquias da Antiguidade são tão preciosas para nós, e parecem mais valiosas que objetos trazidos das partes mais remotas do mundo.

11   O terceiro fenômeno que assinalei irá confirmar integralmente o que foi dito. Nem todo afastamento no tempo tem o efeito de produzir veneração e estima. Não tendemos a imaginar que nossa posteridade nos ultrapassará ou se igualará a nossos ancestrais. Esse fenômeno é ainda mais notável porque uma distância no futuro não enfraquece tanto nossas ideias quanto um igual afastamento no passado. Embora um afastamento no passado, quando muito grande, aumente nossas paixões mais que um afastamento igual no futuro, um pequeno afastamento favorece antes sua diminuição.

12   Em nosso modo comum de pensar, situamo-nos em uma espécie de posição intermediária entre o passado e o futuro; e como nossa imaginação encontra uma espécie de dificuldade em voltar ao primeiro e uma facilidade em seguir o curso do segundo, a dificuldade

transmite a noção de ascensão, e a facilidade, a noção contrária. Assim, imaginamos que nossos ancestrais estão como se fosse acima de nós, e nossa posteridade está abaixo. Nossa fantasia não chega até aqueles sem esforço, mas alcança facilmente esta última. Esse esforço enfraquece a concepção nos casos em que a distância é pequena, mas amplia e eleva a imaginação quando esta se acompanha de um objeto correspondente; por sua vez, a facilidade auxilia a fantasia no caso de um pequeno afastamento, mas retira parte de sua força quando ela contempla uma distância considerável.

13 Antes de deixarmos este tema da vontade, talvez não seja inapropriado resumir, em poucas palavras, tudo o que foi dito a seu respeito, a fim de apresentar o conjunto mais distintamente ao leitor. Aquilo que comumente entendemos por *paixão* é uma emoção violenta e sensível da mente, que ocorre quando se apresenta um bem ou um mal, ou qualquer objeto que, pela formação original de nossas faculdades, seja propício a despertar um apetite. Com a palavra *razão* referimo-nos a afetos exatamente da mesma espécie que os anteriores, mas que operam mais calmamente, sem causar desordem no temperamento; essa tranquilidade faz que nos enganemos a seu respeito, vendo-os exclusivamente como conclusões de nossas faculdades intelectuais. Tanto as *causas* como os *efeitos* dessas paixões, violentas e calmas, são bastante variáveis, dependendo, em grande parte, do temperamento e da disposição peculiar de cada indivíduo. Falando de maneira geral, as paixões violentas exercem uma influência mais poderosa sobre a vontade; mas constatamos frequentemente que as calmas, quando corroboradas pela reflexão e auxiliadas pela resolução, são capazes de controlá-las em seus movimentos mais impetuosos. O que torna tudo isso mais incerto é que uma paixão calma pode facilmente se tornar violenta, seja por uma mudança no humor da pessoa ou na situação e nas circunstâncias que envolvem o objeto, seja por extrair força de uma paixão concomitante, pelo costume, ou por excitar a imaginação. De tudo isso, podemos concluir que é esse combate entre paixão e razão, como é chamado, que diversifica a vida

humana e torna os homens tão diferentes, não apenas uns dos outros, mas também de si mesmos em momentos diferentes. A filosofia pode explicar apenas alguns dos maiores e mais sensíveis eventos dessa guerra; mas tem que abrir mão de todas as revoltas menores e mais delicadas, por dependerem de princípios demasiadamente sutis e diminutos para sua compreensão.

Seção 9
Das paixões diretas

1   É fácil observar que as paixões, tanto as diretas como as indiretas, estão fundadas na dor e no prazer; e, para produzir um afeto de qualquer espécie, basta apresentar um bem ou um mal. A supressão da dor ou do prazer tem como consequência a imediata supressão do amor e do ódio, do orgulho e da humildade, do desejo e da aversão, assim como da maior parte de nossas impressões reflexivas ou secundárias.

2   As impressões que decorrem do bem e do mal de maneira mais natural e sem preparação são as paixões *diretas* de desejo e aversão, tristeza e alegria, esperança e medo, juntamente com a volição. A mente, por um instinto *original*, tende a se unir ao bem e a evitar o mal, mesmo que os conceba meramente como ideias, e os considere como existindo apenas em algum período futuro.

3   Supondo-se, porém, que exista uma impressão imediata de prazer ou dor, e *essa* impressão seja decorrente de um objeto relacionado conosco ou com outrem, isso não impede a propensão ou a aversão, com suas consequentes emoções; ao contrário, combinando-se com certos princípios latentes da mente humana, desperta as novas impressões de orgulho ou humildade, amor ou ódio. A propensão que nos une ao objeto ou dele nos separa continua a operar, mas em conjunção com as paixões *indiretas*, que resultam de uma dupla relação, de impressões e ideias.

4   Por sua vez, as paixões indiretas, sendo sempre agradáveis ou desagradáveis, dão uma força adicional às paixões diretas e aumentam nosso desejo e aversão pelo objeto. Assim, uma vestimenta elegante produz prazer por sua beleza; e esse prazer produz as paixões diretas, ou impressões de volição e desejo. Além disso, quando consideramos essas roupas como pertencendo a nós, a dupla relação nos transmite o sentimento de orgulho, que é uma paixão indireta; e o prazer que acompanha essa paixão reincide sobre os afetos diretos, dando nova força a nosso desejo ou volição, alegria ou esperança.

5   Quando o bem é certo ou provável, produz a ALEGRIA. Quando é o mal que se encontra nessa situação, surge a TRISTEZA ou o PESAR.

6   Quando o bem ou o mal são incertos, dão origem ao MEDO ou à ESPERANÇA, segundo os graus de incerteza de um lado ou de outro.

7   O DESEJO resulta do bem considerado simplesmente enquanto tal, e a AVERSÃO deriva do mal. A VONTADE se exerce quando ou o bem ou a ausência de mal podem ser alcançados por meio de uma ação da mente ou do corpo.

8   Além do bem e do mal, ou, em outras palavras, da dor e do prazer, as paixões diretas surgem frequentemente de um impulso natural ou instinto, inteiramente inexplicável. Desse gênero é o desejo da punição de nossos inimigos, e da felicidade de nossos amigos; e também a fome, o desejo carnal e alguns outros apetites corpóreos. Essas paixões, rigorosamente falando, produzem o bem e o mal, e não procedem deles, como os outros afetos.

9   Nenhum dos afetos diretos parece merecer nossa atenção especial, exceto a esperança e o medo, que tentaremos aqui explicar. É evidente que exatamente o mesmo acontecimento que, se fosse certo, produziria tristeza ou alegria, dá origem ao medo ou à esperança quando apenas provável e incerto. Portanto, para entendermos a razão pela qual essa circunstância faz uma diferença tão considerável, temos de refletir acerca do que já expus no livro anterior a respeito da natureza da probabilidade.

10   A probabilidade surge de uma oposição de chances ou causas contrárias, que não permite que a mente se fixe em nenhum dos lados, fazendo que ela seja jogada incessantemente de um ao outro, ora determinada a considerar um objeto como existindo, ora o contrário. A imaginação ou entendimento, como se queira chamá-lo, flutua entre as considerações opostas; e embora possa frequentemente se voltar mais para um lado que para outro, é-lhe impossível permanecer em um deles, em razão da oposição das causas ou chances. O pró e o contra da questão prevalecem alternadamente; e a mente, ao considerar o objeto em seus princípios opostos, encontra tal contrariedade, que toda certeza e opinião estabelecida ficam destruídas.

11   Suponhamos, então, que o objeto de cuja realidade temos dúvidas seja objeto quer de desejo, quer de aversão; é evidente que, conforme a mente se volte para um lado ou para o outro, deverá sentir uma impressão momentânea de alegria ou de tristeza. Um objeto cuja existência desejamos nos dá satisfação quando pensamos nas causas que o produzem; pela mesma razão, desperta tristeza ou desconforto pela consideração oposta. Desse modo, assim como o entendimento, em todas as questões prováveis, divide-se entre pontos de vista contrários, assim também os afetos devem se dividir entre emoções opostas.

12   Ora, se considerarmos a mente humana, veremos que, no que diz respeito às paixões, sua natureza não é a de um instrumento de sopro, que, quando percorridas suas notas, perde imediatamente o som assim que cessa a respiração; assemelha-se antes a um instrumento de cordas, em que, após cada toque, as vibrações continuam retendo algum som, que se extingue gradual e insensivelmente. A imaginação é extremamente rápida e ágil, mas as paixões são lentas e obstinadas. Por essa razão, quando se apresenta um objeto que fornece uma variedade de visões para aquela e de emoções para estas, embora a fantasia possa mudar suas visões com grande rapidez, cada toque não produzirá uma nota clara e distinta de paixão; ao contrário, uma paixão irá sempre se misturar e se confundir com a outra. Conforme a probabilidade se incline para o bem ou para o mal, a paixão de alegria

ou de tristeza predomina no composto. Pois a natureza da probabilidade é dispor um número superior de visões ou chances de um lado; ou, o que é o mesmo, um número superior de reincidências de uma paixão; ou ainda, já que as paixões dispersas são reunidas em uma só, um grau superior dessa paixão. Em outras palavras, a tristeza e a alegria, misturando-se em virtude das visões contrárias da imaginação, produzem, por sua união, as paixões da esperança e do medo.

13 Neste ponto, pode-se levantar uma questão muito curiosa a propósito da contrariedade das paixões, que é nosso tema presente. Observa-se que, quando os objetos das paixões contrárias se apresentam simultaneamente, além do aumento da paixão predominante (que já foi explicado, e que comumente surge quando de seu primeiro choque ou embate), às vezes acontece que as duas paixões se sucedem uma à outra, a breves intervalos; às vezes, elas se destroem reciprocamente, e nenhuma tem lugar; e às vezes, ambas permanecem unidas na mente. Pode-se perguntar, portanto, por meio de que teoria explicamos essas variações e a que princípio geral se pode reduzi-las.

14 Quando as paixões contrárias provêm de objetos inteiramente diferentes, elas se dão alternadamente, já que a falta de relação entre as ideias separa as impressões, impedindo sua oposição. Assim, por exemplo, quando um homem está aflito com a perda de uma causa judicial e alegre pelo nascimento de um filho, a mente, ao passar do objeto agradável ao desastroso, por maior que seja a velocidade com que faça esse movimento, dificilmente conseguirá moderar um afeto pelo outro e permanecer entre eles em um estado de indiferença.

15 Essa situação de calma é alcançada com mais facilidade quando o mesmo acontecimento é de natureza mista, contendo algo de adverso e algo de favorável em suas diferentes circunstâncias. Pois, nesse caso, ambas as paixões, misturando-se por meio da relação, tornam-se mutuamente destrutivas e deixam a mente em perfeita tranquilidade.

16 Mas suponhamos, em terceiro lugar, que o objeto não seja um composto de bem e mal, mas sim que seja considerado provável ou im-

provável em um determinado grau. Nesse caso, afirmo que as paixões contrárias estarão presentes ao mesmo tempo na alma e, em vez de se destruírem e moderarem mutuamente, subsistirão juntas, produzindo com essa união uma terceira impressão ou afeto. Paixões contrárias não são capazes de se destruir reciprocamente, a menos que seus movimentos contrários coincidam exatamente e se oponham em sua direção, bem como na sensação que produzem. Esse confronto exato depende das relações das ideias de que essas paixões derivam, e será mais ou menos perfeito, conforme o grau da relação. No caso da probabilidade, as chances contrárias estão relacionadas enquanto determinam a existência ou inexistência do mesmo objeto. Mas essa relação está longe de ser perfeita, já que algumas das chances estão do lado da existência e outras do lado da inexistência, que são objetos inteiramente incompatíveis. É impossível considerar as chances opostas e os eventos delas dependentes por meio de um único olhar firme; a imaginação tem de passar alternadamente de uma à outra. Cada visão da imaginação produz sua paixão própria, que se extingue gradativamente e é seguida de uma vibração sensível que permanece após cada toque. A incompatibilidade das visões impede as paixões de se chocar em linha direta, se posso me exprimir assim; entretanto, sua relação é suficiente para misturar suas emoções mais fracas. É desse modo que a esperança e o medo surgem das diferentes misturas dessas paixões opostas de tristeza e alegria, e de sua união e conjunção imperfeita.

17 Em suma, paixões contrárias sucedem-se uma à outra quando decorrem de objetos diferentes; destroem-se mutuamente quando procedem de partes diferentes do mesmo objeto; e subsistem juntas, misturando-se, quando são derivadas das chances ou possibilidades contrárias e incompatíveis de que depende um objeto. Pode-se ver claramente a influência das relações de ideias em todos esses casos. Se os objetos das paixões contrárias são totalmente diferentes, as paixões são como dois licores opostos mantidos em garrafas diferentes, sem nenhuma influência um sobre o outro. Se os objetos estão intimamente conectados, as paixões são como um álcali e um ácido, que,

ao se misturarem, destroem-se um ao outro. Se a relação é mais imperfeita, e consiste em visões contraditórias do mesmo objeto, as paixões são como óleo e vinagre, que, por mais que se misturem, nunca se unem e se incorporam perfeitamente.

18 Como a hipótese concernente à esperança e ao medo traz consigo sua própria evidência, seremos mais concisos em nossas provas. Uns poucos argumentos fortes valem mais que muitos argumentos fracos.

19 As paixões de medo e esperança podem surgir quando as chances são iguais dos dois lados, e não se pode descobrir qualquer superioridade de um sobre o outro. Aliás, nessa situação as paixões têm sua maior força, já que é nela que a mente tem menos base de apoio, sendo jogada de um lado para o outro com a maior incerteza. Acrescentai um grau superior de probabilidade do lado da tristeza, e imediatamente vereis a paixão se difundir por toda a composição, tingindo-a de medo. Aumentai a probabilidade, e dessa forma também a tristeza, e o medo prevalecerá mais e mais, até se transformar, de modo imperceptível, em pura tristeza, enquanto a alegria diminui continuamente. Após obterdes essa situação, diminuí a tristeza, do mesmo modo como a aumentastes; diminuindo a probabilidade de seu lado, vereis a paixão se apagar aos poucos, até se transformar insensivelmente em esperança; esta, por sua vez, e do mesmo modo, se transforma pouco a pouco em alegria, conforme aumentais essa parte do composto ao aumentar a probabilidade. Não serão estas provas claras de que as paixões do medo e da esperança são misturas de tristeza e alegria, assim como, em óptica, a prova de que um raio de sol colorido que passa através de um prisma é uma composição de dois outros raios é obtida quando diminuís ou aumentais a quantidade de um deles e descobris que ele prevalece proporcionalmente mais ou menos na composição? Estou certo de que nem a filosofia da natureza nem a filosofia moral admitem provas mais fortes.

20 Há dois tipos de probabilidades: quando o objeto, em si mesmo, é realmente incerto e a ser determinado pelo acaso, ou quando, embora o objeto já seja certo, é incerto para nosso juízo, que encontra um determinado número de provas de cada lado da questão. Esses dois

tipos de probabilidades causam medo e esperança, o que só pode ser devido à propriedade em que concordam, a saber, a incerteza e flutuação que conferem à imaginação pela contrariedade de visões, que é comum a ambas.

21   É o bem ou mal provável que comumente produz esperança ou medo; porque a probabilidade, sendo um modo oscilante e inconstante de considerar um objeto, causa naturalmente uma semelhante mistura e incerteza das paixões. Mas podemos observar que, sempre que essa mistura pode ser produzida por outras causas, as paixões do medo e da esperança surgem, ainda que não haja probabilidade; e isso, deve-se reconhecer, é uma prova convincente da presente hipótese.

22   Constatamos que um mal concebido meramente como *possível* algumas vezes também produz medo, sobretudo se for muito grande. Um homem não pode pensar em dores e torturas extremas sem tremer, se corre o menor perigo de sofrê-las. O pequeno grau da probabilidade é compensado pela grandeza do mal, de modo que a sensação é tão viva como se o mal fosse mais provável. Um único vislumbre ou visão de um grande mal tem o mesmo efeito que vários vislumbres de um pequeno.

23   Mas não são apenas males possíveis que causam medo; até alguns reconhecidamente *impossíveis* o causam; por exemplo, quando trememos à beira de um precipício, mesmo sabendo que estamos em perfeita segurança, cabendo a nós a escolha entre avançar mais um passo ou não. Isso se deve à presença imediata do mal, que influencia a imaginação da mesma maneira que a certeza desse mal o faria, mas que, sendo confrontada pela reflexão sobre nossa segurança, imediatamente se retrai, causando o mesmo tipo de paixão que quando se produzem paixões contrárias em virtude de uma contrariedade de chances.

24   Males *certos* têm às vezes o mesmo efeito, de produzir medo, que males possíveis ou impossíveis. Assim, um homem em uma prisão segura e bem vigiada, sem a menor possibilidade de escapar, treme ao pensar no suplício a que está sentenciado. Isso só ocorre quando o mal certo é terrível e abominável; nesse caso, a mente o rejeita conti-

nuamente com horror, ao mesmo tempo que ele pressiona continuamente o pensamento. O mal é aqui firme e estabelecido, mas a mente não pode suportar fixar-se sobre ele; dessa flutuação e incerteza, surge uma paixão de aparência muito semelhante à do medo.

25   O medo ou a esperança surgem, no entanto, não apenas quando o bem ou o mal são incertos quanto a sua *existência*, mas também quanto a seu *tipo*. Se uma pessoa recebesse de alguém, de cuja veracidade não pode duvidar, a notícia de que um de seus filhos foi subitamente morto, é evidente que a paixão que esse evento ocasionaria não se estabeleceria como pura tristeza enquanto ela não obtivesse uma informação certa de qual de seus filhos perdeu. Neste caso, há um mal certo, mas seu tipo é incerto; consequentemente, o medo que sentimos nessa ocasião não tem qualquer mistura de alegria, decorrendo unicamente da flutuação da fantasia entre seus objetos. E, embora todos os lados da questão produzam aqui a mesma paixão, essa paixão não pode se estabelecer, recebendo antes da imaginação um movimento trêmulo e instável, assemelhando-se, em sua causa como em sua sensação, à mistura e ao combate entre tristeza e alegria.

26   Com base nesses princípios, podemos explicar um fenômeno das paixões que, à primeira vista, parece um tanto extraordinário, a saber, que a surpresa tende a se transformar em medo, e que tudo que é inesperado nos amedronta. A conclusão mais óbvia desse princípio é que a natureza humana é em geral pusilânime; pois, diante da súbita aparição de um objeto, concluímos imediatamente tratar-se de um mal, e, sem esperar até podermos examinar se sua natureza é boa ou má, somos logo tomados pelo medo. Essa conclusão, digo, é a mais óbvia; mas um exame mais profundo nos mostrará que o fenômeno deve ser explicado de outro modo. O caráter súbito e a estranheza de uma aparição causam naturalmente uma comoção na mente, como todas as coisas para as quais não estamos preparados e a que não estamos acostumados. Essa comoção, por sua vez, produz naturalmente uma curiosidade ou interesse, que, sendo muito violentos, em virtude do forte e súbito impulso do objeto, tornam-se desconfortáveis, asseme-

lhando-se em sua flutuação e incerteza à sensação do medo, ou seja, das paixões misturadas de tristeza e alegria. Essa imagem do medo se converte naturalmente na coisa mesma, causando em nós uma apreensão real pelo mal, uma vez que a mente sempre forma seus juízos mais a partir de sua disposição presente do que da natureza de seus objetos.

27   Assim, todos os tipos de incerteza têm uma forte conexão com o medo, mesmo que não causem uma oposição de paixões pelas visões e considerações opostas que nos apresentam. Uma pessoa que deixou seu amigo doente sentirá uma ansiedade maior que aquela que sentiria se estivesse ao seu lado, ainda que talvez fosse incapaz não só de lhe prestar assistência, mas também de julgar sobre o resultado de sua doença. Nesse caso, embora o objeto principal da paixão, a vida ou a morte de seu amigo, seja igualmente incerto para ela, quer esteja presente, quer ausente, há milhares de pequenas circunstâncias que envolvem a situação e a condição de seu amigo, cujo conhecimento fixa a ideia, impedindo aquela flutuação e incerteza tão estreitamente ligadas ao medo. É verdade que a incerteza é, em um certo sentido, tão estreitamente ligada à esperança quanto ao medo, já que constitui uma parte essencial também da composição daquela paixão; mas a razão por que a mente não se inclina para esse lado é que a incerteza sozinha é desagradável, e tem uma relação de impressões com as paixões desagradáveis.

28   É assim que nossa incerteza acerca de qualquer pequeno detalhe relacionado a uma pessoa aumenta nossa apreensão por sua morte ou infortúnio. Horácio notou esse fenômeno:

> *Ut assidens implumibus pullus avis*
> *Serpentium allapsus timet,*
> *Magis relictis; non, ut adsit, auxili*
> *Latura plus presentibus.* *

---

*   Horácio, *Epodos*, livro I, v.19-22: "Assim a ave, velando por seus filhotes implumes, receia mais o ataque sorrateiro das serpentes quando se ausenta do ninho, embora a sua presença de pouco lhes possa valer". (N.T.)

29   Levando um pouco mais adiante, porém, esse princípio da conexão do medo com a incerteza, observarei que qualquer dúvida produz essa paixão, mesmo que só nos apresente, em todos os lados, coisas boas e desejáveis. Uma virgem, em sua noite de núpcias, encaminha-se para o leito cheia de medos e apreensões, embora não espere senão prazer da mais alta espécie, que há tanto desejava. A novidade e a magnitude do acontecimento, a confusão de desejos e alegrias, embaraçam a tal ponto a mente que esta não sabe em que paixão se fixar; isso gera nos espíritos animais uma inquietude e instabilidade que, sendo em alguma medida desconfortáveis, degeneram muito naturalmente em medo.

30   Continuamos constatando, portanto, que tudo que causa uma flutuação ou mistura nas paixões, juntamente com algum grau de desconforto, sempre produz medo, ou ao menos uma paixão tão semelhante a ele que quase não se pode distingui-las.

31   Limitei-me, aqui, ao exame da esperança e do medo em sua situação mais simples e natural, sem considerar todas as variações que podem sofrer com a mistura de diferentes considerações e reflexões. *Terror, consternação, espanto, ansiedade* e outras paixões desse gênero são apenas diferentes espécies e graus de medo. É fácil imaginar como uma situação diferente do objeto ou um modo diferente de pensar pode mudar até mesmo a sensação de uma paixão; e isso em geral pode explicar todas as subdivisões particulares dos outros afetos, além do medo. O amor pode se mostrar em forma de *ternura, amizade, intimidade, apreço* e *benevolência*, e ter ainda muitas outras aparências; no fundo, todas são o mesmo afeto, e decorrem das mesmas causas, embora com pequenas variações, não sendo necessário explicá-las caso a caso. É por essa razão que me limitei todo esse tempo à paixão principal.

32   O mesmo cuidado em evitar a prolixidade me faz deixar de lado o exame da vontade e das paixões diretas tais como aparecem nos animais; pois nada é mais evidente que o fato de que são da mesma natureza, e despertadas pelas mesmas causas que nas criaturas hu-

manas. Deixarei essa observação aos cuidados do próprio leitor, sugerindo-lhe que considere ao mesmo tempo a força adicional que isso confere ao presente sistema.

Seção 10
Da curiosidade, ou o amor à verdade

1   Mas parece-me que fomos um pouco negligentes ao passar em revista tantas partes diferentes da mente humana, e examinar tantas paixões, sem levar uma só vez em consideração aquele amor à verdade, que é a fonte originária de todas as nossas investigações. Será, portanto, conveniente, antes de abandonarmos este tema, dedicar algumas reflexões a essa paixão e mostrar sua origem na natureza humana. Trata-se de um afeto de um tipo tão peculiar que teria sido impossível considerá-lo em qualquer dos itens que examinamos, sem risco de obscuridade e confusão.

2   A verdade pode ser de dois tipos, consistindo quer na descoberta das proporções das ideias consideradas enquanto tais, quer na conformidade de nossas ideias dos objetos com a existência real destes. É certo que a primeira espécie de verdade não é desejada meramente enquanto verdade, e não é apenas a correção de nossas conclusões que nos dá prazer. Pois essas conclusões são tão corretas se descobrimos a igualdade de dois corpos utilizando um compasso quanto se a conhecemos por meio de uma demonstração matemática. Embora no segundo caso as provas sejam demonstrativas e no primeiro apenas sensíveis, a mente, de maneira geral, aquiesce com igual segurança nos dois casos. E em uma operação aritmética, em que tanto a verdade quanto a certeza têm a mesma natureza que na mais complexa equação algébrica, o prazer é bastante insignificante, quando não se transforma em dor. Isso é uma prova evidente de que a satisfação que algumas vezes obtemos com a descoberta da verdade não procede dessa verdade, considerada meramente enquanto tal, mas somente se dotada de certas qualidades.

3   A primeira e mais importante circunstância requerida para tornar a verdade agradável é a inteligência e a capacidade empregadas em sua invenção e descoberta. Nunca valorizamos o que é fácil e óbvio; e até o que é *em si mesmo* difícil, se chegamos a conhecê-lo sem dificuldade e sem um extremo esforço de pensamento ou juízo, é pouco considerado. Adoramos seguir as demonstrações dos matemáticos, mas obteríamos pouca satisfação de alguém que apenas nos informasse acerca das proporções de linhas e ângulos, ainda que depositássemos a maior confiança em seu julgamento e em sua veracidade. De fato, nesse caso, basta ter ouvidos para aprender a verdade. Não somos obrigados a concentrar nossa atenção ou a exercitar nossa inteligência – o que, dentre todos os exercícios da mente, é o mais prazeroso e agradável.

4   Mas, embora o exercício da inteligência seja a principal fonte da satisfação que extraímos das ciências, duvido que seja por si só suficiente para nos dar um prazer considerável. A verdade que descobrimos também tem de ter alguma importância. É fácil multiplicar ao infinito problemas algébricos, e é infindável a descoberta das proporções das seções cônicas; poucos matemáticos, porém, têm prazer nessas investigações, preferindo dirigir seus pensamentos para coisas mais úteis e importantes. Ora, a questão é de que maneira essa utilidade e importância agem sobre nós. A dificuldade está em que muitos filósofos consumiram seu tempo, destruíram sua saúde e desprezaram sua riqueza na busca de verdades que consideravam importantes e úteis para o mundo, embora toda sua conduta e comportamento deixasse claro que não eram dotados de qualquer espírito público, e tampouco tinham preocupação alguma pelos interesses da humanidade. Se estivessem convencidos de que suas descobertas eram irrelevantes, perderiam por completo todo gosto por seus estudos, muito embora suas consequências lhes fossem inteiramente indiferentes – o que parece constituir uma contradição.

5   Para resolver essa contradição, temos de considerar que existem certos desejos e inclinações que não vão além da imaginação, sendo

antes pálidas sombras e imagens de paixões que afetos reais. Assim, suponhamos um homem que examina as fortificações de uma cidade; considera sua força e vantagens, naturais ou adquiridas; observa a disposição e o mecanismo dos baluartes, trincheiras, minas e outros dispositivos militares; é claro que, conforme estes se mostrem adequados para cumprir suas finalidades, ele obterá um prazer e uma satisfação proporcionais. Como esse prazer decorre da utilidade, e não da forma dos objetos, não pode consistir senão em uma simpatia com os habitantes, em prol de cuja segurança toda essa arte foi empregada; entretanto, é possível que esse homem, por ser estrangeiro ou inimigo, não sinta em seu coração nenhuma afeição por eles, ou guarde-lhes mesmo um certo ódio.

6   Pode-se objetar, é verdade, que uma simpatia tão remota é um fundamento muito frágil para uma paixão, e tanto trabalho e aplicação, como os que frequentemente observamos nos filósofos, nunca poderiam ter uma origem tão insignificante. Mas aqui volto ao que salientei há pouco, a saber, que o prazer do estudo consiste especialmente na ação da mente e no exercício da inteligência e do entendimento para descobrir ou compreender uma verdade. Se é preciso que a verdade seja importante para que o prazer se complete, não é porque essa importância traga uma adição considerável para nossa satisfação, mas somente porque é, em alguma medida, necessária para fixar nossa atenção. Quando estamos descuidados e desatentos, essa mesma ação do entendimento não tem efeito sobre nós, sendo incapaz de transmitir a satisfação que transmite quando nos encontramos em outra disposição.

7   Mas, além da ação da mente, que é o principal fundamento do prazer, é também necessário, um certo grau de sucesso na realização de nosso objetivo, ou seja, a descoberta da verdade que examinamos. A esse respeito, farei uma observação geral, que poderá ser útil em muitas ocasiões: quando a mente busca um fim com paixão, mesmo que essa paixão não derive originalmente do fim, mas apenas da ação e da busca, adquirimos, graças ao curso natural dos afetos, um inte-

resse pelo próprio fim, e sentimos um desconforto se nossa busca fracassa. Isso se deve à relação e à direção paralela das paixões, de que falamos anteriormente.

8   Para ilustrar tudo isso por meio de um exemplo familiar,* observarei que não pode haver duas paixões mais semelhantes que as da caça e da filosofia, por maior que seja a desproporção que à primeira vista pareça existir entre elas. É evidente que o prazer da caça consiste na ação da mente e do corpo; no movimento, na atenção, na dificuldade e na incerteza. Também é evidente que essas ações têm de ser acompanhadas de uma ideia de utilidade para ter um efeito sobre nós. Um homem de enorme fortuna e o mais distante possível de qualquer avareza, ainda que tenha prazer em caçar perdizes e faisões, não sente satisfação alguma ao atirar em corvos e gralhas, porque considera as duas primeiras aves próprias para a mesa, e as outras duas inteiramente inúteis. Aqui certamente a utilidade ou a importância, por si mesmas, não causam nenhuma paixão real, sendo requeridas apenas para dar sustentação à imaginação; e a mesma pessoa que despreza uma vantagem dez vezes maior em qualquer outro domínio tem prazer em trazer para casa meia dúzia de galinholas ou lavandeiras, após ter gasto várias horas a caçá-las. Para completar o paralelo entre a caça e a filosofia, observemos que, embora em ambos os casos possamos desprezar o fim mesmo de nossa ação, concentramo-nos tanto nele, no calor dessa ação, que nos sentimos muito mal quando desapontados, e ficamos tristes se perdemos nossa presa ou se cometemos um erro em nosso raciocínio.

9   Se quisermos um outro paralelo com esses afetos, poderemos considerar a paixão do jogo, que proporciona um prazer pelos mesmos princípios que a caça e a filosofia. Observou-se que o prazer do jogo

---

*   *"Similar"* na edição de SBN, corrigido para *"familiar"* seguindo as razões dos editores da NN/OPT (cf. David F. Norton & Mary J. Norton, op. cit.,): "(1) no 'similar instance' precedes the one Hume goes on to mention ... (2) assuming Hume did not mistakenly write 'similar' when he meant 'familiar', the compositor could easily enough have misread the manuscript and made the error; (3) the comparison of hunting and philosophy had been made familiar by Eramus' popular *The Praise of Foll"*. (N.T.)

não decorre apenas do interesse, pois muitos abrem mão de um ganho certo por essa diversão. Tampouco deriva apenas do jogo, pois essas mesmas pessoas não sentem nenhuma satisfação quando não jogam por dinheiro. Procede antes da união dessas duas causas, embora, sozinhas, elas não tenham nenhum efeito. Ocorre aqui o mesmo que em certos preparados químicos, em que a mistura de dois líquidos incolores e transparentes produz um terceiro que é opaco e colorido.

10 O interesse que temos por um jogo atrai nossa atenção, sem o que não teríamos nenhum prazer, nessa ou em qualquer outra ação. Uma vez atraída a atenção, a dificuldade, a variedade e os súbitos reveses da sorte fazem que nos interessemos ainda mais; e é desse interesse que resulta nossa satisfação. A vida humana é uma cena tão enfadonha, e os homens em geral são tão indolentes, que tudo que os diverte, ainda que por uma paixão mesclada com a dor, no essencial lhes dá um prazer perceptível. Esse prazer aumenta ainda mais, neste caso, pela natureza dos objetos, que, sendo sensíveis e de âmbito limitado, são concebidos com facilidade e agradam à imaginação.

11 A mesma teoria que explica o amor à verdade na matemática e na álgebra pode-se estender à moral, à política, à filosofia da natureza e a outros estudos em que não consideramos as relações abstratas das ideias, mas suas conexões reais e sua existência. Mas, além do amor pelo saber, que se mostra nas ciências, existe implantada na natureza humana uma certa curiosidade, que é uma paixão derivada de um princípio bem diferente. Algumas pessoas têm um desejo insaciável de conhecer as ações e os detalhes da vida de seus vizinhos, mesmo que não tenham nenhum interesse nisso, e mesmo que dependam inteiramente dos outros para obter sua informação, caso em que não há lugar para estudo ou aplicação. Investiguemos a causa desse fenômeno.

12 Já provamos suficientemente que a influência da crença é, ao mesmo tempo, avivar e fixar uma ideia na imaginação, e impedir qualquer hesitação e incerteza a seu respeito. Ambas as circunstâncias são favoráveis. Mediante a vividez da ideia, criamos um interesse por parte da fantasia, e produzimos, embora em menor grau, o mesmo prazer

que surge de uma paixão moderada. Assim como a vividez da ideia dá prazer, assim também sua certeza impede o desconforto, ao fixar na mente uma ideia em particular, impedindo-a de oscilar na escolha de seus objetos. Trata-se de uma qualidade da natureza humana, que se manifesta em muitas ocasiões, e é comum tanto à mente como ao corpo, que uma mudança demasiadamente brusca e violenta nos é desagradável e mesmo objetos em si mesmos indiferentes produzem um mal-estar, se alterados. Como a natureza da dúvida é causar uma variação no pensamento e transportar-nos subitamente de uma ideia a outra, ela deve, consequentemente, ser ocasião de dor. Essa dor ocorre sobretudo quando o interesse, a relação ou a magnitude e a novidade de um acontecimento nos dão um interesse por ele. Não é sobre qualquer questão de fato que temos curiosidade; tampouco temos curiosidade apenas sobre aquelas que são de nosso interesse conhecer. É suficiente que a ideia nos toque com tal força, e nos concirna tão de perto, que sua instabilidade e inconstância nos causem um desconforto. Para um estrangeiro que chega pela primeira vez a uma cidade, pode ser totalmente indiferente conhecer a história e as aventuras de seus habitantes; mas, conforme vai se familiarizando com as pessoas, e após viver algum tempo entre elas, adquire a mesma curiosidade que os que ali nasceram. Quando estamos lendo a história de uma nação, podemos ter um grande desejo de esclarecer uma dúvida ou dificuldade que se apresente, mas nos descuidamos dessas investigações quando as ideias desses acontecimentos se veem em grande medida obliteradas.

Tratado da natureza humana

Uma tentativa de introduzir o método experimental de raciocínio nos assuntos morais

– *Duræ semper virtutis amator,*
Quære quid est virtus,
et posce exemplar honesti

Lucano*

Livro 3
Da moral

Com um Apêndice em que
algumas passagens dos volumes precedentes
são ilustradas e explicadas

---

* Lucano, *Farsália* IX v.562-563: "Tu, que desde sempre foste amante da austera virtude, pergunta em que consiste essa virtude, indaga qual o modelo da honradez". (N.T.)

Advertência

Julgo conveniente informar ao público que, embora este seja um terceiro volume do Tratado da natureza humana, *ele é de certo modo independente dos outros dois, e não requer que o leitor considere todos os raciocínios abstratos neles contidos. Espero que o leitor comum possa compreendê-lo, sem precisar dedicar a ele uma atenção maior que aquela que se costuma conceder a qualquer livro que envolva algum raciocínio. Observe-se apenas que continuo a empregar os termos* impressões *e* ideias *no mesmo sentido que anteriormente, e que, por impressões, refiro-me às nossas percepções mais fortes, tais como nossas sensações, afetos e sentimentos; e por ideias, às percepções mais fracas, ou cópias daquelas na memória e na imaginação.*

Parte 1
Da virtude e do vício em geral

Seção 1
As distinções morais não são derivadas da razão

1   Todo raciocínio abstruso apresenta um mesmo inconveniente: pode silenciar o antagonista sem convencê-lo; e para nos darmos conta de sua força, precisamos dedicar-lhe um estudo tão intenso quanto o que foi necessário para sua invenção. Quando deixamos nosso gabinete de estudos e nos envolvemos com os afazeres da vida corrente, suas conclusões parecem se apagar, como os fantasmas noturnos à chegada da manhã; e é difícil mantermos até mesmo aquela convicção que havíamos adquirido com tanto esforço. Isso é ainda mais manifesto no caso de longas cadeias de raciocínio, em que temos de preservar até o final a evidência das primeiras proposições, e frequentemente perdemos de vista todas as máximas mais bem estabelecidas da filosofia ou da vida corrente. Entretanto, ainda tenho a esperança de que o presente sistema filosófico ganhará nova força conforme vá avançando; e que nossos raciocínios a respeito da *moral* irão corroborar o que foi dito a respeito do *entendimento* e das *paixões*. A moral é

um tema que nos interessa mais que qualquer outro. Imaginamos que a paz da sociedade está em jogo a cada decisão que tomamos a seu respeito; e é evidente que essa preocupação deve fazer nossas especulações parecerem mais reais e sólidas do que quando o assunto nos é, em boa parte, indiferente. Se algo nos afeta, concluímos que não pode ser uma quimera; e como nossa paixão se envolve em um lado ou em outro, pensamos naturalmente que a questão está ao alcance da compreensão humana; ao passo que, em outros casos dessa natureza, tendemos a ter dúvidas a tal respeito. Sem essa vantagem, jamais teria-me aventurado a escrever um terceiro volume de uma filosofia tão abstrusa, em uma época em que a maioria dos homens parece concordar em fazer da leitura uma diversão, rejeitando tudo que requeira um grau considerável de atenção para ser compreendido.

2 Já observamos que nada jamais está presente à mente senão suas percepções; e todas as ações como ver, ouvir, julgar, amar, odiar e pensar incluem-se sob essa denominação. Qualquer ação exercida pela mente pode ser compreendida sob o termo *percepção*; consequentemente, esse termo não se aplica menos aos juízos pelos quais distinguimos entre o bem e o mal morais que a qualquer outra operação da mente. Aprovar um caráter e condenar outro são apenas duas percepções diferentes.

3 Ora, como as percepções se reduzem a dois tipos, *impressões* e *ideias*, essa distinção gera uma questão, com que abriremos a presente investigação a respeito da moral: *Será por meio de nossas ideias ou impressões que distinguimos entre o vício e a virtude, e declaramos que uma ação é condenável ou louvável?* A resposta a essa questão dará imediatamente fim a todos os discursos vagos e grandiloquentes, atendo-nos a uma abordagem exata e precisa sobre o assunto presente.

4 Aqueles sistemas que afirmam que a virtude não passa de uma conformidade com a razão; que existe uma eterna adequação e inadequação das coisas, e esta é a mesma para todos os seres racionais que as consideram; que os critérios imutáveis do que é certo e do que é errado impõem uma obrigação, não apenas às criaturas humanas,

mas também à própria Divindade – todos esses sistemas concordam que a moralidade, como a verdade, é discernida meramente por meio das ideias, de sua justaposição e comparação. Portanto, para julgarmos esses sistemas, basta considerar se é possível, pela simples razão, distinguir entre o bem e o mal morais, ou se é preciso a concorrência de outros princípios que nos capacitem a fazer essa distinção.

5 Se a moralidade não tivesse naturalmente nenhuma influência sobre as paixões e as ações humanas, seria inútil fazer tanto esforço para inculcá-la; e nada seria mais vão que aquela profusão de regras e preceitos tão abundantes em todos os moralistas. A filosofia comumente se divide em *especulativa* e *prática*. Como a moral se inclui sempre nesta última divisão, supõe-se que influencie nossas paixões e ações, e vá além dos juízos calmos e impassíveis do entendimento. Isso se confirma pela experiência corrente, que nos informa que os homens são frequentemente governados por seus deveres, abstendo-se de determinadas ações porque as julgam injustas, e sendo impelidos a outras porque julgam tratar-se de uma obrigação.

6 Como a moral, portanto, tem uma influência sobre as ações e os afetos, segue-se que não pode ser derivada da razão, porque a razão sozinha, como já provamos, nunca poderia ter tal influência. A moral desperta paixões, e produz ou impede ações. A razão, por si só, é inteiramente impotente quanto a esse aspecto. As regras da moral, portanto, não são conclusões de nossa razão.

7 Creio que ninguém irá negar a legitimidade dessa inferência; e não há outra maneira de evitá-la, senão negando o princípio que a fundamenta. Enquanto se admitir que a razão não tem influência sobre nossas paixões ou ações, será inútil afirmar que a moralidade é descoberta apenas por uma dedução racional. Um princípio ativo nunca pode estar fundado em um princípio inativo; e se a razão é em si mesma inativa, terá de permanecer assim em todas as suas formas e aparências, quer se exerça nos assuntos naturais ou nos morais, quer considere os poderes dos corpos externos ou as ações dos seres racionais.

8   Seria enfadonho repetir agora todos os argumentos que empreguei para provar[1] que a razão é inteiramente inerte, jamais podendo impedir ou produzir qualquer ação ou afeto. É fácil lembrar o que foi dito sobre esse assunto. Retomarei aqui apenas um desses argumentos, e tentarei torná-lo ainda mais concludente e mais aplicável ao tema presente.

9   A razão é a descoberta da verdade ou da falsidade. A verdade e a falsidade consistem no acordo e no desacordo seja quanto à relação *real* de ideias, seja quanto à existência e aos fatos *reais*. Portanto, aquilo que não for suscetível desse acordo ou desacordo será incapaz de ser verdadeiro ou falso, e nunca poderá ser objeto de nossa razão. Ora, é evidente que nossas paixões, volições e ações são incapazes de tal acordo ou desacordo, já que são fatos e realidades originais, completos em si mesmos, e não implicam nenhuma referência a outras paixões, volições e ações. É impossível, portanto, declará-las verdadeiras ou falsas, contrárias ou conformes à razão.

10 Esse argumento é duplamente vantajoso para nosso propósito presente. Pois prova *diretamente* que as ações não extraem seu mérito de uma conformidade com a razão, nem seu caráter censurável de uma contrariedade em relação a ela; e prova a mesma verdade mais *indiretamente*, ao nos mostrar que, como a razão nunca pode impedir ou produzir imediatamente uma ação, contradizendo-a ou aprovando-a, tampouco pode ser a fonte da distinção entre o bem e o mal morais, os quais constatamos que têm tal influência. As ações podem ser louváveis ou condenáveis, mas não podem ser racionais ou irracionais. Louvável ou condenável, portanto, não é a mesma coisa que racional ou irracional. O mérito e o demérito das ações frequentemente contradizem, e às vezes controlam, nossas propensões naturais. Mas a razão não tem tal influência. As distinções morais, portanto, não são frutos da razão. A razão é totalmente inativa, e nunca poderia ser a fonte de um princípio ativo como a consciência ou sentido moral.

---

1   Livro 2, Parte 3, Seção 3.

11   Mas talvez se diga que, embora nenhuma vontade ou ação possa contradizer imediatamente a razão, tal contradição pode ser encontrada em alguns dos concomitantes da ação, a saber, em suas causas ou efeitos. A ação pode causar um juízo ou pode ser *obliquamente* causada por um juízo, quando este coincide com uma paixão; em virtude disso, por um abuso de linguagem que a filosofia dificilmente admitirá, a mesma contrariedade pode ser atribuída à ação. Cabe agora considerar até que ponto essa verdade ou falsidade pode ser a fonte da moral.

12   Já observamos que a razão, em sentido estrito e filosófico, só pode influenciar nossa conduta de duas maneiras: despertando uma paixão ao nos informar sobre a existência de alguma coisa que é um objeto próprio dessa paixão, ou descobrindo a conexão de causas e efeitos, de modo a nos dar meios de exercer uma paixão qualquer. Esses são os únicos tipos de juízos que podem acompanhar nossas ações, ou que se pode dizer que as produzem de alguma maneira; e é preciso reconhecer que esses juízos podem frequentemente ser falsos e errôneos. Uma pessoa pode ser afetada por uma paixão, ao supor que um objeto comporta dor ou prazer, quando na verdade esse objeto não tem nenhuma tendência a produzir qualquer das duas sensações, ou produz a sensação contrária à que ela imaginava. Uma pessoa também pode tomar medidas erradas para atingir um certo fim e, assim, por sua conduta descabida, pode retardar, em vez de favorecer a execução de um determinado projeto. Pode-se pensar que esses juízos falsos afetam as paixões e as ações a eles conectadas; e, segundo um modo figurado e impróprio de falar, pode-se mesmo dizer que eles as tornam contrárias à razão. Mas, ainda que se reconheça tal coisa, é fácil observar que esses erros estão longe de ser a fonte de toda imoralidade, tanto mais que costumam ser muito inocentes, não trazendo nenhuma espécie de culpabilidade à pessoa que teve o infortúnio de os cometer. Não vão além de um erro *de fato*, que em geral os moralistas não consideram um crime, porque é inteiramente involuntário. Quando me engano quanto ao poder que certos objetos teriam de produzir dor ou prazer, ou se não conheço os meios adequados de satisfazer

meus desejos, sou antes digno de pena que de censura. Ninguém jamais pode considerar tais erros um defeito em meu caráter moral. Por exemplo, se vejo ao longe uma fruta que na realidade é desagradável, posso, por um engano, imaginar que é agradável e deliciosa. Eis aqui um erro. Escolho certos meios para alcançar essa fruta, mas esses meios são inadequados para meu objetivo. Eis aqui um segundo erro. Mas não existe um terceiro erro possível em raciocínios concernentes a ações. Pergunto, portanto, se um homem nessa situação, e culpado desses dois erros, deve ser visto como vicioso e criminoso, por mais inevitáveis que esses erros possam ter sido. Ou se é possível imaginar que tais erros são a fonte de toda a imoralidade.

13   Talvez seja bom observar neste ponto que, se as distinções morais fossem derivadas da verdade ou falsidade desses juízos, elas teriam de ocorrer toda vez que os formássemos; não haveria nenhuma diferença entre a questão dizer respeito a uma maçã ou a um reino, ou entre o erro poder ou não ter sido evitado. Como se está supondo que a própria essência da moralidade consiste em um acordo ou em um desacordo com a razão, as outras circunstâncias seriam inteiramente arbitrárias, jamais podendo conferir a uma ação o caráter de virtuosa ou viciosa, ou privá-la desse caráter. A isso podemos acrescentar que, como esse acordo ou desacordo não admite graus, todas as virtudes e vícios seriam, obviamente, iguais.

14   Se se afirmasse que, embora um erro de *fato* não seja um crime, um erro de *direito* frequentemente o é, e este último pode ser a fonte da imoralidade, eu responderia que é impossível que um tal erro possa jamais ser a fonte original da imoralidade, pois supõe a existência real de um certo e um errado, isto é, a existência real de uma distinção moral, independente desses juízos. Um erro de direito, portanto, pode se tornar uma espécie de imoralidade, mas apenas secundária, fundada em alguma outra imoralidade que lhe seja anterior.

15   Quanto aos juízos que são *efeitos* de nossas ações, e, quando falsos, dão ocasião para que se declarem as ações contrárias à verdade e à razão, podemos observar que nossas ações jamais causam nenhum juízo, seja verdadeiro ou falso, em nós mesmos, e só têm tal efeito

nas outras pessoas. Certamente, há muitas ocasiões em que uma ação pode gerar falsas conclusões por parte dos outros; assim, se uma pessoa, olhando pela janela, vê um comportamento lascivo entre mim e a mulher de meu vizinho, pode ingenuamente imaginar que esta é com certeza minha esposa. Sob esse aspecto, minha ação assemelha-se um pouco a uma mentira ou falsidade, com uma única mas importante diferença: neste caso, não estou realizando a ação com a intenção de gerar um falso juízo em outra pessoa, mas unicamente para satisfazer minha lascívia e paixão. Entretanto, ela causa acidentalmente um erro e um falso juízo; e a falsidade de seus efeitos pode ser atribuída, se falamos de uma maneira bizarramente figurada, à própria ação. Ainda assim, não consigo ver nisso razão para se afirmar que a tendência a causar um erro seja a fonte primeira, ou princípio originário, de toda a imoralidade.[2]

16 Em resumo, portanto, é impossível que a distinção entre o bem e o mal morais possa ser feita pela razão, já que essa distinção influencia nossas ações, coisa de que a razão por si só é incapaz. A razão e o juízo

---

2 Poder-se-ia pensar que essa prova é inteiramente supérflua, se um autor recente, que teve a sorte de ganhar alguma reputação [William Wollaston (1659-1724), *The Religion of Nature Delineated* 1. 3-9 (N.T.)], não houvesse afirmado seriamente que uma tal falsidade é o fundamento de toda falta e deformidade moral. Para descobrir a falácia dessa hipótese, temos apenas de considerar que uma ação só pode gerar uma falsa conclusão em virtude de uma obscuridade nos princípios naturais, que faz com que uma causa seja secretamente interrompida em sua operação por causas contrárias, tornando a conexão entre dois objetos incerta e variável. Ora, como uma incerteza e uma variedade semelhante nas causas têm lugar até mesmo nos objetos naturais, produzindo um erro semelhante em nosso juízo, se essa tendência a produzir o erro fosse a própria essência do vício e da imoralidade, dever-se-ia seguir daí que mesmo objetos inanimados poderiam ser viciosos e imorais.

2 É inútil alegar que os objetos inanimados agem sem liberdade ou escolha. Pois, como a liberdade e a escolha não são necessárias para que uma ação produza em nós uma conclusão errônea, não podem ser, sob nenhum aspecto, essenciais à moralidade. E não me é fácil perceber como, segundo esse sistema, poderiam jamais ser levadas em consideração por ela. Se a tendência a causar erro pudesse ser a origem da imoralidade, essa tendência e a imoralidade seriam sempre inseparáveis.

3 Acrescente-se a isso que, se eu tivesse tomado a precaução de fechar as janelas enquanto me entregava a tais liberdades com a esposa de meu vizinho, não teria sido culpado de nenhuma imoralidade; isso porque minha ação, sendo feita inteiramente às escondidas, não teria tido a menor tendência a produzir uma falsa conclusão.

4 Pela mesma razão, um ladrão que entrasse em uma casa por uma escada encostada à janela, e tomasse todo cuidado imaginável para não fazer nenhum ruído, não estaria de modo

podem, é verdade, ser a causa mediata de uma ação, estimulando ou dirigindo uma paixão; não pretendemos afirmar, porém, que um juízo dessa espécie seja acompanhado, em sua verdade ou falsidade, de virtude ou de vício. Quanto aos juízos causados por nossas ações, eles são ainda menos capazes de conferir essas qualidades morais às ações que são suas causas.

17   Mas, para sermos mais precisos, mostrando que a boa filosofia não pode defender a existência dessas eternas e imutáveis adequações e inadequações das coisas, podemos avaliar as seguintes considerações.

18   Se o pensamento e o entendimento sozinhos fossem capazes de fixar os limites do certo e do errado, a qualidade de virtuoso ou vicio-

---

algum cometendo uma ação criminosa. Porque, ou não seria percebido, ou, se o fosse, não poderia produzir um erro, já que ninguém, ao vê-lo nessa situação, iria tomá-lo por quem ele não é realmente.

5   Bem sabemos que as pessoas estrábicas fazem os outros se enganarem facilmente, pois imaginamos que estão cumprimentando ou falando com uma pessoa, quando na verdade estão se dirigindo a outra. Seriam elas então, por essa razão, imorais?

6   Além disso, podemos facilmente observar que em todos esses argumentos existe um evidente círculo vicioso. Uma pessoa que se apossa dos bens de *outra* e os usa como se fossem *seus* de uma certa maneira declara que esses bens são seus; e essa falsidade é a fonte da imoralidade da injustiça. Mas serão a propriedade, o direito ou a obrigação inteligíveis sem uma moralidade antecedente?

7   Um homem que mostra ingratidão por seu benfeitor está de certa maneira afirmando que jamais recebeu favores dele. Mas de que maneira? Será porque é seu dever ser grato? Mas isso supõe que exista anteriormente uma regra do dever e da moral. Será porque a natureza humana é geralmente grata, o que nos leva a concluir que um homem que causa algum dano nunca recebeu nenhum favor da pessoa a quem causou esse dano? Mas a natureza humana não é geralmente tão grata a ponto de justificar tal conclusão. E, se o fosse, será a exceção a uma regra geral sempre criminosa, exclusivamente por ser uma exceção?

8   O que talvez seja suficiente para destruir inteiramente esse sistema extravagante é que ele nos deixa com a mesma dificuldade tanto para explicar por que razão a verdade é virtuosa e a falsidade viciosa quanto para dar conta do mérito ou da torpeza de qualquer outra ação. Admitirei, se assim o desejardes, que toda imoralidade deriva dessa suposta falsidade na ação, contanto que me forneçais uma razão plausível que explique por que tal falsidade é imoral. Se considerardes corretamente a questão, vereis que vos encontrais ante a mesma dificuldade inicial.

9   Este último argumento é bastante concludente. De fato, se não houver um mérito ou torpeza evidentes vinculados a essa espécie de verdade ou falsidade, ela nunca poderá influir em nossas ações. Pois quem jamais pensou em se abster de uma ação só porque outras pessoas poderiam tirar dela falsas conclusões? Ou quem jamais realizou uma ação apenas para poder gerar conclusões verdadeiras?

so teria de estar em algumas relações de objetos, ou então ser uma questão de fato, descoberta por nosso raciocínio. Trata-se de uma consequência evidente. Como as operações do entendimento humano se dividem em dois tipos, a comparação de ideias e a inferência de questões de fato, se a virtude fosse descoberta pelo entendimento, teria de ser objeto de uma dessas operações, pois não há um terceiro tipo de operação do entendimento capaz de descobri-la. Certos filósofos propagaram persistentemente a opinião de que a moralidade é passível de demonstração. E, embora ninguém jamais tenha sido capaz de dar um único passo nessas demonstrações, dá-se por suposto que essa ciência pode alcançar uma certeza igual à da geometria ou da álgebra. Segundo essa suposição, o vício e a virtude devem consistir em certas relações, já que todos admitem que nenhuma questão de fato é suscetível de demonstração. Comecemos, portanto, examinando essa hipótese, e tentemos, se possível, determinar as qualidades morais que há tanto têm sido objeto de nossas vãs investigações. Designemos distintamente as relações que constituem a moralidade ou obrigação, para sabermos em que consistem e de que maneira devemos julgá-las.

19 Se afirmardes que o vício e a virtude consistem em relações suscetíveis de certeza e demonstração, devereis vos limitar àquelas *quatro* relações que admitem tal grau de evidência; e, nesse caso, incorrereis em absurdos dos quais nunca vos conseguireis livrar. Pois como fazeis a própria essência da moralidade repousar nas relações, e como todas essas relações são aplicáveis, não apenas a objetos irracionais, mas também a objetos inanimados, segue-se que mesmo tais objetos deveriam ser suscetíveis de mérito e demérito. *Semelhança, contrariedade, graus de qualidade* e *proporções de quantidade e número*; todas essas relações se aplicam com tanta propriedade à matéria quanto às nossas ações, paixões e volições. É inquestionável, portanto, que a moralidade não se encontra em nenhuma dessas relações, nem o sentido da moralidade está em sua descoberta.[3]

---

3 Como prova de quão confusa costuma ser nossa maneira de pensar acerca desse assunto, podemos observar que aqueles que afirmam que a moralidade é demonstrável não dizem

20   Caso se afirme que o sentido da moralidade consiste na descoberta de alguma relação distinta dessas, e nossa enumeração não foi completa quando reduzimos todas as relações demonstrativas a quatro tipos diferentes, não saberei o que responder, enquanto alguém não tiver a bondade de me apontar essa nova relação. É impossível refutar um sistema que ainda não foi explicado. Lutando assim no escuro, damos golpes no ar, e frequentemente os acertamos onde o inimigo não está.

21   Neste momento, pois, devo me contentar em exigir, de quem quiser tentar esclarecer esse sistema, as duas condições seguintes. *Primeiro*, como o bem e o mal morais se aplicam apenas às ações da mente, e derivam de nossa situação quanto aos objetos externos, as relações de que resultam essas distinções morais têm de se encontrar apenas entre ações internas e objetos externos, e não podem ser aplicáveis nem a ações internas comparadas entre si, nem a objetos externos, quando opostos a outros objetos externos. Porque, como a moralidade supostamente acompanha certas relações, se essas relações pudessem estar contidas nas ações internas consideradas isoladamente, seguir-se-ia que poderíamos ser culpados de crimes em nós mesmos, e independentemente de nossa situação quanto ao resto do universo; de maneira semelhante, se essas relações morais pudessem ser aplicadas aos objetos externos, seguir-se-ia que mesmo objetos inanimados seriam suscetíveis de beleza e deformidade morais. Ora, parece difícil imaginar que, comparando-se nossas paixões, volições

---

que ela está nas relações e que as relações são distinguíveis pela razão. Dizem apenas que a razão pode descobrir que uma determinada ação, em determinadas relações, é virtuosa, e tal outra é viciosa. Dir-se-ia que consideram suficiente introduzir a palavra Relação na proposição, sem se preocupar em saber se ela vem ou não a propósito. Mas eis aqui, creio, um claro argumento. A razão demonstrativa descobre apenas relações. No entanto, essa mesma razão, segundo essa hipótese, descobre também o vício e a virtude. Essas qualidades morais, portanto, têm de ser relações. Quando condenamos uma ação, em uma dada situação, a totalidade do complexo objeto, composto da ação e da situação, tem de formar certas relações, e é nisso que consiste a essência do vício. Não há outro modo de se compreender essa hipótese. Pois o que a razão descobre ao declarar que uma ação é viciosa? Descobre uma relação ou uma questão de fato? Essas perguntas são decisivas, e não devem ser eludidas.

e ações com os objetos externos, possamos descobrir alguma relação que não pertença nem às paixões e volições, nem a esses objetos externos comparados entre *si*.

22 Será ainda mais difícil, porém, satisfazer à *segunda* condição requerida para justificar esse sistema. De acordo com os princípios daqueles que afirmam a existência de uma diferença abstrata e racional entre o bem e o mal morais e a existência de uma adequação e inadequação naturais das coisas, não apenas se supõe que essas relações, sendo eternas e imutáveis, são as mesmas para todas as criaturas humanas que as consideram, mas também que seus *efeitos* são necessariamente os mesmos; e conclui-se que elas não influenciam menos, ou antes, influenciam mais, a direção da vontade de Deus que o governo dos indivíduos racionais e virtuosos de nossa própria espécie. Mas esses dois pontos são evidentemente distintos. Uma coisa é conhecer a virtude, e outra conformar a vontade com ela. Portanto, para provar que os critérios do certo e do errado são leis eternas, *obrigatórias* para toda mente racional, não basta mostrar as relações que os fundamentam; temos de mostrar também a conexão entre a relação e a vontade; e temos de provar que essa conexão é tão necessária que deve ter lugar e exercer sua influência em toda mente bem intencionada, ainda que a diferença entre essas mentes seja, sob outros aspectos, imensa e até infinita. Ora, além de já termos provado que, mesmo na natureza humana, nenhuma relação sozinha pode produzir uma ação; além disso, digo, mostramos, ao tratar do entendimento, que não existe nenhuma conexão de causa e efeito tal como se a compreende, ou seja, que possa ser descoberta de outro modo que não seja pela experiência, e da qual possamos pretender ter alguma certeza pela mera consideração dos objetos. Todos os seres do universo, considerados em si mesmos, aparecem como inteiramente desligados e independentes uns dos outros. Apenas pela experiência conhecemos sua influência e conexão; e essa influência, não deveríamos jamais estendê-la para além da experiência.

23 Assim, é impossível satisfazer à *primeira* condição exigida do sistema que defende a existência de medidas eternas e racionais do cer-

to e do errado, porque é impossível mostrar as relações em que tal distinção poderia estar fundada. E é igualmente impossível satisfazer à *segunda* condição, pois não podemos provar *a priori* que essas relações, se realmente existissem e fossem percebidas, seriam universalmente impositivas e obrigatórias.

24   Mas para tornar essas reflexões gerais mais claras e convincentes, podemos ilustrá-las por meio de alguns exemplos em que esse caráter de bem ou mal morais é mais universalmente reconhecido. De todos os crimes que as criaturas humanas são capazes de cometer, o mais terrível e antinatural é a ingratidão, sobretudo quando é cometida contra os pais e quando se mistura aos crimes mais flagrantes que são a violência física e a morte. Isso todos os homens reconhecem, tanto os filósofos como o povo; apenas os filósofos levantam a questão de saber se a culpabilidade e a depravação moral dessa ação podem ser descobertas por um raciocínio demonstrativo ou são sentidas por um sentido interno [*"felt by an internal sense"*], e por meio de algum sentimento ocasionado naturalmente pela reflexão sobre tal ação. A solução dessa questão invalidará rapidamente a primeira opinião, se pudermos mostrar a existência das mesmas relações em outros objetos que não sejam acompanhados pela noção de alguma falta ou iniquidade. A razão ou ciência consiste apenas na comparação de ideias e na descoberta de suas relações. Se as mesmas relações tiverem características diferentes, deve-se seguir, evidentemente, que essas qualidades não são descobertas unicamente pela razão. Portanto, para pôr tudo isso à prova, escolhamos um objeto inanimado qualquer, como um carvalho ou um olmo; e suponhamos que, ao deixar cair suas sementes, ele produza logo abaixo de si um broto que, crescendo gradativamente, acaba por encobrir e destruir a árvore-mãe. Pergunto, pois, se neste caso falta alguma relação que possa ser descoberta no parricídio ou na ingratidão. A primeira árvore não é a causa da existência da segunda, e esta última a causa da destruição da primeira, do mesmo modo que um filho quando mata seu pai? Não basta responder que aqui falta uma escolha ou uma vontade.

Pois, no caso do parricídio, a vontade não dá origem a nenhuma relação *diferente*, sendo apenas a causa de que deriva a ação; e, consequentemente, produz as *mesmas* relações que, no caso do carvalho ou do olmo, surgem de outros princípios. É a vontade ou escolha que determina um homem a matar seu pai; e são as leis da matéria e do movimento que determinam um broto a destruir o carvalho que o gerou. Aqui, portanto, as mesmas relações têm causas diferentes; mas as relações ainda são as mesmas. E como sua descoberta não se faz acompanhar de uma noção de imoralidade em ambos os casos, segue-se que tal noção não surge dessa descoberta.

25 Mas, para tomar um exemplo em que a semelhança é ainda maior, eu gostaria de perguntar por que o incesto na espécie humana é um crime, e por que a mesma ação e as mesmas relações, quando ocorrem nos animais, não apresentam a menor depravação ou deformidade moral. Se me responderem que essa ação é inocente nos animais porque estes não têm razão suficiente para descobrir sua torpeza, mas que, como o homem é dotado dessa faculdade, a qual *deveria* restringi-lo a seu dever, a mesma ação instantaneamente se torna criminosa para ele; se isso me for respondido, replicarei que há aqui evidentemente uma argumentação circular. Pois antes que a razão possa perceber essa torpeza, a torpeza tem de existir; por conseguinte, ela é independente das decisões de nossa razão, sendo mais propriamente seu objeto que seu efeito. De acordo com esse sistema, portanto, todo animal dotado de sentido, apetite e vontade, isto é, todo animal, tem de ser suscetível exatamente das mesmas virtudes e vícios que nos levam a elogiar ou censurar as criaturas humanas. Toda a diferença consiste em que nossa razão superior pode servir para descobrir o vício ou a virtude, aumentando assim a censura ou o elogio. Mas mesmo essa descoberta supõe uma existência separada dessas distinções morais, existência essa que depende somente da vontade e do apetite, e que, tanto em pensamento como na realidade, é possível distinguir da razão. Os animais, entre si, são suscetíveis das mesmas relações que a espécie humana e, portanto, também seriam capazes da

mesma moralidade, se a essência da moralidade consistisse nessas relações. O fato de não possuírem um grau suficiente de razão pode impedi-los de perceber os deveres e obrigações da moral, mas nunca poderia impedir esses deveres de existir, uma vez que, para serem percebidos, eles têm de existir previamente. A razão deve encontrá-los, mas não pode nunca produzi-los. Esse argumento merece ser levado em conta, pois, em minha opinião, é inteiramente decisivo.

26   Esse raciocínio não prova apenas que a moralidade não consiste em relações que são objetos da ciência; se devidamente examinado, prova com igual certeza que ela não consiste em nenhuma *questão de fato* que possa ser descoberta pelo entendimento. Esta é a *segunda* parte do argumento. Se pudermos torná-la evidente, poderemos concluir que a moralidade não é um objeto da razão. Mas haverá alguma dificuldade em se provar que o vício e a virtude não são questões de fato, cuja existência possamos inferir pela razão? Tomemos qualquer ação reconhecidamente viciosa: o homicídio voluntário, por exemplo. Examinemo-la sob todos os pontos de vista, e vejamos se podemos encontrar o fato, ou a existência real, que chamamos de *vício*. Como quer que a tomemos, encontraremos somente certas paixões, motivos, volições e pensamentos. Não há nenhuma outra questão de fato neste caso. O vício escapa-nos por completo, enquanto consideramos o objeto. Não o encontraremos até dirigirmos nossa reflexão para nosso próprio íntimo e darmos com um sentimento de desaprovação, que se forma em nós contra essa ação. Aqui há um fato, mas ele é objeto de sentimento [*feeling*], não de razão. Está em nós, não no objeto. Desse modo, quando declaramos que uma ação ou caráter são viciosos, tudo que queremos dizer é que, dada a constituição de nossa natureza, experimentamos uma sensação ou sentimento [*a feeling or sentiment*] de censura quando os contemplamos. O vício e a virtude, portanto, podem ser comparados a sons, cores, calor e frio, os quais, segundo a filosofia moderna, não são qualidades nos objetos, mas percepções na mente. E essa descoberta da moral, como aquela da

física, deve ser vista como um progresso considerável nas ciências especulativas, embora, exatamente como aquela, tenha pouca ou nenhuma influência na prática. Nada pode ser mais real, ou nos interessar mais, que nossos próprios sentimentos de prazer e desprazer; e se estes forem favoráveis à virtude e desfavoráveis ao vício, nada mais pode ser preciso para a regulação de nossa conduta e comportamento.

27   Não posso deixar de acrescentar a esses raciocínios uma observação que talvez se mostre de alguma importância. Em todo sistema de moral que até hoje encontrei, sempre notei que o autor segue durante algum tempo o modo comum de raciocinar, estabelecendo a existência de Deus, ou fazendo observações a respeito dos assuntos humanos, quando, de repente, surpreendo-me ao ver que, em vez das cópulas proposicionais usuais, como *é* e *não é*, não encontro uma só proposição que não esteja conectada a outra por um *deve* ou *não deve*. Essa mudança é imperceptível, porém da maior importância. Pois, como esse *deve* ou *não deve* expressa uma nova relação ou afirmação, esta precisaria ser notada e explicada; ao mesmo tempo, seria preciso que se desse uma razão para algo que parece inteiramente inconcebível, ou seja, como essa nova relação pode ser deduzida de outras inteiramente diferentes. Mas já que os autores não costumam usar essa precaução, tomarei a liberdade de recomendá-la aos leitores; estou persuadido de que essa pequena atenção seria suficiente para subverter todos os sistemas correntes de moralidade, e nos faria ver que a distinção entre vício e virtude não está fundada meramente nas relações dos objetos, nem é percebida pela razão.

Seção 2
As distinções morais são derivadas de um sentido moral

1   Assim, o curso de nossa argumentação leva-nos a concluir que, uma vez que o vício e a virtude não podem ser descobertos unicamente pela razão ou comparação de ideias, deve ser por meio de alguma impressão ou sentimento por eles ocasionados que somos capazes de

estabelecer a diferença entre os dois. Nossas decisões a respeito da retidão e da depravação morais são evidentemente percepções; e, como todas as percepções são ou impressões ou ideias, a exclusão de umas é um argumento convincente em favor das outras. A moralidade, portanto, é mais propriamente sentida que julgada, embora essa sensação ou sentimento seja em geral tão brando e suave que tendemos a confundi-lo com uma ideia, de acordo com nosso costume corrente de considerar tudo que é muito semelhante como se fosse uma só coisa.

2   A próxima questão é: qual a natureza dessas impressões e de que maneira atuam sobre nós? Não podemos hesitar por muito tempo quanto à resposta; devemos afirmar que a impressão derivada da virtude é agradável, e a procedente do vício é desagradável. A cada instante a experiência nos convence disso. Não há espetáculo mais belo e formoso que uma ação nobre e generosa; e nenhum gera em nós maior repulsa que uma ação cruel e traiçoeira. Nenhum prazer se iguala à satisfação que obtemos com a companhia daqueles que amamos e estimamos; mas a maior de todas as punições é sermos obrigados a passar o resto de nossas vidas com aqueles que odiamos ou desprezamos. Mesmo uma peça de teatro ou um romance podem nos oferecer exemplos desse prazer que a virtude nos transmite, bem como dessa dor que resulta do vício.

3   Ora, como as impressões distintivas, que nos permitem conhecer o bem e o mal morais, não são senão dores e prazeres *particulares*, segue-se que, em todas as investigações acerca dessas distinções morais, bastará mostrar os princípios que nos fazem sentir uma satisfação ou um mal-estar ao considerar um certo caráter para nos convencer por que esse caráter é louvável ou censurável. Por que uma ação, sentimento ou caráter é virtuoso ou vicioso? Porque sua visão causa um prazer ou desprazer de um determinado tipo. Portanto, ao dar a razão desse prazer ou desprazer, estamos explicando de maneira suficiente o vício ou a virtude. Ter o sentido da virtude é simplesmente *sentir* uma satisfação de um determinado tipo pela contemplação de um caráter. O próprio sentimento [*feeling*] constitui nosso

elogio ou admiração. Não vamos além disso, nem investigamos a causa da satisfação. Não inferimos que um caráter é virtuoso porque nos agrada; ao sentirmos que nos agrada dessa maneira particular, nós de fato sentimos que é virtuoso. Ocorre aqui o mesmo que em nossos juízos acerca de todo tipo de beleza, gostos e sensações. Nossa aprovação está implícita no prazer imediato que estes nos transmitem.

4   Como objeção ao sistema que estabelece critérios racionais e eternos do certo e do errado, afirmei que é impossível mostrar, nas ações das criaturas racionais, qualquer relação que não se encontre também nos objetos externos; e por isso, se a moralidade sempre acompanhasse essas relações, também a matéria inanimada poderia se tornar virtuosa ou viciosa. De maneira semelhante, pode-se agora objetar ao presente sistema que, se a virtude e o vício são determinados pelo prazer e pela dor, tais sensações devem sempre gerar essas qualidades; consequentemente, qualquer objeto, animado ou inanimado, racional ou irracional, poderia se tornar moralmente bom ou mau, contanto que pudesse despertar uma satisfação ou um desprazer. Mas, embora essa objeção pareça exatamente igual à anterior, não tem de forma alguma a mesma força. Em *primeiro* lugar, é evidente que, sob o termo *prazer*, compreendemos sensações muito diferentes, que não apresentam mais que uma distante semelhança umas com as outras, suficiente apenas para fazer que sejam expressas pelo mesmo termo abstrato. Uma boa composição musical e uma garrafa de um bom vinho produzem igualmente um prazer; mais ainda, sua excelência é determinada unicamente pelo prazer. Mas diremos por isso que o vinho é harmonioso, ou que a música é saborosa? De maneira semelhante, tanto um objeto inanimado quanto o caráter ou os sentimentos de uma pessoa podem nos dar satisfação; contudo, como a satisfação é diferente, isso nos impede de confundir nossos sentimentos relativos a cada um deles, e nos faz atribuir a virtude à pessoa, mas não ao objeto. Além disso, nem todo sentimento de prazer ou dor derivado de um caráter ou ação é do tipo *peculiar* que nos faz

louvar ou condenar. As boas qualidades de um inimigo são penosas para nós; mas, ainda assim, podem merecer nossa estima e respeito. É somente quando um caráter é considerado em geral, sem referência a nosso interesse particular, que causa essa sensação ou sentimento em virtude do qual o denominamos moralmente bom ou mau. É verdade que temos naturalmente uma tendência a confundir e misturar os sentimentos devidos ao interesse e os devidos à moral. Raramente deixamos de pensar que um inimigo é vicioso e raramente somos capazes de distinguir entre sua oposição a nosso interesse e sua vilania ou baixeza reais. Isso não impede, porém, que esses sentimentos sejam distintos neles mesmos; um homem dotado de serenidade e discernimento pode se proteger dessas ilusões. Do mesmo modo, embora seja correto que a voz melodiosa é apenas uma voz que nos dá naturalmente um tipo *particular* de prazer, é difícil alguém se dar conta de que a voz de seu inimigo é agradável, ou admitir sua musicalidade. Mas uma pessoa de audição refinada e com autodomínio é capaz de separar esses sentimentos [*feelings*], e conferir seus elogios a quem os merece.

5   Em *segundo* lugar, podemos recordar o sistema das paixões anteriormente apresentado, a fim de salientar uma diferença ainda mais considerável entre nossas dores e prazeres. Orgulho e humildade, amor e ódio são despertados quando se apresenta a nós alguma coisa que, ao mesmo tempo, mantém uma relação com o objeto da paixão e produz separadamente uma sensação relacionada à sensação da paixão. Ora, a virtude e o vício acompanham-se dessas circunstâncias. Devem necessariamente se situar em nós ou em outrem, e excitar prazer ou desprazer; devem, portanto, gerar uma dessas quatro paixões, o que os distingue claramente do prazer e da dor resultantes de objetos inanimados, que frequentemente não têm conosco nenhuma relação. Esse é, talvez, o efeito mais importante da virtude e do vício sobre a mente humana.

6   Pode-se agora perguntar, *em geral*, a propósito dessa dor e desse prazer que distinguem o bem e o mal morais: *de que princípios derivam e como surgem na mente humana?* A isso respondo, *em primeiro lugar*,

que é absurdo imaginar que, em cada caso particular, esses sentimentos se produzam por uma qualidade *original* e uma constituição *primitiva*. Pois, como o número de nossos deveres é, por assim dizer, infinito, é impossível que nossos instintos originais se estendam a cada um deles e, desde nossa primeira infância, imprimam na mente humana toda essa multiplicidade de preceitos contidos nos mais completos sistemas éticos. Essa maneira de proceder não é conforme às máximas que usualmente conduzem a natureza, onde uns poucos princípios produzem toda aquela variedade que observamos no universo, e tudo é realizado da maneira mais fácil e simples. É necessário, portanto, reduzir o número desses impulsos primários e encontrar alguns princípios mais gerais que fundamentem todas as nossas noções morais.

7   Em *segundo* lugar, porém, se acaso alguém perguntar se devemos procurar esses princípios na *natureza* ou se temos de buscar para eles alguma outra origem, eu diria que nossa resposta a essa questão depende da definição da palavra "Natureza", que vem a ser a mais ambígua e equívoca que existe. Se se opõe *natureza* a milagre, não apenas a distinção entre vício e virtude é natural, mas também qualquer acontecimento que já tenha ocorrido no mundo, *excetuando-se os milagres em que se fundamenta nossa religião*. Ao dizer, portanto, que os sentimentos do vício e da virtude são naturais nesse sentido, não estamos fazendo nenhuma descoberta extraordinária.

8   Mas *natureza* também pode se opor a raro e inabitual; neste sentido da palavra, que é o mais comum, frequentemente surgem discussões acerca do que é ou não natural; e pode-se afirmar, de maneira geral, que não possuímos nenhum critério preciso que nos permita decidir essa questão. O que é frequente e o que é raro depende do número de casos que observamos; e, como esse número pode aumentar ou diminuir gradativamente, é impossível fixar limites exatos entre os dois. Sobre isso podemos apenas afirmar que, se alguma vez houve algo que pudesse ser dito natural nesse sentido, tal é certamente o caso dos sentimentos morais; pois nunca houve no mundo uma só nação, e nunca houve em nenhuma nação uma só pessoa que fosse

inteiramente desprovida desses sentimentos, e nunca, em caso algum, tenha mostrado a menor aprovação ou reprovação de uma conduta. Tais sentimentos estão tão enraizados em nossa constituição e caráter que, a menos que a mente humana esteja completamente transtornada pela doença ou loucura, seria impossível extirpá-los e destruí-los.

9   Mas também se pode opor *natureza* a artifício, além de a raro e a inabitual; e, neste sentido, pode-se questionar se as noções de virtude são ou não naturais. Esquecemos facilmente que os desígnios, projetos e objetivos dos homens são princípios tão necessários em sua operação quanto o calor e o frio, o úmido e o seco. Em vez disso, consideramos que são livres e cabem exclusivamente a nós; por isso, é comum estabelecermos uma oposição entre eles e os demais princípios da natureza. Portanto, se alguém me perguntar se o sentido da virtude é natural ou artificial, penso que me seria impossível, neste momento, dar uma resposta precisa. Talvez mais adiante vejamos que nosso sentido de algumas virtudes é artificial, e o de outras, natural. A discussão dessa questão será mais apropriada quando entrarmos em uma descrição detalhada de cada vício e de cada virtude em particular.[4]

10   Enquanto isso, talvez não seja fora de propósito observar, com base nessas definições de *natural* e *não-natural*, que nada pode ser menos filosófico que aqueles sistemas que afirmam que virtude é o que é natural, e vício, o mesmo que não-natural. Pois, se tomarmos a palavra Natureza em seu primeiro sentido, ou seja, como oposta a milagres, tanto o vício como a virtude são igualmente naturais; e, no segundo sentido, como oposta ao que é inabitual, talvez vejamos que a virtude é o que há de menos natural. Ao menos, deve-se reconhecer que a virtude heroica, sendo inabitual, é tão pouco natural quanto a barbárie mais brutal. Quanto ao terceiro sentido da palavra, é certo que tanto o vício quanto a virtude são igualmente artificiais e estra-

---

[4] Na exposição a seguir, *natural* também se opõe algumas vezes a *civil*, e outras, a *moral*. A oposição sempre deixará claro o sentido em que o termo está sendo tomado.

nhos à natureza. Pois, por mais que se questione se a noção do mérito ou demérito de certas ações é natural ou artificial, é evidente que as próprias ações são artificiais, sendo realizadas com um certo propósito e intenção; de outro modo, nunca poderiam ser classificadas sob uma dessas denominações. Em nenhum sentido, portanto, a distinção entre o natural e o não-natural pode marcar as fronteiras entre vício e virtude.

11   Assim, voltamos a nossa primeira posição, ou seja, que a virtude se distingue pelo prazer, e o vício, pela dor, produzidos em nós pela mera visão ou contemplação de uma ação, sentimento ou caráter. Essa conclusão é muito conveniente, pois nos reduz a esta simples questão: *por que uma ação ou sentimento, quando são contemplados ou considerados de uma forma geral, produzem em nós uma certa satisfação ou desconforto?* É a resposta a essa questão que nos permitirá mostrar a origem da retidão ou da depravação morais dessa ação ou sentimento, sem precisar buscar relações e qualidades incompreensíveis, que jamais existiram na natureza, e nem sequer em nossa imaginação, como objetos de uma concepção clara e distinta. Orgulho-me de ter realizado boa parte de meu propósito presente mediante a exposição de um estado da questão, que me parece tão livre de ambiguidades e obscuridades.

Parte 2
Da justiça e da injustiça

Seção 1
Justiça, uma virtude natural ou artificial?

1   Já aludi ao fato de que nosso sentido de virtude não é natural em todos os casos; ao contrário, existem algumas espécies de virtudes que produzem prazer e aprovação mediante um artifício ou invenção resultante das particularidades e necessidades da humanidade. Afirmo agora que a *justiça* é uma virtude dessa espécie; e procurarei defender essa opinião por meio de um argumento curto mas, espero, convincente, antes de examinar a natureza do artifício de que deriva o sentido dessa virtude.

2   É evidente que, quando elogiamos uma determinada ação, consideramos apenas os motivos que a produziram, e tomamos a ação como signo ou indicador de certos princípios da mente e do caráter. A realização externa não tem nenhum mérito. Temos de olhar para o interior da pessoa para encontrar a qualidade moral. Ora, como não podemos fazê-lo diretamente, fixamos nossa atenção na ação, como signo externo. Mas a ação é considerada apenas um signo; o objeto último de nosso elogio e aprovação é o motivo que a produziu.

3   Do mesmo modo, sempre que exigimos que uma pessoa realize uma ação, ou a censuramos por não realizá-la, estamos supondo que alguém nessa situação deveria ser influenciado pelo motivo próprio dessa ação, e consideramos vicioso que o tenha desconsiderado. Se, após investigarmos melhor a situação, descobrimos que o motivo virtuoso estava presente em seu coração, embora sua operação tenha sido impedida por alguma circunstância que nos era desconhecida, retiramos nossa censura e passamos a ter pela pessoa a mesma estima que teríamos se houvesse de fato realizado a ação que dela exigíamos.

4   Vemos, portanto, que todas as ações virtuosas derivam seu mérito unicamente de motivos virtuosos, sendo tidas apenas como signos desses motivos. Desse princípio, concluo que o primeiro motivo virtuoso, que confere mérito a uma ação, nunca pode ser uma consideração* pela virtude dessa ação, devendo ser antes algum outro motivo ou princípio natural. Supor que a mera consideração pela virtude da ação possa ser o primeiro motivo que produziu a ação e a tornou virtuosa é um raciocínio circular. Para que possamos ter tal consideração, a ação tem de ser realmente virtuosa; e essa virtude tem de ser derivada de algum motivo virtuoso; consequentemente, o motivo virtuoso precisa ser diferente da consideração pela virtude da ação. É preciso um motivo virtuoso para que uma ação se torne virtuosa. Uma ação tem de ser virtuosa para que possamos ter consideração por sua virtude. Portanto, algum motivo virtuoso tem de anteceder essa consideração.

5   Isso não é mera sutileza metafísica; está presente em todos os raciocínios de nossa vida corrente, embora às vezes não consigamos exprimi-lo em uma linguagem filosófica tão distinta. Censuramos um pai que negligencia seu filho. E por quê? Porque isso mostra uma falta de afeição natural, que é dever de todo pai. Se a afeição natural não fosse um dever, o cuidado com os filhos tampouco o seria; e seria impossível que tivéssemos em vista o dever ao darmos atenção a nossa

---

* "*Regard*", no contexto da moral, foi traduzido ora como "consideração", ora como "respeito". (N.T.)

prole. Nesse caso, portanto, todos os homens supõem que a ação possui um motivo diferente de um sentido do dever.

6   Suponhamos um homem que pratica muitas boas ações; alivia os sofredores, reconforta os aflitos e leva sua bondade até os mais desconhecidos. Nenhum caráter poderia ser mais amável e virtuoso. Vemos essas ações como provas de um grande sentimento humanitário. Esse sentimento humanitário confere um mérito às ações. O respeito pelo mérito é, portanto, uma consideração secundária, derivada do princípio antecedente do sentimento humanitário, que é meritório e louvável.

7   Em resumo, podemos estabelecer como uma máxima indubitável que *nenhuma ação pode ser virtuosa ou moralmente boa, a menos que haja na natureza humana algum motivo que a produza, distinto do sentido de sua moralidade.*

8   Mas será que o sentido da moralidade ou do dever não pode produzir uma ação sem qualquer outro motivo? Respondo que sim, mas que isso não constitui uma objeção à presente doutrina. Quando um motivo ou princípio virtuoso é comum na natureza humana, uma pessoa que sente seu coração desprovido desse motivo pode odiar a si mesma por essa razão, e pode realizar a ação sem o motivo, apenas por um certo sentido do dever, com o intuito de adquirir pela prática esse princípio virtuoso, ou ao menos para disfarçar para si mesma, tanto quanto possível, sua carência. Um homem que não sente de fato nenhuma gratidão em seu íntimo pode, apesar disso, ter prazer em praticar certos atos de gratidão, pensando desse modo ter realizado seu dever. As ações inicialmente são consideradas somente como signos de motivos; mas o que costuma ocorrer, nesse caso e em todos os demais, é que acabamos fixando nossa atenção apenas nos signos, negligenciando em parte a coisa significada. Entretanto, embora possa haver ocasiões em que uma pessoa realiza uma ação simplesmente por uma consideração para com sua obrigação moral, mesmo isso supõe que haja na natureza humana alguns princípios distintos capazes de produzir a ação, e cuja beleza moral torne a ação meritória.

9   Agora apliquemos tudo isso ao caso presente. Suponhamos que uma pessoa tenha-me emprestado uma soma de dinheiro, sob a condição de que eu lhe restituísse essa soma em alguns dias; suponhamos também que, no fim do prazo combinado, ela me peça o dinheiro de volta. Pergunto: *que razão ou motivo tenho para devolver-lhe o dinheiro?* Dir-se-á, talvez, que meu respeito pela justiça e minha repulsa à vilania e à desonestidade são para mim razões suficientes, se possuo um mínimo de honestidade ou sentido do dever e da obrigação. Sem dúvida, essa resposta é correta e satisfatória para o homem em seu estado de civilização, e quando formado segundo uma certa disciplina e educação. Mas, em sua condição rude e mais *natural* (se quereis chamar de natural uma tal condição), essa resposta seria rejeitada como completamente ininteligível e sofística. Pois uma pessoa que se encontrasse nessa situação imediatamente vos perguntaria: *em que consistem essa honestidade e justiça que encontrais na restituição de um empréstimo e na abstenção da propriedade alheia?* Certamente não está na ação externa. Por conseguinte, tem de estar no motivo de que essa ação externa foi derivada. Esse motivo nunca poderia ser a consideração pela honestidade da ação, pois é uma clara falácia dizer que é preciso um motivo virtuoso para tornar uma ação honesta, e ao mesmo tempo que a consideração pela honestidade é o motivo da ação. Só podemos ter consideração pela virtude de uma ação se a ação já for de antemão virtuosa. Ora, uma ação só pode ser virtuosa se procede de um motivo virtuoso. Um motivo virtuoso, portanto, deve anteceder a consideração pela virtude; é impossível que o motivo virtuoso e a consideração pela virtude sejam a mesma coisa.

10   É preciso encontrar, portanto, para os atos de justiça e honestidade, algum motivo distinto de nossa consideração pela honestidade; e é nisso que está a grande dificuldade. Porque se disséssemos que a preocupação com nosso interesse privado ou com nossa reputação é o motivo legítimo de todas as ações honestas, seguir-se-ia que, sempre que cessa tal preocupação, a honestidade não poderia mais ter lugar. Mas é certo que o amor a si próprio, quando age livremente,

em vez de nos levar a ações honestas, é fonte de toda injustiça e violência; e ninguém pode corrigir esses vícios sem corrigir e restringir os movimentos *naturais* desse apetite.

11   Caso se afirmasse, ao contrário, que a razão ou motivo de tais ações é uma *consideração pelo interesse público*, ao qual nada é mais contrário que haver exemplos de injustiça e de desonestidade, eu proporia que se prestasse atenção às três considerações seguintes. Em *primeiro* lugar, o interesse público não está naturalmente ligado à observância das regras da justiça; conecta-se a ela apenas em virtude de uma convenção artificial para o estabelecimento dessas regras, como mostrarei mais detalhadamente adiante. Em *segundo* lugar, se supusermos que o empréstimo foi sigiloso, e que é do interesse do prestador que o dinheiro seja restituído da mesma maneira (por exemplo, se quer ocultar sua riqueza), nesse caso não há mais exemplaridade, e o público não tem mais interesse pelas ações do prestatário; entretanto, suponho que nenhum moralista iria afirmar que isso elimina o dever ou a obrigação. Em *terceiro* lugar, a experiência prova de maneira suficiente que os homens, em seu comportamento cotidiano, não pensam em algo tão distante quanto o interesse público quando pagam a seus credores, cumprem suas promessas e se abstêm de roubar, saquear ou cometer todo tipo de injustiça. Esse é um motivo demasiadamente remoto e sublime para afetar a generalidade dos homens e para influir com alguma força em ações tão contrárias ao interesse privado como são frequentemente os atos de justiça e as ações comuns de honestidade.

12   Em geral, pode-se afirmar que não há na mente dos homens uma paixão como o amor à humanidade, concebida meramente enquanto tal, independentemente de qualidades pessoais, de favores ou de uma relação da outra pessoa conosco. É verdade que não existe uma só criatura humana, ou sequer uma criatura sensível, cuja felicidade ou infelicidade não nos afete em alguma medida quando está perto de nós ou é representada em cores vivas. Mas isso se deve meramente à simpatia, e não prova que haja uma tal afeição universal pela huma-

nidade, uma vez que essa preocupação se estende para além de nossa própria espécie. A afeição entre os sexos é uma paixão evidentemente implantada na natureza humana; e essa paixão se mostra não apenas por seus sintomas peculiares, mas também por inflamar todos os outros princípios de afeição, despertando, pela beleza, inteligência e bondade de uma pessoa, um amor mais forte que aquele que de outro modo resultaria dessas qualidades. Ora, se houvesse um amor universal entre todas as criaturas humanas, esse amor se mostraria da mesma maneira. Um grau determinado de uma boa qualidade causaria uma afeição mais forte que o ódio causado pelo mesmo grau de uma má qualidade; mas o que descobrimos pela experiência é o contrário disso. Os homens têm temperamentos diferentes; alguns têm uma propensão para afetos mais ternos, outros para afetos mais ásperos; mas, no essencial, podemos afirmar que o homem, em geral, ou a natureza humana, é apenas o objeto tanto do amor quanto do ódio, sendo preciso alguma outra causa que, por uma dupla relação, de impressões e ideias, possa excitar essas paixões. Seria inútil tentar eludir essa hipótese. Nenhum fenômeno aponta para a existência dessa terna afeição pelos homens, independentemente de seu mérito ou de qualquer outra circunstância. Gostamos de companhia em geral, mas é do mesmo modo como gostamos de qualquer outra diversão. Um *inglês*, na *Itália*, é um *amigo*; na *China*, é um *europeu*; e quem sabe pudéssemos amar um homem simplesmente como homem, caso o encontrássemos na Lua. Mas isso se deve apenas à relação conosco, que, nesses casos, ganha força por estar limitada a poucas pessoas.

13   Portanto, se a benevolência pública ou uma consideração pelos interesses da humanidade não pode ser o motivo original da justiça, muito menos a *benevolência privada*, ou seja, *uma consideração pelos interesses do outro*. Pois e se este for meu inimigo e me tiver dado um bom motivo para odiá-lo? E se for um homem maligno, que merece o ódio de toda a humanidade? E se for um sovina, incapaz de usar aquilo de que eu pretendia privá-lo? E se for um libertino e devasso, para quem

a posse de uma grande fortuna seria mais prejudicial que benéfica? E se eu estiver passando por necessidades ou tiver motivos urgentes para obter algo para minha família? Em todos esses casos, o motivo original para a justiça desapareceria; e, consequentemente, a própria justiça e, com ela, toda propriedade, direito e obrigação.

14   O rico tem uma obrigação moral de dar aos necessitados uma parte do que lhe é supérfluo. Mas se a benevolência privada fosse o motivo original da justiça, ninguém seria obrigado a deixar que os outros ficassem com mais que aquilo que é obrigado a lhes dar. Ou, ao menos, a diferença seria insignificante. As pessoas em geral ligam-se afetivamente mais àquilo que possuem que àquilo de que nunca chegaram a desfrutar. Por essa razão, seria mais cruel despojar um homem de alguma coisa que não lhe dar essa coisa. Mas quem iria querer afirmar que esse é o único fundamento da justiça?

15   Além disso, devemos considerar que a principal razão de os homens se prenderem tanto aos bens que possuem é que os veem como sua propriedade, assegurada de um modo inviolável pelas leis da sociedade. Essa é, porém, uma consideração secundária, que depende das noções precedentes de justiça e propriedade.

16   Supomos que a propriedade de cada um está protegida contra todos os outros mortais, em todos os casos possíveis. Mas a benevolência privada para com o proprietário é, e deve ser, mais fraca em algumas pessoas que em outras; e em muitas pessoas ou, antes, na maioria delas, está absolutamente ausente. A benevolência privada, portanto, não é o motivo original da justiça.

17   Segue-se de tudo isso que não temos naturalmente nenhum motivo real ou universal para observar as leis da equidade, exceto a própria equidade e o mérito dessa observância; e, uma vez que nenhuma ação pode ser justa ou meritória se não pode surgir de algum motivo separado, existe aqui um evidente sofisma e um raciocínio circular. Portanto, a menos que admitamos que a natureza estabeleceu um sofisma, e o tornou necessário e inevitável, temos de admitir que

o sentido de justiça e injustiça não deriva da natureza, surgindo antes artificialmente, embora necessariamente, da educação e das convenções humanas.

18   Como corolário a esse raciocínio, acrescentarei que, já que nenhuma ação pode ser louvável ou condenável sem motivos ou paixões que as impulsionem e sejam distintos desse sentido da moralidade, essas paixões distintas devem ter uma grande influência sobre tal sentido. É de acordo com sua força geral na natureza humana que condenamos ou louvamos. Ao julgar a beleza dos corpos animais, sempre levamos em consideração a economia de uma certa espécie; quando os membros e os traços observam a proporção que é comum àquela espécie, nós os declaramos graciosos e belos. De modo semelhante, sempre consideramos a força *natural* e *usual* das paixões ao emitir juízos acerca do vício e da virtude; e se as paixões se afastam muito das medidas comuns de um lado ou de outro, nós as desaprovamos como viciosas. Os homens naturalmente amam seus filhos mais que seus sobrinhos, seus sobrinhos mais que seus primos, seus primos mais que estranhos, nos casos em que todas as outras circunstâncias são iguais. É daí que surgem nossas regras comuns do dever, que nos fazem preferir uns aos outros. Nosso sentido do dever segue sempre o curso usual e natural de nossas paixões.

19   Para que ninguém se sinta ofendido, devo aqui observar que, quando nego que a justiça seja uma virtude natural, estou empregando a palavra *natural* como significando exclusivamente o oposto de *artificial*. Em outra acepção da palavra, assim como nenhum princípio da mente humana é mais natural que um sentido da virtude, assim também nenhuma virtude é mais natural que a justiça. O homem é uma espécie inventiva; e quando uma invenção é evidente e absolutamente necessária, é tão correto considerá-la natural quanto tudo que proceda imediatamente de princípios originais, sem a intervenção do pensamento ou reflexão. Embora as regras da justiça sejam *artificiais*, não são *arbitrárias*. Tampouco é impróprio utilizar a expressão

Leis Naturais* para caracterizá-las, se entendermos por natural aquilo que é comum a uma espécie qualquer, ou mesmo se restringirmos seu sentido apenas ao que é inseparável dessa espécie.

Seção 2
Da origem da justiça e da propriedade

1   Passamos agora a examinar duas questões: *sobre o modo como as regras da justiça são estabelecidas pelo artifício dos homens;* e *sobre as razões que nos determinam a atribuir à observância ou à desobediência dessas regras uma beleza ou uma deformidade morais*. Mais adiante veremos que essas questões são distintas. Começaremos com a primeira.

2   De todos os animais que povoam nosso planeta, à primeira vista parece ser o homem aquele contra o qual a natureza foi mais cruel, dadas as inúmeras carências e necessidades com que o cobriu e os escassos meios que lhe forneceu para aliviar essas necessidades. Em outras criaturas, esses dois pontos em geral se compensam mutuamente. Se considerarmos que o leão é um animal voraz e carnívoro, descobriremos facilmente que é cheio de necessidades; mas se prestarmos atenção em sua constituição e temperamento, sua agilidade, sua coragem, suas armas e sua força, veremos que nele as vantagens são proporcionais às carências. O carneiro e o boi carecem de todas essas vantagens, mas seus apetites são moderados e seu alimento é fácil de obter. Apenas no homem se pode observar, em toda sua perfeição, essa conjunção antinatural de fragilidade e necessidade. Não somente o alimento necessário para sua subsistência escapa a seu cerco e aproximação, ou, ao menos, exige trabalho para ser produzido, como, além disso, o homem precisa de roupas e abrigo para se defender das intempéries. Entretanto, considerado apenas em si mesmo,

---

*   *"Laws of Nature"*. Essa expressão será traduzida quer por "leis naturais", quer por "direito natural", ou ainda por "leis do direito natural". A primeira alternativa só será usada quando o contexto, como neste caso, não deixar nenhuma margem à confusão entre essas leis e as leis físicas. (N.T.)

ele não possui armas, força ou qualquer outra habilidade natural que seja em algum grau condizente com suas necessidades.

3   Somente pela sociedade ele é capaz de suprir suas deficiências, igualando-se às demais criaturas, e até mesmo adquirindo uma superioridade sobre elas. Pela sociedade, todas as suas debilidades são compensadas; embora, nessa situação, suas necessidades se multipliquem a cada instante, suas capacidades se ampliam ainda mais, deixando-o, em todos os aspectos, mais satisfeito e feliz do que jamais poderia se tornar em sua condição selvagem e solitária. Quando cada indivíduo trabalha isoladamente, e apenas para si mesmo, sua força é limitada demais para executar qualquer obra considerável; tem de empregar seu trabalho para suprir as mais diferentes necessidades, e por isso nunca atinge a perfeição em nenhuma arte particular; e como sua força e seu sucesso não são iguais o tempo todo, a menor falha em um dos dois deve inevitavelmente trazer para ele a ruína e a infelicidade. A sociedade fornece um remédio para esses *três* inconvenientes. A conjunção de forças amplia nosso poder; a divisão de trabalho aumenta nossa capacidade; e o auxílio mútuo nos deixa menos expostos à sorte e aos acidentes. É por essa *força, capacidade e segurança* adicionais que a sociedade se torna vantajosa.

4   Mas para que a sociedade se forme, não basta que ela seja vantajosa; os homens também têm de se dar conta de suas vantagens. Entretanto, em seu estado selvagem e inculto, e apenas pelo estudo e reflexão, é impossível que os homens alguma vez cheguem a adquirir esse conhecimento. Felizmente, junto com essas necessidades cujos remédios são remotos e obscuros existe uma outra necessidade, que, por ter um remédio mais imediato e evidente, pode ser legitimamente considerada o princípio primeiro e original da sociedade humana. Essa necessidade não é outra senão aquele apetite natural que existe entre os sexos, unindo-os e preservando sua união até o surgimento de um outro laço, ou seja, a preocupação com sua prole comum. Essa nova preocupação também se torna um princípio de união entre os pais e os filhos, formando uma sociedade mais numerosa, em que os

pais governam em virtude da superioridade de sua força e sabedoria, e, ao mesmo tempo, têm o exercício de sua autoridade limitado pela afeição natural que sentem por seus filhos. Em pouco tempo, o costume e o hábito, agindo sobre as tenras mentes dos filhos, tornam-nos sensíveis às vantagens que podem extrair da sociedade, além de gradualmente formá-los para essa sociedade, aparando as duras arestas e afetos adversos que impedem sua coalizão.

5   Porque é preciso admitir que, embora as condições da natureza humana possam tornar necessária uma união, e embora essas paixões do desejo carnal e da afeição natural pareçam torná-la inevitável, há outras particularidades, em nosso *temperamento natural* e nas *circunstâncias externas* em que nos encontramos, que são muito inconvenientes e até contrárias à requerida conjunção. Entre as primeiras, podemos justificadamente considerar que a mais importante é nosso *egoísmo*. Estou consciente de que, falando de maneira geral, tem havido muito exagero na representação dessa qualidade; alguns filósofos se deleitam em fornecer sobre esse aspecto da humanidade descrições tão afastadas da natureza quanto as narrativas sobre monstros que encontramos em fábulas e romances. Estou longe de pensar que os homens não sentem afeição por nada além de si mesmos; ao contrário, sou da opinião de que, embora seja raro encontrar alguém que ame uma pessoa sequer mais que a si mesmo, é igualmente raro encontrar alguém em quem todos os afetos benévolos, considerados em conjunto, não superem os egoístas. Consultai a experiência corrente. Não vedes que, embora em geral todos os gastos de uma família estejam sob o controle de seu senhor, poucos há que não destinem a maior parte de suas fortunas ao prazer de suas esposas e à educação de seus filhos, reservando a menor parte para seu próprio uso e entretenimento? É o que observamos nas pessoas que se encontram unidas por esses vínculos afetivos; e podemos presumir que o mesmo ocorreria com todas, se estivessem em situação semelhante.

6   Entretanto, embora devamos reconhecer, em honra da natureza humana, a existência dessa generosidade, podemos ao mesmo tempo

observar que essa paixão tão nobre, em vez de preparar os homens para a vida em grandes sociedades, é quase tão contrária a estas quanto o mais acirrado egoísmo. Pois, enquanto cada pessoa amar a si mesma mais que a qualquer outro, e, em seu amor pelos demais, sentir maior afeição por seus parentes e amigos, essa situação deve necessariamente produzir uma oposição de paixões e, consequentemente, uma oposição de ações; e, para uma união recém-estabelecida, isso só pode ser perigoso.

7   Note-se, entretanto, que essa contrariedade de paixões seria pouco perigosa se não coincidisse com uma peculiaridade nas *circunstâncias externas*, que dá a ela oportunidade de se exercer. Os bens que possuímos podem ser de três espécies diferentes: a satisfação interior do espírito, as qualidades exteriores de nosso corpo e a fruição dos bens que adquirimos com nosso trabalho e nossa boa sorte. Podemos usufruir dos primeiros com plena segurança. Os segundos podem nos ser tomados, mas não beneficiam em nada a quem deles nos priva. Apenas os últimos estão expostos à violência alheia e, ao mesmo tempo, podem ser transferidos sem sofrer nenhuma perda ou alteração; além disso, não existem em quantidade suficiente para suprir os desejos e as necessidades de todas as pessoas. Por isso, assim como o aperfeiçoamento desses bens é a principal vantagem da sociedade, assim também a *instabilidade* de sua posse, juntamente com sua *escassez*, é seu maior impedimento.

8   Seria inútil buscar *na natureza inculta* um remédio para tal inconveniente, ou esperar encontrar um princípio não artificial da mente humana que pudesse controlar essa afeição parcial, fazendo-nos vencer as tentações decorrentes das circunstâncias que nos envolvem. A ideia de justiça nunca poderia servir para esse fim; não podemos considerá-la um princípio natural capaz de inspirar aos homens uma conduta justa para com os demais. Homens rudes e selvagens não poderiam sequer sonhar com essa virtude, tal como agora a compreendemos. Pois a noção de dano ou injustiça implica uma imoralidade ou uma conduta viciosa contra uma outra pessoa; e como toda

imoralidade é derivada de alguma deficiência ou algum desequilíbrio das paixões, e como essa deficiência deve ser julgada, em grande parte, pelo curso ordinário da natureza na constituição da mente, será fácil saber se somos culpados de alguma imoralidade em relação aos outros, bastando para isso considerar a força natural e usual dos diversos afetos a eles dirigidos. Ora, é manifesto que, na estrutura original de nossa mente, nosso maior grau de atenção se dirige a nós mesmos; logo abaixo, está a atenção que dirigimos a nossos parentes e amigos; e só o mais leve grau se volta para os estranhos e as pessoas que nos são indiferentes. Essa parcialidade, portanto, e essa afeição desigual têm de influenciar não somente nosso comportamento e conduta social, mas também nossas ideias de vício e de virtude, para nos fazer considerar como viciosa e imoral qualquer transgressão significativa desses graus de parcialidade, seja por uma intensificação exagerada, seja por uma restrição da afeição. Pode-se observar esse fato nos juízos que formamos comumente sobre as ações, quando censuramos uma pessoa que concentra todas as suas afeições em sua família, ou que a despreza a ponto de, no caso de uma oposição de interesses, dar preferência a um desconhecido ou a alguém que conheceu apenas casualmente. Segue-se de tudo isso que nossas ideias naturais e incultas da moral, em vez de remediar a parcialidade de nossos afetos, antes se conformam a essa parcialidade, dando-lhe mais força e influência.

9   O remédio, portanto, não vem da natureza, mas do *artifício*; ou, mais corretamente falando, a natureza fornece, no juízo e no entendimento, um remédio para o que há de irregular e inconveniente nos afetos. Porque quando os homens, em sua primeira educação na sociedade, tornaram-se sensíveis às infinitas vantagens que dela resultam, e, além disso, adquiriram um novo gosto pelo convívio e pela conversação; e quando observaram que a principal perturbação da sociedade se deve a esses bens que denominamos externos, a sua mobilidade e à facilidade com que se transmitem de uma pessoa a outra, então precisam buscar um remédio que ponha esses bens, tanto

quanto possível, em pé de igualdade com as vantagens firmes e constantes da mente e do corpo. Ora, o único meio de realizar isso é por uma convenção, de que participam todos os membros da sociedade, para dar estabilidade à posse desses bens externos, permitindo que todos gozem pacificamente daquilo que puderam adquirir por seu trabalho ou boa sorte. Desse modo, cada qual sabe aquilo que pode possuir com segurança; e as paixões têm restringidos seus movimentos parciais e contraditórios. Tal restrição não é contrária às paixões; se o fosse, jamais poderia ser feita, nem mantida. É contrária apenas a seu movimento cego e impetuoso. Em vez de abrir mão de nossos interesses próprios, ou do interesse de nossos amigos mais próximos, abstendo-nos dos bens alheios, não há melhor meio de atender a ambos que por essa convenção, porque é desse modo que mantemos a sociedade, tão necessária a seu bem-estar e subsistência, como também aos nossos.

10   Essa convenção não tem a natureza de uma *promessa*, pois mesmo as promessas, como veremos posteriormente, dependem das convenções humanas. A convenção é apenas um sentido geral do interesse comum, que todos os membros da sociedade expressam mutuamente, e que os leva a regular sua conduta segundo certas regras. Observo que será de meu interesse deixar que outra pessoa conserve a posse de seus bens, *contanto que* ela aja da mesma maneira em relação a mim. Ela tem consciência de um interesse semelhante em regular sua conduta. Quando esse sentido comum do interesse se exprime mutuamente e é conhecido por ambos, produz uma resolução e um comportamento adequados. E isso pode, muito apropriadamente, ser denominado uma convenção ou acordo entre nós, embora sem a interposição de uma promessa; pois as ações de cada um de nós reportam-se às do outro e são realizadas com base na suposição de que outras ações serão realizadas daquele lado. Dois homens que estão a remar um mesmo barco fazem-no por um acordo ou convenção, embora nunca tenham prometido nada um ao outro. E o fato de que a regra concernente à estabilidade da posse surge gradualmente, adquirindo força por um lento progresso e por nossa repetida experiência dos inconvenientes de

sua transgressão, não a torna menos derivada das convenções humanas. Ao contrário, essa experiência nos assegura ainda mais que o sentido do interesse se tornou comum a todos os nossos companheiros, dando-nos confiança na regularidade futura de sua conduta; e é somente na expectativa dessa regularidade que está fundada nossa moderação e abstinência. De maneira semelhante, as diversas línguas se estabelecem gradualmente pelas convenções humanas, sem nenhuma promessa. E assim também o ouro e a prata tornam-se as medidas correntes da troca, sendo considerados um pagamento suficiente por coisas que têm um valor até cem vezes maior.

11   Uma vez firmada essa convenção sobre a abstinência dos bens alheios, e uma vez todos tendo adquirido uma estabilidade em suas posses, surgem imediatamente as ideias de justiça e de injustiça, bem como as de *propriedade, direito* e *obrigação*. Estas últimas são absolutamente ininteligíveis sem a compreensão das primeiras. Nossa propriedade não é senão aqueles bens cuja posse constante é estabelecida pelas leis da sociedade, isto é, pelas leis da justiça. Portanto, aqueles que utilizam as palavras *propriedade, direito* ou *obrigação* sem ter antes explicado a origem da justiça, ou que fazem uso daquelas para explicar esta última, estão cometendo uma falácia grosseira, mostrando-se incapazes de raciocinar sobre um fundamento sólido. A propriedade de uma pessoa é algum objeto a ela relacionado; essa relação não é natural, mas moral, e fundada na justiça. É absurdo, portanto, imaginar que podemos ter uma ideia de propriedade sem compreender completamente a natureza da justiça e mostrar sua origem no artifício e na invenção humana. A origem da justiça explica a da propriedade. Ambas são geradas pelo mesmo artifício. Como nosso primeiro e mais natural sentimento moral está fundado na natureza de nossas paixões, e dá preferência a nós e a nossos amigos sobre estranhos, é impossível que exista naturalmente algo como um direito ou uma propriedade estabelecida, enquanto as paixões opostas dos homens os impelem em direções contrárias e não são restringidas por nenhuma convenção ou acordo.

12   Não há dúvida de que a convenção para a distinção das propriedades e para a estabilidade da posse é a circunstância mais necessária para o estabelecimento da sociedade humana, e, após realizado o acordo para se fixar e observar essa regra, resta pouco ou nada a fazer para o estabelecimento de uma perfeita harmonia ou concórdia. Todas as outras paixões, à parte esta do interesse, são facilmente restringidas, ou não têm consequências tão perniciosas. A *vaidade* deve ser antes considerada uma paixão social, constituindo um elo de união entre os homens. A *piedade* e o *amor* devem ser vistos do mesmo modo. Quanto à *inveja* e à *vingança*, embora nocivas, elas agem apenas esporadicamente, e se dirigem contra pessoas determinadas, a quem consideramos nossos superiores ou inimigos. Apenas essa avidez de obter bens e posses, para nós e para nossos amigos mais íntimos, é insaciável, infindável, universal e diretamente destrutiva para a sociedade. Não há praticamente ninguém que não seja movido por ela, e não há ninguém que não tenha razão para temê-la quando ela atua sem restrições, entregue a seus movimentos primeiros e mais naturais. De modo geral, portanto, devemos considerar que as dificuldades para o estabelecimento da sociedade são maiores ou menores, segundo as dificuldades que temos para regular e restringir essa paixão.

13   É certo que nenhum afeto da mente humana tem ao mesmo tempo a força suficiente e a direção adequada para contrabalançar a ganância e para tornar os homens bons membros da sociedade, fazendo que se abstenham das posses alheias. A benevolência para com os estranhos é fraca demais para isso; quanto às outras paixões, elas antes inflamam essa avidez, quando observamos que, quanto mais possuímos, mais capacidade temos de satisfazer nossos apetites. Não há uma só paixão, portanto, capaz de controlar a afeição motivada pelo interesse, exceto essa própria afeição, por uma alteração de sua direção. Ora, tal alteração deve necessariamente ocorrer à menor reflexão, pois é evidente que a paixão se satisfaz muito melhor se a contemos que se a deixamos agir livremente; preservando a sociedade, favorecemos

muito mais a aquisição de bens que quando reduzidos à condição solitária e desolada que deve se seguir à violência e a uma permissividade generalizada. Por isso, a questão de saber se a natureza humana é boa ou má não tem a menor importância para essa outra questão acerca da origem da sociedade; e não há nada a considerar senão os graus de sagacidade ou estupidez dos homens. Porque se a paixão do interesse próprio é considerada um vício ou uma virtude, tanto faz, já que apenas ela mesma pode se restringir. Desse modo, se for virtuosa, os homens se tornam sociais por sua virtude; se for viciosa, é seu vício que tem esse efeito.

14 Ora, uma vez que é pela instituição da regra para a estabilidade das posses que essa paixão se restringe a si própria, se tal regra fosse muito abstrusa e difícil de inventar, a sociedade deveria ser considerada de certa maneira como acidental, e efeito de muitas gerações. Mas se constatarmos que nada pode ser mais simples e evidente que essa regra; que todo pai, para preservar a paz entre os filhos, tem de estabelecê-la; e que esses primeiros rudimentos de justiça devem se aprimorar a cada dia, conforme a sociedade vai-se ampliando; se tudo isso se mostrar evidente, como certamente deve ser, poderemos concluir que é absolutamente impossível que os homens permaneçam um tempo significativo naquela condição selvagem que antecede a sociedade; ao contrário, seu primeiro estado e situação pode legitimamente ser considerado já social. Entretanto, isso não impede que os filósofos, se assim o quiserem, estendam seu raciocínio a um pretenso *estado de natureza*, contanto que reconheçam tratar-se de uma mera ficção filosófica, que nunca teve e nunca poderia ter realidade. A natureza humana se compõe de duas partes principais, requeridas para todas as suas ações, ou seja, os afetos e o entendimento; e certamente os movimentos cegos daqueles, sem a direção deste, incapacitam o homem para a sociedade. Mas podemos considerar separadamente os efeitos resultantes das operações de cada uma dessas duas partes que compõem a mente. Pode-se conceder aos filósofos morais a mesma liberdade concedida aos filósofos naturais; estes últimos muito frequentemente consi-

deram um movimento qualquer como composto e consistindo em duas partes separadas, embora ao mesmo tempo reconheçam que, em si mesmo, esse movimento é simples e indivisível.

15   Esse *estado de natureza*, portanto, deve ser visto como uma simples ficção, não muito diversa da ficção de uma *Idade de Ouro*, inventada pelos poetas; com a única diferença que aquele é descrito como cheio de guerras, violência e injustiça, ao passo que esta nos é pintada como a condição mais encantadora e pacífica que se pode imaginar. A se acreditar nos poetas, as estações, naquela primeira idade da natureza, eram tão temperadas que os homens não necessitavam de roupas e casas para se proteger da violência do calor e do frio. Os rios corriam cheios de vinho e leite; os carvalhos davam mel; e a natureza produzia espontaneamente as melhores iguarias. Mas essas não eram as principais vantagens daquela época feliz. Tormentas e tempestades não eram inexistentes apenas na natureza; também se desconheciam aquelas tempestades mais furiosas, que hoje causam tamanha comoção e engendram tal confusão nos corações humanos. Avareza, ambição, crueldade, egoísmo, nunca se ouvira falar de tais coisas. As únicas emoções com que a mente humana estava familiarizada eram a afeição cordial, a compaixão, a simpatia. Até mesmo a distinção entre *meu* e *teu* estava excluída do seio daquela feliz raça de mortais, e com ela as noções mesmas de propriedade e obrigação, justiça e injustiça.

16   Sem dúvida, tudo isso é vã ficção; entretanto, é uma ficção que merece nossa atenção, porque nada é capaz de mostrar com mais evidência a origem dessas virtudes que são o objeto de nossa investigação presente. Já observei que a justiça nasce das convenções humanas; e que estas têm como objetivo remediar alguns inconvenientes procedentes da concorrência de certas *qualidades* da mente humana com a *situação* dos objetos externos. Tais qualidades da mente são o *egoísmo* e a *generosidade restrita*; e a situação dos objetos externos é a *facilidade de sua troca*, juntamente com sua *escassez* em comparação com as necessidades e os desejos dos homens. Mas, embora os filósofos possam ter-se perdido em meio a essas especulações, os poetas têm sido

guiados de maneira mais infalível por um certo gosto ou instinto comum que, em muitos tipos de raciocínios, vai mais longe que qualquer arte ou filosofia que já conhecemos. Logo perceberam que, se todo homem tivesse uma afetuosa consideração pelos demais, ou se a natureza satisfizesse abundantemente todas as nossas necessidades e desejos, os conflitos de interesse, que a justiça pressupõe, não poderiam mais ocorrer; e não haveria mais ocasião para se estabelecerem aquelas distinções e limites de posse e propriedade que hoje se usam entre os homens. Aumentai até um grau suficiente a benevolência dos homens ou a generosidade da natureza, e tornareis a justiça inútil, preenchendo seu lugar com virtudes muito mais nobres e bênçãos mais valiosas. O egoísmo humano é atiçado pela escassez de nossos bens, quando comparados às nossas necessidades; e é para restringir esse egoísmo que os homens se viram obrigados a se separar da comunidade e a distinguir entre seus próprios bens e os dos outros.

17   Mas não precisamos recorrer às ficções poéticas para aprender tudo isso. Razões à parte, podemos descobrir a mesma verdade pela experiência corrente e pela observação. É fácil observar que a afeição cordial torna tudo comum entre amigos; em especial, pessoas casadas abrem mão de sua propriedade uma em favor da outra, desconhecendo a distinção entre *meu* e *teu*, coisa tão necessária e, entretanto, causa de tamanha perturbação na sociedade humana. Esse mesmo efeito decorre de qualquer alteração nas circunstâncias em que os homens vivem; por exemplo, quando algo é abundante o bastante para satisfazer a todos os desejos dos homens. Nesse caso, a distinção de propriedade desaparece inteiramente, e tudo passa a ser comum a todos. Podemos observar essa situação com respeito ao ar e à água, que entretanto são os mais valiosos dentre todos os objetos externos. E podemos facilmente concluir que, se os homens dispusessem de tudo com a mesma abundância, ou se *todos* tivessem por *todos* a mesma afeição e terna consideração que têm por si mesmos, a justiça e a injustiça seriam igualmente desconhecidas dos homens.

18   Eis aqui, portanto, uma proposição que, acredito, pode ser tida como certa: *a justiça tira sua origem exclusivamente do egoísmo e da generosidade restrita dos homens, em conjunto com a escassez das provisões que a natureza ofereceu para suas necessidades.* Se olharmos para trás, veremos que essa proposição confere uma força adicional a algumas das observações que já fizemos sobre este assunto.

19   *Primeiramente*, dela podemos concluir que um respeito pelo interesse público, ou uma benevolência forte e irrestrita, não é nosso primeiro motivo, ou o motivo original, para observar as regras da justiça, já que se admite que, se os homens fossem dotados de tal benevolência, essas regras jamais teriam sido imaginadas.

20   Em *segundo* lugar, podemos concluir do mesmo princípio que o sentido da justiça não se funda na razão, isto é, na descoberta de certas conexões e relações de ideias, eternas, imutáveis e universalmente obrigatórias. Pois, como se reconhece que uma alteração tal como a acima mencionada, no temperamento dos homens e nas circunstâncias em que se encontram, alteraria completamente todos os nossos deveres e obrigações, torna-se necessário, pelo sistema comum de *que o sentido da virtude é derivado da razão*, mostrar a mudança que isso produziria nas relações e ideias. É evidente, porém, que a única causa pela qual uma irrestrita generosidade humana e a perfeita abundância de todas as coisas destruiriam a própria ideia de justiça é que a tornariam inútil; e, por outro lado, uma benevolência restrita e a condição de carência só dão origem àquela virtude por torná-la necessária ao interesse público, bem como ao interesse de todo indivíduo. Foi, portanto, uma preocupação com nosso próprio interesse e com o interesse público que nos fez estabelecer as leis da justiça; e nada pode ser mais certo que o fato de que não é uma relação de ideias o que nos dá essa preocupação, mas nossas impressões e sentimentos, sem os quais tudo na natureza nos seria inteiramente indiferente e incapaz de nos afetar, por menos que fosse. O sentido de justiça, portanto, não se funda em nossas ideias, mas em nossas impressões.

21 Em *terceiro* lugar, podemos ainda confirmar a proposição anterior, de que *as impressões que dão origem a esse sentido de justiça não são naturais à mente do homem, surgindo antes do artifício e das convenções humanas.* Porque, como qualquer alteração considerável no temperamento e nas circunstâncias destrói igualmente a justiça e a injustiça, e como tal alteração só tem esse efeito por alterar nosso interesse, bem como o interesse público, segue-se que o estabelecimento inicial das regras da justiça depende desses diferentes interesses. Mas se os homens perseguissem o interesse público naturalmente, com uma sincera devoção, nunca teriam sonhado em se impor restrições mútuas por meio dessas regras; e se perseguissem seu próprio interesse sem nenhuma precaução, mergulhariam diretamente em todo tipo de injustiça e violência. Essas regras, portanto, são artificiais e buscam seu fim de uma maneira oblíqua e indireta; o interesse que as engendra não é do tipo que poderia ser perseguido pelas paixões naturais e não artificiais dos homens.

22 Para que esse ponto fique mais evidente, consideremos que, embora as regras da justiça sejam estabelecidas simplesmente por interesse, sua conexão com o interesse é algo singular, diferente do que se observa em outras ocasiões. Um único ato de justiça é com frequência contrário ao interesse público; se permanecesse isolado, se não fosse seguido por outros atos, poderia ser em si mesmo bastante prejudicial à sociedade. Quando um homem de mérito e de disposição benfazeja devolve uma grande fortuna a um avarento ou a um fanático traiçoeiro, está agindo de maneira justa e louvável, mas, na realidade, o público sofre com essa ação. De maneira semelhante, nem todo ato isolado de justiça, considerado separadamente, é favorável ao interesse privado; é fácil conceber de que maneira um homem pode se empobrecer em virtude de um ato exemplarmente íntegro, e pode ter razão para desejar que, em relação àquele ato em particular, as leis da justiça tivessem sido momentaneamente suspensas do universo. Mas, embora atos isolados de justiça possam ser contrários ao interesse público ou privado, certamente a totalidade do plano ou esquema é

altamente propícia e mesmo absolutamente necessária, tanto à manutenção da sociedade, quanto ao bem-estar de cada indivíduo. É impossível separar o bem do mal. A propriedade tem de ser estável e determinada por regras gerais. Ainda que, em um caso isolado, o público em geral possa sofrer, esse mal momentâneo é amplamente compensado pela firme execução da regra e pela paz e ordem que esta estabelece na sociedade. E mesmo cada indivíduo, ao fazer as contas, deverá perceber que saiu ganhando; pois, sem justiça, a sociedade imediatamente se dissolveria, e todos cairiam naquela condição selvagem e solitária, que é infinitamente pior que a pior situação que se possa supor na sociedade. Portanto, quando os homens já adquiriram experiência bastante para observar que, seja qual for a consequência de um ato singular de justiça, realizado por uma única pessoa, a totalidade do sistema de ações em que concorre toda a sociedade é infinitamente vantajosa para o conjunto e para cada parte; quando isso acontece, a justiça e a propriedade não tardam a se estabelecer. Cada membro da sociedade é sensível a esse interesse. Cada um expressa esse sentimento [*sense*] para seus companheiros, juntamente com a resolução que tomou de conformar suas ações com ele, com a condição de que os outros façam o mesmo. Nada mais é preciso para induzir qualquer um deles a realizar um ato de justiça, à primeira oportunidade. Esse ato se torna um exemplo para os demais. E assim, a justiça se estabelece por uma espécie de convenção ou acordo, isto é, por um sentido do interesse, que se supõe comum a todos, e em que cada ato é realizado na expectativa de que as outras pessoas agirão de maneira semelhante. Sem essa convenção, ninguém sequer teria sonhado que havia uma virtude como a justiça, ou teria sido levado a conformar suas ações com ela. Considerando-se um ato singular, minha justiça pode ser perniciosa sob todos os aspectos; é apenas pela suposição de que os outros devem imitar meu exemplo que posso ser levado a abraçar essa virtude, pois nada a não ser essa combinação pode tornar a justiça vantajosa, ou me dar motivos para me conformar com suas regras.

23 Chegamos agora à *segunda* questão que propusemos: *por que vinculamos a ideia de virtude à de justiça, e a de vício à de injustiça?* Essa questão não irá nos deter por muito tempo, após os princípios que já estabelecemos. Tudo que sobre ela podemos dizer neste momento será concluído em poucas palavras; para uma explicação mais satisfatória, o leitor deverá aguardar até chegarmos à *terceira* parte deste livro. A obrigação *natural* da justiça, ou seja, o interesse, já foi explicada em sua totalidade; quanto à obrigação *moral*, ou sentimento do que é certo ou errado, será preciso primeiramente examinar as virtudes naturais, antes que possamos fornecer uma explicação completa e satisfatória.

24 Quando os homens descobrem pela experiência que o livre exercício de seu egoísmo e de sua generosidade limitada os torna totalmente incapacitados para a sociedade; e, ao mesmo tempo, observam que a sociedade é necessária para a satisfação dessas próprias paixões, são naturalmente levados a se submeter à restrição de regras que possam tornar seu comércio mais seguro e cômodo. Portanto, inicialmente, eles são levados a se impor e a observar essas regras, tanto em geral como em cada caso particular, apenas por interesse; e esse motivo, quando da formação da sociedade, é suficientemente forte e imperativo. Mas quando a sociedade cresce e se torna numerosa, transformando-se em uma tribo ou nação, esse interesse se faz mais remoto; os homens não percebem tão facilmente, como ocorria em uma sociedade mais limitada e reduzida, que cada violação dessas regras tem como consequência a desordem e a confusão. Entretanto, embora em nossas próprias ações possamos com frequência perder de vista esse interesse que temos na manutenção da ordem, e embora possamos seguir um interesse presente e menos importante, nunca deixamos de observar como somos prejudicados, direta ou indiretamente, pela injustiça alheia – pois nesse caso não somos cegados pela paixão, nem predispostos por uma tentação contrária. Mais ainda: mesmo quando a injustiça é tão distante que não afeta nosso interesse, ela ainda nos desagrada, pois a consideramos prejudicial à sociedade humana e perniciosa para todas as pessoas que se aproximam do culpado

de tê-la cometido. Participamos, por *simpatia*, do desprazer dessas pessoas; e como tudo que produz um desprazer nas ações humanas, examinado de maneira geral, é denominado *vício*; e tudo que produz satisfação da mesma maneira é dito *virtude*, essa é a razão por que o sentido do bem e do mal morais resulta da justiça e da injustiça. E embora, no caso presente, esse sentido seja derivado unicamente da contemplação das ações alheias, não deixamos de estendê-lo a nossas próprias ações. A *regra geral* ultrapassa os casos que lhe deram origem; ao mesmo tempo, *simpatizamos* naturalmente com os sentimentos que as outras pessoas têm sobre nós. Assim, o *interesse próprio* é o motivo original para o *estabelecimento* da justiça, mas uma simpatia com o interesse *público* é a fonte da aprovação *moral* que acompanha essa virtude. Este último princípio, da simpatia, é fraco demais para controlar nossas paixões; mas tem força suficiente para influenciar nosso gosto, e para nos dar os sentimentos de aprovação ou de condenação.

25   Embora esse progresso dos sentimentos seja *natural*, e até necessário, ele certamente se vê favorecido pelo artifício dos políticos, que, com o intuito de governar mais facilmente os homens e preservar a paz na sociedade humana, buscaram produzir um apreço pela justiça e uma aversão pela injustiça. Sem dúvida, esse artifício deve surtir efeito. É evidente, porém, que a questão foi levada longe demais por certos moralistas, que parecem ter empregado todos os seus esforços para extirpar da humanidade qualquer sentido de virtude. Um artifício dos políticos pode ajudar a natureza a produzir esses sentimentos que ela nos sugere e, em algumas ocasiões, pode até produzir sozinho uma aprovação ou apreço por uma ação particular; mas é impossível que seja a única causa da distinção que fazemos entre o vício e a virtude. Pois se a natureza não nos ajudasse quanto a isso, seria em vão que os políticos falariam em *honroso* ou *desonroso*, *louvável* ou *condenável*. Essas palavras seriam inteiramente ininteligíveis; não estariam vinculadas a nenhuma ideia, como se pertencessem a uma

língua completamente desconhecida por nós. O máximo que os políticos podem fazer é estender os sentimentos naturais para além de seus limites originais; mas a natureza ainda tem de fornecer a matéria-prima, dando-nos alguma noção das distinções morais.

26   Assim como o elogio e a condenação pública aumentam nosso apreço pela justiça, assim também a educação e a instrução privada contribuem para o mesmo efeito. Os pais observam facilmente que uma pessoa é tão mais útil, para si mesma e para os demais, quanto maior for o grau de probidade e honra de que seja dotada, e que esses princípios têm mais força quando o costume e a educação auxiliam o interesse e a reflexão; por essa razão, são levados a inculcar em seus filhos, desde a mais tenra infância, os princípios da probidade, e ensinam-lhes a ver a observância das regras que mantêm a sociedade como algo honroso e louvável, e sua violação, como vil e desprezível. Desse modo, os sentimentos de honra podem criar raízes em suas mentes delicadas, adquirindo uma tal firmeza e solidez que não ficam muito aquém dos princípios mais essenciais à nossa natureza, e mais profundamente enraizados em nossa constituição interna.

27   Algo que também contribui para aumentar a solidez desses sentimentos é o interesse por nossa reputação, uma vez firmemente estabelecida entre os homens a opinião de *que um mérito ou demérito acompanha a justiça ou a injustiça*. Nada nos toca mais de perto que nossa reputação, e esta depende sobretudo de nossa conduta em relação à propriedade alheia. Por essa razão, todos os que tenham algum cuidado com sua reputação, ou que pretendam viver em bons termos com a humanidade, devem fixar para si mesmos, como uma lei inviolável, que nunca, seja qual for a tentação, irão violar esses princípios que são essenciais a um homem de probidade e honradez.

28   Farei apenas mais uma observação antes de abandonar este tema: embora eu afirme que, no *estado de natureza*, ou seja, naquele estado imaginário anterior à sociedade, não havia nem justiça nem injustiça, não afirmo que, em tal estado, era permitido violar a propriedade

alheia. Sustento apenas que não havia algo como a propriedade, e, consequentemente, não poderia haver algo como justiça ou injustiça. Terei a oportunidade de fazer uma reflexão semelhante a respeito das *promessas* quando tratar desse assunto; e espero que essa reflexão, quando devidamente considerada, seja suficiente para eliminar qualquer aversão pelas opiniões precedentes a respeito da justiça e da injustiça.

Seção 3
Das regras que determinam a propriedade

1 Embora a instituição da regra concernente à estabilidade da posse seja não apenas útil, mas absolutamente necessária à sociedade humana, não poderá servir a propósito nenhum enquanto permanecer em termos tão gerais. Deve-se estabelecer algum método que nos permita distinguir que bens particulares devem ser atribuídos a cada pessoa particular, ao passo que o resto da humanidade fica excluído de sua posse e usufruto. Nossa próxima tarefa, portanto, deve ser descobrir as razões que modificam essa regra geral, adaptando-a ao uso e à prática comum dos homens.

2 É óbvio que essas razões não são derivadas de uma utilidade ou vantagem que uma pessoa *particular* ou o público em geral pudessem extrair desse usufruto de bens *particulares*, e a qual seria maior que a resultante de sua posse por alguma outra pessoa. Sem dúvida, seria bem melhor que todos possuíssem tudo que lhes fosse mais adequado e apropriado para seu uso. Mas, além de essa relação de adequação poder ser comum a várias pessoas ao mesmo tempo, ela está sujeita a tantas controvérsias, as quais os homens julgam de maneira tão parcial e passional que uma regra tão vaga e incerta seria absolutamente incompatível com a paz da sociedade humana. A convenção sobre a estabilidade das posses é feita justamente para eliminar qualquer ocasião de discórdia e polêmica; e essa finalidade nunca seria alcançada se nos fosse permitido aplicar essa regra diferentemente em cada caso, de acordo com a utilidade particular que pudéssemos descobrir em

tal aplicação. A justiça, em suas decisões, nunca leva em conta a adequação ou a inadequação dos objetos às pessoas particulares, sendo, ao contrário, conduzida por considerações mais amplas. Quer um homem seja generoso, quer seja avaro, é igualmente contemplado por ela, obtendo com a mesma facilidade uma decisão a seu favor, mesmo quanto a algo que lhe é inteiramente inútil.

3 Segue-se, portanto, que a regra geral de que *a posse deve ser estável* não se aplica por meio de juízos particulares, mas mediante outras regras gerais, que devem se estender a toda a sociedade, sem se deixar influenciar nem pelo despeito nem pelo favor. Como ilustração, proponho o seguinte exemplo. Primeiramente, considero os homens em sua condição selvagem e solitária; e suponho que, sensíveis aos sofrimentos decorrentes desse estado, e prevendo as vantagens que resultariam da sociedade, eles busquem a companhia uns dos outros, oferecendo sua mútua proteção e assistência. Suponho, também, que esses homens são dotados de tal sagacidade que percebem imediatamente que o maior impedimento a esse projeto de sociedade e parceria está na avidez e no egoísmo de seu temperamento natural; para remediar tal coisa, formam uma convenção para a estabilidade da posse e para sua mútua restrição e abstenção. Bem sei que esse modo de proceder não é inteiramente natural; mas estou aqui apenas supondo que essas reflexões se formam de uma só vez, quando, na verdade, elas nascem pouco a pouco, imperceptivelmente. Além disso, é bem possível haver diversas pessoas que, tendo sido separadas, por diferentes acidentes, das sociedades a que antes pertenciam, vejam-se obrigadas a formar entre si uma nova sociedade; e, neste caso, sua situação é exatamente como a que descrevi acima.

4 É evidente que sua primeira dificuldade nessa situação, após a convenção geral para o estabelecimento da sociedade e para a constância da posse, é saber como separar seus bens e designar a cada um sua porção particular, de que deverá usufruir inalteradamente dali em diante. Mas essa dificuldade não os deterá por muito tempo. Imediatamente deve ocorrer a esses homens, como o expediente mais natu-

ral, que cada qual continue a gozar daquilo que possui no presente, e que a propriedade ou posse constante deve se unir à posse imediata. O costume não tem apenas o efeito de nos acomodar às coisas de que usufruímos por muito tempo; gera também em nós uma afeição por elas, de modo que acabamos preferindo essas coisas a outros objetos, talvez mais valiosos, porém menos conhecidos. Aquilo que há muito está sob nossos olhos, e tem sido frequentemente usado em nosso benefício, é *isso* que mais relutamos em abandonar; mas podemos facilmente viver sem os bens de que nunca usufruímos e a que não estamos acostumados. É evidente, portanto, que os homens assentiriam facilmente a esse expediente, ou seja, *que todos continuem a gozar daquilo que possuem no presente*; e é por essa razão que estariam tão naturalmente de acordo com essa solução.[1]

---

1 Nenhuma questão filosófica é tão difícil quanto estabelecer, dentre um grande número de causas que se apresentam para um mesmo fenômeno, qual a principal e predominante. Raramente existe um argumento preciso o bastante para determinar nossa escolha, e temos de nos contentar em nos guiar por uma espécie de gosto ou inclinação, baseado na analogia e em uma comparação com exemplos similares. Assim, no caso presente, não há dúvida de que existem motivos de interesse público para a maioria das regras que determinam a propriedade; mesmo assim, suspeito que essas regras são fixadas sobretudo pela imaginação, ou seja, pelas propriedades mais frívolas de nosso pensamento e concepção. Continuarei a explicar essas causas, deixando que o próprio leitor se decida entre as derivadas da utilidade pública ou as derivadas da imaginação. Começaremos com o direito do possuidor atual.

2   Uma qualidade que já observei [Livro 1, Parte 4, Seção 5] na natureza humana é que, quando dois objetos apresentam uma relação estreita, a mente tende a atribuir-lhes uma relação adicional, para completar a união; e essa inclinação é tão forte que frequentemente nos leva a cometer erros (como o da conjunção entre pensamento e matéria), se descobrimos que estes podem servir a tal propósito. Muitas de nossas impressões são incapazes de ocupar um lugar ou ter uma posição no espaço; entretanto, supomos que essas mesmas impressões têm uma conjunção local com as impressões da visão e do tato, simplesmente porque apresentam uma conjunção causal, e já estão unidas na imaginação. Portanto, uma vez que, para completar uma união, podemos fantasiar uma nova relação, mesmo absurda, é fácil imaginar que, se houver alguma relação que dependa da mente, esta irá facilmente conjugá-la com qualquer relação anterior, unindo por um novo laço aqueles objetos que já têm uma união na fantasia. Assim, por exemplo, quando arrumamos determinados corpos, nunca deixamos de pôr os *semelhantes* em *contiguidade* uns com os outros, ou ao menos em posições *correspondentes*, porque sentimos uma satisfação em juntar a relação de contiguidade à de semelhança, ou a semelhança de situação à de qualidades. Isso se explica facilmente pelas conhecidas propriedades da natureza humana. Quando a mente se vê determinada a juntar certos objetos, mas permanece indeterminada quanto à escolha dos objetos

Livro 3, Parte 2, Seção 3

5   Podemos observar no entanto que, embora a regra que atribui a propriedade ao possuidor atual seja natural, e por isso mesmo útil, sua utilidade não ultrapassa a formação inicial da sociedade; e nada seria mais pernicioso que sua observância constante, que levaria à exclusão da restituição, bem como à autorização e mesmo à recompensa de todo tipo de injustiça. Portanto, devemos buscar outras circunstâncias que possam dar origem à propriedade após a sociedade já ter-se estabelecido. E entre essas, considero as quatro seguintes como as mais importantes: a ocupação, o usucapião, a acessão e a sucessão. Examinaremos brevemente cada uma delas, começando pela *ocupação*.

6   A posse de todo bem externo é cambiável e incerta, o que constitui um dos maiores impedimentos ao estabelecimento da sociedade, sendo a razão pela qual, por um acordo geral, expresso ou tácito, os homens impõem restrições uns aos outros por meio daquilo que hoje chamamos de regras de justiça e equidade. A penúria da condição que antecede essa restrição é a razão de nos submetermos a esse remédio o mais rapidamente possível; e isso, por sua vez, permite que expliquemos facilmente por que vinculamos a ideia de propriedade à de primeira posse, ou *ocupação*. Os homens relutam em deixar sua propriedade em suspenso, mesmo por um curto período, ou em deixar o menor espaço à violência e à desordem. A isso podemos acrescentar que a primeira posse sempre atrai mais a atenção; caso a desprezás-

---

particulares, é natural que volte seu olhar para aqueles que estão relacionados. Estes já estão unidos pela mente; apresentam-se ao mesmo tempo à concepção; e sua conjunção não precisa de uma nova razão; ao contrário, seria preciso uma razão muito poderosa para nos fazer desprezar essa afinidade natural. Mais adiante, quando tratarmos da *beleza*, teremos ocasião de explicar esse fato de maneira mais completa. Por ora, podemos nos satisfazer com a observação de que o mesmo amor pela ordem e pela uniformidade que nos faz arrumar os livros em uma biblioteca e as cadeiras em uma sala contribui para a formação da sociedade e para o bem-estar da humanidade, ao modificar a regra geral concernente à estabilidade da posse. Como a propriedade estabelece uma relação entre uma pessoa e um objeto, é natural fundá-la em alguma relação anterior; e como a propriedade não é senão a posse constante, assegurada pelas leis sociais, é natural acrescentá-la à posse atual, que é uma relação semelhante – pois isso também tem sua influência. Se é natural conjugar todo tipo de relação, é mais natural ainda juntar relações que são semelhantes e estão elas próprias relacionadas.

semos, não haveria sombra de razão para atribuir a propriedade a uma posse subsequente.²

7   Resta apenas determinar com exatidão o que se quer dizer com posse; e isso não é tão fácil quanto se pode imaginar à primeira vista. Dizemos estar de posse de alguma coisa não apenas quando a tocamos imediatamente, mas também quando estamos situados de tal forma em relação a ela que temos o poder de usá-la, movê-la, alterá-la ou destruí-la, conforme nosso agrado ou conveniência presente. Essa relação, então, é uma espécie de causa e efeito; e como a propriedade não é mais que uma posse estável, derivada das regras de justiça ou das convenções humanas, deve ser considerada uma relação da mesma espécie. Mas aqui cabe observar que, como o poder de usar um objeto se torna mais ou menos certo segundo sejam mais ou menos prováveis as interrupções que possamos sofrer; e como essa probabilidade pode aumentar gradativa e imperceptivelmente, em muitos casos é impossível determinar quando a posse começa ou termina; e não há nenhum critério certo que nos permita resolver tais controvérsias. Se um javali cai em nossa armadilha, considera-se que está em nossa posse quando é impossível que escape. Mas o que queremos dizer com "impossível"? Como separar essa impossibilidade de uma improbabilidade? E como distinguir exatamente esta última de uma probabilidade? Como marcar os limites precisos de uma e de outra, e qual o critério que nos permite decidir todas as disputas que possam surgir e que, como vemos na experiência, surgem de fato e com frequência sobre essa questão?³

---

2   Alguns filósofos explicam o direito de ocupação, dizendo que cada pessoa tem a propriedade de seu próprio trabalho; e quando a pessoa une esse trabalho a algo, isso lhe dá a propriedade do conjunto. Mas: 1º Há diversos tipos de ocupação em que não se pode dizer que unimos nosso trabalho ao objeto adquirido; por exemplo, quando possuímos um prado porque nosso gado pasta ali. 2º Essa explicação recorre à *acessão*, o que constitui um desvio desnecessário. 3º Somente em sentido figurado se pode dizer que unimos nosso trabalho a algo. Rigorosamente falando, o trabalho apenas altera o objeto, o que estabelece uma relação entre este e nós; e é daí que surge a propriedade, de acordo com os princípios anteriores.

3   Se buscarmos a solução dessas dificuldades na razão e no interesse público, nunca a encontraremos; e se a buscarmos na imaginação, é evidente que as qualidades que agem sobre

Livro 3, Parte 2, Seção 3

essa faculdade se misturam tão gradativa e tão insensivelmente umas com as outras que é impossível estabelecer seus limites ou suas fronteiras precisas. As dificuldades quanto a esse ponto devem crescer quando consideramos que nosso juízo se altera de maneira bastante perceptível segundo o assunto, e que o mesmo poder e a mesma proximidade é considerada posse em um caso, mas não em outro. Uma pessoa que caçou uma lebre até a exaustão consideraria uma injustiça que alguém se adiantasse para pegar sua presa. Mas essa mesma pessoa, dirigindo-se para colher uma maçã que está ao seu alcance, não tem razão em reclamar se outra pessoa, mais alerta, passa à sua frente e se apossa da maçã. Qual a razão dessa diferença, senão que a imobilidade, não sendo algo natural à lebre, mas sim efeito do esforço, estabelece naquele caso uma relação mais forte com o caçador, que está ausente no outro caso?

2 Vê-se aqui, portanto, que frequentemente um poder certo e infalível de usufruir de algum objeto não produz a propriedade, se não houver um toque ou alguma outra relação sensível. Além disso, observo que uma relação sensível, sem um poder presente, às vezes é suficiente para dar direito a um certo objeto. A visão de uma coisa, ao contrário, raramente é uma relação considerável, e só é tida como tal quando o objeto está oculto ou é muito obscuro; nesse caso, constatamos que sua mera visão confere propriedade, conforme à máxima de *que mesmo um continente inteiro pertence à primeira nação que o descobriu*. Note-se porém que, tanto no caso da descoberta quanto no da posse, aquele que primeiro descobre ou possui o objeto tem de juntar à relação uma intenção de se tornar proprietário; de outro modo, a relação não terá efeito, porque a conexão em nossa fantasia entre a propriedade e a relação não é tão grande, precisando ser auxiliada por essa intenção.

3 Por todas essas circunstâncias, é fácil ver quão complicadas podem se tornar várias querelas acerca da aquisição de propriedade por ocupação; o menor esforço de pensamento deve nos proporcionar casos que não comportam uma decisão racional. Se preferirmos exemplos reais em lugar de exemplos hipotéticos, poderemos considerar o seguinte, que se encontra em quase todos os autores que tratam do direito natural.

4 Dois grupos de colonos *gregos*, deixando seu país natal em busca de novos assentamentos, receberam a informação de que uma cidade próxima havia sido abandonada por seus habitantes. Para confirmar a verdade desse relato, enviaram imediatamente dois mensageiros, um de cada colônia; estes, ao se aproximarem do local, descobriram que a informação era verdadeira, e iniciaram uma corrida com a intenção de tomar posse da cidade, cada qual em nome de seus conterrâneos. Um desses mensageiros, vendo que não era tão veloz quanto o outro, atirou uma lança contra os portões da cidade, e teve a sorte de cravá-la antes que seu companheiro ali chegasse. Isso produziu uma discussão entre as duas colônias, para saber qual das duas era a proprietária da cidade deserta; e essa discussão permanece até hoje, entre os filósofos. De minha parte, penso que é impossível resolver a controvérsia, pois toda a questão depende da fantasia, que neste caso não possui um critério preciso ou determinado com base no qual possa formular sua sentença.

5 Para que isso fique evidente, consideremos que, se essas duas pessoas tivessem sido simplesmente membros das colônias e não mensageiros ou delegados, suas ações seriam irrelevantes, pois nesse caso sua relação com as colônias seria fraca e imperfeita. Acrescente-se que nada as obrigava a correr em direção aos portões em vez de em direção aos muros ou a qualquer outra parte da cidade, senão o fato de que os portões, sendo a parte mais óbvia e fácil de se notar, são mais satisfatórios para a fantasia, podendo ser tomados pelo conjunto da cidade; vemos a mesma coisa nos poetas, que utilizam frequentemente portões como imagem e metáfora. Além disso, consideremos que o fato de um dos mensageiros tocar ou ter um contato direto com os portões não constitui propriamente posse, não mais que o ato de neles cravar uma lança; apenas constitui uma relação. Ora, no outro caso também existe uma relação, igualmente evidente, embora talvez não tão forte. Qual dessas relações, portanto, confere um direito e uma propriedade, ou se alguma delas é suficiente para tanto, deixo essa decisão a cabo de quem é mais sagaz que eu.

8   Disputas como essas surgem, porém, não apenas quanto à existência real da propriedade e da posse, mas também quanto a sua extensão; e frequentemente não podem resolvidas, ou podem sê-lo unicamente pela faculdade da imaginação. Alguém que desembarca na praia de uma pequena ilha deserta e não cultivada é considerado seu possuidor, desde o primeiro momento, adquirindo a propriedade de toda a ilha; porque o objeto nesse caso é limitado e circunscrito na fantasia, sendo ao mesmo tempo proporcional ao novo possuidor. Mas se a mesma pessoa aportasse numa ilha deserta que fosse grande como a *Grã-Bretanha*, sua propriedade não se estenderia além de sua posse imediata; já um grande número de colonos seriam considerados proprietários de toda a ilha desde o momento de seu desembarque.

9   Frequentemente, entretanto, o título decorrente da primeira posse fica obscurecido com o tempo, e muitas controvérsias que surgem a esse respeito são impossíveis de resolver. Nesse caso, sobrevém naturalmente a posse prolongada, ou *usucapião*, que dá à pessoa uma propriedade suficiente sobre o bem de que ela já desfruta. A natureza da sociedade humana não admite uma precisão muito grande, e nem sempre podemos retroceder até a origem das coisas para determinar sua condição presente. Qualquer intervalo de tempo considerável põe os objetos a uma tal distância que eles parecem perder sua realidade, exercendo tão pouca influência sobre a mente como se jamais houvessem existido. O direito de um homem, claro e certo no presente, parecerá obscuro e duvidoso dali a cinquenta anos, mesmo que os fatos em que está fundado sejam provados com a maior evidência e certeza. Os mesmos fatos não têm a mesma influência após um intervalo de tempo tão longo. Essa observação pode ser aceita como um argumento convincente em favor de nossa doutrina precedente a respeito da propriedade e da justiça. A posse durante um longo período de tempo confere um direito sobre um objeto qualquer. Mas o certo é que, embora tudo se produza no tempo, nada de real se produz pelo tempo; por isso, como a propriedade é produzida pelo tempo, ela não

Livro 3, Parte 2, Seção 3

é algo real nos objetos, mas fruto dos sentimentos, a única coisa sobre a qual o tempo tem alguma influência.[4]

10 Adquirimos a propriedade sobre os objetos por *acessão*, quando estão estreitamente conectados com outros objetos que já são de nossa propriedade e, ao mesmo tempo, são inferiores a estes. Assim, por exemplo, os frutos de nosso jardim, as crias de nosso gado e o trabalho de nossos escravos, todos são considerados nossa propriedade, antes mesmo de os possuirmos. Quando os objetos estão conectados na imaginação, tendemos a pô-los em pé de igualdade, e comumente supomos que são dotados das mesmas qualidades. Passamos facilmente de um ao outro, sem fazer diferença em nossos juízos a seu respeito, sobretudo se os últimos forem inferiores aos primeiros.[5]

---

4 A posse atual é claramente uma relação entre uma pessoa e um objeto; mas não é suficiente para contrabalançar a relação de primeira posse, a menos que seja longa e ininterrupta. Nesse caso, a relação se fortalece, do lado da posse atual, pela extensão do tempo; e se enfraquece, do lado da primeira posse, pela distância. Essa mudança na relação produz uma mudança subsequente na propriedade.

5 Essa fonte de propriedade só pode ser explicada pela imaginação; e pode-se afirmar que aqui as causas são simples. Passaremos a explicá-las mais detalhadamente, ilustrando-as por meio de exemplos extraídos da experiência e da vida corrente.

2 Observamos acima que a mente tem uma propensão natural a juntar relações, sobretudo relações semelhantes, encontrando uma espécie de adequação e uniformidade nessa união. É dessa propensão que derivam as leis do direito natural que estabelecem que, *quando da formação inicial da sociedade, a propriedade segue sempre a posse atual; e, em seguida, decorre da primeira posse ou de uma posse prolongada*. Ora, podemos facilmente observar que a relação não se limita a um único grau; partindo de um objeto relacionado conosco, adquirimos uma relação com qualquer outro objeto que seja relacionado com ele, e assim por diante, até o pensamento perder o fio da meada em virtude da progressão demasiadamente longa. Embora a relação possa se enfraquecer a cada recuo, ela não é imediatamente destruída; com frequência, conecta dois objetos por meio de um objeto intermediário relacionado aos dois. Esse princípio tem tanta força que gera o direito de *acessão*, fazendo-nos adquirir a propriedade não apenas dos objetos que possuímos imediatamente, mas também dos que estão estreitamente conectados a eles.

3 Suponhamos que um *alemão*, um *francês* e um *espanhol* [sic (N.T.)] entrem em uma sala onde, sobre a mesa, estão colocadas três garrafas de vinho, do *Reno*, da *Borgonha* e do *Porto*; e suponhamos que comecem a discutir sobre como distribuí-las. Para mostrar sua imparcialidade, uma pessoa escolhida como árbitro iria naturalmente dar a cada um o produto de seu próprio país; e isso por um princípio que, em certa medida, é a fonte das leis do direito natural que atribuem a propriedade à ocupação, ao usucapião e à acessão.

4 Em todos esses casos, particularmente o da acessão, existe primeiro uma união *natural* entre a ideia da pessoa e a do objeto, e, em seguida, uma nova união, *moral*, produzida pelo direito ou propriedade que conferimos à pessoa. Mas aqui ocorre uma dificuldade

que merece nossa atenção, e que poderá nos dar a oportunidade de testar o método singular de raciocínio que utilizamos para este assunto. Já observei que a imaginação passa com mais facilidade do pequeno ao grande que do grande ao pequeno, sendo a transição de ideias sempre mais fácil e suave no primeiro caso que no segundo. Ora, como o direito de acessão surge da facilidade com que se dá a transição de ideias que conecta os objetos relacionados, seria natural imaginar que esse direito fosse tão mais forte quanto mais fácil a transição de ideias. Pode-se pensar, portanto, que quando adquirimos a propriedade de um objeto pequeno, consideramos facilmente qualquer objeto grande relacionado ao primeiro como uma acessão, e pertencente ao proprietário do pequeno; pois a transição, nesse caso, é muito fácil, já que vai do objeto pequeno ao grande, devendo conectá-los da maneira mais estreita. Mas de fato constatamos que nunca é assim. O domínio da *Grã-Bretanha* parece trazer consigo o domínio das *Órcadas*, das *Hébridas*, da Ilha de *Man* e da Ilha de *Wight*; mas a autoridade sobre essas ilhas menores não implica, naturalmente, nenhum direito sobre a *Grã-Bretanha*. Em suma, um objeto pequeno segue naturalmente um objeto grande como sua acessão, mas nunca supomos que um objeto grande pertença ao proprietário de um objeto pequeno a ele relacionado, simplesmente por causa dessa propriedade e relação. Entretanto, neste último caso, a transição entre as ideias é mais suave, porque vai do proprietário ao objeto pequeno, que é sua propriedade, e do objeto pequeno ao grande; ao passo que, no primeiro caso, ela vai do proprietário ao objeto grande, e deste ao objeto pequeno. Pode-se pensar, portanto, que esses fenômenos constituem objeções à hipótese anterior, de que *a atribuição de propriedade à acessão não é senão um efeito das relações de ideias, bem como da transição suave da imaginação.*

5 Para eliminarmos essa objeção, basta considerarmos a agilidade e a instabilidade da imaginação, que continuamente considera seus objetos de diferentes pontos de vista. Quando atribuímos a alguém a propriedade sobre dois objetos, nem sempre passamos da pessoa a um dos objetos e deste ao objeto relacionado. Como os dois objetos aqui devem ser considerados propriedades dessa pessoa, tendemos a reuni-los e vê-los pela mesma perspectiva. Suponhamos, portanto, dois objetos relacionados, um grande e um pequeno; se uma pessoa tiver uma forte relação com o objeto grande, também terá uma forte relação com o conjunto dos dois objetos, já que sua relação é com a parte principal. Se, ao contrário, só tiver relação com o objeto pequeno, não terá uma forte relação com os dois ao mesmo tempo, pois sua relação é só com a parte mais insignificante, que não é capaz de nos afetar em um grau considerável quando consideramos o conjunto. Essa é a razão por que objetos pequenos se tornam acessões de objetos grandes, mas não o contrário.

6 É opinião geral de filósofos e juristas que o mar não pode se tornar propriedade de nenhuma nação; isso porque é impossível dele se apossar, ou com ele formar uma relação distinta o bastante para fundamentar a propriedade. Quando essa razão desaparece, a propriedade imediatamente tem lugar. Assim, os mais ferrenhos defensores da liberdade dos mares admitem, sem exceção, que esteiros e baías pertencem naturalmente, como acessão, aos proprietários do continente circundante. Esses acidentes, propriamente falando, não têm mais vínculo ou união com a terra que o Oceano *Pacífico* poderia ter; mas como estão unidos na fantasia e, ao mesmo tempo, são menores, são naturalmente vistos como acessões.

7 A propriedade dos rios, pelas leis da maioria das nações e pelo feitio natural de nosso pensamento, é atribuída aos proprietários de suas margens, excetuando-se rios longos como o *Reno* ou o *Danúbio*, que parecem à imaginação extensos demais para se seguirem, como acessões, à propriedade dos campos vizinhos. Entretanto, mesmo esses rios são considerados propriedades da nação por cujos domínios passam, pois a ideia de uma nação é de um tamanho adequado ao dos rios, mantendo com eles essa relação na fantasia.

8 Os juristas dizem que as acessões às terras que margeiam os rios seguem a propriedade dessas terras, com a condição de que sejam formadas pelo que chamam de *aluvião*, isto é, de maneira insensível e imperceptível, pois essas circunstâncias auxiliam muito a imaginação a realizar a conjunção. Quando uma parte considerável é arrastada de uma só vez

de uma margem, não se torna propriedade daquele em cuja terra vai parar, até que se una de fato a essa terra, até que as árvores ou plantas tenham deitado suas raízes em ambas. Antes que isso aconteça, a imaginação não as une suficientemente.

9   Há outros casos que se assemelham um pouco a esse caso da acessão, mas que, no fundo, são consideravelmente diferentes, merecendo por isso nossa atenção. Um deles é a conjunção das propriedades de diferentes pessoas, de maneira a não mais admitir *separação*. A questão que se coloca é a de saber a quem deve pertencer o conjunto após a união.

10   Quando essa conjunção se dá de modo a admitir uma *divisão*, mas não *separação*, a decisão é natural e fácil. Deve-se supor que toda a massa é comum aos proprietários das diversas partes, e em seguida dividi-la proporcionalmente a essas partes. Mas aqui não posso deixar de mencionar uma notável sutileza do *direito romano*, que distingue entre a *confusão* e a *comistão*. Confusão é uma união de dois corpos, como dois líquidos diferentes, em que as partes se tornam absolutamente indistinguíveis. Comistão é a mistura de dois corpos, tais como dois alqueires de trigo, em que as partes permanecem separadas de uma maneira evidente e visível. Neste último caso, a imaginação não descobre uma união tão perfeita quanto no primeiro, sendo, ao contrário, capaz de determinar e de preservar uma ideia distinta da propriedade de cada uma delas; por essa razão, o direito *civil*, embora estabeleça uma perfeita comunhão no caso da *confusão*, seguida de uma divisão proporcional, supõe, no caso da *comistão*, que cada proprietário mantém um direito distinto, embora a necessidade possa acabar forçando-os a se submeter à mesma divisão.

11   *Quod si frumentum Titii frumento tuo mistum fuerit: siquidem ex voluntate vestra, commune est: quia singula corpora, id est, singula grana, quæ cujusque propria fuerunt, ex consensu vestro communicata sunt. Quod si casu id mistum fuerit, vel Titius miscuerit sine tua voluntate, non videtur commune esse; quia singula corpora in sua substantia durant. Sed nec magis istis casibus commune sit frumentum quam grex intelligitur esse communis, si pecora Titii tuis pecoribus mista fuerint. Sed si ab alterutro vestrûm totum id frumentum retineatur, in rem quidem actio pro modo frumenti cujusque competit. Arbitrio autem judicis continetur, ut ipse æstimet quale cujusque frumentum fuerit. Inst. Lib. II. Tit. 1. § 28.**

12   Se propriedades de duas pessoas estão unidas de tal maneira que não admitem nem *divisão* nem *separação*, como quando uma constrói uma casa no terreno da outra, o conjunto, nesse caso, deve pertencer a apenas um dos proprietários. E aqui afirmo que é natural conceber-se que pertence ao proprietário da parte mais importante. Porque, embora o objeto composto possa ter uma relação com as duas pessoas diferentes, conduzindo nosso olhar a ambas ao mesmo tempo, é sobretudo a parte mais importante que capta nossa atenção e, por meio da união estreita, arrasta consigo a inferior; por isso, o conjunto passa a ter uma relação com o proprietário dessa parte, sendo visto como sua propriedade. A única dificuldade é saber qual parte desejamos chamar de mais importante e mais atraente para a imaginação.

13   Essa qualidade depende de diversas circunstâncias diferentes, que têm pouca conexão entre si. Uma parte de um objeto composto pode se tornar mais importante que a outra porque é mais constante e duradoura, porque tem mais valor, porque é mais evidente e fácil de notar, porque é mais extensa, ou porque sua existência é mais separada e independente. É fácil conceber que, como essas circunstâncias podem ser reunidas e opostas de todas as maneiras e em todos os graus imagináveis, haverá muitos casos em que as razões de ambos os lados serão tão perfeitamente equilibradas, que nos será impossível tomar uma decisão satisfatória. É, portanto, tarefa do direito interno determinar aquilo que os princípios da natureza humana deixaram indeterminado.

14   A superfície submete-se ao solo, diz o direito civil; a escrita, ao papel; a tela, à pintura. Essas decisões não concordam muito bem umas com as outras, sendo uma prova da contrariedade dos princípios de que derivam.

15   De todas as questões desse gênero, porém, a mais curiosa é a que durante tantos séculos dividiu os discípulos de *Próculo* e de *Sabino*. Suponhamos que uma pessoa fabrique

11   O direito de *sucessão* é um direito muito natural, em virtude do suposto consentimento do pai, da mãe ou de um parente próximo, e em virtude igualmente do interesse geral da humanidade, que requer que nossas posses passem para os que nos são mais queridos, a fim de nos tornar mais laboriosos e frugais. É possível que essas causas sejam favorecidas pela influência da *relação*, ou associação de ideias, que nos leva naturalmente a considerar o filho após a morte do pai e a atribuir-lhe um direito sobre os bens deste. Esses bens têm de se tornar propriedade de alguém; mas a questão é: *de quem?* Ora, é evidente que os filhos da pessoa falecida naturalmente se apresentam à mente; e, como já estão conectados a essas posses por intermédio do parente morto, tendemos a conectá-los ainda mais pela relação de propriedade. Há muitos exemplos análogos *a este*.[6]

---

um cálice com o metal de outra, ou construa um navio com sua madeira, e suponhamos que o proprietário do metal ou da madeira reclame seus bens. A questão é saber se ele adquire um direito ao cálice ou ao navio. *Sabino* dizia que sim, e afirmava que a substância ou matéria é o fundamento de todas as qualidades, por ser incorruptível e imortal, e por isso superior à forma, que é acidental e dependente. *Próculo*, por sua vez, observou que a forma é a parte mais evidente e manifesta, e é com base nela que os corpos são ditos dessa ou daquela espécie particular. Poderia ter acrescentado que a matéria ou substância, em muitos corpos, é tão flutuante e incerta que é inteiramente impossível acompanhá-la ao longo de todas as suas mudanças. De minha parte, não sei que princípios poderiam solucionar com segurança uma controvérsia como essa. Contentar-me-ei, portanto, em observar que a decisão de *Triboniano* me parece bastante engenhosa: que o cálice pertence ao proprietário do metal, porque este pode ser trazido de volta à sua forma inicial, mas que o navio pertence ao autor de sua forma, pela razão contrária. No entanto, por mais engenhosa que pareça essa explicação, ela depende claramente da fantasia, que, pela possibilidade de uma tal redução, vê uma conexão e relação mais estreita entre um cálice e o proprietário de seu metal que entre um navio e o proprietário de sua madeira, cuja substância é mais fixa e inalterável.

*"Se o trigo de Tício for misturado com o teu por vontade de ambos, torna-se comum; porque todos os corpos, isto é, todos os grãos, que foram próprios de cada um, se confundiram por vosso consentimento. Se porém foi misturado por acaso ou Tício misturou-os sem teu conhecimento, não parece tornar-se comum; porque cada grão permanece em sua substância e nestes casos não fica o trigo mais comum do que o rebanho quando os gados de Tício se misturassem com os teus. E se algum de vós retém todo esse trigo, compete ao outro uma ação real proporcionada à quantidade do seu. Ao arbítrio do juiz cabe apreciar a qualidade do trigo de cada um." Triboniano, *Institutas do Imperador Justiniano*, livro II, tít. 1 § 28. Tradução de Clovis Natalini de Oliveira. (N.T.)

6 Quando examinarmos as diferentes pretensões à autoridade governamental, encontraremos muitas razões que nos convencerão de que o direito de sucessão depende, em grande parte, da imaginação. Enquanto isso, contentar-me-ei em chamar a atenção para um exemplo que diz respeito ao assunto presente. Suponhamos que uma pessoa morra sem

Seção 4
Da transferência da propriedade pelo consentimento

1 A estabilidade da posse, por mais útil ou mesmo necessária que possa ser à sociedade humana, apresenta graves inconvenientes. A relação de adequação ou conveniência nunca deveria ser levada em consideração na distribuição das propriedades entre os homens; ao contrário, devemos nos guiar por regras de aplicação mais geral, e mais livres de dúvidas e incertezas. Uma dessas regras é a da posse *atual*, que tem lugar quando se estabelece pela primeira vez a sociedade; e mais tarde, a *ocupação*, o *usucapião*, a *acessão* e a *sucessão*. Mas como estas dependem em grande parte do acaso, frequentemente entram em contradição com as necessidades e os desejos dos homens; desse modo, amiúde, pessoas e posses não se ajustam muito bem. Esse é um grande inconveniente, que precisa ser remediado. Mas aplicar um remédio diretamente, permitindo que cada pessoa tome pela violência aquilo que julga bom para si mesma, destruiria a sociedade; por isso, as regras da justiça buscam um meio-termo entre a rígida estabilidade e esse ajuste variável e incerto. E não há melhor meio-termo que este, bastante evidente: que a posse e propriedade deveria ser sempre estável, exceto quando o proprietário concorda em transferi-la a outra pessoa. Essa regra não pode ter consequências nocivas, nem ocasionar guerras ou discórdias; pois o consentimento do proprietário, que é o único interessado, acompanha a alienação. Ao contrário, pode servir a muitos bons propósitos, adequando as propriedades às pessoas. Diferentes partes do mundo produzem diferentes mercadorias.

---

deixar filhos, e que surja uma disputa entre seus parentes acerca da herança; é evidente que, se sua riqueza for oriunda em parte de seu pai e em parte de sua mãe, o modo mais natural de resolver a questão é dividir suas posses, destinando cada parte à família de que procedeu. Ora, como supostamente a pessoa foi um dia proprietária plena e integral desses bens, pergunto: o que mais nos faria encontrar uma certa equidade e razão natural nessa partilha, senão a imaginação? O afeto da pessoa por essas famílias não dependia de suas posses; por essa razão, nunca se poderia presumir que consentiria inteiramente com tal partilha. Quanto ao interesse público, este não parece ter sido levado em consideração, nem de um lado, nem de outro.

E não apenas isso. Também diferentes homens são, por natureza, qualificados para diferentes ocupações, ao mesmo tempo que se aperfeiçoam mais em uma ocupação quando se dedicam apenas a ela. Tudo isso exige uma troca e um comércio mútuos; por essa razão, a transferência de propriedade por consentimento se funda em uma lei do direito natural, como ocorria com sua estabilidade sem tal consentimento.

2 Até aqui, tudo é determinado por um claro interesse e utilidade. Talvez seja por razões mais triviais, porém, que a *entrega*, ou transferência material do objeto, é comumente exigida pelo direito civil e também pelo direito natural, segundo a maioria dos autores, como circunstância necessária para a transferência da propriedade. A propriedade de um objeto, tomada como algo real, sem referência à moralidade ou aos sentimentos da mente, é uma qualidade absolutamente insensível, e mesmo inconcebível; não somos capazes de formar uma noção distinta nem de sua estabilidade, nem de sua transferência. Essa imperfeição de nossas ideias é menos perceptível no que diz respeito a sua estabilidade, já que esta atrai menos nossa atenção e é facilmente menosprezada pela mente, sem um exame cuidadoso. Mas como a transferência da propriedade de uma pessoa a outra é um acontecimento mais notável, a deficiência de nossas ideias se torna mais sensível nessa ocasião, obrigando-nos a vasculhar todos os cantos em busca de um remédio. Ora, como nada aviva mais uma ideia que uma impressão presente e uma relação entre essa impressão e a ideia, é natural que busquemos erroneamente uma luz nessas paragens. Para auxiliar a imaginação a conceber a transferência da propriedade, tomamos o objeto sensível e transferimos realmente sua posse à pessoa a quem queremos conferir a propriedade. A suposta semelhança entre as ações e a presença dessa entrega visível enganam a mente, fazendo que imagine estar concebendo a misteriosa transferência da propriedade. Que essa explicação é correta fica claro pelo fato de que os homens inventaram uma entrega *simbólica*, para satisfazer à fantasia quando a entrega real é impraticável. Assim, a entrega das chaves de um celeiro é entendida como a cessão do trigo nele contido; a entrega de uma pedra e de um punhado de terra representa a cessão de

um domínio. Essa é uma espécie de prática supersticiosa do direito civil e do direito natural, semelhante às superstições encontradas na religião *católica romana*. Assim como os *católicos romanos* tornam os mistérios inconcebíveis da religião *cristã* mais presentes à mente, representando-os por meio de uma vela, de um hábito ou de gesticulações que supostamente se assemelham a eles, assim também os juristas e moralistas, pela mesma razão, lançaram mão de invenções semelhantes, buscando dessa forma satisfazer a si mesmos no que diz respeito à transferência da propriedade por consentimento.

Seção 5
Da obrigatoriedade das promessas

1 Que a regra moral que impõe o cumprimento de promessas não é *natural* ficará suficientemente manifesto por estas duas proposições, que provarei a seguir: *que uma promessa não seria inteligível antes de ser estabelecida pelas convenções humanas; e que, mesmo que fosse inteligível, não viria acompanhada de nenhuma obrigação moral.*

2 Digo, em *primeiro* lugar, que uma promessa não é naturalmente inteligível, nem é anterior às convenções humanas; e um homem que não estivesse familiarizado com a vida em sociedade nunca poderia se comprometer perante outro homem, ainda que ambos fossem capazes de perceber, por intuição, os pensamentos um do outro. Se as promessas fossem naturais e inteligíveis, deveria haver algum ato mental acompanhando as palavras: *eu prometo*; e é desse ato mental que a obrigação dependeria. Examinemos, pois, todas as faculdades da alma, e vejamos qual delas exercemos em nossas promessas.

3 O ato mental expresso por uma promessa não consiste na *resolução* de realizar alguma coisa, pois essa resolução, por si só, jamais impõe uma obrigação. Tampouco é o *desejo* de realizá-la, já que podemos nos comprometer sem esse desejo, ou mesmo com uma aversão declarada e confessa. Também não consiste em querer a ação que prometemos realizar, pois uma promessa se refere sempre a um tempo futuro e a vontade só influencia ações presentes. Segue-se portanto que, como o ato mental que faz parte de uma promessa e produz sua

obrigatoriedade não consiste nem em resolver, nem em desejar, nem em querer realizar algo em particular, ele tem de consistir necessariamente em *querer* a *obrigação* decorrente da promessa. Essa conclusão não é apenas filosófica; ao contrário, é inteiramente conforme a nosso modo corrente de pensar e nos exprimir, como nas ocasiões em que dizemos que nos comprometemos por nosso próprio consentimento, e que a obrigação decorre de nossa simples vontade e prazer. A única questão que se coloca é saber se não há um evidente absurdo em supor esse ato mental, e um absurdo tal que só poderia ser cometido por alguém cujas ideias estivessem perturbadas pelo preconceito e por um uso falacioso da linguagem.

4   Toda moralidade depende de nossos sentimentos; quando uma ação ou qualidade da mente nos agrada de *uma determinada maneira*, dizemos que é virtuosa; e quando o descuido ou a não realização dessa ação nos desagrada *de maneira semelhante*, dizemos que temos obrigação de realizá-la. Uma mudança na obrigação supõe uma mudança no sentimento; e a criação de uma nova obrigação supõe o surgimento de um novo sentimento. Mas é certo que, naturalmente, não podemos mudar nossos próprios sentimentos, não mais que os movimentos celestes; tampouco podemos, por um simples ato de nossa vontade, isto é, por uma promessa, tornar agradável ou desagradável, moral ou imoral uma ação que, sem esse ato da vontade, teria produzido impressões contrárias, ou teria sido dotada de qualidades diferentes. Seria absurdo, portanto, querer uma nova obrigação, isto é, um novo sentimento de dor ou prazer; ninguém poderia cometer naturalmente tamanho absurdo. Portanto, uma promessa é *naturalmente* algo ininteligível, e a ela não corresponde nenhum ato mental.[7]

---

7   Se a moralidade fosse descoberta pela razão, e não pelo sentimento, seria ainda mais evidente que as promessas não poderiam produzir nela nenhuma alteração. Supostamente, a moralidade consistiria em uma relação. Toda nova imposição moral, portanto, teria de surgir de alguma nova relação dos objetos; por conseguinte, a vontade não poderia produzir imediatamente nenhuma mudança na moral; só poderia ter esse efeito produzindo uma mudança nos objetos. Mas, como a obrigação moral de uma promessa é puro efeito da vontade, e não corresponde à menor alteração em parte alguma do universo, segue-se que as promessas não implicam qualquer obrigação *natural*.

Livro 3, Parte 2, Seção 5

5   Mas, em *segundo* lugar, se houvesse um ato mental correspondente à promessa, ele não poderia produzir *naturalmente* uma obrigação. Isso fica evidente pelo raciocínio anterior. Uma promessa cria uma nova obrigação. Uma nova obrigação supõe o surgimento de novos sentimentos. A vontade nunca cria novos sentimentos. Portanto, uma promessa jamais poderia gerar naturalmente uma nova obrigação, mesmo supondo-se que a mente pudesse cometer o absurdo de querê-la.

6   Pode-se provar essa mesma verdade de forma ainda mais evidente por meio do raciocínio pelo qual provamos que a justiça em geral é uma virtude artificial. Nenhuma ação pode ser exigida de nós como um dever, a menos que haja implantada na natureza humana alguma paixão impulsora ou algum motivo capaz de produzir essa ação. Ora, esse motivo não pode ser o sentido do dever. O sentido do dever supõe uma obrigação prévia; e se uma ação não é exigida por nenhuma paixão natural, ela não pode ser exigida por nenhuma obrigação natural, uma vez que é possível omiti-la sem que isso revele um defeito ou imperfeição na mente ou no caráter e, consequentemente, sem que haja um vício. Ora, é evidente que não temos nenhum motivo impelindo-nos a cumprir nossas promessas, distinto de um senso do dever. Se pensássemos que as promessas não implicam uma obrigação moral, jamais sentiríamos uma inclinação a cumpri-las. Isso não acontece com as virtudes naturais. Mesmo que não tivéssemos obrigação de confortar os sofredores, nosso humanitarismo nos levaria a isso; e

---

2   Caso se dissesse que esse ato da vontade, sendo de fato um novo objeto, produz novas relações e novos deveres, eu responderia que isso é puro sofisma, e uma pequena dose de precisão e exatidão basta para detectá-lo. Querer uma nova obrigação é querer uma nova relação de objetos; portanto, se essa nova relação de objetos fosse constituída pela própria volição, nós de fato quereríamos a volição, o que é claramente absurdo e impossível. A vontade aqui não tem um objeto ao qual pudesse tender; ao contrário, tem de retornar sobre si mesma ao infinito. A nova obrigação depende de novas relações. As novas relações dependem de uma nova volição. A nova volição tem como objeto uma nova obrigação, e consequentemente novas relações, e consequentemente uma nova volição; e essa volição, por sua vez, tem em vista uma nova obrigação, relação e volição, infindavelmente. Portanto, seria impossível querer uma nova obrigação; em consequência disso, seria impossível que a vontade alguma vez acompanhasse uma promessa, ou que produzisse uma nova obrigação moral.

se faltarmos a esse dever, essa omissão será imoral por provar que carecemos dos sentimentos humanitários naturais. Um pai sabe que é seu dever cuidar de seus filhos, mas também tem uma inclinação natural a fazê-lo. E se nenhuma criatura humana tivesse essa inclinação, ninguém poderia estar sujeito a uma obrigação semelhante. Mas como não existe naturalmente uma inclinação ao cumprimento de promessas que seja distinta de um sentido de sua obrigação, segue-se que a fidelidade não é uma virtude natural, e que as promessas não têm uma força anterior às convenções humanas.

7 Se alguém não estiver de acordo com isso, terá de fornecer uma prova regular destas duas proposições: *Que existe um ato mental peculiar vinculado às promessas;* e que, *como consequência desse ato, surge uma inclinação a cumpri-las, distinta de um sentido do dever.* Presumo que seja impossível provar qualquer desses dois pontos; por isso, arrisco-me a concluir que as promessas são invenções humanas, fundadas nas necessidades e nos interesses da sociedade.

8 Para descobrir essas necessidades e interesses, temos de considerar as mesmas qualidades da natureza humana que, conforme constatamos, dão origem às leis da sociedade antes mencionadas. Como os homens são naturalmente egoístas, ou dotados de uma generosidade apenas limitada, não se convencem facilmente a agir no interesse de estranhos, a não ser quando têm em vista alguma vantagem recíproca, que não tinham esperanças de conseguir senão por meio dessa ação. Ora, com frequência, essas ações mútuas não podem ser concluídas ao mesmo tempo, e por isso é necessário que uma das partes se contente em permanecer na incerteza, confiando na gratidão da outra para lhe devolver o benefício. Há, porém, tanta corrupção entre os homens que, em geral, essa garantia é muito frágil; e, como aqui se supõe que o benfeitor prestou um favor tendo em vista seu próprio interesse, isso libera o outro da obrigação e, ao mesmo tempo, estabelece um exemplo de egoísmo, o verdadeiro pai da ingratidão. Portanto, se seguíssemos o curso natural de nossas paixões e inclinações, realizaríamos poucas ações em benefício dos demais de modo

desinteressado, porque nossa bondade e afeição são naturalmente muito restritas; e realizaríamos igualmente poucas ações desse tipo por interesse, porque não podemos confiar na gratidão alheia. Assim, a troca de bons ofícios entre os homens acabaria de alguma maneira se perdendo, e cada qual estaria reduzido à sua própria habilidade e trabalho para promover seu bem-estar e subsistência. A invenção, no direito natural, da lei sobre a *estabilidade* da posse já tornou os homens toleráveis uns aos outros; a da *transferência* da propriedade e da posse por consentimento começou a torná-los mutuamente vantajosos. Mas essas leis, ainda que rigidamente observadas, não são suficientes para torná-los tão prestativos uns para os outros quanto se podem tornar por natureza. Mesmo que a posse seja *estável*, com frequência os homens não podem tirar dela muito proveito, enquanto possuírem determinados bens em quantidade maior do que necessitam, ao mesmo tempo que sofrem com a falta de outros. A *transferência* da propriedade, que é o remédio apropriado para esse inconveniente, não é capaz de remediá-lo por completo, pois só pode ser utilizada no caso de objetos *presentes* e *individuais*, mas não no caso de objetos *ausentes* ou *gerais*. Não se pode transferir a propriedade de uma casa particular que fica a vinte léguas de distância, porque aqui o consentimento não pode se fazer acompanhar da entrega, que é uma circunstância necessária. Tampouco se pode transferir a propriedade de dez alqueires de trigo, ou de cinco barris de vinho, pela simples expressão do consentimento, pois estes são apenas termos gerais, sem relação direta com qualquer monte de trigo ou barril de vinho em particular. Além disso, o comércio entre os homens não se limita à permuta de bens materiais, podendo se estender a serviços e ações que trocamos tendo em vista nosso mútuo interesse e benefício. Teu milho está maduro hoje; o meu o estará amanhã. É vantajoso para nós dois que hoje eu trabalhe contigo, e que me ajudes amanhã. Mas não sinto afeição por ti, e sei que tampouco sentes afeição por mim. Por isso, não farei por ti nenhum esforço; se trabalhasse contigo por minha própria conta, esperando obter um retorno, sei que seria desapontado, e em vão confiaria em tua gratidão. Por isso, deixo que trabalhes sozinho; tu me tratas do mesmo modo. As estações mudam; e ambos perdemos nossas colheitas por falta de confiança e certeza mútuas.

9   Tudo isso é efeito dos princípios e das paixões naturais e inerentes à natureza humana; e como essas paixões e esses princípios são inalteráveis, pode-se pensar que nossa conduta, que depende deles, também deva sê-lo, e que é inútil que moralistas ou políticos se metam em nossa vida ou tentem mudar o curso usual de nossas ações, com vistas ao interesse público. De fato, se o sucesso de seus propósitos dependesse de seu sucesso em corrigir o egoísmo e a ingratidão dos homens, jamais fariam nenhum progresso, a não ser com o auxílio da onipotência divina, a única coisa capaz de remodelar a mente humana e de transformar seu caráter em pontos tão fundamentais. O máximo que podem pretender é redirecionar essas paixões naturais, ensinando-nos que satisfaremos melhor nossos apetites de maneira oblíqua e artificial e não por meio de seu movimento impulsivo e impetuoso. Assim, aprendo a prestar um serviço a outra pessoa, mesmo que não sinta uma afeição real por ela, pois prevejo que devolverá meu favor, na expectativa de obter outro do mesmo tipo, e também para manter a mesma reciprocidade de bons préstimos comigo ou com outros. De acordo com isso, após eu lhe ter prestado um serviço, e estando ela já de posse da vantagem resultante de minha ação, essa pessoa é levada a cumprir sua parte, por prever as consequências de sua recusa.

10   Mas, embora esse comércio humano guiado pelo interesse próprio comece a ter lugar e a predominar na sociedade, ele não abole inteiramente o intercâmbio mais generoso e nobre da amizade e dos bons préstimos. Ainda posso prestar serviços a pessoas que amo e com quem estou mais particularmente familiarizado, sem nenhuma perspectiva de me beneficiar com isso; e elas podem me devolver esse favor, da mesma maneira, sem ter em vista senão me recompensar por meus serviços passados. Portanto, para distinguir esses dois tipos

diferentes de intercâmbio, o devido ao interesse e o desinteressado, inventou-se para o primeiro uma certa *fórmula verbal*, pela qual nos comprometemos a realizar uma ação. Essa fórmula verbal constitui o que chamamos de *promessa*, que é a sanção do intercâmbio entre os homens, quando realizado por interesse. Quando alguém diz que *promete* alguma coisa, exprime de fato a *resolução* de realizá-la; ao mesmo tempo, ao utilizar essa *fórmula verbal*, submete-se à penalidade de nunca mais receber a confiança alheia se não a cumprir. Uma resolução é o ato mental natural expresso pela promessa; mas se não houvesse aqui mais que uma resolução, as promessas declarariam apenas nossos motivos prévios, sem criar um novo motivo ou obrigação. São as convenções humanas que criam um novo motivo, uma vez que a experiência nos ensinou que os assuntos humanos seriam conduzidos de maneira muito mais vantajosa para todos nós se fossem instituídos certos *símbolos* ou *signos*, pelos quais pudéssemos dar garantia uns aos outros de nossa conduta em qualquer situação particular. Após a instituição desses signos, aquele que os utiliza fica imediatamente obrigado, por seu próprio interesse, a cumprir seus compromissos; e caso se recuse a fazer o que prometeu, nunca mais deve esperar receber a confiança alheia.

11   Não se deve considerar que o conhecimento necessário para tornar os homens sensíveis a esse interesse pela *instituição* e pelo *cumprimento* de promessas seja superior à capacidade da natureza humana, ainda que selvagem e inculta. Um mínimo de prática do mundo basta para percebermos todas essas consequências e vantagens. A mais curta experiência da vida em sociedade as torna visíveis a qualquer mortal; e quando cada indivíduo percebe que todos os seus companheiros têm o mesmo sentido de interesse, cumpre imediatamente sua parte do contrato, seguro de que os outros não deixarão de cumprir a sua. Todos, em concerto, entram em um programa de ações calculado para o benefício comum, e concordam em honrar sua palavra; para formar esse concerto ou convenção, basta que tenham o sentido de seu interesse no leal cumprimento de seus compromissos e expressem

esse sentido a outros membros da sociedade. Isso imediatamente faz que esse interesse atue sobre eles; e o interesse é a *primeira* obrigação ao cumprimento de promessas.

12   Em seguida, um sentimento de moralidade concorre com o interesse, tornando-se uma nova obrigação para a humanidade. Esse sentimento da moralidade que acompanha o cumprimento de promessas surge dos mesmos princípios que o sentimento que acompanha a abstinência da propriedade alheia. O *interesse público, a educação e os artifícios dos políticos* têm o mesmo efeito nos dois casos. As dificuldades que se nos apresentam quando supomos que uma obrigação moral acompanharia as promessas, nós as superamos, ou simplesmente eludimos. Por exemplo: não se costuma considerar obrigatório expressar uma resolução; e não é fácil conceber como o emprego de uma certa fórmula verbal poderia ser capaz de produzir uma diferença importante. Por isso, *fantasiamos* aqui um novo ato mental, que denominamos *querer* uma obrigação; e supomos que é dele que a moralidade depende. Já provamos, porém, que esse ato não existe, e que, consequentemente, as promessas não impõem uma obrigação natural.

13   Para confirmar isso, podemos acrescentar algumas outras reflexões a respeito daquela vontade que se supõe fazer parte de uma promessa, causando sua obrigação. Evidentemente, nunca se supõe que a vontade sozinha cause a obrigação; para impor um vínculo a alguém, ela deve antes ser expressa em palavras ou signos. Uma vez introduzida como um instrumento da vontade, entretanto, a expressão logo se torna a parte principal da promessa; quando um homem empenha sua palavra, seu compromisso será sempre o mesmo, ainda que secretamente dê uma direção diferente a sua intenção e se abstenha tanto de uma resolução como de querer uma obrigação. Mas, embora a expressão, em muitos casos, constitua a totalidade da promessa, nem sempre é assim; se alguém utiliza uma expressão cujo sentido não compreende, e sem intenção de se comprometer, certamente não está comprometido por ela. E mesmo que saiba o que significa, se a utilizar apenas por brincadeira, dando sinais evidentes de que não tem a séria intenção

de se comprometer, tampouco estará obrigado a cumprir sua palavra. Para que haja obrigação, é necessário que as palavras sejam a perfeita expressão da vontade, sem sinais contrários. E mesmo isso não devemos levar ao ponto de imaginar que uma pessoa que, graças a nossa perspicácia e baseando-nos em certos sinais, presumimos ter a intenção de nos enganar, não está comprometida por sua palavra ou promessa verbal, se aceitamos essa promessa; devemos limitar essa conclusão aos casos em que os sinais são de um tipo diferente daqueles que mostram a intenção de enganar. Todas essas contradições se explicarão facilmente, se compreendermos a obrigação das promessas simplesmente como uma invenção humana visando à conveniência da sociedade; mas jamais se explicarão se essa obrigação for tida como algo *real* e *natural*, decorrente de uma ação da mente ou do corpo.

14 Observarei ainda que, uma vez que cada nova promessa impõe uma nova obrigação moral à pessoa que promete, se essa nova obrigação surgisse de sua vontade, teríamos aqui uma das mais misteriosas e incompreensíveis operações que se possa imaginar, comparável inclusive à *transubstanciação* ou ao *sacramento da ordem*,[8] nos quais uma certa fórmula verbal, juntamente com uma certa intenção, muda inteiramente a natureza de um objeto externo, e até mesmo de uma criatura humana. Entretanto, embora haja uma tal semelhança entre esses mistérios, é bastante evidente que eles diferem amplamente sob outros aspectos, e essa diferença pode ser vista como uma forte prova da diferença de suas origens. Como a obrigatoriedade das promessas é uma invenção no interesse da sociedade, toma tantas formas quantas esse interesse requer, chegando a cair em contradições para não perder de vista seu objeto. Quanto a essas outras doutrinas monstruosas, como são meras invenções eclesiásticas e não têm em vista o interesse público, têm seu progresso menos perturbado por novos

---

8 Quero dizer, enquanto se supõe que a ordem produz o *caráter indelével*. Em outros aspectos, trata-se apenas de uma qualificação legal.

obstáculos; e deve-se reconhecer que, após seu primeiro absurdo, seguem mais diretamente a corrente da razão e do bom-senso. Os teólogos perceberam claramente que a fórmula verbal é apenas externa, um mero som, e por isso precisa de uma intenção para ter eficácia; e, uma vez que se considere essa intenção como uma circunstância necessária, sua ausência deve impedir a produção do efeito, seja ela confessa ou secreta, seja a intenção sincera ou falsa. Desse modo, determinaram de maneira geral que a intenção do sacerdote faz o sacramento, e, quando ele secretamente retira sua intenção, torna-se altamente culpado de um crime interior, além de destruir o batismo, a comunhão ou a ordem. As terríveis consequências dessa doutrina não foram capazes de impedir seu estabelecimento, ao passo que o inconveniente de uma doutrina similar a respeito das promessas impediu que esta doutrina se estabelecesse. Os homens sempre se preocupam mais com sua vida presente que com a futura; e tendem a considerar o menor mal que diga respeito à primeira como mais importante que o maior mal concernente à segunda.

15   A mesma conclusão a respeito da origem das promessas pode ser extraída da *força*, que supostamente invalida qualquer contrato e livra-nos de sua obrigação. Esse princípio prova que as promessas não implicam uma obrigação natural, sendo meros dispositivos artificiais que visam à conveniência e ao favorecimento da sociedade. Se considerarmos corretamente a questão, veremos que a força não é essencialmente diferente de nenhum outro motivo de esperança ou de medo que possa nos levar a empenhar nossa palavra, submetendo-nos a uma obrigação. Um homem gravemente ferido, que promete a um cirurgião uma grande soma de dinheiro para que o cure, certamente estaria obrigado a cumprir sua promessa; entretanto, esse caso não seria assim tão diferente do daquela pessoa que promete uma soma de dinheiro a um ladrão, a ponto de produzir uma diferença tão grande em nossos sentimentos morais, a menos que esses sentimentos sejam construídos inteiramente com base no interesse público e na conveniência.

Seção 6
Algumas outras reflexões sobre a justiça e a injustiça

1   Examinamos, assim, as três leis fundamentais do direito natural: a *da estabilidade da posse*, a *de sua transferência por consentimento* e a *do cumprimento de promessas*. A paz e a segurança da sociedade humana dependem inteiramente da estrita observância dessas três leis; não há nenhuma possibilidade de se estabelecerem boas relações entre os homens quando elas são desprezadas. A sociedade é absolutamente necessária ao bem-estar dos homens; e essas leis são igualmente necessárias à sustentação da sociedade. Sejam quais forem as restrições que elas possam impor às paixões humanas, na realidade são frutos dessas paixões, sendo apenas um meio mais artificial e refinado de satisfazê-las. Nada é mais vigilante e inventivo que nossas paixões; e nada é mais evidente que a convenção para observar essas regras. A natureza, portanto, confiou essa tarefa inteiramente à conduta humana; não pôs na mente nenhum princípio original peculiar que nos determinasse a realizar um conjunto de ações, já que os outros princípios de nossa estrutura e constituição são suficientes para nos guiar até elas. Para nos convencermos mais completamente dessa verdade, podemos nos deter por um momento neste ponto; faremos uma revisão dos raciocínios precedentes e, partindo deles, extrairemos novos argumentos para provar que essas leis, embora necessárias, são inteiramente artificiais, produtos da invenção humana; e que, consequentemente, a justiça é uma virtude artificial, e não natural.

2   1. O primeiro argumento que utilizarei se baseia na definição comum de justiça. Costuma-se definir a justiça como *a vontade constante e perpétua de dar a cada um o que lhe é devido*. Nessa definição, está-se supondo a existência do direito e da propriedade como coisas independentes da justiça e anteriores a ela; e que essas coisas existiriam, mesmo que os homens jamais tivessem sonhado em praticar tal virtude. Já observei, de maneira superficial, a falácia dessa opinião; agora irei

manifestar de um modo um pouco mais distinto o que penso sobre o assunto.

3   Começarei observando que essa qualidade que denominamos *propriedade* é como muitas qualidades imaginárias da filosofia *peripatética*, desaparecendo diante de um exame mais minucioso, quando considerada separada de nossos sentimentos morais. Evidentemente, a propriedade não consiste em nenhuma das qualidades sensíveis do objeto, pois estas podem continuar invariavelmente iguais, enquanto a propriedade muda. A propriedade, portanto, tem de consistir em alguma relação do objeto. Mas não em sua relação com outros objetos externos e inanimados, pois estes também podem continuar invariavelmente iguais enquanto muda a propriedade. Essa qualidade, portanto, consiste nas relações dos objetos com seres inteligentes e racionais. Não é, no entanto, a relação externa e corpórea que forma a essência da propriedade, pois essa relação pode existir igualmente entre objetos inanimados ou com respeito aos animais, embora nestes casos não forme uma propriedade. Portanto, a propriedade consiste em alguma relação interna, isto é, em alguma influência que as relações externas dos objetos exercem sobre a mente e as ações. Assim, não se imagina que a relação externa que chamamos de *ocupação* ou primeira posse seja por si mesma a propriedade do objeto, mas apenas que produz sua propriedade. Ora, é evidente que essa relação externa não produz nada nos objetos externos; apenas influencia a mente, ao despertar em nós o sentido do dever de nos abster desse objeto e de restituí-lo ao primeiro possuidor. Essas ações são propriamente o que chamamos *justiça*; consequentemente, a natureza da propriedade depende dessa virtude, e não a virtude da propriedade.

4   Se alguém afirmasse, portanto, que a justiça é uma virtude natural, e a injustiça, um vício natural, deveria afirmar também que, abstraindo-se das noções de *propriedade*, *direito* e *obrigação*, uma certa conduta e uma certa série de ações, em certas relações externas de objetos, apresentam naturalmente uma beleza ou deformidade morais e causam um prazer ou um desconforto original. Assim, restituir os bens

de uma pessoa seria considerado um ato de virtude, não porque a natureza teria vinculado um certo sentimento de prazer a uma tal conduta em relação à propriedade alheia, mas sim porque teria vinculado esse sentimento a uma tal conduta em relação àqueles objetos externos dos quais outras pessoas tiveram a primeira posse, ou uma posse prolongada, ou que outras pessoas receberam por consentimento daqueles que tiveram sua primeira posse ou uma posse prolongada. Se a natureza não nos tivesse proporcionado esse sentimento, não haveria, naturalmente ou anteriormente às convenções humanas, nada semelhante à propriedade. Ora, embora este exame conciso e preciso do presente assunto pareça ter deixado suficientemente evidente que a natureza não vinculou nenhum prazer ou sentimento de aprovação a essa conduta, acrescentarei alguns outros argumentos para confirmar minha opinião, de modo a deixar o menor espaço possível para dúvidas.

5   Em *primeiro* lugar, se a natureza nos tivesse proporcionado um prazer desse gênero, ele seria tão evidente e discernível nesta como em todas as outras ocasiões; e não teríamos encontrado nenhuma dificuldade para perceber que a consideração dessas ações, em uma tal situação, proporciona um certo prazer e um sentimento de aprovação. Não teríamos sido obrigados a recorrer às noções de propriedade para definir a justiça e, ao mesmo tempo, utilizar as noções de justiça para definir a propriedade. Esse método falacioso de raciocinar é uma clara prova de que este assunto contém obscuridades e dificuldades que não somos capazes de superar e das quais tentamos escapar por meio desse artifício.

6   Em *segundo* lugar, as regras que determinam a propriedade, o direito e a obrigação não levam nelas mesmas nenhuma marca de uma origem natural, mas muitas marcas de artifício e invenção: são numerosas demais para terem procedido da natureza; podem ser alteradas pelas leis humanas; e todas mostram uma tendência direta e evidente para o bem público e para a manutenção da sociedade. Esta última circunstância é notável por duas razões. *Primeiro*, porque, ainda

que a causa do estabelecimento dessas leis tivesse sido uma *consideração* pelo bem público, sendo este bem público sua tendência natural, elas ainda seriam artificiais, porque concebidas e dirigidas para um certo fim. *Segundo*, porque, se os homens fossem dotados de uma consideração assim tão forte pelo bem público, jamais teria-se obrigado por meio dessas regras; desse modo, as leis da justiça surgem de princípios naturais de um modo ainda mais oblíquo e artificial. Sua verdadeira origem é o amor por si mesmo; e como o amor que uma pessoa tem por si mesma é naturalmente contrário ao das outras pessoas, essas diversas paixões interessadas são obrigadas a se ajustar umas às outras de maneira a concorrer para algum sistema de conduta e comportamento. Esse sistema, portanto, que compreende o interesse de cada indivíduo, é certamente vantajoso para o público, ainda que não tenha sido esse o propósito de seus inventores.

7   2. Em segundo lugar, podemos observar que vícios e virtudes de todos os tipos mudam-se insensivelmente uns nos outros, podendo se aproximar por graus tão imperceptíveis que se torna difícil, senão absolutamente impossível, determinar quando o vício termina e começa a virtude, ou vice-versa; dessa observação, podemos extrair um novo argumento em favor do princípio precedente. Pois, seja qual for o caso dos vícios e virtudes, é certo que os direitos, as obrigações e a propriedade não admitem essa gradação insensível; uma pessoa ou tem a propriedade plena e completa de algo, ou não tem essa propriedade; ou é inteiramente obrigada a realizar uma ação, ou não tem qualquer obrigação. Por mais que o direito civil possa falar de um *domínio* pleno ou parcial, é fácil observar que se trata de uma ficção sem fundamento na razão, que jamais poderia estar presente em nossas noções de justiça e equidade natural. Um homem que aluga um cavalo, mesmo que só por um dia, tem um direito tão pleno de utilizá-lo durante esse tempo quanto aquele que chamamos de seu proprietário o tem durante qualquer outro dia; e é evidente que, embora esse uso possa ser limitado em duração ou em grau, o próprio direito não

admite gradação, sendo absoluto e íntegro em toda sua extensão. Assim, podemos observar que esse direito nasce e desaparece de um momento para outro; que uma pessoa adquire inteiramente a propriedade de um objeto por ocupação ou pelo consentimento do proprietário e a perde por seu próprio consentimento, sem nada daquela gradação insensível que se pode notar em outras qualidades e relações. Portanto, como é isso que ocorre com a propriedade, os direitos e as obrigações, eu vos pergunto: o que ocorre com a justiça e a injustiça? Seja qual for vossa resposta, caireis em dificuldades insuperáveis. Se responderdes que a justiça e a injustiça admitem graus, transformando-se insensivelmente uma na outra, estareis contradizendo expressamente a posição anterior, de que a obrigação e a propriedade não são suscetíveis de tal gradação. A obrigação e a propriedade dependem inteiramente da justiça e da injustiça, acompanhando-as em todas as suas variações. Se a justiça é plena, a propriedade também é plena; se a justiça é imperfeita, a propriedade também tem que ser imperfeita. E vice-versa: se a propriedade não admite tais variações, estas também devem ser incompatíveis com a justiça. Se concordardes, portanto, com esta última proposição, e afirmardes que a justiça e a injustiça não são passíveis de graus, estareis de fato afirmando que elas não são *naturalmente* nem um vício nem uma virtude, visto que vício e virtude, bem e mal morais, e aliás todas as qualidades *naturais*, mudam-se insensivelmente umas nas outras, sendo, em muitos casos, indistinguíveis.

8   Talvez valha a pena observar neste ponto que, embora o raciocínio abstrato e as máximas gerais da filosofia e do direito estabeleçam a posição de *que a propriedade, o direito e a obrigação não admitem graus*, em nosso modo comum e descuidado de pensar temos grande dificuldade para manter essa opinião, e *secretamente* abraçamos o princípio contrário. Um objeto tem de ser possuído por uma pessoa ou por outra. Uma ação tem de ou ser realizada ou não. A necessidade de se escolher um lado desses dilemas e a frequente impossibilidade de se encontrar o justo meio entre os dois nos obriga, quando refleti-

mos sobre o assunto, a reconhecer que toda propriedade e toda obrigação é plena. Mas, por outro lado, quando consideramos a origem da propriedade e da obrigação, e constatamos que dependem da utilidade pública e, às vezes, das propensões da imaginação, que quase nunca se inclinam inteiramente para um só lado, vemo-nos naturalmente propensos a imaginar que essas relações morais admitem uma gradação insensível. É assim que, nos casos de arbitragens, em que as duas partes concordam em dar aos árbitros total poder de decisão, é comum estes descobrirem tal equidade e justiça de ambos os lados que são levados a tirar uma média e a dividir a diferença entre os dois. Os juízes, que não têm essa liberdade, sendo ao contrário obrigados a dar uma sentença decisiva a favor de apenas uma das partes, frequentemente sentem-se confusos, sem saber como determinar a questão, tendo então de proceder com base nas mais frívolas razões desse mundo. Os meios-direitos e as meias-obrigações, que parecem tão naturais na vida corrente, são completos absurdos para seus tribunais; por essa razão, tais juízes são frequentemente obrigados a considerar meios-argumentos como argumentos completos, para decidir a questão de uma maneira ou de outra.

9   3. O terceiro argumento dessa espécie que utilizarei pode ser explicado da seguinte maneira. Se considerarmos o curso ordinário das ações humanas, veremos que a mente não se restringe mediante regras gerais e universais; ao contrário, age na maioria dos casos tal como a determinam seus motivos e inclinações presentes. Como cada ação é um acontecimento particular e individual, tem de provir de princípios particulares e de nossa situação imediata quanto a nós mesmos e quanto ao resto do universo. Se, em alguns casos, estendemos nossos motivos para além dessas mesmas circunstâncias que os geraram e formamos algo como *regras gerais* para nossa conduta, é fácil observar que essas regras não são totalmente inflexíveis, admitindo, ao contrário, muitas exceções. Portanto, como é esse o curso ordinário das ações humanas, podemos concluir que as leis da justiça, sendo

universais e absolutamente inflexíveis, nunca poderiam ser derivadas da natureza, nem ser fruto imediato de um motivo ou de uma inclinação natural. Nenhuma ação pode ser moralmente boa ou má, a menos que haja alguma paixão ou motivo natural impelindo-nos em sua direção ou fazendo que nos abstenhamos de realizá-la; por isso, é evidente que a moralidade tem de ser suscetível exatamente das mesmas variações que são naturais à paixão. Duas pessoas brigam por uma propriedade; uma é rica, estúpida e solteira, a outra é pobre, sensata e tem uma família numerosa. A primeira é minha inimiga, a segunda, minha amiga. Quer eu seja movido neste caso pela perspectiva do interesse público ou privado, pela amizade ou inimizade, devo ser levado a fazer o máximo para dar a propriedade à segunda. Nenhum respeito pelo direito e pela propriedade das pessoas seria capaz de me restringir, se eu fosse impulsionado unicamente por motivos naturais, e não tivesse formado qualquer combinação ou convenção com os outros homens. Porque se toda propriedade depende da moralidade, e se toda moralidade depende do curso ordinário de nossas paixões e ações, as quais, por sua vez, são dirigidas unicamente por motivos particulares; é evidente que essa conduta parcial deve ser adequada à mais rígida moralidade, e jamais poderia ser uma violação de propriedade. Se os homens, portanto, tomassem a liberdade de agir com respeito às leis da sociedade como agem relativamente a qualquer outra questão, iriam se conduzir, na maioria dos casos, por meio de juízos particulares, levando em consideração os caracteres e as circunstâncias em que se encontram as pessoas, bem como a natureza geral da questão. É fácil observar, no entanto, que isso produziria uma confusão infinita na sociedade humana, e que a avidez e a parcialidade dos homens rapidamente trariam a desordem para o mundo, se não fossem restringidas por certos princípios gerais e inflexíveis. Portanto, foi tendo em vista esse inconveniente que os homens estabeleceram esses princípios e concordaram em se autorrestringir por meio de regras gerais que não se deixam influenciar nem pelo despeito, nem pelo favor, e não podem ser alteradas por considerações particulares de interesse privado ou público. Essas regras, portanto, são inventadas artificialmente com um certo propósito, sendo contrárias aos princípios comuns da natureza humana, que se adaptam às circunstâncias e não possuem um método estabelecido e invariável de operação.

10   Não vejo como poderia estar enganado a esse respeito. Percebo com clareza que, quando um homem impõe a si mesmo regras gerais inflexíveis para regular sua conduta perante os demais, considera certos objetos como suas propriedades, que supõe serem sagradas e invioláveis. Mas não há proposição mais evidente que aquela que diz que a propriedade é completamente ininteligível sem a prévia suposição da justiça e da injustiça; e que essas qualidades morais são igualmente ininteligíveis, a menos que tenhamos motivos, independentes da moralidade, impelindo-nos às ações justas e desviando-nos das injustas. Portanto, sejam quais forem esses motivos, eles têm de se adaptar às circunstâncias, e têm de admitir todas as variações que os assuntos humanos, em suas revoluções incessantes, podem sofrer. São, portanto, fundamentos muito pouco apropriados para regras tão inflexíveis e rígidas quanto as leis do direito natural; é evidente, portanto, que essas leis só podem ser derivadas das convenções humanas, estabelecidas quando os homens perceberam as desordens que resultam quando seguem seus princípios naturais e variáveis.

11   Em suma, devemos considerar que essa distinção entre a justiça e a injustiça tem dois fundamentos diferentes: o do *interesse próprio*, quando os homens observam que é impossível viver em sociedade sem se restringir por meio de certas regras; e o da *moralidade*, quando já se observou que esse interesse próprio é comum a toda a humanidade, e os homens passam a ter prazer em contemplar ações que favorecem a paz da sociedade, sentindo um desconforto diante daquelas que são contrárias a ela. É a convenção voluntária e o artifício dos homens que faz que o primeiro interesse ocorra; e portanto, essas leis da justiça devem, sob esse aspecto, ser consideradas *artificiais*. Uma vez estabelecido e

reconhecido esse interesse, o sentido da moralidade diante da observância dessas regras segue-se *naturalmente*, por si só, embora certamente ele possa se ampliar por um novo *artifício*: os ensinamentos públicos dos políticos e a educação privada fornecida pelos pais contribuem para nos proporcionar um sentido de honra e dever na regulação estrita de nossas ações concernentes à propriedade alheia.

Seção 7
Da origem do governo

1 Nada é mais certo que o fato de que os homens são, em grande medida, governados pelo interesse, e, mesmo quando estendem suas preocupações para além de si mesmos, não as levam muito longe; na vida corrente, não é muito comum olhar para além dos amigos mais próximos e dos conhecidos. É igualmente certo que o meio mais eficaz que os homens têm de levar em conta seu próprio interesse é pela observância inflexível e universal das regras da justiça, única coisa que lhes permite preservar a sociedade, impedindo-os de cair naquela condição miserável e selvagem, comumente representada como o *estado de natureza*. E como esse interesse que todo homem tem pela preservação da sociedade e pela observância das regras da justiça é muito grande, torna-se palpável e evidente até mesmo para os membros mais rudes e incultos da raça humana; é quase impossível que alguém que tenha tido experiência da sociedade se engane quanto a isso. Portanto, uma vez que os homens são tão sinceramente apegados a seu interesse, uma vez que seu interesse está tão ligado à observância da justiça, e é tão certo e explícito, pode-se perguntar como é possível o surgimento de qualquer desordem no seio da sociedade, e que princípio haverá na natureza humana que seja tão *poderoso* a ponto de subjugar uma paixão tão forte, ou que seja *tão violento* que acabe obscurecendo um conhecimento tão claro?

2 Quando tratamos das paixões, observamos que os homens são poderosamente governados pela imaginação e proporcionam seus

afetos mais à perspectiva pela qual um objeto lhes aparece do que a seu valor real e intrínseco. Aquilo que lhes toca com uma ideia forte e vívida comumente prevalece sobre o que é obscuro, sendo preciso ter um valor muito superior para compensar essa desvantagem. Ora, como todo objeto que nos é contíguo, no tempo ou no espaço, toca-nos com uma ideia desse tipo, ele exerce um efeito proporcional sobre a vontade e as paixões e comumente atua com mais força que qualquer objeto mais distante e obscuro. Mesmo que estejamos plenamente convencidos de que este último objeto supera o primeiro, não somos capazes de regular nossas ações por esse juízo; cedemos às solicitações de nossas paixões, que sempre intercedem em favor de tudo que é próximo e contíguo.

3   É por essa razão que os homens, com tanta frequência, agem em contradição com seu reconhecido interesse; em particular, é por essa razão que preferem qualquer vantagem trivial, mas presente, à manutenção da ordem na sociedade, que depende em tão grande medida da observância da justiça. As consequências de cada violação da equidade parecem muito remotas, não sendo capazes de contrabalançar as vantagens imediatas que se podem extrair dessa violação. A distância, entretanto, não as torna menos reais; e como todos os homens estão, em algum grau, sujeitos à mesma fraqueza, acontece necessariamente que as violações da equidade acabam se tornando muito frequentes na sociedade, e o relacionamento entre os homens, desse modo, se torna mais perigoso e incerto. Tu tens, como eu, a mesma propensão para o que está contíguo,* em detrimento do que está distante. Portanto, és naturalmente levado a cometer atos de injustiça, tanto quanto eu. Teu exemplo me impele nessa mesma direção, por imitação, e ao mesmo tempo me dá mais uma razão para violar a equidade, ao me mostrar que eu seria um tolo se me ativesse à minha integridade, se fosse o único a impor a si mesmo severas restrições, em meio à licenciosidade de todos os demais.

---

* Ver nossa nota à p.375. (N.T.)

4   Essa qualidade da natureza humana, portanto, não apenas é muito perigosa para a sociedade, mas também parece, vista de maneira apressada, impossível de remediar. O remédio só pode vir do consentimento dos homens; e se os homens, por si mesmos, são incapazes de preferir o distante ao contíguo, nunca consentirão em nada que os obrigue a uma tal escolha e que contradiga de maneira tão sensível seus princípios e propensões naturais. Aquele que escolhe os meios, escolhe também os fins; e se nos é impossível preferir o distante, é-nos igualmente impossível nos submeter a qualquer necessidade que nos obrigue a um tal modo de agir.

5   O que se observa aqui, porém, é que essa deficiência da natureza humana se torna seu próprio antídoto, e que a providência que tomamos contra nossa negligência para com os objetos remotos procede exatamente de nossa inclinação natural a negligenciá-los. Quando consideramos os objetos à distância, suas pequenas distinções desaparecem, e sempre damos preferência àquele que é em si mesmo preferível, sem considerar sua situação e as circunstâncias que o cercam. Isso gera o que, em um sentido impróprio, chamamos *razão*, que é um princípio frequentemente contraditório em relação às propensões que se manifestam quando nos aproximamos do objeto. Ao refletir sobre uma ação que devo realizar daqui a doze meses, sempre prefiro o bem maior, sem me importar se então ele será mais próximo ou mais distante; uma diferença quanto a esse ponto não produz nenhuma diferença em minhas intenções e resoluções presentes. Minha distância da determinação final faz todas essas minúsculas diferenças desaparecerem, e não sou afetado senão pelas qualidades mais gerais e discerníveis do bem e do mal. Mas conforme vou-me aproximando dessa determinação, as circunstâncias que de início desprezei começam a aparecer, influenciando minha conduta e meus afetos. Nasce uma nova inclinação para o bem presente, e passo a ter dificuldade em continuar aderindo inflexivelmente a meu primeiro propósito e resolução. Posso lamentar muito essa fraqueza natural, e esforçar-me, de todas as maneiras, para me libertar dela. Posso re-

correr ao estudo e à reflexão interior, ao conselho de amigos, à meditação frequente e a repetidas resoluções. Ao perceber, porém, quão ineficaz é tudo isso, abraço com prazer qualquer outro expediente que me permita impor a mim mesmo uma restrição, protegendo-me dessa fraqueza.

6   A única dificuldade, portanto, é descobrir esse expediente por meio do qual os homens curam sua fraqueza natural, submetendo-se à necessidade de observar as leis da justiça e da equidade, não obstante sua violenta propensão a preferir o que é contíguo ao que é remoto. É evidente que esse remédio nunca poderia ser eficaz sem corrigir essa propensão; e como é impossível mudar ou corrigir algo importante em nossa natureza, o máximo que podemos fazer é transformar nossa situação e as circunstâncias que nos envolvem, tornando a observância das leis da justiça nosso interesse mais próximo, e sua violação, nosso interesse mais remoto. Mas como isso é impraticável com respeito a toda a humanidade, só pode funcionar relativamente a umas poucas pessoas, em quem criamos um interesse imediato pela execução da justiça. São essas pessoas que chamamos de magistrados civis, reis e seus ministros, nossos governantes e dirigentes, que, por serem indiferentes à maior parte da sociedade, não têm nenhum interesse ou têm apenas um remoto interesse em qualquer ato de injustiça; e que, estando satisfeitos com sua condição presente e com seu papel na sociedade, têm um interesse imediato em cada cumprimento da justiça, tão necessária para a manutenção da sociedade. Eis, portanto, a origem do governo e da obediência civil. Os homens não são capazes de curar radicalmente, em si mesmos ou nos outros, a estreiteza de alma que os faz preferir o presente ao remoto. Não podem mudar suas naturezas. Tudo que podem fazer é mudar sua situação, tornando a observância da justiça o interesse imediato de algumas pessoas particulares, e sua violação, seu interesse mais remoto. Essas pessoas, portanto, são levadas não apenas a observar essas regras em sua própria conduta, mas também a compelir os outros a observar uma regularidade semelhante e a reforçar os pre-

ceitos da equidade em toda a sociedade. E, caso seja necessário, podem também fazer que outras pessoas se interessem mais imediatamente pela execução da justiça, criando um certo número de funcionários, civis e militares, para auxiliá-los em seu governo.

7   Mas essa execução da justiça, embora seja a principal vantagem do governo, não é a única. Assim como a violência da paixão impede que os homens vejam distintamente o interesse que têm em um comportamento justo para com os demais, impede-os também de ver a própria justiça, dando-lhes uma notável parcialidade em favor de si próprios. Esse inconveniente é corrigido da mesma maneira que o anterior. As mesmas pessoas que executam as leis da justiça também decidirão todas as controvérsias a seu respeito; e, sendo indiferentes à maior parte da sociedade, suas decisões serão mais justas que aquelas que cada qual tomaria em seu próprio caso.

8   Por meio dessas duas vantagens, que se encontram na *execução* e na *decisão* da justiça, os homens adquirem segurança contra a fraqueza e as paixões dos demais, e também contra as suas próprias; e, sob a proteção de seus governantes, começam a saborear confortavelmente a parte doce da sociedade e da assistência mútua. Mas o governo vai mais longe em sua influência benéfica; não contente em proteger os homens nessas convenções que eles próprios fazem em vista de seu interesse mútuo, frequentemente os obriga a estabelecer tais convenções, e os força a buscar seu próprio benefício, cooperando para algum fim ou propósito comum. Nenhuma qualidade da natureza humana causa tantos erros fatais em nossa conduta quanto a que nos leva a preferir o que é presente ao que é distante e remoto, e nos faz desejar os objetos mais de acordo com sua situação do que com seu valor intrínseco. Dois vizinhos podem concordar em drenar um prado que possuem em comum, porque é fácil para cada um saber o que o outro pensa; e cada um deve perceber que a consequência imediata da falha na execução de sua parte é o abandono de todo o projeto. Mas é muito difícil, e na verdade até impossível, que mil pessoas se ponham de acordo em uma ação desse tipo; pois é difícil conceberem juntas

um plano tão complicado, e ainda mais difícil executá-lo, quando cada uma busca um pretexto para se livrar do trabalho e dos custos, e gostaria de jogar toda a carga sobre as outras. A sociedade política remedeia facilmente esses dois inconvenientes. Os magistrados encontram um interesse imediato em defender o interesse de qualquer parte considerável de seus súditos. Não precisam consultar ninguém além de si mesmos para formar um plano que o promova. E como o fracasso na execução de uma parte está conectado, embora não imediatamente, com o de todo o conjunto, eles impedem esse fracasso, porque não veem nenhum interesse nele, seja imediato, seja remoto. Assim, por todo canto, constroem-se pontes, abrem-se portos, erguem-se muralhas, fazem-se canais, equipam-se esquadras e disciplinam-se exércitos, graças aos cuidados do governo, que, embora composto por homens sujeitos a todas as fraquezas humanas, torna-se, por meio de uma das mais refinadas e sutis invenções imagináveis, uma composição em certa medida isenta de todas essas fraquezas.

Seção 8
Da fonte da obediência civil

1   Embora o governo seja uma invenção muito vantajosa, e mesmo, em algumas circunstâncias, absolutamente necessária para a humanidade, ele não é necessário em todas as circunstâncias; não é impossível preservar a sociedade durante algum tempo sem recorrer a essa invenção. É verdade que os homens mostram-se sempre muito inclinados a preferir o interesse presente ao distante e remoto; não lhes é fácil resistir à tentação de uma vantagem da qual podem gozar imediatamente, pela apreensão de um mal que ainda está longe. Mas essa fraqueza é menos manifesta quando os bens e os prazeres da vida são poucos e de pouco valor, como sempre ocorre na infância da sociedade. Um *índio* não se sente muito tentado a se apossar da cabana de outro ou a roubar seu arco, porque já possui esses mesmos benefícios; quanto a qualquer riqueza superior que possa advir a um deles na caça ou na pesca, será apenas casual e temporária, e não terá uma tendên-

cia muito grande a perturbar a sociedade. Estou tão longe de concordar com certos filósofos que dizem que os homens são inteiramente incapazes de viver em uma sociedade sem governo, que afirmo que os primeiros rudimentos do governo surgem de disputas entre homens, não da mesma sociedade, mas de sociedades diferentes. Um grau menor de riqueza que o necessário para produzir o primeiro efeito bastará para produzir o segundo. A única coisa que os homens temem da guerra e da violência pública é a resistência que encontram; e neste caso, como a partilham com todos da mesma sociedade, essa resistência parece menos terrível; e além disso, porque vem de pessoas estranhas, parece ter consequências menos nocivas que quando cada um está exposto sozinho a um outro cujo relacionamento lhe é vantajoso, e sem cuja companhia fica impossível sobreviver. Ora, a guerra externa, quando se abate sobre uma sociedade sem governo, produz necessariamente uma guerra civil. Se introduzirmos uma quantidade considerável de bens entre os homens, eles começarão instantaneamente a brigar, cada qual tentando se apossar daquilo que lhe agrada, sem se importar com as consequências. Em uma guerra externa, o que está em jogo é o mais importante de todos os bens: a vida e a integridade física; e como todos evitam as posições perigosas, apossam-se das melhores armas, usam como desculpa os ferimentos mais leves, as regras da sociedade, que podem ter sido muito bem observadas quando havia tranquilidade, não têm mais lugar, agora que os homens passam por tamanha comoção.

2 Verificamos tal fato nas tribos *americanas*, onde os homens vivem em mútua harmonia e amizade, sem que haja um governo estabelecido; e nunca se submetem a nenhum de seus companheiros, exceto em tempos de guerra, quando seu chefe goza de leve autoridade, a qual perdem quando retornam do campo de batalha e restabelecem a paz com as tribos vizinhas. Essa autoridade, entretanto, é suficiente para lhes mostrar as vantagens do governo, e ensina-lhes a recorrer a ele quando sua riqueza e seus bens, obtidos seja por pilhagem em guerras, seja pelo comércio, ou por qualquer invenção fortuita, tornam-se tão

consideráveis a ponto de fazê-los esquecer, nas situações de emergência, o interesse que têm na preservação da paz e da justiça. Sendo assim, podemos dar uma razão plausível, entre outras, para explicar por que todos os governos são inicialmente monárquicos, sem nenhuma mistura ou variedade; e por que as repúblicas surgem exclusivamente dos abusos da monarquia e do poder despótico. Os acampamentos guerreiros são o verdadeiro pai das cidades; e como, em razão da urgência de cada situação, a guerra não pode ser administrada sem que a autoridade esteja concentrada em uma pessoa, é natural que o mesmo tipo de autoridade reapareça no governo civil que sucede o militar. Considero essa explicação mais natural que a comumente extraída do governo patriarcal, ou da autoridade do pai, que ocorreria primeiro na família, acostumando seus membros à autoridade de uma só pessoa. O estado da sociedade sem governo é um dos estados mais naturais do homem, podendo subsistir mesmo após a conjunção de várias famílias e até muito depois da primeira geração. Nada a não ser um aumento da riqueza e dos bens poderia obrigar os homens a abandoná-lo; e tão bárbaras e incultas são todas as sociedades quando de sua formação inicial, que muitos anos devem se passar antes que esses bens possam aumentar a ponto de perturbar a paz e a harmonia dos homens.

3   Entretanto, embora os homens possam manter uma sociedade pequena e inculta sem governo, não podem manter nenhum tipo de sociedade sem justiça, e sem observar aquelas três leis fundamentais concernentes à estabilidade da posse, à sua transferência por consentimento e ao cumprimento das promessas. Essas leis, portanto, são anteriores ao governo, e supõe-se que impõem uma obrigação antes mesmo que se tenha pensado pela primeira vez no dever de obediência aos magistrados civis. E direi ainda mais: seria natural supor que o governo, *quando se estabelece pela primeira vez*, deriva sua obrigação desse direito natural, particularmente da lei concernente ao cumprimento de promessas. Uma vez os homens tendo percebido a necessidade do governo para manter a paz e fazer cumprir a justiça, eles

naturalmente se reuniriam, escolheriam seus magistrados, determinariam seu poder e lhes *prometeriam* obediência. Como, por suposição, a promessa é um vínculo ou garantia já em uso, que se acompanha de uma obrigação moral, deve-se considerá-la a sanção original do governo e a fonte da primeira obrigação à obediência. Esse raciocínio parece tão natural que se tornou o fundamento do sistema político hoje em voga entre nós, sendo de certa maneira o credo de um de nossos partidos, cujos membros se orgulham, com razão, da correção de sua filosofia e de sua liberdade de pensamento. *Todos os homens*, dizem eles, *nascem livres e iguais; o governo e a superioridade só podem se estabelecer pelo consentimento; o consentimento dos homens, quando estabelecem o governo, impõe-lhes uma nova obrigação, desconhecida do direito natural. Os homens, portanto, só são obrigados a obedecer a seus magistrados porque assim o prometeram; se não tivessem, expressa ou tacitamente, dado sua palavra de manter a obediência, esta nunca se teria tornado parte de seu dever moral.* Essa conclusão, entretanto, quando compreendida de modo a incluir o governo em todas as suas épocas e situações, é inteiramente errônea. O que afirmo é que, embora o dever da obediência civil se baseie inicialmente no da obrigação das promessas, e seja sustentado durante algum tempo por essa obrigação, tão logo as vantagens do governo são plenamente conhecidas e reconhecidas, ele imediatamente cria raízes próprias, passando a implicar uma obrigação e autoridade originais, independentes de qualquer contrato. Este é um princípio importante, que devemos examinar com cuidado e atenção antes de prosseguirmos.

4   É razoável que esses filósofos que afirmam ser a justiça uma virtude natural e anterior às convenções humanas reduzam toda obediência civil à obrigação decorrente de uma promessa, e afirmem que somente nosso consentimento nos obriga a nos submeter à magistratura. Pois, como todo governo é, claramente uma invenção humana, e como a origem da maior parte dos governos é um fato histórico conhecido, será necessário retroceder ainda mais para encontrar a fonte de nossos deveres políticos, se quisermos afirmar que implicam uma obrigação

moral *natural*. Esses filósofos, portanto, rapidamente observam que a sociedade é tão antiga quanto a espécie humana, e aquelas três leis fundamentais do direito natural tão antigas quanto a sociedade. Desse modo, aproveitando-se da antiguidade e da origem obscura dessas leis, eles primeiro negam que elas sejam invenções humanas, artificiais e voluntárias, e em seguida procuram enxertar nelas aqueles outros deveres que são mais claramente artificiais. Mas quando percebermos que isto é um engano, e virmos que a justiça *natural*, assim como a *civil*, tem origem nas convenções humanas, rapidamente descobriremos como é inútil reduzir uma à outra, ou seja, buscar nas leis naturais um fundamento para nossos deveres políticos que seja mais forte que o interesse e as convenções humanas, quando estas mesmas leis são construídas com base no mesmo fundamento. De qualquer lado que examinemos este assunto, veremos que essas duas espécies de deveres são exatamente equivalentes, e, tanto no que diz respeito a sua *invenção* como no que concerne a sua *obrigação moral*, ambas têm a mesma origem. São concebidas para remediar inconvenientes semelhantes e adquirem sua sanção moral da mesma maneira, ou seja, do fato de remediarem esses inconvenientes. Esses são dois pontos que procuraremos provar da maneira mais distinta possível.

5   Já mostramos que os homens *inventaram* essas três leis fundamentais do direito natural quando observaram a necessidade da sociedade para sua subsistência, e descobriram que seria impossível manter uma harmonia comum sem algum tipo de restrição a seus apetites naturais. Portanto, o mesmo amor a si próprios que torna os homens tão incômodos uns para os outros toma uma direção nova e mais conveniente, produz as regras da justiça e passa a ser o *primeiro* motivo para que as observemos. Mas quando os homens percebem que, embora as regras da justiça sejam suficientes para manter uma sociedade, eles são todavia incapazes, por si sós, de observar essas regras em sociedades maiores e mais sofisticadas, instauram o governo como uma nova invenção para alcançar seus fins, preservando as antigas vanta-

gens, ou possibilitando novas, por meio de uma aplicação mais rígida da justiça. É neste sentido, portanto, que nossos deveres *civis* estão conectados com nossos deveres *naturais*, ou seja, porque aqueles foram inventados especialmente em benefício destes, e porque o principal objetivo do governo é forçar os homens a observar o direito natural. Entretanto, sob esse aspecto, a lei natural concernente ao cumprimento de promessas deve-se compreender juntamente com as outras; deve-se considerar sua estrita observância um efeito da instituição do governo, em lugar de se considerar a obediência ao governo um efeito da obrigação de se cumprir uma promessa. Embora o objetivo de nossos deveres civis seja reforçar nossos deveres naturais, o *primeiro*[9] motivo da invenção, bem como do cumprimento de ambos, é unicamente o interesse próprio. E uma vez que, na obediência ao governo, existe um interesse independente do interesse pelo cumprimento das promessas, temos de admitir também a existência em cada um de uma obrigação distinta. Obedecer aos magistrados civis é necessário para a preservação da ordem e da harmonia social. Cumprir as promessas é necessário para promover a segurança e a confiança mútua nas tarefas comuns da vida. Os meios, assim como os fins, são perfeitamente distintos; e uns não se subordinam aos outros.

6   Para que isso fique mais evidente, consideremos que os homens frequentemente se comprometem, por meio de promessas, a realizar ações que teriam interesse em realizar independentemente dessas promessas; por exemplo, quando querem dar à outra pessoa uma garantia maior, e por isso acrescentam uma nova obrigação de interesse àquela a que já estavam sujeitos. O interesse pelo cumprimento de promessas, além de sua obrigação moral, é geral, explícito e da maior importância para a vida. Outros interesses podem ser mais particulares e duvidosos; tendemos a duvidar mais de que os homens possam dar vazão a seus humores e paixões agindo contra eles. Aqui,

---

9 Primeiro no tempo, e não em dignidade ou em força.

portanto, é natural que as promessas entrem em jogo, sendo com frequência requeridas para proporcionar maior satisfação e segurança. Quando se supõe, contudo, que esses outros interesses são tão gerais e explícitos quanto o interesse pelo cumprimento de uma promessa, eles passam a ser tratados em pé de igualdade, e os homens começam a depositar neles a mesma confiança. Ora, é exatamente isso que se passa com nossos deveres civis, ou seja, com a obediência aos magistrados, sem a qual nenhum governo poderia sobreviver e nenhuma paz ou ordem poderia se manter em grandes sociedades, nas quais, por um lado, há tantos bens e, por outro, tantas necessidades, reais ou imaginárias. Nossos deveres civis, portanto, logo devem se desvincular de nossas promessas, adquirindo uma força e uma influência independentes. O interesse, nos dois casos, é exatamente do mesmo tipo: é geral, explícito, e prevalece em todos os tempos e lugares. Por isso, não pode haver nenhum pretexto racional para fundarmos um sobre o outro, já que cada um tem seu fundamento próprio. Se reduzimos a obrigação da obediência civil à de uma promessa, bem poderíamos reduzir a esta também a obrigação de se abster das posses alheias. Os interesses não são mais distintos em um caso que no outro. O respeito pela propriedade não é mais necessário à sociedade natural que a obediência o é à sociedade civil ou ao governo; e o primeiro tipo de sociedade tampouco é mais necessário à existência da humanidade que esta última o é a seu bem-estar e felicidade. Em resumo, se o cumprimento das promessas é vantajoso, a obediência ao governo também o é; se aquele interesse é geral, este também o é; se aquele é evidente e explícito, este também o é. E como essas duas regras estão fundadas em obrigações semelhantes de interesse, cada qual tem de ter uma autoridade própria e independente da outra.

7   Porém não são apenas as obrigações *naturais* motivadas pelo interesse que são distintas nas promessas e na obediência civil, mas também as obrigações *morais* impostas pela honra e consciência; de modo que o mérito ou demérito de umas não depende em nada do

das outras. De fato, se considerarmos a estreita conexão que existe entre as obrigações naturais e as morais, veremos que essa conclusão é absolutamente inevitável. Nosso interesse está sempre do lado da obediência aos magistrados; só uma grande vantagem presente pode nos levar à rebelião, ao nos fazer menosprezar o interesse remoto que temos pela preservação da paz e da ordem na sociedade. Mas o interesse presente, embora possa nos tornar cegos para as consequências de nossas próprias ações, não intervém no caso das ações alheias; não impede que elas apareçam em suas verdadeiras cores, ou seja, como altamente prejudiciais a nosso próprio interesse, ou ao menos ao interesse público, de que participamos por simpatia. Isso naturalmente produz em nós um mal-estar quando consideramos essas ações sediciosas e desleais, levando-nos a vincular a elas a ideia de vício e deformidade moral. É o mesmo princípio que nos faz desaprovar todo tipo de injustiça privada, particularmente a quebra de promessas. Censuramos toda traição e quebra de confiança, porque consideramos que a liberdade e a extensão do inter-relacionamento humano dependem inteiramente da fidelidade às promessas. Censuramos toda deslealdade aos magistrados, porque percebemos que a observação da justiça, na estabilidade da posse, em sua transferência por consentimento e no cumprimento de promessas, é impossível sem a submissão a um governo. Como aqui existem dois interesses inteiramente distintos entre si, eles devem gerar duas obrigações morais igualmente separadas e independentes. Mesmo que jamais tivesse havido no mundo algo semelhante a uma promessa, o governo ainda seria necessário em todas as sociedades extensas e civilizadas; e se as promessas tivessem apenas sua própria obrigação, sem receber independentemente a sanção do governo, seriam pouco eficazes nessas sociedades. Isso separa as fronteiras entre nossos deveres públicos e privados, e mostra que estes dependem mais daqueles que aqueles destes. A *educação* e o *artifício dos políticos* concorrem para proporcionar uma moralidade adicional à lealdade e para estigmatizar toda rebelião com um maior grau de culpa e infâmia. Nem é de admirar que os políticos se esforcem tanto para inculcar tais noções, já que seu interesse está tão particularmente em jogo.

8   Para o caso de esses argumentos não parecerem inteiramente concludentes (como penso que são), recorrerei à autoridade, e provarei, partindo do consentimento universal dos homens, que a obrigação de submissão ao governo não é derivada de uma promessa por parte dos súditos. Ninguém precisa estranhar que até aqui eu tenha tentado estabelecer meu sistema com base na pura razão, sem quase nunca citar sequer a opinião de filósofos ou de historiadores, e agora passe a apelar para a autoridade popular, opondo as opiniões da plebe ao raciocínio filosófico. Deve-se observar que as opiniões dos homens, neste caso, carregam consigo uma autoridade peculiar, sendo, em grande medida, infalíveis. A distinção entre o bem e o mal morais se funda no prazer ou na dor que resultam da contemplação de um sentimento ou um caráter; e como esse prazer ou essa dor não podem ser desconhecidos da pessoa que os sente, segue-se[10] que, em cada caráter, há tanto vício ou tanta virtude quanto cada um põe nele; é impossível nos enganarmos quanto a isso. E embora nossos juízos concernentes à *origem* de um vício ou de uma virtude não sejam tão certos quanto os que se referem a seus *graus*, como o problema aqui não diz respeito à origem filosófica de uma obrigação, mas a uma simples questão de fato, não é fácil conceber como poderíamos cometer um erro. Um homem que reconhece seu compromisso de dar a outro uma certa soma de dinheiro, certamente deve saber se foi ele ou seu pai que se comprometeu; se o fez simplesmente por benevolência, ou porque tomou esse dinheiro emprestado; e sob que condições e com que objetivo assumiu esse compromisso. De maneira semelhante, assim como é certo que temos a obrigação moral de nos submeter ao governo porque todos pensam assim, deve ser igualmente certo que

---

10 Essa proposição tem de ser rigorosamente verdadeira para toda qualidade determinada apenas pelo sentimento. Consideraremos posteriormente em que sentido se pode falar de um gosto *correto* ou *errado* no que diz respeito à moral, à retórica ou à beleza. Enquanto isso, podemos observar que existe tal uniformidade nos sentimentos *gerais* da humanidade, que essas questões se tornam pouco importantes.

essa obrigação não resulta de uma promessa, já que ninguém cujo juízo não tenha sido desviado por uma adesão demasiadamente rígida a um sistema filosófico jamais sonhou em atribuir-lhe essa origem. Nem magistrados nem súditos têm essa ideia de nossos deveres civis.

9   Constatamos que os magistrados estão tão longe de derivar sua autoridade e a obrigação de obediência por parte de seus súditos de uma promessa ou contrato original que, tanto quanto possível, escondem de seu povo, sobretudo do vulgo, que seria essa sua origem. Se fosse esse o fundamento da sanção dada ao governo, nossos governantes nunca a receberiam tacitamente, sendo ela o máximo que se poderia desejar; pois aquilo que é concedido de maneira tácita e imperceptível nunca pode ter sobre as pessoas a mesma influência que aquilo que se realiza de maneira expressa e aberta. Uma promessa é tácita quando a vontade é significada por signos mais difusos que os da fala; mas sempre supõe uma vontade, e esta nunca pode deixar de ser notada pela pessoa que a exerce, mesmo que o faça tácita ou silenciosamente. Mas se perguntásseis à grande maioria dos membros de uma nação se alguma vez deram seu consentimento à autoridade de seus dirigentes, ou se prometeram obedecer-lhes, eles provavelmente fariam de vós uma ideia bem estranha; por certo responderiam que a questão não depende de seu consentimento, e que já nasceram submetidos a essa obediência. Em consequência dessa opinião, vemos que frequentemente consideram como seus dirigentes naturais pessoas que naquele momento estão desprovidas de qualquer poder e autoridade, e as quais ninguém, por mais estúpido que fosse, escolheria voluntariamente; e isso apenas porque essas pessoas pertencem à linhagem daqueles que antes governaram, e encontram-se hierarquicamente na posição que costuma tomar a sucessão, mesmo que o intervalo de tempo entre eles seja tão grande que não haja praticamente nenhum homem ainda vivo que possa ter prometido obediência. Será, então, que um governo não tem nenhuma autoridade sobre essas pessoas, só porque elas nunca lhe deram seu consentimento, e considerariam a própria tentativa de tal escolha voluntária prova de arrogância e

impiedade? Ora, a experiência nos mostra que o governo as pune livremente pelo que chama de traição e rebelião; mas tal prática, de acordo com esse sistema, parece reduzir-se a um ato comum de injustiça. Se disserdes que, permanecendo em seus domínios, as pessoas de fato dão seu consentimento ao governo estabelecido, responderei que isso só poderia ocorrer se elas pensassem que a questão depende de sua escolha, coisa que poucos ou ninguém, além desses filósofos, jamais imaginou. Nunca se alegou, em defesa de um rebelde, que a primeira coisa que fez após atingir a idade da razão foi declarar guerra contra o soberano do Estado; que, enquanto era criança, não podia se comprometer por seu próprio consentimento; e, ao se tornar um adulto, mostrou claramente, por esse primeiro ato que realizou, que não tinha a intenção de impor a si mesmo nenhuma obrigação à obediência. Ao contrário, o que vemos é que o direito civil pune esse crime na mesma idade que qualquer outro que seja criminoso por si mesmo, independentemente de um consentimento, a saber, assim que a pessoa atinge o uso pleno da razão; e no entanto, segundo essa hipótese, o mais justo seria admitir para esse crime um tempo intermediário, em que se supusesse ao menos um consentimento tácito. A isso podemos acrescentar que, nesse caso, um homem que vive sob um governo absolutista não deveria a ele nenhuma obediência, já que, por sua própria natureza, esse governo não depende do consentimento. Mas como esse é um governo tão *natural* e *comum* quanto qualquer outro, certamente deve ocasionar algum tipo de obrigação; e a experiência deixa claro que os homens que a ele se submetem sempre pensam dessa forma. Isso é uma prova clara de que comumente não consideramos que nossa obediência seja derivada de nosso consentimento ou promessa. Outra prova disso encontra-se no fato de que quando, por algum motivo, nossa promessa é feita de modo explícito, sempre distinguimos precisamente entre as duas obrigações, e acreditamos que uma reforça a outra, diferentemente do que ocorreria se apenas estivéssemos repetindo a mesma promessa. Quando nenhuma promessa é feita, um homem não considera que, por causa de uma rebelião, seu compromisso quanto a questões privadas esteja quebrado; ao contrário, mantém esses dois deveres, da honra e da obediência civil, completamente distintos e separados. Ora, como esses filósofos veem a união desses dois deveres como uma invenção muito sutil, essa é uma prova convincente de sua falsidade, pois ninguém pode fazer uma promessa ou ser constrangido por sua sanção e obrigação sem ter conhecimento disso.

Seção 9
Das regras da obediência civil

1   Os tratadistas políticos que recorreram à hipótese de uma promessa ou contrato original como fonte de nossa obediência ao governo pretendiam estabelecer um princípio perfeitamente justo e razoável; mas o raciocínio com base no qual procuraram estabelecê-lo era falacioso e sofístico. Pretendiam provar que nossa submissão ao governo admite exceções, e um excesso de tirania por parte dos governantes é suficiente para liberar os súditos de todo vínculo de obediência. Afirmam que, como os homens entram em sociedade e se submetem a um governo por seu consentimento livre e voluntário, devem ter em vista certas vantagens, que se propõem a extrair desse governo, e em nome das quais de bom grado abrem mão de sua liberdade original. Portanto, há um compromisso recíproco assumido pelo magistrado, a saber, dar proteção e segurança; e é apenas por dar esperanças de proporcionar essas vantagens que pode persuadir as pessoas a se submeterem a ele. Mas quando, em vez de proteção e segurança, essas pessoas encontram tirania e opressão, ficam liberadas de suas promessas (como acontece em todo contrato condicional), retornando àquele estado de liberdade que precede a instituição do governo. Os homens nunca seriam tão estúpidos a ponto de assumir compromissos que pudessem ser vantajosos apenas aos outros, sem nenhuma perspectiva de melhorar sua própria condição. Quem se propõe a tirar algum proveito de nossa submissão tem de se com-

prometer, expressa ou tacitamente, a nos proporcionar alguma vantagem com sua autoridade; e não deve esperar que continuemos a lhe obedecer se não cumpre sua parte.

2   Repito: a conclusão é correta, mas os princípios são falsos; e orgulho-me de poder estabelecer a mesma conclusão com base em princípios mais razoáveis. Para estabelecer nossos deveres políticos, não afirmarei que os homens percebem as vantagens do governo; que instituem o governo tendo em vista essas vantagens; que essa instituição requer uma promessa de obediência, a qual impõe uma obrigação moral até um certo ponto, mas que, sendo condicional, deixa de ser obrigatória sempre que o outro contratante não cumpre sua parte. Vejo que a própria promessa surge unicamente de convenções humanas, e é inventada em vista de um certo interesse. Por isso, procuro um interesse que esteja mais imediatamente conectado com o governo, e possa ser ao mesmo tempo o motivo original de sua instituição e a fonte de nossa obediência a ele. Constato que esse interesse consiste na segurança e proteção de que desfrutamos na sociedade política, que nunca poderíamos alcançar quando inteiramente livres e independentes. Como o interesse, portanto, é a sanção imediata do governo, um não pode durar mais que o outro; e sempre que o magistrado civil leva sua opressão ao ponto de tornar sua autoridade intolerável, não temos mais obrigação de nos submeter a ele. A causa cessa; o efeito, portanto, também deve cessar.

3   Até aqui, no que se refere à obrigação *natural* da obediência civil, a conclusão é imediata e direta. Quanto à obrigação *moral*, podemos observar que seria falsa a máxima de que, *quando a causa cessa, o efeito também deve cessar*. Pois existe um princípio na natureza humana, que notamos diversas vezes, que diz que os homens se prendem fortemente a *regras gerais*, e que frequentemente estendemos nossas máximas além das razões que nos levaram a estabelecê-las pela primeira vez. Quando os casos são similares em muitas circunstâncias, tendemos a tratá-los em pé de igualdade, sem considerar que diferem nas circunstâncias mais importantes, sendo a semelhança mais aparente que

real. Pode-se pensar portanto que, no caso da obediência civil, nossa obrigação moral derivada do dever não deixa de existir, mesmo se a obrigação natural derivada do interesse, que é sua causa, não mais existir; e que os homens podem ser obrigados por sua *consciência* a se submeter a um governo tirânico, contra seu próprio interesse e o do público. De fato, reconheço a força desse argumento, enquanto admito que as regras gerais comumente se estendem além dos princípios em que se baseiam; e raramente fazemos a elas qualquer exceção, a menos que essa exceção tenha as qualidades de uma regra geral e seja fundada em exemplos muitos numerosos e comuns. Ora, afirmo que é exatamente esse o caso presente. Quando os homens se submetem à autoridade alheia, fazem-no para proporcionar a si mesmos alguma segurança contra a maldade e a injustiça dos outros homens, que são perpetuamente levados, por suas paixões desregradas e por seu interesse presente e imediato, a violar todas as leis da sociedade. Mas como essa imperfeição é inerente à natureza humana, sabemos que deve acompanhar os homens em todos os seus estados e condições; e aqueles que escolhemos como nossos governantes não adquirem imediatamente uma natureza superior à do resto da humanidade, simplesmente por adquirirem um poder e uma autoridade superiores. O que esperamos deles depende de uma mudança, não em sua natureza, mas em sua situação, que ocorre quando adquirem um interesse mais imediato pela preservação da ordem e pelo cumprimento da justiça. Mas, além do fato de esse interesse só ser mais imediato no caso do cumprimento da justiça entre seus súditos, e não no caso de disputas entre eles próprios e seus súditos; além disso, digo, frequentemente podemos esperar, dada a irregularidade da natureza humana, que esses governantes irão desconsiderar até mesmo esse interesse imediato, e que suas paixões os levarão a todos os excessos da crueldade e da ambição. Nosso conhecimento geral da natureza humana, nossa observação da história passada da humanidade, nossa experiência dos tempos presentes – todas essas causas devem nos levar a abrir espaço para exceções, e devem nos fazer concluir que podemos resistir aos exemplos mais violentos do poder supremo, sem cometer por isso nenhum crime ou injustiça.

4   De acordo com isso, podemos observar que tal é ao mesmo tempo a prática geral e o princípio da humanidade, e que nenhuma nação que tenha podido lançar mão de algum remédio continuou sofrendo os cruéis estragos de um tirano, ou foi censurada por ter resistido a eles. Os homens que pegaram em armas contra *Dionísio, Nero* ou *Felipe II* têm a simpatia de todos aqueles que leem sua história; só a mais violenta perversão do bom-senso poderia nos levar a condená-los. É certo portanto que, em nenhuma de nossas noções morais, sustentamos um tamanho absurdo como o da obediência passiva; ao contrário, permitimos a resistência nos casos mais flagrantes de tirania e opressão. A opinião geral dos homens tem alguma autoridade em todos os casos; mas, no caso da moral, é absolutamente infalível. E não é menos infalível apenas porque os homens não conseguem explicar distintamente os princípios em que se baseia. Poucas pessoas são capazes de formar esta cadeia de raciocínios: "o governo é uma mera invenção humana no interesse da sociedade; quando a tirania do governante contraria esse interesse, suprime a obrigação natural da obediência. A obrigação moral funda-se na natural, e portanto tem que deixar de existir quando *esta* acaba, sobretudo quando o assunto é tal que nos leva a entrever muitas ocasiões em que a obrigação natural pode acabar e nos faz formar uma espécie de regra geral para regular nossa conduta em tais circunstâncias". Mas, embora essa cadeia de raciocínios seja demasiadamente sutil para as pessoas comuns, o certo é que todos os homens têm dela uma noção implícita; percebem que só devem obediência ao governo em virtude do interesse público; e, ao mesmo tempo, que a natureza humana está sujeita a tantas fraquezas e paixões que pode facilmente perverter essa instituição, transformando seus governantes em tiranos e inimigos públicos. Se o sentido do interesse não fosse nosso motivo original para a obediência, eu perguntaria: que outro princípio há na natureza humana capaz de

subjugar a ambição natural dos homens, forçando-os a se submeter? A imitação e o costume não são suficientes, pois a questão reaparece: que motivo produz esses primeiros exemplos de submissão que imitamos e essa série de ações que produz o costume? É evidente que não há outro princípio além do interesse; e se é o interesse que gera primeiramente a obediência ao governo, a obrigação de obedecer tem de cessar toda vez que cessa o interesse em um grau significativo, e em um número considerável de casos.

Seção 10
Dos objetos da obediência civil

1   Embora, em certas ocasiões, resistir ao poder supremo possa ser justificável tanto para a boa política como para a moral, é certo entretanto que, no curso comum dos assuntos humanos, nada pode ser mais nocivo e criminoso; pois, além das convulsões que sempre acompanham as revoluções, tal prática tende diretamente a subverter todo governo e a produzir uma anarquia e confusão universal entre os homens. Assim como as sociedades numerosas e civilizadas não podem subsistir sem governo, assim também o governo é inteiramente inútil sem uma estrita obediência. Devemos sempre pesar as vantagens que extraímos da autoridade e suas desvantagens; desse modo, seremos mais cuidadosos antes de pôr em prática a doutrina da resistência. A regra comum exige a submissão; e somente em casos de uma tirania e opressão atroz pode ter lugar a exceção.

2   Portanto, uma vez que comumente devemos uma cega submissão à magistratura, a próxima questão é: *a quem devemos tal submissão; quem devemos considerar nossos magistrados legítimos?* Para responder a essa questão, relembremos o que já foi estabelecido a respeito da origem do governo e da sociedade política. Uma vez tendo os homens experimentado a impossibilidade de preservar uma ordem estável na sociedade enquanto cada um é dono de si próprio, violando ou observando as leis da sociedade de acordo com seu interesse presente ou a

seu bel-prazer, eles naturalmente inventam o governo e, tanto quanto possível, põem fora de seu próprio alcance o poder de transgredir as regras da justiça. O governo, portanto, surge da convenção voluntária dos homens; e evidentemente, a mesma convenção que estabelece o governo também determinará as pessoas que devem governar, eliminando toda dúvida e ambiguidade a esse respeito. O consentimento voluntário dos homens deve ser neste caso ainda mais eficaz, já que a autoridade do magistrado se fundamenta *inicialmente* em uma promessa por parte dos súditos, pela qual estes se comprometem a obedecer, como ocorre em qualquer outro contrato ou compromisso. A mesma promessa, portanto, que os obriga a obedecer submete-os a uma pessoa particular, e a torna objeto de sua lealdade.

3   Mas quando o governo já está estabelecido sobre essa base há um tempo considerável, e o interesse distinto que temos pela submissão já produziu um sentimento distinto de moralidade, tudo se modifica; a promessa não é mais capaz de determinar o magistrado particular, pois não é mais considerada o fundamento do governo. Supomos naturalmente que nascemos sob a submissão; e imaginamos que tais pessoas particulares têm o direito de comandar, enquanto nós, por nosso lado, temos de obedecer. Essas noções de direito e obrigação derivam unicamente da *vantagem* que vemos no governo, o que nos dá uma aversão pela ideia de praticarmos nós mesmos a resistência e nos faz sentir um desprazer quando outros a praticam. No entanto deve-se notar aqui que, nesse novo estado de coisas, não admitimos que a sanção original do governo, que é o *interesse*, determine a quem devemos obedecer, como era o caso da sanção original quando tudo se baseava numa *promessa*. A *promessa* fixa e determina as pessoas, sem dar lugar a incertezas. Mas, evidentemente, se os homens regulassem sua conduta quanto a esse aspecto pela perspectiva de um *interesse* peculiar, fosse ele público ou privado, envolver-se-iam em confusões intermináveis, o que tornaria qualquer governo em grande parte sem efeito. Cada pessoa tem um interesse privado diferente; e, embora o interesse público, em si próprio, seja sempre o mesmo, gera

grandes dissensões, em razão das diferentes opiniões que as pessoas particulares têm dele. Portanto, o mesmo interesse que nos leva a nos submeter à magistratura faz que renunciemos a ele próprio ao escolhermos nossos magistrados, submetendo-nos a uma certa forma de governo e a uma pessoa particular, sem poder aspirar à completa perfeição em uma ou em outra. O que se passa aqui é o mesmo que ocorre no caso daquela lei do direito natural concernente à estabilidade da posse. É altamente vantajoso, e mesmo absolutamente necessário à sociedade, que a posse seja estável; é isso que nos leva a estabelecer essa regra. Mas constatamos que, buscando obter a mesma vantagem, se atribuíssemos posses particulares a pessoas particulares, apenas frustraríamos nosso objetivo e perpetuaríamos a confusão que essa regra pretende impedir. Portanto, devemos proceder com base em regras gerais e regular a nós mesmos por interesses gerais, modificando a lei natural concernente à estabilidade da posse. E não temos por que temer que nossa adesão a essa lei diminua em virtude da aparente futilidade dos interesses que a determinam. O impulso da mente é derivado de um interesse muito forte; e os interesses menores servem apenas para direcionar o movimento, sem nada acrescentar a ele ou dele retirar. O mesmo se passa com o governo. Nada é mais vantajoso para a sociedade que essa invenção; e esse interesse é suficiente para nos fazer abraçá-la com ardor e entusiasmo; mas, posteriormente, somos obrigados a regular e a direcionar nossa devoção ao governo por meio de diversas considerações que não têm a mesma importância, escolhendo nossos magistrados sem ter em vista nenhuma vantagem particular que possamos obter com essa escolha.

4   O *primeiro* princípio que analisarei como fundamento do direito de magistratura é aquele que dá autoridade a quase todos os governos estabelecidos no mundo. Refiro-me à *posse prolongada* em uma determinada forma de governo ou sucessão de príncipes. Certamente, se retrocedermos até a origem de cada nação, descobriremos que não há quase nenhuma linhagem de reis ou comunidade política que

não tenha sido primeiro fundada na usurpação e na rebelião, e cujo direito não tenha sido de início mais que duvidoso e incerto. Só o tempo dá solidez a esse direito; e, agindo de modo gradativo sobre a mente dos homens, leva-os a aceitar qualquer autoridade, que acaba por lhes parecer justa e razoável. Nada faz um sentimento ter sobre nós maior influência, e nada dirige nossa imaginação mais fortemente para um objeto determinado, que o costume. Quando estamos há muito tempo acostumados a obedecer a um certo grupo de pessoas, o instinto ou tendência geral que temos a supor que existe uma obrigação moral acompanhando a obediência civil toma facilmente essa direção e escolhe esse grupo como seu objeto. É o interesse que produz o instinto geral, mas é o costume que imprime a ele uma direção particular.

5   Cabe aqui observar que o mesmo período de tempo tem influências diferentes em nossos sentimentos morais, de acordo com suas diferentes influências sobre a mente. Nós naturalmente julgamos tudo por comparação; e uma vez que, ao considerar o destino de reis e repúblicas, percorremos um longo período, uma curta duração não tem nesse caso a mesma influência em nossos sentimentos que quando consideramos outros objetos. Um período de tempo bem curto basta para que uma pessoa pense ter adquirido direito sobre um cavalo ou um conjunto de roupas; mas, em geral, nem todo um século é suficiente para estabelecer um novo governo ou para eliminar qualquer hesitação dos súditos a seu respeito. Acrescente-se a isso que, para um príncipe adquirir um direito sobre qualquer poder adicional que possa vir a usurpar, basta um período mais curto que o necessário para consolidar seu direito quando todo o poder que ele adquiriu é produto de usurpação. Os reis da *França* não estão de posse de um poder absoluto há mais de dois reinados; entretanto, nada parecerá mais estranho aos *franceses* que falar de suas liberdades. Se considerarmos o que dissemos sobre a *acessão*, será fácil explicar esse fenômeno.

6   Quando não há uma forma de governo estabelecida por uma *posse prolongada*, a *posse atual* preenche seu lugar, podendo por isso ser vis-

ta como a *segunda* fonte de toda a autoridade pública. O direito à autoridade não é senão a posse constante da autoridade, mantida pelas leis da sociedade e pelos interesses dos homens; e nada pode ser mais natural que acrescentar essa posse constante à posse atual, de acordo com os princípios acima mencionados. Se os mesmos princípios não tiveram influência no caso da propriedade privada, foi porque eram então contrabalançados por considerações muito fortes de interesse; foi assim que observamos que isso impediria qualquer restituição e autorizaria, e mesmo protegeria, toda e qualquer violência. Embora os mesmos motivos possam parecer ter força no caso da autoridade pública, eles sofrem a oposição de um interesse contrário, que consiste em preservar a paz e impedir todas as mudanças que, ainda que não causem dificuldades nos assuntos privados, vêm inevitavelmente acompanhadas de desordem e derramamento de sangue no caso do interesse público.

7   Se uma pessoa, vendo a impossibilidade de explicar o direito do possuinte presente por meio dos sistemas éticos estabelecidos, resolvesse negar por completo esse direito e afirmasse que ele não é autorizado pela moral, seria considerada, com razão, como alguém que defende um extravagante paradoxo, que choca o bom-senso e o senso comum dos homens.* Não há máxima mais conforme à prudência, bem como à moral, que aquela que diz que devemos nos submeter pacificamente ao governo que encontramos já estabelecido no país em que nos coube viver, sem nos perguntarmos demasiado curiosamente sobre sua origem e formação. Poucos governos resistirão a um exame tão rigoroso. Quantos reinos existem hoje no mundo, e quantos mais encontramos na história, cujos governantes não têm melhor fundamento para sua autoridade que a posse atual? Para nos restringirmos apenas ao império *greco-romano*, não é evidente que a longa sucessão de imperadores, desde a dissolução das liberdades públicas de *Roma* até a extinção final desse império pelos

---

* Ver nossa nota à p.178. (N.T.)

turcos, não poderia sequer ter a pretensão de dar uma outra justificativa para o direito a seu império? A eleição pelo senado era uma mera formalidade, e sempre seguia a escolha das legiões; ora, estas estavam quase sempre divididas nas diferentes províncias, e nada a não ser a espada podia acabar com tais diferenças. Era pela espada, portanto, que todo imperador adquiria, e defendia, seu direito. Assim, ou dizemos que todo o mundo conhecido, durante tantos anos, não possuía nenhum governo e não devia obediência a ninguém, ou temos de admitir que, na esfera pública, o direito do mais forte deve ser aceito como legítimo, sendo autorizado pela moral, quando não se opõe a nenhum outro direito.

8   O direito de *conquista* pode ser considerado uma *terceira* fonte do direito de soberania. Esse direito se parece muito com o da posse atual; porém tem uma força superior, uma vez que é apoiado pelas noções de glória e honra, que atribuímos aos *conquistadores*, em vez dos sentimentos de ódio e execração que acompanham os *usurpadores*. Os homens são naturalmente favoráveis aos que amam; por isso apresentam maior tendência a atribuir um direito à violência bem-sucedida de um soberano sobre outro que a uma rebelião bem-sucedida de um súdito contra seu soberano.[11]

9   Quando não existe nem posse prolongada, nem posse atual, nem conquista, como ocorre quando morre o soberano que fundou uma determinada monarquia; nesse caso, o direito de *sucessão* prevalece naturalmente, e os homens em geral são levados a colocar no trono o filho de seu falecido monarca, supondo que ele herda a autoridade do pai. O presumível consentimento do pai, a imitação do processo de sucessão em famílias privadas, o interesse do Estado em escolher a pessoa mais poderosa e com o maior número de seguidores – todas

---

11 Não estou afirmando aqui que a *posse atual* ou a *conquista* são suficientes para conferir um direito contra a *posse prolongada* e o *direito positivo*. Digo apenas que têm alguma força, e serão capazes de decidir a questão quando os direitos são iguais em todos os outros aspectos, sendo por *vezes* até suficientes para consagrar o direito mais fraco. É difícil determinar qual seu grau de força. Acredito que quem for razoável admitirá que elas têm uma grande força em todas as disputas concernentes aos direitos dos príncipes.

essas razões fazem que os homens prefiram o filho de seu ex-monarca a qualquer outra pessoa.[12]

10 Essas razões têm algum peso; mas estou convencido de que qualquer pessoa que considerar a questão de maneira imparcial verá que alguns princípios da imaginação concorrem com essas considerações de justiça e interesse. A autoridade real parece estar conectada com o jovem príncipe mesmo durante a vida de seu pai, em virtude da transição natural do pensamento, e mais ainda após sua morte. Desse modo, nada é mais natural que completar essa união por meio de uma nova relação, conferindo ao príncipe, de fato, a posse daquilo que parece lhe pertencer tão naturalmente.

11 Para confirmar essa afirmação, podemos examinar os seguintes fenômenos, bastante curiosos em seu gênero. Nas monarquias eletivas, o direito de sucessão não é admitido nem pelas leis nem pelo costume adquirido; entretanto, sua influência é tão natural que é impossível excluí-lo inteiramente da imaginação e tornar os súditos indiferentes ao filho de seu ex-monarca. Assim, em alguns governos desse tipo, a escolha comumente recai sobre algum membro da família real; e, em outros, tais membros são todos excluídos. Esses fenômenos contrários decorrem do mesmo princípio. A exclusão da família real se dá por uma sutileza política, que faz as pessoas se darem conta de sua propensão a escolher um soberano nessa família; isso lhes dá um zelo por sua liberdade de escolha, por temor de que seu novo monarca, auxiliado por essa propensão, estabeleça sua família no poder, destruindo a liberdade de eleição no futuro.

12 A história de *Artaxerxes* e do jovem *Ciro* pode nos permitir algumas reflexões com o mesmo propósito. *Ciro* alegava ter mais direito ao trono que seu irmão mais velho, por ter nascido após a ascensão de seu pai. Não pretendo afirmar que essa razão seja válida. Apenas infiro dela que *Ciro* nunca teria utilizado tal pretexto se não fosse pelas

---

12 Para evitar mal-entendidos, devo observar que este caso de sucessão não é o mesmo que o das monarquias hereditárias, em que o costume fixa o direito de sucessão. Essas monarquias dependem do princípio da posse prolongada acima explicado.

qualidades da imaginação já mencionadas, em virtude das quais vemo-nos naturalmente inclinados a unir, por meio de uma nova relação, aqueles objetos que encontramos já unidos. *Artaxerxes* tinha uma vantagem sobre seu irmão, por ser o primogênito e o primeiro na linha de sucessão; *Ciro* tinha, porém, uma relação mais próxima com a autoridade real, por ter sido gerado quando seu pai já estava investido dessa autoridade.

13   Caso se afirme que considerações de conveniência podem ser a fonte de todo direito de sucessão, e que os homens se aproveitam de bom grado de qualquer regra que lhes permita fixar o sucessor de seu falecido soberano e assim impedir a anarquia e confusão que acompanham toda nova eleição, responderei que talvez esse motivo contribua parcialmente para esse efeito, mas que, sem um outro princípio, é impossível que o próprio motivo tivesse lugar. O interesse de uma nação requer que a sucessão à coroa seja determinada de uma maneira ou de outra; mas é indiferente a esse interesse de que modo ela é determinada. Assim, se a relação de consanguinidade não tivesse um efeito independente do interesse público, jamais teria sido levada em conta sem um direito positivo; e teria sido impossível que direitos positivos de tantas nações diferentes jamais pudessem ter as mesmas considerações e intenções.

14   Isso nos leva ao exame da *quinta* fonte de autoridade, a saber, o *direito positivo*, que ocorre quando a legislação estabelece uma certa forma de governo e de sucessão dos príncipes. À primeira vista, pode-se pensar que essa fonte deve se reduzir a algum dos direitos de autoridade anteriormente mencionados. O poder legislativo, de que deriva o direito positivo, tem de ter sido estabelecido por um contrato original, pela posse prolongada, pela posse atual, pela conquista ou pela sucessão; consequentemente, a força do direito positivo deve derivar de algum desses princípios. Mas nota-se aqui que, embora um direito positivo só possa derivar sua força desses princípios, não adquire toda a força do princípio de que deriva, mas perde uma parte considerável dessa força na transição, como seria natural imaginar.

Por exemplo: um certo governo se estabeleceu por muitos séculos com base em um determinado sistema de leis, formas e métodos de sucessão. Subitamente, o poder legislativo, estabelecido por essa longa sucessão, muda todo o sistema de governo e introduz em seu lugar uma nova constituição. Creio que poucos súditos se sentirão obrigados a consentir nessa alteração, a menos que ela tenha uma tendência evidente a promover o bem público; do contrário, sentir-se-ão livres para retornar ao antigo governo. A isso se deve a noção de *leis fundamentais*, que são consideradas inalteráveis pela vontade do soberano. Na *França*, entende-se que a *lei sálica* é dessa natureza. Nenhum governo determina até onde vão essas leis; nem seria possível fazê-lo. Existe uma gradação tão insensível das leis mais importantes às mais triviais, e das mais antigas às mais modernas, que seria impossível estabelecer limites ao poder legislativo e determinar até que ponto ele pode inovar nos princípios do governo. Essa tarefa cabe mais à imaginação e à paixão que à razão.

15 Quem examinar a história das diversas nações do mundo, suas revoluções, conquistas, ascensões e declínios, a maneira pela qual estabelecem seus governos particulares e transmitem o direito de sucessão de uma pessoa a outra, logo aprenderá a não dar tanta importância às disputas concernentes aos direitos dos príncipes, e se convencerá de que uma rígida adesão a regras gerais e a obediência estrita a pessoas e famílias particulares, a que alguns dão tanto valor, são virtudes que têm menos de razão que de fanatismo e superstição. Por esse aspecto, o estudo da história confirma os raciocínios da verdadeira filosofia, que, ao nos mostrar as qualidades originais da natureza humana, ensina-nos a ver as controvérsias políticas como impossíveis de solucionar na maioria dos casos, e como inteiramente subordinadas aos interesses da paz e da liberdade. Quando o bem público não exige claramente uma mudança, é certo que a concorrência de todos esses direitos – *contrato original, posse prolongada, posse atual, sucessão* e *direito positivo* – forma o mais forte direito à soberania, sendo corretamente visto como sagrado e inviolável. Mas quando esses di-

reitos se misturam e se opõem em diferentes graus, frequentemente causam perplexidade; e são menos suscetíveis de ser solucionados pelos argumentos de juristas e filósofos que pela espada dos soldados. Quem poderá me dizer, por exemplo, se era *Germânico* ou *Druso* que deveria suceder *Tibério*, caso este houvesse morrido enquanto ambos estavam vivos, sem ter nomeado um deles como seu sucessor? O direito obtido por adoção deveria ser aceito como equivalente ao da consanguinidade, em uma nação em que aquele tinha o mesmo efeito que este dentro das famílias, e em que já havia ocorrido em dois casos na vida pública? Deveria *Germânico* ser considerado o filho mais velho, por ter nascido antes de *Druso*, ou o mais jovem, por ter sido adotado após o nascimento de seu irmão? Deveria o direito do mais velho ser levado em conta em uma nação onde o primogênito não tinha nenhum privilégio nas sucessões privadas? Deveríamos considerar que o império *romano* de então era hereditário, porque houvera dois casos de sucessão hereditária, ou deveríamos considerá-lo, mesmo então, como pertencendo ao mais forte, ou ao possuinte presente, já que havia sido fundado sobre uma usurpação tão recente? Seja qual for o princípio que tomemos como base para responder a essas questões e a outras semelhantes, temo que nunca conseguiremos convencer um investigador imparcial, que não tome partido nas controvérsias políticas, e não se satisfaça com nada a não ser a boa razão e a filosofia.

16   Mas, neste ponto, o leitor *inglês* tenderá a perguntar a respeito daquela famosa *revolução* que teve uma influência tão feliz sobre nosso sistema político, e consequências tão importantes. Já observamos que, no caso de uma tirania e opressão atroz, é legítimo pegar em armas, mesmo contra o poder supremo; e que, como o governo é uma mera invenção humana com o objetivo de proporcionar um mútuo benefício e segurança às pessoas, deixa de impor uma obrigação, natural ou moral, quando não tem mais essa tendência. Mas, embora esse princípio *geral* seja sancionado pelo senso comum e pela prática de todos os tempos, é certamente impossível que as leis, ou sequer a

filosofia, estabeleçam regras *particulares* que nos permitam saber quando a resistência é legítima e resolver todas as controvérsias que possam surgir a respeito. Isso não acontece apenas no caso do poder supremo; também em alguns sistemas políticos em que o poder legislativo não está alojado em uma única pessoa, é possível haver um magistrado tão eminente e poderoso que obrigue as leis a silenciarem sobre essa questão. Esse silêncio não seria efeito apenas de seu *respeito*, mas também de sua *prudência*; pois é certo que, em meio à imensa variedade de circunstâncias que se apresentam em todos os governos, um exercício particular do poder por um magistrado tão importante pode ser ora benéfico para o público, ora nocivo e tirânico. Mas, não obstante esse silêncio das leis nas monarquias constitucionais, é certo que o povo conserva o direito à resistência, pois é impossível privá-lo desse direito, mesmo nos governos mais despóticos. A mesma necessidade de autopreservação e o mesmo motivo do bem público lhe dá igual liberdade nos dois casos. E podemos também observar que, nesses governos mistos, os casos em que a resistência é legítima devem ser muito mais frequentes que nos governos arbitrários, devendo haver uma tolerância muito maior para com os súditos que se defendem pela força das armas. Não apenas quando o magistrado supremo toma medidas em si mesmas extremamente nocivas para o público, mas também quando pretende usurpar as prerrogativas de outras autoridades e estender seu poder para além dos limites legais, é permitido resistir a ele e depô-lo, embora essa resistência e violência possam, no teor geral das leis, ser consideradas ilegais e subversivas. Porque, além de nada ser mais essencial ao interesse público que preservar a liberdade pública, é evidente que, uma vez que se suponha que um tal governo misto esteja estabelecido, toda parte ou membro da sociedade política deve ter direito à autodefesa e a manter seus antigos limites contra a usurpação de qualquer outra autoridade. Assim como a matéria teria sido criada em vão se fosse desprovida de um poder de resistência, sem o qual nenhuma de suas partes poderia preservar uma existência distinta, fundindo-se todas em um único ponto, assim também é um grande absurdo supor, em qualquer governo, um direito sem restrição, ou admitir que o poder supremo é partilhado com o povo sem admitir ao mesmo tempo que é legítimo o povo defender sua parte contra todo usurpador. Portanto, aqueles que afirmam respeitar a liberdade de nosso governo, mas negam o direito de resistência, renunciam a qualquer pretensão ao bom-senso, e não merecem uma resposta séria.

17   Não faz parte de meu propósito presente mostrar que esses princípios gerais são aplicáveis à recente *revolução*; e que todos os direitos e privilégios que deveriam ser sagrados para uma nação livre corriam naquele momento um perigo extremo. Prefiro abandonar esse tema controverso, se é que ele realmente admite controvérsia, e entregar-me a algumas reflexões filosóficas suscitadas naturalmente por esse importante acontecimento.

18   Em *primeiro* lugar, observemos que, se os *lordes* e os *comuns*, em nosso sistema político, sem nenhum motivo de interesse público, depusessem o rei ainda em vida, ou então, após sua morte, excluíssem o príncipe que, pelas leis ou pelo costume, deveria sucedê-lo, ninguém consideraria seu procedimento legítimo, nem pensaria estar obrigado a concordar com ele. Mas se o rei, em razão de suas práticas injustas ou de suas tentativas de estabelecer um poder tirânico e despótico, perdesse merecidamente o direito a sua autoridade legal, nesse caso, não apenas se tornaria moralmente legítimo e conforme à natureza da sociedade política destroná-lo, mas, além disso, tenderíamos também a pensar que os membros restantes da sociedade política adquirem o direito de excluir seu herdeiro próximo e de escolher como seu sucessor quem lhes agrade. Isso se baseia em uma qualidade bastante singular de nosso pensamento e imaginação. Quando um rei perde seu direito à autoridade, seu herdeiro deveria naturalmente ficar na mesma situação em que estaria se o rei fosse afastado por morte, a menos que tivesse tomado parte na tirania, perdendo assim, ele também, sua autoridade. Mas, embora isso possa parecer razoável, nós facilmente adotamos a opinião contrária. A deposição de um rei, em

um governo como o nosso, é certamente um ato que ultrapassa toda autoridade comum, pois supõe que se assuma ilegalmente, em vista do bem público, um poder que, no curso normal do governo, não pode caber a nenhum membro da sociedade política. Quando o bem público é tão grande e evidente a ponto de justificar tal ação, a louvável utilização dessa prerrogativa faz que naturalmente atribuamos ao *parlamento* o direito de tomar outras liberdades; e, uma vez os antigos limites legais tendo sido transgredidos com a aprovação geral, tendemos a não mais nos confinar tão rigidamente a seus limites precisos. É de maneira natural que a mente dá continuidade a qualquer série de ações já iniciada; e em geral não hesitamos acerca de nosso dever, após termos realizado uma ação, seja de que tipo for. Assim, na *revolução*, ninguém que tenha considerado justificável a deposição do pai pensava estar agora limitado a seu filho infante; mas, se o infeliz monarca houvesse morrido inocente, e se seu filho, por um acidente qualquer, houvesse sido levado para além-mar, não há dúvida de que teria sido escolhida uma regência provisória até que ele atingisse a maioridade e pudesse ser restaurado a seus domínios. Como as mais insignificantes propriedades da imaginação exercem um efeito sobre o juízo dos homens, é prova da sabedoria das leis e do parlamento tirar vantagem dessas propriedades e escolher os magistrados dentro ou fora da linha de sucessão, conforme o vulgo atribua mais naturalmente uma autoridade e um direito a um ou a outro.

19 Em *segundo* lugar, embora a subida ao trono do *Príncipe de Orange* possa de início ter dado ocasião a muitas disputas, e ainda que seu título possa ter sido contestado, agora seu direito não deveria mais parecer duvidoso, tendo já adquirido uma autoridade suficiente em virtude dos três príncipes que o sucederam no mesmo título. Nada é mais comum (embora, à primeira vista, nada pareça menos razoável) que esse modo de pensar. Os príncipes com frequência *parecem* adquirir um direito de seus sucessores, bem como de seus antepassados; e um rei que, durante sua vida, poderia merecidamente ser considerado um usurpador, será visto pela posteridade como um príncipe

legítimo, por ter tido a sorte de estabelecer sua família no trono, e por ter transformado inteiramente a antiga forma de governo. *Júlio César* é considerado o primeiro imperador *romano*, ao passo que *Sila* e *Mário*, que possuíam na realidade os mesmos direitos que ele, são tratados como usurpadores e tiranos. O tempo e o costume conferem autoridade a todas as formas de governo e a todas as dinastias de príncipes; e o poder que de início se fundava apenas na injustiça e na violência se torna, com o tempo, legítimo e obrigatório. Mas a mente não para aqui; retornando sobre seus passos, ela transfere a seus predecessores e antepassados o direito que atribui naturalmente à posteridade, por estarem relacionados e unidos na imaginação. O atual rei da *França* faz de *Hugo Capeto* um príncipe mais legítimo que *Cromwell*, assim como a liberdade estabelecida entre os *holandeses* é uma boa desculpa para sua obstinada resistência contra *Felipe II*.

Seção 11
Do direito internacional

1   Uma vez que um governo civil se estabeleceu entre a maior parte dos homens, e uma vez que diferentes sociedades se formaram umas ao lado das outras, surge um novo conjunto de deveres entre os Estados vizinhos, apropriado à natureza do comércio que mantêm entre si. Os autores de escritos políticos dizem-nos que em todo tipo de intercâmbio um corpo político deve ser considerado como uma pessoa. Essa afirmação é correta um certo ponto; de fato, nações diferentes, como as pessoas privadas, necessitam de uma assistência mútua, ao mesmo tempo em que seu egoísmo e ambição são fontes perpétuas de guerras e discórdias. Mas, embora, quanto a esse ponto particular, as nações se assemelhem a indivíduos, elas são muito diferentes destes sob outros aspectos, e não é de admirar que sejam reguladas por máximas diferentes, e criem um novo conjunto de regras, que denominamos de *direito internacional*. Entre estas, podemos incluir a imunidade dos embaixadores, a declaração de guerra, a

abstenção de armas envenenadas e outros deveres do mesmo gênero, que são evidentemente projetados para o relacionamento peculiar entre diferentes sociedades.

2   Mas, embora essas regras se acrescentem ao direito natural, não o abolem inteiramente; pode-se afirmar com segurança que as três regras fundamentais da justiça (a estabilidade da posse, sua transferência por consentimento e o cumprimento das promessas) são deveres tanto de príncipes como de súditos. O mesmo interesse produz igual efeito em ambos os casos. Ali onde a posse não tem estabilidade, certamente haverá uma guerra perpétua. Onde a propriedade não é transferida por consentimento, não pode haver comércio. Onde as promessas não são cumpridas, ligas ou alianças não podem existir. As vantagens da paz, do comércio e do auxílio mútuo, portanto, fazem-nos estender aos diferentes reinos as mesmas noções de justiça que têm lugar entre os indivíduos.

3   Existe uma máxima muito comum em nosso mundo, que poucos políticos querem admitir, mas que é referendada pela prática de todas as épocas: *que há um sistema de moral concebido especialmente para os príncipes, e muito mais livre que aquele que deve governar as pessoas privadas*. É evidente que não se deve com isso entender que a aplicação dos deveres e das obrigações públicas tenha naquele caso uma menor *extensão*; ninguém pode ser tão extravagante a ponto de afirmar que os tratados mais solenes não deveriam ter valor algum entre príncipes. Pois, como estes de fato firmam tratados uns com os outros, devem propor a obtenção de algum benefício por seu cumprimento; e a perspectiva desse benefício futuro deve levá-los a cumprir sua parte, estabelecendo essa lei natural. O sentido dessa máxima política é, portanto, que, embora a moral dos príncipes tenha a mesma *extensão*, não tem a mesma *força* que a das pessoas privadas, podendo ser legitimamente transgredida por um motivo mais fútil. Por mais chocante que essa proposição possa parecer a certos filósofos, é fácil defendê-la com base nos princípios que nos permitiram explicar a origem da justiça e da equidade.

4   Uma vez os homens tendo descoberto, por experiência, que é impossível sobreviver sem a sociedade, e é impossível manter a sociedade enquanto dão plena liberdade a seus apetites, um interesse tão urgente rapidamente restringe suas ações e impõe a obrigação de observar aquelas leis que chamamos de *leis da justiça*. Mas essa obrigação, motivada pelo interesse, não fica por aqui; em virtude do curso necessário das paixões e sentimentos, ela gera a obrigação moral do dever, que ocorre quando aprovamos as ações que tendem a promover a paz da sociedade, e desaprovamos as que tendem a perturbá-la. A mesma obrigação *natural* movida pelo interesse tem lugar entre reinos independentes, e origina a mesma *moral*; de modo que ninguém pode ser moralmente tão corrupto a ponto de aprovar um rei que, por sua própria vontade e consentimento, quebra sua palavra ou viola um tratado. Mas aqui podemos observar que, embora o intercâmbio entre diferentes Estados seja vantajoso, e às vezes até necessário, não é tão necessário nem tão vantajoso quanto o intercâmbio entre os indivíduos, sem o qual é inteiramente impossível à natureza humana subsistir. Portanto, como a obrigação *natural* à justiça entre diferentes Estados não é tão forte quanto a existente entre os indivíduos, a obrigação *moral*, dela decorrente, deve partilhar de sua fraqueza; e devemos necessariamente ser mais indulgentes com um príncipe ou com um ministro que engana um outro do que com um cavalheiro que quebra sua palavra de honra.

5   Caso se perguntasse *qual a proporção entre essas duas espécies de moralidade*, eu responderia que essa é uma questão a que jamais poderemos responder com precisão, pois é impossível reduzir a números a proporção que devemos manter entre elas. Pode-se afirmar com segurança que essa proporção se encontra por si própria, sem a necessidade de arte ou estudo por parte dos homens, como podemos observar em muitos outros casos. A vida prática vai mais longe, ao nos ensinar quais os graus de nosso dever, que a mais sutil filosofia já inventada. Isso pode servir como uma prova convincente de que todos os homens têm uma noção implícita do fundamento dessas regras morais con-

cernentes à justiça natural e civil, e percebem que elas derivam unicamente das convenções humanas e do interesse que temos na preservação da paz e da ordem. Porque, de outro modo, a diminuição do interesse nunca produziria um relaxamento da moral, nem nos faria aceitar mais facilmente as transgressões da justiça ocorridas entre príncipes e repúblicas que as ocorridas nas relações privadas entre súditos.

Seção 12
Da castidade e da modéstia

1   Se este sistema concernente ao direito natural e ao direito internacional apresentar alguma dificuldade, será em relação à aprovação ou à censura universal que acompanham sua observância ou transgressão, e que alguns podem pensar não ter sido suficientemente explicadas com base nos interesses gerais da sociedade. Para eliminar, tanto quanto possível, qualquer dúvida desse gênero, examinarei aqui um outro par de virtudes, a saber, a *modéstia* e a *castidade* que convêm ao belo sexo. Estou seguro de que essas virtudes mostrar-se-ão exemplos ainda mais evidentes da operação daqueles princípios sobre os quais tanto insisti.

2   Alguns filósofos atacam com grande veemência as virtudes femininas, e imaginam ter feito um grande progresso na descoberta dos erros populares quando podem mostrar que não há um fundamento natural para toda aquela modéstia exterior que exigimos nas expressões, no modo de vestir e no comportamento do belo sexo. Creio que posso me poupar o trabalho de insistir em um assunto tão óbvio; por isso passarei, sem mais preâmbulos, ao exame da maneira como essas noções decorrem da educação, das convenções voluntárias dos homens e do interesse da sociedade.

3   Quem quer que considere a grande duração e a fragilidade da infância humana, juntamente com a preocupação que ambos os sexos mostram por seus filhos, perceberá facilmente que deve haver uma

união entre o homem e a mulher na educação dos jovens, e que essa união deve ter uma duração considerável. Mas, para que os homens se convençam a impor a si mesmos essa restrição e suportem alegremente todo o trabalho e sacrifício a que ela os submete, têm de acreditar que os filhos são seus e, quando dão vazão a seu amor e ternura, que seu instinto natural não está sendo direcionado para o objeto errado. Ora, se examinarmos a estrutura do corpo humano, veremos que essa segurança é muito difícil de se alcançar de nosso lado; e como, durante a cópula, o princípio da geração passa do homem para a mulher, é fácil ocorrer um erro do lado do primeiro, embora isso seja inteiramente impossível no caso desta última. É dessa banal observação anatômica que deriva a ampla diferença na educação e nos deveres dos dois sexos.

4   Se um filósofo examinasse a questão *a priori*, raciocinaria da seguinte maneira. Os homens são levados a trabalhar para o sustento e a educação de seus filhos, por estarem persuadidos de que esses filhos são de fato seus; por isso, é razoável e mesmo necessário dar a eles alguma segurança quanto a isso. Essa segurança não pode vir exclusivamente da imposição de severas punições a toda transgressão da fidelidade conjugal por parte da esposa, uma vez que essas punições públicas só podem ser aplicadas com provas legais, que são difíceis de se obter nesse caso. Que restrição, portanto, imporemos às mulheres, para contrabalançar sua tão grande tentação à infidelidade? Parece que a única restrição possível é a punição da má fama e reputação, punição esta que tem grande influência sobre a mente humana e, ao mesmo tempo, pode ser aplicada com base em suspeitas, conjeturas e provas que nunca seriam aceitas em um tribunal. Portanto, para impor a devida restrição ao sexo feminino, temos de vincular um grau determinado de vergonha a sua infidelidade, superior ao que decorre unicamente da injustiça desta, ao mesmo tempo fazemos elogios proporcionais a sua castidade.

5   Embora este seja um motivo bastante forte para a fidelidade, porém, nosso filósofo rapidamente descobriria que, por si só, ele seria insuficiente para esse propósito. Todas as criaturas humanas, sobretu-

do as do sexo feminino, tendem a menosprezar motivos remotos em favor de qualquer tentação presente. Ora, neste caso a tentação é a mais forte que se possa imaginar; suas investidas são imperceptíveis e sedutoras; e as mulheres facilmente descobrem, ou têm a ilusão de que descobrirão, meios certos de assegurar sua boa reputação, bem como de evitar todas as perniciosas consequências de seus prazeres. Portanto, é necessário que, além da má fama que acompanha tais licenciosidades, haja algum retraimento ou temor que possa impedir já suas primeiras tentações, dando ao sexo feminino uma repulsa por todas as expressões, atitudes e liberdades que tenham uma relação imediata com esse prazer.

6   Assim seriam os raciocínios de nosso filósofo especulativo. Mas estou convencido de que, se não tivesse um conhecimento perfeito da natureza humana, ele tenderia a vê-los como meras especulações quiméricas, e consideraria a desonra que acompanha a infidelidade, bem como a relutância em aceitar suas investidas, como princípios que deveríamos antes desejar que esperar encontrar no mundo. Pois, como persuadir os homens, diria ele, de que as transgressões do dever conjugal são mais desonrosas que qualquer outro tipo de injustiça, quando é evidente que são mais perdoáveis, em razão da força da tentação? E como seria possível produzir uma relutância em relação às investidas de um prazer para o qual a natureza nos deu uma inclinação tão forte, e uma inclinação que, afinal, é absolutamente necessário satisfazer, pelo bem da conservação da espécie?

7   Mas os raciocínios especulativos, que tanto esforço custam aos filósofos, com frequência são formados naturalmente pelas pessoas, sem necessitar de reflexão, assim como, na prática, vencem-se facilmente dificuldades que parecem insuperáveis na teoria. Aqueles que têm interesse na fidelidade das mulheres desaprovam naturalmente sua infidelidade e tudo que leva a ela. Os que não têm interesse vão com a corrente e também tendem a sentir uma simpatia pelo interesse geral da sociedade. A educação se apossa das maleáveis mentes do belo sexo desde sua infância. E quando uma regra geral desse tipo se

estabelece, os homens tendem a estendê-la para além dos princípios que a originaram. Assim, por exemplo, os homens solteiros, por mais depravados que sejam, não podem deixar de se sentir chocados diante de exemplos de indecência e atrevimento nas mulheres. E embora todas essas máximas tenham uma clara relação com a geração, as mulheres que já passaram da idade de procriar não têm, quanto a isso, mais privilégio que aquelas que se encontram na flor de sua juventude e beleza. Os homens possuem indubitavelmente uma noção implícita de que todas essas ideias de modéstia e decência têm uma relação com a geração, pois não impõem as mesmas leis, *com a mesma força*, ao sexo masculino, ao qual essa razão não se aplica. A exceção nesse caso é evidente e aplicável a todos os homens, e se funda em uma diferença facilmente apreciável, que produz uma clara separação e disjunção entre as ideias. Mas não é este o caso do que ocorre com as diferentes idades das mulheres e, por essa razão, embora os homens saibam que essas noções estão fundadas no interesse público, a regra geral nos leva a ultrapassar o princípio original, fazendo-nos estender as noções de modéstia para a totalidade do sexo feminino, desde sua mais tenra infância até a mais extrema velhice e enfermidade.

8   A coragem, que é o ponto de honra entre os homens, extrai seu mérito, em grande medida, do artifício, assim como a castidade das mulheres – embora também tenha algum fundamento na natureza, como veremos adiante.

9   Quanto às obrigações que pesam sobre o sexo masculino com relação à castidade, podemos observar que, de acordo com as noções gerais das pessoas, essas obrigações mantêm aproximadamente a mesma proporção, em relação às das mulheres, que as obrigações do direito internacional mantêm em relação às do direito natural. É contrário ao interesse da sociedade civil que os homens tenham *total* liberdade de satisfazer seus apetites venéreos. Mas como esse interesse é mais fraco que no caso do sexo feminino, a obrigação moral dele decorrente deve ser proporcionalmente mais fraca. Para provar essa afirmação, basta recorrer à prática e aos sentimentos de todas as épocas e nações.

Parte 3
Das outras virtudes e vícios

Seção 1
Da origem das virtudes e dos vícios naturais

1   Passamos agora ao exame daquelas virtudes e vícios que são inteiramente naturais e independentes do artifício e da invenção dos homens. Seu exame concluirá este sistema da moral.

2   O principal motor ou princípio de ação da mente humana é o prazer e a dor; e quando essas sensações são retiradas de nosso pensamento e sentimento [*feeling*], ficamos, em grande medida, incapazes de paixão ou ação, de desejo ou volição. Os efeitos mais imediatos do prazer e da dor são os movimentos de propensão e de aversão da mente, que se diversificam em volição, em desejo e aversão, tristeza e alegria, esperança e medo, conforme o prazer ou a dor vão mudando de situação e se tornando prováveis ou improváveis, certos ou incertos, ou conforme os consideremos como estando fora de nosso alcance no momento presente. Quando, porém, juntamente com isso, os objetos que causam prazer ou dor adquirem uma relação conosco ou com outros, eles, ao mesmo tempo que continuam a excitar desejo e aversão, tristeza e

alegria, causam também as paixões indiretas de orgulho ou humildade, amor ou ódio, que nesse caso têm uma dupla relação, de impressões e de ideias, com a dor ou com o prazer.

3   Já observamos que as distinções morais dependem inteiramente de certos sentimentos peculiares de dor e prazer, e que toda qualidade mental, existente em nós ou nos outros, que nos dê uma satisfação quando a consideramos ou refletimos sobre ela será naturalmente virtuosa, assim como toda coisa dessa natureza que nos provoque um desconforto será viciosa. Ora, uma vez que toda qualidade que dá prazer produz orgulho, quando localizada em nós, e amor, quando localizada nos outros, e toda qualidade que produz desconforto desperta humildade, quando localizada em nós, e ódio, quando nos outros, segue-se que esses dois pontos devem ser considerados equivalentes no que diz respeito às nossas qualidades mentais: a *virtude* equivale ao poder de produzir amor ou orgulho, e o *vício*, ao poder de produzir humildade ou ódio. Em todos os casos, portanto, devemos julgar a virtude ou o vício por esse poder; assim, podemos declarar que uma qualidade da mente é virtuosa quando causa amor ou orgulho; e viciosa, quando causa ódio ou humildade.

4   Se uma *ação* é virtuosa ou viciosa, é apenas enquanto signo de alguma qualidade ou caráter. Tem que depender de princípios mentais duradouros, que se estendem por toda a conduta, compondo parte do caráter pessoal. As ações que não procedem de nenhum princípio constante não influenciam o amor ou o ódio, o orgulho ou a humildade; e, consequentemente, nunca são levadas em conta na moral.

5   Essa reflexão é autoevidente, e merece ser levada em conta, por ser da maior importância neste assunto. Em nossas investigações acerca da origem da moral, nunca devemos considerar uma ação isolada, mas apenas a qualidade ou caráter dos quais a ação procede. Apenas estes são *duradouros* o bastante para afetar nossos sentimentos sobre a pessoa. É verdade que as ações são melhores indicadores de um caráter que as palavras, ou mesmo que desejos ou sentimentos; mas é

só enquanto indicadores que elas se fazem acompanhar de amor ou ódio, elogio ou censura.

6   Para descobrirmos a verdadeira origem da moral, e do amor ou do ódio despertados por certos atributos mentais, teremos de investigar profundamente o problema e comparar alguns princípios que já foram examinados e explicados.

7   Podemos começar considerando novamente a natureza e a força da *simpatia*. As mentes de todos os homens são similares em seus sentimentos [*feelings*] e operações; ninguém poder ser movido por um afeto que não possa ocorrer também nas outras pessoas, seja em que grau for. Como cordas afinadas no mesmo tom, em que o movimento de uma se comunica às outras, todos os afetos passam prontamente de uma pessoa a outra, produzindo movimentos correspondentes em todas as criaturas humanas. Quando vejo os *efeitos* da paixão na voz e nos gestos de alguém, minha mente passa imediatamente desses efeitos a suas causas, e forma uma ideia tão viva da paixão, que essa ideia logo se converte na própria paixão. De maneira semelhante, quando percebo as *causas* de uma emoção, minha mente é transportada a seus efeitos, sendo movida por uma emoção semelhante. Se eu presenciasse uma das mais terríveis operações cirúrgicas, por certo, antes mesmo de ela começar, a preparação dos instrumentos, a arrumação das bandagens, o aquecimento dos ferros, com todos os sinais de ansiedade e preocupação no paciente e nos assistentes, teriam um grande efeito em minha mente, despertando os mais fortes sentimentos de piedade e terror. Nenhuma paixão alheia se revela imediatamente à nossa mente. Somos sensíveis apenas a suas causas ou efeitos. É *desses* que inferimos a paixão; consequentemente, são *eles* que geram nossa simpatia.

8   Nosso sentido do belo depende enormemente desse princípio; quando um certo objeto tem uma tendência a produzir prazer naquele que o possui, é sempre visto como belo; e um objeto que tende a produzir desprazer é desagradável e disforme. Assim, a comodidade de uma casa, a fertilidade de um campo, a força de um cavalo, a capa-

cidade, segurança e velocidade de uma embarcação formam a principal beleza desses diversos objetos. Nesses casos, o objeto que chamamos de belo agrada apenas por sua tendência a produzir um certo efeito. Esse efeito é o prazer ou o benefício que traz para outra pessoa. Ora, o prazer de um estranho, por quem não temos nenhuma amizade, agrada-nos somente por simpatia. É a esse princípio, portanto, que se deve a beleza que encontramos em tudo que é útil. Se refletirmos um pouco, descobriremos facilmente quão importante é essa parte da beleza. Sempre que um objeto tenha uma tendência a produzir prazer em quem o possui, ou, em outras palavras, quando é uma *causa* própria de prazer, ele seguramente agradará ao espectador, por uma sutil simpatia com o possuinte. A maioria das obras da arte humana são consideradas belas quando adequadas ao uso dos homens; aliás, muitas das produções da natureza derivam sua beleza dessa fonte. Em muitos casos, belo e atraente não são qualidades absolutas, mas relativas, e nos agradam exclusivamente por sua tendência a produzir um fim que é agradável.[1]

9   Esse mesmo princípio produz, em muitos casos, nossos sentimentos morais, assim como os do belo. Nenhuma virtude é mais apreciada que a justiça, e nenhum vício mais detestado que a injustiça; tampouco existe uma qualidade que determine mais um caráter como digno de amor ou de ódio. Ora, a justiça só é uma virtude moral porque tem essa tendência para o bem da humanidade; e, na verdade, não é senão uma invenção artificial com esse propósito. Pode-se dizer o mesmo da obediência civil, do direito internacional, da modéstia e das boas maneiras. Todas essas são meras invenções humanas que visam ao interesse da sociedade. Seus inventores tinham em vista sobretudo seu próprio interesse. Mas nós estendemos nossa aprova-

---

1 *Decentior equus cujus astricta sunt ilia; sed idem velocior. Pulcher aspectu sit athleta, cujus lacertos exercitatio expressit; idem certamini paratior. Nunquam vero species ab utilitate dividitur. Sed hoc quidem discernere, modici judicii est.* Quinct. lib. 8. [Quintiliano, *De Institutione Oratoria*, livro VIII, cap. 3.: "O cavalo de flancos estreitos é mais formoso, mas também mais veloz. O atleta cujos músculos se tornaram pronunciados graças ao exercício tem o aspecto mais belo, mas também está mais bem preparado para a luta. Na verdade, a *aparência* nunca está separada da *utilidade*. Mas para discernir essa relação basta um juízo mediano." (N.T.)]

ção dessas invenções até os países e as épocas mais distantes, muito além de nosso próprio interesse. E como sempre se fizeram acompanhar de um sentimento muito forte de moralidade, devemos admitir que basta refletirmos sobre a tendência de um caráter ou qualidade mental para que experimentemos os sentimentos de aprovação e censura. Ora, como o meio para se obter um fim só pode ser agradável quando o fim é agradável; e como o bem da sociedade, quando nosso próprio interesse ou o de nossos amigos não está envolvido, só agrada por simpatia, essa simpatia é a fonte do apreço que temos por todas as virtudes artificiais.

10   Vemos, assim, *que* a simpatia é um princípio muito poderoso da natureza humana, *que* influencia enormemente nosso gosto do belo, e *que* produz nosso sentimento da moralidade em todas as virtudes artificiais. Baseando-nos nisso, podemos supor que é ela também que dá origem a muitas das outras virtudes, e que certas qualidades obtêm nossa aprovação em virtude de sua tendência para promover o bem da humanidade. Essa suposição se torna necessariamente uma certeza quando descobrimos que a maior parte dessas qualidades que *naturalmente* aprovamos têm de fato essa tendência, e tornam os homens bons membros da sociedade; ao passo que as qualidades que *naturalmente* desaprovamos têm uma tendência contrária, e tornam qualquer relacionamento com a pessoa perigoso ou desagradável. Porque, tendo descoberto que essas tendências são fortes o suficiente para produzir os mais fortes sentimentos morais, não seria razoável, nesses casos, buscar outra causa para nossa aprovação ou censura – pois trata-se de uma máxima inviolável da filosofia que, quando uma causa particular é suficiente para explicar um efeito, devemos ficar satisfeitos com ela, em vez de multiplicar causas sem necessidade. Realizamos com sucesso alguns experimentos acerca das virtudes artificiais, em que a tendência das qualidades para o bem da sociedade era a *única* causa de nossa aprovação, sem que pudéssemos suspeitar da concorrência de outros princípios. Isso nos ensina a força daquele princípio. E sempre que ele pode se aplicar, e a qualidade aprovada é realmente

benéfica para a sociedade, um verdadeiro filósofo nunca exigirá outro princípio para explicar a mais intensa aprovação e apreço.

11   Ninguém pode duvidar de que muitas das virtudes naturais têm essa tendência para o bem da sociedade. Docilidade, beneficência, caridade, generosidade, clemência, moderação e equidade ocupam o lugar de maior destaque entre as qualidades morais, e são comumente denominadas as virtudes *sociais*, para marcar sua tendência para o bem da sociedade. Tanto é assim que alguns filósofos chegaram a representar todas as distinções morais como efeitos do artifício e da educação: políticos habilidosos teriam se utilizado das noções de honra e vergonha para tentar conter as turbulentas paixões dos homens e fazê-los agir para o bem público. Entretanto, esse sistema não é coerente com a experiência. Pois, *primeiramente*, existem outras virtudes e vícios além daqueles que apresentam essa tendência para o benefício ou para o prejuízo do público. Em *segundo* lugar, se os homens não tivessem um sentimento natural de aprovação e reprovação, este nunca poderia ser despertado pelos políticos; e as palavras *louvável, elogiável, condenável* e *odioso* seriam tão pouco inteligíveis como se pertencessem a uma língua inteiramente desconhecida de nós, como já observamos. Mas, embora esse sistema seja falso, pode nos ensinar que as distinções morais surgem, em grande parte, da tendência das qualidades e dos caracteres para promover o interesse da sociedade, e é nossa consideração por esse interesse que faz com que os aprovemos ou desaprovemos. Ora, só temos essa consideração ampla pela sociedade em virtude da simpatia; consequentemente, é esse princípio que nos leva a sair de nós mesmos, proporcionando-nos tanto prazer ou desprazer diante de caracteres que sejam úteis ou nocivos para a sociedade quanto teríamos se eles favorecessem nosso próprio benefício ou prejuízo.

12   A única diferença entre as virtudes naturais e a justiça está em que o bem resultante das primeiras deriva de cada ato isolado, sendo objeto de alguma paixão natural; ao passo que um ato singular de justiça, considerado isoladamente, pode muitas vezes ser contrário ao

bem público; o que é vantajoso é apenas a concorrência de todos os homens em um esquema ou sistema geral de ações. Quando reconforto pessoas que passam por algum sofrimento, o motivo que me leva a fazê-lo é meu respeito humano natural; e até onde vai meu auxílio, estarei promovendo a felicidade de meus semelhantes. Se examinarmos, no entanto, todos os casos que se apresentam diante dos tribunais de justiça, veremos que, considerando-se cada um separadamente, tomar uma decisão contrária às leis da justiça seria com igual frequência um exemplo de humanitarismo quanto tomar uma decisão conforme a elas. Os juízes tiram do pobre para dar ao rico; conferem ao vagabundo os frutos do esforço do trabalhador; e põem nas mãos do depravado os meios de causar danos a si mesmo e aos demais. Entretanto, o conjunto do sistema do direito e da justiça é vantajoso para a sociedade e para cada indivíduo; e foi tendo em vista essa vantagem que os homens o estabeleceram, por meio de suas convenções voluntárias. Após ter sido estabelecido por essas convenções, tal sistema se faz *naturalmente* acompanhar de um forte sentimento de moralidade, que só pode provir de nossa simpatia com os interesses da sociedade. Não precisamos de outra explicação para compreender esse apreço que acompanha as virtudes naturais que tendem a promover o bem público.

13   Devo ainda acrescentar que há diversas circunstâncias que tornam essa hipótese muito mais provável em relação às virtudes naturais que em relação às artificiais. É certo que a imaginação é mais afetada pelo particular que pelo geral; e é sempre mais difícil estimular os sentimentos quando seus objetos são, em uma certa medida, vagos e indeterminados. Ora, nem todo ato particular de justiça é benéfico para a sociedade, mas apenas o conjunto do plano ou sistema; da mesma forma, talvez não seja toda pessoa individual por quem temos uma preocupação que é beneficiada pela justiça, mas apenas a sociedade como um todo. Ao contrário, todo ato particular de generosidade ou de ajuda ao trabalhador e ao necessitado é benéfico; e é benéfico para uma pessoa particular que de fato o merece. Por isso, é mais

natural pensar que as tendências desta última virtude, e não as da primeira, afetarão nossos sentimentos e inspirarão nossa aprovação; e portanto, já que constatamos que a aprovação da primeira deriva de suas tendências, podemos, com ainda mais razão, atribuir a mesma causa à aprovação desta última. Se, em meio a um determinado número de efeitos similares, pudermos descobrir a causa de um deles, deveremos aplicar essa causa a todos os outros efeitos que possam ser explicados por ela; porém mais ainda se esses outros efeitos estiverem acompanhados de circunstâncias peculiares, que facilitem a operação dessa causa.

14 Antes de seguir adiante, devo observar a esse respeito duas circunstâncias dignas de nota, que poderiam ser vistas como objeções ao presente sistema. A primeira explica-se do seguinte modo. Quando uma qualidade ou caráter tem uma tendência a promover o bem da humanidade, ela nos agrada, e por isso a aprovamos, uma vez que apresenta a ideia vívida de prazer, que nos afeta por simpatia e é em si mesma uma espécie de prazer. Mas como essa simpatia é muito variável, pode-se pensar que nossos sentimentos morais têm de admitir as mesmas variações. Simpatizamos mais com as pessoas que estão próximas a nós que com as que estão distantes; simpatizamos mais com nossos conhecidos que com estranhos; mais com nossos conterrâneos que com estrangeiros. Mas, apesar dessas variações de nossa simpatia, damos a mesma aprovação às mesmas qualidades morais, seja na *China*, seja na *Inglaterra*. Essas qualidades parecem igualmente virtuosas e inspiram o mesmo apreço em um espectador judicioso. Nossa estima, portanto, não procede da simpatia.

15 A isso respondo: a aprovação das qualidades morais com toda certeza não é derivada da razão ou de uma comparação de ideias; procede inteiramente de um gosto moral e de certos sentimentos de prazer ou desgosto que surgem da contemplação e da visão de qualidades ou caracteres particulares. Ora, é evidente que esses sentimentos, seja qual for sua origem, devem variar de acordo com a distância ou proximidade dos objetos; não posso sentir um prazer igualmente

vívido pelas virtudes de uma pessoa que viveu na Grécia há dois mil anos e pelas de um amigo de longa data. Todavia, não digo que sinto mais apreço por um que por outro; e portanto, se for uma objeção o fato de que o sentimento varia sem que haja uma variação do apreço, essa objeção deve ter a mesma força contra qualquer outro sistema além deste da simpatia. Mas, se considerarmos corretamente a questão, veremos que essa objeção não tem força alguma; aliás, é a questão mais fácil do mundo de se explicar. Nossa situação, tanto no que se refere a pessoas como a coisas, sofre uma flutuação contínua; um homem distante de nós pode, dentro de pouco tempo, tornar-se um conhecido íntimo. Além disso, cada homem particular ocupa uma posição peculiar em relação aos outros; e seria impossível conseguir conversar com alguém em termos razoáveis, se cada um de nós considerasse os caracteres e as pessoas somente tais como nos aparecem de nosso ponto de vista particular. Portanto, para impedir essas contínuas *contradições* e chegarmos a um julgamento mais *estável* das coisas, fixamo-nos em algum ponto de vista *firme* e *geral*; e, em nossos pensamentos, sempre nos situamos nesse ponto de vista, qualquer que seja nossa situação presente. Da mesma forma, a beleza externa é determinada meramente pelo prazer; e é evidente que um belo semblante não pode proporcionar o mesmo prazer quando contemplado a uma distância de vinte passos do que se a pessoa se aproxima de nós. Não dizemos, entretanto, que ela nos parece menos bela, pois sabemos que efeito terá nessa posição e, por meio dessa reflexão, corrigimos sua aparência momentânea.

16 Em geral, todos os sentimentos de censura ou aprovação são variáveis, de acordo com nossa situação de proximidade ou de distância em relação à pessoa censurada ou elogiada, e de acordo também com a disposição presente da mente. Mas, em nossas decisões gerais, não levamos em conta essas variações, embora continuemos aplicando termos que expressam nosso agrado ou desagrado, exatamente como se permanecêssemos em um único ponto de vista. A experiência logo nos ensina esse método de corrigir nossos sentimentos, ou, ao me-

nos, de corrigir nossa linguagem, se os sentimentos são mais obstinados e inflexíveis. Nosso criado, quando esforçado e leal, pode despertar sentimentos mais fortes de amor e afeição que os despertados por *Marcus Brutus*, tal como a história o representa; mas nem por isso dizemos que o caráter do primeiro é mais louvável que o do segundo. Sabemos que, se nos aproximássemos igualmente daquele famoso patriota, ele nos inspiraria um grau muito superior de afeição e admiração. Correções como essa são comuns para todos os sentidos; na verdade, seria impossível fazer uso da linguagem, ou comunicar nossos sentimentos uns aos outros, se não corrigíssemos as aparências momentâneas das coisas, desprezando nossa situação presente.

17   É, portanto, pela influência que o caráter ou as qualidades de uma pessoa exercem sobre aqueles que têm algum relacionamento com ela que a censuramos ou elogiamos. Não consideramos se aqueles que são afetados por essas qualidades são nossos conhecidos ou estranhos, nossos conterrâneos ou estrangeiros. Mais ainda, desprezamos nosso próprio interesse nesses juízos gerais, e não censuramos um homem por se opor a um de nossos propósitos quando seu próprio interesse está particularmente em jogo. Toleramos um certo grau de egoísmo nos homens, porque sabemos que isso é algo inseparável da natureza humana, e inerente à nossa estrutura e constituição. Por meio dessa reflexão, corrigimos aqueles sentimentos de censura que surgem tão naturalmente diante de qualquer oposição.

18   Mas, embora o princípio geral de nossa condenação ou elogio possa ser corrigido por esses outros princípios, é certo que estes não são completamente eficazes, e nossas paixões com frequência não correspondem de todo à presente teoria. É raro que os homens amem ardentemente aquilo que está longe deles e que de nenhum modo reverte para seu benefício particular; e é igualmente raro encontrar pessoas que sejam capazes de perdoar alguém que se opõe a seus interesses, por mais justificável que essa oposição possa ser segundo as regras gerais da moral. Nesse caso, contentamo-nos em dizer que a

razão exige essa conduta imparcial, mas que raramente conseguimos nos conformar com ela, já que nossas paixões não seguem facilmente a determinação de nosso juízo. Será fácil compreender essa maneira de falar, se considerarmos aquilo que dissemos anteriormente a respeito dessa *razão* que é capaz de se opor a nossas paixões, e que descobrimos não ser senão uma determinação calma e geral das paixões, fundada em uma visão ou reflexão distante. Quando nossos juízos sobre as pessoas se baseiam unicamente na tendência de seu caráter a beneficiar a nós ou a nossos amigos, a sociedade e o convívio social contradizem a tal ponto nossos sentimentos, e as incessantes mudanças de nossa situação produzem em nós uma tal incerteza, que buscamos algum outro critério para o mérito e o demérito, que não admita tanta variação. Assim desligados de nossa primeira atitude, o meio mais conveniente que temos de nos determinar novamente é por uma simpatia com aqueles que têm um relacionamento com a pessoa que estamos considerando. Essa simpatia está longe de ser tão vívida quanto a que sentíamos quando o que estava em jogo era nosso próprio interesse ou o de nossos amigos particulares; nem influencia tanto nosso amor e ódio. Mas como é igualmente conforme a nossos princípios calmos e gerais, diz-se que tem igual autoridade sobre nossa razão, comandando nosso juízo e opinião. Censuramos tanto aquela má ação sobre a qual lemos nos livros de história quanto a que foi praticada outro dia em nossa vizinhança. Isso significa que sabemos, pela reflexão, que a primeira ação despertaria sentimentos tão fortes de desaprovação quanto a última, caso estivesse na mesma situação.

19 Passo agora à *segunda* circunstância digna de nota que me propus analisar. Quando uma pessoa possui um caráter cuja tendência natural é benéfica para a sociedade, consideramo-la virtuosa, e deleitamo-nos com a contemplação de seu caráter, mesmo que acidentes particulares impossibilitem sua ação, impedindo-a de servir a seus amigos e a seu país. A virtude em andrajos ainda é virtude; e continua inspirando amor mesmo que o homem esteja preso em um calabouço ou

perdido no deserto, onde ela não pode mais se exercer por meio de ações, estando perdida para o mundo. Ora, isso pode ser considerado uma objeção ao presente sistema. A simpatia nos dá um interesse pelo bem da humanidade; e se fosse a simpatia a fonte de nosso apreço pela virtude, esse sentimento de aprovação só poderia ter lugar nos casos em que a virtude efetivamente atingisse seu fim e fosse benéfica para a humanidade. Quando não consegue alcançar seu fim, ela seria apenas um meio imperfeito; e, portanto, nunca poderia adquirir um mérito em razão desse fim. A bondade de um fim só poderia conferir um mérito aos meios que se completam e realmente produzem esse fim.

20   A isso podemos replicar que, quando um objeto, por todas as suas partes, é adequado para se alcançar um fim agradável, ele nos proporciona naturalmente um prazer, e é considerado belo, ainda que faltem certas circunstâncias externas para torná-lo inteiramente eficaz. É suficiente que o próprio objeto esteja completo. Uma casa planejada com grande critério para proporcionar todas as comodidades da vida nos agrada por esse motivo, mesmo que saibamos que ninguém jamais irá morar nela. Um solo fértil e um clima ameno aprazem-nos quando pensamos na felicidade que proporcionariam aos habitantes, embora neste momento a região esteja deserta e desabitada. Um homem cujos membros e forma física prometem força e atividade é considerado belo, mesmo condenado à prisão perpétua. A imaginação tem um conjunto próprio de ações, de que dependem em grande medida nossos sentimentos do belo. Essas paixões são movidas por graus de vividez e de força inferiores aos necessários para a *crença*, e independentes da existência real de seus objetos. Quando um caráter, sob todos os aspectos, é apropriado para beneficiar a sociedade, a imaginação passa facilmente da causa ao efeito, sem considerar que ainda faltam algumas circunstâncias para tornar completa a causa. As *regras gerais* criam uma espécie de probabilidade, que influencia às vezes o juízo, e sempre a imaginação.

21   É verdade que, quando a causa está completa, e uma boa disposição se acompanha da sorte, que a torna realmente benéfica para a

sociedade, ela proporciona ao espectador um prazer mais intenso, e se faz acompanhar de uma simpatia mais viva. Somos mais fortemente afetados por ela; entretanto, não dizemos que é mais virtuosa ou que a apreciamos mais. Sabemos que um revés da fortuna pode tornar a disposição benévola completamente impotente; por isso separamos, tanto quanto possível, a sorte da disposição. O mesmo ocorre quando corrigimos as diferenças que se produzem em nossos sentimentos de virtude em razão das diferentes distâncias do caráter virtuoso em relação a nós. As paixões nem sempre seguem nossas correções; mas essas correções são suficientes para regular nossas noções abstratas, sendo as únicas levadas em conta quando nos pronunciamos em geral a respeito dos graus de vício e virtude.

22 Os críticos observam que todas as palavras ou frases difíceis de pronunciar são desagradáveis ao ouvido. Tanto faz se uma pessoa ouve alguém pronunciá-las ou se as lê em silêncio. Quando percorro um livro com os olhos, imagino ouvir todas as palavras; e também, por força da imaginação, participo do desprazer que sua enunciação daria a quem as pronunciasse. O desprazer não é real; mas, como essa composição de palavras tem uma tendência natural a produzi-lo, isso basta para afetar a mente com um sentimento doloroso, tornando o estilo áspero e desagradável. Algo semelhante ocorre quando uma qualidade real, por circunstâncias acidentais, torna-se impotente e fica privada de sua influência natural sobre a sociedade.

23 Com base nesses princípios, podemos facilmente eliminar qualquer contradição que pareça haver entre a *simpatia extensa*, de que dependem nossos sentimentos de virtude, e a *generosidade restrita*, que diversas vezes observei ser natural aos homens, e é suposta pela justiça e pela propriedade, de acordo com o raciocínio precedente. Minha simpatia por outra pessoa pode me dar um sentimento de dor e desaprovação quando se apresenta um objeto que tenha uma tendência a lhe causar um desprazer, mesmo que talvez eu não esteja disposto a sacrificar em nada meu próprio interesse, ou a contrariar

nenhuma de minhas paixões para satisfazê-la. Uma casa pode me descontentar por não ter sido bem projetada para dar conforto ao proprietário; entretanto, posso me recusar a dar um centavo sequer para sua reforma. Os sentimentos têm de tocar o coração para controlar nossas paixões, mas não precisam ir além da imaginação para influenciar nosso gosto. Quando uma edificação parece aos olhos desproporcional e instável, torna-se feia e desagradável, mesmo que estejamos inteiramente convencidos da solidez da construção. É uma espécie de medo que causa esse sentimento de desaprovação; mas a paixão não é a mesma que sentimos quando obrigados a ficar junto a um muro que realmente pensamos ser instável e pouco seguro. As *tendências aparentes* dos objetos afetam a mente; e as emoções que elas despertam são de um tipo semelhante às procedentes das *consequências reais* dos objetos; mas sua sensação [*feeling*] é diferente. Mais ainda: essas emoções são tão diferentes em sua sensação [*feeling*] que muitas vezes podem ser contrárias sem se destruir reciprocamente; é o que ocorre quando as fortificações de uma cidade inimiga são consideradas belas em virtude da sua solidez, embora pudéssemos desejar que fossem inteiramente destruídas. A imaginação se apega às visões *gerais* das coisas, e faz uma distinção entre as sensações [*feelings*] delas decorrentes e as que se devem a nossa situação particular e momentânea.

24 Se examinarmos os panegíricos que comumente se fazem dos grandes homens, veremos que a maior parte das qualidades a eles atribuídas podem ser divididas em dois tipos: as que lhes permitem cumprir seu papel na sociedade, e as que os tornam úteis a si mesmos e capazes de promover seu próprio interesse. Celebram-se sua *prudência, temperança, frugalidade, aplicação, assiduidade, arrojo, destreza*, assim como sua *generosidade* e seu *respeito humano*. Se alguma vez somos indulgentes com algum atributo que torne um homem incapaz de ser alguém na vida, é com o da *preguiça*; de fato, não consideramos que a preguiça prive alguém de seu talento e capacidade, mas apenas que

suspende seu exercício; e isso sem inconveniente algum para a própria pessoa, já que ocorre, em certa medida, por sua própria escolha. Entretanto, a preguiça é sempre tida como um vício, e bastante grave quando excessiva. Ninguém quer reconhecer que seu amigo é preguiçoso, a menos que isso seja necessário para defender seu caráter em pontos mais importantes. Ele poderia ser alguém na vida, dizem, se quisesse se esforçar; é muito inteligente, tem uma capacidade de concepção bastante aguçada e ótima memória, mas detesta os negócios e não se interessa por sua riqueza. E há quem chegue a fazer disso motivo de vaidade, embora com ar de quem confessa uma falta; porque pensa que sua incapacidade para o trabalho esconde qualidades muito mais nobres, tais como um espírito filosófico, um gosto refinado, uma inteligência sutil ou uma inclinação para o prazer e o convívio social. Mas tomemos qualquer outro caso: suponhamos uma qualidade que, ao mesmo tempo em que não indica a existência de qualidades melhores, torna um homem *sempre* incapaz para o trabalho e prejudique seu interesse; por exemplo, um entendimento confuso e um juízo errôneo sobre tudo na vida; inconstância e falta de determinação; ou uma inabilidade para gerir pessoas e negócios. Todas essas qualidades são reconhecidamente imperfeições de caráter; e muitos homens prefeririam confessar os maiores crimes a passar pela suspeita de ter tais imperfeições.

25   É uma sorte quando, em nossas investigações filosóficas, encontramos o mesmo fenômeno diversificado por uma variedade de circunstâncias; pois, quando descobrimos o que é comum a elas, podemos estar mais certos da verdade da hipótese que utilizamos para explicá-lo. Se só aquilo que é benéfico para a sociedade fosse considerado virtude, ainda assim estou convencido de que deveríamos aceitar a explicação anterior do sentido moral, e isso com base em uma evidência suficiente; mas essa evidência deve aumentar ainda mais quando descobrimos outros tipos de virtude que não admitem outra explicação que não provenha dessa hipótese. Vamos supor um homem cujas qualidades sociais não sejam muito deficientes, mas que

tenha a seu favor sobretudo sua aptidão para os negócios, que foi o que lhe permitiu abrir caminho em meio às maiores dificuldades, conduzindo as questões mais delicadas com uma singular habilidade e prudência. Imediatamente vejo crescer em mim um apreço por ele; sua companhia me dá grande satisfação; e antes mesmo de conhecê-lo melhor, prefiro prestar um serviço a ele que a qualquer pessoa cujo caráter seja igual em todos os outros pontos, mas deficiente quanto a esse aspecto. Nesse caso, as qualidades que me agradam são todas consideradas úteis à pessoa, e com uma tendência a promover seu interesse e satisfação. São vistas apenas como meios para um fim, e me agradam segundo sua adequação para esse fim. O fim, portanto, tem de ser agradável para mim. Mas o que torna o fim agradável? A pessoa me é estranha; não estou de modo algum interessado nela, nem tenho nenhuma obrigação para com ela. Sua felicidade não me concerne mais que a de qualquer ser humano, e aliás, que a de qualquer criatura sensível. Ou seja, só me afeta por simpatia. Em virtude desse princípio, sempre que descubro alguma coisa que possa causar sua felicidade e lhe fazer um bem, ou que seja efeito destes, entro tão profundamente nessa felicidade que experimento uma sensível emoção. A presença de qualidades que tenham uma *tendência* a promovê-la exerce um efeito agradável em minha imaginação e inspira meu amor e apreço.

26   Essa teoria pode servir para explicar por que os mesmos atributos, em todos os casos, produzem tanto orgulho como amor, e tanto humildade como ódio; e por que o mesmo homem é sempre virtuoso ou vicioso, bem-sucedido ou desprezível para os outros quando o é para si mesmo. Uma pessoa em quem descobrimos uma paixão ou hábito que originalmente só incomoda a ela mesma sempre se torna desagradável para nós, apenas por isso; por outro lado, uma pessoa cujo caráter só é perigoso e desagradável para os outros nunca pode estar satisfeita consigo mesma, enquanto tiver consciência dessa desvantagem. Isso pode ser observado não somente em relação ao caráter e à conduta, mas até nos detalhes mais insignificantes. Uma tosse

violenta em outra pessoa nos dá um mal-estar, embora, em si mesma, não nos afete em nada. Um homem ficará humilhado se lhe dissermos que tem mau hálito, embora isso evidentemente não seja um incômodo para ele. Nossa fantasia facilmente muda sua situação; e, quer considerando a nós mesmos tais como aparecemos aos outros, quer vendo os outros tais como eles sentem a si mesmos, ela nos faz participar de sentimentos que não nos pertencem de forma alguma, e só podem nos interessar em virtude da simpatia. E às vezes levamos tão longe essa simpatia, que chegamos a sentir um desconforto por possuirmos uma qualidade que é conveniente para nós, só porque essa qualidade é incômoda para outras pessoas e nos torna desagradáveis a seus olhos, mesmo que não tenhamos nenhum interesse em nos tornar agradáveis a elas.

27   Muitos sistemas acerca da moral foram propostos por filósofos de todas as épocas; mas se os examinarmos com rigor, apenas dois deles merecem nossa atenção. O bem e o mal morais certamente se distinguem por nossos *sentimentos*, não pela *razão*; mas esses sentimentos podem surgir, seja do simples aspecto e aparência de um caráter ou paixão, seja da reflexão sobre sua tendência a trazer o bem da humanidade e dos indivíduos. Minha opinião é que essas duas causas se entrelaçam em nossos juízos morais, do mesmo modo como se entrelaçam em nossas decisões acerca de quase todos os tipos de beleza exterior. Mas também sou da opinião de que a reflexão sobre as tendências das ações tem de longe a maior influência e determina as grandes linhas de nosso dever. Entretanto, há exemplos de casos menos importantes em que é o gosto ou sentimento imediato que produz nossa aprovação. A espirituosidade, ou um certo comportamento casual e desprendido, são qualidades *imediatamente agradáveis* aos outros, inspirando seu amor e apreço. Algumas dessas qualidades produzem satisfação nos demais por meio de princípios particulares *originais* à natureza humana, que não podem ser explicados; outras podem ser reduzidas a princípios mais gerais. Isso ficará mais claro após uma análise detalhada.

28   Assim como algumas qualidades adquirem seu mérito do fato de serem *imediatamente agradáveis* aos outros, mesmo que não tenham nenhuma tendência para promover o interesse público, há outras que são denominadas virtuosas por serem *imediatamente agradáveis* à própria pessoa. Cada paixão e operação da mente tem uma sensação [*feeling*] particular, que deverá ser agradável ou desagradável. No primeiro caso, ela será virtuosa; no segundo, viciosa. Essa sensação [*feeling*] particular constitui a própria natureza da paixão; por isso, não precisa ser explicada.

29   Mas, embora a distinção entre vício e virtude possa parecer decorrer diretamente do prazer ou desprazer imediato que as qualidades particulares causam em nós ou nas outras pessoas, é fácil observar que ela também depende consideravelmente do princípio da *simpatia*, em que tantas vezes insisti. Aprovamos uma pessoa que possui qualidades *imediatamente agradáveis* àqueles com quem tem algum relacionamento, mesmo que nunca tenhamos extraído nenhum prazer dessas qualidades. Também aprovamos a pessoa que possui qualidades *imediatamente agradáveis* a si mesma, ainda que não tenham utilidade para nenhum mortal. Para explicar esses fatos, temos de recorrer aos princípios anteriormente mencionados.

30   Façamos, assim, uma revisão geral da presente hipótese. Toda qualidade da mente que produz prazer por sua mera consideração é denominada virtuosa; e toda qualidade que produz dor é classificada de viciosa. Esse prazer e essa dor podem surgir de quatro fontes diferentes. Extraímos prazer da visão de um caráter que é naturalmente capaz de ser útil aos outros ou à própria pessoa, ou que é agradável aos outros ou à própria pessoa. Talvez cause surpresa o fato de que, em meio a todos esses interesses e prazeres, tenhamos esquecido os nossos, que nos tocam tão de perto em todas as outras ocasiões. Solucionaremos facilmente essa dúvida, porém, quando considerarmos que, como o prazer e o interesse de cada pessoa particular é diferente, é impossível que os homens jamais pudessem concordar em seus sentimentos e juízos, a menos que escolhessem algum ponto de vista

comum, a partir do qual pudessem examinar seu objeto, e que pudesse fazer esse objeto parecer o mesmo para todos eles. Ora, quando julgamos um caráter, o único interesse ou prazer que parece o mesmo para todo espectador é o da própria pessoa cujo caráter está sendo examinado, ou o daqueles que têm alguma conexão com ela. E embora esses interesses e prazeres nos afetem de maneira mais fraca que os nossos, são mais constantes e universais, e por isso contrabalançam estes últimos até mesmo na prática, além de serem os únicos admitidos na especulação como critérios de virtude e de moralidade. Apenas eles produzem essa sensação ou sentimento particular de que dependem as distinções morais.

31   Quanto ao valor positivo ou negativo da virtude ou do vício, são uma consequência evidente dos sentimentos de prazer e desprazer. Esses sentimentos produzem amor ou ódio; e o amor ou ódio, pela constituição original da paixão humana, acompanham-se de benevolência ou de raiva, isto é, de um desejo de tornar feliz a pessoa que amamos e infeliz a que odiamos. Já tratamos dessa questão de maneira mais completa em outra ocasião.

Seção 2
Da grandeza de espírito

1   Convém agora ilustrar esse sistema geral da moral, aplicando-o a casos particulares de virtude e de vício, e mostrando como seu mérito ou demérito decorre das quatro fontes aqui explicadas. Começaremos examinando as paixões do *orgulho* e da *humildade*; consideraremos o vício ou a virtude que há em seus excessos ou em sua justa proporção. Um orgulho excessivo, ou uma opinião presunçosa de nós mesmos, é sempre considerado um vício, sendo universalmente odiado; a modéstia, ao contrário, ou um justo sentido de nossa fraqueza, é considerada uma virtude, ganhando a boa vontade de todos. Das quatro fontes de distinções morais, esta deve ser atribuída à *terceira*, ou seja, ao fato de uma qualidade ser agradável ou desagradável para as outras

pessoas, sem a necessidade de reflexão alguma sobre a tendência dessa qualidade.

2   Para provar essa afirmação, devemos recorrer a dois princípios bastante manifestos na natureza humana. O *primeiro* é a *simpatia*, ou seja, a comunicação de sentimentos e paixões anteriormente mencionada. Tão estreita e íntima é a correspondência entre as almas dos homens que, assim que uma pessoa se aproxima de mim, ela me transmite todas as suas opiniões, influenciando meu julgamento em maior ou menor grau. Embora, muitas vezes, minha simpatia por ela não chegue ao ponto de me fazer mudar inteiramente meus sentimentos e modo de pensar, raramente é tão fraca que não perturbe o tranquilo curso de meu pensamento, dando autoridade à opinião que me é recomendada por seu assentimento e aprovação. Pouco importa sobre que assunto ela e eu estamos pensando. Quer estejamos julgando acerca de uma pessoa completamente indiferente, quer de meu próprio caráter, minha simpatia dá a mesma força a sua decisão; e até seus sentimentos sobre seu próprio mérito fazem que eu a considere da mesma perspectiva que ela toma para considerar a si mesma.

3   Esse princípio da simpatia tem uma natureza tão poderosa e sugestiva que intervém em quase todos os nossos sentimentos e paixões, e frequentemente se dá sob a aparência de seu contrário. Pois podemos notar que, quando uma pessoa se contrapõe a mim em uma opinião a que estou fortemente apegado e desperta minha paixão em virtude dessa contradição, sempre sinto por ela um certo grau de simpatia, e é a isso que se deve minha comoção. Observamos aqui um evidente conflito ou choque entre princípios e paixões opostos. De um lado, está aquela paixão ou sentimento que me é natural; e note-se que, quanto mais forte a paixão, maior a comoção. Do outro lado, também tem de haver alguma paixão ou sentimento; e essa paixão só pode proceder da simpatia. Os sentimentos alheios nunca poderiam nos afetar se não se tornassem, em certa medida, nossos sentimentos; e, nesse caso, eles agem sobre nós combatendo e intensificando nossas paixões, como se tivessem sido originalmente derivados de nosso

próprio caráter e disposição. Enquanto permanecem ocultos na mente alheia, não podem ter nenhuma influência sobre nós; e, mesmo quando conhecidos, se não fossem além da imaginação ou da concepção, esta faculdade está tão acostumada a toda espécie de objetos, que uma mera ideia, ainda que contrária a nossos sentimentos e inclinações, nunca seria sozinha capaz de nos afetar.

4   O segundo princípio para o qual chamarei a atenção é o da comparação, ou seja, a variação de nossos juízos acerca dos objetos segundo a proporção entre estes e aqueles com os quais os comparamos. Julgamos os objetos mais por comparação que por seu mérito ou valor intrínseco; quando opomos uma coisa a outra da mesma espécie e que seja superior, consideramo-la medíocre. Mas nenhuma comparação é mais óbvia que a comparação conosco; por isso, ela tem lugar em todas as ocasiões e influencia a maioria de nossas paixões. Esse tipo de comparação é diretamente contrário à simpatia em seu modo de operar, como já observamos ao tratar da *compaixão* e da *malevolência*.[2] *Em qualquer tipo de comparação, o primeiro objeto sempre faz que obtenhamos do segundo, com que é comparado, uma sensação contrária à que surge quando ele próprio é considerado direta e imediatamente. A consideração direta do prazer de outrem naturalmente nos dá prazer, e, consequentemente produz dor quando esse prazer é comparado com o nosso. A dor alheia, considerada em si mesma, é dolorosa para nós; mas aumenta a ideia de nossa própria felicidade, dando-nos prazer.*

5   Portanto, como esses princípios, da simpatia e de uma comparação conosco, são diretamente contrários, vale a pena considerar que regras gerais se podem formar para explicar a prevalência de um ou de outro princípio, à parte a influência do temperamento particular da pessoa em questão. Suponhamos que eu esteja agora seguro em terra firme, e queira extrair algum prazer dessa consideração; para isso, devo pensar na infeliz condição daqueles que se encontram em meio a uma tempestade em alto-mar, esforçando-me para tornar essa

---

2   Livro 2, Parte 2, Seção 8.

ideia tão forte e viva quanto possível, para melhor sentir minha própria felicidade. Contudo, por mais que me esforce, a comparação nunca terá a mesma eficácia que teria se eu estivesse realmente[3] na beira da praia, e visse ao longe um navio sendo jogado de um lado para o outro pela tempestade, correndo um perigo constante de se chocar contra um rochedo ou um banco de areia. Mas suponhamos que essa ideia se torne ainda mais viva. Suponhamos que o navio seja trazido para tão perto de mim que eu seja capaz de perceber distintamente o horror estampado nas faces dos marinheiros e passageiros, que ouça seus gritos de lamento, e veja os amigos mais queridos dando seu último adeus ou abraçando-se para morrer nos braços uns dos outros. Ninguém pode ter um coração tão selvagem a ponto de extrair o menor prazer de tal espetáculo, ou resistir aos impulsos da mais terna compaixão e simpatia. É evidente, portanto, que há um meio-termo neste caso; se a ideia for fraca demais, não terá nenhuma influência quando comparada à nossa situação; em contrapartida, se for demasiadamente forte, agirá sobre nós inteiramente por simpatia, que é contrária à comparação. A simpatia, sendo a conversão de uma ideia em uma impressão, requer mais força e vividez que a necessária para a comparação.

6   Tudo isso se aplica facilmente ao tema presente. Rebaixamo-nos muito, a nossos próprios olhos, quando estamos em presença de uma pessoa importante ou de um grande gênio; e essa humildade constitui um elemento significativo daquele *respeito* que mostramos por nossos superiores, de acordo com nossos[4] raciocínios anteriores acerca

---

3   *Suave mari magno turbantibus aequora ventis*
    E terra magnum alterius spectare laborem;
    Non quia vexari quenquam est jucunda voluptas,
    Sed quibus ipse malis careas quia cernere suav' est.
                    Lucret.

    [Lucrécio, *De Rerum Natura*, II, vv.1-4: "É bom, quando os ventos revolvem a superfície do grande mar, ver da terra os rudes trabalhos por que estão passando os outros; não porque haja qualquer prazer na desgraça de alguém, mas porque é bom presenciar os males que não se sofrem". Tradução de Agostinho da Silva, São Paulo: Abril Cultural, 1973. (N.T.)]

4   Livro 2, Parte 2, Seção 10.

dessa paixão. Às vezes, a comparação chega a gerar inveja e ódio, mas, na maior parte dos homens, limita-se a provocar respeito e apreço. Como a simpatia tem uma influência tão poderosa sobre a mente humana, ela faz que o orgulho tenha, em certa medida, o mesmo efeito que o mérito; e, ao fazer-nos penetrar nos elevados sentimentos que o orgulhoso tem de si mesmo, propõe essa comparação que é tão humilhante e desagradável. Nosso juízo não acompanha inteiramente o conceito lisonjeiro que o orgulhoso faz de si mesmo; mesmo assim, é afetado a ponto de admitir a ideia por ele apresentada, dando a ela uma influência superior à das vagas concepções da imaginação. Um homem que, por mero capricho, decidisse formar a ideia de alguém dotado de um mérito muito superior ao seu, não se sentiria humilhado por essa ficção; mas quando estamos diante de uma pessoa que sabemos ter menos mérito, se observamos nela um grau extraordinário de orgulho e presunção, a firme persuasão que ela tem de seu próprio mérito toma conta da imaginação, e nos diminui perante nós mesmos, como se a pessoa realmente possuísse todas as qualidades que tão prodigamente atribui a si mesma. Nossa ideia se encontra aqui precisamente naquele meio-termo necessário para que possa agir sobre nós por comparação. Se essa ideia fosse acompanhada de crença, e se a pessoa parecesse ter exatamente o mérito que atribui a si própria, exerceria o efeito contrário e agiria em nós por simpatia. A influência desse princípio seria então superior à da comparação, contrariamente ao que acontece quando o mérito da pessoa parece estar abaixo de suas pretensões.

7   A consequência necessária desses princípios é que o orgulho, ou seja, uma opinião presunçosa de nós mesmos, deve ser um vício, já que causa desprazer em todas as pessoas, apresentando-lhes constantemente uma comparação desagradável. É lugar-comum na filosofia, e mesmo nas conversações e na vida corrente, observar que é nosso próprio orgulho que nos torna tão descontentes com o orgulho dos outros; e que a vaidade se nos torna insuportável unicamente por sermos vaidosos. As pessoas alegres naturalmente se associam com

as alegres, e as amorosas com as amorosas; mas os orgulhosos não suportam os orgulhosos, preferindo buscar a companhia de quem tem a disposição oposta. Ora, como todos nós somos um pouco orgulhosos, o orgulho é censurado e condenado por todos os homens sem exceção, por sua tendência natural a causar um mal-estar nos outros por comparação. E esse efeito deve se seguir ainda mais naturalmente pelo fato de que aqueles que têm uma opinião infundada de si mesmos estão sempre fazendo essas comparações, por não terem outro meio de sustentar sua vaidade. Um homem de mérito e de bom-senso está sempre satisfeito consigo mesmo, independentemente da opinião alheia; um tolo, contudo, sempre tem de encontrar alguém que seja mais tolo para continuar de bem com seu próprio talento e entendimento.

8   Mas, embora um conceito exagerado de nosso próprio mérito seja vicioso e desagradável, nada pode ser mais louvável que dar valor a nós mesmos, quando realmente possuímos qualidades de valor. A utilidade e a vantagem de uma qualidade para nós é uma fonte de virtude, assim como o fato de ser agradável aos outros; e certamente nada nos é mais útil, na condução de nossa vida, que um grau apropriado de orgulho, que nos torna conscientes de nosso próprio mérito e nos dá confiança e segurança em todos os nossos projetos e empreendimentos. Quaisquer que sejam as aptidões de uma pessoa, elas lhe serão inteiramente inúteis se ela não as conhecer, e se não fizer projetos condizentes com elas. Precisamos sempre conhecer nossa própria força; e se fosse permitido errar para mais ou para menos, seria mais vantajoso supervalorizar nosso mérito que formar dele uma ideia inferior a seu justo valor. O destino comumente favorece os audaciosos e empreendedores; e nada nos inspira maior audácia que uma boa opinião de nós mesmos.

9   Acrescente-se a isso que, embora o orgulho, ou a autoaclamação, seja algumas vezes desagradável aos outros, é sempre agradável para nós mesmos; em contrapartida, a modéstia, embora proporcione

um prazer a todos que a observam, frequentemente cria um mal-estar na pessoa mesma. Ora, já observamos que o vício e a virtude de uma qualidade são determinados por nossas próprias sensações, bem como pelas sensações que essa qualidade possa despertar nas outras pessoas.

10   Assim, a autossatisfação e a vaidade podem ser não apenas admissíveis, mas necessárias a um caráter. Entretanto, é certo que as boas maneiras e a decência exigem que evitemos sinais e expressões que tendam a revelar diretamente essa paixão. Todos temos uma prodigiosa parcialidade em favor de nós mesmos; e, se sempre déssemos vazão a esses nossos sentimentos, causaríamos a maior indignação uns aos outros, não somente pela presença imediata de um objeto de comparação tão desagradável, mas também pela contrariedade de nossos respectivos juízos. Assim, do mesmo modo que estabelecemos o *direito natural* para assegurar a propriedade dentro da sociedade e impedir o choque entre interesses pessoais, também estabelecemos as *regras da boa educação*, a fim de impedir o choque entre os orgulhos dos homens e tornar seu relacionamento agradável e inofensivo. Nada é mais desagradável que um homem com uma imagem presunçosa de si mesmo, embora quase todo mundo tenha uma forte inclinação para esse vício. Ninguém sabe distinguir bem, *em si mesmo*, o vício da virtude, nem tem certeza de que a avaliação que faz de seu próprio mérito é bem fundada. Por essa razão, condenamos todas as expressões diretas dessa paixão; e não abrimos exceções a essa regra, sequer em favor de pessoas de mérito e bom-senso. Não permitimos, nem a elas nem a qualquer outra pessoa, que façam justiça a si mesmas abertamente, em palavras; e as que se mostram recatadas e secretamente hesitantes quanto a fazer justiça a si próprias, mesmo em pensamento, estas são ainda mais aplaudidas. Aquela impertinente e quase universal inclinação dos homens a se supervalorizar produziu em nós um tal *preconceito* contra a autoaclamação que tendemos a condená-la por uma *regra geral*, sempre que a encontramos; e é com certa dificuldade que concedemos aqui um privilégio aos

homens de bom-senso, mesmo em seus mais secretos pensamentos. Deve-se ao menos reconhecer que é absolutamente necessário manter algum disfarce quanto a esse ponto; se abrigamos orgulho em nosso peito, externamente devemos nos mostrar amáveis, bem como aparentar uma modéstia e mútua deferência em nossa conduta e comportamento. Temos de estar sempre prontos a dar prioridade aos outros sobre nós mesmos; a tratá-los com uma espécie de condescendência, ainda que sejam iguais a nós; a parecer sempre os mais humildes e os menos importantes de um grupo, quando não nos distinguimos por uma superioridade muito marcada. Se observarmos essas regras em nossa conduta, todos serão mais indulgentes com nossos sentimentos secretos, quando os revelarmos de maneira indireta.

11 Creio que ninguém que tenha alguma prática do mundo e consiga penetrar nos sentimentos mais íntimos dos homens poderá afirmar que a humildade que é exigida de nós pela boa educação e pela decência deva ir além do comportamento exterior, e que uma completa sinceridade quanto a esse aspecto seja considerada realmente uma parte de nosso dever. Ao contrário, podemos observar que um genuíno e sincero orgulho ou autoestima, se bem encoberto e bem fundado, é essencial para o caráter de um homem honrado, e nenhuma qualidade da mente é mais indispensável para proporcionar o apreço e a aprovação da humanidade. O costume exige que pessoas de diferentes posições sociais observem certas deferências e submissões mútuas; e quem comete um excesso quanto a esse aspecto é acusado de baixeza, se o faz por interesse; e de parvoíce, se o faz por ignorância. Portanto, é necessário que conheçamos nossa posição e nosso lugar no mundo, seja ele determinado por nosso nascimento, fortuna, ocupação, talento ou reputação. É necessário experimentar o sentimento e a paixão do orgulho de uma maneira condizente com essa posição, regulando nossas ações de acordo com isso. E se acaso se disser que a prudência pode bastar para regular nossas ações quanto a esse aspecto particular, sem a necessidade de um verdadeiro orgu-

lho, observo que aqui o objetivo da prudência é conformar nossas ações ao uso e ao costume geral; e é impossível que aqueles tácitos ares de superioridade jamais tivessem sido estabelecidos e autorizados pelo costume, a menos que os homens fossem de um modo geral orgulhosos, e essa paixão fosse de um modo geral aprovada quando bem fundamentada.

12   Este raciocínio ganhará ainda mais força se passarmos da conversação e da vida cotidiana para a história, e observarmos que todos aqueles grandes feitos e sentimentos que se tornaram a admiração dos homens estão fundados unicamente no orgulho e na autoestima. *Ide*, diz *Alexandre*, o Grande, a seus soldados, quando se recusam a segui-lo até as Índias, *ide e dizei a vossos compatriotas que deixastes Alexandre completando a conquista do mundo*. O príncipe de *Condé* sempre teve uma admiração particular por essa passagem, como nos informa *St.-Évremond*.* "*Alexandre*", dizia o príncipe, "abandonado por seus soldados, entre bárbaros ainda não completamente subjugados, sentia dentro de si uma tal dignidade e um tal direito de comando, que não podia acreditar que alguém pudesse se recusar a obedecer-lhe. Estivesse ele na *Europa* ou na *Ásia*, entre *gregos* ou *persas*, pouco lhe importava: onde quer que achasse homens, imaginava ter encontrado súditos."

13   Podemos observar, de maneira geral, que tudo o que chamamos de virtude heroica e admiramos como marca de grandeza e altivez espiritual não é senão um firme e bem estabelecido orgulho e autoestima, ou ao menos tem muito dessa paixão. Coragem, valentia, ambição, amor à glória, magnanimidade e todas as outras grandes virtudes dessa espécie contêm claramente uma forte dose de autoestima, retirando boa parte de seu mérito dessa origem. Vemos, assim, que muitos pregadores denigrem essas virtudes como puramente pagãs e naturais; e descrevem-nos a excelência da religião cristã, que inclui a humildade entre as virtudes e corrige o julgamento dos

---

    * Charles de Saint-Évremond (1610-1703), escritor e poeta francês, em *Sur Alexandre et César*, 214-24. (N.T.)

homens mundanos, e mesmo dos filósofos, que tão universalmente admiram todos os esforços do orgulho e da ambição. Se essa virtude da humildade tem sido corretamente compreendida, eis algo que não pretendo julgar. Fico satisfeito que se admita que as pessoas naturalmente apreciam um orgulho controlado, que anime secretamente nossa conduta, sem irromper em expressões indecentes de vaidade que possam ofender a vaidade alheia.

14   O mérito do orgulho ou autoestima deriva de duas circunstâncias: sua utilidade e o fato de nos ser agradável; é assim que o orgulho nos torna capazes de agir e, ao mesmo tempo, nos dá uma satisfação imediata. Quando ultrapassa seus justos limites, ele perde a primeira vantagem, chegando a se tornar prejudicial; é por essa razão que condenamos um orgulho e uma ambição exorbitantes, ainda que controlados pelas regras das boas maneiras e da polidez. Mas, como uma tal paixão ainda é agradável, e transmite uma sensação elevada e sublime à pessoa por ela movida, a simpatia por essa satisfação diminui consideravelmente a censura que naturalmente acompanha sua perigosa influência sobre sua conduta e comportamento. Assim, podemos observar que uma coragem e uma magnanimidade excessivas, sobretudo quando se manifestam nos reveses da fortuna, contribuem, em grande medida, para compor o caráter de um herói e fazem de um homem objeto da admiração da posteridade, ao mesmo tempo que arruinam seus negócios e o levam a dificuldades e perigos que de outra forma ele jamais teria conhecido.

15   O heroísmo, ou glória militar, é muito admirado pela generalidade dos homens. Consideram-no o mais sublime dos méritos. Homens de raciocínio sereno não são, porém, tão sanguíneos em seus elogios. A seu ver, a infinita confusão e desordem que o heroísmo ocasionou no mundo diminuem muito seu mérito. E quando querem se contrapor às noções populares a esse respeito, sempre retratam os males que essa suposta virtude causou à sociedade humana: destruição de impérios, devastação de províncias inteiras, saque de cidades. Enquanto tivermos presentes esses males, estaremos mais inclinados a odiar que

a admirar a ambição heroica. Mas quando dirigimos nosso olhar para a própria pessoa que causou esses estragos, há algo tão deslumbrante em seu caráter, e sua mera contemplação eleva a tal ponto o espírito, que não podemos lhe recusar nossa admiração. A dor que experimentamos por sua tendência a prejudicar a sociedade é sobrepujada por uma simpatia mais forte e mais imediata.

16   Assim, nossa explicação do mérito ou do demérito que acompanha os diversos graus de orgulho e autoestima pode servir como um forte argumento em favor da hipótese anterior, ao mostrar os efeitos daqueles princípios antes expostos em todas as variações de nossos juízos acerca dessa paixão. E esse raciocínio não é vantajoso para nós apenas por mostrar que a distinção entre vício e virtude resulta dos *quatro* princípios, da *vantagem* e do *prazer* da *própria pessoa* e dos *outros*; pode também nos fornecer uma prova poderosa de alguns coadjuvantes dessa hipótese.

17   Ninguém que considere devidamente essa questão terá escrúpulos em admitir que qualquer demonstração de falta de educação, ou qualquer expressão de orgulho e soberba nos desagrada exclusivamente porque colide com nosso próprio orgulho, levando-nos, por simpatia, a estabelecer uma comparação que causa a desagradável paixão da humildade. Ora, como censuramos uma insolência desse tipo mesmo em uma pessoa que sempre foi cortês conosco em particular, e até em alguém cujo nome conhecemos apenas pela história, segue-se que nossa desaprovação procede de uma simpatia com os outros, e da reflexão de que um tal caráter é altamente desagradável e odioso para todos que entram em conversação ou têm algum tipo de relacionamento com a pessoa que o possui. Simpatizamos com eles em seu desconforto; e como esse desconforto procede em parte de uma simpatia com quem os insultou, podemos observar aqui um duplo ricochete da simpatia; um princípio muito similar ao que observamos em outra ocasião.[5]

---

5 Livro 2, Parte 2, Seção 5.

Seção 3
Da bondade e da benevolência

1   Tendo assim explicado a origem do elogio e da aprovação que acompanham tudo aquilo que denominamos *grande* nos afetos humanos, passaremos agora a explicar sua *bondade*, e a mostrar de onde vem seu mérito.

2   Uma vez a experiência tendo-nos proporcionado um conhecimento adequado dos assuntos humanos, e tendo nos ensinado qual sua relação com as paixões humanas, percebemos que a generosidade dos homens é muito restrita, raramente indo além dos amigos e da família, ou, no máximo, além de seu país natal. Estando assim familiarizados com a natureza humana, não mais esperamos dos homens coisas impossíveis; para formar um juízo sobre o caráter moral de uma pessoa, limitamos nosso exame ao estreito círculo em que ela se move. Quando a tendência natural de suas paixões a leva a ser prestimosa e útil em sua esfera, aprovamos seu caráter e amamos sua pessoa, por uma simpatia com os sentimentos daqueles que têm uma conexão mais particular com ela. Quando formulamos juízos desse tipo, somos rapidamente obrigados a esquecer nosso próprio interesse, em razão das perpétuas contradições que encontramos na conversação e no convívio social com pessoas que não estão na mesma situação, nem têm o mesmo interesse que nós. O único ponto de vista em que nossos sentimentos coincidem com os dos demais é o que se forma quando consideramos a tendência de uma paixão a trazer alguma vantagem ou a causar algum dano àqueles que têm uma conexão imediata ou um relacionamento com a pessoa por ela movida. E, embora essa vantagem ou esse dano estejam frequentemente bem distantes de nós, algumas vezes são bem próximos, e nos interessam fortemente em virtude da simpatia. Tal interesse, nós logo o estendemos a outros casos semelhantes; e quando estes são muito remotos, nossa simpatia é proporcionalmente mais fraca, e nosso elogio ou censura, mais tímidos e hesitantes. Ocorre aqui o mesmo que em nossos juízos acerca dos

corpos externos. Todos os objetos parecem diminuir com a distância; mas, embora a aparência sensível dos objetos seja o critério original pelo qual os julgamos, não dizemos que eles realmente diminuem ao se distanciarem; corrigimos sua aparência pela reflexão, e assim chegamos a um juízo mais constante e estável a seu respeito. Da mesma maneira, embora a simpatia seja muito mais fraca que nossa preocupação por nós mesmos, e uma simpatia para com pessoas afastadas de nós seja muito mais fraca que para com pessoas contíguas ou vizinhas, desprezamos todas essas diferenças quando formamos juízos serenos a respeito do caráter dos homens. Além do fato de nossa própria situação quanto a esse aspecto mudar com frequência, diariamente encontramos pessoas que estão em situação diferente da nossa, e que nunca poderiam sequer conversar conosco em termos razoáveis se permanecêssemos constantemente naquela situação e naquele ponto de vista que nos são peculiares. Portanto, o intercâmbio de sentimentos na sociedade e no convívio diário nos leva a formar um critério geral e inalterável com base no qual possamos aprovar ou desaprovar caracteres e maneiras. Embora o *coração* nem sempre fique do lado dessas noções gerais, e não regule seu amor e ódio por elas, essas noções são suficientes para o diálogo e servem a todos os nossos propósitos no convívio social, no púlpito, no teatro e nas escolas.

3 Partindo desses princípios, explicamos com facilidade aquele mérito comumente atribuído à *generosidade*, ao *respeito humano*, à *compaixão*, à *gratidão*, à *amizade*, à *fidelidade*, à *dedicação*, ao *desprendimento*, à *prodigalidade*, além de a todas as outras qualidades que formam o caráter bom e benevolente. Uma propensão para as paixões ternas torna um homem agradável e útil em todos os aspectos da vida; e imprime uma direção apropriada a todas as suas outras qualidades, que de outro modo podem se tornar prejudiciais à sociedade. A coragem e a ambição, quando não são governadas pela benevolência, só servem para criar um tirano e inimigo público. O mesmo acontece com a capacidade de raciocínio, o talento, e com todas as qualidades desse gêne-

ro. Nelas mesmas, essas qualidades são indiferentes aos interesses da sociedade, e só tendem para o bem ou para o mal da humanidade, conforme a direção que recebam dessas outras paixões.

4   Como o amor é *imediatamente agradável* à pessoa por ele movida, e o ódio é *imediatamente desagradável*, essa também pode ser uma razão importante para explicar por que louvamos todas as paixões que participam do amor e condenamos todas as que tenham um significativo componente de ódio. É certo que um sentimento afetuoso nos toca infinitamente, bem como um sentimento grandioso. Lágrimas nos vêm naturalmente aos olhos quando pensamos neles, e não podemos deixar de mostrar a mesma afetuosidade pela pessoa que expressa sua afeição por nós. Tudo isso me parece constituir uma prova de que, nesses casos, nossa aprovação tem uma origem diferente da perspectiva de utilidade e vantagem, para nós ou para os demais. A isso podemos acrescentar que os homens naturalmente, sem refletir, aprovam aquele caráter que mais se parece com o seu. O homem de disposição branda e afetuosa, ao conceber a ideia da virtude mais perfeita, põe nela uma dose maior de benevolência e respeito humano que o homem corajoso e empreendedor, para quem o caráter mais excelente é naturalmente uma certa altivez espiritual. Evidentemente, isso deve proceder de uma simpatia *imediata* dos homens pelas pessoas de caráter similar aos seus, já que penetram mais calorosamente em seus sentimentos e experimentam mais sensivelmente o prazer deles decorrente.

5   É notável que nada toque mais um homem dotado de sentimentos humanitários que um exemplo de extraordinária delicadeza no amor ou na amizade, quando uma pessoa está atenta às menores preocupações de seu amigo e disposta a sacrificar por ele seus maiores interesses. Atenções como essa têm pouca influência na sociedade, porque nos fazem levar em consideração as coisas mais insignificantes; são, porém, tão mais envolventes quanto mais minuciosas, sendo prova do mais alto mérito naquele que delas é capaz. As paixões são tão contagiantes que passam com a maior facilidade de uma pessoa a outra, produzindo movimentos correspondentes em todos os corações

humanos. Quando a amizade se mostra em exemplos muito marcantes, meu coração capta a mesma paixão e se enternece com esses cálidos sentimentos que se me apresentam. Esses movimentos agradáveis devem produzir em mim uma afeição por todo aquele que os desperta. É o caso de tudo que é agradável em uma pessoa. A transição do prazer ao amor é fácil; mas a transição aqui deve ser ainda mais fácil, pois, como o sentimento agradável despertado pela simpatia é o próprio amor, basta trocar o objeto.

6   A isso se deve o mérito peculiar da benevolência sob todas as suas formas e aparências. É por isso que até mesmo suas fraquezas são virtuosas e dignas de amor. Uma pessoa que sente uma tristeza excessiva pela morte de um amigo é estimada exatamente por essa razão; como dá prazer, a afeição que sentia por ele confere um mérito a sua melancolia.

7   Não devemos imaginar, entretanto, que todas as paixões coléricas são viciosas, embora sejam desagradáveis. Existe uma certa indulgência a esse respeito em virtude da natureza humana. A raiva e o ódio são paixões inerentes a nossa própria estrutura e constituição. A falta delas, em algumas ocasiões, pode mesmo ser prova de fraqueza e incapacidade. E quando se manifestam de maneira fraca, não apenas as desculpamos, por serem naturais; também as aplaudimos, por serem inferiores às que aparecem na maioria dos homens.

8   Mas quando essas paixões coléricas se inflamam a ponto de se transformar em crueldade, constituem o mais detestado de todos os vícios. Toda a piedade e consideração que temos por suas infelizes vítimas se voltam contra os culpados, produzindo por eles um ódio mais forte que aquele de que temos consciência em qualquer outra ocasião.

9   Mesmo quando o vício da desumanidade não alcança esse grau extremo, nossos sentimentos a seu respeito são muito influenciados por reflexões sobre o mal que dele resulta. Podemos observar, de modo geral, que sempre que encontramos em uma pessoa uma característica que a torna incômoda àqueles que com ela convivem e se

relacionam, consideramos essa característica uma falta ou mácula, sem sequer examinar melhor a situação. Por outro lado, quando enumeramos as boas qualidades de uma pessoa, sempre mencionamos aqueles aspectos de seu caráter que a tornam um companheiro confiável, um amigo gentil, um amo benévolo, um marido agradável ou um pai indulgente. Consideramo-la em todas as suas relações sociais; e a amamos ou odiamos, conforme o modo como afete aqueles que têm um relacionamento direto com ela. Trata-se de uma regra bastante certa que, se não houver na vida nenhum tipo de relação que eu não queira ter com uma pessoa em particular, seu caráter deve, até esse ponto, ser considerado perfeito. Se deixa tão pouco a desejar a si mesma quanto aos outros, seu caráter é completamente perfeito. Esse é o teste máximo do mérito e da virtude.

Seção 4
Das aptidões naturais

1   Não há distinção mais comum em todos os sistemas éticos que aquela feita entre as *aptidões naturais* e as *virtudes morais*, segundo a qual se considera que as primeiras estão em pé de igualdade com os dotes físicos, não tendo nenhum mérito ou valor moral. Mas quem quer que considere adequadamente a questão irá constatar que qualquer discussão a esse respeito é uma mera disputa de palavras, e, embora esses dois tipos de qualidades não sejam exatamente iguais, elas coincidem em suas características mais importantes. Ambas são qualidades mentais; ambas produzem prazer e têm naturalmente uma tendência a obter o amor e o apreço dos homens. Poucas pessoas não são tão ciosas de seu caráter no que concerne à inteligência e ao discernimento quanto no que concerne à honra e à coragem; e mais ainda que no que diz respeito à temperança e à sobriedade. Alguns têm até receio de passar por pessoas de boa índole, porque *essa* qualidade pode ser tomada por falta de inteligência; e frequentemente se gabam de ser mais libertinos do que realmente são, para se dar ares de fogo-

sidade e vigor. Em suma, a imagem que uma pessoa conquista no mundo, o modo como é recebida em sociedade, o apreço que obtém de seus conhecidos, todas essas vantagens dependem quase tanto de seu bom-senso e juízo quanto de qualquer outro elemento de seu caráter. Um homem pode ter as melhores intenções do mundo, e pode se manter o mais longe possível de qualquer injustiça e violência, mas nunca será muito respeitado se não tiver ao menos um grau moderado de talento e inteligência. As aptidões naturais, portanto, embora talvez inferiores, estão em pé de igualdade com as qualidades que denominamos virtudes morais, no que diz respeito tanto a suas causas quanto a seus efeitos. Por que, então, faríamos qualquer distinção entre elas?

2   Mesmo se nos recusamos a conferir às aptidões naturais o título de virtudes, temos de admitir que elas obtêm o amor e o apreço da humanidade, que dão mais brilho às outras virtudes, e que aquele que as possui está muito mais habilitado a receber nossa benevolência e nossos favores que aquele que delas é inteiramente desprovido. Pode-se afirmar, é verdade, que o sentimento de aprovação produzido por essas qualidades, além de ser *inferior*, é também algo *diferente* daquele que acompanha as outras virtudes. Mas, em minha opinião, essa não é uma razão suficiente para excluí-las do rol das virtudes. Cada virtude, até mesmo a benevolência, a justiça, a gratidão e a integridade, desperta um sentimento ou sensação diferente no espectador. Tanto o caráter de *César* quanto o de *Catão*, tais como representados por *Salústio*, são virtuosos, no sentido mais estrito da palavra; mas de modos diferentes, pois os sentimentos por eles ocasionados não são inteiramente iguais. Um gera amor; o outro, apreço. Um é amável; o outro, respeitável. O primeiro caráter gostaríamos talvez de encontrar em um amigo; o segundo, ambicionamos possuí-lo nós mesmos. De forma semelhante, a aprovação que acompanha as aptidões naturais pode ser diferente, pela maneira como a sentimos, daquela que resulta das outras virtudes, mas isso não significa que sejam de espécies totalmente diversas. De fato, podemos observar que as aptidões

naturais, assim como as outras virtudes, não produzem, todas elas, a mesma espécie de aprovação. O bom-senso e o gênio geram apreço; a espirituosidade e o senso de humor despertam amor.[6]

3   Aqueles que afirmam que a distinção entre as aptidões naturais e as virtudes morais é muito importante dizem por vezes que as primeiras são inteiramente involuntárias e, portanto, não possuem mérito algum, já que não dependem da liberdade ou livre-arbítrio. Mas a isso respondo, em *primeiro* lugar, que muitas dessas qualidades que todos os moralistas, sobretudo os antigos, incluem na classe das virtudes morais são tão involuntárias e necessárias quanto as qualidades do juízo e da imaginação. Dessa natureza são a constância, a coragem, a magnanimidade e, em suma, todas as qualidades que fazem um *grande* homem. E eu poderia dizer o mesmo, até certo ponto, das outras qualidades, pois é quase impossível à mente alterar seu caráter em aspectos muito significativos, ou curar seu temperamento impulsivo ou neurastênico, quando essa é sua natureza. Quanto maior o grau dessas qualidades censuráveis, mais viciosas elas se tornam, e, entretanto, elas são as menos voluntárias. Em *segundo* lugar, gostaria que alguém me explicasse por que a virtude e o vício não podem ser involuntários, assim como a beleza e a feiura. Essas distinções morais surgem das distinções naturais entre a dor e o prazer; e quando experimentamos essas sensações [*feelings*] pela consideração geral de uma qualidade ou caráter, classificamos a estes de viciosos ou de virtuosos. Ora, creio que ninguém iria afirmar que uma qualidade só pode produzir prazer ou dor à pessoa que a considera se for perfeitamente voluntária na pessoa que a possui. Em *terceiro* lugar, quanto ao livre-arbítrio, já mostramos que ele não tem lugar nas ações, não mais que nas qualidades dos homens. Não é uma inferência correta dizer que

---

6   Amor e apreço são, no fundo, a mesma paixão, e surgem de causas semelhantes. Ambas são produzidas por qualidades agradáveis e prazerosas. Mas quando esse prazer é grave e sério; ou quando seu objeto é sublime e causa uma forte impressão; ou quando produz algum grau de humildade e temor; em todos esses casos, a paixão que resulta do prazer é mais propriamente denominada apreço que amor. A benevolência acompanha a ambas, mas conecta-se com o amor em um grau mais proeminente.

aquilo que é voluntário é livre. Nossas ações são mais voluntárias que nossos juízos, mas não temos mais liberdade naquelas que nestes.

4   Embora essa distinção entre voluntário e involuntário não seja suficiente, porém, para justificar a distinção entre aptidões naturais e virtudes morais, fornece-nos uma razão plausível para explicar por que os moralistas inventaram esta última distinção. Os homens observaram que, embora as aptidões naturais e as qualidades morais sejam essencialmente equivalentes, existe esta diferença entre elas, a saber, que as primeiras quase não podem ser alteradas pela arte ou pelo trabalho, ao passo que estas últimas, ou, ao menos, as ações delas procedentes, podem ser modificadas por motivos como recompensas e punições, elogios e censuras. É por isso que legisladores, teólogos e moralistas esforçaram-se sobretudo para regular essas ações voluntárias e buscaram dar às pessoas motivos adicionais para serem virtuosas quanto a elas. Sabiam que punir um homem por ser um tolo, ou exortá-lo a ser prudente e sagaz, não seria muito eficaz; já as mesmas punições e exortações, no caso da justiça e da injustiça, poderiam ter uma influência considerável. Na vida e na conversação cotidianas, entretanto, os homens não pensam nesses fins, mas, em vez disso, elogiam ou censuram naturalmente tudo que lhes agrada ou desagrada. Por isso, parecem não levar muito em consideração essa distinção, classificando a prudência como uma virtude tanto quanto a benevolência, e a perspicácia tanto quanto a justiça. Mais ainda: verificamos que todos os moralistas cujo julgamento não esteja pervertido por uma adesão demasiadamente rígida a um sistema pensam do mesmo modo; e os moralistas antigos, em particular, não hesitavam em pôr a prudência no topo das virtudes cardinais. Existe um sentimento de apreço e de aprovação que pode ser despertado, até certo ponto, por qualquer faculdade da mente em seu perfeito estado e condição; e explicar esse sentimento é tarefa dos *filósofos*. Aos *gramáticos* cabe examinar que qualidades merecem ser denominadas *virtudes*; ao tentar fazê-lo, descobrirão que essa tarefa não é tão fácil quanto poderiam imaginar à primeira vista.

5   A principal razão por que as aptidões naturais são tão estimadas é sua tendência a ser úteis à pessoa que as possui. É impossível realizar com sucesso nossos propósitos se não nos conduzimos com prudência e discernimento; ter boas intenções não é suficiente para trazer a bom resultado nossos empreendimentos. Os homens são superiores aos animais sobretudo pela superioridade de sua razão; e são os graus dessa mesma faculdade que estabelecem essa diferença infinita entre um homem e outro. Todas as vantagens trazidas pela arte se devem à razão humana; e quando o destino não é muito caprichoso, a parte mais importante dessas vantagens deverá caber ao homem prudente e sagaz.

6   Quando se pergunta o que tem mais valor – uma capacidade de percepção aguçada ou obtusa? uma inteligência capaz de penetrar um assunto logo à primeira vista, mas inapta a realizar seja o que for pelo estudo, ou o caráter contrário, que tem de usar de muita aplicação para fazer suas descobertas? uma mente lúcida ou uma inventividade copiosa? um gênio profundo ou um juízo seguro? – em suma, quando se pergunta que caráter ou que tipo particular de inteligência é superior, evidentemente não podemos dar uma resposta sem considerar qual dessas qualidades torna uma pessoa mais capacitada para a vida e a leva mais longe em qualquer empreendimento.

7   Há muitas outras qualidades mentais cujo mérito tem a mesma origem. *Trabalho, perseverança, paciência, atividade, vigilância, aplicação, constância*, e outras virtudes do mesmo tipo que seria fácil evocar, são consideradas valiosas unicamente por sua vantagem na condução da vida. Isso também se passa com a *temperança, a frugalidade, a economia, a resolução*. Por sua vez, *extravagância, luxo, irresolução* e *incerteza* são vícios, exclusivamente porque trazem nossa ruína, e nos tornam incapazes para os negócios e as ações.

8   Assim como a *sabedoria* e o *bom-senso* são valorizados por serem *úteis* a quem os possui, assim também o *espírito* e a *eloquência* são valorizados porque são *imediatamente agradáveis* aos outros. Por outro lado, o *bom humor* é amado e apreciado, por ser *imediatamente agradável*

à própria pessoa. É evidente que é muito satisfatório poder conversar com um homem espirituoso; assim como um companheiro alegre e bem-humorado transmite um contentamento a todo o grupo, por uma simpatia com sua alegria. Essas qualidades, portanto, sendo agradáveis, geram naturalmente amor e apreço, e satisfazem a todas as características da virtude.

9   Em muitos casos, é difícil dizer o que torna a conversa de um homem tão agradável e divertida, e a de outro insípida e aborrecida. Como a conversação é uma transcrição da mente, tanto quanto os livros, as mesmas qualidades que dão valor a estes devem proporcionar um apreço por aquela. Consideraremos essa questão adiante. Enquanto isso, podemos afirmar de uma maneira geral que todo o mérito que um homem pode extrair de sua conversação (e, sem dúvida, esse mérito pode ser considerável) resulta unicamente do prazer que ela transmite aos presentes.

10   Dessa perspectiva, o *asseio* também deve ser visto como uma virtude, já que nos torna agradáveis aos outros, sendo uma fonte bastante considerável de amor e afeição. Ninguém pode negar que uma negligência quanto a esse ponto seja uma falta; e como as faltas não são senão vícios menores, e essa falta só pode ter como origem a sensação desconfortável que desperta nas outras pessoas, podemos descobrir claramente por este exemplo, aparentemente tão trivial, a origem da distinção moral entre o vício e a virtude em outros casos.

11   Além de todas essas qualidades que tornam uma pessoa estimável ou admirável, há também um certo *je-ne-sais-quoi* naquilo que é agradável e belo, que concorre para o mesmo efeito. Nesse caso, como no do espírito e da eloquência, temos de recorrer a um certo sentido, que age sem reflexão e não leva em conta as tendências da qualidade ou do caráter. Alguns moralistas explicam todos os sentimentos da virtude por meio desse sentido. Sua hipótese é bastante plausível. Somente uma investigação detalhada pode nos fazer preferir alguma outra hipótese. Quando descobrimos que quase todas as virtudes têm essas tendências particulares; e também que essas tendências são

suficientes, por si sós, para nos proporcionar um forte sentimento de aprovação, não podemos ter dúvidas de que as qualidades são aprovadas ou não conforme a vantagem que delas resulta.

12   A propriedade ou impropriedade de um atributo quanto à idade, ao caráter ou à posição social de uma pessoa também contribui para sua aprovação ou condenação. Essa propriedade depende em grande parte da experiência. É comum que os homens percam sua leviandade conforme vão envelhecendo. Por isso, um determinado grau de seriedade e uma determinada idade estão conectados em nossos pensamentos. E quando observamos que ocorrem separadamente em um caráter, essa observação acarreta uma espécie de violência contra nossa imaginação, passando a ser desagradável.

13   De todas as faculdade da alma, a menos relevante para o caráter, e a que tem menos de virtude ou vício em suas diversas variações, ao mesmo tempo que admite uma grande variedade de gradações, é a *memória*. Exceto quando atinge um grau tão prodigioso que causa admiração, ou quando é tão deficiente que chega a afetar a capacidade de julgar, não costumamos notar suas variações, nem a mencionamos para elogiar ou criticar uma pessoa. Ter boa memória está tão longe de ser uma virtude que os homens em geral gostam de se queixar de ter uma memória fraca; esforçam-se em persuadir todo mundo de que aquilo que eles dizem se deve exclusivamente a sua própria inventividade, sacrificando sua memória para valorizar seu gênio e capacidade de julgar. Entretanto, considerando-se a questão em abstrato, seria difícil dar uma razão para explicar por que a faculdade de recordar ideias passadas com veracidade e clareza não deveria conter tanto mérito quanto a faculdade de ordenar nossas ideias presentes de modo a formar proposições e opiniões verdadeiras. A razão dessa diferença certamente deve ser que a memória se exerce sem provocar nenhuma sensação de prazer ou dor; e todos os seus graus medianos servem quase igualmente bem para nossas atividades e afazeres. Ao contrário, as menores variações em nossa faculdade de julgar têm consequências bastante sensíveis; ao mesmo tempo, sempre que atinge um grau superior, essa faculdade produz um extraordinário

deleite e satisfação. A simpatia com essa utilidade e prazer conferem um mérito ao entendimento; e sua ausência no caso da memória nos faz considerar esta última como uma faculdade bastante indiferente tanto à censura como ao elogio.

14   Antes de deixar este tema das *aptidões naturais*, devo observar que uma das fontes do apreço e afeição que as acompanham talvez seja derivada da *importância* e do *peso* que conferem àquele que as possui. A pessoa se torna mais importante na vida. Suas resoluções e ações afetam um número maior de seus semelhantes. Tanto sua amizade como sua inimizade têm grande peso. E é fácil observar que aquele que, por suas aptidões, eleva-se acima do resto da humanidade deve despertar em nós os sentimentos de apreço e aprovação. Tudo que é importante atrai nossa atenção, fixa nosso pensamento e é visto com satisfação. Histórias de reinos são mais interessantes que histórias domésticas; histórias de grandes impérios, mais que de pequenas cidades e principados; e histórias de guerras e revoluções, mais que as de tempos de paz e ordem. Simpatizamos com aqueles que sofrem, nos mais diversos sentimentos que correspondem à sua sorte. A mente é ocupada pela multiplicidade de objetos e pelas fortes paixões que se apresentam. E essa ocupação ou agitação da mente é comumente agradável e divertida. A mesma teoria dá conta do apreço e da consideração que temos por homens de talentos e habilidades extraordinárias. O bem e o mal de multidões inteiras estão conectados com suas ações. Tudo que fazem é importante e exige nossa atenção. Nada a seu respeito deve ser menosprezado ou desprezado. E quando uma pessoa é capaz de despertar esses sentimentos, rapidamente recebe nosso apreço, a menos que outras particularidades de seu caráter a tornem odiosa e desagradável.

Seção 5
Mais algumas reflexões sobre as aptidões naturais

1   Ao tratarmos das paixões, observamos que o orgulho e a humildade, o amor e o ódio são excitados por qualquer vantagem ou des-

vantagem da *mente*, do *corpo* ou da *fortuna*; e que essas vantagens ou desvantagens têm esse efeito por produzirem uma impressão separada de dor ou prazer. A dor ou o prazer que resultam do exame ou da consideração geral de uma ação ou qualidade da *mente* constituem seu vício ou sua virtude, gerando nossa aprovação ou censura, que não é se não um amor ou um ódio mais fraco e imperceptível. Atribuímos quatro fontes diferentes a essa dor e a esse prazer; e, para justificar mais completamente essa hipótese, talvez seja apropriado considerar aqui que é pelos mesmos princípios que as vantagens ou desvantagens do *corpo* e da *riqueza* produzem dor ou prazer. A tendência de um objeto a ser *útil* à pessoa que o possui ou aos demais, a transmitir *prazer* a ela ou aos outros, todas essas circunstâncias dão um prazer imediato à pessoa que considera o objeto e inspiram seu amor e aprovação.

2   Começando com as vantagens do *corpo*, observemos um fenômeno que pode parecer um pouco fútil e ridículo, se é que pode ser fútil algo que reforça uma conclusão tão importante, ou ridículo algo que é utilizado em um raciocínio filosófico. Trata-se de uma observação geral que aqueles homens que chamamos de bons *amantes*, que se destacaram por suas proezas amorosas ou cuja constituição física promete um extraordinário vigor dessa espécie, são bem recebidos pelo belo sexo, e naturalmente ganham a afeição mesmo daquelas cuja virtude impede qualquer projeto de fazer uso desses talentos. Neste último caso, é evidente que a capacidade que esses homens têm de dar prazer é a verdadeira fonte do amor e apreço que encontram por parte das mulheres; ao mesmo tempo, as mulheres que os amam e estimam não têm nenhuma perspectiva de obter elas mesmas esse prazer, só podendo ser afetadas por sua simpatia com aquelas que têm com eles algum relacionamento amoroso. Esse exemplo é bastante singular e merece nossa atenção.

3   Outra fonte do prazer que recebemos da consideração das vantagens corporais é sua utilidade para a própria pessoa delas dotada. É certo que uma parte considerável da beleza dos homens, bem como

de outros animais, consiste em uma determinada conformação de membros, que, pela experiência, verificamos ser acompanhada de força e agilidade, capacitando a criatura para qualquer ação ou exercício. Ombros largos, ventre esguio, articulações firmes, pernas torneadas; todas essas características são consideradas belas em nossa espécie, porque indicam força e vigor; e como essas são vantagens com que naturalmente simpatizamos, transmitem ao observador uma parte da satisfação que produzem em quem as possui.

4 Isso quanto à *utilidade* que pode acompanhar uma qualidade corporal. Quanto ao *prazer* imediato, é certo que um ar de saúde, bem como de força e agilidade, constitui uma parte considerável da beleza; e alguém com ar doentio é sempre desagradável para nós, em virtude da ideia de dor e mal-estar que nos transmite. Por outro lado, agrada-nos a regularidade de nossos próprios traços, mesmo que ela não seja útil nem para nós nem para os outros, e que precisemos tomar uma certa distância de nós mesmos para que nos transmita alguma satisfação. Costumamos considerar a nós mesmos tais como aparecemos aos olhos dos outros, e simpatizamos com os sentimentos favoráveis que eles têm por nós.

5 Saberemos até que ponto as vantagens da *riqueza* produzem apreço e aprovação pelos mesmos princípios, se lembrarmos nosso raciocínio anterior sobre esse assunto. Observamos que nossa aprovação às pessoas que possuem as vantagens decorrentes da riqueza pode ser atribuída a três causas distintas. *Primeiro*, ao prazer imediato que um homem rico nos dá, quando vemos as belas roupas, equipagem, jardins ou casas que ele possui. Em *segundo* lugar, às vantagens que dele esperamos extrair por sua generosidade e prodigalidade. Em *terceiro* lugar, ao prazer e às vantagens que ele próprio extrai de suas posses, e as quais produzem em nós uma simpatia agradável. Quer atribuamos nosso apreço pelas pessoas ricas e importantes a apenas uma ou a todas essas causas, podemos ver claramente os traços desses princípios que geram o sentido do vício e da virtude. Acredito que a maioria das pessoas, à primeira vista, estará inclinada a atribuir nosso apreço

pelos ricos ao interesse pessoal e à perspectiva de obter alguma vantagem. Mas certamente nosso apreço ou deferência vai além de qualquer perspectiva de obter vantagens para nós mesmos; por isso, é evidente que esse sentimento tem de proceder de uma simpatia com aqueles que dependem da pessoa que estimamos e respeitamos, e que têm uma conexão imediata com ela. Consideramo-la alguém capaz de contribuir para a felicidade ou a satisfação de seus semelhantes, cujos sentimentos a seu respeito naturalmente abraçamos. E essa consideração servirá para justificar minha hipótese de que devemos preferir o *terceiro* princípio aos outros dois, e atribuir nosso apreço pelos ricos a uma simpatia com o prazer e a vantagem que eles próprios obtêm de seus bens. Pois, como mesmo os outros dois princípios não podem operar com a devida extensão, e não podem dar conta de todos os fenômenos sem recorrer a uma simpatia de um tipo ou de outro, é muito mais natural escolhermos a simpatia que é imediata e direta do que aquela que é longínqua e indireta. A isso podemos acrescentar que, quando a riqueza e o poder são muito grandes, e tornam a pessoa considerável e importante para o mundo, o apreço que os acompanha pode ser em parte atribuído a outra fonte, distinta dessas três, a saber, o fato de interessarem à mente pela perspectiva de suas numerosas e importantes consequências. Mas, para explicar a operação desse princípio, também temos que recorrer à *simpatia*, como já observamos na seção anterior.

6   Talvez seja bom observar aqui a flexibilidade de nossos sentimentos e as diversas alterações que eles tão prontamente recebem dos objetos com que estão conectados. Todos os sentimentos de aprovação que acompanham uma espécie particular de objetos têm entre si uma grande semelhança, ainda que sejam derivados de fontes diferentes; e, por outro lado, esses sentimentos, quando dirigidos a objetos diferentes, são sentidos de maneira diferente, ainda que derivem da mesma fonte. Assim, a beleza de todos os objetos visíveis causa um prazer bastante semelhante, embora às vezes seja derivada do mero *aspecto* ou aparência dos objetos; outras vezes, da simpatia, bem

como da ideia de sua utilidade. Do mesmo modo, sempre que consideramos as ações e o caráter dos homens sem ter por eles nenhum interesse particular, o prazer ou a dor resultantes dessa consideração (com algumas pequenas diferenças) são, essencialmente, do mesmo tipo, embora possa haver uma grande diversidade em suas causas. Em contrapartida, uma casa confortável e um caráter virtuoso não causam o mesmo sentimento [*feeling*] de aprovação, embora a fonte de nossa aprovação seja a mesma e decorra da simpatia e da ideia de sua utilidade. Há algo um tanto inexplicável nessas variações de nossas maneiras de sentir [*our feelings*], mas é isso que experimentamos em todas as nossas paixões e sentimentos.

Seção 6
Conclusão deste livro

1 Assim, por tudo o que foi dito, tenho esperança de que nada tenha faltado para tornar completa a demonstração deste sistema ético. Temos certeza de que a simpatia é um princípio muito poderoso na natureza humana. Também temos certeza de que exerce grande influência sobre nosso sentido do belo, seja quando consideramos os objetos externos, seja quando formamos juízos morais. Constatamos que a simpatia tem força suficiente para nos proporcionar os mais fortes sentimentos de aprovação, quando age sozinha, sem a concorrência de outros princípios, como nos casos da justiça, da obediência civil, da castidade e das boas maneiras. Podemos observar que todas as circunstâncias necessárias para sua operação se encontram na maior parte das virtudes, que têm, em sua maioria, uma tendência para promover o bem da sociedade ou da pessoa que as possui. Se compararmos todas essas circunstâncias, não teremos dúvidas de que a simpatia é a principal fonte das distinções morais, sobretudo se pensarmos que qualquer objeção que se levantar a esta hipótese em um caso deverá se estender a todos os outros. Certamente, a justiça é aprovada por uma única razão, ou seja, porque tem uma tendência a trazer

o bem público; e o bem público ser-nos-ia indiferente se a simpatia não criasse em nós um interesse por ele. Podemos presumir que algo semelhante se passa com todas as outras virtudes que tenham a mesma tendência para o bem público. Essas virtudes devem derivar todo seu mérito de nossa simpatia com aqueles que delas se beneficiam, assim como as virtudes que têm uma tendência para o bem de quem as possui derivam seu mérito de nossa simpatia com essa pessoa.

2   A maioria das pessoas concordará prontamente que as qualidades úteis da mente são virtuosas justamente por causa de sua utilidade. Essa maneira de pensar é tão natural, e se dá em tantas ocasiões, que poucos hesitarão em admiti-la. Ora, uma vez admitido isso, deve-se necessariamente reconhecer a força da simpatia. A virtude é considerada um meio para a obtenção de um fim. Um meio só tem valor se o fim tem valor. Mas a felicidade de estranhos só nos afeta por simpatia. É a esse princípio, portanto, que devemos atribuir o sentimento de aprovação decorrente da consideração daquelas virtudes que são úteis à sociedade ou à pessoa virtuosa. Essas virtudes formam a principal parte da moral.

3   Se fosse apropriado, em um assunto como este, subornar o leitor, e empregar algo mais que argumentos sólidos para conseguir seu assentimento, isso não seria difícil, pois temos aqui à nossa disposição uma grande abundância de tópicos para cativar os afetos. Todos os amantes da virtude (e, em teoria, todos nós o somos, embora possamos nos degenerar na prática) certamente devem ficar satisfeitos em ver que as distinções morais são derivadas de uma fonte tão nobre, que nos dá uma noção correta tanto da *generosidade* quanto da *capacidade* de nossa natureza. Um leve conhecimento dos assuntos humanos é suficiente para se perceber que o sentido da moralidade é um princípio inerente à alma, e um dos elementos mais poderosos de sua composição. Mas esse sentido deve certamente ganhar mais força quando, ao refletir sobre si próprio, aprova os princípios de que deriva, sem encontrar em seu nascimento e origem nada que não seja

grande e bom. Aqueles que reduzem o sentido da moralidade a instintos originais da mente humana podem defender a causa da virtude com bastante autoridade; mas carecem da vantagem daqueles que explicam esse sentido por uma simpatia extensa com a humanidade. De acordo com este último sistema, não é apenas a virtude que deve ser aprovada, mas também o sentido da virtude; e não apenas esse sentido, como também os princípios de que ele deriva. Desse modo, de todos os lados, não se apresenta nada que não seja louvável e bom.

4   Essa observação pode-se estender à justiça e às outras virtudes dessa espécie. Embora a justiça seja artificial, o sentido de sua moralidade é natural. É a associação dos homens em um sistema de conduta que torna um ato de justiça benéfico para a sociedade. Mas, uma vez que esse ato adquira tal tendência, nós *naturalmente* o aprovamos; se não fosse assim, nenhuma associação ou convenção jamais poderia produzir esse sentimento.

5   A maior parte das invenções humanas estão sujeitas a mudanças. Dependem do humor e do capricho. Permanecem em voga durante um certo tempo, e então caem no esquecimento. Por isso talvez se tema que, se a justiça fosse considerada uma invenção humana, teria o mesmo destino. Mas são casos completamente diferentes. O interesse em que a justiça está fundada é o maior que se pode imaginar, estendendo-se a todos os tempos e lugares. Nenhuma outra invenção poderia satisfazê-lo. É um interesse evidente, e se revela assim que a sociedade se forma. Todas essas causas tornam as regras da justiça firmes e imutáveis, ou, ao menos, tão imutáveis quanto a natureza humana. Se fossem fundadas em instintos originais, acaso poderiam ter maior estabilidade?

6   O mesmo sistema pode nos ajudar a ter uma noção correta da *felicidade*, bem como da *dignidade* da virtude, e pode fazer que todos os princípios de nossa natureza se interessem em abrigar e alimentar essa nobre qualidade. De fato, quem não sente aumentar seu entusiasmo pela busca de conhecimento e de todo tipo de habilidade, quando considera que, além das vantagens que podem resultar imediatamente

dessas aquisições, estas também lhe darão um novo brilho aos olhos da humanidade, por serem universalmente estimadas e aprovadas? E quem poderia pensar que qualquer vantagem decorrente da riqueza poderia ser suficiente para compensar a menor violação das virtudes *sociais*, quando considera que, não apenas seu caráter perante as outras pessoas, mas também sua paz e satisfação interior dependem inteiramente de sua estrita observância dessas virtudes; e que nenhum intelecto pode suportar encarar a si próprio se não for capaz de cumprir seu papel perante os homens e a sociedade? Mas não quero insistir nesse tema. Tais reflexões requerem uma obra à parte, muito diferente do espírito do presente livro. O anatomista nunca deve emular o pintor; nem deve, em suas cuidadosas dissecções e em suas descrições das partes mais diminutas do corpo humano, querer dar às suas figuras atitudes ou expressões graciosas e atraentes. Existe mesmo algo repulsivo, ou ao menos desprezível, na visão que nos fornece das coisas; é necessário situar os objetos mais à distância, torná-los menos visíveis, para que se tornem mais atraentes para o olho ou para a imaginação. O anatomista, entretanto, é admiravelmente bem qualificado para aconselhar o pintor; chega a ser impraticável atingir a perfeição nesta última arte sem o auxílio da primeira. Temos de ter um conhecimento exato das partes, de sua posição e conexão, para podermos desenhar com elegância e correção. Assim, as especulações mais abstratas acerca da natureza humana, por mais frias e monótonas que sejam, fazem-se um instrumento da *moral prática*; e podem tornar esta última ciência mais correta em seus preceitos e mais persuasiva em suas exortações.

Apêndice

1   Não há nada que eu pudesse desejar mais que ter a oportunidade de confessar meus erros; um semelhante retorno à verdade e à razão seria para mim mais honroso que o juízo mais infalível. O homem que se encontra livre de erros só pode pretender ser louvado pela precisão de seu entendimento; mas aquele que corrige seus erros mostra a um só tempo a precisão de seu entendimento e a sinceridade e candura de seu caráter. Ainda não tive a sorte de descobrir nenhum erro importante nos raciocínios expostos nos volumes precedentes, exceto em um ponto. A experiência mostrou-me, porém, que algumas expressões que utilizei não foram tão bem escolhidas a ponto de evitar mal-entendidos por parte dos leitores; e foi sobretudo para remediar essa imperfeição que acrescentei o apêndice a seguir.

2   Só podemos ser levados a crer em uma questão de fato se sua causa ou efeito, diretos ou colaterais, estiverem presentes a nós; mas qual a natureza dessa crença que resulta da relação de causa e efeito, eis algo que poucos tiveram a curiosidade de se perguntar. Em minha opinião, o seguinte dilema é inevitável: ou a crença é uma nova ideia, tal como a ideia de *realidade* ou de *existência*, que juntamos à simples concepção de um objeto, ou é simplesmente uma *sensação* ou *senti-*

mento peculiar. Que ela não é uma nova ideia vinculada à simples concepção pode-se mostrar por estes dois argumentos. *Primeiramente*, não possuímos uma ideia abstrata de existência, que seja distinguível e separável da ideia de objetos particulares. É impossível, portanto, que essa ideia de existência possa ser vinculada à ideia de um objeto, ou estabelecer a diferença entre uma simples concepção e uma crença. Em *segundo* lugar, a mente tem o controle de todas as suas ideias, e pode separar, unir, misturar e transformá-las a seu bel-prazer; de modo que, se a crença consistisse meramente em uma nova ideia vinculada à concepção, os homens teriam o poder de acreditar naquilo que quisessem. Concluímos, portanto, que a crença consiste unicamente em uma certa sensação ou sentimento; em algo que não depende da vontade, devendo, antes, resultar de certas causas e princípios determinados, que estão fora de nosso controle. Quando estamos convencidos de um fato, não fazemos mais que concebê-lo, juntamente com uma certa sensação [*feeling*], diferente daquela que acompanha os meros *devaneios* da imaginação. E quando expressamos nossa incredulidade sobre um fato, queremos dizer que os argumentos em seu favor não produzem essa sensação [*feeling*]. Se a crença não consistisse em um sentimento diferente da simples concepção, qualquer objeto apresentado pela imaginação mais desvairada estaria em pé de igualdade com as verdades mais bem estabelecidas, fundadas na história e na experiência. Apenas a sensação ou sentimento distingue as duas coisas.

3 Considerando-se, assim, uma verdade indubitável *que a crença não é senão uma sensação* [feeling] *peculiar, diferente da simples concepção*, a próxima questão que nos ocorre naturalmente é: *qual a natureza dessa sensação ou sentimento? Será análogo a algum outro sentimento da mente humana?* Essa é uma questão importante. Pois se esse sentimento não for análogo a nenhum outro, devemos desistir de explicar suas causas e teremos de considerá-lo um princípio original da mente humana. Se for análogo, podemos ter esperanças de explicar suas causas por analogia, remetendo-o a princípios mais gerais. Ora, todos admi-

tirão que existe uma maior firmeza e solidez nas concepções que são objetos de convicção e certeza que nos vagos e indolentes devaneios de um sonhador. Aquelas nos tocam com mais força; são mais presentes; a mente tem mais domínio sobre elas, e se vê afetada e movida por elas de modo mais intenso. Concede-lhes seu assentimento, e como que se fixa e repousa sobre elas. Em suma, essas concepções estão mais próximas das impressões, que nos são imediatamente presentes; e são, portanto, análogas a muitas outras operações da mente.

4   Em minha opinião, não há possibilidade de se evitar essa conclusão, a não ser afirmando-se que a crença, além da simples concepção, consiste em alguma impressão ou sensação [*feeling*] distinguível da concepção. Ela não modificaria a concepção ou torná-la-ia mais presente e intensa. Apenas estaria vinculada a ela, do mesmo modo que a *vontade* e o *desejo* estão vinculados às concepções particulares do bem e do prazer. Mas as seguintes considerações serão suficientes, espero, para afastar essa hipótese. Em *primeiro* lugar, ela é diretamente contrária à experiência e a nossa consciência imediata. Todos sempre admitiram que o raciocínio é uma simples operação de nossos pensamentos ou ideias; e, por mais que possa variar a maneira como sentimos essas ideias, nada jamais entra em nossas *conclusões* senão ideias, ou seja, nossas concepções mais fracas. Por exemplo, ouço agora a voz de uma pessoa que conheço; e esse som vem do quarto ao lado. Essa impressão de meus sentidos imediatamente conduz meus pensamentos à pessoa, juntamente com os objetos circundantes. Represento-os para mim mesmo como existentes no presente, com as mesmas qualidades e relações que sabia que eles possuíam antes. Essas ideias se apoderam de minha mente com mais firmeza que a ideia de um castelo encantado. Eu as sinto de maneira diferente, mas não há nenhuma impressão distinta ou separada acompanhando-as. O mesmo se passa quando me recordo dos vários incidentes de uma viagem ou dos acontecimentos de uma história. Cada fato particular é, então, objeto de crença. Sua ideia se diferencia dos vagos devaneios de um

sonhador, mas não há uma impressão distinta acompanhando cada ideia ou cada concepção distinta de um fato. Isso é objeto de uma clara experiência. Se há alguma ocasião em que essa experiência pode ser questionada, é quando a mente está inquieta em virtude de dúvidas ou dificuldades; mas depois, considerando o objeto de um novo ponto de vista, ou estando de posse de um novo argumento, ela repousa e se fixa em uma única conclusão, com uma crença estável. Nesse caso, existe uma sensação [*feeling*] distinta e separada da concepção. A passagem da dúvida e da inquietação à tranquilidade e ao repouso transmite satisfação e prazer à mente. Mas tomemos um outro caso. Suponhamos que eu veja as pernas de uma pessoa em movimento, enquanto algum objeto entre nós esconde o resto de seu corpo. Aqui é certo que a imaginação irá completar toda a figura. Dou-lhe uma cabeça, ombros, peito e pescoço. Concebo essas partes do corpo e acredito que a pessoa as possui. Nada poderia ser mais evidente que o fato de que toda essa operação é realizada apenas pelo pensamento ou imaginação. A transição é imediata. As ideias atingem-nos de pronto. Sua conexão habitual com a impressão presente as altera e modifica de uma certa maneira, mas não produz nenhum ato mental distinto dessa peculiaridade de concepção. Quem quiser examinar sua própria mente verá que isso é evidentemente verdadeiro.

5   Em *segundo* lugar, seja qual for o caso dessa impressão distinta, deve-se admitir que a mente tem um maior domínio, ou concebe mais firmemente aquilo que considera um fato que aquilo que vê como ficção. Então, por que procurar mais, por que multiplicar suposições sem necessidade?

6   Em *terceiro* lugar, podemos explicar as *causas* de uma concepção firme, mas não as de uma impressão separada. E não só isso: as causas da concepção firme esgotam todo o assunto, e não resta nada que possa produzir qualquer outro efeito. Uma inferência a respeito de uma questão de fato não é senão a ideia de um objeto frequentemente conjugado ou associado com uma impressão presente. Isso é tudo.

Cada um desses elementos é necessário para explicar, por analogia, a concepção mais estável; e não resta nada que seja capaz de produzir uma impressão distinta.

7   Em *quarto* lugar, os *efeitos* da crença, sua influência sobre as paixões e a imaginação, podem ser todos explicados pela concepção firme; não temos nenhuma necessidade de recorrer a outro princípio. Esses argumentos, juntamente com muitos outros, expostos nos volumes precedentes, provam suficientemente que a crença apenas modifica a ideia ou concepção e nos faz sentir essa ideia de maneira diferente, sem produzir uma impressão distinta.

8   Assim, uma visão geral do problema nos permite encontrar duas questões importantes, que ousamos recomendar à consideração dos filósofos: *além da sensação ou sentimento, há alguma coisa que distinga a crença da simples concepção? E essa sensação* [feeling] *é alguma coisa diferente de uma concepção mais firme ou um maior domínio nosso sobre o objeto?*

9   Se, após uma investigação imparcial, os filósofos concordarem com minha conclusão, a próxima tarefa será examinar a analogia existente entre a crença e outros atos da mente, bem como descobrir a causa da firmeza e força da concepção. Aliás, não considero essa uma tarefa difícil. A transição que parte de uma impressão presente sempre aviva e reforça uma ideia. Quando um objeto se apresenta, a ideia daquele que comumente o acompanha imediatamente nos toca como algo real e sólido. Essa ideia é *sentida*, mais que concebida, e se aproxima, em força e influência, da impressão de que é derivada. Isso já provei abundantemente. Não sou capaz de acrescentar novos argumentos, embora meu raciocínio a respeito de toda essa questão sobre a causa e efeito talvez tivesse sido mais convincente se as passagens a seguir houvessem sido inseridas nos lugares que ora indico. Acrescentei algumas ilustrações sobre outros pontos, onde achei que eram necessárias.

A inserir no Livro 1, *página 113, linha 31, após as palavras* "mais fracas e obscuras.", *iniciando um novo parágrafo.*

10   É frequente acontecer que, quando dois homens estiveram envolvidos em um episódio, um deles se lembre dele muito melhor do que o outro, e tenha a maior dificuldade do mundo para fazer que seu companheiro se lembre também. Enumera em vão diversas circunstâncias, menciona o momento, o lugar, as pessoas que estavam presentes, o que foi dito, o que cada um fez, até que, finalmente, toca em uma circunstância feliz, que faz reviver o conjunto todo, dando a seu amigo uma memória perfeita de cada detalhe. Aqui, a pessoa que esqueceu recebe inicialmente do discurso da outra todas as ideias, com as mesmas circunstâncias de tempo e lugar, mas as considera meras ficções da imaginação. Entretanto, assim que é mencionada a circunstância que toca sua memória, exatamente as mesmas ideias aparecem sob nova luz, produzindo como que uma sensação [*feeling*] diferente daquela que antes produziam. Sem qualquer outra alteração além dessa na sensação [*feeling*], elas se tornam imediatamente ideias da memória e recebem nosso assentimento.

11   Portanto, como a imaginação é capaz de representar todos os mesmos objetos que a memória pode nos oferecer, e já que essas faculdades só se distinguem pela maneira diferente como sentimos as ideias que nos apresentam, talvez seja apropriado considerar qual a natureza dessa sensação [*feeling*]. E aqui acredito que todos concordarão imediatamente comigo, que as ideias da memória são mais *fortes* e mais *vívidas* que as da fantasia. Um pintor que quisesse etc.

A inserir no Livro 1, página 126, linha 15, após as palavras "conforme à definição precedente.", *iniciando um novo parágrafo.*

12   Essa operação da mente que gera a crença em um fato parece ter sido até hoje um dos maiores mistérios da filosofia, embora ninguém tenha sequer suspeitado de que havia alguma dificuldade em sua explicação. De minha parte, devo confessar que vejo aqui uma dificuldade considerável; e, mesmo quando penso compreender perfeitamente

o assunto, não encontro as palavras adequadas para expressar o que quero dizer. Por uma indução que me parece bastante evidente, concluo que uma opinião ou crença não é senão uma ideia que difere de uma ficção, não na natureza ou na ordem de suas partes, mas sim na *maneira* como é concebida. Mas quando pretendo explicar o que é essa *maneira*, não consigo encontrar nenhuma palavra plenamente satisfatória, sendo por isso obrigado a apelar para aquilo que cada um sente, a fim de lhe dar uma noção perfeita dessa operação da mente. Uma ideia que recebe o assentimento é *sentida* de maneira diferente [*feels different*] de uma ideia fictícia, apresentada apenas pela fantasia. É essa maneira diferente de sentir [*this different feeling*] que tento explicar, denominando-a uma *força, vividez, solidez, firmeza,* ou *estabilidade* superior. Essa variedade de termos, que pode parecer tão pouco filosófica, busca apenas exprimir aquele ato mental que torna as realidades mais presentes a nós que as ficções e faz com que tenham um peso maior no pensamento, bem como uma influência superior sobre as paixões e a imaginação. Contanto que concordemos acerca dos fatos, é desnecessário discutir sobre os termos. A imaginação tem o controle de todas as suas ideias, podendo juntá-las, misturá-las e alterá-las de todos os modos possíveis. Ela pode conceber os objetos com todas as circunstâncias de tempo e espaço. Pode, por assim dizer, apresentá-los a nossos olhos em suas cores verdadeiras, exatamente como devem ter existido. Mas, como é impossível que essa faculdade possa jamais, por si só, alcançar a crença, é evidente que esta não consiste na natureza ou na ordem de nossas ideias, mas na maneira como as concebemos e como são sentidas pela mente. Confesso que é impossível explicar perfeitamente essa sensação [*feeling*] ou maneira de se conceber. Podemos empregar palavras que expressem algo próximo a isso. Mas seu nome verdadeiro e apropriado é *crença*, termo que todos compreendem suficientemente na vida comum. E, na filosofia, não podemos ir além da afirmação de que a crença é algo *sentido* pela mente, que permite distinguir as ideias do juízo das ficções da imaginação. A crença dá a essas ideias mais força e influência; faz com que pareçam mais importantes, fixa-as na mente; e as torna os princípios reguladores de todas as nossas ações.

Nota ao Livro 1, página 131, linha 2, *após as palavras* "impressão imediata."

13   *Naturane nobis, inquit, datum dicam, an errore quodam, ut, cum ea loca videamus, in quibus memoria dignos viros acceperimus multum esse versatos, magis moveamur, quam siquando eorum ipsorum aut facta audiamus, aut scriptum aliquod legamus? velut ego nunc moveor. Venit enim mihi Platonis in mentem: quem accipimus primum hic disputare solitum: Cujus etiam illi hortuli propinqui non memoriam solum mihi afferunt, sed ipsum videntur in conspectu meo hic ponere. Hic Speusippus, hic Xenocrates, hic ejus auditor Polemo; cujus ipsa illa sessio fuit, quam videamus. Equidem etiam curiam nostram, hostiliam dico, non hanc novam, quæ mihi minor esse videtur postquam est major, solebam intuens Scipionem, Catonem, Lælium, nostrum vero in primis avum cogitare. Tanta vis admonitionis inest in locis; ut non sine causa ex his memoriæ ducta sit disciplina.* Cicero, de Finibus, livro 5.*

A inserir no Livro 1, página 154, linha 8, *após as palavras* "impressões dos sentidos.", *iniciando um novo parágrafo.*

---

*   Cícero, *De finibus*, Livro 5, I, 1 (fr: 2): "Será uma inclinação natural ou bem não sei que ilusão? Mas, quando vemos os próprios lugares em que sabemos que viveram e tanto se destacaram aqueles homens memoráveis, sentimo-nos muito mais comovidos do que quando apenas ouvimos falar de seus feitos ou lemos algum de seus escritos. Por exemplo, eu, neste momento, estou comovido. Recordo-me de Platão: dizem que foi o primeiro a utilizar este lugar para suas conversas; e esses jardinetes à minha frente não só me tornam presente sua memória, mas, por assim dizer, põem sua imagem diante de meus olhos. Aqui ficava Espeusipo, aqui Xenócrates, aqui o discípulo de Xenócrates, Polemon: sentavam-se bem aqui neste lugar que estamos vendo. E também em Roma, quando em nossa cúria (refiro-me à cúria Hostília, e não à nova, que me parece menor desde que a ampliaram), sempre me punha a pensar em Cipião, em Catão, em Lélio e, sobretudo, em meu avô. Tal poder de recordação têm os lugares; não é sem razão que foram usados para se criar uma arte da memória". (N.T.)

14   Observemos que a poesia possui esse mesmo efeito, em um grau menor. A poesia e a loucura têm em comum o fato de que a vividez que conferem às ideias não é derivada das situações ou conexões particulares dos objetos dessas ideias, mas do humor e disposição da pessoa naquele momento. Porém, por maior que seja a intensidade atingida pela vividez, é evidente que, na poesia, ela nunca tem a mesma *sensação* [*feeling*] que a vividez que surge na mente ao raciocinarmos, mesmo quando esse raciocínio se faz com base no grau mais baixo de probabilidade. A mente distingue facilmente entre os dois tipos de vividez; e qualquer que seja a emoção conferida aos espíritos animais pelo entusiasmo poético, trata-se sempre de um mero simulacro de crença ou persuasão. O que ocorre com a ideia ocorre também com as paixões por ela ocasionadas. Não há paixão da mente humana que não possa surgir da poesia. Mas, ao mesmo tempo, as *sensações* [*feelings*] das paixões são muito diferentes quando despertadas por ficções poéticas e quando nascem da crença e da realidade. Uma paixão que na vida real é desagradável pode proporcionar um grande deleite em uma tragédia ou um poema épico. Neste último caso, ela não pesa tanto sobre nós; é sentida como algo menos firme e sólido, e seu único efeito é estimular agradavelmente os espíritos animais e despertar a atenção. A diferença nas paixões é uma clara prova da existência de uma diferença semelhante nas ideias que originam as paixões. Quando a vividez surge de uma conjunção habitual com uma impressão presente, mesmo que aparentemente a imaginação possa não ser tão afetada, há sempre algo mais imperativo e real em suas ações que no calor da poesia e da eloquência. A força de nossas ações mentais não deve, neste caso como em nenhum outro, ser medida pela agitação aparente da mente. Uma descrição poética pode ter um efeito mais sensível sobre a fantasia que uma narrativa histórica. Pode reunir um maior número daquelas circunstâncias que formam uma imagem ou quadro completo. Pode parecer dispor diante de nós o objeto em cores mais vivas. Mas, ainda assim, as ideias que apresenta são *sentidas* de maneira diferente que aquelas que surgem

da memória e do juízo. Há algo fraco e imperfeito em meio a toda a aparente veemência de pensamento e sentimento que acompanha as ficções da poesia.

15   Mais tarde, teremos ocasião de observar tanto as semelhanças como as diferenças entre um entusiasmo poético e uma convicção séria. Enquanto isso, não posso deixar de notar que a grande diferença em sua sensação [*feeling*] procede em certa medida da reflexão e das *regras gerais*. Observamos que o vigor na concepção, que as ficções recebem da poesia e da eloquência, é uma circunstância meramente acidental, de que toda ideia é suscetível; e que tais ficções não se conectam com nada real. Essa observação faz que apenas nos entreguemos temporariamente, por assim dizer, à ficção. Mas a ideia é sentida de modo muito diferente das convicções permanentemente estabelecidas que se fundam na memória e no costume. Ficções e convicções são um pouco do mesmo gênero, mas aquelas são muito inferiores a estas, em suas causas como em seus efeitos.

16   Uma reflexão semelhante sobre as *regras gerais* impede que aumentemos nossa crença a cada vez que cresce a força e a vividez de nossas ideias. Quando uma opinião não comporta dúvida ou qualquer probabilidade oposta, atribuímos a ela uma total convicção, embora a falta de semelhança ou contiguidade possa tornar sua força inferior à de outras opiniões. É assim que o entendimento corrige as aparências sensíveis, fazendo-nos imaginar que um objeto a uma distância de vinte pés pareça aos olhos tão grande quanto um outro objeto, do mesmo tamanho, a uma distância de dez pés.

A *inserir* no Livro 1, página 194, linha 8, *após as palavras* "nenhuma ideia de poder.", *iniciando um novo parágrafo*.

17   Alguns afirmaram que sentimos uma energia ou poder em nossa própria mente; e, tendo assim adquirido a ideia de poder, transferimos essa qualidade à matéria, na qual não somos capazes de descobri-la imediatamente. Os movimentos de nosso corpo, assim como

os pensamentos e sentimentos de nossa mente (dizem), obedecem à vontade – não precisamos ir além disso para obter uma noção correta de força ou poder. Mas, para nos convencermos de quão falacioso é esse raciocínio, basta considerarmos que, como a vontade é aqui tida como uma causa, ela não tem com seu efeito uma conexão mais manifesta que aquela que qualquer causa material tem com seu próprio efeito. Longe de se perceber a conexão entre um ato de volição e um movimento do corpo, o que se vê é que nenhum efeito é mais inexplicável, dados os poderes e a essência do pensamento e da matéria. Tampouco o domínio da vontade sobre nossa mente é mais inteligível. Aqui o efeito é distinguível e separável da causa, e não poderia ser previsto sem a experiência de sua conjunção constante. Temos o comando de nossa mente até um certo grau; mas, além *deste*, perdemos todo domínio sobre ela. E, sem consultarmos a experiência, é evidentemente impossível fixar qualquer limite preciso para nossa autoridade. Em suma, as ações da mente são, sob esse aspecto, iguais às da matéria. Tudo que percebemos é sua conjunção constante, e nosso raciocínio jamais pode ir além disso. Nenhuma impressão interna possui uma energia evidente, não mais que os objetos externos. Portanto, já que os filósofos admitem que a matéria age por meio de uma força desconhecida, em vão esperaríamos chegar a uma ideia de força consultando nossa própria mente.[1]

18 Eu acalentava alguma esperança de que, por mais deficiente que pudesse ser nossa teoria do mundo intelectual, ela estaria livre daquelas contradições e absurdos que parecem acompanhar qualquer explicação que a razão humana possa dar acerca do mundo material. Mas, ao fazer uma revisão mais cuidadosa da seção concernente à *iden-*

---

1 A mesma imperfeição acompanha nossas ideias de Deus, mas isso não pode ter nenhuma consequência para a religião ou para a moral. A ordem do universo prova a existência de uma mente onipotente, isto é, uma mente cuja vontade se faz *constantemente acompanhar* pela obediência de todas as criaturas e seres. Nada mais é preciso para fundamentar todos os artigos religiosos, e tampouco é necessário formarmos uma ideia distinta da força e energia do ser supremo.

tidade pessoal, vejo-me perdido em um tal labirinto que, devo confessar, não sei nem como corrigir minhas opiniões anteriores, nem como torná-las coerentes. Se essa não for uma boa razão *geral* para o ceticismo, ao menos é uma razão suficiente (como se eu já não tivesse bastantes razões) para guardar uma desconfiança e modéstia em todas as minhas decisões. Apresentarei os argumentos de um lado e de outro, começando com os que me levaram a negar a identidade e simplicidade, em sentido estrito e próprio, de um eu ou ser pensante.

19 Quando falamos de *eu* ou *substância*, devemos ter uma ideia vinculada a esses termos, pois, de outro modo, eles seriam inteiramente ininteligíveis. Toda ideia deriva de impressões anteriores; e não temos nenhuma impressão de eu ou substância enquanto algo simples e individual. Portanto, não temos nenhuma ideia de eu ou substância nesse sentido.

20 Tudo que é distinto é distinguível; e tudo que é distinguível é separável pelo pensamento ou imaginação. Todas as percepções são distintas. São, portanto, distinguíveis e separáveis; podem ser concebidas como separadamente existentes, e podem existir separadamente, sem que haja nisso contradição ou absurdo.

21 Quando vejo esta mesa e aquela lareira, nada está presente a mim senão percepções particulares, que têm uma natureza semelhante à de todas as outras percepções. Essa é a doutrina dos filósofos. Mas esta mesa que está presente a mim e aquela lareira podem existir, e de fato existem separadamente. Essa é a doutrina do vulgo, e não implica qualquer contradição. Não há contradição, portanto, em se estender a mesma doutrina a todas as percepções.

22 Em geral, o seguinte raciocínio parece satisfatório. Todas as ideias são tiradas de percepções anteriores. Nossas ideias dos objetos, portanto, derivam dessa fonte. Consequentemente, nenhuma proposição pode ser inteligível ou coerente no que diz respeito aos objetos, se não o for no que diz respeito às percepções. Mas é inteligível e coerente dizer que os objetos existem de maneira distinta e independente, sem ter em comum nenhuma substância *simples* ou sujeito de

Apêndice

23   Quando volto minha reflexão para *mim mesmo*, nunca consigo perceber esse *eu* sem uma ou mais percepções, e não percebo nada além de percepções. É a combinação destas, portanto, que forma o eu.

24   Podemos conceber que um ser pensante tenha muitas ou poucas percepções. Suponhamos que a mente seja reduzida a um estado inferior ao de uma ostra. Suponhamos que tenha apenas uma percepção, como a de sede ou fome. Consideremo-la nessa situação. Sois capazes de perceber alguma coisa além dessa mera percepção? Possuís alguma noção de *eu* ou *substância*? Se não a possuís, a adição de outras percepções nunca poderá vos dar essa noção.

25   A aniquilação que algumas pessoas supõem seguir-se à morte e destruir inteiramente esse eu não é mais que a extinção de todas as percepções particulares: amor e ódio, dor e prazer, pensamento e sensação [*sensation*]. Essas percepções, portanto, têm de ser o mesmo que o eu, já que uma coisa não pode subsistir sem a outra.

26   Será o *eu* o mesmo que a *substância*? Se o for, como é possível a questão da permanência do eu diante de uma mudança de substância? Se forem distintos, qual a diferença entre eles? De minha parte, não tenho qualquer noção de nenhum dos dois, se concebidos como distintos das percepções particulares.

27   Os filósofos começam a aceitar o princípio de que *não temos nenhuma ideia de uma substância externa que seja distinta das ideias das qualidades particulares*. Esse princípio deve abrir caminho para a aceitação de um princípio semelhante a respeito da mente: *não temos uma noção da mente que seja distinta das percepções particulares*.

28   Até aqui, meu argumento parece ter uma evidência suficiente. Mas, tendo assim desfeito o laço que prendia todas as nossas percepções particulares, quando² passo a explicar o princípio de conexão que as liga, e que nos faz atribuir a elas uma real simplicidade e identidade, percebo que minha explicação é muito deficiente, e só a aparente evidência

---

2 Livro 1, p.292.

dos raciocínios anteriores pode ter-me levado a aceitá-la. Se as percepções são existências distintas, elas só formam um todo por estarem conectadas. Mas o entendimento humano não é capaz de descobrir nenhuma conexão entre existências distintas. Apenas *sentimos* uma conexão ou determinação do pensamento a passar de um objeto a outro. Segue-se, portanto, que apenas o pensamento encontra a identidade pessoal, quando, ao refletir sobre a cadeia de percepções passadas que compõem uma mente, sente que as ideias dessas percepções estão conectadas entre si, e introduzem naturalmente umas às outras. Por mais extraordinária que possa parecer essa conclusão, ela não deve nos surpreender. A maioria dos filósofos parece inclinada a pensar que a identidade pessoal *surge* da consciência; e que a consciência é apenas um pensamento ou percepção refletida. A presente filosofia, portanto, tem até aqui um aspecto promissor. Mas todas as minhas esperanças se desvanecem quando passo a explicar os princípios que unem nossas percepções sucessivas em nosso pensamento ou consciência. Não consigo descobrir nenhuma teoria que me satisfaça quanto a esse ponto.

29   Em suma, há dois princípios a que não posso renunciar, mas que não consigo tornar compatíveis: que *todas as nossas percepções distintas são existências distintas*, e que *a mente nunca percebe nenhuma conexão real entre existências distintas*. Se nossas percepções fossem inerentes a alguma coisa simples e individual, ou então se a mente percebesse alguma conexão real entre elas, não haveria dificuldade alguma. De minha parte, devo apelar para o privilégio do cético e confessar que essa dificuldade é demasiado árdua para meu entendimento. Entretanto, não pretendo afirmar que seja absolutamente insuperável. Outros, talvez, ou eu mesmo, após uma reflexão mais madura, poderemos vir a descobrir alguma hipótese que resolva essas contradições.

30   Aproveitarei também esta oportunidade para confessar outros dois erros menos importantes, que uma reflexão mais madura me levou a descobrir em meu raciocínio. O primeiro pode-se encontrar no Livro 1, página 85, onde digo que a distância entre dois corpos é

Apêndice

conhecida, entre outras coisas, pelos ângulos que os raios de luz emanados desses corpos formam entre si. O certo é que esses ângulos não são conhecidos pela mente e, como consequência, jamais podem revelar a distância. O segundo erro pode-se encontrar no Livro 1, página 125, onde digo que duas ideias do mesmo objeto só podem se diferenciar por seus graus de força e vividez. Acredito haver outras diferenças entre as ideias, que não podem ser compreendidas de maneira apropriada nesses termos. Se houvesse dito que duas ideias do mesmo objeto só podem se diferenciar por suas diferentes *sensações* [*feeling*], eu teria estado mais perto da verdade.

31   Há dois erros de impressão que afetam o sentido do texto e, por isso, peço que sejam corrigidos pelo leitor. No Livro 1, página 223, linha 12: onde está "como a percepção", leia-se "uma percepção". Também no Livro 1, p.295, linha 24: onde está "moral" leia-se "da natureza".

Nota ao Livro 1, página 44, linha 21, *à palavra* "semelhança".

32   É evidente que mesmo ideias simples diferentes podem apresentar uma semelhança ou similaridade entre si, não sendo necessário que o ponto ou a circunstância de semelhança seja distinto ou separável daquela em que elas diferem. *Azul* e *verde* são ideias simples diferentes, mas se assemelham mais que *azul* e *escarlate* – embora sua simplicidade perfeita exclua toda possibilidade de separação ou distinção. O mesmo ocorre com sons, sabores e aromas particulares. A comparação de seu aspecto geral revela que eles admitem infinitas semelhanças, mesmo sem possuir nenhuma circunstância em comum. A própria expressão abstrata *ideias simples* pode nos dar certeza disso. Ela compreende todas as ideias simples, que se assemelham uma às outras em sua simplicidade. E entretanto, por sua própria natureza, que exclui qualquer composição, essa circunstância que as torna semelhantes não é distinguível nem separável do resto. O mesmo se passa com todos os graus de uma qualidade qualquer. Todos eles são semelhantes, embora a qualidade presente em um indivíduo não seja distinta de seu grau.

A inserir no Livro 1, página 73, linha 28, *após as palavras* "em outro canto.", *iniciando um novo parágrafo*.

33   Há muitos filósofos que se recusam a apontar um critério de *igualdade*, afirmando, em vez disso, que basta apresentar dois objetos iguais para que tenhamos uma noção correta dessa proporção. Sem a percepção dos objetos, dizem eles, qualquer definição é infrutífera; e quando percebemos os objetos, não temos mais necessidade de definições. Concordo inteiramente com esse raciocínio; e afirmo que a única noção útil de igualdade ou desigualdade deriva da aparência una e global, bem como da comparação entre objetos particulares.

A inserir no Livro 1, página 79, linha 25, *após as palavras* "praticáveis ou imagináveis.", *iniciando um novo parágrafo*.

34   Para onde quer que se voltem, os matemáticos encontram sempre esse dilema. Se julgam a igualdade ou qualquer outra proporção pelo critério preciso e exato, a saber, pela enumeração das diminutas partes indivisíveis, eles estão ao mesmo tempo empregando um critério que na prática é inútil, e provando, de fato, a indivisibilidade da extensão, que tentavam demolir. Ou então, se empregam, como é usual, o critério aproximado derivado de uma comparação entre os objetos com base em sua aparência geral, corrigida pela medição e justaposição, seus primeiros princípios, embora certos e infalíveis, são demasiadamente grosseiros para permitir inferências tão sutis como as que comumente deles se extraem. Os primeiros princípios fundamentam-se na imaginação e nos sentidos; a conclusão, portanto, jamais pode ultrapassar e menos ainda contradizer essas faculdades.

Nota ao Livro 1, página 92, linha 9, *às palavras* "impressões e ideias".

35   Enquanto limitarmos nossas especulações às *aparências* sensíveis dos objetos, sem entrarmos em investigações acerca de sua natureza e operações reais, estaremos a salvo de todas as dificuldades, e ne-

nhuma questão nos embaraçará. Assim, quando nos perguntarem se a distância invisível e intangível interposta entre dois objetos é alguma coisa ou nada, será fácil responder que é *alguma coisa*, a saber, uma propriedade dos objetos que afeta os *sentidos* de tal maneira particular. Quando nos perguntarem se dois objetos que guardam entre si tal distância se tocam ou não, podemos responder que isso depende da definição da palavra *tocar*. Se dizemos que dois objetos se tocam quando nenhuma coisa *sensível* se interpõe entre eles, então esses objetos se tocam. Se dizemos que dois objetos se tocam quando suas *imagens* atingem partes contíguas do olho e quando a mão *sente* ambos sucessivamente, sem a interposição de nenhum movimento, então esses objetos não se tocam. Todas as aparências sensíveis dos objetos são coerentes; e nenhuma dificuldade pode surgir, senão da obscuridade dos termos utilizados.

36 Se estendermos nossa investigação para além das aparências sensíveis dos objetos, receio que a maior parte de nossas conclusões será dominada pelo ceticismo e pela incerteza. Assim, se nos perguntarem se a distância invisível e intangível está ou não sempre cheia de algum *corpo*, ou de alguma coisa que o aperfeiçoamento de nossos órgãos poderia tornar visível ou tangível, devo reconhecer que não encontro argumento bastante decisivo a favor de nenhuma das duas respostas, embora esteja mais inclinado a dizer que não, por ser esta a opinião mais adequada às noções vulgares e populares. Quando compreendemos corretamente a filosofia *newtoniana*, vemos que ela não significa mais que isso. Afirma-se a existência de um vácuo, isto é, diz-se que há corpos dispostos de tal maneira a acolher outros corpos entre eles, sem sofrer impulso ou penetração. A natureza real dessa posição dos corpos é desconhecida. Conhecemos apenas seus efeitos sobre os sentidos e seu poder de receber algum corpo. Nada é mais adequado a essa filosofia que uma modesta dose de ceticismo e uma franca confissão de ignorância a respeito de assuntos que ultrapassam toda capacidade humana.

FINIS

*Sinopse de um livro
recentemente publicado
intitulado*
Tratado da natureza humana, *& c.*

*Em que o principal argumento daquele livro
recebe ilustrações e explicações adicionais*

Prefácio

1   Minhas expectativas quanto a este pequeno trabalho parecerão talvez um tanto extraordinárias, quando eu declarar que minha intenção é resumir uma obra mais extensa, e assim torná-la mais inteligível para o leitor comum. Entretanto, é certo que aqueles que não estão acostumados ao raciocínio abstrato tendem a perder o fio da argumentação quando ela é muito extensa, e quando cada parte é reforçada por todos os argumentos disponíveis, defendida contra todas as objeções e ilustrada por meio de todas as considerações que podem ocorrer a um autor quando do exame cuidadoso de seu tema. Tais leitores terão mais facilidade em compreender uma sequência de raciocínios que seja mais simples e concisa, em que apenas as proposições mais importantes estão encadeadas umas às outras, sendo ilustradas por alguns exemplos simples e confirmadas por uns poucos argumentos mais convincentes. Como as partes estão mais próximas umas das outras, elas podem ser melhor comparadas, e a conexão entre os primeiros princípios e a conclusão final pode ser mais facilmente compreendida.

2   A obra cujo resumo apresento aqui ao leitor foi considerada obscura e de difícil compreensão, e sou levado a pensar que isso se deve tanto a sua extensão quanto ao caráter abstrato da argumentação. Se conseguir remediar em algum grau esse inconveniente, então terei atingido meu objetivo. O livro pareceu-me ter uma singularidade e uma novidade suficientes para reclamar a

atenção do público, sobretudo se (como o autor parece insinuar) constatarmos que, caso sua filosofia seja aceita, teremos de alterar, desde seus fundamentos, a maior parte das ciências. Empreendimentos ousados como este são sempre salutares na república das letras, porque sacodem o jugo da autoridade, acostumam os homens a pensar por si próprios, dão novas sugestões, que homens de gênio podem levar adiante, e – por sua própria oposição a eles – ilustram pontos que antes ninguém jamais suspeitara que continham dificuldades.

3   *O autor deve ter a paciência de aguardar algum tempo até que o mundo erudito possa formar uma opinião sobre sua obra. Infelizmente, ele não pode apelar para o povo, que, conforme podemos constatar, constitui um tribunal tão infalível em todas as questões que envolvem a razão comum e a eloquência. Terá de ser julgado por aqueles* poucos, *cujo veredicto é mais facilmente corruptível pela parcialidade e pelo preconceito, sobretudo porque ninguém será um bom juiz desses assuntos se não tiver pensado frequentemente sobre eles; mas aqueles que o fizeram tendem a formar seus próprios sistemas, aos quais não pretendem renunciar. Espero que o autor perdoe minha intromissão nessa questão; meu propósito é tão somente ampliar sua audiência, eliminando algumas dificuldades que têm impedido muitas pessoas de compreender o que quer dizer.*

4   *Escolhi um único e simples argumento, que cuidadosamente acompanhei do início ao fim. Esse é o único ponto que fiz questão de terminar. O resto são apenas indicações de passagens particulares, que me pareceram curiosas e dignas de nota.*

Sinopse de um livro recentemente publicado intitulado Tratado da natureza humana

1   Este livro parece ter sido escrito na mesma linha que várias outras obras recentemente em voga na *Inglaterra*. O espírito filosófico, que tanto tem-se aprimorado por toda a *Europa* nos últimos oitenta ou cem anos, tem progredido tanto neste reino quanto em qualquer outro. Nossos autores parecem mesmo ter dado início a um novo tipo de filosofia, mais promissora no que diz respeito ao entretenimento e à edificação dos homens do que qualquer outra que o mundo já tenha conhecido. A maioria dos filósofos da Antiguidade que abordaram o tema da natureza humana mostraram antes um sentimento refinado, um justo sentido moral ou uma grandeza de espírito que um raciocínio e reflexão muito profundos. Contentaram-se em representar o senso comum dos homens nas cores mais fortes, e no melhor estilo de pensamento e expressão, sem seguir firmemente uma cadeia de proposições, ou organizar as diversas verdades em uma ciência regular. Mas ao menos vale a pena tentar descobrir se a ciência do *homem* não admite a mesma precisão que vemos ser possível em várias partes da filosofia da natureza. Parece que temos todas as razões do mundo para imaginar que ela pode atingir o grau máximo de exatidão. Se, ao

examinar diversos fenômenos, descobrirmos que eles se reduzem a um princípio comum, e formos capazes de remeter este princípio a outro, chegaremos finalmente àqueles poucos princípios simples de que todo o resto depende. E, mesmo que jamais possamos chegar aos princípios últimos, já é uma satisfação ir até onde nossas faculdades nos permitem ir.

2   Esse parece ter sido o objetivo de nossos filósofos mais recentes e, entre eles, nosso autor. Ele se propõe a fazer uma anatomia da natureza humana de uma maneira sistemática, e promete não tirar nenhuma conclusão sem a autorização da experiência. Fala das hipóteses com desprezo; e sugere que aqueles nossos conterrâneos que as baniram da filosofia moral prestaram ao mundo um serviço mais notável que *Lord Bacon*, a quem considera o pai da física experimental. Menciona, nessa oportunidade, o Sr. *Locke*, *Lord Shaftesbury*, o Dr. *Mandeville*, o Sr. *Hutcheson*, o Dr. *Butler*, que, embora difiram entre si em muitos pontos, parecem concordar em fundamentar suas rigorosas investigações acerca da natureza humana exclusivamente na experiência.

3   Além da satisfação de conhecer aquilo que nos concerne mais de perto, pode-se afirmar com segurança que quase todas as ciências estão incluídas na ciência da natureza humana, e dela dependem. A *única finalidade da lógica é explicar os princípios e as operações de nossa faculdade de raciocínio e a natureza de nossas ideias*; a moral e a crítica *dizem respeito a nossos gostos e sentimentos*; e a política *considera os homens enquanto unidos em sociedade e dependentes uns dos outros*. Portanto, esse tratado da natureza humana parece ter sido projetado como um sistema das ciências. O autor completou a parte concernente à lógica e estabeleceu o fundamento das outras partes em sua explicação sobre as paixões.

4   O célebre *Monsieur Leibniz* observou* que os sistemas comuns de lógica têm o defeito de ser muito prolixos quando explicam as ope-

---

* *Essais de Theodicée*, Discours de la conformité de la foi avec la raison, 31. (N.T.)

rações do entendimento na formação das demonstrações, mas demasiadamente concisos quando tratam das probabilidades e daqueles outros critérios da evidência de que a vida e a ação dependem completamente, e que nos guiam mesmo em nossas especulações mais filosóficas. Nessa censura, ele inclui o *Essay on human understanding*, *La recherche de la verité* e *L'Art de penser*. O autor do *Tratado da natureza humana* parece ter-se dado conta dessa deficiência por parte desses filósofos, e esforçou-se ao máximo para superá-la. Como seu livro contém um grande número de especulações muito novas e notáveis, será impossível dar ao leitor uma noção correta de sua totalidade. Por isso, iremos nos limitar sobretudo a sua explicação de nossos raciocínios por causa e efeito. Se conseguirmos tornar essa explicação inteligível ao leitor, ela servirá de amostra do conjunto da obra.

5   Nosso autor começa com algumas definições. Denomina *percepção* tudo que pode estar presente à mente, seja quando utilizamos nossos sentidos, seja quando somos movidos pelas paixões, ou quando exercitamos nosso pensamento e reflexão. Divide nossas percepções em duas espécies: *impressões* e *ideias*. Quando sentimos qualquer tipo de paixão ou emoção, ou quando os sentidos nos transmitem imagens dos objetos externos, a percepção da mente é o que ele chama de *impressão*, palavra que emprega em um novo sentido. Quando refletimos sobre uma paixão ou um objeto que não está presente, essa percepção é uma *ideia*. *Impressões*, portanto, são nossas percepções fortes e vívidas; *ideias* são as mais fracas e pálidas. Essa distinção é evidente, tão evidente quanto a distinção entre sentir e pensar.

6   A primeira proposição que ele apresenta é a afirmação de que todas as nossas ideias, ou seja, nossas percepções fracas, são derivadas de nossas impressões, ou percepções fortes; e nunca podemos pensar em nada que não tenhamos visto fora de nós, ou que não tenhamos sentido em nossa própria mente. Essa proposição parece ser equivalente àquela que o Sr. *Locke* esforçou-se tanto para estabelecer, a saber, que *nenhuma ideia é inata*. Apenas deve-se observar que aquele famoso filósofo comete a imprecisão de incluir todas as nossas

percepções sob o termo "ideia"; mas, nesse sentido, é falso dizer que não temos ideias inatas. Pois é evidente que nossas percepções mais fortes, ou impressões, são inatas, e que a afeição natural, o amor à virtude, o ressentimento e todas as outras paixões surgem imediatamente da natureza. Estou convencido de que quem quiser abordar a questão por essa perspectiva poderá facilmente reconciliar todas as partes. O padre *Malebranche* ficaria sem saber como apontar um pensamento da mente que não representasse alguma coisa que ela tivesse sentido antes, seja internamente, seja por meio dos sentidos externos; e teria de admitir que, por mais que possamos combinar, misturar, aumentar e diminuir nossas ideias, todas elas derivam dessas fontes. O Sr. *Locke*, por sua vez, prontamente reconheceria que todas as nossas paixões são espécies de instintos naturais, derivados unicamente da constituição original da mente humana.

7   Nosso autor pensa "que não poderia haver descoberta mais feliz para a solução de todas as controvérsias em torno das ideias que esta: todas as impressões sempre precedem as ideias, e toda ideia contida na imaginação apareceu primeiro em uma impressão correspondente. As percepções deste último tipo são todas tão claras e evidentes que não admitem qualquer discussão, ao passo que muitas de nossas ideias são tão obscuras que é quase impossível, mesmo para a mente que as forma, dizer qual é exatamente sua natureza e composição". Assim, sempre que uma ideia é ambígua, ele recorre à impressão, que deve torná-la clara e precisa. E quando suspeita que um determinado termo filosófico não possui nenhuma ideia vinculada a ele (o que é muito comum), sempre pergunta: *de que impressão essa pretensa ideia é derivada?* E caso não se possa apresentar nenhuma ideia, ele conclui que o termo é completamente sem sentido. É desse modo que examina nossa ideia de *substância* e de *essência*; e seria desejável que esse método rigoroso fosse mais praticado em todos os debates filosóficos.

8   É evidente que todos os raciocínios sobre *questões de fato* se fundam na relação de causa e efeito, e nunca poderemos inferir a exis-

tência de um objeto da existência de outro, a menos que eles estejam conectados, direta ou indiretamente. Portanto, para entender esses raciocínios, temos de estar perfeitamente familiarizados com a ideia de causa; e, para isso, temos de olhar ao redor e tentar encontrar alguma coisa que seja causa de outra.

9   Suponhamos uma bola de bilhar sobre uma mesa, e outra bola movendo-se rapidamente em sua direção. Elas se chocam; e a bola que antes estava em repouso agora ganha movimento. Esse exemplo da relação de causa e efeito é tão perfeito quanto qualquer outro de que tomemos conhecimento pela sensação ou pela reflexão. Vamos, pois, examiná-lo. É evidente que as duas bolas se tocaram antes que o movimento fosse comunicado, e não houve intervalo entre o choque [*shock*] e o movimento. A *contiguidade* no tempo e no espaço é, portanto, um requisito da operação de qualquer causa. É também evidente que o movimento que constituiu a causa é anterior ao movimento que resultou como efeito. A *prioridade* temporal é, portanto, outro requisito da causa. Mas isso não é tudo. Tomemos outras bolas do mesmo tipo em uma situação semelhante; veremos que o impacto [*impact*] de uma sempre produz movimento na outra. Eis, portanto, um *terceiro* requisito, ou seja, uma *conjunção constante* entre a causa e o efeito. Todo objeto semelhante à causa produz sempre um objeto semelhante ao efeito. Não consigo descobrir nada, nessa causa, além dessas três circunstâncias: contiguidade, anterioridade e conjunção constante. A primeira bola está em movimento; toca a segunda; imediatamente a segunda se movimenta; e quando repito o experimento com a mesma bola, ou com bolas semelhantes, na mesma situação ou em circunstâncias semelhantes, constato que, quando uma bola se move e toca a outra, segue-se sempre um movimento na segunda bola. Como quer que eu formule esse problema, e como quer que o examine, não encontro nada além disso.

10   Isso é o que ocorre quando tanto a causa como o efeito estão presentes aos sentidos. Vejamos agora qual o fundamento de nossa inferência, quando concluímos, partindo de um dos termos, que o ou-

tro existiu ou existirá. Suponha-se que eu veja uma bola se movendo em linha reta em direção a outra; concluo imediatamente que as duas se chocarão, e a segunda irá se movimentar. Essa é a inferência da causa ao efeito; e todos os raciocínios que empregamos em nossa vida são desse tipo; é neles que se funda toda a nossa crença na história, e é deles que deriva toda a filosofia, excetuando-se a geometria e a aritmética. Se pudermos explicar a inferência que fazemos a partir do choque de duas bolas, seremos capazes de dar conta dessa operação da mente em todos os casos.

11   Se um homem como *Adão* fosse criado com todo o vigor de seu entendimento, mas sem experiência, nunca seria capaz de inferir um movimento na segunda bola do movimento e do impacto da primeira. O que nos faz *inferir* o efeito não é algo que a razão vê na causa. Uma tal inferência, se fosse possível, constituiria uma demonstração, por estar fundada exclusivamente na comparação de ideias. Mas nenhuma inferência de causa a efeito constitui uma demonstração. Existe uma prova evidente disso. A mente sempre pode *conceber* que qualquer efeito se segue de uma causa e, aliás, que qualquer acontecimento se segue de outro; tudo que *concebemos* é possível, ao menos em um sentido metafísico; mas, sempre que há uma demonstração, o contrário é impossível, e implica contradição. Portanto, não há demonstração que prove uma conjunção entre causa e efeito. Esse princípio é geralmente aceito pelos filósofos.

12   Teria sido necessário, portanto, que *Adão* (se não fosse inspirado) tivesse tido *experiência* do efeito que se seguiu ao choque dessas duas bolas. Teria de ter visto em vários exemplos que, sempre que uma bola batia na outra, a segunda adquiria movimento. Se tivesse observado um número suficiente de exemplos desse tipo, sempre que visse uma bola se movendo em direção a outra, concluiria sem hesitar que a segunda iria adquirir movimento. Seu entendimento anteciparia sua visão, e formaria uma conclusão adequada a sua experiência passada.

13   Segue-se, então, que todos os raciocínios concernentes a causas e efeitos estão fundados na experiência, e todos os raciocínios

baseados na experiência estão fundados na suposição de que o curso da natureza continuará uniformemente o mesmo. Concluímos que causas semelhantes, em circunstâncias semelhantes, sempre produzirão efeitos semelhantes. Agora talvez valha a pena considerar o que nos determina a formar uma conclusão tão infinitamente importante.

14   É evidente que *Adão*, com toda sua ciência, nunca teria sido capaz de *demonstrar* que o curso da natureza tem de continuar uniformemente o mesmo, e que o futuro tem de ser conforme ao passado. Nunca se poderia demonstrar que algo possível é falso; e é possível que o curso da natureza mude, uma vez que podemos conceber essa mudança. Mais ainda. Afirmo que *Adão* não poderia provar que o futuro tem de ser conforme ao passado nem sequer por meio de argumentos *prováveis*. Todos os argumentos prováveis baseiam-se na suposição de que existe essa conformidade entre o futuro e o passado, e, portanto, nunca poderiam provar essa mesma suposição. Essa conformidade é uma *questão de fato* e, se tiver de ser provada, só poderá sê-lo pela experiência. Mas nossa experiência do passado jamais pode provar nada quanto ao futuro, a não ser com base na suposição de que existe uma semelhança entre os dois. Este é um ponto, portanto, que não admite absolutamente nenhuma prova, e que damos por suposto sem nenhuma prova.

15   Apenas o COSTUME nos determina a supor que o futuro seja conforme ao passado. Quando vejo uma bola de bilhar se mover em direção a outra, minha mente é imediatamente levada pelo hábito a seu efeito usual, e antecipa minha visão, concebendo a segunda bola em movimento. Não há nada nesses objetos, considerados de modo abstrato e independentemente da experiência, que me leve a formar uma tal conclusão; e mesmo após eu ter tido experiência repetida de vários efeitos dessa espécie, não há nenhum argumento que me determine a supor que o efeito será conforme à experiência passada. Os poderes pelos quais os corpos operam são inteiramente desconhecidos. Só percebemos suas qualidades sensíveis; e que *razão* temos para pen-

sar que os mesmos poderes estarão sempre em conjunção com as mesmas qualidades sensíveis?

16 O guia da vida, portanto, não é a razão, mas o costume. Apenas este determina a mente, em todos os casos, a supor que o futuro é conforme ao passado. Por mais fácil que pareça esse passo, a razão nunca seria capaz de dá-lo, nem que levasse toda a eternidade.

17 Essa é uma descoberta muito interessante, mas que nos leva a outras ainda mais interessantes. *Quando vejo uma bola de bilhar movendo-se em direção a outra, minha mente é imediatamente levada pelo hábito a seu efeito usual, e antecipa minha visão, concebendo a segunda bola em movimento.* Mas será só isso? Será que não faço senão CONCEBER o movimento da segunda bola? Não, certamente isso não é tudo. Eu também CREIO que a bola irá se mover. O que é, portanto, essa *crença*? E qual sua diferença em relação à simples concepção de algo? Essa é uma questão nova, nunca antes considerada pelos filósofos.

18 Quando uma demonstração me convence de uma proposição, ela não apenas me faz conceber a proposição, mas também me faz perceber que é impossível conceber algo contrário. O que é demonstrativamente falso implica uma contradição; e o que implica contradição não pode ser concebido. Mas, no que diz respeito a qualquer questão de fato, por mais forte que seja a prova extraída da experiência, posso sempre conceber seu contrário, embora nem sempre possa crer nele. A crença, portanto, faz alguma diferença entre a concepção a que assentimos e aquela a que não assentimos.

19 Para explicar esse ponto, há apenas duas hipóteses possíveis. Pode-se dizer que a crença acrescenta uma nova ideia àquelas que podemos conceber, mas às quais não damos nosso assentimento. Mas essa hipótese é falsa. Em *primeiro* lugar, não se pode produzir nenhuma ideia desse tipo. Quando simplesmente concebemos um objeto, nós o concebemos com todas as suas partes. Concebemos o objeto tal como ele poderia existir, mesmo que não acreditemos que ele exista. Nossa crença nele não revelaria novas qualidades. Podemos representar o objeto inteiro em nossa imaginação, sem crer nele. Podemos,

por assim dizer, situá-lo diante de nossos olhos, com todas as suas circunstâncias de tempo e espaço. Trata-se do próprio objeto concebido tal como poderia existir; e, quando cremos nele, não podemos fazer mais que isso.

20   Em *segundo* lugar, a mente tem a faculdade de juntar a uma ideia qualquer outra que não seja contraditória em relação a ela; portanto, se a crença consistisse em uma ideia que acrescentaríamos à simples concepção, todo homem teria o poder de crer em qualquer coisa que pudesse conceber, bastando para isso acrescentar tal ideia a essa concepção.

21   Portanto, como a crença implica uma concepção, mas também é algo mais que isso, e como não acrescenta nenhuma nova ideia à concepção, segue-se que é uma MANEIRA diferente de se conceber um objeto; *algo* que é sentido de maneira distinta, e, ao contrário de todas as nossas ideias, não depende de nossa vontade. Em virtude do hábito, minha mente passa do objeto visível, ou seja, uma bola movendo-se em direção a outra, a seu efeito usual, ou seja, o movimento da segunda bola. E não apenas concebe esse movimento, mas *sente* nessa concepção algo diferente de um mero devaneio da imaginação. A presença desse objeto visível e a conjunção constante desse efeito particular fazem com que a ideia seja *sentida* de maneira diferente que aquelas ideias soltas que entram na mente sem nenhuma preparação. Essa conclusão parece um pouco surpreendente, mas somos levados a ela por uma cadeia de proposições que não admitem qualquer dúvida. Para auxiliar a memória do leitor, irei resumi-las brevemente. Só se pode provar uma questão de fato partindo de sua causa ou efeito. Somente pela experiência se pode saber que alguma coisa é causa de outra. Não podemos dar nenhuma razão para estendermos ao futuro nossa experiência do passado; quando concebemos que um efeito se segue de sua causa usual, estamos sendo inteiramente determinados pelo costume. Mas, além de conceber que esse efeito se segue, também acreditamos nisso. Essa crença não incorpora nenhuma nova ideia à concepção. Apenas modifica nossa maneira de conceber, criando uma

diferença para nossa sensação ou sentimento. Em todas as questões de fato, portanto, a crença surge unicamente do costume, consistindo em uma ideia concebida de *maneira* peculiar.

22 Nosso autor passa então a explicar essa maneira de sentir ou sensação [*this manner or feeling*] que torna a crença diferente de uma vaga concepção. Parece se dar conta de que é impossível descrever por meio de palavras essa sensação [*feeling*], de que entretanto todos devem ter consciência em seu próprio íntimo. Ora a denomina uma concepção *mais forte*, ora uma concepção *mais viva, mais vívida, mais firme ou mais intensa*. Na verdade, seja qual for o nome que possamos dar a essa sensação [*feeling*] que constitui a crença, nosso autor considera evidente que seu efeito sobre a mente é mais imperativo que o de uma ficção ou mera concepção. Prova isso por meio da influência da crença sobre as paixões e a imaginação, que só são movidas pela verdade ou por aquilo que tomamos como verdade. A poesia, com toda sua arte, nunca poderia causar uma paixão como as da vida real. A concepção original de seus objetos nunca é *sentida* da mesma maneira que as que obtêm nossa crença e convicção.

23 Presumindo ter provado suficientemente que as ideias a que damos nosso assentimento são sentidas de maneira diferente que outras ideias, e que essa sensação [*feeling*] é mais firme e vívida que nossa concepção comum, nosso autor busca em seguida explicar a causa dessa sensação [*feeling*] vívida, por uma analogia com outros atos mentais. Seu raciocínio parece interessante, mas dificilmente poderíamos torná-lo inteligível, ou ao menos provável aos olhos do leitor, sem descrevê-lo detalhadamente, o que excederia o âmbito daquilo a que me propus.

24 Omiti também muitos argumentos de que ele lança mão para provar que a crença consiste meramente em uma sensação ou sentimento peculiar. Mencionarei apenas um. Nossa experiência passada não é sempre uniforme. Uma mesma causa é às vezes seguida de um efeito, às vezes de outro; e, nesse caso, sempre acreditamos que o efeito que existirá é o mais comum. Vejo uma bola de bilhar se movendo

em direção a outra. Não consigo distinguir se ela gira em torno de seu eixo, ou foi tocada por baixo, de modo a apenas roçar a mesa. No primeiro caso, sei que ela não vai parar após o choque; no segundo, ela pode parar. O primeiro é o mais comum, e por isso é com esse efeito que conto. Mas também concebo o outro efeito, e o concebo como possível e como conectado à causa. Se uma concepção não fosse diferente da outra em sua sensação ou sentimento, não haveria nenhuma diferença entre elas.

25 Em todo esse raciocínio, limitamo-nos à relação de causa e efeito, tal como ela se mostra nos movimentos e nas operações da matéria. Mas o mesmo raciocínio se estende às operações da mente. Quer consideremos a influência da vontade no movimento de nosso corpo, quer na direção de nosso pensamento, pode-se afirmar com segurança que nunca poderíamos prever o efeito unicamente pela consideração da causa, sem a experiência. E, mesmo após termos tido experiência desses efeitos, é o costume, e não a razão, que nos determina a fazer dessa experiência o padrão de nossos juízos futuros. Quando a causa se apresenta, a mente, por hábito, passa imediatamente à concepção de seu efeito usual, bem como à crença nele. Essa crença é algo diferente da concepção. Entretanto, não acrescenta nenhuma nova ideia a ela. Apenas faz com que seja sentida de maneira diferente, tornando-a mais forte e vívida.

26 Tendo encerrado esse importante ponto acerca da natureza da inferência a partir da causa e efeito, nosso autor retorna sobre seus passos e examina novamente a ideia dessa relação. Ao considerar o movimento comunicado de uma bola à outra, não podemos encontrar nada além da contiguidade, da anterioridade da causa e da conjunção constante. Mas, além dessas circunstâncias, normalmente se supõe que existe uma conexão necessária entre a causa e o efeito, e que a causa possui alguma coisa, que chamamos de *poder, força* ou *energia*. A questão é: que ideia está vinculada a esses termos? Se todas as nossas ideias e pensamentos são derivados de nossas impressões, esse poder tem de se revelar seja a nossos sentidos, seja a nossa sensação

[*feeling*] interna. Nas operações da matéria, porém, nenhum poder se revela aos sentidos. Tanto é assim que os *cartesianos* não hesitaram em afirmar que a matéria é inteiramente desprovida de energia, sendo todas as suas operações realizadas exclusivamente pela energia do Ser supremo. Mas a questão se coloca novamente: *mesmo no Ser supremo, que ideia temos de energia ou de poder?* Nossa ideia de uma Divindade (segundo aqueles que negam as ideias inatas) é apenas uma composição das ideias que adquirimos ao refletir acerca das operações de nossas próprias mentes. Ora, nossas mentes nos dão tão pouca noção de energia quanto a matéria. Quando consideramos nossa vontade ou volição *a priori*, fazendo abstração da experiência, nunca somos capazes de inferir dela efeito algum. E quando nos apoiamos na experiência, ela só nos mostra objetos contíguos, sucessivos e em conjunção constante. Em suma, ou não temos nenhuma ideia de força e energia, e essas palavras são então absolutamente sem sentido, ou elas significam apenas aquela determinação do pensamento, adquirida pelo hábito, a passar da causa a seu efeito usual. Mas quem quiser entender isso perfeitamente deve consultar o próprio autor. Ficarei satisfeito se puder fazer o mundo erudito compreender que há aqui uma dificuldade, e aquele que resolvê-la certamente deverá dizer algo bastante novo e extraordinário; tão novo quanto a própria dificuldade.

27   Por tudo o que se disse, o leitor perceberá facilmente que a filosofia contida nesse livro é muito cética, e tende a nos dar uma noção das imperfeições e dos estreitos limites do entendimento humano. Segundo essa filosofia, quase todo raciocínio se reduz à experiência; e a crença que acompanha a experiência se explica somente como um sentimento peculiar, ou seja, como uma concepção vívida produzida pelo hábito. E isso não é tudo. Quando cremos em algo a respeito da existência *externa*, ou quando supomos que um objeto continua existindo mesmo um instante após deixar de ser percebido, essa crença é simplesmente um sentimento desse mesmo tipo. Nosso autor insiste em diversos outros tópicos céticos; e conclui, de maneira geral, que só assentimos às nossas faculdades e só empregamos nossa razão por-

que não podemos evitá-lo. A filosofia nos tornaria inteiramente *pirrônicos*, se a natureza não fosse forte demais para ela.

28   Concluirei a lógica desse autor com uma explicação de duas opiniões que parecem ser peculiares a ele, como o são, aliás, a maioria de suas opiniões. Ele afirma que a alma, até onde somos capazes de concebê-la, é somente um sistema ou sequência de diferentes percepções, de calor e frio, amor e raiva, pensamentos e sensações, todas unidas, mas sem uma perfeita simplicidade ou identidade. *Descartes* afirmava que o pensamento era a essência da mente; não este ou aquele pensamento, mas o pensamento em geral. Isso parece ser absolutamente ininteligível, já que tudo que existe é particular; portanto, nossas diversas percepções particulares é que devem compor nossa mente. Digo *compor* a mente, e não *pertencer* a ela. A mente não é uma substância a que nossas percepções seriam inerentes. Essa noção é tão ininteligível quanto a noção *cartesiana* de que o pensamento ou percepção em geral é a essência da mente. Não temos ideia de nenhum tipo de substância, uma vez que não temos nenhuma ideia que não seja derivada de alguma impressão, e não temos impressão alguma de uma substância, seja material ou espiritual. Tudo que conhecemos são qualidades e percepções particulares. Assim como nossa ideia de um corpo – um pêssego, por exemplo – é somente a ideia de um sabor, uma cor, uma forma, um tamanho, uma consistência particular etc., assim também nossa ideia de uma mente é apenas a ideia de percepções particulares, sem a noção de alguma coisa que possamos chamar de substância, simples ou composta.

29   O segundo princípio que me propus considerar diz respeito à geometria. Tendo negado a infinita divisibilidade da extensão, nosso autor se vê obrigado a refutar os argumentos matemáticos empregados para apoiar aquela noção; e, de fato, estes são os únicos com algum peso. Para fazer isso, ele nega que a geometria seja uma ciência exata o suficiente para permitir conclusões tão sutis quanto as que se referem à divisibilidade infinita. Seus argumentos podem-se explicar assim. Toda a geometria se funda nas noções de igualdade e

desigualdade; e, portanto, conforme tenhamos ou não um critério exato para essas relações, essa própria ciência admitirá ou não uma grande exatidão. Ora, existe um critério exato de igualdade, se supusermos que a quantidade é composta de pontos indivisíveis. Duas linhas são iguais quando o número de pontos que as compõem é igual, e quando cada ponto de uma corresponde a um ponto da outra. Mas, embora esse critério seja exato, ele é inútil, pois nunca poderíamos computar o número de pontos de uma linha. Além disso, está fundado na suposição da divisibilidade finita e, portanto, nunca poderia fornecer uma conclusão contra essa noção. Se rejeitarmos esse critério de igualdade, não teremos mais nenhum que possa pretender à exatidão. Há dois critérios que são comumente utilizados. Duas linhas superiores a uma jarda, por exemplo, são consideradas iguais quando contêm uma unidade inferior qualquer, como uma polegada, um número igual de vezes. Mas isso é um raciocínio circular. Pois estamos supondo que a quantidade que chamamos de uma polegada em uma linha é *igual* à que chamamos de uma polegada na outra; e a questão permanece: que critério nos permite julgar que são iguais; ou, em outras palavras, o que queremos dizer quando afirmamos que são iguais? Se tomarmos quantidades ainda menores, prosseguiremos ao infinito. Portanto, esse não é um critério de igualdade. A maior parte dos filósofos, quando lhes perguntamos o que querem dizer com igualdade, dizem que a palavra não admite definição, e que basta colocar diante de nós dois corpos iguais, tais como dois diâmetros de um círculo, para que compreendamos esse termo. Ora, isso é tomar a *aparência geral* dos objetos como critério dessa proporção, e fazer de nossa imaginação e de nossos sentidos seus juízes últimos. Mas um critério como esse não admite nenhuma exatidão, e nunca poderia fornecer uma conclusão contrária à imaginação e aos sentidos. Se esse raciocínio está ou não correto, cabe ao mundo erudito julgar. Seria certamente desejável que pudéssemos encontrar algum expediente para reconciliar a filosofia e o senso comum, que têm travado as mais cruéis batalhas a propósito da questão da divisibilidade infinita.

30   Devemos agora dar alguma explicação do segundo volume dessa obra, que trata das PAIXÕES. Essa parte é mais fácil de se entender que a primeira, mas contém opiniões que são tão novas e extraordinárias quanto as outras. O autor começa com o *orgulho* e a *humildade*. Observa que os objetos que despertam essas paixões são muito numerosos e, aparentemente, muito diferentes uns dos outros. O orgulho ou autoestima pode surgir das qualidades da mente, como espirituosidade, bom-senso, coragem, integridade; das qualidades do corpo, como beleza, força, agilidade, boa aparência, destreza na dança, na equitação, na esgrima; das vantagens externas, como o país, a família, os filhos, as relações de amizade, a riqueza, casas, jardins, cavalos, cães e roupas. Em seguida, busca a circunstância que seria comum a todos esses objetos, e que os faria agir sobre as paixões. Sua teoria também se aplica ao amor e ao ódio, bem como a outros afetos. Como essas questões, embora interessantes, não poderiam se tornar inteligíveis sem um longo discurso, não as mencionaremos aqui.

31   O leitor talvez considere mais satisfatório conhecer o que nosso autor diz a respeito do *livre-arbítrio*. O fundamento dessa doutrina está naquilo que ele diz sobre a causa e efeito, como explicamos anteriormente. "Todos reconhecem que as operações dos corpos externos são necessárias, e que, na comunicação de seu movimento e em sua atração e coesão mútuas, não há nenhum traço de indiferença ou liberdade." ... "Tudo que", sob esse aspecto, estiver na mesma situação que a matéria deverá, portanto, ser admitido como necessário. Para saber se é este o caso das ações da mente, podemos examinar a matéria e analisar qual o fundamento da ideia de uma necessidade em suas operações, e por que concluímos que um corpo ou ação é a causa infalível de outro corpo ou ação.

32   "Já observei não haver um só caso em que a conexão última entre os objetos pudesse ser descoberta por nossa razão ou por nossos sentidos, e que somos incapazes de penetrar tão profundamente na essência e estrutura dos corpos a ponto de perceber o princípio que fundamenta sua influência mútua. Só temos conhecimento de sua

união constante, e é dessa união constante que deriva a necessidade, quando a mente é determinada a passar de um objeto àquele que comumente o acompanha, e a inferir a existência de um da existência do outro. Eis aqui, portanto, dois pontos que devemos considerar essenciais à *necessidade*: a *união* constante e a *inferência* da mente; onde quer que os descubramos, teremos de admitir uma necessidade." Ora, não há nada mais evidente que a união constante de ações particulares com motivos particulares. Se nem todas as ações estão constantemente unidas com seus motivos próprios, essa incerteza não é maior que aquela que se pode observar todo dia nas ações da matéria, onde, em razão do entrelaçamento e da incerteza das causas, o efeito é frequentemente variável e incerto. Dois gramas de ópio matam qualquer pessoa que não esteja acostumada com essa substância; mas dois gramas de ruibarbo nem sempre serão suficientes para purgá-la. De maneira semelhante, o medo da morte sempre fará um homem se desviar um pouco de seu caminho, mas nem sempre o fará cometer uma má ação.

33   E assim como frequentemente existe uma conjunção constante das ações da vontade com seus motivos, assim também a inferência dos motivos às ações, ou vice-versa, é frequentemente tão certa quanto qualquer raciocínio concernente aos corpos; e sempre fazemos uma inferência proporcional à constância da conjunção. É nisso que se funda nossa crença em testemunhas, o crédito que depositamos na história e, na verdade, todos os tipos de evidência moral, e quase toda a conduta da vida.

34   Nosso autor afirma que esse raciocínio, ao nos fornecer uma nova definição de necessidade, dá uma nova perspectiva a toda essa controvérsia. De fato, mesmo os mais zelosos defensores do livre-arbítrio devem reconhecer essa união e essa inferência a propósito das ações humanas. Negam apenas que elas constituam a totalidade da necessidade. Mas, nesse caso, têm de mostrar que temos uma ideia de alguma outra coisa nas ações da matéria, o que, de acordo com o raciocínio anterior, é impossível.

35   Ao longo de todo esse livro, há grandes pretensões de novas descobertas filosóficas; mas se alguma coisa dá ao autor direito a um título tão glorioso quanto o de *inventor*, é o uso que ele faz do princípio de associação de ideias, que está presente em quase toda a sua filosofia. Nossa imaginação tem grande autoridade sobre nossas ideias; e sempre que as ideias são diferentes, pode separá-las, juntá-las e combiná-las em todas as variedades imagináveis. Porém, apesar do domínio da imaginação, existe um laço ou união secreta entre certas ideias particulares, que faz com que a mente as reúna mais frequentemente, e que uma delas, ao aparecer, introduza a outra. É daí que surge aquilo que denominamos a pertinência do discurso; e também o nexo de uma narrativa escrita, bem como o fio ou sequência do pensamento que os homens sempre observam, mesmo nos mais vagos *devaneios*. Esses princípios de associação se reduzem a três: a *semelhança* (por exemplo, um retrato naturalmente nos faz pensar no homem que serviu de modelo), a *contiguidade* (quando se menciona St. Denis, a ideia de Paris nos ocorre naturalmente) e a *causalidade* (quando pensamos no filho, tendemos a dirigir nossa atenção ao pai). Será fácil conceber qual deve ser a importância desses princípios para a ciência da natureza humana, se considerarmos que, no que diz respeito à mente, estes são os únicos elos que ligam as diversas partes do universo, ou que nos conectam a pessoas ou a objetos exteriores a nós. Porque, como é somente por meio do pensamento que alguma coisa age sobre nossas paixões, e como esses são os únicos laços de nossos pensamentos, eles realmente são *para nós* o cimento do universo; e todas as operações da mente têm que, em larga medida, deles depender.

FINIS

Notas e variantes

As notas a seguir foram inicialmente baseadas na edição de Selby-Bigge/Nidditch (SBN), com duas modificações importantes. Em primeiro lugar, excluímos todas as notas de menor importância e que, com a tradução para o português, perderam sua razão de ser. Em segundo lugar, incluímos no corpo do texto todas as modificações manuscritas feitas por Hume à edição original do *Tratado*, bem como as variantes constantes no autógrafo de Hume da Seção 6, Parte 3 do Livro 3 – regra que nem sempre foi seguida naquela edição inglesa. Posteriormente, incluímos também as modificações mais importantes que foram feitas por David F. Norton e Mary J. Norton na nova edição inglesa lançada em 2000 (NN/OPT. Referimo-nos à "edição completa para estudantes". Conforme mencionamos na *Nota à segunda edição*, as alterações e observações contidas na nova edição crítica, de 2007, não puderam ser aqui introduzidas). No caso das principais alterações editoriais, incluímos em pé de página nota do tradutor reproduzindo resumidamente as razões que aqueles editores apresentaram (Cf. David F. Norton & Mary J. Norton, "Substantive differences between two texts of Hume's *Treatise*", *Hume Studies* nov. 2000, XXVI 2: 245-77). Quando discordamos dessas alterações, acrescentamos também nossas razões, deixando que o leitor julgue por si próprio.

I: 1ª edição (original) do *Tratado*
MS: autógrafo de Hume para *Tratado* III-III-VI
H: correções manuscritas de Hume a I
SB: edição de L. A. Selby-Bigge
edit. N: editorial (P. H. Nidditch).
OPT: edição Oxford Philosophical Texts do *Tratado*
edit. NN/OPT: editorial (D. F. Norton & M. J. Norton)

A numeração abaixo deve ser lida da seguinte maneira:
 livro.parte.seção.parágrafo.linha
E, no caso das notas de Hume:
 livro.parte.seção.nota.parágrafo da nota.linha da nota

1. 1.2.1.2.9: "qualidade" SB/"quantidade" edit. NN/OPT.
2. 1.2.5.16.10: "os mesmos objetos podem ser tocados" H/ "o mesmo objeto pode ser tocado" I.
3. 1.3.9.19.17-8: "fundamento que o de nossos raciocínios" SB/ "fundamentos que o de nossa experiência ou de nossos raciocínios" OPT.
4. 1.3.10.1.3-5: "todos os sistemas tendem" SB/ "todos os sistemas, por mais convincentes que sejam os argumentos sobre os quais se fundam, tendem" OPT.
5. 1.3.10.1.16: "a respeito da *crença*," SB/ "a respeito da *crença* e de nossos raciocínios sobre causas e efeitos," OPT.
6. 1.3.10.2.1-2: "Existe implantada na mente humana uma percepção da dor e do prazer," SB/ "A natureza implantou na mente humana uma percepção do bem e do mal, ou, em outras palavras," OPT.
7. 1.3.10.2.5-6: "sensação real" SB/ "sensação e experiência real" OPT.
8. 1.3.12.23.n.1: "Páginas xxii, xxiii" SB/ "Seções 9 e 10 desta parte" OPT.
9. 1.3.13.11.2: "não filosóficas" SB / "filosóficas" I.
10. 1.3.13.17.10: "a paixão" SB/ "as paixões" edit. NN/OPT.
11. 1.4.6.6.41: "vegetais" SB/ "animais" edit. NN/OPT, seguindo sugestão de Roland Hall ("Hume's use of Locke on Identity", *in The Locke newsletter* 5, 1974:69).
12. 2.1.4.5.9: "o prazer" SB/ "os prazeres" OPT.
13. 2.1.4.5.15: "dessa" SB/ "de sua" OPT.
14. 2.1.9.1.8-9: "do pensamento e da pessoa" SB/ "do pensamento da pessoa" edit. NN/OPT.
15. 2.2.10.7.1-2: "orgulho" SB seguindo a sugestão de D. W. D. Owen, *Hume Studies* I (1975): 76-7/"ódio" I.

16. 2.3.9.19.12-13: "aumentastes, ou seja, diminuindo a probabilidade de seu lado e vereis a paixão" SB/ "aumentastes; diminuindo a probabilidade de seu lado, vereis a paixão" OPT.
17. 2.3.10.8.1: "similar" SB/ "familiar" edit. NN/OPT.
18. 3.1.1.16.7: "ações" SB/"juízos" I.
19. 3.2.1.16.3: "para com o proprietário" acréscimo H.
20. 3.2.1.17.1: "naturalmente" acréscimo H.
21. 3.2.2.24.33-39: "Assim, o *interesse próprio* ... condenação." H/"*Assim, o interesse próprio é o motivo original para o* estabelecimento *da justiça; mas uma* simpatia *com o interesse público é a fonte da* aprovação moral *que acompanha essa virtude.*" I.
22. 3.2.3. n.5.11.3 e 7: "*...vel Titius id miscuerit sine tua voluntate, non videtur commune esse ... Arbitrio autem judicis, ut ipse æstimet quale cujusque frumentum fuerit.*" SB/ "*... vel Titius sine tua voluntate, non videtur commune esse ... Arbitrio autem judicis continetur, ut ipse æstimet quale cujusque frumentum fuerit.*" OPT.
23. 3.2.6.6.1-2: "a propriedade, o direito e a obrigação" H/"as propriedades, os direitos e as obrigações" I.
24. 3.2.6.6.6: "sociedade" H/"sociedade civil" I.
25. 3.2.6.10.7: "qualidades morais" H/"virtudes e vícios" I.
26. 3.2.6.10.14: "do direito natural"/"[da justiça?]" SB.
27. 3.2.6.11.5: "que [esse interesse próprio] é comum a toda a humanidade" acréscimo H.
28. 3.2.7.6.20: "obediência civil" H/"sociedade" I.
29. 3.2.8.1.36: "regras da sociedade" H/"leis" I.
30. 3.2.8.2.24: "podendo" H/"tendo que" I.
31. 3.2.8.3.33-34: "tão logo as vantagens do governo são plenamente conhecidas e reconhecidas, ele imediatamente" H/"ele rapidamente" I.
32. 3.2.8.7.14-15: "a nosso próprio interesse, ou ao menos ao interesse público, de que participamos por simpatia" H/"ao interesse público e a nosso interesse particular" I.
33. 3.2.9.3.36-37: "súditos, e não no caso de disputas entre eles próprios e seus súditos" H/" súditos" I.
34. 3.2.9.4.29: "interesse" H / "interesse comum" I (errata)/"interesse público" I (texto).
35. 3.2.10.2.11: "leis da sociedade" SB/ "regras da justiça" OPT.
36. 3.2.10.4.2-3: "quase todos os governos estabelecidos no mundo" H/"todos os governos mais bem estabelecidos do mundo, sem exceção" I.
37. 3.2.10.10.3-4: "que alguns princípios da imaginação concorrem com essas considerações de justiça e interesse" H/"que concorrem com essas considerações de interesse alguns princípios da imaginação" I.

38. 3.2.10.13.5: "talvez" H/"admito prontamente que" I.
39. 3.2.10.16.20: "um exercício particular" H/"o exercício" I.
40. 3.2.10.18.8-9: "seu ... legal" SB/"sua autoridade legal" edit. NN/OPT.
41. 3.2.12.7.7-8: "e também tendem a sentir uma simpatia pelo interesse geral da sociedade" acréscimo H.
42. 3.3.1.9.13: "Seus inventores ... nosso próprio interesse." acréscimo H.
43. 3.3.1.9.13: "sempre" H/"em todas as nações e em todas as épocas" I.
44. 3.3.1.11.25-6: "a caracteres alheios que sejam úteis ou nocivos para a sociedade" H/"aos caracteres alheios" I/ "a caracteres que sejam úteis ou nocivos para a sociedade" OPT.
45. 3.3.1.12.18: "e para cada indivíduo" acréscimo H.
46. 3.3.1.22.9: "estilo" H/"discurso" I.
47. 3.3.5 título: "virtudes" SB/"aptidões" edit. NN/OPT.
48. 3.3.6.1.1-2: " tenho esperanças de que nada tenha faltado" I/"parece que não falta nada" MS
49. 3.3.6.1.11-12: "na maior parte das" I/"nas maiores" MS
50. 3.3.6.1.15: "principal" não está em MS.
51. 3.3.6.3.9: "nossa natureza" H/"natureza humana" I/"natureza humana" MS.
52. 3.3.6.3.19: "este último" H/"seu" I/"seu" MS.
53. Apêndice 2.2: "diretos ou colaterais" acréscimo H.
54. Sinopse. 7.13: "pretensa" acréscimo H.

Índice geral

Sobre a tradução   *7*

Nota à primeira edição   *12*

Nota à segunda edição   *14*

Livro 1
Do entendimento   *15*

  Advertência   *17*

  Introdução   *19*

  Parte 1
  Das ideias, sua origem, composição, conexão, abstração etc.   *25*

    Seção 1
    Da origem de nossas ideias   *25*

    Seção 2
    Divisão do tema   *31*

    Seção 3
    Das ideias da memória e da imaginação   *32*

    Seção 4
    Da conexão ou associação das ideias   *34*

    Seção 5
    Das relações   *37*

Seção 6
Dos modos e substâncias   *39*

Seção 7
Das ideias abstratas   *41*

Parte 2
Das ideias de espaço e tempo   *51*

Seção 1
Da infinita divisibilidade de nossas ideias de espaço e tempo   *51*

Seção 2
Da divisibilidade infinita do espaço e do tempo   *54*

Seção 3
Das outras qualidades de nossas ideias de espaço e tempo   *59*

Seção 4
Resposta às objeções   *65*

Seção 5
Continuação do mesmo tema   *81*

Seção 6
Da ideia de existência e de existência externa   *93*

Parte 3
Do conhecimento e da probabilidade   *97*

Seção 1
Do conhecimento   *97*

Seção 2
Da probabilidade; e da ideia de causa e efeito   *101*

Seção 3
Por que uma causa é sempre necessária   *107*

Seção 4
Das partes componentes de nossos raciocínios acerca da causa e do efeito   *111*

Seção 5
Das impressões dos sentidos e da memória   *112*

Seção 6
Da inferência da impressão à ideia   *115*

Índice geral

    Seção 7
    Da natureza da ideia ou crença   *123*

    Seção 8
    Das causas da crença   *128*

    Seção 9
    Dos efeitos de outras relações e outros hábitos   *137*

    Seção 10
    Da influência da crença   *148*

    Seção 11
    Da probabilidade de chances   *156*

    Seção 12
    Da probabilidade de causas   *163*

    Seção 13
    Da probabilidade não filosófica   *176*

    Seção 14
    Da ideia de conexão necessária   *188*

    Seção 15
    Regras para se julgar sobre causas e efeitos   *206*

    Seção 16
    Da razão dos animais   *209*

Parte 4
Do ceticismo e outros sistemas filosóficos   *213*

    Seção 1
    Do ceticismo quanto à razão   *213*

    Seção 2
    Do ceticismo quanto aos sentidos   *220*

    Seção 3
    Da filosofia antiga   *252*

    Seção 4
    Da filosofia moderna   *257*

    Seção 5
    Da imaterialidade da alma   *264*

    Seção 6
    Da identidade pessoal   *283*

Seção 7
Conclusão deste livro   *296*

Livro 2
Das paixões   *307*

  Parte 1
  Do orgulho e da humildade   *309*

    Seção 1
    Divisão do tema   *309*

    Seção 2
    Do orgulho e da humildade; seus objetos e suas causas   *311*

    Seção 3
    De onde derivam esses objetos e causas   *314*

    Seção 4
    Das relações de impressões e de ideias   *317*

    Seção 5
    Da influência dessas relações sobre o orgulho e a humildade   *319*

    Seção 6
    Limitações desse sistema   *324*

    Seção 7
    Do vício e da virtude   *329*

    Seção 8
    Da beleza e da deformidade   *332*

    Seção 9
    Das vantagens e das desvantagens externas   *337*

    Seção 10
    Da propriedade e da riqueza   *344*

    Seção 11
    Do amor à boa reputação   *350*

    Seção 12
    Do orgulho e da humildade dos animais   *359*

  Parte 2
  Do amor e do ódio   *363*

    Seção 1
    Dos objetos e das causas do amor e do ódio   *363*

Seção 2
Experimentos que confirmam este sistema   *366*

Seção 3
Solução das dificuldades   *381*

Seção 4
Do amor pelos parentes e amigos   *385*

Seção 5
De nossa estima pelos ricos e poderosos   *391*

Seção 6
Da benevolência e da raiva   *400*

Seção 7
Da compaixão   *403*

Seção 8
Da malevolência e da inveja   *406*

Seção 9
Da mistura da benevolência e da raiva com a compaixão e a malevolência   *415*

Seção 10
Do respeito e do desprezo   *424*

Seção 11
Da paixão amorosa, ou amor entre os sexos   *428*

Seção 12
Do amor e ódio dos animais   *431*

Parte 3
Da vontade e das paixões diretas   *435*

Seção 1
Da liberdade e da necessidade   *435*

Seção 2
Continuação do mesmo tema   *443*

Seção 3
Dos motivos que influenciam a vontade   *448*

Seção 4
Das causas das paixões violentas   *454*

Seção 5
Dos efeitos do costume   *458*

Seção 6
Da influência da imaginação sobre as paixões   460

Seção 7
Da contiguidade e da distância no espaço e no tempo   463

Seção 8
Continuação do mesmo tema   467

Seção 9
Das paixões diretas   474

Seção 10
Da curiosidade, ou o amor à verdade   484

Livro 3
Da moral   491

Advertência   493

Parte 1
Da virtude e do vício em geral   495

Seção 1
As distinções morais não são derivadas da razão   495

Seção 2
As distinções morais são derivadas de um sentido moral   509

Parte 2
Da justiça e da injustiça   517

Seção 1
Justiça, uma virtude natural ou artificial?   517

Seção 2
Da origem da justiça e da propriedade   525

Seção 3
Das regras que determinam a propriedade   542

Seção 4
Da transferência da propriedade pelo consentimento   553

Seção 5
Da obrigatoriedade das promessas   555

Seção 6
Algumas outras reflexões sobre a justiça e a injustiça   565

Índice geral

    Seção 7
    Da origem do governo   *573*

    Seção 8
    Da fonte da obediência civil   *578*

    Seção 9
    Das regras da obediência civil   *589*

    Seção 10
    Dos objetos da obediência civil   *593*

    Seção 11
    Do direito internacional   *606*

    Seção 12
    Da castidade e da modéstia   *609*

Parte 3
Das outras virtudes e vícios   *613*

    Seção 1
    Da origem das virtudes e dos vícios naturais   *613*

    Seção 2
    Da grandeza de espírito   *631*

    Seção 3
    Da bondade e da benevolência   *642*

    Seção 4
    Das aptidões naturais   *646*

    Seção 5
    Mais algumas reflexões sobre as aptidões naturais   *653*

    Seção 6
    Conclusão deste livro   *657*

Apêndice   *661*

Sinopse de um livro recentemente publicado
intitulado *Tratado da natureza humana, & c.*   *679*

Notas e variantes   *701*

Índice geral   *705*

Índice analítico   *713*

Índice onomástico   *757*

Índice analítico

Nota:

Ss. = páginas seguintes

Cf. = conferir passagens em que o tema é abordado indiretamente

Abstratas, abstração
  a teoria das ideias abstratas de Berkeley e a de Hume, 41ss.; abstração e separação, 42ss.; ideias abstratas do espaço e do tempo [maneiras como as impressões aparecem à mente], 60-5; abstração e distinção de razão, 69; ideia abstrata de conexão causal e de poder, 195ss.; ideias gerais [abstratas] e sua influência sobre a imaginação, 460-3; ideias abstratas e as paixões, 460-3; ideia abstrata de existência, 662.

Acaso (ver Causa, causação; Chance)
  acaso e conjunção constante, 28; acaso e associação de ideias, 34; acaso e probabilidade, 156ss.; acaso como negação das causas e indiferença, 158; acaso como causa secreta e oculta, 163 (cf. 698); acaso e necessidade, 205; liberdade de indiferença como equivalente de acaso, 443-4 (cf. 158, 440); o acaso e as regras para a estabilidade da propriedade, 553.

Acessão
  acessão e propriedade, 549ss.

Acidental, acidente
  distinção entre circunstâncias acidentais e causas eficientes por meio das regras gerais, 182; ficção do acidente, 255.

Ação
   distinção entre pensamento e ação, 277-8 (cf. 670-1); ações internas em oposição a objetos externos, 504-5; o caráter artificial das ações, 515; as ações como realidades originais e não passíveis de verdade ou falsidade, 498-9 (cf. 450-1); ações e juízos, 499; as ações e a vontade (ver Caráter; Necessidade; Vontade) 436ss., 447, 648-9, 670-1 (cf. 614); necessidade da ação como determinação da mente do espectador, e não como qualidade do agente, 444; relação das ações [temporárias e perecíveis] com o caráter [constante e duradouro], 447, 517-8, 614 (cf. 670-1); ações e motivos, 436ss., 447, 517-9, 670-1; ações e virtude, 511, 518-9.

Adequado, adequação
   ideias adequadas, 54-5; inexistência de uma ideia adequada de poder ou eficácia, 193, adequação como princípio que não pode ser usado na atribuição de propriedade, 542.

Alegria
   alegria e orgulho, 325; medo e esperança como mistura de alegria com tristeza, 476ss.

Alma (ver Identidade; Mente)
   crença na imortalidade da alma, 144-5; emoções da alma e raciocínio da mente, 219; imaterialidade da alma, 264ss.; metáfora da alma como república ou comunidade, 293; a alma e o corpo, 309-10.

Amor
   amor como uma paixão violenta, 310-1; amor e associação entre paixões [impressões], 317-8; amor à boa reputação, 350-9; objetos e causas do amor e do ódio, 363ss., (cf. 521-2); amor e ódio correlativamente às paixões do orgulho e da humildade, 363ss., 373, 401, 425-7, 512, 614-6, 628-31; o amor e as qualidades agradáveis, 383-4, 628-31, 644-6, 648, 654; amor e a constância da qualidade agradável na pessoa amada, 383; a qualidade agradável na pessoa amada e sua intenção, 383-4, 648; amor pelos parentes e pelos amigos, 386-8; amor e simpatia, 350-9, 384, 388-9, 396-400, 622-3, 628-31, 643-6; amor e ódio enquanto ligados às paixões da benevolência e da raiva, 400ss.; amor e desejo, 401-2; amor e compaixão, 403-6; amor e ódio ligados à piedade e à malevolência, 406ss., 415ss., 532; amor e ódio ligados ao respeito e ao desprezo, 424; amor entre os sexos, 428ss., 610, 654; amor e ódio nos animais, 431-3; amor e ódio como paixões indiretas, 474ss., 614; amor à verdade, 484-9; amor entre os sexos como princípio da sociedade, 526; amor a si próprio, 364, 520-1, 568, 582; amor à humanidade, 521-4; amor como uma paixão social, 532; a virtude e as aptidões naturais como causas de amor, 613-5, 628-31, 647-57; transição do amor ao amor, 645; a aprovação e a censura moral como um amor ou um ódio mais fracos, 654 (cf. 622-3); distinção entre amor e apreço, 647-8, 648 n.6.

Análogo, analogia
   analogia entre as influências da relação de semelhança e da experiência, 142; analogia e probabilidade, 175, 180; analogia e ultrapassamento da experiência, 242; a sensação da crença explicada por analogia com outros sentimentos, 662.

Animais
   comparação geral entre animais e homens, 209-11, 359-62, 431-3, 483-4, 507-8; ausência de relações de direito e propriedade nos animais; semelhança entre a razão nos animais e nos homens, 209-11; orgulho e humildade nos animais e nos homens, 359-61; amor e ódio nos animais, 431; a imaginação dos animais, 431; vontade e paixões diretas nos animais, 483; a superioridade racional dos homens em relação aos animais, 361, 650; a identidade atribuída à mente humana, às plantas e aos animais, 286ss.; simpatia entre os animais, 397, 432; ausência de moralidade nos animais, 361, 507-8.

Aparência
   derivação dos princípios da geometria das aparências, 100-1; aparências e bons modos, 185-6; aparência e existência como indistinguíveis para os sentidos, 221ss.; indistinção entre a aparência e o ser de todas as ações e sensações da mente, 222-3 (cf. 453, 622, 643, 670); a distinção pela imaginação entre aparência [percepção das coisas] e existência [existência das coisas], 226ss.; aparência racional de certas determinações passionais, 453; correção da aparência momentânea das coisas em nossa avaliação moral, 622; correção da aparência pelo entendimento, 643, 670.

Apreço (ver Amor; Estima)

A priori
   raciocínio *a priori* e causação, 279ss., 505-6, 693-4; incapacidade da mente para formar conclusões *a priori* sobre as operações ou sobre a duração de um objeto, 283; raciocínios *a priori* relativos às paixões confirmados pela experiência, 368ss.; impossibilidade de se provar *a priori* a determinação racional da vontade, 505-6; os raciocínios filosóficos *a priori* relativos à modéstia, 610.

Aptidões
   aptidões naturais e sua oposição às virtudes morais, 646ss.

Argumentos
   argumentos sofísticos na matemática, 55ss.; discussão do papel da argumentação e da experiência na inferência causal, 117ss.; degradação da certeza nas longas cadeias de argumentos, 177 (cf. 681); especificidade do encadeamento de argumentos históricos, 179.

Arrependimento
   arrependimento e a doutrina da necessidade, 447-8 (cf. 383).

Artificial, artifício (ver Natural, natureza)
  educação como causa artificial de opiniões, 148; artificial oposto a natural, 513-5; artificial como resultante do propósito ou intenção, 515; artificial como equivalente ao resultado da intervenção do pensamento ou reflexão, 524; artifício como remédio que a natureza fornece para o que há de irregular e inconveniente nos afetos, 529, 537; virtudes artificiais opostas às naturais, 514, 617, 619; virtudes artificiais e simpatia, 616-7; a virtude artificial da justiça, 344; leis/regras artificiais da justiça, 565-73; o caráter artificial mas não arbitrário das regras da justiça, 523-5; promessas como artifício que visa à conveniência e ao favorecimento da sociedade, 564; as três leis fundamentais do direito natural como artificiais, 565; justiça como artificial e o sentido de sua moralidade como natural, 658; ampliação do artifício da justiça pelo artifício dos ensinamentos públicos dos políticos, 572-3; o governo como meio artificial de curar a fraqueza natural dos homens, 576-8; o artifício dos políticos (1) que visa a produzir apreço pela justiça e aversão pela injustiça, 540, (2) que estende os sentimentos naturais para além de seus limites originais 541, (3) que redireciona nossas paixões naturais, ensinando-nos que satisfaremos melhor nossos apetites de maneira oblíqua e artificial, 560, (4); e da educação entendido como tentativa de conter as paixões dos homens e de fazê-los agir para o bem público [sistema moral criticado por não ser coerente com a experiência], 618.

Asseio
  asseio como virtude, 651.

Assentimento
  assentimento a uma opinião, 297 (ver Crença; Ceticismo).

Associação
  os princípios de associação das ideias pela imaginação: semelhança, contiguidade e causa e efeito, 34ss.; ideias complexas (relações, modos e substâncias) produzidas por associação, 37; atração entre os corpos no mundo físico e associação (atração no mundo mental), 37, 318, 323; explicação fisiológica da associação, 88; a falibilidade dos princípios da imaginação e a possibilidade de outras causas de suas associações, 121; a probabilidade como resultado de uma associação imperfeita, 164; associação das impressões apenas por semelhança, 317; associação de ideias e as paixões, 339-40; associações entre ideias e impressões, 318; a dupla relação entre impressões e ideias na paixão do orgulho, 320-1; o direito de sucessão na propriedade favorecido pela associação, 552 n.6.

Ateísmo
  o ateísmo de Spinoza, 272ss.

Atenção

o papel da atenção na abstração, 49; atenção e correção do raciocínio, 76; 95; atenção nos raciocínios causais, 111 (cf. 409); atenção e associação, 121; atenção e vividez, 128, 218, 236, 247, 303, 373; influência das paixões na atenção, 312-3, 320, 423, 430, 669; influência da impressão presente e da relação sobre a atenção, 324; 343; simpatia e atenção em nós mesmos, 375, 529; atenção na filosofia e na caça, 485, 486, 487, 488 (cf. 496).

Atração (Ver Associação)

Avaro

o avaro e seu prazer com o dinheiro, 348-9.

Beleza

emoções da beleza e da deformidade opostas a paixões violentas, 310; beleza como causa de prazer e orgulho, 313, 315, 319-20, 323, 332ss., 360, 475, 697; beleza natural e moral, 334, 504, 519, 524, 525, 566; beleza, prazer e utilidade, 361, 615-6, 629, 654-7; beleza como causa de amor, 364-5, 382, 427, 428-31, 522; beleza e simpatia, 398-9, 615-7, 656-7; efeitos do contraste entre um objeto belo e um feio, 410; beleza, prazer e gosto, 333, 511, 586 n.10; beleza e utilidade, 623-4; beleza como involuntária, 648; beleza derivada do mero aspecto ou aparência dos objetos, 656-7.

Bem

o bem e o mal morais como prazer e dor de um tipo particular, 149-50, 311, 435, 439, 474-5, 510ss., 586, 629-31; bem e mal [prazer e dor] e sua influência sobre a vontade, 149-50, 453-4; insuficiência da razão na determinação do bem e do mal, 448-54, 496-509; sobre os princípios do bem e do mal, 303; satisfação com a proximidade de um bem, 348-50; bem e mal meramente sensíveis nos animais, 431-2; bens do espírito, bens do corpo e bens exteriores, 528; o bem e o mal morais como justiça e injustiça (ver Justiça), 537-40, 569, 616; o bem relativo à propriedade (ver Propriedade); bem público 567-8, 601-5; o bem imediato como obstáculo à realização da justiça e à criação do governo, 575-8; bem moral e simpatia, 616-631, 644, 653, 657-60.

Benevolência

benevolência e raiva como paixões que sempre acompanham as paixões do amor e do ódio, 379, 388, 400ss., 415ss., 631; mistura da benevolência e da raiva com a compaixão e a malevolência, 415ss.; benevolência e o amor sexual, 428ss.; benevolência como desejo ou paixão calma, 453; benevolência como instinto, 453, 474-5; benevolência e prazer, 475; benevolência [pública e privada] e a justiça, 522-3, 535, 536; explicação da benevolência como virtude, 642ss.; comparação da virtude da benevolência com aptidões naturais, 646ss.

Bom humor
 bom humor como motivo de orgulho, 331; bom humor como qualidade privilegiada capaz de produzir amor, 427; bom humor como qualidade agradável à própria pessoa e a seus próximos, 650-1.
Bondade
 bondade e benevolência, 642ss.
Caráter
 faltas expressas em palavras e em ações e sua relação com o caráter, 186; influência do caráter na imaginação, 252 (cf. 183), caráter e identidade pessoal, 293-4 (cf. 648) (ver Identidade); orgulho e humildade relativamente ao caráter, 320, 322, 330-1, 337-8, 350-1, 366, 380, 638, 640-1; caráter de uma nação, 351; caráter e simpatia, 351-5, 620, 623-32, 641-6, 653, 657; possibilidade de inferir as ações do caráter, 436ss.; caráter e a uniformidade das ações humanas, 439; oposição entre as ações (temporárias e perecíveis) e o caráter (princípios duradouros) em nossa avaliação moral, 383, 447, 517-9, 614-5; caráter, liberdade e necessidade, 445-8, 648-9; firmeza de caráter, 454; caráter como independente da intenção e da liberdade da vontade 383-5, 447-8, 500, 501 e n.2 (ver Intenção; Motivo; Vontade); razão, em oposição ao sentimento, na determinação do caráter virtuoso, 508ss., 586, 629; o prazer particular da contemplação do caráter virtuoso, 511-2, 586, 630-1, 648, 657 (cf. 330-1); justiça como qualidade que melhor determina um caráter virtuoso, 616; influência exercida pelo caráter de uma pessoa sobre seus próximos, 622; distinção entre caráter amável e caráter respeitável, 647-8; a quase impossibilidade de a mente alterar seu caráter, 648 (cf. 293-4).
Cartesiano
 argumento cartesiano sobre poder ou eficácia, 192-3, 693-4; noção cartesiana de mente, 695 (cf. 283).
Castidade
 castidade e modéstia, 609ss.; castidade e interesse, 612.
Causa, causação
 impressão como causa da ideia, 28-9; causa e efeito como qualidade das ideias que produz associação, 35; objeto como causa da ação ou movimento e como causa da existência de outro objeto, 36, 205; causa e efeito como relação filosófica e como relação natural, 39, 122, 203-4 (cf. 35-9); associação por causação limitada às ideias, 317-8, 344-5, 546; ultrapassagem das impressões dos sentidos na relação de causação, 101ss., 115ss., 133-4 (cf. 176ss.); causação e probabilidade, 101ss., 133, 156-187; origem de nossas ideias de causação, 101-6, 197-200; raciocínio causal e raciocínio demonstrativo, 102, 111-122, 132-4, 686-93; questão acerca da necessidade de uma causa, 106, 107ss., 190; inferência causal, 106, 110-1, 115ss., 125 n.6, 126,

133-4, 137-8, 141-2, 172, 187, 196-7, 199, 203, 255-6, 436-7, 441-2, 445-6, 687ss.; causação e relação de conexão necessária, 105-6, 116-7, 188-206, 278-82, 441-2, 446-7, 693-4; crítica às concepções de causação de Hobbes, Clarke e Locke, 108-9; causação e uniformidade na natureza, 117-9, 167, 688-9 (cf. 134, 135, 437-9) (ver Uniforme, uniformidade); causação e conjunção constante, 116-122, 132, 143, 158, 161ss., 182, 186-7, 196ss., 206-8, 211, 245, 255-6, 279-82, 436-7, 439-40, 445-6, 671, 687-94, 697-8 (ver Conjunção constante); influência da relação de causação na fantasia e as relações de contiguidade e semelhança, 128-32 (cf. 121-2), 140-4, 352-3; crença causal, 122ss., 128ss., 137ss., 148ss., 160-163, 165ss., 217-20, 662-3 (cf. 441-2); crença causal e costume ou hábito, 132-6, 144ss., 148ss., 176-7, 180-7 (ver Crença); relação de causação como determinação da mente, 139-40, 160-171, 189, 198-209, 298-9, 436-7, 441-4, 693-4; influência dos raciocínios causais sobre a vontade, 149ss.; causa e poder ou eficácia, 189ss.; ausência de distinção entre causas eficientes e formais, entre causa e ocasião, 204-5; causa e sentimento de determinação, 198; regras para se julgar sobre causas e efeitos, 206-9; raciocínio causal e os princípios universais e permanentes da imaginação, 258; a matéria como causa das percepções, 277-82; identidade pessoal e causação, 287ss.; causação e identidade, 289-94; princípio de economia das causas, 316, 617; propriedade [posse estável] como uma espécie particular de causação, 344, (cf. 542ss.); liberdade e causação nas ações, 346ss., 435ss., 501 n.2, 670-1; relação entre causação e simpatia, 352-4; juízo ou razão como causa da ação, 498ss.

Certeza (ver Causa, causação; Ceticismo; Conhecimento; Probabilidade)
relações filosóficas e certeza ou conhecimento, 97-101; experiência e certeza na relação de causa e efeito, 156ss., 186-7; certeza e ceticismo 305-6.

Ceticismo
ceticismo quanto à razão, 213ss.; ceticismo superado pela natureza, 216ss., 220, 300-2; ceticismo quanto aos sentidos [quanto à existência dos corpos], 220ss., 247, 260; ceticismo total, 216, 299-301; ceticismo e dogmatismo, 220; ceticismo extravagante, 247, 260; ceticismo moderado, 257, 301ss., 677; ceticismo e inclinação ou prazer, 303, 305-6.

Chance (ver Acaso; Probabilidade)
probabilidade de chances, 156-63, 168, 175, 476; a probabilidade como um número superior de chances iguais, 158, 169; mistura de causas entre as chances, 159; efeito da combinação de chances sobre a crença, 160; chances como equivalentes de impulsos da mente, 161; relação entre as probabilidades de chances e de causas, 163, 169, 175, 476; cada experiência passada considerada como uma espécie de chance, 168-9, 174; influência da superioridade de chances sobre as paixões, 476ss.

Civil
  oposição entre natural e civil, 514 n.4, 582ss., 609; direito civil, 344, 554-5 n.5, 568, 588, 590; guerra civil 413, 579; governo e obediência civil, 576, 580, 581, 606; sociedade civil, 612.
Coerência
  inferências a partir da coerência das percepções, 113; coerência das percepções e existência contínua de objetos externos, 228ss.; coerência das impressões de sensação e coerência das paixões [impressões internas ou de reflexão], 228-30; coerência das impressões e costume, 230-1; a coerência como uma espécie irregular de raciocínio por experiência, 274.
Comparação
  comparação, raciocínio e demonstração, 101-2, 688 (cf. 280); comparação de ideias e conhecimento, 157; comparação e valor, 326, 337-50, 358-9, 406-15, 424-8, 596, 633-41; a verdade discernida pela comparação [e justaposição] de ideias, 497; comparação como um tipo de operação do entendimento, 503, 620; comparação como diretamente contrária à simpatia em sua operação, 633-5.
Comunicação (ver Simpatia)
  comunicação de sentimentos ou paixões, 351, 358, 398, 420-1, 432, 463, 632.
Concepção (ver Causa, causação)
  atos do entendimento (raciocínios, juízos e crenças) como redutíveis a concepções, 125 n.6; concepção como pressuposta pelo entendimento, 197; diferença entre concepção e crença, 662, 665.
Conexão (ver Causa, causação)
Conhecimento
  conhecimento e representação adequada, 54-5; conhecimento dos corpos, 91-2; conhecimento oposto a probabilidades e a provas, 97ss., 156-8, 186-7; somente quatro tipos de relações filosóficas são objetos de conhecimento e certeza, 98; conhecimento oposto à observação e à experiência, 111ss., 186; conhecimento definido como certeza resultante da comparação de ideias, 157; conhecimento reduzido à probabilidade, 213ss. (ver Ceticismo); conhecimento humano e dos animais, 360.
Conjunção constante (ver Causa, causação)
  conjunção constante entre ideia e impressão, 28-9, 258; conjunção constante [habitual] entre ideia particular e termo geral na ideia abstrata, 46-7; conjunção constante e causação, 116-122, 132, 134, 143, 158, 161ss., 182, 186-7, 196ss., 206-8, 211, 245, 255-6, 279-82, 436-7, 439-40, 445-6, 671, 687-94, 697-8.
Consciência
  consciência, percepção e objeto, 25, 94, 136, 223-4, 245, 298, 311; consciência e crença, 132-3, 190-1 (cf. 193), 663, 692; consciência e hábito,

166, 168; consciência da determinação racional da conduta, 209; a consciência e o Eu [*self*] (ver Identidade), 283ss., 320, 352-3, 355-6, 363-4, 373-5, 674 (cf. 397, 447); consciência moral, 344, 498, 584, 591; consciência, intenção e vontade 382-5, 435ss., 454; consciência do interesse, 591.

Consentimento
consentimento e obediência civil, 581ss.

Constância
constância de nossas impressões e a existência contínua e distinta dos corpos, 231ss.

Contiguidade
contiguidade como qualidade que produz associação, 34-41; contiguidade como fonte de erros, 88-90; contiguidade como condição da causação, 101-7, 116-22, 205 (cf. 188,198); contiguidade entre percepções e sua vividez, 130, 141, 463, 670; os efeitos da contiguidade na imaginação comparados aos da semelhança e da causação, 137ss.; contiguidade como relação existente na "natureza", independente de e anterior às operações do entendimento, 202; influência sobre a mente das relações de causação e contiguidade, 269-71; contiguidade e identidade 288-93, associação por contiguidade limitada a ideias, 317ss.; contiguidade entre causa e objeto do orgulho, 338-44; contiguidade, parcialidade e injustiça, 375ss., 574ss.; contiguidade, unida à semelhança e à causação, produzindo simpatia, 352-9; relação de contiguidade, semelhança e causação nos animais, 361-2; influência da contiguidade sobre as paixões, 380, 404, 413, 427, 467ss.; relação de contiguidade sem reciprocidade, 390.

Contingência (ver Acaso; Causa, causação; Probabilidade)
contingência e acaso ou indiferença da imaginação, 157ss.; contingência como resultante de causas secretas, 165; contingência e probabilidade, 168-9; influência da contingência sobre as paixões, 347-8, 422-3.

Contrariedade
contrariedade como fonte de relação filosófica, 39; contrariedade como relação filosófica permitindo certeza demonstrativa, 97-8, 503; contrariedade entre existência e não-existência, 206; contrariedade e probabilidade, 164-9, 439-40; a contrariedade como procedente da operação secreta de causas contrárias, 165, 440; inexistência da relação de contrariedade entre objetos reais, 279; contrariedade entre entendimento [juízo] e imaginação [fantasia], 181ss.; contrariedade entre orgulho e humildade, 311-2; contrariedade entre amor e ódio, 364; efeitos da contrariedade entre paixões, 414-8, 425-7, 476-80, 528 (cf. 537).

Contrato original
contrato original e obediência ao governo, 587-9, 600-1.

Convenção (ver Artificial, Artifício; Justiça; Promessa)
   convenção em oposição a natureza, 529-30; convenção distinguida de promessa como condição da justiça, 530ss., 555, 561, 590; convenção e linguagem, 531; convenção, governo, justiça natural e civil, 565, 571ss., 581ss., 594, 608-9, 618-9.

Coragem
   o fundamento artificial da coragem, 612; coragem e orgulho, 639-41; coragem sem benevolência, 643; coragem como aptidão natural, oposta à virtude moral, 646ss. (cf. 697).

Corpo (ver Objeto)
   a ideia de extensão e os corpos, 51ss.; as propriedades externas dos corpos e sua verdadeira natureza, 91-2, 689-70, 695, (cf. 24, 400-1, 677); poder e necessidade como determinação do pensamento e não dos corpos, 190-9 (cf. 141-2, 671); as causas da crença na existência (contínua e distinta) dos corpos, 220ss., (cf. 93ss.); crítica à distinção tradicional entre percepções e objetos [corpos externos], 244ss.; a ideia de corpo como coleção das ideias de qualidades sensíveis constantemente unidas, 252ss.; a filosofia moderna (teoria da distinção entre qualidades primárias e secundárias) e o ceticismo relativo à existência dos corpos, 259-64 (cf. 225); a crença na existência dos corpos como diretamente oposta aos argumentos causais, 264, 298-9; impressões de reflexão provenientes do corpo, 310; qualidades do corpo como causas de orgulho e humildade, 313, 319-20, 332ss., 653-5, 697; qualidades do corpo como únicas causas de orgulho e humildade nos animais, 359-62; a necessidade nas operações entre os corpos externos, 436ss., 697-8; qualidades do corpo como uma espécie de bem, 528; educação e deveres dos dois sexos relativamente às diferenças entre os corpos do homem e da mullher, 610.

Costume (ver Causa, Causação)
   costume como causa da representatividade geral das ideias abstratas, 44ss.; repetição passada, costume e inferência causal, 128ss., 163ss., 188ss., 203ss., 216ss., 230ss.; definição de costume, 133; o caráter não reflexivo do costume, 133-5, 166; costume produzido artificialmente por regras gerais, 134-5 (cf. 230); costume e princípio da uniformidade da experiência, 135, 167-8; tipos de costume ou hábito, 146, 163ss.; costume e educação, 146-8, 173-4; costume e repetição voluntária, 173-4; costume e probabilidade, 163ss.; costume e probabilidade não filosófica, 179ss.; costume e regras gerais, 179-80; costume como causa da oposição entre imaginação e juízo, 181-2; inferência da existência contínua dos objetos a partir do costume distinguida das inferências causais, 230-1 (cf. 135, 166); abstração dos efeitos do costume pelos filósofos na comparação de ideias, 256; costume e paixões, 328, 387, 389, 396, 423, 454-5, 458ss.; os dois efeitos do costume na mente: facilitação e inclinação, 458-60; costume e propriedade, 543.

Índice analítico

Crença
crença como ideia vívida, 115, 121ss., 146-8, 150ss., 186-7, 243, 661-70; definição de crença, 125; princípios da crença, 128ss.; crença e costume ou hábito, 132-3, 166ss.; causação como única relação de que deriva a crença e a influência das outras relações, 137ss. (cf. 662) (ver Causa, causação); influência da crença sobre a imaginação, a vontade e as paixões, 148ss., 462-3, 624, 664-5; influência da crença sobre a imaginação, 151; influência da imaginação sobre a crença, 154; crença e probabilidade, 163-176, 186-7, 213ss. (ver Causa, causação); crença produzida de outra maneira que pela vividez da ideia, 176ss.; crença e argumentos longos e abstrusos, 177-8, 219-20, 226, 496; crença como sensação ou sentimento, 186, 216-7, 663-5; crença e ideia de existência, 186, 662 (cf. 93ss.); ceticismo e crença, 213ss., 251, 301-6 (ver Ceticismo); crença na existência dos corpos, 220-51; crença e a diferença entre realidade, devaneio e poesia, 151-6, 662-3, 669-70.

Critério (ver Moral; Regras)
critério de igualdade em matemática, 71ss., 676; critério de verdade, 297, 331; critério racional em moral, 496, 505, 511; critério de distinção entre natural e artificial, 513; critério de distinção entre impossível, improvável e provável, 546; critério de avaliação moral 620-31, 642-3

Crueldade
crueldade como o mais detestável de todos vícios, 645.

Curiosidade
curiosidade ou amor à verdade, 484ss.

Deliberação (ver Intenção; Vontade)
deliberação e vontade, 435ss.; deliberação e ação, 447-8.

Demonstração
demonstração e conhecimento opostos à probabilidade, 57-8, 98, 117-9, 124, 142, 159-60, 186, 195-8, 213ss., 449, 684-90; demonstrações matemáticas, 68ss.; impossibilidade de se demonstrar a tese da necessidade de uma causa, 107ss., 205-6; demonstração e impossibilidade do contrário, 195 (cf. 199); distinção entre o domínio dos raciocínios demonstrativos e o das determinações da vontade, 449-50; o prazer das demonstrações, 484-5; demonstração e moralidade 502-6; as questões de fato como indemonstráveis, 503; relações passíveis de demonstração, 504.

Desejo (ver Paixão)
desejo definido como impressão de reflexão, 32, 59, 474; desejo como não extenso e indivisível, 267; desejo como paixão direta, 311, 435, 474ss. (cf. 613ss., 663); desejo de se sobressair em força física, 335; desejo da boa reputação, 356, 366; desejo de justiça, 384; desejo de sociedade, 397; desejos que acompanham o amor e o ódio 401ss., 416ss., 631; desejo sexual

[carnal], 428, 527; desejo como paixão calma, 453-4; desejos calmos confundidos com a razão, 453; desejo como paixão violenta, 454-8; desejo como resultante da consideração do bem enquanto tal, 474; prazer e dor como indispensáveis ao desejo, 613.

Desprazer (ver Prazer)

Determinação (ver Causa, causação)
a abstração e o caráter determinado das ideias, 43-4, 60 (cf. 46, 77-8, 99); relação de causa e efeito como determinação da mente, 117, 120-1, 126, 138-40, 160-171, 188-9, 198-209, 250, 298-9, 436-7, 441-4, 693-4; determinação necessária nas proposições intuitivas ou demonstrativas, 124; destruição da determinação da mente pelo acaso, 158; determinação e probabilidade, 161ss.; o hábito como determinação de transferir o passado para o futuro, 167, 297, 689; determinação e ideia de necessidade, 189, 199-206, 674; determinação pela natureza, 216, 301; determinação da vontade pelas paixões, 453-5; motivos e paixões que determinam a ação moral, 517-525; determinação artificial da ação conforme a justiça, 573-6; determinação da ação moral pelo caráter, 614-5 (ver Caráter; Moral); razão como determinação calma e geral das paixões, 622-3.

Deus
Deus como primeiro motor, 192-3; a ideia de Deus em Descartes e a eficácia das causas, 193, 199-200; Deus como princípio eficaz, 281-2; existência de Deus e a ideia de existência de Deus, 123; Deus e determinismo em moral, 446-7; Deus e dever moral, 509.

Dever (ver Moral; Obrigação)
ser e dever ser, 509; ação moral e sentido do dever, 518ss.; dever e paixão na determinação da ação moral, 557ss.; produção de um sentido do dever, 572-3; promessa, obediência civil e dever, 581ss.

Diferença (ver Distinção)
diferença como negação de uma relação, 39; diferença de número e diferença de espécie, 39; diferença e princípio da distinção e separabilidade das ideias na imaginação, 42-3, 49, 62, 66, 95, 265-6; distinção de ideias na ausência de uma diferença real, 49, 95; identidade e diferença, 284ss.

Direção
direção das paixões (ver Paixões).

Direito (ver Justiça; Leis)
origem do direito e da obrigação moral, 330ss., 522ss., 616-7; ausência de direito nos animais, 360-1; erro de direito e imoralidade, 500; moral e direito, 501; moral, direito e artifício, 525ss., 571-3, 580ss., 616-7; o direito de posse, 548ss., 594-9; direito natural, 559, 565, 582; as três leis fundamentais do direito natural, 565ss.; direito positivo e governo, 599-606; direito internacional, 606-12.

Índice analítico

Distância
os sentidos e a determinação da distância pela razão e pela experiência, 84-7, 224, 670, 674-5, 676-7; distância e diferença, 427-8; influência da distância sobre as paixões, 375ss., 463ss.; distância, parcialidade e simpatia, 574ss., 621-6, 642-6.

Distinção (ver Diferença)
distinção e separação na imaginação, 42-3, 49, 82, 95, 108, 115-6, 240, 255, 265-6, 672; distinção de razão, 48-50, 69, 277.

Divisibilidade
divisibilidade infinita do espaço e do tempo, 51ss.; divisibilidade infinita da extensão, 66ss., 695-6.

Dogmatismo
ceticismo e dogmatismo, 220.

Dor (ver Prazer)

Drama (ver Teatro; Tragédia)
imaginação, crença e paixão suave nos espetáculos dramáticos, 146.

Educação
a natureza e os efeitos artificiais da educação, 145-8, 152, 173-4 (cf. 387-8, 437); moral e educação, 329-30, 572-3, 585-6, 609-612, 618; educação e paixões, 387-8; o caráter artificial da justiça e a educação, 523-4, 529-30, 541, 562, 572-3, 585-6, 609-12, 618 (cf. Convenção).

Eficácia (ver Causa)
poder e eficácia, 119, 132, eficácia das causas, 189-202, 299; a ideia de eficácia como não derivada da razão, 190ss.; eficácia e ideia de Deus, 281.

Eficiente (ver Causa, causação)

Egoísmo
egoísmo [amor a si próprio ou interesse próprio], moral e justiça, 520-42, 558-62, 572-3, 582ss., 606-9, 622-6 (cf. Amor); egoísmo e generosidade restrita, 534ss., 625-6.

Eloquência
crítica ao uso da mera eloquência em lugar da razão, 19; efeitos da eloquência sobre a imaginação e as paixões, 20, 144, 153, 462, 650-1, 669-70.

Emoção (ver Paixão)
definições e distinções entre emoção, paixão e afeto, 174-5, 340, 351-2, 364, 384, 392, 401, 403, 407-10, 427, 430, 450-1, 453-4, 463, 473, 615, 669.

Entendimento (ver Fantasia; Imaginação; Razão)
distinção entre entendimento e fantasia, 121, 181, 300; o erro da divisão usual dos atos do entendimento, 125 n.6; entendimento e causação, 197-209, 292, 298-9, 441-3, 505, 673-4; relação entre as operações do entendimento

e os princípios da contiguidade e semelhança, 202; entendimento nos homens e nos animais, 209-12; entendimento, probabilidade e ceticismo, 213-20, 251, 301-6, 449-50, 476, 694.; entendimento e a crença nos objetos externos, 230-1, 244, 251; entendimento, imaginação e razão, 297-306, 449-52, 476; entendimento e regras gerais, 328, 408, 670 (cf. Regras); simpatia e entendimento, 354-5; oposição entre entendimento e imaginação, 406 n.6; a insuficiência do entendimento na determinação da vontade, 501ss.; entendimento e afetos, 529ss., 533ss.; entendimento, moral e justiça, 529ss., 533-4.

Entrega
entrega simbólica na transferência da propriedade, 554.

Erro
explicação fisiológica do erro, 88; os erros da geometria, 100; relações de semelhança, contiguidade e causação como fonte de erros, 88ss., 236-7; erros decorrentes do uso de regras gerais, 179-183; erros populares, 204, 255-6, 609; erro e probabilidade, 213ss.; o erro a respeito da identidade dos objetos (e do Eu), 236ss., 285ss.; imaginação como fonte de erros, 298-306; o erro de distinguir o poder de seu exercício, 346-8; o erro comum dos filósofos em relação às paixões e à razão, 453-4; os erros do juízo e a moral, 496ss.; a justiça e os erros que resultam da escolha do bem mais próximo, 577ss.

Escolástica
filosofia escolástica, 58, 66, 70ss., 208, 271, 276, 331-2, (doutrina escolástica do livre-arbítrio) 346ss., 443ss., 453.

Espaço (ver Extensão)
espaço como espécie de relação filosófica, 38-9, 97, 101-2; ideias de espaço e tempo, 51ss.; crítica à doutrina da divisibilidade infinita do espaço, 54ss., as partes do espaço como impressões de átomos coloridos e sólidos, 64-5; vácuo ou espaço vazio, 66, 81ss., 90ss.; espaço e extensão, 267ss.; a influência da proximidade e distância no espaço e no tempo sobre a imaginação e as paixões, 463ss.

Esperança
esperança como paixão direta, 310-1, 435-6, 474ss., 613; a esperança e o medo como resultantes de um bem ou mal incertos, 476; a esperança e o medo resultantes da mistura de alegria e tristeza, 477.

Espírito, espirituosidade [*Wit*]
espírito como causa de orgulho, 331; espírito como causa de amor, 629, 647-8, 650.

Espíritos animais
54, 88, 128, 154, 168, 218, 236, 244, 263, 301, 309, 324, 387, 389, 407-8, 455-60, 483, 669.

Índice analítico

Espontaneidade
  distinção entre liberdade de espontaneidade e liberdade de indiferença, 443ss. (ver Liberdade)

Esquema (ver Justiça)
  esquema das regras da justiça oposto aos atos isolados de justiça, 537, 618-9.

Essência
  confusão e distinção entre circunstâncias essenciais e acidentais, 181-2 (cf. 207).

Estado de natureza
  ficção filosófica do estado de natureza, 533-4; estado de natureza como estado imaginário anterior à sociedade, 541-2; justiça, sociedade e estado de natureza, 573 (cf. Sociedade).

Estima
  estima pelos ricos e poderosos, 391ss.; simpatia, estima e consideração desinteressada do caráter, 512, 620, 656, 659-60 (cf. 395-6).

Eu [*Self*] (ver Alma, identidade, mente).
  ideia de 'eu', 222; identidade do 'eu', 283-95; o 'eu' como sucessão ou combinação de percepções, 298, 672-3; o 'eu' como objeto do orgulho e da humildade, 311ss., 333, 363; qualidades que produzem o prazer ou desprazer (no orgulho e na humildade) e sua relação com o 'eu', 320ss., 335, 337-8, 341-2, 430-1; o 'eu' e o outro nas paixões do amor e do ódio, 363ss., 366ss., 430-1; a vivacidade dos objetos relacionados ao 'eu', 463-4.

Evidência
  graus de evidência e probabilidade, 118, 156-7, 163-4, 172, 176-9, 186-7, 215-8, 439-40; evidência moral, 440-3, 698.

Exemplares
  causas exemplares, 204.

Exercício
  poder e seu exercício, 36, 192-3, 205, 346-50, 394-5.

Existência
  ideias de existência e não-existência como as únicas ideias contrárias, 39; concepção clara e existência possível, 52-59, 69; existência e unidade, 56; identificação entre a ideia de um objeto e a ideia de sua existência, 94; percepção (ou objeto) e existência, 82, 93-6, 123, 484, 673-4, 690-1; impressões e ideia de existência, 94, 222-3; crença e ideia de existência, 123-8, 186, 661-4, 690-1, 694-5; papel dos sentidos e da razão na formação da ideia da existência dos corpos, 220-6; aparência e existência, 221-6; existência dos corpos e a imaginação, 227-51; ficção da dupla existência, das percepções e dos objetos, 244ss.; existência dos objetos externos na filo-

sofia moderna, 258ss.; a questão da substância da alma e a existência independente das percepções, 266; existência real e fatos em oposição a relações de ideias, 484, 498, 503.

Expansão
expansão da simpatia natural pelo artifício da justiça, 523ss., 616ss.

Experiência
experiência como fundamento em filosofia, 22-24, 684; experiência como fundamento e limite da inferência causal, 23-4, 29, 88, 98, 110, 115ss., 157-8, 172-4, 190, 203, 245, 279, 505, 662, 684, 688-9, 694; experiência e relação de contrariedade, 39; descrição da natureza da experiência, 116; princípio da uniformidade da experiência, 117-20, 134, 168, 689-91; experiência e hábito, 133-4; experiência como princípio da crença, 129, 132ss., 297, 439ss., 691ss.; a associação de ideias como o efeito imediato da experiência, 142; efeitos análogos da semelhança e da experiência, 142; experiência e educação, 147; experiência e fantasia, 153; experiências contrárias e probabilidade, 156ss., 163-87; efeitos da experiência contrastados com os da repetição voluntária, 173-4; experiência e memória, 176; experiência e regras gerais, 180-2, 135, 164, 396; experiência e ideia de eficácia, 190ss., 203; experiência e o eu [*self*], 283-4; definição da experiência como um princípio, 297; determinação pela experiência passada, 347-9, 439ss.; falsa experiência da liberdade de indiferença, 444.

Experimental, experimento
método experimental em filosofia, 22-4, 37, 208-9; física experimental, 684; experimentos que confirmam a doutrina das paixões, 366ss.; experimentos que não se enquadram em princípios que se busca estabelecer, 400.

Extensão (ver Espaço)
54ss.; distinção entre extensão e duração, 61-2; espaço e extensão, 267ss.; extensão e distância, 90; extensão na teoria cartesiana, 192; existência externa e extensão, 223-4; extensão e solidez como qualidades primárias, 260; indivisibilidade do pensamento e divisibilidade da extensão, 266ss.; percepções e extensão, 268-72.

Externo
existência externa e percepções, 93-4, 200-1, 221ss., 244ss., 271; ação como signo externo do caráter, 517ss.

Faculdade
falibilidade de nossas faculdades e ceticismo, 213ss. (cf. 296); 'faculdades' e 'qualidades ocultas' como invenção dos filósofos, 256-7.

Fama (ver Reputação)

Família
família como causa de orgulho e humildade, 341-4, 354-6, 697; família como causa de amor e ódio, 364; família, simpatia e sociedade, 526-30, 642; família e origem do governo, 579-80.

Índice analítico

Fantasia (ver Entendimento; Imaginação; Razão)
   fantasia e a liberdade de associação na imaginação, 34, 35, 37, 48, 158-9; fantasia e memória, 113-5, 666; fantasia e entendimento, 121, 181, 300, 669-70; fantasia e crença, 151ss., 173, 324, 667, 669-70; fantasia e ficção da dupla existência, 249; fantasia e as noções de substância e matéria original, 253; fantasia e razão, 270-1, 299-301; fantasia e as paixões, 349, 374, 376-80, 390-1, 392-3, 399, 407, 415, 457, 462, 465ss., 477, 629.

Ficção (ver Crença; Fantasia)
   ficção da substância, 40; ficção e ideia de tempo, 63-4, 93, 233; ficção da igualdade perfeita, 75; ficção de objetos semelhantes e contíguos, 140; crença, fantasia e ficção, 138, 149ss., 181, 242-3, 462-3, 664, 667-8, 669-70, 692; indistinção entre ficções e impressões ou juízos causais na loucura, 153; ficção da existência contínua e distinta dos corpos, 226ss.; ficção da identidade, 233ss., 294-5; ficção da existência dos corpos como objeto de crença, 242-3; ficção da dupla existência, das percepções e objetos, 244ss.; ficções da filosofia antiga, 252ss.; ficções como esforço de eliminar a descontinuidade e encobrir a variação, 286-8, 291-2; ficção filosófica do "estado de natureza", 533; ficção poética de uma "Idade de Ouro", 533-4; ficção de um domínio pleno ou parcial, 568.

Filosofia (ver Ceticismo; Experiência)
   filosofia e ciência da natureza humana, 20-24; o vulgo, o senso comum e a filosofia, 23, 63, 163, 165, 163, 208, 225-7, 243, 470, 255-7, 602-3, 672, 683; filosofia da natureza, 24, 83, 132, 310, 335, 400, 404, 683; filosofia da natureza e filosofia moral, 24, 104, 208-9, 316-7, 445-6, 479, 488; o desejo do filósofo de procurar causas, 37; relação filosófica e relação natural, 38-9, 97ss., 122, 203; filosofia e experiência, 91-2, 132, 207; gosto como critério em filosofia, 133; o caráter abstruso da filosofia, 172, 222, 681; filosofia, probabilidade e ceticismo, 176, 183, 213ss.; a questão sobre o poder ou eficácia na filosofia, 190ss.; a questão da existência dos corpos na filosofia, 225ss., 235, 239-40, 242-51; filosofia antiga, 252ss., 449, 566; filosofia moderna, 257ss., 449; crítica às filosofias de Descartes, Malebranche e Spinoza, 264ss.; filosofia e religião, 282-3, 304, 445-6; filosofia e superstição, 303-4; filosofia, ceticismo e vida comum, 257, 301-6; filosofia das paixões e a doutrina escolástica do livre-arbítrio, 346-7; a oposição tradicional na filosofia entre razão e paixão, 448ss.; o prazer da investigação filosófica, 484-6; semelhança entre a filosofia, a caça e o jogo, 487-9; a divisão da filosofia em especulativa e prática, 497; a preeminência da filosofia prática, 660.

Fim, finalidade (ou Propósito)
   fim de uma ação e as paixões, 209-12, 486-9, 499ss.; fim e identidade, 289-90; as paixões, os fins naturais e a justiça, 528-9, 542-3, 567-8, 572-3; justiça, governo e fim comum, 577-8; a virtude e seu fim, 616-7, 624, 628, 658; fim agradável e o belo, 616, 624.

Final (ver Causa, causação)
   causa final, 204.
Física (ver Filosofia: 'filosofia da natureza')
   física e moral, 24, 104, 206-9, 316, 400, 479 683; necessidade física e moral, 204-5, 442ss.; física e moral remetidas a percepções na mente e não a qualidades nos objetos, 508-9; física experimental, 684.
Força
   força e vividez das ideias (ver Crença), 25ss., 29, 33, 43, 125, 113-5, 128ss., 135-6, 667; a força suave dos princípios de associação, 34; crítica às tentativas de explicação da força ou poder causal, 189-96; a força de uma paixão distinguida de sua violência, 454-8; a força da ação mental distinguida da agitação da mente, 669.
Formal (ver Causa, causação)
   causa formal, 204.
Gênio
   genialidade como faculdade mágica da alma, 48; gênio como alguém altivo e sublime, 470; gênio como causa de respeito e apreço, 634-5, 648 (cf. n.6).
Geometria (ver Matemática)
   68ss., 99-100, 695-6.
Geral
   ideia geral ou abstrata (ver Abstratas, abstração); ideia de poder em geral, 195; noção geral de prazer, 460; caráter em geral e vontade, 454; caráter em geral e moralidade, 512; moralidade e ponto de vista geral, 512, 540; prazer e desprazer em geral e sua relação com a virtude e o vício, 515, 540.
Gosto
   gosto como critério em filosofia, 133; gosto como critério para julgar o espírito [wit], 331; gosto como critério para o estabelecimento de uma causa, 544; gosto correto ou errado e moralidade, 586 n.10.
Governo
   origem do governo, 573ss.; interesses imediatos e a necessidade do governo, 574-6; os governantes e seu interesse imediato na justiça, 576; governo como invenção isenta das fraquezas humanas, 578; submissão ao governo ou obediência civil, 578ss.; ausência de governo em algumas sociedades, 578-80; sociedade sem governo como estado natural do homem, 580; origem da monarquia como governo civil, 580; governo e justiça, 580ss.; justiça como fonte da obediência dos governados, 580-1; governo e promessas, 580-1, 583-5, 587, 589ss.; governo, obediência e consentimento, 581, 587-8; deveres civis, deveres naturais e governo, 582-3; instituição do governo, obediência e cumprimento de promessas, 583, 585, 589ss.; obrigação do cumprimento de promessas como efeito do governo, 583; interesse e obediência aos magistrados, 583-4, 593ss.; equívoco da hipótese

de uma promessa ou contrato original como fonte da obediência ao governo, 589ss.; resistência ao governo, 589-90, 593-5, 602-3; princípios do direito de magistratura dos governantes, 595-606.

Hábito (ver Costume)
hábito como um dos princípios da natureza, 212.

Hipotéticos
argumentos hipotéticos ou raciocínios baseados em uma suposição, 112.

História
poesia, história e influência sobre a imaginação, 152, 669-70; credibilidade da história, 177-9.

Humano, homem
relação das ciências em geral com a ciência do homem, 19-20, 305; máximas gerais da ciência da natureza humana, 87-8, 128; limite do entendimento humano, 91-2, 113; insuficiência da razão humana na explicação da causa última das impressões dos sentidos, 113; credulidade como fraqueza mais manifesta da natureza humana, 143; percepção do bem [prazer] e do mal [dor] como princípio natural do homem, 149; divisão da razão humana em conhecimento e probabilidade, 157; preconceito como erro da natureza humana, 179-80; homem comparado aos animais (ver Animais), 209-12, 303, 359-62, 431-3; filósofos e homens em geral, 226, 238; identidade pessoal como ficção da mente humana, 283ss., 291ss.; a mente humana e a busca por princípios, 298ss.; a inconstância da mente humana, 318; a semelhança entre todas as criaturas humanas, 352, 393, 403; incapacidade humana de isolamento e introspecção permanentes, 386-7; regularidade das ações humanas, 436ss.; leis humanas e divinas, 446-8; repetição como princípio da mente humana, 459; razão e paixão na natureza humana, 473-4; analogia entre a mente humana e um instrumento de cordas, 476; parcialidade afetiva original do homem e egoísmo natural, 517ss., 534ss.; amor pela humanidade, 521; inventividade humana, 524-5; fragilidade natural do homem e sociedade, 525ss.; os afetos e o entendimento como as duas partes principais da natureza humana, 533.

Humildade (ver Orgulho)

Idade de Ouro
analogia entre estado de natureza e Idade de Ouro, 534.

Ideias
origem e classificação das ideias, 25ss.; conceito de 'ideia' em Locke, 26; ideias simples e complexas, 26-7, 37; relações de ideias (ver Relações); ideias e sua derivação de impressões anteriores, 28, 43, 59, 101, 103, 128ss., 351ss., 195; princípios de associação de ideias, 34ss., 121, 317ss., 339ss.; exceção ao princípio da anterioridade das impressões sobre as ideias, 29-30; ideias primárias e secundárias, 31; ideias e impressões de reflexão, 31-2;

ideias inatas, 31, 190-1; ideias da memória e da imaginação, 32ss.; ideias abstratas ou gerais, 41ss.; divisibilidade das ideias, 52; raciocínio acerca de uma ideia e realidade da mesma, 58, 90; ideias de espaço e tempo, 59ss., 81; obscuridade das ideias em relação às impressões, 59, 101; ideias da matemática, 65ss., 100-1; princípios de associação de ideias e explicação fisiológica, 88; ideia de existência, 93ss., 297-8, ideia abstrata de existência, 93ss., 661-2; relações demonstráveis entre ideias, 97ss., 503; ideia de causação, 101ss.; ideias da memória como equivalentes a impressões, 111, 136; ideia de conexão necessária, 188ss.; ideia abstrata de poder, 195; ideia de corpo e solidez, 261ss.; ideia de substância, 264ss.; ideia de extensão, 267ss.; ideia de Deus, 281; ideia de identidade pessoal, 283ss.; dupla relação de impressões e ideias, 317-9, 321-4, 330, 341-2, 346, 349, 367ss., 386, 416ss., 430, 455, 474-5, 522, 613-4; associação de ideias e paixões, 339; simpatia e conversão de uma ideia em impressão, 351-352; ideias na mente dos animais, 361-2; transição das ideias obscuras às vívidas e das distantes às próximas, 373-4; transição de ideias e simpatia, 374-5; composição de ideias por conjunção oposta à união total ou mistura de impressões e paixões, 400; ideias e emoções, 407-9, 426-7; relações abstratas entre ideias e relações entre objetos, 449, 502-3; mundo das ideias e mundo das realidades, 449; ideia como representação e verdade, 451, 484, 498.

Identidade (ver Eu)
identidade como relação filosófica, 38, 97-8, 101-2; identidade pessoal, 222-4, 283ss., 311-2, 320, 337, 354, 373, 388, 671-4; identidade e o *principium individuationis*, 232ss.; constância de impressões e identidade numérica, 232, 235-6, 285ss.; identidade e tempo ou duração, 233-4; ideia de identidade, ideia de unidade e ideia de número, 233-4; sucessão de percepções relacionadas e identidade, 236ss.; impressões intermitentes e identidade, 238ss.; identidade e ficção da existência contínua, 238ss.; identidade e ficção da substância, 252ss., 285ss.; identidade da mente e identidade dos objetos, 285-7; ficção da identidade pessoal, 286-7, 291ss.; identidade e objetos variáveis ou descontínuos, 287-91; relações de causação e semelhança e sua influência sobre a noção de identidade pessoal, 292-4; memória como fonte da identidade pessoal, 293-4; identidade e simplicidade da mente, 295; identidade de impressões e paixões, 375.

Igualdade
dificuldades relativas à noção de igualdade, 71ss., 97, 99-100, 231, 676, 695-6; a ficção da igualdade perfeita, 448.

Imaginação (ver Entendimento; Fantasia; Razão)
ideias e imaginação, 27, 32-7, 59, 113-5, 124, 137ss., 177, 236-8, 241, 253, 287-8, 291-2, 298, 317, 352, 353-5, 373-4, 376ss., 390-1, 667, 699; experiência e imaginação, 30, 297-8; memória e imaginação, 32-4, 112-7, 138-9, 298, 406 n.6, 666-7; imaginação e o princípio de associação de ideias,

34-7, 137ss., 292, 317, 390-1, 699; imaginação e relação de causação, 35-6, 108, 117-22, 124, 133-4, 137ss., 156ss., 181-3, 204-5, 292-4, 390, 441; distinções operadas pelo pensamento e imaginação, 42, 52-4, 58-9, 62, 65-6, 68, 78-9, 82, 91, 95, 99-100, 108, 117-22, 124, 134, 158, 204-5, 222, 265-6, 292, 300, 463, 626, 664, 672; imaginação e indivisibilidade da extensão, 53-4, 58, 68; imaginação e existência possível, 58, 124, 283; imaginação e experiência do tempo, 61-2, 233, 463ss., imaginação e experiência do espaço, 64-5, 463ss., imaginação e sua relação com a matemática, 78-81, 99-100, 231, 676, 696; imaginação e entendimento ou razão, 132-4, 204, 298-300, 406 n.6, 476 (cf. 601); imaginação e raciocínio demonstrativo, 124; costume ou hábito e imaginação, 133, 161-3, 167-8, 180-3, 204-5, 211, 297, 441, 596; crença e imaginação, 148-56, 170-5, 187, 211, 218-20, 241ss., 488-9, 662, 665, 667, 669, 690-2; imaginação e paixões, 150-1, 181-2, 352-5, 374, 376ss., 393, 396-9, 460-3, 476 (cf. 601); imaginação e probabilidade, 156-63, 170-5, 187; oposição entre juízo e imaginação, 181-3; relação entre imaginação, sentidos e razão na produção da crença na existência distinta dos corpos, 221-51.; ficções da imaginação, 233, 252-3, 291, 295, 299, 444, 462-3, 666-7; princípios permanentes e princípios variáveis da imaginação, 258; identidade pessoal e imaginação, 285ss.; imaginação, identidade e finalidade, 289; prazeres da imaginação, 319; orgulho, humildade e imaginação, 323, 339, 380-1; imaginação e simpatia, 352-5, 396-9, 423-4, 632-3, 635; transição fácil da imaginação das ideias obscuras para as vívidas, 373-4, 376ss., 391; piedade, malevolência e imaginação, 403ss., 415; prazeres da imaginação e dos sentidos nos animais, 431; inveja, malevolência e imaginação nos animais, 433; imaginação e vontade, 444; rapidez da imaginação oposta à lentidão das paixões, 476; imaginação e sua relação com a justiça e o interesse, 599-600; imaginação mais afetada pelo particular que pelo geral, 619, 626; imaginação e beleza ou prazer, 624; imaginação como sinônimo de pensamento, 664, 672.

Imortalidade
   crença na imortalidade da alma, 144-5.

Impressões
   impressões e ideias, 25ss.; impressões simples e complexas, 26-8; exceção ao princípio da anterioridade das impressões em relação às ideias, 29-30; impressões de sensação e de reflexão, 31-2, 112-4, 309-10; impressão de reflexão e ideia de necessidade, 199; impressões e existência externa, 221ss.; impressão de um 'eu', 222-3; 283ss., 351-2; impressões dos sentidos, 223-5; impressões e existência contínua e distinta, 225ss.; impressões como existências internas e perecíveis, 227, 284; impressão da ideia de corpo, 261-4; impressões originais e causas físicas e naturais, 309-10; dor e prazer como impressões originais, 309-10; paixões como impressões secundárias ou de reflexão, 309-10; divisão das impressões de reflexão em

calmas e violentas, 310-11; impressões de reflexão violentas como paixões diretas e indiretas, 310-11; orgulho e humildade como impressões simples e uniformes, 311; associação de impressões, 317-8, 378, 416; dupla relação, de impressões e ideias, 321, 375, 416; associação de ideias e impressões de reflexão, 339, 415; conversão de uma ideia em uma impressão na simpatia, 351ss., 404-6, 420ss.; identidade de impressões, 375; princípio da transição entre impressões, 376ss., 404-6; união completa de impressões e paixões, 400; vontade como impressão interna, 435; distinções morais e sua relação com impressões ou ideias, 496ss.; impressão distintiva da moralidade, 509ss.; sentido de justiça derivado de impressões artificiais, 537.

Indiferença
indiferença da mente e acaso, 158-9, 440; probabilidade de chances e indiferença, 160-162, (440); indiferença nas paixões, 312, 370, 450, 455, 459-60, 477; indiferença como sinônimo de liberdade, 436, 697; distinção entre liberdade de indiferença e liberdade de espontaneidade, 443-4; indiferença da razão em relação às paixões, 451-2 (cf. 495ss.).

Inerência (ver Substância)

Inferência
inferência causal (ver Causa, causação); inferência a partir da coerência e regularidade das percepções, 113, 230-2; inferência imediata a partir de objetos e longas cadeias de argumentos, 177; inferência sobre a existência externa, 223-4, 249; inferência da impressão à ideia, 115ss., 126, 133-4, 137-8, 141-2, 172, 187, 196-7, 199, 203, 255-6, 436-7, 441-2, 445-6, 687ss.; contrariedade da experiência e inferência causal, 165-6; confusão entre uma inferência do juízo e uma sensação, 142-3, (cf. 182-3); inferência e probabilidade, 187; inferência causal nos animais, 211; inferência baseada na constância das percepções e inferência baseada na coerência das percepções, 230-2; inferência de questões de fato, 503, 664.

Instinto
razão como um instinto da alma, 212; instinto ou impulso natural em oposição à reflexão ou razão, 247; instintos naturais e paixões calmas, 453; instinto natural de busca do prazer (bem), 474-5; instinto e obediência civil, 596; instinto original e distinções morais, 513, 659.

Intenção (ver Vontade)
a intenção (propósito ou escolha voluntária) nas ações e em nosso juízo moral, 382-4, 442, 499, 508, 501, 648-9; intenção, vontade e promessa, 562-4.

Interesse (ver Justiça)
interesse e moral, 512; interesse como fonte da justiça, 536ss., 565ss.; interesse, obrigação natural e obrigação moral, 539ss., 584-5; interesse e

Índice analítico

promessas, 558ss.; interesse e obediência civil, 578ss.; interesse e castidade, 611-2.

Intuição
intuição e demonstração nas relações filosóficas, 98; a suposta intuição da necessidade de uma causa, 107-10, 205; intuição relativa à relação de causação, 119; intuição e crença, 124.

Inveja
inveja como paixão indireta, 311; distinção entre inveja e malevolência, 406ss.; origem da inveja, 411.

Irregular, irregularidade (ver Regular, regularidade)

Juízo (ver Entendimento)
juízo, concepção e raciocínio como atos do entendimento, 125 n.6; sistema de realidades como objeto do juízo, 138; confusão entre inferência do juízo e sensação, 142-3; regulação do juízo pelas regras gerais e sua oposição à imaginação, 180-3; contrariedade entre a razão e as paixões apenas quando estas são acompanhadas de juízos, 451-2, 498-500; juízos como percepções, 496; moralidade e juízo, 509-10; juízo e entendimento como remédio para a irregularidade dos afetos, 529; faculdade de julgar e memória, 652-3.

Justiça
justiça como virtude artificial, 517ss., 525ss., 537, 565ss., 572, 659; motivos do ato de justiça e consideração pela justiça, 517-23; sentido de justiça, educação e convenções, 523-4; analogia entre regras da justiça e leis naturais, 524-5; vaidade, piedade e amor como paixões sociais e favoráveis à justiça, 532; justiça e 'estado de natureza', 533-6; benevolência e generosidade irrestritas e o sentido de justiça, 534-5; sentido de justiça e razão, 536; esquema das regras da justiça oposto aos atos isolados de justiça, 537, 618-9; justiça e interesse, 537-9, 617-9; virtudes naturais e justiça, 537, 618-20; influência da simpatia na justiça e na moral, 539-40, 617-9; justiça, interesse próprio e interesse público, 539-40, 572, 617-9; artifício político e justiça, 540-1, 573; justiça e boa reputação, 541; definição comum de justiça, 565ss.; justiça, virtude e vício, 568-70; a artificialidade da justiça e a naturalidade da moral que ela implica, 572-3, 659; justiça e governo, 573ss., justiça civil como derivada de convenções humanas, 581-2; obrigação moral da justiça em relação a indivíduos e Estados, 608-9.

Lealdade
lealdade rígida como próxima à superstição, 562.

Leis (ver Direito)
a necessidade moral como essencial às leis divinas e humanas, 446; leis eternas e fundamento das distinções morais, 505; caracterização da regras da justiça como "leis naturais", 525; leis do direito natural como invenções humanas, 559, 565, 567-73, 580ss., 595.

Liberdade e livre-arbítrio (ver Indiferença; Necessidade; Vontade)
  doutrina escolástica do livre-arbítrio, 346; liberdade e necessidade, 435ss., 697-8; loucura e liberdade, 440; liberdade como equivalente a acaso, 443; liberdade de indiferença e liberdade de espontaneidade, 443-4; livre-arbítrio e a falsa sensação de liberdade de indiferença, 444-5; doutrina da liberdade e religião, 445; liberdade, escolha e moralidade, 501 n.2; livre-arbítrio e virtudes morais, 648; ações voluntárias e liberdade, 648-9.

Linguagem
  linguagem comum, 37-8, 135-6, 157; linguagem e simpatia, 352-3; linguagem filosófica e vida comum, 518; linguagem, convenção e promessa, 530-1; correção do juízo moral e correção da linguagem, 621-2.

Lógica
  lógica como uma das quatro ciências constituintes do conhecimento humano, 21, 684; regras da lógica, 208.

Malevolência
  malevolência e inveja, 406ss.; malevolência e piedade como apetites inversos, 416; malevolência e ódio, 418ss.

Matemática (ver Geometria)
  ideias de pontos matemáticos, 64ss.; definições e demonstrações da matemática, 68ss.; possibilidade e existência dos objetos matemáticos, 68-9, 100-1; demonstrações da geometria, 71ss.; matemática e imaginação, 74-5, 231; graus de certeza na geometria, aritmética e álgebra, 99-100; valor da geometria, 100; relação de impressões e ideias sobre objetos matemáticos, 100-1; a necessidade na matemática, 199; matemática e probabilidade, 213ss.

Matéria
  matéria, força e movimento na filosofia cartesiana, 192-3; matéria original ou substância na filosofia antiga, 252ss.; matéria e mente, 264ss.; percepções sem conjunção com a matéria, 268ss.; pensamento e matéria na filosofia de Spinoza, 271ss.; matéria e movimento, 278ss.; ações necessárias da matéria como uma determinação da mente, 436-7; necessidade nas ações da mente e nas ações da matéria, 436ss., 446.

Material (ver Causa, causação)
  causa material, 204.

Medo
  medo como paixão direta, 474-5; medo e a probabilidade de um acontecimento, 475; medo como resultado da mistura de alegria e tristeza, 476ss.

Memória
  memória e imaginação, 32ss., 113-5, 138, 148 n.7, 242-3, 297-8, 406 n.6, 666; memória e preservação da ordem e posição das ideias simples, 33-4; ideias da memória como equivalentes a impressões, 111-2; memória e cren-

ça, 115; sistema da memória e dos sentidos, 138; oposição entre memória e imaginação, 148 n.7, 406 n.6; memória e raciocínio demonstrativo, 186; memória e crença na existência dos corpos, 231-2; 242-3; memória como fonte da identidade pessoal, 294-5; memória e sua relação com a virtude e o vício, 652-3; memória e caráter, 652-3.

Mental, mente (ver Alma; Eu; Identidade)
mundo mental e mundo natural, 208-9, 264, 400-1; emoções da alma e raciocínio da mente, 218-9; mente como feixe de percepções, 240, 285, 293, 670-5; imaterialidade da mente, 264-83; ideia da substância da mente, 265-6; relação entre pensamento ou mente e extensão, 266ss.; a doutrina espinosista da imaterialidade da alma ou mente e a dos teólogos, 272ss.; pensamento ou mente e ação, 277-8; movimento, matéria e pensamento ou mente, 278ss.; ininteligibilidade da questão acerca da substância da mente, 282; mente como uma espécie de teatro, 285; mente comparada a uma república ou comunidade, 293-4; analogia entre a mente e um instrumento de cordas, 476; prazer ou desprazer frente às qualidades mentais e sua relação com a virtude, 614; princípios mentais duradouros e sua relação com a virtude, 614; similaridade da mente de todos os homens em seus sentimentos e operações, 615; controle da mente sobre suas ideias e crenças, 662.

Mérito (ver Moral)
mérito e necessidade ou constância nas ações humanas, 449-50; mérito, motivos e a moralidade das ações, 517ss.

Metafísica
metafísica e ceticismo, 20; tese metafísica sobre a existência possível de tudo que a mente concebe, 58 (cf. 688); tese metafísica sobre a matéria e a extensão, 82; filosofia e retórica na metafísica, 20, 89-90, 300-1, 518 (cf. 300-1, 449); a substância pensante na metafísica, 223; a natureza da alma na metafísica, 268-9, 283, 285; a parte metafísica da ótica, 409; primazia da razão sobre a paixão na metafísica 449; o erro comum dos metafísicos relativo à determinação da vontade, 454.

Milagre
milagre oposto a natureza, 513-4.

Modéstia
virtudes da castidade e da modéstia, 609ss.

Modos
modo como ideia complexa, 37; modos e substâncias, 39-41; modos ou modificações em Spinoza e para os teólogos, 274-7.

Monarquia
monarquia inicial de todos os governos, 580; monarquia e sucessão do poder, 598-9, 602-4.

Moral
  limitações da filosofia moral em relação à filosofia da natureza, 24, 208-9, 316; filosofia moral e a prioridade das causas em relação aos efeitos, 104; a causação aplicada a fenômenos morais e naturais, 169; necessidade moral e necessidade física, 204-5, 440-2; existência não-espacial de uma reflexão moral, 268; a moral e sua relação com dor e prazer, 329-32, 510ss., 539-40, 556-7, 586, 614-7, 620-1, 648; moralidade e natureza, 329-31, 344, 504-8, 511-4, 528-31, 539ss., 566-73, 580ss., 589ss., 602-3, 608-9, 642, 658-9; prazer, beleza natural e moral; 334; justiça e equidade moral como base da relação de propriedade, 344; evidência moral baseada na regularidade das ações humanas, 440-8, 698; moral, religião e necessidade, 445-8; combate entre paixão e razão na moral, 449; distinções morais e razão, 495ss., 511, 620-1; distinção entre bem e mal morais como uma percepção, 496, 510; distinções morais pela justaposição e comparação de ideias ou dedução racional, 496ss., 620-1; influência da moral sobre as ações e as paixões, 497; moral, filosofia especulativa e filosofia prática, 497; juízos equivocados ou erros de fato e ações imorais 499-502; erro de fato, erro de direito e moralidade, 500-2; liberdade ou escolha e moralidade, 501 n.2; moralidade e demonstrações, 503, 503 n.3; moralidade como sinônimo de obrigação, 503; distinções morais e sentimento moral, 506, 509ss., 524, 539, 556-7, 586, 614, 620-1, 629-31; animais e moralidade, 507-8; ser e dever ser, 509; caráter e moral, 512, 614-5, 629-31, 657-9 (ver Caráter); interesse e moral, 512; princípios simples e gerais das noções morais, 512-3; consideração da ação (externa) e dos motivos (internos) na avaliação moral, 517-9, 524, 571, 614-5; sentido moral e dever, 519ss.; justiça e moral, 520ss., 562 (ver Justiça); beleza ou deformidade morais, 525ss., 539-40; propriedade como uma relação moral e não-natural, 531, 554, 566-73; simpatia e moralidade, 539-40, 584-5, 608-9, 615ss., 657-9 (ver Simpatia); moral e promessas, 555ss. (ver Promessa); moral e paixões, 571-2; obediência civil e obrigação moral, 578ss., 589ss., 602-5, 616-7; moral, educação e os políticos, 585; moral dos príncipes, 607-9; obrigação moral e castidade, 609-12; virtudes naturais e moralidade, 613ss.; aptidões naturais e virtudes morais, 646ss.
Motivo
  ações e os motivos, 436ss.; inferência das ações aos motivos e vice-versa, 440ss.; motivos que determinam a vontade e liberdade, 444ss., 448ss. (ver Vontade); motivos, ações e mérito, 517ss.; motivo, ação e sentido do dever ou moralidade, 517ss., 557; motivos para os atos de justiça ou honestidade, 520ss.; motivos para atos de justiça e sentido do interesse, 529ss.; motivos para os atos de justiça, simpatia e aprovação moral, 539-40.
Movimento
  Deus como primeiro motor do universo, 192; movimento como qualidade primária, 260-1; movimento, matéria e pensamento, 278ss.

Mulher
   mulher na sociedade matrimonial, 342-4; piedade ou compaixão na mulher, 404, 423; mulher (belo sexo) como naturalmente agradável, 459; modéstia e castidade na mulher, 609-12; capacidade do homem de proporcionar prazer como verdadeira fonte do amor da mulher, 654-6.

Natural, natureza
   relações naturais e relações filosóficas, 37-9, 203-4; natural e artificial, 147-8, 513-5, 524-5, 528-31, 565, 567-8, 581-3, 613ss., 659 (ver Artificial, artifício); operações da natureza como independentes do pensamento e raciocínio, 202; complexidade da natureza, 208; hábito como um dos princípios da natureza, 212; determinações da natureza, 216; a natureza como moderadora do ceticismo, 220; raciocínios falsos como naturais, 258; mundo natural e mundo intelectual, 264; natural e original, 314-6, 403; orgulho e humildade como determinações da natureza, 314ss., 320ss.; princípios da natureza, 316, 513, 567; inconstância da natureza humana, 318; natureza e moralidade, 329-30; natural em oposição a milagroso, 513-5; natural em oposição a raro ou inabitual, 513-5, 524-5; distinção equivocada da virtude como natural e do vício como não-natural, 514-5; natural em oposição a civil, 514 n.4, 567-8; direito natural, 524-5, 559, 565, 582-3; natureza como aquilo que é comum a uma espécie, 524-5; estado de natureza como ficção filosófica, 533-4; estado de natureza, justiça e propriedade, 541-2; cumprimento de promessas como regra moral não-natural, 555ss.; obrigação natural e obrigação moral, 557-8, 564, 567, 581-2, 584ss., 590-1, 608-9, 617-9; virtudes e vícios naturais, 569, 613ss.; deveres naturais e deveres civis, 581-3; obrigação natural e interesse, 590-1; direito natural e direito internacional, 606-7; aptidões naturais e virtudes morais, 646ss.

Necessidade
   conexão necessária e causação, 105ss., 116-9, 165, 181, 188ss., 693, 697-8 (ver Causa, causação); necessidade em oposição a acaso, 163ss.; necessidade e regularidade das ações humanas, 435ss., 697-8; operações necessárias da matéria como uma determinação da mente, 188ss., 436; necessidade e livre-arbítrio, 435ss. (ver Vontade); constância das ações ou necessidade associada a motivos, temperamento e circunstâncias, 437ss.; necessidade da ação e liberdade, 444-6; necessidade na matéria e na mente, 445-6; necessidade, religião e moral, 445-8.

Nomes (ver Palavras)

Obediência (ver Governo)
   origem do governo e da obediência civil, 576ss., 657.

Objeto (ver Corpo)
   existência dos objetos externos, 220ss.; existência dos objetos externos e imaginação, 226ss.; opinião do senso comum sobre percepções e objetos

externos, 226, 235, 238, 242, 286-7; distinção filosófica entre percepções e objetos, 244ss.; qualidades primárias e secundárias e objetos externos, 259-64; conhecimento dos objetos por intermédio de uma percepção, 271-2, 273-4; relações comuns aos objetos e às percepções, 274; distinção entre objetos e causas do orgulho e da humildade, 311ss., 320ss., 337-9, 365; objeto do amor e do ódio, 363ss.

Obrigação
obrigação da justiça e obrigação moral, 539ss.; obrigação moral e obrigação natural, 539ss., 580ss., 589ss., 592-3, 602-3, 608-9; obrigação e promessa, 555ss., 593ss. (ver Promessa); ações virtuosas e obrigação moral, 556; obrigação e sentimentos, 556-7; obrigação natural e paixão natural, 557-8, 584-5; obrigação como não admitindo gradação, 568-570; obediência civil e obrigação moral, 580ss., 589ss., 593ss., 602-5, 616-7; obrigação moral e castidade, 609-12.

Ocasião
ocasião como causa real, 204.

Ocupação
ocupação e propriedade, 543ss.

Ódio (ver Amor)

Orgulho e humildade
as paixões de orgulho e humildade, 309ss.; orgulho e humildade como impressões de reflexão violentas e indiretas, 310-1; objetos e causas do orgulho e da humildade, 311ss., 314-5, 320, 326-7, 336-8; causas do orgulho e da humildade como naturais e não-originais, 315-6; causas do orgulho e humildade e suas relações com prazer e dor, 319ss., 329-32, 614; orgulho como sensação prazerosa e humildade como sensação dolorosa, 320ss.; orgulho e humildade como paixões derivadas de uma dupla relação, de impressões e ideias, 321; limitações do sistema das paixões do orgulho e da humildade, 324ss.; influência de regras gerais e do costume sobre o orgulho e a humildade, 327-8; orgulho e humildade e suas relações com a felicidade e a infelicidade, 328-9; virtude e vício como causas do orgulho e da humildade, 329-32, 512; influência da beleza e da deformidade na produção de orgulho e humildade, 332-7; influência das relações de semelhança, contiguidade e causação na produção do orgulho e da humildade, 338-44; papel da associação de impressões na produção do orgulho e da humildade, 339-44; orgulho pelo país ou terra natal, 341; orgulho pelos amigos e parentes, 341-2, orgulho pela família, 342-3, 372; orgulho pela riqueza, 342, 344-50; orgulho pela propriedade, 344-50; opinião alheia como causa do orgulho, 350-9; orgulho e humildade nos animais, 359-62; orgulho e humildade e suas relações com o amor e o ódio, 365ss., 374, 401, 424-8, 512, 628-9; propensão maior

Índice analítico

da mente para o orgulho do que para a humildade, 424-5; qualidade virtuosa da mente na produção de orgulho ou amor e da viciosa na produção de ódio ou humildade, 614; orgulho, humildade e simpatia, 628-9, 632-6; virtudes e vícios do orgulho e da humildade, 631ss.; orgulho, humildade e suas relações com o eu e com os outros, 636-41; mérito e demérito do orgulho e da humildade, 636-41.

Original
impressões de sensação como originais, 31-2; impressões originais e secundárias, 309-10; distinção entre original e natural, 314-5; instinto original da mente ao bem, 474; contrato original (ver Contrato original).

Paixões
paixões consideradas como impressões, 25,-26 275ss.; paixões, prazer e dor (ver Prazer), 32, 145-6, 149ss., 223, 310-1, 319ss. (ver Orgulho), 365ss. (ver Amor), 474ss., 613ss.; influência da crença sobre as paixões, 149ss.; paixões suscitadas pela poesia, 153-6; imaginação e as paixões, 181-2, 347-50, 373ss., 460-74, 477-8; distinção entre paixões calmas e violentas, 309-11, 453ss.; paixões diretas e indiretas, 311ss., 474-84; paixões e costume, 327-8, 458-60; influência das regras gerais sobre as paixões, 328; as paixões e a relação de contiguidade, 339ss., 404, 463-74, 573-8; efeitos da incerteza sobre as paixões, 347-9, 457-8, 475-84, 613-4; paixão e emoção, 369-70; paixão e simpatia (ver Simpatia), 350-9, 615ss., 644-6, 653-7; efeitos da intenção nas paixões, 382-5; direção das paixões, 416-8, 429, 560 (ver Política); paixão e sexo, 428-31; paixões diretas e vontade, 435ss. (cf. 556-7); suposto combate entre as paixões e a razão, 448-54, 473-4, 620-4 (cf. 498); paixões como motivos que influenciam a vontade, 448-54, 518-9, 570-3; paixão definida como emoção violenta, 473; contrariedade entre as paixões, 474-84, 527-30; metáfora das paixões como instrumento de cordas, 476-7; paixões e virtudes artificiais, 521-5, 529ss., 565; direção das paixões alterada pela convenção (ver Artificial, artifício; Convenção) 532-3, 560, 565; incapacidade da vontade de alterar paixões, 556-7; paixões inatas, 686.

Palavras (Nomes ou Termos)
relação das palavras com as ideias, 40, 44-50, 89, 122, 143, 196, 686; palavras sem sentido, 256-7 686, 694 (cf. 299).

Passivo, passividade
passividade dos sentidos, 101-2; hábitos passivos e hábitos ativos, 459-60; obediência passiva e resistência, 592-3.

Patriarcal
governo patriarcal, 580.

Pensamento (ver Ideia; Imaginação; Percepção)
pensamento como sinônimo de consciência, 25, 674; distinção entre sentir e pensar, 25, 685; pensamento e ideias, 35, 37, 685-6, 693; distinção

do pensamento e distinção real, 42, 195, 672; curso usual ou natural do pensamento, 48, 121-2, 140, 237-9, 252-5, 268-70, 288, 320, 340, 344, 350, 376-9, 385, 387, 390-1, 403, 415, 456-7, 463, 465-8, 471, 476, 480-1, 599, 604, 699; percepção como objeto do pensamento, 94; percepção distinta da atividade do pensamento, 101; movimento irregular do pensamento, 121, 149; pensamento e memória, 136; princípios de associação do pensamento, 137, 317, 361, 699; determinação do pensamento e necessidade, 158, 444, 694; pensamento e relação de causação, 158, 161-2, 199, 201-2; contrariedade no pensamento, produzida por uma oposição entre imaginação e regras gerais, 182-3; pensamento e sentimentos, 186, 218-9; pensamento nos animais, 209, 432-3; pensamento e crença, 217, 667; princípios regulares da imaginação como fundamento do pensamento e da ação, 258; pensamento e conjunção local com a matéria, 266ss.; impressões e ideias como o universo do pensamento em Spinoza, 275; a concepção do pensamento como "ação" da alma, 277; hipótese sobre a causa das percepções ou pensamentos, 278ss.; fluxo do pensamento e identidade pessoal, 285ss., 363, 673-4; comparação entre o fluxo do pensamento e uma república ou comunidade, 293; pensamento vulgar ou do senso comum, 346 (cf. 556); pensamento e sensações de prazer e desprazer, 392-3; esforço de pensamento e amor à verdade, 485; pensamento como uma das percepções da mente, 496, 673, 685, 695; pensamento e simpatia, 632; pensamento e raciocínio, 663, 693; pensamento como sinônimo de imaginação, 664, 672; pensamento e vontade, 670-1, 693; pensamento em Descartes, 695.

Percepção (ver Ideia; Pensamento)
   divisão das percepções em impressões e ideias, 25ss., 125, 309-10, 353, 493, 496, 510, 672-3, 685-6; divisão das percepções em simples e complexas, 26ss.; semelhança entre as percepções, 26ss.; relação causal entre as percepções, 28-31, 59, 193, 685-6; sucessão de percepções e noção de tempo, 60-2, 93; critério de igualdade e comparação de percepções, 73-4, 676; percepções envolvidas na ideia de existência, 93-5; percepções como todo o conteúdo mental, 95-6, 125, 223, 226, 230, 245, 249, 266, 496, 510, 685; conhecimento dos objetos através das percepções, 95-6, 113, 220ss., 271-3, 672-3; percepção e raciocínio, 101-2; descontinuidade de percepções e identidade, 102, 220ss., 264ss.; inferência causal e percepção associada, 111ss.; vivacidade das percepções e crença, 115, 135-6, 149-50, 186; associação e relação de percepções na inferência causal, 117-8; sistema de percepções, 138-9; percepção da dor e do prazer, 149, 227, 309-10; poder ou necessidade como qualidades das percepções, 200, 202-3 (cf. 441-2); princípio unificador das percepções internas, 202-3; distinção e separação das percepções, 220ss., 264ss., 283ss., 672-4; percepções de qualidades primárias e secundárias, 225-6, 260-4, 508-9; sucessão regular das per-

Índice analítico

cepções e hábito, 230-1; mente como um feixe de percepções, 240, 283ss., 673-4, 695; percepções, órgãos sensoriais e constituição corporal, 243-4; substância, inerência e percepções, 264ss., 673-4, 695; percepções e conjunção espacial, 268ss.; percepções originais, 309-10; associação de ideias e percepção imediata, 339; percepção gerada pela vontade, 435; conexão necessária como uma percepção da mente, 441-2; juízo moral como percepção, 496, 508-10; percepção em Locke, 685-6.

Peripatética
filosofia peripatética, 254-7.

Pessoa (ver Alma; Eu; Identidade; Mente)

Piedade
definição de piedade, 403; piedade e simpatia, 403ss., 419-24, 615; piedade e sua dependência da imaginação, 404-6; malevolência como piedade invertida, 410, 415-6; piedade e benevolência, 416-7; piedade nos animais, 433; piedade como paixão social, 491, 532.

Poder
poder ou eficácia e causa (ver Causa), 189ss.; o poder e seu exercício, 35-6, 204-5, o poder e seu exercício na doutrina do livre arbítrio e na filosofia das paixões, 345ss., 393ss.; o poder legislativo, 600ss.

Poesia
poesia e filosofia, 134, 256-7, 413-4; poesia, fantasia e imaginação, 139, 151ss., 219, 392-3, 412-4, 472, 669-70, 692; a ficção poética da idade de ouro, 534-5.

Política
política como ciência do homem em sociedade, 21, 684; política e artifício, 456, 540-1, 560-2, 572-3, 584-6, 589ss., 618-9; filosofia política fundada em obrigação moral natural, 581-2; origem da sociedade política, 593-4, 595ss.

Pontos
possibilidade e realidade dos pontos indivisíveis, 58-9, 66ss., 81ss., 89-90, 267-8, 696.

Popularidade [*popular fame*] (ver Reputação)

Posse (ver Propriedade)
estabilidade da posse como condição necessária à sociedade, 528-35, 542-6, 553, 594-5; posse e propriedade, 546; 503, 557; critérios para determinação da posse, 542ss., 546 n.3; 549 n.4 e n.5, 553ss.; estabilidade da posse e sua transferência como leis do direito natural, 565ss., 580, 585; posse atual e posse prolongada, 548-9, 549 n.4 (cf. 598 n.11); princípios que determinam a autoridade do governante pela posse (do poder), 595ss.

Prazer
prazer e dor como impressões e como ideias, 31-2, 223, 225, 309-11, 474; prazer no sentimento do medo e do terror, 145-6; prazer e dor como prin-

cípios determinantes da ação, 149-50, 209, 435ss., 448ss., 613, (cf. 509); atividade filosófica e prazer, 301-3, 484-9 (cf. 664); prazer e dor como fontes de paixões, 309-11, 365-6, 435, 474, 613-4, 653-7; prazer e simpatia, 358-9, 539-40, 617-631, 633, 644-5; influência do costume e da repetição no prazer e na dor, 458-60; prazer e dor na moral, 509-15, 517, 519, 567-73, 586, 614-7, 620-1, 630, 635-6, 641, 649 (cf. prazer na obrigação e na obediência civil, 556, 594); prazer e sentimento do belo, 615-6, 624, 626; prazer e beleza física, 654-5.

Preconceito
preconceito como espécie de probabilidade não filosófica, 179-80.

Preguiça
preguiça como o não exercício de uma capacidade, 626-7.

Prescrição aquisitiva (ou Usucapião)
prescrição aquisitiva e propriedade, 508.

Princípios
impossibilidade de se explicar os princípios últimos, 23-4, 298-9, 674, 684; princípios universais da imaginação, 34ss., 88ss., 121-2, 137ss., 257ss., 699.

Privado
benevolência pública e privada, 522; deveres públicos e privados, 585-6; interesses públicos e privados, 594-5.

Probabilidade [ver Acaso; Chance]
probabilidade em oposição à demonstração e ao conhecimento, 57, 118-9, 157, 197, 213ss., 449, 684-5, 689; probabilidade e causação, 101ss., 118-9, 157ss., 186-7, 214; provável ou possível, 161-2; probabilidade e questões de fato, 118-9, 173-5, 689; raciocínio provável e sensação, 133; probabilidade de chances, 156ss., 167-8; probabilidade e incerteza, 157, 215; probabilidade, acaso e causação, 157ss.; probabilidade e crença, 157ss., 170, 213ss., 669-70; probabilidade de causas, 163ss.; suposição, probabilidade e prova, 163-4; probabilidade e contrariedade na experiência e na observação, 164ss., 476-80, 669-70; raciocínio conjetural ou provável, 172; probabilidade não filosófica, 176ss.; regras gerais e probabilidade, 179ss., 624; redução do conhecimento à probabilidade, 213ss.; probabilidade, juízo e reflexão, 215-8; probabilidade ou possibilidade de ação, 347-8; probabilidade nas motivações e ações humanas, 439-40; probabilidade e paixões, 475-80, 613-4; probabilidade e uniformidade, 688-90.

Progresso
progresso dos sentimentos, 540.

Promessa
estado de natureza e convenção humana [ou artifício] como condição da promessa, 530-1; 541-2, 555-64, 578ss., 589-91; obrigatoriedade das pro-

messas, 555-64 (ver Obrigação); caráter involuntário e ininteligível da promessa, 555-8, 562-3; obrigatoriedade da promessa e o sentido do dever, 557-8, cumprimento de promessas como lei do direito natural (ver Direito) 565, 580ss., 606; obrigatoriedade das promessas como condição do governo, 578ss. (ver Governo); distinção entre obrigatoriedade da promessa e obediência ao governo, 583-9; promessa e submissão ao governo, 596-7.

Propensão
propensão a crer no que é contrário à experiência, 143-4; propensão da imaginação causada pelo costume que se opõe ao juízo, 181; propensão presente na ideia de conexão necessária, 199-201; propensão da imaginação na ficção da existência contínua, 232-3, 238, 241-3, 250; propensão da imaginação [fantasia] na conjunção espacial, 269-70; propensão da imaginação na identidade pessoal, 285-8; propensão natural na crença em geral, 297, 302, 305-6; relação como propensão de passar de uma ideia a outra, 343; propensão à simpatia, 351 (cf. 438); propensão de passar de uma paixão a outra, 374-5, 377-8, 466; propensão ao orgulho, 389, 425; propensão para o que está contíguo [contrária à justiça], 574, 576-7; propensão que mantém o poder monárquico na mesma família, 598-9; propensão para paixões ternas, 643-4.

Proporção
proporção de quantidade ou número como relação filosófica, 39, 97-101, 503; descoberta da proporção das ideias como um tipo de verdade, 484.

Propósito (ver Intenção)
propósito nas ações dos homens e dos animais, 176; propósito e o caráter artificial das ações, 514-5.

Propriedade (ver Posse)
propriedade definida como espécie de causalidade, 344; propriedade como fonte do orgulho, 344ss.; origem da justiça e da propriedade, 525ss.; propriedade como relativa à moral e ao artifício em oposição à natureza, 531, 541-2, 565ss.; justiça como condição da propriedade, 531, 541-2, 565-73; critérios de determinação da propriedade, 542-52, 546 n.3, 549 n.4 e n.5 (cf. 598 n.11); propriedade do próprio trabalho e direito de ocupação, 546 n.2; propriedade referida ao sentimento e à moral e não ao objeto possuído, 548-9, 554; transferência da propriedade pelo consentimento, 553-5; impossibilidade de haver graus na propriedade, 568-70.

Prova
razão baseada no conhecimento, em provas e em probabilidade, 157, 163-4; provas demonstrativas e provas sensíveis, 484.

Prudência
dever de submissão ao governo [obediência civil] como máxima da prudência, 597; prudência como qualidade dos grandes homens, 626; prudência

e orgulho, 638-9; objetivo da prudência, 639; prudência como aptidão natural, 649-50.

Público
bem público, justiça e interesse (ver Justiça), 461, 521, 536-8, 540, 560-4, 567-8, 571-2, 584-5, 590-2, 597, 600-3, 612, 618-9, 630, 657-8; deveres públicos e privados, 585.

Punição
a punição e o determinismo nas ações humanas, 446-7 (cf. 610, 649); desejo de punição, 453, 475.

Qualidade
graus de qualidade como relação filosófica, 39, 97-8, 107, 503; a ideia de substância como coleção de qualidades sensíveis particulares, 40-1, 252ss., 264ss.; qualidade produtiva, 189ss.; qualidades primárias e secundárias, 223-6, 258-64, 508-9; influência nas paixões da relação entre a qualidade e o sujeito em que a qualidade está situada, 313ss., 319ss., 354-6, 359-62, 366ss., 424-31, 614ss., 653ss., 697; qualidades originais e paixões, 314ss.; qualidades operantes causadoras do amor e do ódio, 363ss., 424-31, 521-2, 614ss., 653ss., 697; qualidades sensíveis e impressões, 400; a necessidade de uma ação como qualidade do observador, 444-5; necessidade como uma qualidade inteligível, 446; qualidades morais, 495ss., 501ss., 614ss.; sentimentos morais e qualidades morais, 511-3, 556, 614ss., 620-1; qualidade moral, motivos e caráter, 517, 614-5, 622ss., 648; qualidades sensíveis de um objeto e propriedade, 566; qualidades morais como naturais, 569; justiça e injustiça como qualidades morais, 572; tendência para o bem da humanidade como característica que determina a qualidade moral, 617ss., 658; qualidades morais e aptidões naturais, 646ss.

Quantidade
quantidade ou número como relação filosófica, 38, 97-8, 107, 503; quantidade e ideias gerais ou abstratas, 41ss., 60, 195; quantidade e divisibilidade infinita do espaço e do tempo, 56ss., 695-6; quantidade e geometria, 71; quantidade e probabilidade, 170, 174; quantidade ou figura e localização espacial, 268.

Questões de fato
questões de fato e causalidade, 121, 123-4, 226, 449, 661-2, 664-5, 686-7, 689, 691; questões de fato e imaginação, 153-4; questões de fato e probabilidade, 173; questões de fato e costume, 231, 691-2; questões de fato e percepções, 239-40; inferências de questões de fato e comparação de ideias como operações do entendimento, 503; questões de fato e moral, 502-3, 508, 586; questões de fato e crença, 661, 664-5, 691-2; questões de fato e demonstrações, 503, 690; questões de fato e uniformidade da natureza, 689-90.

Índice analítico

Raciocínio
  raciocínio metafísico, 20; raciocínio e lógica, 21, 684; ideias e raciocínio, 25, 31, 37, 44-5, 47, 80, 88-9, 100-1, 107-8, 118, 131, 136, 274; raciocínio, ideias e palavras, 89; relação de causação e raciocínio abstrato, 98, 107-8; raciocínio demonstrativo, 100-1, 119, 197; raciocínio como comparação ou relação entre ideias, 101-2, 107-8, 368-9; raciocínio e percepção, 101-2, 118; raciocínio científico ou conhecimento, 110; raciocínios causais prováveis, 111-2, 115, 118-9, 123-4, 131-3, 146-7, 150, 152, 157ss., 173, 177, 197, 204, 206, 216-7, 298, 671, 686ss.; raciocínio, juízo e concepção, 125-6 n.6, 663; raciocínio, costume e crença, 132-3, 147-8, 152, 167, 182, 216-7, 231, 328; raciocínio provável e sensação, 133, 216-7, 669; raciocínio e imaginação, 148 n.7, 185-6; raciocínio e paixões, 150, 368-9; raciocínios por conjetura ou probabilidade de chances, 157, 439-40; raciocínios por provas, 177; raciocínio demonstrativo em oposição a raciocínio provável, 197, 213ss.; operações da natureza e raciocínio, 202; raciocínio nos animais, 209-12; raciocínio sobre objetos e raciocínio sobre impressões, 274; raciocínios sobre objetos e raciocínios morais, 439; raciocínio demonstrativo, vontade e ação, 449ss.; raciocínios morais, 495ss.; raciocínio demonstrativo, ação e distinções morais, 496ss.; raciocínio abstrato sobre a propriedade, o direito e a obrigação, 569-70.

Raiva (ver Benevolência)
  relação da raiva com outras paixões, 317-8, 362, 379, 382, 384, 385, 456; benevolência e raiva, 400-2 (cf. 631); mistura da raiva com outras paixões, 415-24; raiva e ódio como paixões inerentes à constituição humana, 605.

Razão (ver Entendimento; Fantasia; Imaginação)
  distinção de razão, 48-50, 69, 277; razão e crença, 126ss., 132-3, 140, 693; razão, imaginação e memória, 147-8 n.7 (cf. 137ss.), 299ss., 601; razão dividida em conhecimento e probabilidade, 157ss.; razão e experiência, 190-1, 693; razão dos animais, 209-12, 650; razão e ceticismo, 213-20, 299ss. (cf. 183); discussão sobre a determinação da vontade pela razão e pela paixão, 448-54, 473-4, 495ss., 509ss. (ver Moral; Paixão); razão como paixão calma, 453-5, 473-4, 575-6, 622-3; razão como descoberta da verdade e da falsidade, 498; argumentos da razão pura e argumentos de autoridade, 586.

Realidade (ver Existência)
  os dois sistemas de realidades, 137-9; realidade dos objetos externos, 220ss.; mundo das realidades e mundo das ideias, 449; verdade como conformidade de nossas ideias dos objetos com sua realidade [sua existência real], 484.

Rebelião (ver Resistência)
  interesse, obediência civil e rebelião, 585-9; rebelião e usurpação como fundamentos de um governo, 595-6; legitimidade da rebelião [sinônimo de revolução], 602-6.

Reflexão (ver Pensamento; Razão)
   impressões de reflexão (ver Impressão); crença e reflexão, 217; reflexão [ou razão] e imaginação, 248-9; o artificial como aquilo que resulta da reflexão, 524-5; alteração da direção das paixões pela reflexão, 532-3; papel da reflexão sobre a tendência de um caráter ou paixão para o bem da humanidade, 629; correção da aparência sensível dos objetos pela reflexão, 643.

Regras
   regra geral e as relações de semelhança, contiguidade e causação, 140; regras gerais e probabilidade, 174-5; regras gerais e probabilidade não filosófica, 179-80; regra geral (no juízo) e exceção (na imaginação), 180-3; regras para se julgar sobre causas e efeitos, 182-5, 206ss. (cf. 670); regras das ciências demonstrativas e probabilidade, 213ss.; influência das regras gerais sobre o orgulho, 327-8, 637-8, 640; entendimento e regras gerais, 328, 408, 669-70; influência das regras gerais na estima pelos ricos e poderosos, 396-7; regras gerais e simpatia, 405-6, 633; influência das regras gerais sobre os sentidos, 408; regras gerais da conduta e leis ou regras da justiça (inflexíveis, imutáveis), 570-1, 659; adesão excessiva a regras gerais, 590-3, 601ss., 611-2; interesse geral na obediência civil e regras gerais, 595, 601-2; regras do direito internacional, 606-9; regras morais e justiça, 608-9; regras gerais da moral e interesse pessoal, 622-3; regras gerais, caráter e imaginação, 624-5; regras da boa educação, 637; regras gerais e a distinção entre ficção e realidade, 669-70.

Regularidade (ver Uniformidade)
   regularidade da reunião das ideias, 34-5 (ver Associação); regularidade na experiência, 116, 228ss., 436ss.; regularidade do entendimento e irregularidade da imaginação, 182-3; princípios regulares e irregulares, 258; falta de regularidade nas paixões [ou afetos], 318, 328, 411, 529, 591; regularidade nas ações humanas, 437ss., 444, 448; regularidade na conduta produzida pelas convenções humanas [especialmente pela justiça], 529ss., 576-7.

Relação
   relações de semelhança, contiguidade e causação, 34-5, 38, 40, 48-9, 88-90, 121, 131, 137ss., 188, 197-8, 202-5, 236-8, 292-5, 317, 338-9, 352ss., 388-91; relação de causa e efeito, 35-7, 39, 102ss., 111ss., 123ss., 137ss., 157ss., 186ss., 203ss., 226, 241, 245, 249-50, 279, 282, 289-90, 292-5, 450, 661-2, 686ss.; relações como um gênero de ideias complexas, 37; relação natural e relação filosófica, 37-9, 97-9, 122, 203-4, 268; relação entre ideias, palavras e hábito, 47; relação entre percepções e objetos externos, 54-5, 95-6, 202, 220ss., 252ss., 273-5; relações de quantidade na geometria, 71, 695-6; relação de igualdade, 73, 231, 695-6; relação entre ideias, 87-8, 236, 252-4, 286ss. (cf. 368ss.); relações envolvidas na noção

de tempo, 93; tipos de relações filosóficas, 97-102; relações intuitivas e demonstrativas de ideias, 98-101, 107, 368-9, 449ss., 488, 498ss., 536; relações de contiguidade e prioridade temporal na ideia de causação, 103-5, 687, 693-4; conexão necessária e relação de causação, 105-6, 188ss., 204-5; aplicação da relação de causa e efeito às paixões, 106; relação de causação e crença, 115ss., 125 n.6, 186, 661-2, 690-2; conjunção constante como relação pertencente à noção de causação, 116ss., 157ss., 186ss., 245, 279, 282, 687, 693-4; relação de causação e questões de fato, 121, 123-4, 226, 449, 661-2, 664-5, 686-7, 689, 691; relações entre impressões, ideias e crença, 123ss., 241; relação de causação e costume, 126, 138ss., 186-8, 689-90; relação, transição ou associação da fantasia, 131ss., 286ss.; regras gerais da relação de causação, 206ss.; relação de identidade, 233ss., 286ss.; relações envolvidas na noção de mente, 240; relação de conjunção espacial, 268ss.; dupla relação de ideias e impressões nas paixões, 317-9, 321ss., 341ss., 367ss., 383ss., 415ss., 430, 455, 474ss., 512, 521-2, 613-4; relações envolvidas na noção de propriedade, 344ss., 368-9, 531, 546, 552, 554, 566-8; relações morais, 495ss., 531, 570.

Religião
religião natural e sua dependência da ciência do homem, 21; religião católica romana, 130, 554-5; crença e religião, 141; prazer em sentir medo na religião, 145-6; argumento contra a religião cristã, 178-9; religião e filosofia, 282-3, 304, 445-7, 639-40; liberdade e necessidade na religião, 445; natureza e religião, 513; humildade como virtude na religião cristã, 639-40.

Repetição
repetição passada, costume e causação, 128ss., 163ss., 188ss., 203ss., 216ss., 230ss.; conversão do prazer em dor ou da dor em prazer pela repetição, 458-60; repetição como princípio da mente humana, 459.

Representação
ideias como representações das impressões ou objetos, 27, 28, 31, 52-3, 54, 63, 125, 136, 143, 190, 194; ideias abstratas e representação, 41ss., 60, 460; percepção [ideia ou impressão] oposta a representação de objeto, 136; sentidos e representações, 221ss.; opinião da dupla existência (representante e representada), 235ss; as ideias dos afetos alheios como convertendo-se nas impressões que elas representam, 354; as paixões não contêm qualidades representativas, 451; representação e simbolismo, 554-5 [ver Simbólico, símbolo]; representação distinguida da crença, 690.

Reputação
amor à boa reputação, 350ss.; reputação explicada pela simpatia, 351ss.; boa reputação, orgulho e simpatia, 354-5 (cf. 366, 638); reputação como causa de amor ou ódio, 372; cuidado com a reputação como motivação de agir conforme a moral e a justiça, 541-2, 610.

Resistência (ver Rebelião)
   resistência justificável ao poder, 589-92, 602-6; interesse no governo e aversão à resistência, 594; impossibilidade de estabelecimento de regras de legitimação da resistência, 602-3.
Respeito
   respeito pelos ricos e poderosos, 393-6; respeito e desprezo, 424-8 (cf. 634); respeito pelo inimigo, 512; respeito pelo homem virtuoso, 519, respeito pela justiça, 520, 571-2; respeito pelo interesse público, 536; respeito humano natural e justiça, 619; respeito humano como qualidade dos grandes homens, 626; respeito humano como qualidade dos homens bons, 643, 644.
Responsabilidade
   liberdade, determinismo e responsabilidade, 446.
Revolução (ver Rebelião; Resistência)
Riqueza
   'riqueza como causa do orgulho, 313, 315, 332, 342, 350-1, 354-5; riqueza e propriedade, 344-50; estima pelos ricos como resultante da simpatia, 391ss. (cf. 655).
Sálica
   lei sálica como lei fundamental e inalterável, 601.
Satisfação
   orgulho e satisfação, 325-8; satisfação proporcionada pelo caráter virtuoso, 331, 510-2, 515, 614; riqueza e a satisfação de poder proporcionar prazer, 346ss; expansão da satisfação pela simpatia (ver Simpatia), 392-400, 418-9, 539-41; ideia de nossa própria satisfação diminuída pela satisfação de outrem (ver Inveja), 411; maior satisfação da paixão pela sua contenção (na moral e na justiça), 532-3, 539-41, 565 (cf. 560).
Semelhança (ver Relação)
   semelhança como princípio de associação de ideias, 34-7, 88, 137; semelhança como relação filosófica, 38, 97, 98, 503; relação de semelhança como fonte de erros, 89-90 (cf. 236-9 n.6); influência da semelhança entre impressão e ideia na vivacidade da ideia, 129, 131-2, 137ss., 141ss.; efeitos da relação de semelhança na crença e na probabilidade, 137ss., 170ss., 180-1, 196ss.; raciocínio e graus de semelhança, 175-6; relação de semelhança, sua anterioridade e independência em relação ao entendimento, 202; semelhança das percepções e sua identidade (ver Identidade), 232ss., 285ss., 375; semelhança entre percepção e objeto externo, 249-50 (cf.270); relação de semelhança na conjunção espacial, 269-70; semelhança entre ideia e impressão a propósito da ideia de substância, 265; produção da relação de semelhança pela memória, 293; semelhança como única fonte de relação entre impressões (paixões), 318, 378; relação de semelhança no

orgulho e na humildade, 338; semelhança entre os homens e simpatia, 352ss., 388 (cf. 396-7); semelhança e contrariedade entre paixões, 418.

Sensação [*Feeling*]
sensação na crença e fantasia, 126-8, 133-6, 149-50, 661-5, 666-7, 669-70; sensação e regras gerais, 174-5; sensação das percepções 223ss.; sensação da identidade do objeto, 286-7; sensação da associação de ideias e as paixões (orgulho e humildade), 339; sensação das paixões, 149, 424, 625-6, 630; sensação da razão e das paixões, 453-4; sensação do vício e da virtude, 508-15, 630-1, 648, ('sentimento' usado como sinônimo de 'sensação') 657; sensação do (bem) geral e do (bem) particular, 625-6; sensação na memória e imaginação, 666.

Sensação [*Sensation*]
impressões de sensação (ver Impressão); sensação (impressão) do prazer e da dor (ver Prazer); sensação e órgãos da sensação, 29, 84, 101-2; 31-2, 112-4, 309-10; sensação como sinônimo de impressão, 84; sensação e a ideia de extensão, 84ss.; sensação e raciocínio, 118, 133; confusão da sensação com inferência do juízo, 142; sensação do tato e a ideia de solidez, 262-3; falsa sensação de liberdade de indiferença, 349, 444; pré-sensação que permite o conhecimento das paixões em outras pessoas, 366; vício e virtude determinados pela sensação (ver Sensação [*feeling*]), 637.

Sentido
sentido moral, da virtude e do dever (ver Moral), 498, 503-4, 509-15, 518-9, 524, 536-40, 557-8, 566, 572-3, 627, 652, 655, 658-9 (cf. 361); sentido de justiça, 523-4, 536-7; sentido geral do interesse comum, 530-1, 538, 561-2; sentido do belo, 615, 657.

Senso Comum [ou Bom-Senso – ver N.T. p. 178] (Cf. Vulgo) senso comum e filosofia, 470, 683, 696; senso comum, direito e moral, 592, 597, 602, 604; bom-senso e crença, 178, 180; bom-senso e razão, 446, 563-4, 592, 597, 604; qualidade do bom-senso, 364, 637-8, 647, 648.

Sentidos
sentidos como critério em geometria, 78-9; ceticismo quanto aos sentidos, 220ss. (ver Ceticismo); crença nos objetos externos e os sentidos, 220ss.; impossibilidade de os sentidos distinguirem entre o 'eu' e o objeto, 222-3; três tipos de impressões transmitidas pelos sentidos, 225; sentidos, memória e entendimento enquanto fundados na imaginação, 297-8; correção necessária dos sentidos, 622, 642-3, 670.

Sexo
amor sexual, 428-31, 526; uniformidade das ações relativamente ao sexo, 437.

Signo (ver Simbólico, símbolo)

Simbólico, símbolo (ver Convenção)
   entrega simbólica na transferência da propriedade, 554; símbolos e convenções humanas, 561.
Simpatia
   simpatia entre as partes como fundamento da identidade dos animais e vegetais, 289-90; simpatia como qualidade mais notável da natureza humana, 351, simpatia como comunicação de sentimentos ou paixões, 351-4, 355, 358, 396-400, 404-5, 420, 432, 462, 540, 632, 651; simpatia como conversão de uma ideia em impressão, 354, 357, 420, 462, 634; influência da simpatia sobre o orgulho e a humildade, 354-359; relação da simpatia com o 'eu', 375; simpatia entre parentes e amigos, 388-9; simpatia e possibilidade de compartilhar da satisfação do próximo, 392, 393, 394, 396-400, 616, 654-6; simpatia enquanto princípio que anima as paixões, 397-8; beleza e simpatia, 399, 617, 656, 657; compaixão ou piedade explicada pela simpatia, 403ss.; simpatia no espetáculo da tragédia, 403-4; simpatia, benevolência e bondade, 418ss., 642ss.; simpatia na busca da verdade, 486; simpatia e o suposto amor pela humanidade, 521-2 (cf. 618, 629); simpatia na *Idade de Ouro*, 534; simpatia na moral e na justiça, 540, 585, 592, 615-31, 632, 657-60 (cf. 611, 642ss.); vividez e amplitude da simpatia, 620-5, 632, 642ss., 656, 659 (cf. Egoísmo); simpatia e a comparação conosco como princípios contrários, 633ss.; simpatia com a utilidade e o prazer produzidos pelo entendimento, 653.
Sociedade
   sociedade e a justiça, 330, 523-5, 525ss., 565ss., 573ss., 578ss., 608, 616-25, 658-60. (ver Justiça); sociedade patrimonial, 343; desejo de sociedade, 397; necessidade humana de sociedade, 348, 525-6, 565, 608; sociedade e governo, 348, 578ss., 589ss., 593ss.; sociedade e moral, 496; sociedade selvagem e inculta ("*estado de natureza*") oposta à grande sociedade, 526-8, 533-4; 538, 539, 541-2, 543, 561, 573, 580, 584, 585, 593; sociedade humana e propriedade, 542ss., 553ss.; sociedade humana e a obrigatoriedade das promessas, 555ss.; sociedade política e governo, 578, 590, 593, 603, 604-5 (cf. 684); importância da castidade para a sociedade, 609-12; tendência a promover o bem da sociedade como efeito da simpatia, 616-25, 641, 643-6, 657-60 (ver Simpatia).
Solidez
   solidez e extensão, 64-6, 261-4; solidez como qualidade primária, 225, 260-1; ideia de solidez, 261-4; analogia entre as ideias e a solidez, 400.
Substância (ver Sujeito)
   substância como ideia complexa, 37; substância ou sujeito de inerência e modos ou acidentes, 39-41, 252-8, 686; inerência de percepções ou qualidades a uma substância ou *substratum*, 40, 255, 264ss., 286-7, 272-5, 672-

4, 695; ideia de substância como uma coleção de ideias particulares, 40-1; substância pensante e existência externa, 223, 264ss.; simplicidade das substâncias, 253-5.

Sucessão
sucessão das percepções e ideia de tempo, 60-6, 93, 104, 233-4, 465-7, 472; sucessão como parte essencial da ideia de causação, 104-6, 116-7, 122, 188, 197-8, 202-4, 230; sucessão de percepções e identidade, 237, 252-3, 286-8, 290-4, 298, 311-2; propriedade e direito de sucessão, 545, 552-3.

Sucesso
paixões e sucesso na realização de um fim, 486-7.

Sujeito (ver Substância)
sujeito e modos, 41; sujeito, unidade e identidade, 233; sujeito de inerência ou substância e acidente, 255; sujeito simples e indivisível ou substância imaterial, 272-5, 672-3.

Superstição
superstição e filosofia, 303.

Tato
tato e percepções, 25, 263-4, 268; semelhança entre as impressões do tato e as da visão, 60; tato, visão e ideia de espaço e extensão, 64-5, 72, 84-7, 90, 267-8, 465; tato e ideia de solidez, 262-4.

Tempo
contiguidade no tempo e no espaço, 35, 207, 463ss., 574, 687; tempo e espaço como relações filosóficas, 38, 97-8, 101-2; ideias de tempo e espaço, 51ss.; doutrina da divisibilidade infinita do tempo e do espaço, 51ss.; ideia de tempo e sucessão das partes e percepções, 57ss., 83-4, 92-3, 104, 233-6, 465-7, 472; prioridade temporal da causa em relação ao efeito, 104-5, 188, 207, 687; tempo, espaço e princípio da causação, 108; sucessão temporal e identidade, 237, 252-3, 269-73, 286, 290-4; tempo e propriedade ou posse, 543ss., 568-9; tempo e obediência civil, 595-7.

Teólogos
crença na eternidade e os teólogos, 144; crítica dos teólogos ao ateísmo de Spinoza, 272ss.; desaprovação dos sistemas dos teólogos, 297; intenção e fórmula verbal segundo os teólogos, 563-4; promoção da virtude pelos teólogos, 649.

Termos (ver Palavras)

Trabalho
trabalho e o artifício dos homens, 525-6; propriedade do próprio trabalho, 546 n.2; propriedade do trabalho dos escravos, 549; trabalho como qualidade mental, 650.

Tragédia
fantasia e crença na tragédia, 152, 219; simpatia na tragédia, 403; paixões na tragédia, 669.

Unidade
unidade e extensão, 56; unidade e número, 56, 99, 235; unidade oposta à identidade, 233-5 (ver Identidade); unidade da substância espinosista, 273.

Uniformidade (ver Conjunção constante; Regularidade)
uniformidade da mente [imaginação], 34-5, 120-1, 165-6 (cf. 163ss., 438); uniformidade da natureza, 117-8, 688-9; uniformidade, coerência e constância das impressões, 227-32; uniformidade das paixões, 311; uniformidade e simpatia, 351; uniformidade das ações humanas, 437ss. (cf. 166); necessidade como derivada da uniformidade, 438-9.

Usucapião (ver Prescrição aquisitiva)

Utilidade
utilidade e sua relação com a beleza e o prazer, 333-5, 345, 361, 398, 615-6, 629, 654-7; prazer e utilidade da filosofia, 484-9 (cf. 210, 258); utilidade da estabilidade da posse, 542ss., 553ss., 569-70; relação da utilidade com a simpatia e a moral, 541, 570, 618, 626-8, 630, 642-6, 657, 658; utilidade do orgulho e simpatia, 636ss.; utilidade das aptidões naturais, 650-2, 653ss.

Vácuo (ver Espaço)
vácuo como ideia inconcebível, 66, 81ss.; vácuo na filosofia peripatética, 257; vácuo na filosofia newtoniana, 677.

Vaidade (ver Orgulho)

Verdade
verdade ao alcance do homem, 20; representações verdadeiras ou falsas de objetos externos, 113; verdade e paixões, 150-2, 451-3, 498, 501-2; poesia e verdade, 151-3; imaginação vivaz, loucura e verdade, 153; razão e verdade, 213ss., 498; matemática e verdade, 214; probabilidade e verdade, 215; juízo e verdade, 213-218, 652; opiniões e critério para a distinção da verdade, 297, 302-5; raciocínio verdadeiro ou falso na produção de orgulho ou vaidade, 331, 349; curiosidade ou amor à verdade, 484-9; dois tipos de verdade, 484ss., 498; moralidade associada à verdade, 496ss.; ações e juízos verdadeiros ou falsos, 500-1; crença e verdade, 692.

Virtude (ver Moral)

Visão
visão e extensão [espaço], 59ss., 83ss., 267-8, 465; visão e exterioridade dos objetos, 84, 142-3, 156, 166, 224; visão do objeto e sua identidade, 233, 235, 237.

Vividez [*Liveliness* ou *Vivacity*]
    vividez como critério de distinção entre impressões e ideias, 25-6, 28-9, 31-3, 43, 125, 133, 150, 353, 388, 685; vividez como critério de distinção entre as ideias da imaginação e as da memória, 33, 113-5, 136, 138, 186, 666; vividez da ideia na crença, 115, 125-38, 141-3, 146-7, 150, 152-4, 162-3, 167-8, 170-1, 173-9, 181-3, 185-7, 202-5, 216-7, 219, 232, 241-2, 297-9, 324, 352-4, 373-4, 403-6, 460-3, 488-9, 574, 624, 666-70, 675, 692-4; contiguidade, semelhança e vividez das ideias, 141-3, 463ss.; vividez de uma impressão ou ideia e sua influência sobre as paixões, 181-2, 185-7, 351-4, 373-4, 387-8, 393, 397-9, 403-6, 420-1, 460, 462-3, 488-9, 574, 620-4, 634, 669-70, 692; ideia de conexão necessária e vividez, 202-5.

Voluntário, vontade (ver Caráter; Liberdade e livre-arbítrio; Necessidade)
    vontade e a conversão do poder em ação, 36; crença e vontade, 149-51, 173-4, 662, 691, 693; vontade divina, 281; inconstância da vontade do homem, 347; escolha voluntária (intenção ou propósito) nas ações e em nosso juízo moral, 382-4, 442, 499, 508, 501, 648-9; vontade, liberdade e necessidade, 435-54, 670-1, 697-9 (cf. 346-9); violência das paixões e sua influência sobre a vontade, 454-63, 473-4; influência da contiguidade e da distância dos objetos sobre a vontade, 463-74, 574; desejo e vontade, 475; vontade nos animais, 483-4; razão e determinação da vontade, 499, 505-9; obrigatoriedade moral e vontade, 555ss. (cf. 587-9); intenção, vontade e promessa, 562-4; convenções voluntárias, 572, 582, 589, 594, 609, 619; obediência civil e vontade, 587-9; virtude e vontade, 647ss.; vontade considerada *a priori*, 694.

Vulgo (Cf. Senso Comum)
    o vulgo e a filosofia, 23, 63, 163, 165, 183, 208, 225-6, 235, 255-6, 672; o vulgo e a crença, 141, 144, 235, 242; o vulgo e a obediência civil, 587, 605.

Índice onomástico

Adão, 688-9.
Addison, Joseph, 318 N.T.
Alexandre o Grande, 639.
Alma: or, the progress of the mind, 414 e 414 N.T.
Analogy of Religion, 459 N.T.
Arnauld, Antoine, 69 N.T.
(L')Art de penser (ou *La Logique*), 69 N.T., 685.
Artaxerxes, 599.
Augusto, Otávio, 441.
Bacon, Francis, 22, 684.
Barrow, Isaac, 73 n.6 e N.T.
Bayle, Pierre, 276 n.14.
Berkeley, George, 41 n.3.
Bíblia (passagens citadas), 27, 141, 299, 471, 689
Borgonha, 549 n.5.
Brutus, Marcus, 622.
Butler, Joseph, 22, 159 N.T., 684.
Capeto, Hugo, 606.
Catão, 647.
César, Júlio, 111, 123, 178, 441, 606, 647.
Champagne, 437.

China, 620.
Cícero, 668, 668 N.T.
Cipião, 377.
Ciro, 599, 600.
Clarke, Samuel, 109 n.4.
Condé (Príncipe de), 639.
Copérnico, 316.
Cornélia, 377.
Craig, John, 178.
Cromwell, Oliver, 382, 606.
Cyder, 392 N.T.
Danúbio (rio), 550 n.5.
Descartes, 695
Dionísio (Dionísio II, o Jovem), 592.
Druso (filho de Tibério Júlio César), 602.
Éléments de Géometrie de Monseigneur le duc de Bourgogne, 56 N.T.
Eneida, 169, 169 N.T.
Épodos (de Horácio), 482 N.T.
Essais de Theodicée, 684 N.T.
(An) *Essay Concerning Human Understanding*, 190 N.T., 685.
Europa, 683.

Farsália, 491.
Felipe II, 592, 606.
(De) Finibus, 668, 668 N.T.
França, 596, 601, 606.
Germânico (filho de Tibério Júlio César), 602.
Grã-Bretanha, 548, 549 n.5.
Gracos (irmãos Caio e Tibério), 377.
Grécia, 460, 621.
Guienne, 437.
Hébridas, 550 n.5.
Histórias (de Tácito), 15 N.T., 307 N.T.
Hobbes, Thomas, 108 n.3, 439.
Horácio, 470 e 470 N.T., 482 e 482 N.T.
Hutcheson, Francis, 22, 684.
Índias Ocidentais/Orientais, 464.
Inglaterra, 22, 291, 304, 439, 620, 683.
Institutas do Imperador Justiniano, 551 n.5, 552 N.T.
(De) Institutione Oratoria, 616 N.T.
Jamaica, 465.
Japão, 469.
Júpiter, 376.
La Logique ou L'Art de penser, 69 N.T.
La Rochefoucauld, 458, 458 N.T.
Lectiones Mathematicae, 73 N.T.
Leibniz, G. Wilhelm, 684-5.
Leviatã, 439.
Locke, John, 22, 26 n.1, 61, 109 n.5, 190 n.13, 684, 685, 686.
Lucano, Marcos, 491, 491 N.T.
Lucrécio, Tito, 634 n.3 e N.T.
Luxemburgo (Duque de), 382.
Malebranche, Nicolas, 191 n.14, 281 n.16, 686.
Maléziee (Nicolas de), 56 n.2.
Man, ilha de, 550 n.5.

Mandeville, Bernard de, 22 n.1, 684.
Mário, Caio, 606.
Maximes (de La Rochefoucauld), 458 N.T.
Mémoires du Cardinal de Retz, 186 N.T.
Milton, John, 471.
(The) *Moralists, a philosophical rhapsody*, 287 N.T.
Nero, Lucio Domício Cláudio, 441, 592.
Nicole, Pierre, 69 N.T.
Odes (de Horácio), 470.
Orange, Príncipe de, 605.
Órcadas, 550 n.5.
Pacífico, Oceano, 550 n.5.
Paradise Lost, 471 N.T.
Philips (John Philips), 392, 392 N.T.
Platão, 439.
Poems on several occasions (de Matthew Prior), 414 N.T.
Porto, 549 n.5.
Prior, Matthew, 414 e 414 N.T.
Próculo, 551 n.5.
Quintiliano, 616 n.1 e N.T.
Reno (região e rio), 549-50 n.5.
República, 439.
Retz (Cardeal de), 186, 186 N.T.
(La) Recherche de la vérité, 191 N.T.
Rollin (Monsieur Charles Rollin – autor de *Histoire Ancienne*), 461 N.T.
Roma, 597.
(De) Rerum Natura, 634 n.3 e N.T.
Sabino, 551 n.5
Saint-Évremond, Charles de, 639.
Salústio, Caio, 647.
Shaftesbury, Anthony Ashley Cooper, 22 n.1, 287 n.17, 684.
Sila, Lúcio Cornélio, 606.

Sísifo, 256.
Sócrates, 22.
Solomon or the vanity of the world, 414 e 414 N.T.
Spectator, 318 N.T.
Spinoza, Baruch de 272ss.
Tácito, 15, 307, 307 N.T.
Tales, 22.
Tântalo, 256.

Temístocles, 460-1
Tibério (Tibério Júlio César), 602.
Tratado Sobre os Princípios do Conhecimento Humano, 41 n.3 e N.T.
Triboniano, 551 n.5, 552 N.T.
Virgílio, 469, 469 N.T.
Wight, Ilha de, 550 n.5.
Wollaston, 501 n.2.

SOBRE O LIVRO

Formato: 16 x 23 cm
Mancha: 27,5 x 49,5 paicas
Tipologia: IowanOldSt BT 11/16
Papel: Off-white 80 g/m²
Couché fosco 120 g/m² encartonado (capa)
2ª *edição*: 2009

EQUIPE DE REALIZAÇÃO

Edição de Texto
Adriana Moreira Pedro (Revisão)

Editoração Eletrônica
Edmílson Gonçalves

Assistência Editorial
Olivia Frade Zambone

Rua Xavier Curado, 388 • Ipiranga - SP • 04210 100
Tel.: (11) 2063 7000 • Fax: (11) 2061 8709
rettec@rettec.com.br • www.rettec.com.br